JOE TORRE Y TOM VERDUCCI

Mis años con los Yankees

Joe Torre jugó para los Braves, Cardinals y Mets, antes de ser el mánager de esos tres equipos. Entre 1996 y 2007, Torre fue el mánager de los Yankees de Nueva York. En la actualidad es el mánager de los Dodgers de Los Ángeles.

Tom Verducci es el reportero *senior* de béisbol para *Sports Illustrated* y SportsIllustrated.com. Es coautor del primer libro de Joe Torre, *Chasing the Dream* (Persiguiendo el sueño), y también ha publicado una antología de su trabajo en *Sports Illustrated* titulada *Inside Baseball: The Best of Tom Verducci*. (Dentro del béisbol: lo mejor de Tom Verducci).

Mis años
con
los Yankees

Mis años
con
los Yankees

◆

JOE TORRE
y
TOM VERDUCCI

Vintage Español
UNA DIVISIÓN DE RANDOM HOUSE, INC.
NUEVA YORK

PRIMERA EDICIÓN VINTAGE ESPAÑOL, MAYO 2010

Copyright de la traducción © 2010 por Vintage Books,
una división de Random House, Inc.

Todos los derechos reservados. Publicado en los Estados Unidos de América
por Vintage Español, una división de Random House, Inc., Nueva York, y en Canadá
por Random House of Canada Limited, Toronto. Originalmente publicado en
inglés en EE. UU. como *The Yankee Years* por Doubleday, una división de
Random House, Inc., Nueva York, en 2009. Copyright © 2009 por Anjoli, Inc.
y Tom Verducci.

Vintage es una marca registrada y Vintage Español y
su colofón son marcas de Random House, Inc.

Información de catalogación de publicaciones disponible en la Biblioteca del
Congreso de los Estados Unidos.

Vintage ISBN: 978-0-307-47667-8

Diseño del libro de Claudia Martinez
Traducción de Martha Baranda

www.grupodelectura.com

Impreso en los Estados Unidos de América
10 9 8 7 6 5 4 3 2 1

Joe Torre

◆

A mi esposa, Ali, por todo su amor,
motivación y apoyo durante nuestros años mágicos
en Nueva York, y a nuestra hija, Andrea,
cuyos primeros doce fueron los
"Años Yankees". ¡Las amo!

Tom Verducci

◆

Para Kirsten, Adam y Ben,
las alegrías de mi vida.

CONTENIDO

◆

Mis años
con
los Yankees

Los no favoritos

Joe Torre era la cuarta opción.

El veterano mánager no tenía trabajo en octubre de 1995, cuatro meses después del tercer despido en su carrera como mánager, cuando un viejo amigo de su época con los Mets, Arthur Richman, un oficial de relaciones públicas y asesor especial del dueño de los Yankees, George Steinbrenner, lo llamó para hacerle una pregunta:

"¿Estás interesado en dirigir a los Yankees?"

Torre hizo evidente su interés sin dudarlo.

"¡Desde luego que sí!"

Sólo diez días antes, Torre había tenido una entrevista para el cargo de director general de los Yankees, pero no había mostrado interés alguno en un empleo tan lleno de agravantes por un salario de $350.000, $150.000 menos respecto de lo que había ganado como mánager de los Cardinals de San Luis, antes de que lo despidieran en junio. Su hermano, Frank Torre, tampoco pensaba que entrenar a los Yankees valiera la pena. Después de todo, Steinbrenner había cambiado de mánagers en 21 ocasiones en sus 23 temporadas como propietario y había agregado a Buck Showalter a su sangrienta lista de bajas al correrlo de la ciudad después de que éste se negara a consentir una reorganización de su personal de entrenamiento. A Steinbrenner no le importó que los Yankees hubieran llegado a los *playoffs* por primera vez en 14 años, incluso cuando se trataba del primer *wild card* (comodín) de la Liga Americana en una temporada acortada por la huelga. Los crímenes de Showalter en el libro de Steinbrenner fueron perder una ventaja de dos juegos contra uno en la Serie de División contra los Mariners de Seattle, además de negarse a los cambios en el personal de entrenamiento.

"¿Por qué quieres *ese* empleo?", le preguntó Frank Torre a su hermano.

"Es una situación en la cual no puedo perder", replicó Joe. "Necesito averiguar si puedo hacer esto o no".

Richman también le había recomendado a Steinbrenner tres mánagers más conocidos y con éxitos mayores que los de Torre: Sparky Anderson, Tony LaRussa y Davey Johnson. Ninguna de esas opciones había dado resultados. Anderson se había retirado, LaRussa había aceptado el cargo de mánager de San Luis y Johnson, regresando a sus raíces en el juego de pelota, había tomado el puesto en Baltimore. LaRussa y Johnson habían firmado contratos más lucrativos que lo que Steinbrenner deseaba pagar a su siguiente mánager. "Tengo que admitir que yo fui la última opción", dijo Torre. "Esto no me ofendió porque era una oportunidad para trabajar y descubrir si en realidad podía dirigir. Sería un trabajo arduo".

El miércoles 1 de noviembre, Bob Watson, en su noveno día en el cargo de director general después de sustituir a Gene Michael, llamó a Torre cuando éste se dirigía a un campo de golf en Cincinnati. Watson lo citó para una entrevista en Tampa, Florida. Esa tarde, Torre se reunió con Steinbrenner, Watson, Michael, el director general asistente Brian Cashman y Joe Molloy, yerno de Steinbrenner y socio del equipo. A la mañana siguiente, Torre fue presentado como mánager de los Yankees en una conferencia de prensa en la casa club del Yankee Stadium, en el mismo sitio donde Showalter se había parado doce meses antes como el Mánager del Año de la Liga Americana 1994.

Fue una contratación poco auspiciosa desde todos los puntos de vista. Steinbrenner no se molestó en asistir al evento de presentación de su nuevo director. La prensa fue despiadada con Torre. Éste no sólo había sido despedido en tres ocasiones, sino que tenía 55 años y traía consigo un récord nada halagador (894–1.003), ninguna victoria en series de postemporada y la ignominia de haber participado en más partidos en una vida entera de jugar y entrenar béisbol sin llegar a una Serie Mundial que cualquier otro hombre en la historia. Torre fue un jugador exitoso, incluso un jugador estelar, durante 18 temporadas con los Braves, los Cardinals y los Mets. Fue convocado nueve veces para el partido de las estrellas y ganó el premio al jugador más valioso con los Cardinals en 1971. Cuando jugó su último partido en 1977, Torre se convirtió en uno de los 29 jugadores en la historia del béisbol en haber acumulado más de 2.300 *hits* y un OPS+ de 128 (una medida de porcentajes combinados de colocación en base y bateo ajustados a los promedios de la liga y a los efectos aproximados, de los estados, que hace más equitativas las comparaciones entre una era y otra). Su perfil profesional, sin embargo, se veía ensombrecido por el hecho de nunca haber jugado en una postemporada.

La sagacidad de Torre en el béisbol y sus cualidades de liderazgo eran tan valoradas que los Mets lo nombraron jugador/ mánager a los 36 años durante la temporada de 1977. Torre dejó de jugar aquel mismo año, el primero de sus cinco años como mánager de equipos desastrosos de los Mets. Cuando éstos lo despidieron después de la temporada de 1981, los Braves, propiedad de Ted Turner, pronto se apoderaron de él. De inmediato, Torre condujo a los Braves a su primer título de división en 13 años. Duró sólo dos temporadas más con los Braves de Turner. Torre pasó casi seis años fuera del béisbol y trabajó como comentarista con los Angels de California hasta que los Cardinals lo contrataron para sustituir al popular Whitey Herzog, en 1990. Esas cinco temporadas fueron las únicas en las cuales Torre no jugó o dirigió en las ligas mayores desde que hiciera su aparición como *catcher*, a los veinte años, en 1960, con los Braves de Milwaukee, un equipo que también incluía a los integrantes del Salón de la Fama Hank Aaron, Eddie Mathews y Warren Spahn, además del hermano de Joe, Frank.

Una de las grandes fortalezas de Torre como mánager era que comprendía lo que significaba ser una estrella y luchar al nivel de las ligas mayores. Por ejemplo, su promedio de bateo fue de .363 cuando ganó el premio como el jugador más valioso en 1971; no obstante, obtuvo 74 puntos menos al año siguiente. "Y mi esfuerzo fue igual en ambos años", dijo. Cierto día de 1975, con los Mets, Torre se convirtió en el primer jugador en la historia de la Liga Nacional en batear cuatro doble plays, cada uno de ellos después de un sencillo del segunda base Félix Millán. Él reaccionó a esta infamia con humor. "Quisiera agradecer a Félix Millán por hacer posible todo eso", comentó. En su conferencia de prensa de presentación, Torre mostró su porte y soltura frente a una multitud de hostiles representantes de los medios. Respondió preguntas con humor y optimismo, y no dudó en hablar acerca de la meta de su vida de ganar la Serie Mundial, logro que los Yankees no habían alcanzado en 17 años, la más larga sequía para la franquicia desde que ganara su primer campeonato en 1921. Torre sabía que Steinbrenner estaba inquieto.

"Cuando te casas, ¿crees que siempre estarás sonriente?", dijo Torre en la conferencia de prensa. "Yo intento pensar en el potencial de que sucedan cosas buenas. Así es la Serie Mundial. Sé que tenemos la capacidad de mejorar al equipo… El hecho de tener esa oportunidad hace que todos los aspectos negativos valgan la pena".

Después de todo, Torre no fue recibido con calidez como el sustituto de un popular y joven mánager que Steinbrenner había echado tras una temporada de playoffs. Fue la última opción para el cargo y muy pronto se enteró de que, aún después de su contratación, Steinbrenner realizaba algunas negociaciones para averiguar si podía hacer volver a Showalter. Los críticos afirmaban que Torre era una materia prima reciclada sin portafolio. Torre se encontraba en Cincinnati con su familia política, el día posterior a su conferencia de prensa, cuando un amigo de Nueva York lo llamó por teléfono.

"Oye, ¿ya leíste la última página del *Daily News*?"

"No, ¿por qué?"

El *Daily News* de Nueva York dio la bienvenida a la contratación de Torre con un enorme encabezado que rezaba: JOE DESPISTADO. El subencabezado decía: "Torre no tiene idea de dónde se mete". La columna escrita por Ian O'Connor decía que Torre "se presentaba como un ingenuo, en el mejor de los casos, y como un desesperado en el peor". O'Connor escribió: "Siempre es triste ver cuando un hombre se convierte en un títere". Una última opción, el custodio del cargo de Showalter, un despistado, un títere… así fue como Torre fue recibido como el nuevo mánager de los Yankees de Nueva York. Nada de eso le preocupó.

"No me importó", dijo Torre. "Estaba tan emocionado por

tener esa oportunidad, que nada de eso me importó. Estaba un poco ansioso por empezar. Cada vez que eres despedido, siempre hay algo que crees que puedes mejorar. Comencé a pensar que tal vez tenía que hacer distinto esto o aquello. Y entonces, un día antes de que comenzara el entrenamiento de primavera, hojeando un libro escrito por Bill Parcells, el entrenador de *football*, me encontré con algo así: 'Si crees en algo, aférrate a ello'. Y esa frase fue suficiente para mí".

Bajo la recomendación de Torre y con la colaboración de su nuevo entrenador de banca, Don Zimmer, el primer movimiento importante de Watson en cuanto a los jugadores de Ligas Mayores fue adquirir un catcher defensivo fuerte para reemplazar a Mike Stanley, que era popular entre los fanáticos de los Yankees por su bateo, pero nunca fue reconocido por sus cualidades defensivas. El 20 de noviembre, Watson intercambió al *pitcher* de relevo Mike DeJean con los Rockies de Colorado por Joe Girardi. Éste fue el inicio de un periodo frenético, y a veces curioso, de cuarenta días durante el cual Watson, con la asistencia de Michael y, desde luego, de Steinbrenner, conformó la tercera parte de la alineación de 1996. En ésta figuraban Girardi, el primera base Tino Martínez, el pitcher relevista Jeff Nelson y el *outfielder* Tim Raines, después de transacciones inteligentes; además, contrató al segunda base Mariano Duncan y al pitcher Kenny Rogers como agentes libres, y recontrató al tercera base Wade Boggs y a David Cone, sus propios agentes libres.

De hecho, la contratación de Cone tuvo menos relación con Watson pero, en lugar de ello, ilustró la fuerza dura y la voluntad que Steinbrenner ejercía sobre las operaciones de béisbol de los Yankees, el club más rico dentro de este deporte, pero al que aún le faltaba crecer para convertirse en el monstruo financiero que lo colocaría muy por encima de las otras 29 franquicias. En

1995, Steinbrenner gastó $58,1 millones en nómina, la más grande en el béisbol, pero a un razonable 19 por ciento por encima del segundo lugar en gasto nominal, los Orioles de Baltimore. Los Yankees en 1996 atraerían a 2,2 millones de aficionados a su estadio, lo cual los colocaba en el séptimo lugar entre los 14 equipos de la Liga Americana.

Cone estaba listo para ser recontratado por los Yankees hasta que Watson llamó a su agente, Steve Fehr, para reducir de súbito los términos del acuerdo. Furioso, Cone entró en negociaciones inmediatas con los Orioles, negociaciones que avanzaron tan deprisa que los Orioles comenzaron a elaborar planes internos para organizar una conferencia vespertina de prensa con el fin de anunciar su contratación. Sin embargo, aún quedaba un asunto pendiente.

"Probablemente hubiera firmado si no fuera por esos tipos en las oficinas generales que regateaban el dinero diferido a un interés de cero por ciento", explicó Cone. "Te lo digo, cuando hablé con mis chicos de finanzas me dijeron que el regateo se refería a un par de cientos de miles de dólares en ese momento. No es que desprecie un par de cientos de miles de dólares, pero desde una perspectiva general, un par de cientos de miles de dólares no debería entorpecer las cosas".

Mientras los Orioles mantenían el acuerdo en suspenso, Steinbrenner llamó a Fehr desde un teléfono público en un hospital, donde visitaba a un amigo enfermo. Pidió a Fehr que pusiera a Cone al teléfono.

"Estuve con los Yankees sólo desde mediados del 95", comentó Cone, "y no había interactuado mucho con George. Sólo había escuchado historias acerca de lo difícil que era tratar con él. Me dijo: 'Te necesitamos. Te queremos'. Dijo todas las frases adecuadas y me hizo volver porque yo ya estaba a punto de marcharme. Me dijo: 'Todo lo que te ofrecimos está otra vez sobre la mesa'. Se disculpó, dijo que había sido un malentendido. Incluso, creo que culpó un poco a Bob Watson. Lo acusó, pero la verdad es que creo que Bob sólo hizo su trabajo. Sin embargo, mi corazón estaba en Nueva York. Tenía un departamento en Nueva York. Era justo lo que quería".

Cone accedió a firmar un contrato de tres años por un valor de $19,5 millones. Steinbrenner completó el trato con una visión del futuro.

"Te queremos no sólo durante la vigencia de este contrato", dijo Steinbrenner a Cone, "sino por el resto de tu carrera. Antes de que tu carrera finalice con los Yankees, lanzarás en un nuevo parque de béisbol en el costado oeste de Manhattan y espero que atraigamos a tres millones de personas por año".

Ni siquiera Steinbrenner imaginaba lo grande que sería la marca de los Yankees.

El hecho de que Steinbrenner pudiera impedir en un instante un enorme trato de agente libre desde el teléfono público de un hospital dejó de manifiesto su impacto en la cultura organizacional entera. Si él quería que algo se hiciera, se hacía. No hubo regateo alguno sobre dinero diferido con cero por ciento de intereses. Steinbrenner era uno de los mejores cerradores de acuerdos en el béisbol, en especial ahora que se sentía motivado por la intensa crítica que despertó su separación de Showalter, así como los cambios bruscos que eliminaron a Yankees populares como Stanley, Randy Velarde y Don Mattingly, quienes se desvanecieron en el retiro. La llamada de último minuto de Steinbrenner desde un teléfono público, robándole a los Orioles a Cone, el principal adversario de los Yankees en la Liga Americana del Este, fue un momento clave en la construcción de una dinastía. Cone se convertiría en el líder más respetado en los equipos de los cuatro campeonatos mundiales de los Yankees bajo la dirección de Torre. Cone era el núcleo, si no es que el mismo espíritu, de la dinastía. Además de ser un competidor feroz, Cone era muy hábil y táctico para manejar a los medios de comunicación de Nueva York. Su empatía con los reporteros permitió que los tipos más discretos, como Bernie

Williams y Paul O'Neill, los mejores bateadores del equipo, jugaran libres de las responsabilidades con los medios, que, por costumbre, suelen acosar a diario a los jugadores en Nueva York.

"Creo que caí por casualidad en esa función en mi carrera", dijo Cone, "al observar cómo lo hacían Keith Hernández y algunos de los Mets. Recuerdo haber visto a Frank Cashen, el director general de los Mets, hablar con los reporteros en el *dugout* y decirles: 'Confidencialmente, chicos...' y luego hacía declaraciones oficiales. Tú observabas cómo los manejaba y podías desarrollar una relación un poco más cercana con los reporteros. Aquellos eran los días cuando podías salir y beberte una cerveza con los reporteros después de un partido. Todo era distinto entonces.

"Creo que al menos yo era un sujeto de quien mis compañeros en los Yankees sabían que no lo hacía con la intención de promoverme a mí mismo. Eso siempre me preocupaba: ¿Parecerá que me promuevo a mí mismo? Era un acto de equilibrio. Creo que superar la huelga de 1994–1995 y ser un vocero *de facto* por parte de los jugadores ayudó mucho en verdad. Yo intenté cambiarlo todo, invertirlo todo, e intenté ser un tipo defensor. Y para cuando superamos la huelga y me encontré en los Yankees el año siguiente a ése, yo ya conocía a todos los reporteros. Creo que sólo fue una casualidad".

El primer día del campamento de entrenamiento en la primavera de 1996, Torre reunió a su equipo para tener una junta. Muchos de los jugadores no lo conocían y él no conocía a muchos de ellos. Miró alrededor de la sala. Entre el grupo se encontraban los veteranos nuevos para él, como Raines, Martínez, Nelson, Girardi, Duncan y Rogers; un *shortstop* novato de 21 años llamado Derek Jeter; los outfielders que volvían, Bernie Williams y Paul O'Neill, un tipo de quien la gente de las oficinas generales le había advertido que tenía "ciertos rasgos egoístas"; los pitchers veteranos Cone, Jimmy Key y John Wetteland;

y los pitchers jóvenes Andy Pettitte y Mariano Rivera. Los entrenadores de Torre eran Zimmer, Mel Stottlemyre, Willie Randolph, Chris Chambliss, Tony Cloninger y José Cardenal.

"Todos mis entrenadores han participado en la Serie Mundial", dijo Torre a su equipo, "y eso es lo que yo quiero. Pero no sólo quiero ganar una. Quiero ganar tres campeonatos seguidos. Quiero establecer algo aquí que sea especial. Quiero establecer los cimientos para ser el tipo de equipo de béisbol que es capaz de repetir".

Dick Williams, el ex mánager de las grandes ligas que trabajaba con los Yankees como asesor especial, se llevó aparte a Torre después de la junta y le dijo: "Fue una junta grandiosa, una de las mejores que he presenciado".

Cone dijo: "Recuerdo al instante la tranquilidad que transmitía, su manera de conducir las juntas del equipo, su manera de hablar con la gente. Podías sentir que él era una influencia tranquilizadora. Él tenía mucha experiencia. Aún existían muchas especulaciones al principio del entrenamiento de primavera acerca de Showalter, muchas palabras acerca de que George intentaba convencerlo de volver. Tal vez pretendía promover a Torre en el ático y traer de regreso a Showalter. Recuerdo que las primeras dos juntas demostraron lo equilibrado y sereno que era".

Los Yankees contrataron a Torre en el momento perfecto de su vida. No sólo porque sus tres despidos como mánager lo convirtieron en antídoto a la medida para Steinbrenner. "¿Qué es lo peor que puede suceder? Que me despidan *otra vez*", decía a los reporteros.

La sincronización también fue perfecta porque entre su contratación y el inicio del campamento, Torre se liberó de un oscuro secreto familiar que había cargado desde que era niño en Brooklyn. El padre de Torre, Joe *senior*, era un detective de la policía de Nueva York que llenaba de temor el hogar familiar debido al abuso físico y emocional que ejercía sobre su esposa, Margaret. Joe, el menor de los cinco hijos, nunca fue el blanco directo de aquella violencia doméstica, pero esta experiencia lo formó como persona. Torre aborrecía las confrontaciones y odiaba los gritos y los ruidos. Temía tanto a su padre que si veía su auto estacionado fuera de su casa cuando regresaba de la escuela sólo continuaba su camino.

Torre reprimió esos sentimientos y nunca habló acerca del abuso doméstico de su padre. Después, en diciembre de 1995, la esposa de Torre, Ali, lo convenció de acompañarla al seminario *Life Success*, un programa diseñado para motivar el desarrollo personal. Ali conoció un aspecto resguardado y remoto de su esposo. Cada vez que ella decía: "Tenemos que hablar", veía cómo él se ponía tenso. "Tal vez", pensó ella, "el seminario le resulte útil". Torre imaginó que tendría que soportar el hecho de asistir a algunas conferencias de autoayuda de la Nueva Era. Para cuando terminaron el seminario y las actividades, Torre había revelado ante personas desconocidas el entorno abusivo de su hogar durante la infancia. Como mánager en las ligas mayores, Torre siempre prefirió operar a decibeles bajos y sin confrontar a nadie. Su método consistía en confiar en la gente y comunicarse en tonos neutros y mesurados. Sin embargo, ahora su metodología apacible se impulsaba por una paz interior que provenía de deshacerse del oscuro secreto familiar y de comprenderse mejor a sí mismo. Su confianza personal se incrementó. Su soltura y optimismo fueron justo lo adecuado para los Yankees de 1996, cuyos jugadores que volvían de 1995 sufrían por haber sido derrotados en la Serie Mundial por Seattle. Ellos también había jugado bajo el mandato del reservado Showalter, que había jugado, entrenado y dirigido durante tanto tiempo en la organización de los Yankees, donde el estilo de liderazgo de "divide y vencerás" de Steinbrenner estaba diseñado para mantener incómodos a todos, que la confianza no se le daba con facilidad.

"Ellos tenían un mal sabor de boca por los playoffs", comentó Torre, "y creo que habían madurado lo suficiente como para saber que alguien tenía que tomar las decisiones. Sin importar si te agrado o si me crees, tienes que comprender eso. Ellos se encontraban en el punto en el cual sabían que, para ganar, teníamos que trabajar juntos. Y alguien tiene que orientar al equipo en esa dirección".

Torre estableció un contraste completo con el estilo de microdirección de Showalter. Dio espacio a sus entrenadores y a sus jugadores. Una palabra aparecía una y otra vez en la aplicación de su filosofía de dirección: *confianza*.

"Lo que intento hacer es tratar a todo el mundo de manera justa", dijo Torre. "Esto no significa que trato igual a toda la gente. Sin embargo, todo el mundo merece un trato justo. Eso es lo único correcto. Prefiero equivocarme al confiar en una persona que nunca confiar en ella.

"Tengo la creencia que el juego les pertenece a los jugadores y tienes que facilitarlo lo mejor que puedas. Quiero que ellos utilicen su capacidad natural. Si hacen algo mal, se lo dices; sin embargo, quisiera que esto fuera instructivo, no robótico. Lo único que quiero que piensen es cuál es nuestra meta y lo que deben representar los jugadores al bate. Y eso simplemente es lo siguiente: '¿Qué puedo hacer para ayudarnos a ganar un juego?'".

Muy pronto, los jugadores adoptaron el estilo de dirección de Torre basado en la confianza y lo hicieron así porque su principio inalienable era la honestidad.

"La honestidad es importante para mí. ¿De dónde proviene? No lo sé, pero, incluso cuando me remonto al pasado, es algo que siempre ha estado sembrado en mí. Incluso ahora puedo tener problemas cuando le digo la verdad a una persona aunque no sea agradable, pero no le mentiría. La única manera de obtener compromisos es a través de la confianza y tienes que intentar ganarte esa confianza".

Torre aplicaba el mismo principio en su manejo de los medios de comunicación. Su trabajo como comentarista con los Angels y su don como narrador lo convirtieron en un testigo relajado por naturaleza frente a los reporteros críticos y tendenciosos y las columnistas de Nueva York. Él era comunicativo, pero sin comprometer a su equipo. Su honestidad era refrescante.

"Quizá confundí a los medios, pero nunca les mentí de manera consciente", dijo Torre. "Tal vez no respondí a alguna pregunta de manera directa o quizá cambié de tema y tomé una dirección distinta; sin embargo, no recuerdo haberle mentido a nadie a propósito".

"Creo que era una parte importante del trabajo dado que los medios desempeñan una función vital en lo que sucede en Nueva York. Yo pensaba que era mi obligación comunicarme con ellos para que la información partiera directamente de mí. Entonces, pensé que era algo sin límite de tiempo.

"Mi punto número uno con los jugadores era que ellos nunca leerían algo que no hubieran escuchado antes de mí; cuando menos, algo significativo. Y eso forma parte de la confianza que intento crear".

Incluso antes de que iniciara el campamento de entrenamiento de primavera de 1996, Torre mostró su confianza en Cone al nombrarlo su pitcher del Día de Apertura. Jimmy Key, Andy Pettitte, Dwight Gooden y Kenny Rogers ocuparían los sitios detrás de él en la rotación. Sin que Torre lo supiera, no obstante, Cone estaba padeciendo un misterioso cosquilleo en los dedos que había comenzado al inicio del entrenamiento de primavera, cuando simplemente jugaba a atrapar la bola. El cosquilleo creció de forma tan progresiva que la uña de su dedo anular derecho se había vuelto azul. Cone no dijo nada al respecto.

El Día de Apertura en Cleveland, Cone lanzó el tipo de juego que en términos prácticos definió su carrera con los Yankees, pues enfatizó su relación coqueta con el desastre, a pesar de que de alguna manera ambos nunca se enfrentaron en la realidad. Dio bases por bolas a seis bateadores Indians y ninguno de ellos logró anotar. En el clima de 38 grados Fahrenheit, Cone lanzó siete entradas sin anotaciones en un triunfo de 7–1. Tan pronto como regresó a la casa club, bajó la mirada hacia su mano derecha. Estaba helada y húmeda, peor de cómo había estado durante la primavera. Todo su dedo anular estaba azul. Entonces se aproximó al entrenador Gene Monaham y le dijo: "Algo está mal con mi mano".

Los Yankees lo enviaron al Hospital Columbia-Presbyterian en Nueva York para que le realizaran un angiograma. El principal cirujano vascular, el doctor George Todd, se encontraba de vacaciones en ese momento.

"No pudieron encontrar nada", dijo Cone, "de manera que me recetaron anticoagulantes y me enviaron de nuevo a lanzar; lo que, visto en perspectiva, probablemente no fue lo más adecuado".

Los síntomas continuaron. Cuando Todd regresó de sus vacaciones y vio el angiograma, temió que algo marchara mal con Cone; tal vez un aneurisma o un coágulo en alguna parte de su sistema circulatorio, un problema potencialmente letal según el área donde se localizara. Tuvieron que llamarlo de nuevo para practicarle otro angiograma.

"Lancé un juego completo contra los White Sox", dijo Cone. "Mis lanzamientos fueron estupendos, ocupaba el primer lugar de la liga en ERA (promedio de efectividad). No lo comprendía. Casi no podía sentir la bola. Supongo que intenté no hacer lanzamientos demasiado duros. Sólo soporté la situación para poder salir bien librado".

El angiograma fue un procedimiento tortuoso. Como Cone lo describió, implicaba un catéter insertado en la ingle, una dosis alta de analgésicos y permanecer acostado de espaldas sobre una mesa rígida durante horas. Drogado, adolorido y exhausto, Cone vio a los médicos y enfermeras regresar deprisa a la habitación con sonrisas en los rostros después de estudiar los resultados del angiograma. "¡Encontramos el aneurisma!", anunciaron. Cone comentó:

"Les dije: 'Váyanse al carajo. ¡No me lo digan así!'. Ellos estaban felices por haberlo encontrado. '¡Tienes un aneurisma!' Yo estaba drogado, pero fue entonces cuando me asusté. Sabía que algo marchaba mal. Sólo pensé que era algo en mi mano. No sabía que eso estaba allí".

El aneurisma se encontraba en el área superior del brazo, en la región del hombro. El 11 de mayo, en una cirugía de tres horas, los médicos cortaron dos arterias, retiraron el aneurisma y tomaron una porción de una vena del muslo para parchar la conexión y restablecer el flujo sanguíneo. Los Yankees iban 20–14 y ocupaban el primer lugar, pero sin su estrella y líder. Nadie podía estar seguro de cuándo podría Cone regresar esa temporada, incluso si podría hacerlo.

Cone había llevado a cabo 147 lanzamientos durante su juego final de la temporada de 1995, la derrota de los Yankees en el quinto juego en el Kingdome de Seattle contra los Mariners. En su último lanzamiento, permitió la carrera del empate. Cone estaba tan cansado y deprimido después de ese partido que apenas salió de su departamento en Manhattan durante varios días. Su brazo estaba tan lesionado que el simple hecho de peinarse le resultaba doloroso. Los médicos nunca pudieron establecer una relación directa entre esos 147 lanzamientos y su aneurisma; sin embargo, a Cone le dejaron la tarea de encontrar esa posible relación por sí mismo.

"No creo que exista alguna manera de saberlo con seguridad debido al desgaste", dijo. "Es como una llanta ponchada. ¿Cuándo se ponchó? Sin embargo, debió existir alguna relación porque me presenté la siguiente primavera y de inmediato sentí un cosquilleo en los dedos cuando comencé a lanzar la bola".

◆ ◆ ◆

Los Yankees de 1996 fueron un equipo tan extraordinario precisamente porque su destino no dependía de ningún jugador en particular. Nadie en el equipo bateó 30 jonrones ni conectó 200 hits o robó 20 bases. La ofensiva estuvo por debajo del promedio y ocupó el noveno lugar en la liga de 14 equipos. Los lanzadores fueron buenos pero no espectaculares. Ocuparon el quinto lugar en ERA. Los Yankees nunca ganaron o perdieron más de cinco juegos seguidos. Sus fortalezas fueron sus recursos: la capacidad de encontrar cualquier fractura o fisura en cualquier juego u oponente y explotarla, además de un certero bulpen que hizo que ganar por poco margen no fuera tan arriesgado como parecía ser. Por lo general podía contarse con Rivera y Wetteland para los nueve *outs* finales sin mayor problema. Los Yankees aprovecharon al máximo su ofensiva mediocre para ganar 92 partidos. Batearon .293 con corredores en posición de anotar. Obtuvieron 25–16 en partidos decididos por una carrera. Lograron 70–3 cuando tenían la delantera después de seis entradas.

La capacidad de encontrar recursos, sin embargo, no era una forma de arte muy apreciada por Steinbrenner. Aficionado del football, la historia militar y la intimidación, Steinbrenner quería aplastar a sus oponentes, no sólo mellarlos con sencillos o con victorias con una carrera de diferencia. Incluso, cuando los Yankees de 1996 obtuvieron muchas de estas eficientes victorias, Steinbrenner llamó a Torre para quejarse. No obstante, Steinbrenner era incapaz de intimidar a este entrenador.

"Yo estaba tan emocionado por dirigir un equipo que tuviera la oportunidad de ganar que, sin importar lo que él me reclamara, yo me encontraba en una postura grandiosa para enfrentarlo", comentó Torre. "Ganábamos partidos y él se sentía un tanto avergonzado porque ganábamos con un marcador cerrado o por un solo hit. Él quería mutilar gente".

El martes 18 de junio, Steinbrenner llamó a Torre a su oficina en el Yankee Stadium. Los Yankees habían ganado ese día, mejorando su récord a 39–28 y consiguiendo la delantera sobre los Orioles por dos partidos y medio. Sin embargo, Steinbrenner aún estaba inconforme, en especial con los Yankees llenos de lesiones en su grupo de pitchers y a punto de enfrentarse en una serie de cuarto partidos contra los duros contrincantes Indians (equipo que lideraría la liga con 99 victorias). A Steinbrenner le preocupaba que Torre planeara utilizar a dos novatos de emergencia extraídos del bulpen, Brian Boehringer y Ramiro Mendoza, en un doble juego. A los novatos les seguían dos abridores del final de la rotación, Rogers y Gooden. Steinbrenner se preguntaba si había alguien más, cualquier jugador con experiencia, que pudiera lanzar, incluso si aquello significaba convocar a un jugador de las ligas menores.

"Yo no tenía idea de cómo íbamos a ganar contra Cleveland con los lanzadores que enviaríamos al montículo", comenta Torre, "pero le dije que todo saldría bien".

En un momento dado, Steinbrenner dejó de rugir y le dijo a Torre:

"De acuerdo, pero tu trasero está en juego".

Aquel escenario se repetiría en muchas ocasiones durante los años de Torre como director de los Yankees. Steinbrenner siempre estaba nervioso o ansioso por algo. Torre, firme en su optimismo y en su confianza en sus jugadores, tranquilizaba al inquieto y temeroso Steinbrenner asegurándole que las cosas resultarían bien para su equipo. La tranquilidad que Cone y los demás jugadores notaron desde el primer día del campamento de entrenamiento de primavera fue una ventaja tan vital para Torre cuando lidiaba con Steinbrenner como lo fue en el dugout y en la casa club con sus jugadores. El león rugía de manera amenazante y Torre introducía la cabeza en las fauces del animal con toda calma y salía sonriente y sin un rasguño. Los Yankees ganaron los cuatro partidos en Cleveland, tres de ellos por una o dos carreras.

"Bueno, ¡lo has logrado apenas!", ladró Steinbrenner a Torre.

"Jugamos un béisbol sólido, jefe", respondió Torre. "Perma-

necemos en el juego y nuestro bulpen lo gana por nosotros. Eso
es todo: acortamos el juego. Lo convertimos en un juego de seis
entradas con los chicos que sacamos del bulpen".

Los Yankees consiguieron una ventaja sobre los Orioles que
creció hasta 12 partidos el 28 de julio, sólo para encogerse a dos
partidos y medio con 14 partidos por jugar después de una regresión de 21–24. No obstante, los Yankees terminaron con seis
triunfos en sus siguientes nueve partidos mientras Baltimore se
tambaleaba. El lanzador ganador en el partido decisivo fue
nadie menos que Cone, que había regresado en septiembre después de la cirugía del aneurisma.

La postemporada se convirtió en una versión de 15 partidos de
su temporada regular. Los Yankees capitalizaron toda apertura y
su bulpen fue virtualmente invencible, pues sólo perdió un partido. Los Rangers de Texas tenían a los Yankees a seis outs de un
déficit de dos partidos a cero en el segundo juego de la Serie de
División de cinco partidos, a ganar tres, cuando los Yankees
mostraron una vez más su capacidad para obtener recursos. Bernie Williams comenzó la octava entrada con un sencillo, avanzó
a segunda base con un *fly* profundo y anotó con un sencillo al
campo opuesto conectado por Cecil Fielder. Ganaron en la entrada 12 con un toque de sacrificio de Charlie Hayes, el cual
provocó un mal tiro del tercera base Dean Palmer, lo que permitió que Jeter anotara desde segunda base.

Éste no era el tipo de béisbol que Steinbrenner prefería, pero
era un béisbol inteligente y generoso y, además, funcionaba. El
juego afortunado de los Yankees continuó contra Baltimore en
la Serie de Campeonato de la Liga Americana, una serie que los
Orioles debieron encabezar con dos partidos a cero de no ser
por otro extraño regreso en la octava entrada de los Yankees en
el primer juego. Con los Yankees en sus últimos cinco outs y un
marcador de 4–3, Jeter conectó un fly alto hacia el muro del

campo derecho cuando el outfielder derecho de los Orioles, Tony Tarasco, corrió tras la bola. Sin embargo, antes de que la bola cayera en el guante de Tarasco, un chico de 12 años llamado Jeffrey Maier se estiró sobre el muro y desvió la bola hacia las gradas. El árbitro del campo derecho, Rich García, señaló un jonrón. No podía existir duda alguna al respecto: los Yankees recibían ayuda de arriba. El partido estaba empatado. Los Yankees ganaron en la entrada 11 con un jonrón de Williams. También ganaron los tres juegos en Baltimore y con ello enviaron a Torre a la primera Serie Mundial de su vida. Después del out final, Torre rompió en llanto en el dugout.

El desastre esperaba a Torre en la Serie Mundial. Al jugar por primera vez en siete días y contra un envalentonado y favorecido equipo de los Braves de Atlanta, los Yankees fueron derrotados en el primer juego en el Yankee Stadium con un marcador de 12–1. Contemplaban a Greg Maddux, el mejor pitcher en el béisbol en el segundo juego, cuando Steinbrenner entró a la oficina de Torre 90 minutos antes del partido, en busca de un poco de esa tranquilidad ya acostumbrada en él.

"Éste es un juego que debemos ganar", dijo Steinbrenner.

Torre apenas levantó la mirada hacia él.

"Debes estar preparado para que perdamos de nuevo esta noche", le respondió con toda calma. No era ésa la tranquilidad que Steinbrenner esperaba. Sin embargo, Torre continuó: "Pero después iremos a Atlanta. Atlanta es mi ciudad. Ganaremos tres juegos allá y ganaremos otra vez aquí el sábado".

Steinbrenner no supo qué decir. ¿Torre decía que los Yankees perderían una vez más, pero que ganarían cuatro partidos seguidos contra los Braves y su grandiosa rotación, la misma que incluía a Maddux, John Smoltz y Tom Glavine? Era un palabrerío absurdo. Como era de esperarse, los Yankees perdieron contra Maddux, 4–0. Habían sido superados con 16–1, la peor diferencia sumada en los primeros dos partidos en la historia de la Serie Mundial.

Steinbrenner se hizo aún más temible. Le preocupaba el fracaso y "caer en vergüenza", siempre una de sus mayores preocupaciones. Steinbrenner siempre hablaba acerca de "caer en vergüenza". Llamó a Torre a su oficina antes del tercer juego en Atlanta.

"Que no 'caigamos en vergüenza'", dijo un Steinbrenner nervioso.

"Estaremos bien", respondió Torre.

No todos sentían lo mismo. Mike Borzello, el catcher del bulpen, recuerda haber estado en el *outfield* durante la práctica de bateo antes del tercer juego con Boggs y Martínez. Todos pensaban lo mismo que Steinbrenner.

"Hablamos acerca de que no queríamos que nos vencieran", dijo Borzello. "Todos decíamos: 'Tenemos que ganar uno porque será vergonzoso llegar a cuatro y fuera. Pero este equipo es mucho mejor que nosotros'. En verdad así nos sentíamos hasta que la situación cambió".

El tercer juego, así como toda la Serie Mundial, alcanzó su momento crítico en la sexta entrada cuando los Braves llenaron las bases contra Cone, con un out, y perdiendo 2–0 contra los Yankees. Fred McGriff, el primera base zurdo de los Braves, entró a batear. Graeme Lloyd, un pitcher relevista también zurdo, lanzaba en el bulpen de los Yankees. Torre caminó hacia el montículo, todavía indeciso de dejar a Cone o sustituirlo por Lloyd. La estrategia indicada era enfrentar zurdo contra zurdo. Torre miró a Cone a los ojos.

"Esto es muy importante", dijo Torre. "Necesito que me digas la verdad. ¿Cómo te sientes?"

"Estoy bien", le respondió Cone. "Perdí un poco de toque en mi *slider*, pero estoy bien. Me encargaré de ese sujeto por ti".

Entonces, Torre sujetó a Cone y lo jaló hacia él de manera que quedaron casi nariz contra nariz.

"Este juego es muy importante", le repitió Torre. "Tengo que saber la verdad, así que no me mientas".

Cone comentó: "Yo ya había anticipado cuáles serían las preguntas. Básicamente: 'Oye, ¿estás bien?' 'Sí, estoy bien'. 'De acuerdo, ¿cómo vamos a derrotar a este tipo?'. Él sólo dijo: 'No, eso no es suficiente', y luego volvimos a quedar nariz contra nariz. 'No, necesito saber que estás bien'; casi me imploraba que le dijera la verdad. Hizo contacto visual conmigo y me obligó a mirarlo a los ojos. Se acercó cada vez más y me sujetó para jalarme más hacia él. Dijo dos o tres veces: 'No, necesito saber que estás bien'".

"Ésa fue la primera vez que vi a un mánager hacer algo así, diciéndolo de esa manera. Yo estaba bien, tan bien como lo está un tipo que regresa al equipo deprisa después de una cirugía. Todavía no estaba recuperado por completo, pero siempre pensé que podía hacer un lanzamiento, un *splitter* o algo así. Es como jugar golf cuando crees que puedes lograr un hoyo. De alguna manera, de algún modo".

Cone convenció a Torre de permitirle jugar. Lanzó a McGriff, quien bateó un *pop-up*. Después dio base por bolas a Ryan Klesko, concediendo una carrera. "Fue una decisión arriesgada", dijo Cone; "pero si cometes un error allí, puede darte un batazo". Cone finalizó la entrada al eliminar a Javy López con un pop-up, con lo cual preservó la ventaja de los Yankees, que ganaron 5–2.

No obstante la importancia del tercer juego, el cuarto se convertiría en el partido por excelencia para los Yankees de 1996. Con un marcador adverso de 6–0 en la sexta entrada, Torre reunió a sus jugadores en el dugout para una junta improvisada y les aconsejó: "Dividámoslo por la mitad aquí. Demos pequeñas mordidas. Hagamos las pequeñas cosas que hacemos para lograr una carrera cada vez. Ejerzamos un poco de presión sobre ellos".

Ningún equipo de los Yankees había ganado un juego de Serie Mundial viniendo de tan atrás. Sólo un equipo había superado un déficit mayor en la Serie Mundial: los Athletics de Filadelfia de Connie Mack en 1929. De inmediato los Yankees respondieron al consejo de Torre. Anotaron tres carreras con sus primeros cuatro bateadores de la entrada con tres sencillos al campo opuesto además de una base por bolas. El empate fue aún más sorprendente: un cuadrangular de tres carreras de Jimmy Leyritz contra el pitcher relevista Mark Wohlers con un out en la octava, una hazaña que fue posible gracias a que Wohlers cometió el error de lanzar un slider colgado porque Leyritz parecía cronometrar sus bolas rápidas de 99 millas por hora bateándolas *foul*. Los Yankees ganaron 8–6 en la décima entrada; la carrera que rompió el empate entró gracias a una base por bolas de Wade Boggs, que había entrado como emergente y representaba el último jugador de posición en la banca de Torre. Éste utilizó a siete pitchers, cinco bateadores emergentes y un corredor emergente. Usó a cada uno de sus jugadores, excepto a los tres pitchers abridores: Cone, Key y Pettitte. Era la cuarta ocasión en 13 juegos de postemporada ese año que los Yankees ganaban un juego después de estar perdiendo cuando faltaban seis o menos outs.

La serie iba empatada a dos juegos ganados. Los Yankees dieron la bola a Pettitte en el quinto juego y los Braves a Smoltz. Torre debía tomar algunas decisiones difíciles respecto de su alineación, la primera de las cuales se dio justo después del cuarto juego. Torre le dijo a Leyritz que sería el catcher de Pettitte en lugar de Girardi, el especialista defensivo.

"Le dije a Leyritz: '¿Sabes una cosa? Te pondré como catcher con Pettitte mañana'", comentó Torre. "'Y el único motivo por el cual serás catcher con Pettitte es porque bateaste un jonrón de tres carreras. No iba a alinearte como catcher; por tanto, asegúrate de hacer lo correcto', porque él siempre quería hacer las cosas a su manera. No quería seguir el plan de juego de cómo haríamos los lanzamientos. Sin embargo, así era su personalidad. 'El Rey'".

Torre terminó el resto de su alineación cuando llegó al estadio para el quinto juego. Eligió a Hayes en lugar de Boggs en la tercera base, con lo cual enfatizó la probabilidad de que hubiera rolatas en el área dado que el lanzador era el zurdo Pettitte; a Fielder, que estaba en una buena rancha, en lugar de Martínez en la primera base, a pesar de enfrentar a un diestro; y a Raines en el outfield en lugar de O'Neill, que estaba limitado por un dolor en un tendón. Torre llamó a Boggs, Martínez y O'Neill a su oficina de uno en uno para contarles la noticia de que no iniciarían el partido.

"Boggs estaba decepcionado", dijo Torre, "Tino fue el único cuyo enojo era evidente y Paulie sólo se mostró resignado. Estaba triste. Salió de la oficina con la cabeza baja y los hombros encorvados".

Cuando O'Neill abandonó la oficina, Zimmer vio la resignación en su rostro. El peligro de sentar en la banca a O'Neill contra Smoltz era que O'Neill no estaría listo mentalmente cuando Torre tuviera que recurrir a él. Zimmer pensó en las reacciones de O'Neill.

"Este tipo ha estado jugando con una sola pierna durante todo el año", dijo Zimmer. "Creo que en verdad estamos en deuda con él".

Torre estuvo de acuerdo y esto le dio una idea: ¿por qué no poner a Strawberry en el izquierdo y a O'Neill en el derecho? Entonces, le dijo a Zimmer que llamara de nuevo a O'Neill a su oficina.

"Prerrogativa de director", dijo a O'Neill. "Cambié de opinión. Vas a jugar".

Mientras tanto, Fielder, decidido a aprovechar la ocasión, caminaba por la casa club, diciéndole a todo el mundo a gritos: "¡Embásense! ¡Que alguien se embase y este papacito lo traerá! ¡Te impulsaré! Que alguien se embase y basta".

Como era de esperarse, Fielder impulsó la única carrera del

partido con un doble, uno de sus tres hits. Las decisiones difíciles de Torre en la alineación funcionaron bien. Leyritz condujo un partido inteligente. Con sus lanzamientos, Pettitte impidió la anotación de los adversarios hasta la novena entrada con la ayuda de 14 outs por rolatas, tres de los cuales fueron a manos de Hayes. Torre incluso permitió que Pettitte bateara en la fase superior de la novena entrada con dos outs y dos corredores en base, en lugar de utilizar a un bateador emergente y traer a Wetteland de pitcher.

"La gente gritaba desde las gradas: '¿Están locos?'", comentó Torre. "Zimmer se volvió y les gritó: '¡Siéntense sobre sus traseros!'".

A unas secciones de distancia, la esposa de Pettitte, Laura, estaba sentada junto a Ali, la esposa de Torre.

"¿Qué hace?", preguntó Laura. "Nunca antes lo había hecho. ¡Andy no lanza en la última entrada!

Como Torre explicó: "Teníamos a Chipper Jones como primer bateador de la novena, que entonces no era un bateador derecho tan bueno. Freddie McGriff, quien me atemorizaba mucho, era el segundo bateador. Sé que es probable que permitir que Andy bateara en un partido con un marcador de 1–0 no era lo más apropiado. Sin embargo, yo quería que él fuera el pitcher en la novena entrada.

"Desde luego, con el primer lanzamiento, Jones conecta una rolata doble por la línea del campo izquierdo. Después, McGriff batea una rolata a segunda base y la carrera de empate está en la tercera. Traigo a Wetteland y Javy López conecta un *hopper* hacia tercera. Tuve suerte.

"Entonces, tomé otra decisión. De manera intencional di base por bolas a Ryan Klesko para que Luis Polonia bateara, a pesar de que Klesko era la carrera ganadora". Ahora, la última gran decisión de Torre sobre su alineación (incluir a O'Neill de nuevo) entraría en juego. Polonia bateó varios fouls, cinco seguidos, y el entrenador José Cardenal intentó que O'Neill se moviera hacia el campo central, porque el zurdo Polonia no respondía a las bolas rápidas de Wetteland.

O'Neill, según era su costumbre, estaba demasiado ocupado trabajando en su bateo y hacía *swings* imaginarios en el campo derecho. Cardenal intentó ondear una toalla, luego dos toallas y después tres toallas para llamar su atención. Por fin, justo antes del séptimo lanzamiento de Wetteland a Polonia, O'Neill detectó los movimientos frenéticos de Cardenal y se movió unos cuantos pasos hacia su derecha. Polonia bateó con fuerza la siguiente bola hacia el espacio a la derecha del campo central. O'Neill cojeó detrás de ella y levantó el guante a medida que se aproximaba a la franja de advertencia.

Si O'Neill atrapaba la bola, los Yankees estarían a una victoria del campeonato mundial. Si no la atrapaba, ambos corredores anotarían, los Yankees perderían el partido, los Braves estarían a un triunfo del título y Torre sería juzgado por permitir que Pettitte iniciara la novena y por colocar la carrera ganadora en base de manera intencional.

O'Neill atrapó la bola en el último instante. Golpeó su mano izquierda en el muro del outfield para enfatizar la jugada, mientras cojeaba hasta detenerse. "Ver la expresión en su rostro cuando atrapó la bola", comentó Torre, "eso sí que fue especial". Los Yankees se marcharon a casa con la oportunidad de ganar la Serie Mundial.

Para ganar el sexto partido, los Yankees tendrían que descifrar los trucos de magia de Maddux. Justamente eso hicieron en la tercera entrada. O'Neill, dispuesto para cuando Torre lo necesitara, conectó un doble; Girardi, un triple; Jeter, un sencillo y se robó una base; y Williams, un sencillo. Todo lo anterior le dio una ventaja de 3–0 a Jimmy Key, que salió en la sexta entrada después de conceder sólo una carrera.

Para la séptima, llegó el momento de lo que Torre llamaba "La Fórmula": Rivera para dos entradas y Wetteland para una. Rivera se hizo cargo de la primera parte del plan. Wetteland convirtió su parte del plan en una especie de aventura. Tres sencillos acortaron la ventaja a 3–2 y dejaron a corredores en primera y en segunda con dos outs en la novena. El segunda base de los Braves, Mark Lemke, recibió la cuenta completa. En el séptimo lanzamiento de su turno al bate, Lemke conectó un foul ascendente hacia tercera base. Hayes lo atrapó y los Yankees se convirtieron, por fin, en campeones mundiales una vez más.

"El 96 fue muy divertido", dijo Torre, "porque nunca fuimos los favoritos".

Las siguientes dos horas estuvieron llenas de lágrimas, risas, abrazos y champaña para Torre. No fue sino hasta las dos de la mañana que un amigo lo condujo a casa. Cuando Torre llegó, encontró su casa atestada de gente, que querían que la noche continuara por siempre. Fue todo un espectáculo: Torre llegó a la fiesta en su propia casa, aún con su uniforme de los Yankees puesto y empapado en champaña.

Días más tarde, Torre compartía un desayuno tardío con Steinbrenner en el Hotel Regency en Nueva York. Eran perfectos uno para el otro: Steinbrenner dándole a Torre una cuarta oportunidad con su mejor equipo y Torre retribuyéndole con su campeonato mundial, que le había sido esquivo durante 17 años y 16 cambios de dirección. Torre le recordó a Steinbrenner que debía ganar $550.000 en 1997. LaRussa, señaló, ganaba casi el triple de esa cantidad y ahora Torre había ganado tantos campeonatos mundiales como LaRussa, quien había triunfado con Oakland en 1989. Steinbrenner estuvo de acuerdo en que Torre merecía ganar más dinero. Ambos decidieron romper el segundo año del contrato y negociaron un nuevo acuerdo: $3,75 millones por las siguientes tres temporadas.

En privado, Ali Torre deseaba que su esposo, después de haber satisfecho su sueño de obtener un título de la Serie Mundial, se retirara de la dirección. Tenían una bebita, Andrea, en

casa. Sin embargo, ella también sabía que Torre había desarrollado un vínculo especial con su grupo de jugadores. Él no podría dejarlos. Torre también quería cumplir su visión del
entrenamiento de primavera de ganar múltiples títulos.

Torre y los Yankees no ganaron en 1997. A cuatro outs de
ganar la Serie de División contra Cleveland, Rivera cedió el jonrón del empate a Sandy Alomar. Rivera perdió 3–2 en la novena
a causa de un sencillo al *infield* conectado por Omar Vizquel.
Los Yankees perdieron el partido decisivo por una carrera, 4–3.

Torre regresó de nuevo después de esa temporada. Y regresó
después de ganar la Serie Mundial una vez más en 1998, y regresó después de ganar la Serie Mundial una vez más en 1999,
y regresó después de ganar la Serie Mundial una vez más en el
2000... once temporadas más en total después de ese primer
año como mánager de los Yankees satisficieron su sueño. Continuó porque el campeonato mundial de 1996 confirmó su creencia en el poder de la confianza. El campeonato fue una
validación. Lo transformó como director, incluso como persona,
y a él le gusto en lo que se había convertido.

"Por fin comenzaba a adquirir autoestima en cuanto al trabajo que realizaba", comentó Torre cuando explicó por qué permaneció en el cargo. "Por fin descubrí que lo que hacía,
funcionaba. Siempre piensas que haces lo correcto, pero siempre había una razón por la cual no obtenía resultados. Luego
sucedía que eras despedido por un motivo: no habías hecho tu
trabajo.

"Cuando triunfamos en el 96 fue una gran emoción para mí
darme cuenta de que habíamos ganado; entonces, sentí que
tenía el control de las situaciones, pues esos jugadores, que ya
estaban allí desde antes de que yo llegara, respetaban lo que yo
hacía. Nunca te hartas de eso. Ésa es la razón. Ésa es la razón.

"Y luego viene el asunto Yankee. Sabes que con el tiempo la
gratificación se desvanecerá. Sin embargo, el núcleo de los jugadores aún estaba allí y yo aún no estaba listo para abandonarlos.

Y el dinero era bueno. Y el desafío. Cada uno de esos años fue distinto, a pesar de que el equipo era el mismo, el nombre del equipo; siempre hay otro ingrediente que se agrega a lo que haces. Siento como si pudiera mirar a un equipo e intentar unir las piezas del rompecabezas".

Algo más, bastante inusual, sucedió en esa temporada de 1996; algo fuera de lo común, es decir, además de que un drogadicto rehabilitado, Doc Gooden, lanzara un juego sin anotaciones ni hits; de que un chico que se recuperaba de un aneurisma ganara el juego decisivo de división y el juego crucial de la Serie Mundial; de que Dean Palmer conectara un toque; de que un niño de 12 años convirtiera un out en un jonrón; de que Mark Wohlers lanzara un slider; del más fabuloso retorno de los Yankees a la Serie Mundial de su historia; de un récord de 8–0 jugando fuera de Nueva York en la postemporada y de que un mánager reciclado, apodado "Despistado Joe", ganara la Serie Mundial en su primer año como mánager de los Yankees y obtuviera un éxito inmediato donde los 11 hombres anteriores a él habían fallado durante los 17 años previos, a pesar de que algunos de ellos habían recibido múltiples oportunidades. Lo que también fue inusual fue que el equipo, tan bien aprovisionado con veteranos curtidos como Bernie Williams, Paul O'Neill, Wade Boggs, Tino Martínez, Joe Girardi, Jimmy Key y David Cone, optara para el liderazgo en el campo y la seguridad de una jugada decisiva por un chico de 21 años que había cometido 29 errores en la temporada previa y había conectado sólo dos jonrones en Columbus, Ohio, para la filial de los Yankees en la Triple A. Derek Jeter fue mágico desde el principio.

"Fue hacia la mitad de la temporada cuando los jugadores más grandes, los veteranos, esperaban que él hiciera algo", comentó Torre. "Eso fue algo muy inusual para mí. Nunca había visto algo como eso en el juego. Ellos contaban con él".

En ocasiones, la cualidad azarosa de la relación entre un jugador y una organización, la cual es complicada por el orden de selección y los arcos de las subidas y bajadas de la franquicia, resulta perfecta, una versión beisbolera de un servicio de citas en línea que conduce a un amor verdadero a partir de complicados algoritmos. Boggs, por ejemplo, creció con un dulce swing zurdo. En la selección de 1976 fue rechazado 165 veces antes de que los Red Sox de Boston lo eligieran. El swing de Boggs fue naturalmente apropiado para el Fenway Park, donde durante años pudo dar batazos contra el Monstruo Verde del campo izquierdo como si jugara balonmano. Boggs obtuvo .369 en Fenway en toda su carrera y .306 en los demás lugares.

Jeter y los Yankees conformaron otra de esas parejas perfectas. Un muchacho humilde y trabajador de Kalamazoo, Michigan, criado por educadores, fue el chico perfecto en el momento perfecto para el equipo perfecto. Fue una superestrella en ciernes sin el ego hambriento de atención que, por lo general, viene incluido en un paquete de ese estilo. Cuando vio a los Yankees en 1995, con una invitación para el entrenamiento de primavera y una llamada al final de la temporada, vio que el capitán, Don Mattingly, jugaba con el mismo tipo de motivación que la suya. Lo que vio en 1996, incluso sin Mattingly, fue a un equipo entero de jugadores con la misma ética que Jeter había aprendido de sus padres, un equipo construido con trabajo arduo y cuya prioridad era el éxito colectivo antes que el cumplimiento de las metas individuales. El chico se adaptó a la perfección.

"Lo aprendí de muchos sujetos", dijo Jeter. "No sé si sólo fue uno. Los tipos como Coney… veías cómo Coney manejaba a los medios de comunicación en términos de ser responsable y de estar disponible para ellos. Creo que su manera de hacerlo era grandiosa. Hubo diferentes aspectos de distintos sujetos. Tim Raines, cómo disfrutaba cada día. Tenía una sonrisa todos los días. Siempre lograba que todo fuera divertido. Gerald Williams siempre era muy positivo. Era una persona que siempre buscaba lo positivo. Tino jugaba con fuerza y era intenso. Tomé pedazos de cada uno.

"Creo que era la situación perfecta para mí; en especial, el hecho de jugar en Nueva York. Todas esas cosas que he mencionado… tienes que comprender los trucos para tener éxito en Nueva York. Uno, los medios. Dos, confianza. Tres, divertirte. Y cuatro, trabajar duro y ser intenso. Ésas fueron cosas que yo siempre había hecho. Entonces, fue casi como una reafirmación cuando entré con los Yankees".

Los Yankees de 1995 asignaron a Tony Fernández como shortstop; sin embargo, cuando Torre fue contratado como mánager, las oficinas generales le indicaron que Jeter sería el shortstop y que Fernández jugaría en segunda base.

"Yo nunca lo había visto, no lo conocía", dijo Torre. "Antes del entrenamiento de primavera vi a Jeter por televisión diciendo: 'Voy a buscar la oportunidad de quedarme con ese puesto'. Me dije: '¿Sabes una cosa? Él lo ha expresado mejor que yo. No dio nada por hecho, como si no hubiera heredado el puesto'.

"Básicamente, cuando sabes que eso es lo que quiere la organización, es decir, que Jeter fuera el shortstop, y no tienes nada contra qué compararlo, sólo permites que suceda. En realidad, él no hizo mucho en el entrenamiento de primavera. No bateó muy bien. No es que haya estado mal, pero no hizo nada extraordinario".

Cerca del final del entrenamiento de primavera, Clyde King, uno de los muchos asesores especiales de Steinbrenner desde Tampa, recomendó que los Yankees pusieran fin al plan de colocar a Jeter como shortstop y lo regresaran a Columbus para que adquiriera más experiencia.

"No está listo para jugar", aseguró King.

"¿No está listo para jugar?", preguntó Torre. "Es demasiado tarde. Ya estamos comprometidos con él".

Torre comentó:

"Para entonces, él ya me agradaba. Íbamos a permitirle batear en noveno turno y darle la oportunidad de crecer. Entonces, Fernández se lesionó y Mariano Duncan, a quien llamamos a bordo como un jugador suplente, terminó siendo nuestra segunda base".

"Todos nosotros pensamos: 'Si sólo responde a la defensiva será suficiente'. Y en verdad, desde el Día de Apertura, fue como ¡guau!", dijo Cone.

El Día de Apertura, Jeter hizo una atrapada espectacular de un pop-up de espalda al infield, realizó una espléndida jugada de revés en la cual mostró un brazo poderoso y conectó un jonrón en la quinta entrada ante el pitcher veterano Dennis Martínez, para dar a los Yankees un respiro en lo que en aquel momento fue un duelo de pitchers con un marcador de 1–0.

"Y no se emocionó como los chicos que conectan su primer jonrón en las grandes ligas", observó Torre. "A partir de entonces sólo fue cosa de progresar".

Cone comentó: "Él nunca miró hacia atrás, de verdad. Todos estábamos impresionados. Y en verdad era humilde. Ésa es la belleza de Derek. Se comportaba de la manera adecuada. No era fácil identificar en él alguna debilidad. Nosotros siempre buscábamos algo, Straw, Raines y yo, y yo lo miraba y me resultaba difícil encontrar algo para molestarlo. Él se comportaba siempre bien.

"Teníamos un equipo de veteranos que le hubiera hecho una novatada si hubiéramos pensado que la necesitaba. Buscábamos… las primeras seis semanas, el primer par de meses… buscábamos una oportunidad para decirle: 'Oye, niño, no puedes hacer eso'. *Cualquier* cosa. Cualquier cosa en el terreno de juego, cualquier cosa en el autobús, cualquier cosa en los hoteles, en su guardarropa… Nada.

"Todo lo que se te ocurra acerca de una excelente formación, de unos excelentes antecedentes, él lo tenía. Su manera de comportarse todo el tiempo, sus modales eran impresionantes. Era como silencioso, discreto, y no decía nada estúpido o erróneo como hace la mayoría de los novatos para permitirte atacarlo. Nunca sucedió".

Jeter no era ajeno al hecho de cometer errores de novato en el campo, pero incluso entonces mostraba su aplomo característico, de manera que esos errores nunca rompieron su plácido equilibrio. El 12 de agosto de 1996, por ejemplo, Jeter cometió el error absurdo de intentar robarse la tercera base con dos outs en la octava entrada de un partido empatado contra los White Sox, con Cecil Fielder al bate. Jeter ya se encontraba en posición de anotar la carrera de la ventaja. Robarse la tercera base era virtualmente inconsecuente. Fue puesto out. Los Yankees perdieron el partido con un marcador de 3–2 en diez entradas.

"Yo estaba furioso", dijo Torre. "Estaba enojado conmigo mismo, básicamente por tal vez haberle dado demasiado crédito de saber lo que él haría allí. Y estaba enojado, más enojado conmigo mismo. Le dije a Zim: 'No voy a hablar con él hasta mañana. Tenemos que jugar el resto del partido'.

"¿Y qué hizo Derek? Salió del campo y vino a sentarse justo entre Zim y yo. Sólo vino hacia nosotros. Él sabía lo que había hecho. Le di un golpe en la parte trasera de la cabeza y le dije: 'Vete de aquí'. Y así fue como sucedieron las cosas durante todo el año".

Jeter no jugó bien en su primer juego de postemporada. Dejó a cinco corredores en base en sus primeros tres turnos al bate, todos sin hit, aunque se las arregló para conectar un sencillo con bases vacías en su último turno. Los Yankees perdieron 6–2. Los reporteros le preguntaron a Torre si pensaba hablar con el novato en un intento por calmar sus nervios.

"No lo sé", respondió Torre. "Veré cómo me siento al respecto y ya veremos".

Después de que Jeter se diera una ducha y se vistiera, pasó

junto a la oficina de Torre de camino a casa y asomó la cabeza tras la puerta del director.

"Señor T", el novato shortstop le dijo a Torre, "mañana es el partido más grande de su vida. Asegúrese de poder descansar".

Torre se rió y pensó: "Bueno, supongo que no tendré que hablar con él".

Al día siguiente, Jeter conectó tres hits, incluso un sencillo para abrir la duodécima entrada que lo llevó a anotar la carrera ganadora. Así nació su reputación como jugador decisivo de postemporada. Desde 1996 hasta la Serie Mundial de 2001, los Yankees obtuvieron .746 en la postemporada, un récord sorprendente y grandioso a lo largo de 71 partidos contra los mejores equipos y bajo la presión más intensa. Lograron un conteo de 53–18 al tiempo que ganaban 14 de 15 series, lo cual los señaló como uno de los éxitos más asombrosos de la grandeza de octubre. Jetter bateó .319 en ese período y, como algunos superhéroes de historieta, siempre solía aparecer en el momento preciso para salvar el día.

En la Serie Mundial del año 2000, por ejemplo, los Mets estaban en casa en el cuarto partido después de haber logrado un impulso en la serie con un *rally* en la octava entrada para ganar el tercer partido. Su intención era empatar la serie en dos partidos cada uno si sostenían ese impulso. Sin embargo, en un lanzamiento, lo perdieron. Torre colocó a Jeter en el primer turno en ese partido, el tercer primer bateador que Torre utilizaba en cuatro partidos. Con un solo lanzamiento, Jeter devolvió a los Yankees una ventaja importante en la serie. Con el clásico relampagueo de los *flashes* fotográficos del primer lanzamiento de la Serie Mundial sobre él, Jeter rechazó el primer ofrecimiento de Bobby Jones para un jonrón. Los Yankees mantuvieron la delantera desde el primer lanzamiento hasta el último y ganaron 3–2.

"Muchas veces la gente piensa: 'El primer lanzamiento; sólo déjenme enviarlo por el medio, para ir delante'; en especial en la Serie Mundial, cuando todo el mundo saca fotografías", dijo Jeter. "No, yo fui agresivo. Yo pensaba: 'Si me lanza un *strike*, voy a intentar batearlo'".

Un año después, en el cuarto juego de otra Serie Mundial contra los Diamondbacks, Jeter bateó el último lanzamiento y logró un jonrón, un disparo final en la décima entrada contra el pitcher relevista Byung-Hyun Kim. El suceso ocurrió en la primera hora del primero de noviembre, con lo cual Jeter se ganó el apodo sin precedentes de "Señor Noviembre".

"Ésa fue la primera vez que me enfrenté a Kim", dijo Jeter. "Es necesario tomarte un tiempo para descubrir su punto de liberación. Yo había visto muchos lanzamientos. Para ser franco, sólo intenté llegar a la base. Había lanzado un slider al home. Lo único que pudo haberlo mejorado es si hubiera sido el séptimo juego. Todo el mundo sueña con jugar en una Serie Mundial. ¿Un jonrón final en una Serie Mundial? No hay nada mejor; en especial, en Nueva York y después del 11 de septiembre".

El momento definitivo de Jeter en la postemporada, el que mejor captura su capacidad para ofrecer soluciones inesperadas, había ocurrido 18 días antes en el tercer partido de la Serie de División contra Oakland, un partido de eliminación para los Yankees. Los Yankees se aferraban a un liderazgo de 1–0 con dos outs en la séptima entrada cuando Terrence Long conectó un lanzamiento de Mike Mussina hacia la esquina del campo derecho, con Jeremy Giambi en primera base. Mientras el outfielder derecho, Shane Spencer, esperaba el rebote en el muro, el segunda base, Alfonso Soriano, y el primera base, Tino Martínez, se formaron cerca de la línea del campo derecho, Martínez detrás de Soriano para el pase a home. Si la bola volaba sobre Soriano, allí estaba Martínez como respaldo para atrapar la bola y enviarla a home. Cuando Spencer atrapó la bola, dándose la vuelta para lanzarla, Jeter supo al instante que algo marchaba mal. Por la manera como la bola salió de la mano de Spencer, supo que el lanzamiento había sido demasiado alto para que Soriano y Martínez pudieran atraparlo.

"Entonces reaccioné y me reacomodé en home", dijo Jeter.

Con la bola suspendida en el aire Jeter notó que también estaba fuera de línea, de manera que corrió al sitio donde creyó que caería.

"Pero yo debía estar en esa área", dijo. "Yo estaba donde debía estar. Yo era el tercer hombre interceptor. Si no había jugada en home, yo tenía que redireccionarla para atrapar al corredor que iba hacia tercera, porque sólo habían dejado pasar al otro corredor, mientras él continubaa con su avance. Sin embargo, en esa situación, aún teníamos la oportunidad de atraparlo en home".

¿Cómo podía Jeter saber que aún tenía oportunidad de atrapar a Giambi?

"Observas", respondió. "Fue un asunto de reacción. Si Spencer hubiera logrado llegar a uno de los primeros dos interceptores, Giambi habría sido out por 10 pies".

Jeter hizo una jugada que sólo pudo haber sido realizada por un jugador con una capacidad de alerta suprema, con el poder de cómputo mental para romper el cálculo avanzado del béisbol necesario para procesar la trayectoria y la velocidad del lanzamiento de Spencer y la velocidad y la ubicación de un corredor a sus espaldas, además de las capacidades atléticas y de improvisación para encontrar una manera real de llevar la bola al home a tiempo y en el lugar exacto, mientras corría en la dirección opuesta al home. Jeter atajó el lanzamiento de un rebote y, como un apresurado mariscal de campo que ejecuta un pase con pantalla defensiva, lanzó la bola de revés al catcher, Jorge Posada. El lanzamiento fue perfecto. Posada lo atrapó y se estiró hacia Giambi, que sin explicación alguna no se barrió en home y fue tocado medio segundo antes de que su pie pisara la base.

Conservaron el liderazgo de 1–0 en ese momento y a lo largo de todo el partido. Los Yankees también sobrevivieron a dos partidos eliminatorios más para ganar la serie.

Esos grandes momentos de postemporada se convierten en jugadas epónimas que llegan a la posteridad, en especial cuando están implicados jonrones decisivos. El Juego de Kirk Gibson. El Juego de Joe Carter. El Juego de Aaron Boone. Dejemos que Jeter ponga en la cápsula del tiempo del béisbol un partido definido por una jugada defensiva improvisada en la séptima entrada: El Juego del Pase.

"No sé si puede explicarse", respondió Jeter a la pregunta de cómo ejecutó la jugada. "Siempre intentas prepararte. Siempre intentas pensar cosas por adelantado, antes de que sucedan. Y creo que eso es lo que en ocasiones te hace más lento el juego. No es algo que te sorprenda fuera de guardia porque en tu mente piensas en diferentes escenarios antes de que ocurran".

Torre dijo:

"Él sólo improvisó de la manera en que lo hizo. Bola en la línea del campo derecho, hombre en primera base, el segunda base saldrá y el primera base lo seguirá. Básicamente, no hay nada entre el primera base y el home. Es un doble seguro, de manera que nadie necesita estar en segunda base. Lo único que el shortstop debe determinar es si la jugada tendrá lugar en tercera o en home. Entonces, tiene que estar entre el montículo y el shortstop, sobre el pasto, para ver la jugada, observar al corredor y tomar una decisión.

"Ese lanzamiento fue pésimo, en territorio de foul, porque Spencer sólo se deshizo de la bola. Y a menos que seas un atleta, no puedes hacer lo que hizo Derek. Y doy crédito a Posada. Él se quedó en home. No dijo: 'Oh, mierda, la bola está fuera de línea. Es mejor que vaya por ella para que este corredor no llegue hasta tercera'. Pero fue una de esas jugadas históricas… bajo toda esa presión: el partido 1–0, séptima entrada. Recuerdo que Moose vagaba alrededor del home y que soltó uno de sus puñetazos al aire cuando conseguimos el out. ¿Derek? Él sólo llegó al dugout y dijo: 'Muy bien, vámonos'. Él nunca se emociona por eso".

¿Qué tenía Jeter que le permitía salir airoso en situaciones críticas? Estaba cómodo consigo mismo. Nunca tenía dudas acerca de quién era o cuál era la misión.

"Soy optimista por naturaleza", dijo Jeter. "Es por eso que, en lo que se refiere a cualquier situación negativa, no me gusta enterarme, no me gusta leer al respecto, no me gusta saberlo. Intento ser positivo. Entonces, en mi mente siempre guardé la esperanza de que volvería".

Una creencia tan fuerte en un resultado positivo es lo que sostiene a Jeter y lo eleva sobre cualquier duda acerca de sí mismo o sobre cualquier conciencia de las consecuencias del fracaso. Es una característica que él llevó a los Yankees de 1996 como novato de 21 años de edad, no un vestigio de la experiencia en las grandes ligas que había ganado. Es, como él dice, su naturaleza. Sus compañeros de equipo recurrieron a esa cualidad de inmediato. Si buscas alguien a quien seguir, ¿por qué no seguir al tipo que está seguro de que el resultado de la jornada será positivo? ¿Por qué no seguir a alguien, incluso a un chico en su primer año completo en las grandes ligas, que permanece sereno en todo momento y que no conoce la preocupación ni la ansiedad?

Mike Borzello, el catcher del bulpen en esas temporadas de campeonatos, dijo: "El liderazgo de Jeter proviene de su confianza y comenzó desde el primer día. Siempre observo a los tipos cuando fallan para ver si su confianza se debilita. Nunca he visto que Derek luzca como si no fuera a ganar cualquier batalla en la cual participe. Siempre he dicho que hay tres o cuatro personas en los deportes, desde que los observo, que son así: Kobe Bryant, Tiger Woods y Derek Jeter. Cuando Tiger está diez tiros atrás, luce igual. Kobe tira 1–de–19 en una serie de playoffs e intenta tirar de nuevo. Derek puede tener un conteo de 0–por–4 con cuatro *strikeouts* y piensa que va a vencerte en su siguiente turno al bate".

"Pienso que eso es algo raro en los deportes. Quiero decir, es muy raro ver a alguien fallar y que aún diga, 'Dame otro tiro; déjame tener otra oportunidad'. Algunos tipos dicen: 'No tengo suerte hoy. Espero que no me toque decidir'. Y Derek no es de ese tipo. Él es una persona que, cuando el partido está por definirse, quiere que la bola sea bateada en su dirección. Cuando el turno al bate en el partido es el más importante, él lo quiere, sin importar lo que haya sucedido en sus tres o cuatro turnos anteriores. No importa si dejó caer una bola en la octava entrada, él quiere que bateen en su dirección en la novena con dos outs, tres bases llenas y a punto de ganar por una carrera.

"Eso es lo que te alienta de Derek Jeter. Que nunca vacila. Nunca ves una abolladura en su armadura. Es algo que en realidad no puedes explicar y que no ves con mucha frecuencia".

El talento y la confianza de Jeter lo ayudaron a convertirse en un jugador excelente desde el comienzo. Su humildad y deseo de ganar por sobre todas las cosas lo convirtieron en un compañero grandioso de equipo y en el sueño de todo mánager.

"Recuerdo una ocasión cuando Paul Quantrill, el pitcher relevista, se acercó a mí en Kansas City durante un partido", comentó Torre, "y me dijo: '¿Sabes? Tú eres consciente de que Jeter es un buen jugador, pero no te das cuenta de cuán bueno es hasta que juegas con él'. Ése es el cumplido más alto que puedes hacerle a alguien, cuando una persona llega sin que se lo pidas y te dice algo así.

"Hay cierta mentalidad (*fría* es una palabra demasiado fuerte) de negocios en él. Tú te ganas la lealtad de Derek. En todos los años que pasamos juntos, nunca pidió que un miembro de su familia, su padre o nadie más, viniera a la casa club o entrara al dugout. En cierta ocasión me dijo: 'Señor T., conozco a un chico con cáncer. ¿Le importaría que lo paseara por la casa club?'. Eso fue todo. Una vez".

Fue un récord notable de decoro: doce años con Torre en Nueva York, donde era dueño de la ciudad, y Jeter nunca utilizó su estatus para granjearse privilegios. Doce años juntos y el mánager nunca tuvo un solo problema con él.

"No", aseguró Torre. "De acuerdo, tal vez un detalle. Muy de vez en cuando lo sorprendía mientras hacía tonterías en el área de shortstop antes de un partido, lanzamientos llamativos. Ya sabes, arrojar la bola por la espalda, cosas así. Yo le impedí hacerlo porque generaba malas costumbres. Pero eso fue todo. Eso fue todo con ese tipo de cosas".

¿Doce años y el mayor problema que originó fue arrojar bolas de práctica por la espalda? No es sorprendente que Jeter se convirtiera pronto en uno de los soldados más confiables de Torre. A lo largo de los años, Torre empleó a individuos como Girardi y Cone para enviar mensajes a sus compañeros de equipo de jugador a jugador. Nadie desempeñó tan bien esa función como Jeter, en especial una vez que fue nombrado capitán en 2003. Nunca fue la naturaleza de Jeter ser ruidoso y extrovertido. Sin embargo, si ser capitán significaba levantar la voz por el bien del equipo, en particular bajo la recomendación de Torre, Jeter estaba dispuesto a hacerlo por completo.

"Jeter fue una parte muy importante de lo que habíamos establecido", dijo Torre".Yo le informaba lo que necesitábamos hacer. Literalmente, él se comprometía con eso. No diría que sólo lo convencía. Él se *comprometía* a hacer algo. Él confiaba en mí hasta el grado en que sabía lo que era importante.

"Jeter es único. Es un caballero, pero hay algo de reserva en él. Lo conozco desde hace muchos años y no expresa muchas emociones. Sin embargo, las cosas correctas son importantes para él, el tipo de cosas que un mánager sabe que son importantes.

"Yo lo presionaba para que hablara en las juntas del equipo. Él lo hacía, pero siempre se expresaba en términos de 'nosotros'. 'Haremos esto…' Después de ser nombrado capitán enfatizó esa conducta. En ocasiones yo le advertía, le decía: 'Me gustaría que tú dijeras algo'. No decía frases entusiastas. Era crítico, como : 'No podemos dejar de correr duro al batear'. Tal vez sus comentarios se referían a un individuo, pero era crítico en sus observaciones sin nombrar a una sola persona".

Lo que también hacía que sus compañeros Yankees quisieran a Jeter, aunque no los miembros del equipo médico, era su casi maniático deseo de jugar sin importar lo lesionado que se encontrara. El hecho es que, con frecuencia, los miembros del equipo médico de los Yankees desconocían la gravedad de las lesiones de Jeter porque él incluso se negaba a admitir que estaba dolorido. Torre, por ejemplo, pronto aprendió a dejar de preguntarle a Jeter si necesitaba tomarse un día de descanso. En lugar de ello, el mánager tenía que preguntarle: "¿Quieres este día de descanso o este otro?". De esta manera, Jeter sabía que tendría un día de descanso y sólo tenía que decidir cuál día tomar.

Dado que Jeter batea con un estilo inclinado que lleva sus brazos y manos hacia la marca de home, se coloca a sí mismo en peligro de lesión con lanzamientos adentro. Con frecuencia, lo golpean bolas rápidas en las manos o en las muñecas. No obstante, las conversaciones eran casi siempre las mismas con uno de los entrenadores.

Entrenador: "Vamos a hacerte una radiografía de eso".

Jeter: "No. ¿Por qué quiere hacerlo?"

Entrenador: "Para ver si está fracturado".

Jeter: "¿Cuál es la diferencia? Voy a jugar de cualquier forma. No importa lo que diga el médico".

"Nunca está bien ni está mal, siempre está listo para jugar", dijo el entrenador Steve Donahue. "Don Mattingly era así también. Nunca decía que no podía jugar. Nunca. Siempre decía: 'Voy a jugar'. La mitad de las veces ni siquiera iba a ver al médico. Se lastimó el codo, la mano, la muñeca, el hombro, el cuádriceps… se lesionó todo y sigue jugando. Lo adoro. Estaba muy lastimado del pulgar cuando jugamos contra los Red Sox en los playoffs de 2004, pero continuó en el juego. Nunca dirá: 'Necesito tomar un día de descanso'.

"Creo que los demás chicos del equipo lo miran y se dan cuenta de que no es un líder que se haga notar; no obstante, *lo que hace* y su manera de competir es lo que inspira a los muchachos. También su manera de conducirse. No dice estupideces. Sólo quiere generar conciencia de unidad y jugar. Quiere que todo marche con tranquilidad. Es un gran orgullo para sus padres".

Torre dijo:

"Le importaba un comino dónde quedaba en la alineación; no tenía problemas con nada. Respondía: 'Lo que usted quiera hacer'. En esa serie que jugó contra Boston en 2004 tenía un hueso fracturado en la mano. Le inyectaron un medicamento para el dolor y él les impidió continuar con la administración del analgésico porque no podía sentir lo que tocaba. Sólo siguió jugando.

"Incluso en los playoffs de 2007, su cuerpo estaba agotado. Como mánager crees que una vez que llegue la postemporada algo va a cambiar; en particular con él, dado que ha sido tan bueno en la postemporada. Pero fue entonces cuando me dije: 'Lo intenta pero no puede hacerlo'. Él estaba frustrado, frustrado al extremo. Creo que su cuerpo no era capaz de cumplir sus promesas. El asunto es que puedo preguntarle ahora si algo le dolía y él seguirá sin decírmelo, a pesar de que sucedió hace dos años".

Otra rara ocasión en la que Torre vio frustrado a Jeter fue en abril de 2004, cuando Jeter enfrentó una baja de 0–de–32, la más larga racha sin hits de un Yankee en 27 años. Resultó ser su primer mes de juego con Alex Rodríguez, que también tenía una baja de 0–de–16 ese mes.

"Algunas personas decían que la baja se debía a la presencia de Alex", explicó Torre. "Tú sabías que ése no era el caso, no si pertenecías a la casa club y conocías las personalidades. Desde luego, Alex se acercó a mí y me dijo: 'He intentado ayudarlo. Respondí: 'Bien. Eso es importante'".

Durante la racha sin hits, Jeter bateó de foul en un intento de toque con un corredor en segunda base y dos outs; una concesión a la baja en lugar de intentar que el corredor llegara a home. Al finalizar la entrada, Torre se acercó a Jeter y le preguntó: "¿Qué diablos haces?".

"Señor T.", respondió Jeter y se rió de sí mismo, "necesito un hit".

Dijo Torre:

"Él sabía que eso no era buen béisbol. Esa racha le había afectado. Pero él no era el tipo de persona que se rinde y toma un día de descanso. Yo se lo ofrecí en varias ocasiones y él no quiso aceptarlo. Podía haber estado a 0–de–100 y no se hubiera rendido ni se hubiera tomado un día de descanso".

Si Jeter tenía algún defecto era el alcance de su cobertura en el shortstop, el cual era calificado por los analistas estadísticos entre los peores en el béisbol cada año. Cuando Jeter llegó a las Grandes Ligas tenía el hábito de tratar de alcanzar las bolas hacia su izquierda con ambas manos, lo que, en efecto, reducía su alcance. Jeter se esforzó por mejorar su técnica, aunque, de acuerdo con los matemáticos que elaboraban las estadísticas de las bolas bateadas, él nunca logró corregir esta tendencia. Parte del problema era que con frecuencia jugaba con algunas lesiones en las piernas sin hacerlo público. Si un alcance limitado fue el talón de Aquiles de Jeter, Torre estaba más que dispuesto a aceptarlo debido a todo lo demás que el jugador brindaba a los

Yankees. Después de todo, los Yankees ganaron cuatro Series Mundiales y seis gallardetes con Jeter en la posición de shortstop. Torre aún deseaba que una bola fuera bateada hacia Jeter, con el partido pendiendo de un hilo, como una prueba inmediata del valor de un shortstop.

"Hubo momentos en los cuales él jugó más hacia el medio de lo que hubieras querido", dijo Torre. "Lo movías, pero él volvía a aproximarse y entonces volvías a colocarlo atrás. Entonces él hacía esa jugada en el hueco, aquella con el lanzamiento de salto, y no había nadie que pudiera hacer una jugada como ésa. Conocías sus limitaciones como shortstop, pero entonces contemplabas todo el paquete y funcionaba.

"Yo solía bromear con él acerca de que jugara en el campo central. Nunca quiso moverse. Lo que adoras de él es que no da excusas, no presume, no hace nada de eso. Él sólo sale y juega".

El destino llevó a Jeter al equipo adecuado y no fue tanto porque se tratara de los Yankees, la franquicia en la cual soñó jugar cuando era niño, sino por la banda de hermanos vestidos con esos uniformes a rayas. El modo en que Jeter jugaba béisbol era el mismo con el que todos jugaban béisbol. Por su generosidad, fueron bendecidos con cuatro títulos de la Serie Mundial. Era la única clase de béisbol que Jeter conoció al crecer y fue la única clase de béisbol que conoció como jugador de ligas mayores, hasta que los Yankees comenzaron a cambiar alrededor de él. Le resultaba extraño ver a sus compañeros de equipo preocupados por sus estadísticas individuales o encontrarse cómodos con la conveniencia de algún tipo de padecimiento como medio para tomarse un día libre allá o una semana de descanso acá. Se volvió evidente para Jeter en 2002 que la banda que amaba, que la clase de béisbol que amaba, ya no existía. Los Yankees perdieron la Serie de División ese año ante los Angels de Ana-

heim y lo hicieron sin Paul O'Neill, Scott Brosius, Tino Martínez y Chuck Knoblauch, todos los cuales se habían retirado o
habían recibido autorización para ingresar a otros clubes. A
pesar de ser poco característico en él, Jeter reveló sus heridas
emocionales después del último partido de la serie al responder
que se trataba de un equipo distinto cuando los reporteros lo
cuestionaron acerca de su sorpresa por la derrota de los
Yankees.

"*Era* un equipo distinto", afirmó Jeter.

Torre también lo sabía.

"No sólo no era un equipo generoso", comentó Torre, "todos
estábamos malcriados. Derek también. Derek llega a las ligas
mayores y de súbito gana cuatro Series Mundiales en cinco
años. Cuando miras a los tipos que ya no estaban allí: O'Neill,
Tino, Brosius, Knoblauch… intentas descubrir por qué en 2002
esa ferocidad ya no estaba allí, el asunto de negarse a ser nega-
dos. No estaba allí. El equipo no era lo bastante fuerte.

"Cuando estás en una casa club con personas y juegas lado a
lado con ellas, sabes, cuando sales al terreno de juego, que el
otro equipo estará listo para luchar. Tienes que tener ese sentimiento. Es una cuestión de confianza. El sujeto en el montículo puede no sacar out al bateador, pero el partido no se
acelerará por él. Él sabe cómo canalizar sus emociones. Lo que
cambió fue que cierto número de jugadores intentaron hacer el
trabajo para su propia satisfacción en lugar de hacer lo que les
corresponde. Muchos de esos jugadores se preocupan más por
las apariencias en lugar de ensuciarse y hacer su trabajo. Los
demás equipos sí fueron feroces".

El pitcher Mike Mussina, que llegó en 2001, dijo: "Yo siempre pensé que la personalidad del equipo se alimentaba de Joe
Torre. Y Joe nunca fue demasiado emotivo en ningún sentido,
ni hacia arriba ni hacia abajo. Él confiaba en sus jugadores y
confiaba en que estuvieran listos. Un jugador puede marcharse,
pero llega otro jugador. No hay duda de que él es capaz de hacer

el mismo trabajo que hizo el otro. La única cuestión es que se trata de la ciudad de Nueva York. ¿Pueden hacerlo en esta atmósfera como en la atmósfera que habían dejado atrás?

"Si observas el equipo que ellos formaron y que ganó cuatro de cinco series mundiales, y si pretendes reunir de nuevo a ese grupo, bueno… es como obtener la mejor mano de póquer a tu alcance. Así de afortunado eres por haberlo tenido, incluso sólo una vez".

Nunca volvió a suceder. Jeter nunca ganó otra Serie Mundial con Torre. Con el tiempo, la vieja guardia de los Yankees y su generosa ferocidad se disolvió hasta casi desaparecer y los Yankees se convirtieron en otra cosa, distinta por completo, en la que Jeter no encajaba. La casa club se llenó de individuos caprichosos con intereses personales muy diferentes. No hubo un intruso más complejo que Rodríguez, quien de inicio formó una incómoda pareja con Jeter en el infield de los Yankees en 2004. Para el siguiente entrenamiento de primavera, Rodríguez parecía tan fuera de lugar con su uniforme a rayas que Torre llamaba a los jugadores de manera individual a su oficina para implorarles que encontraran una forma, cualquier forma, de ayudar a Rodríguez a adaptarse. Sheffield, Giambi, Posada, Jeter… Torre acudió a cada uno de ellos para que ayudaran con el mantenimiento de Rodríguez.

"Mi sentimiento está con cada jugador", explicó Torre. "Tú lo traes a tu equipo y sabes cuál es su capacidad; entonces, mi trabajo es hacer lo que pueda para aprovechar al máximo esa capacidad. En todos los lugares donde ha estado, él ha sido la voz del equipo. Él estaba acostumbrado a más responsabilidades de las que necesitaba aceptar con los Yankees. Entonces, en este caso, recuerdo haber llamado a Sheff, Jeter, Giambi, Georgie, y sólo decirles: 'Él tiene que sentirse importante. Tenemos que hacerlo, chicos. Él puede darnos mucho y nosotros sólo necesitamos hacerle sentir cuánto dependemos de él y lo importante que es'".

¿Se sintió cómodo Jeter con la idea de realizar ese tipo de mantenimiento mental con Rodríguez? "No necesariamente", respondió Torre, "pero comprendió".

Aquello estaba muy lejos de la cultura que Jeter conoció como jugador más joven. Al volver la mirada hacia esos campeonatos, no extrañaba tanto esos títulos como el vínculo compartido entre las personas que jugaban béisbol como él solía hacerlo.

"Creo que todos teníamos la mentalidad adecuada", dijo Jeter. "El mismo marco mental. Sí, tienes que ser talentoso para ganar, pero tienes que tener la perspectiva apropiada. Y esa perspectiva es: haz *lo que tengas* que hacer para ganar un partido. Parece simple, pero en realidad no teníamos a nadie que se preocupara más por incrementar sus estadísticas, ¿comprendes lo que digo? Quiero decir, si alguien tenía que batear una rolata hacia segunda base, ellos bateaban una rolata hacia segunda base. No ganas una estadística por eso. En realidad, obtienes una estadística negativa por eso. Sin embargo, así es como ganas partidos.

"Nunca comprendí esa parte del béisbol. Podías tener a un sujeto en segunda base y sin outs, ¿de acuerdo? Un tipo conecta una rolata hacia segunda base. Eso es buen béisbol sin presumir nada con ello. El siguiente bateador conecta una rolata hacia segunda base. Ahora, él es una máquina de RBI (o carreras impulsadas). Entonces dicen: 'Bueno, este tipo no pega hit con corredores en posiciones de anotar'. Él hizo justo lo que debía hacer. ¿Y por eso es un tipo RBI? No. Depende de la situación.

"Pero tienes algunos equipos y algunos sujetos, ellos tienen a un tipo en segunda base sin outs y no les importa hacer avanzar a ese tipo. Si conectan un hit así, grandioso, pero lo que intentan es pegar un hit, lo cual se opone a hacer lo que deberían hacer. Y así es como ganas.

"Creo que fue el carácter de los chicos, pero creo que también fue que cuando nos acostumbramos a ganar, la gente comprendió que eso es lo que hay que hacer para ganar".

◆ ◆ ◆

En sus primeras ocho temporadas completas en las ligas mayores, entre los años 1996 y 2003, Jeter jugó en equipos de los Yankees que ganaron el 64 por ciento de sus partidos, triunfaron en 16 de 20 series de postemporada, jugaron en seis Series Mundiales, ganaron cuatro campeonatos mundiales y estuvieron a tres partidos de ganar seis títulos en ocho años. Fue, y aún es, la más grande dinastía en el béisbol moderno, es decir, desde la era de expansión iniciada en 1961 y a pesar de los agentes libres que comenzaron en 1975. Fue una dinastía especial porque su sello fue más el carácter de los jugadores que su talento. La impresión que ha perdurado es cómo esos Yankees jugaron de manera colectiva, no cómo jugaron a nivel individual. Cuando estuvieron en la cúspide, en su máximo nivel de juventud, conocimiento y férrea determinación, los Yankees fueron una obra de arte que, durante un año glorioso, ganó más partidos que ningún otro conjunto de peloteros jamás conformado.

2

Desesperados por ganar

Esto es lo que mejor puede describir la naturaleza absurda de cómo era trabajar para George Steinbrenner en el pináculo de su reinado obsesivo, implacable y dominante como comandante en jefe de los Yankees: el trabajo de Torre estaba en peligro menos de una semana después de empezar a dirigir a los Yankees de 1998, el equipo que ganaría más partidos que cualquier otro equipo en la historia del béisbol. Con Mariano Rivera en la lista de los lesionados, los Yankees perdieron sus primeros tres partidos, en Anaheim y en Oakland, con un resultado combinado de 21–6. Steinbrenner llamó a su director general novato, Brian Cashman, el joven ex asistente que había sustituido a Bob Watson y que viajaba con el equipo, y lo envió a casa desde la costa oeste como castigo. Los periódicos estaban llenos de especulaciones acerca de quién remplazaría a Torre, como por ejemplo Davey Johnson.

Cuando los Yankees por fin ganaron un partido, en su cuarto enfrentamiento de la temporada en entradas extra contra los Athletics, Torre pidió a sus entrenadores y a los jugadores que firmaran la tarjeta de alineación y la envió de inmediato a Cashman a su casa, donde, como un adolescente, había sido castigado por el jefe. "Felicitaciones", escribió Torre. "La primera de muchas". Poco sabía Torre que las "muchas" de ese año serían un récord de 125 victorias, incluida la postemporada.

Sin embargo, primero se presentó una crisis en toda la extensión de la palabra. Los Yankees perdieron de nuevo la noche siguiente, un lunes por la noche en Seattle al ser derrotados por los Mariners con un marcador de 8–0. No sólo el pitcher abridor, Jamie Moyer, dominó a los Yankees al eliminar a 11 por strikes, sino también los intimidó al hacer retroceder a Paul O'Neill con un lanzamiento sin retribución alguna por parte de los Yankees. Los Mariners, bajo el comando de Lou Piniella, convirtieron en hábito el hecho de lanzar bolas demasiado cerca de Paul O'Neill, que había jugado para Piniella en Cincinnati. Piniella sabía que podía eliminar al emotivo O'Neill de ese partido con uno o dos lanzamientos colocados de manera estratégica.

"Tenía que ser ridículo", dijo Torre. "Si Lou hubiera podido atropellarlo en el hotel, lo habría hecho. Él sabía cómo desquiciar a Paulie. Fue siempre muy obvio y nunca lo dejó en paz".

Después de cinco partidos, los Yankees de 1998 iban 1–4, en último lugar, a tres juegos y medio del primero, superados por 36–15, bajo el riesgo de perder a su mánager y permitiendo que equipos como los Mariners les echaran tierra en sus rostros. En especial Torre estaba triste después de la derrota de 8–0. Por lo regular, él solía cenar con Zimmer, su entrenador de banca, después del partido. Esa noche cenó solo.

"Fue un partido horrible y yo estaba deprimido, muy deprimido", comentó Torre. "No le pedí a nadie que me acompañara. Zim me preguntó: '¿Quieres que vaya contigo?'. Yo le respondí que no. Sólo me marché, cené algo, bebí un poco de vino y me quedé sentado a solas". ·

Al día siguiente Torre convocó a una junta de equipo y, antes de ésta, revisó sus notas. En raras ocasiones Torre organizaba juntas después de un partido. Esas juntas por lo general eran breves y le permitían desahogar un poco de enojo. Las juntas en forma requerían preparación. Durante los partidos, si Torre veía algo que necesitaba ser atendido en una junta, escribía notas para sí mismo en la parte trasera de su tarjeta de alineación. Cada vez que Zimmer veía que Torre sacaba la tarjeta de alineación y la volteaba, exclamaba "Oh-oh" con un susurro enfático. Sabía lo que estaba por venir. En ocasiones, Torre le preguntaba a Zimmer qué debía hacer para dirigirse al equipo y Zimmer siempre le respondía: "Espera hasta mañana. Espera hasta mañana". Torre tomó muchas notas durante esa derrota de 8–0 frente a Seattle. Decidió que esta junta esperaría hasta el día siguiente.

"En ese momento me sentía más deprimido que enfadado", comentó Torre, "y no quería tener una junta si estaba deprimido. Prefería estar enojado. Después de tomar notas, ni siquiera me refería a ellas en la junta; sin embargo, cuando las escribo, me ayudo a recordarlas.

"Ese día, cuando hablé con ellos, básicamente les dije cómo me sentía, lo malos que habían sido y lo furioso que estaba. Les dije lo que hice la noche anterior. Volví sobre mis pasos. Les dije que salí solo, que no quise estar con nadie. Así de molesto estaba por la manera como jugábamos. En general, lo revisé todo con ellos. Jugábamos fatal y era particularmente malo regresar del entrenamiento de primavera con ese sentimiento adverso".

Cone dijo: "Fue una de sus juntas más poderosas. Mucha gente dijo que nadie comenzaba una temporada con 1–5 y se recuperaba lo suficiente para ganar una Serie Mundial. Hablamos un poco sobre eso. Recuerdo que Joe lo inició y no estaba contento.

"Torre era bueno. Siempre expresaba su punto de vista y luego recorría la sala y algunos tipos hablaban. Straw dijo algo,

Raines habló… Joe dijo: '¿Alguien más tiene algo que decir? ¿Bernie?'. Bernie nunca tenía mucho qué decir. Él recorría la sala y desafiaba a los muchachos a decir algo. Era muy bueno señalando a algún veterano y preguntándole: '¿Qué opinas?'".

Cuando Torre señaló a Cone, el pitcher veterano respondió con un discurso emotivo. Cone comenzó por reconocer el impacto potencial de la impaciencia de Steinbrenner. Los Yankees sabían lo que estaba en juego, incluso con la temporada recién iniciada. Ellos sabían que los periódicos de Nueva York estaban repletos de historias acerca de que Steinbrenner pensaba deshacerse de Torre.

"Muchachos, tenemos que seguir", dijo Cone. "Tenemos que hacerlo juntos como equipo. Y tenemos que hacerlo ahora o todo esto será destruido porque el dueño reaccionará".

Al igual que Torre, Cone estaba furioso por lo que vio la noche anterior. Observó al bateador designado Edgar Martínez de Seattle, cuando bateó en la octava entrada con una ventaja de 4-0, hacer un swing grande, en conteo de 3-4-0, a un lanzamiento del pitcher relevista emergente Mike Buddie, cinco entradas después de que Moyer hubiera hecho retroceder a O'Neill con un lanzamiento. Cone sabía que algunos jugadores de posición se quejaron entre dientes después del partido de que Pettitte, el pitcher abridor de los Yankees, no se vengara del mensaje en el lanzamiento de Moyer, un problema que Cone llama "una situación de fermentación dentro de la casa club entre pitchers y bateadores que en verdad puede causar divisiones, un tema candente que ya había visto a lo largo de los años". El impetuoso swing de Martínez con el partido ya ganado fue otro insulto.

"Tenemos que tener la mentalidad de la vieja escuela", continuó Cone frente a sus compañeros. "Tienen que encontrar algo para odiar en el oponente. Véanlo desde el otro lado. Esos tipos se sienten muy cómodos al jugar contra nosotros. ¡Edgar batea de manera cómoda en 3-y-0 cuando están arriba por casi diez carreras! Esos tipos están demasiado cómodos. Y los nuestros se tienen que tirar al suelo.

"Escuchen, todo el mundo sabe el tipo de jugador que es Andy pero los bateadores necesitan saber que vamos a protegerlos. Tenemos que sentir la emoción de estar allí. Tenemos que mirar al otro lado del terreno de juego y encontrar algo en nuestro oponente que no nos agrade. Ese equipo nos eliminó en los playoffs del 95. Odio este lugar, el Kingdome. ¡Dejé mi brazo en ese montículo! ¡Dejé una vena en ese montículo en el 95 y me enfurece ver a esos tipos pisotearnos y que no tengamos orgullo alguno por ser los Yankees!

Cone miró a Tino Martínez, el ex Mariner que jugó en ese equipo de Seattle del 95 que derrotó a los Yankees.

"Sin ofender, Tino", aclaró Cone. "Tú estás aquí ahora, pero yo odio a esos malditos sujetos. Odio este lugar. Si quieren encontrar alguna motivación aquí, esto es parte de ello. Vean a Edgar tratando de dar un batazo en 3–y–0. ¡Nos están pintando la cara! Y sólo existe una manera de reaccionar a ello".

Así era Cone: emotivo, honesto y motivador. Atrapó la atención de todos sus compañeros de equipo. Los pitchers abridores rara vez ejercen mucha influencia sobre los equipos de béisbol. Juegan sólo alrededor de 33 veces en un año, una vez cada cinco días más o menos. Sus habilidades son mucho más reducidas que las de los jugadores de posición; no tienen necesidad de cubrir un campo, batear o correr con gran habilidad. Como tales, tienden a formar su propio grupo, como si un lenguaje o una barrera cultural los mantuviera separados de los jugadores cotidianos. Sin embargo, Cone era uno de esos raros especialistas que cruzan todos los límites y atrapan la atención y el respeto de todo en la casa club. Ellos sabían que él se había colocado en las primeras filas de la huelga de 1994–95, que había sobrevivido a los tiempos turbulentos con los Mets, que había ganado una Serie Mundial con Toronto. También se apropió de buena parte de la responsabilidad con los medios de comunicación masiva de la casa club, incluso en días cuando no le tocaba lanzar, lo cual era considerado por muchos de los jugadores reservados como un trabajo detestable, como cavar trincheras, y se sentían felices de que él lo hiciera. El paquete entero que Cone entregó a los Yankees fue más significativo aún por su competitividad. Ellos vieron que él competía con la actitud emocional y el entusiasmo de los jugadores cotidianos.

El entrenador Steve Donahue dijo: "Él solía gritarme. Nos encontrábamos en Baltimore en agosto. Caliente como el infierno. Su rostro era rojo encendido. Yo me aproximé a él con una toalla de amoniaco y él me gritó: '¡Yo te avisaré, carajo! ¡Aléjate de aquí!' y continuó con sus gritos. Eso sucedía en cada partido diurno.

"Luego se acercaba a mí después del juego y me decía: 'Lo siento. No quise desquitarme contigo'. Tanto si se trataba de asuntos del sindicato como de cualquier otro suceso controvertido, él era como el gobernador. Él se hacía cargo de todos los medios. También era muy especial cuando hablaba con los niños. Ejercía una gran influencia".

Mientras los Yankees de campeonato esperaban que Jeter mostrara su consistencia y optimismo, en especial en el momento decisivo, Cone fue su fuego y azufre, lo que mantuvo su horno ardiente a toda su capacidad. Era un amigo, un motivador, un mentor, un policía de la casa club, un bufón… cualquier cosa que necesitara ser. Nadie de entre esos equipos de Yankees de campeonato desempeñó una función doble más importante, en el campo y en la casa club combinados, que Cone. Esta verdad se hizo obvia cuando un Cone agotado, con el hombro por fin derrotado ante todos esos lanzamientos con el paso de los años, fue dejado en libertad para marcharse como agente libre después de la temporada del año 2000. Los Yankees, a pesar de haber remplazado a Cone por Mike Mussina, el más importante pitcher agente libre de entonces, no volverían a ganar otra Serie Mundial sin Cone. El día de la partida de Cone en 2000, Paul O'Neill, quien regresará para jugar un año más, dijo: "Cuando volví a firmar, afirmé que quería jugar ese año con ese grupo de jugadores; lo cual muestra que esa época está por llegar a su fin. Los Yankees podrán continuar con sus éxitos, pero será con un grupo de jugadores distinto. En cierto sentido, las cosas continuaron porque trajeron a Mussina. Sin embargo, en otro sentido, las cosas llegaron a su fin porque Coney se ha marchado".

Los Yankees le dieron a Mussina el antiguo casillero de Cone, al final de la fila, cerca de un pasillo, el más cercano a la oficina de Torre, que se encontraba a la vuelta de la esquina de ese pasillo. Incluso Mussina, que nunca jugó con Cone, pero que era consciente de su presencia fantasmal, comprendió lo importante que Cone había sido para los Yankees y sus campeonatos.

"Cuando Coney se marchó y llegué yo, la situación cambió", dijo Mussina, "porque mucha gente apreciaba de verdad a Coney. Tuvo años grandiosos y tuvo años difíciles, pero todos lo adoraban. Él sólo tomaba la bola y decía: 'No me importa. Sólo denme la bola. Yo iré a ganar'. Los jugadores respetan eso. Los jugadores respetan la perspectiva de otros jugadores. Si los resultados son buenos o malos, pero tu perspectiva al jugar es la adecuada, los jugadores te respetan. Si tu perspectiva es errónea, no importa cuán buen jugador seas, los demás jugadores no te verán de la misma manera".

Cone se ganó el respeto total de sus compañeros de equipo y, por lo tanto, sus palabras de aquella noche en Seattle tuvieron resonancia. El impacto de la junta fue inmediato. De súbito, los Yankees fueron un equipo distinto. Fueron un equipo histórico.

Chuck Knoblauch bateó el primer lanzamiento del juego y logró un jonrón. Jeter conectó un doble. O'Neill logró otro doble. Después de una breve pausa por un strikeout de Williams, Martínez conectó un sencillo. Darryl Strawberry bateó un jonrón. Después de un out de Tim Raines, Jorge Posada logró un jonrón. Con ocho bateadores en el juego, los Yankees conectaron cinco extrabases y ganaban con un marcador de 6–0. Para la cuarta entrada, dicha ventaja ya era de 11–1 y el marcador final fue de 13–7. En junio finalizó la Liga Americana del Este. Los Yankees eran así de buenos.

Derrotaron a Seattle una vez más para regresar a casa con una marca de 3–4 después de una racha de dos juegos ganados. El humor sombrío de Steinbrenner cambió de pronto. Después de permitir que la situación laboral de Torre pendiera de un hilo ante el público, Steinbrenner recibió a Torre en la cena anual de bienvenida a casa con una sonrisa. "Ah, tú eres mi chico", le dijo Steinbrenner. "Tú eres mi chico".

A partir de esa junta en Seattle, los Yankees obtuvieron 64–16 y se convirtieron en el único equipo Yankee en la historia que jugó béisbol de .800 en 80 partidos. Era un béisbol digno de admirar. Devastaban y mellaban equipos, con los medios que fueran necesarios, y eran implacables sin importar su metodología. Sin embargo, existía un problema: su pitcher zurdo de contracultura, David Wells.

La noche del 6 de mayo, en Texas, los Yankees dieron a Wells una ventaja de 9–0 en la tercera entrada. Sin embargo, Wells comenzó a lanzar de manera descuidada, en especial cuando pensó que sus compañeros de equipo no hacían jugadas para respaldarlo. Cuando notó que los pitchers de relevo calentaban mientras él concedía un hit tras otro, Wells pareció perder la mínima concentración que le restaba. Wells concedió siete carreras en una sucesión de sólo ocho bateadores antes de que

Torre lo sacara del encuentro. Los Yankees ganaron el partido con un marcador de 15–13, pero Torre estaba poco complacido con el esfuerzo de Wells y se aseguró de expresarlo así ante los reporteros después del partido; incluso, llegó a condenar a Wells por estar fuera de forma.

"Cuando Boomer lo leyó en los periódicos, se puso lívido", dijo Cone. "Estaba furioso con Joe. Estaba furioso con Mel. Estaba furioso con el mundo. Él me llamó y yo le dije: 'Llama a Joe, tengan una junta y exprésale cómo te sientes. Desahógate de esto'. Así lo hizo. Ambos fuimos al parque temprano ese día en Minnesota y Boomer entró y cerró la puerta. Él y Joe discutieron acaloradamente".

Wells le dijo a Torre que estaba molesto después de haber leído los comentarios en el periódico.

"¿Tienes algún problema conmigo? Mándame llamar", le dijo Wells.

"Tú lo provocaste", le respondió Torre. "Si quieres estar aquí, más te conviene comenzar a actuar como si así fuera".

A Wells también le molestaba que Torre pusiera a calentar a los pitchers de relevo tan pronto en un partido, lo cual indicaba una falta de confianza en él. Torre le dijo a Wells que se enfadaba cada vez que lo veía levantar los brazos con desdén si uno de sus outfielders no hacía una jugada detrás de él.

"Te propongo un trato", le dijo Torre. "Yo no haré eso, no pondré a calentar a los pitchers de relevo. Pero no soporto tenerte allá afuera y que levantes los brazos como si dijeras: 'Todo esto está mal. ¿Por qué me sucede a mí?'. Eso no funciona. Todo el mundo allá afuera juega a matarse. Mira a tus *infielders*. Después de que haces esto…", Torre levantó los brazos con fingido disgusto, "¿qué quieres que hagan? Todo el mundo en el campo trata de ayudarte a ganar".

La junta finalizó en, a lo sumo, una tregua fría. Ambos hombres aún sentían enojo. Después de que por fin terminó la junta Cone vio a Torre.

"Yo le sugerí que hablara contigo, Joe", le dijo Cone. "Es mejor así.

"Lo sé, lo sé", respondió Torre.

"¿Pudieron resolverlo?"

Torre no contestó. Sólo miró a Cone con furia aún en sus ojos.

"Yo me haré cargo de él, Joe, yo me haré cargo de él", le aseguró Cone.

El ERA de Wells estaba en un desagradable 5,77 después de ese partido en Texas. Sin embargo, después de la junta en Minnesota, Wells fue un pitcher distinto. La siguiente vez que tomó la bola venció a los Royals de Kansas 3–2, un partido en el cual Torre le dio cuerda suficiente para que Wells ejecutara 136 lanzamientos a lo largo de ocho entradas. Su inicio después de aquello fue simplemente perfecto. Wells realizó 120 lanzamientos en un juego perfecto en el Yankee Stadium contra los Twins de Minnesota, uno de los 17 partidos perfectos de la historia. No concedió ni una base por bolas y eliminó a 11 jugadores por strikeout en el triunfo de 4–0. Wells cambió de darse por vencido en el montículo a lanzar un juego perfecto con sólo un inicio de por medio. Una imagen de 12 días que capturó con precisión la carrera entera de Wells, que podía ser tan exasperante como grandioso.

"Wells invertía más energía en encontrar una manera de no estar en el terreno de juego para la práctica previa, que la que necesitaba para estar allí", comentó Torre. "Tú tienes reglas, y la única manera de que esas reglas sean efectivas es que todo el mundo se someta a éstas. Nosotros teníamos la regla de que tenías que estar en el campo, sin importar lo larga que fuera, para una hora de práctica de bateo. Yo les decía: 'Si tienen que salir del campo, tienen que obtener el permiso de un entrenador o el mío'.

"Yo intento analizarlo, intento ponerme en los zapatos de alguien más, pero nadie necesita tanto trabajo en la sala de entrenamiento que no pueda esperar 20 minutos. Creo que podría ser un retroceso a la necesidad de atención. Tanto si era positivo como si era negativo, él necesitaba atención. Creo que eso era gran parte del problema.

"Puede ser una personalidad cautivante, pero hay momentos en los cuales, como director, aborreces hasta su sombra. Él salía y yo observaba su lenguaje corporal. Luego observaba a Jeff Weaver y observaba a Sidney Ponson; gravitaban hacia él y hacían las mismas cosas. 'Yo soy el desafortunado'. Te volvías loco.

"Los jugadores también hablaron al respecto con él. Jeter u O'Neill dijeron algo. No era un problema tan grave. Yo le dije que todos intentaban ayudarlo a ganar y agregué: 'No es justo para ellos'. Él lo admitió. Sin embargo, pienso en su crecimiento sin una influencia masculina. A pesar de que esto no te impide estar furioso con él, intentas comprenderlo.

"No obstante, él *podía* lanzar. Mi anécdota favorita es haberlo llamado a mi oficina y haberle señalado su exceso de peso. Después le dije: 'No hay manera de que puedas lanzar de manera efectiva con ese peso'. Por supuesto, él iba a salir de allí y lanzaría una joya porque ahora iba a probármelo. Él tenía un brazo como el de Warren Spahn; era bendito, con un brazo de goma. Podía lanzar en cualquier momento y durante tanto tiempo como quisieras. Había otros problemas, espalda, gota o lo que sea, pero nunca tuvo problemas con el brazo".

Después de la explosiva junta en Minnesota, incluso con las postemporadas, Wells obtuvo 19–3 con un ERA de 2,91. Los Yankees alcanzaron 23–4 cuando él tomó la bola en ese período de cambio. Wells encabezó la liga en porcentaje de triunfos, juegos sin anotaciones contrarias, proporción entre strikeouts y bases por bolas y menos corredores en base por entrada.

"Él necesitaba que alguien lo presionara, en verdad era así", dijo Cone. "Una vez que tomó impulso después de ese juego perfecto, cambió en serio. Estuvo radiante durante el resto del año. Fue un año tipo Cy Young. Él sí necesitaba que lo presionaran. No sé si puedes encontrar rasgos de ello hasta su infancia, por no haber tenido un padre o qué, pero después de esa junta fue muy bueno. Dado que lanzaba tan bien, Joe y Mel fueron más indulgentes con él. Yo me mantuve a su lado. Les dije a Joe y a Mel: 'Oigan, yo estoy con él. Nosotros estamos con él. Lo fortalecemos. Vamos a permanecer a su lado'.

"Ésa era la belleza de Torre. Él sabía que en esa casa club tenía sujetos que podían cuidarse entre sí y él permitía que eso sucediera. Él nos permitía hacerlo. Entonces, cuando convocaba a una junta, lo cual era raro, era efectiva. Siempre sabía que estábamos pendientes. En esa casa club en particular, estábamos pendientes de todo".

Desde cualquier punto de vista, los Yakees de 1998 fueron el pináculo de la dinastía. Tuvieron el liderazgo de la liga en carreras (a pesar de que ningún Yankee logró más de 28 jonrones), pitcheo y eficiencia defensiva, y se defendían de manera eficiente (una medida de cómo un equipo convierte bolas bateadas en outs). La rotación inicial —Cone, Wells, Pettitte, Orlando Hernández y Hideki Irabu— se combinó para alcanzar un récord de 79–35. Mariano Rivera, con Mike Stanton, Graeme Lloyd y Jeff Nelson en el relevo intermedio, alcanzó 3–0 con un ERA de 1,91 y 36 salvados.

Tan profunda era la alineación que Williams encabezaba al equipo en bateo, O'Neill destacaba en bases totales, Martínez tenía el liderazgo en jonrones, Jeter sobresalía en hits y Knoblauch en bases por bolas. Scott Brosius, quien obtuvo .203 la temporada previa para Oakland, bateó .300 y produjo 98 carreras mientras inciaba todos sus partidos en el octavo o noveno turno en el orden de bateo, excepto tres. Posada y Joe Girardi ayudaron a dar a los Yankees 88 RBI desde la posición de catchers. Cinco jugadores se combinaron para darles 74 RBI desde la posición del campo izquierdo: Chad Curtis, Strawberry, Raines, Ricky Ledee y Shane Spencer. Homer Bush, un corredor emergente, también obtuvo .380 en bateo. La alineación era tan precisa y productiva que los jugadores que Torre sacó de la banca produjeron un porcentaje de colocación en base mejor (.370) que aquellos que iniciaron (.364) aquella temporada.

"Doy mucho crédito a Raines y a Strawberry", dijo Cone. "Ellos aportaban liderazgo por ser veteranos. Eran líderes reales, en especial cuando usábamos nuestra alineación secundaria con Straw, Raines y Homer Bush. Éramos casi mejores esos días. Creo que eso estableció el tono. La solidez de esa alineación es lo más notable para mí. Nunca estuve en un equipo que fuera tan sólido. Desde el uno hasta el veinticinco, no creo que nunca haya existido un equipo mejor".

Billy Beane, director general de los Athletics de Oakland, miró con respeto a los Yankees cuando vencieron a su club en ocho ocasiones a lo largo de 11 partidos, superándolo con un marcador total de 81–48.

"He estado en el béisbol durante treinta años", comentó Beane. "Ese equipo de 1998 era uno de los equipos más grandiosos en la historia del juego. Los equipos más grandiosos que he visto han sido los Yankees de 1998 y los Reds de 1975 y 76. Tenían todo lo que querrías que tuviera un equipo de béisbol. Ganar un partido contra ellos era un gran suceso. Recuerdo que en una ocasión teníamos un partido contra ellos que fue cancelado por lluvia, de manera que tuvimos que jugar una serie de cuatro partidos en tres días. Nosotros no contábamos con un equipo de pitchers particularmente bueno. En el primer enfrentamiento del partido doble en un día, el pobre Mike Oquist era el pitcher. Nosotros sabíamos que aún teníamos que jugar tres partidos más, de manera que tuvimos que dejarlo allí, pues, de lo contrario, hubiera terminado por meter a un infielder en el segundo partido. En términos literales nos quedamos sin pitchers en una serie de cuatro partidos.

"Ellos te agotaban. Te aniquilaban. El impacto que tenían sobre tus pitchers cuando terminabas de jugar contra ellos duraba otra semana. Y otro comentario acerca de ser derrotado por los Yankees: lo hacían con clase. Era como si te derrotaran vestidos con trajes de etiqueta rentados".

La alineación era casi perfecta, con juventud en cada una de las posiciones, experiencia y sabiduría en la banca, poder y velocidad, lanzadores zurdos y derechos... a los Yankees no les faltaba nada. A ese talento se agregaba un deseo insaciable de ganar. Durante la temporada de 1998, Cone señaló con precisión lo que hacía a los Yankees tan grandiosos cuando comentó: "Hay una *desesperación* por ganar".

Martínez, por ejemplo, acostumbraba ser demasiado severo consigo mismo. La racha baja más ligera, incluso un partido sin hits, provocaba que el primera base se enfureciera consigo mismo. Torre tuvo que llamarlo a su oficina.

"Permíteme hacerte una pregunta", le dijo Torre a Martínez en una ocasión. "Sé que no quieres escuchar esto, pero tú estás aquí sentado, en esta casa club, y piensas que nos has decepcionado a todos. Si Derek Jeter obtuviera un 0–de–8, ¿sentirías que te ha decepcionado?"

"No", respondió Martínez.

"Bueno, eso es lo que nosotros opinamos sobre ti".

Los Yankees se tomaban personalmente las raras ocasiones en las cuales perdían. Nadie resentía más el fracaso que O'Neill, el tipo de quien la gente de las oficinas centrales le había advertido a Torre que era un poco "egoísta" en 1996. Esa reputación se forjó debido a la regularidad con la cual O'Neill destrozaba despachadores de agua, estrellaba su bate contra el suelo o no corría con rapidez cuando estaba furioso consigo mismo por batear un pop-up o una rolata rutinarios.

"Paul O'Neill era ese tipo de hombre que se entregaba por completo todo el tiempo", comentó Torre, "un tipo que nunca pensaba: '¿Qué hago si esto no funciona?'. Y era un gran soldado. No era egoísta ni vanidoso. No le importaba cómo lucía. No le preocupaba que sus swings fueran horribles. Su trabajo era llegar a la base.

"Su egoísmo, si quieres llamarlo así, provenía del hecho de que quería conectar un hit en cada uno de sus turnos al bate. No tenía un solo hueso egoísta en todo su cuerpo. Él quería ganar por sobre todas las cosas. Nunca hubo una excusa en ese muchacho".

En una ocasión, cuando O'Neill bateó una rolata rutinaria y, debido a su frustración, no corrió deprisa, el infielder perdió la bola. Sin embargo, O'Neill fue eliminado en primera. Su falta de velocidad le impidió llegar a salvo a la base y él lo sabía. Después del partido, O'Neill entró a la oficina de Torre y arrojó un billete de $100 sobre el escritorio del director.

"No vas a resolver esto con sólo limpiar tu conciencia", le dijo Torre. "Guárdate esos cien dólares".

Torre comentó:

"Lo que tenías que comprender era que él *necesitaba ganar*".

Donahue dijo: "Cuando perdíamos un partido, no importaba si era en abril o mayo, él llegaba a la casa club y, desde el pasillo, a través de la sala, arrojaba bates contra su casillero. Nosotros nos encontrábamos en la sala de entrenamiento, escuchábamos el escándalo y de inmediato lo sabíamos: 'Oh, mierda. Perdimos'. Él estaba furioso. Ningún pitcher era tan bueno. Cuando ese tipo de quien hicieron la película, el profesor de ciencias para Tampa Bay, Jim Morris, lo sacó out, O'Neill se volvió loco: '¿A quién van a traer a continuación para sacarme out? ¿A un maestro de gimnasia? ¿A un plomero?'.

"Él siempre decía: 'Hasta aquí. Estoy arruinado. No puedo conectar un hit'. Entonces, Zim se sentaba a su lado y le decía: 'Oye, tengo un amigo en Cincinnati que puede conseguirte un empleo como albañil…'.

"En raras ocasiones entraba a la sala de entrenamiento. En

una ocasión se fracturó una costilla en Tampa justo antes de los playoffs. Se estrelló contra un muro y se fracturó una costilla. No le importó. Solía decir: 'La sala de entrenamiento es para los pitchers'. En 1996 y 1998 le dolía el tendón de la corva. Ni siquiera vino a que lo vendáramos. Era un mal paciente".

"El asunto con Paulie", comentó Cone, "es que él estaba dedicado a su propia rutina, pero para nada era considerado egoísta. Creo que la gente no se daba cuenta de lo juguetón que era Paulie fuera del terreno de juego. La gente veía que era intenso; sin embargo, después del partido, se volvía totalmente manso. Tino o yo bromeábamos con él y él sólo era juguetón. Era muy distinto a su comportamiento dentro del campo. Su manera de conducirse. No se tomaba demasiado en serio, a pesar de que podría parecerlo dentro del terreno de juego. Solía menospreciarse mucho y hablaba acerca de que era un mal jugador".

En la Serie de División de 1997, O'Neill bateó en la novena entrada del quinto juego con los Yankees a punto de su último out y con una carrera menos que los Indians. Él conectó una línea que se estrelló en el muro del campo derecho. O'Neill corrió hasta segunda base y llegó con una barrida tan horrenda y extraña que Torre se apresuró a entrar al campo para ver cómo estaba.

"¡Pensé que había sido out!", exclamó O'Neill.

Torre solicitó un corredor emergente.

"¡Estoy bien, Skip! ¡Estoy bien!", protestó O'Neill.

"Paulie", dijo Torre, "voy a traer a un corredor emergente porque el otro tipo es más veloz que tú, no porque estés lesionado".

"Recuerdo una ocasión", comentó Borzello, "cuando jugamos en Detroit y creo que él dejó a nueve hombres en base. Y recuerdo que él entró y perdimos el partido por una o dos carreras. Llegamos a la casa club y recuerdo que él exclamó: '¡Tú dejaste nueve hombres en base! ¡Nueve malditos hombres en base!'. Cuando tenía un mal juego, O'Neill tenía esa mirada vidriosa y hablaba consigo mismo. Y entonces levantó una silla y la aventó. Sólo recuerdo que él se sentía el único responsable.

"Él quería conseguir sus hits, pero sus hits eran importantes para él por el triunfo del equipo. Hay muchos sujetos que quieren lograr un hit en cada uno de sus turnos al bate, pero este tipo… su mayor intención era no decepcionar a los otros veinticuatro muchachos. Si no hacía lo suficiente para ayudar al equipo a ganar el partido, sentía que los decepcionaba a todos. Y creo que la gente comprendía el hecho de que su pasión por el éxito se traducía en el éxito del equipo, y que eso era importante para él".

Desesperados por ganar. Esa desesperación condujo a los Yankees de 1998 a 114 victorias, 22 más que cualquier otro equipo en la liga. Sólo había una desventaja en ser mucho mejores que el resto: la presión de ganar la Serie Mundial era enorme. Ellos *debían* ganar sin duda alguna y lo anterior se demostró cuando jugaron contra Texas en la Serie de División.

"Estábamos muy tensos", observó Torre, "tan como puedo recordar. Sin embargo, fue raro: incluso entonces no hacíamos otra cosa que ganar".

Los Yankees no batearon mucho, anotaron nueve carreras en tres partidos. También recibieron un fuerte impacto emocional cierto día durante la serie cuando se enteraron de que Strawberry había sido diagnosticado con cáncer de colon. No obstante, vencieron a los Rangers porque les permitieron una carrera con 13 hits en la serie completa. Los Yankees sólo emplearon a seis pitchers.

"Era un grupo muy profesional de individuos", comentó el ex pitcher de los Rangers, Rick Helling, quien perdió el segundo juego cuando los Yankees lo obligaron a ejecutar 119 lanzamientos en seis entradas. "Recuerdo con claridad su manera de trabajar el conteo y lo generosos que eran como equipo. No sentían miedo de permitir que el siguiente chico lo lograra. En muchas ocasiones, un tipo en posición de lograr el gran hit se pone ansioso en exceso y quiere lograrlo él mismo. Ese equipo no era así. Era una batalla enfrentarlos. Era una alineación grandiosa, demasiado generosa para un grupo de jugadores estrella".

Los Yankees avanzaron para enfrentarse a los Indians, el mismo equipo que los había eliminado el año anterior, en la Serie de Campeonato de la Liga Americana. Después de obtener una victoria de 7–2 en el primer juego, se encontraban empatados 1–1 en la duodécima entrada del segundo juego cuando Knoblauch cometió un error infame y absurdo. El segunda base comenzó a discutir con el árbitro de primera base por una interferencia —la bola se encontraba en el suelo del infield, a unos cuantos pasos de distancia de él— mientras Enrique Wilson de los Indians corría desde primera base hasta el home con la carrera que rompería el empate. Nelson, Martínez y sus compañeros desde el dugout le gritaban a Knoblauch que recogiera la bola, pero el segunda base se encontraba demasiado enfrascado en su discusión inoportuna. Para cuando tomó la bola y la arrojó hacia home, ya era demasiado tarde. Los Indians resultaron ganadores, 4–1.

Knoblauch era un caso bastante extraño en Nueva York. Llegó a los Yankees a tiempo para la temporada de 1998 después de un intercambio con los Twins, donde se había consolidado como un buen bateador inicial y un corredor intrépido de bases. Sin embargo, con frecuencia parecía nervioso y carente de confianza con los Yankees. Tampoco representaba la misma amenaza en las bases. En 1997 con Minnesota, por ejemplo, Knoblauch intentó 72 robos de base. En la siguiente temporada con los Yankees corrió en sólo 43 ocasiones y nunca excedió los 47 intentos en sus cuatro años con uniforme a rayas.

"Nunca me di cuenta de lo frágil que era", señaló Torre. "Cuando lo obtuvimos pensé que se adaptaría a la perfección. Podíamos aprovechar su velocidad. Sin embargo, en realidad nunca la exhibió con nosotros. Tenía temor de correr. Tenía miedo de ser puesto out. Un asunto de temor al fracaso. Y no puedes convencer a alguien de fallar si tiene miedo de fallar.

"Con Minnesota, él era un jugador rudo y resistente. Lo cierto es que el desgraciado era muy buen bateador. No obstante, su volubilidad emocional contribuyó mucho a su falta de consistencia. Creo que Nueva York le robó lo mejor que tenía. Él encontró más cosas que hacer, más problemas".

En el año 2000, los demonios interiores de Knoblauch se confabularon en un bloqueo mental relacionado con atrapar y lanzar la bola a primera base desde la segunda. Resultaba doloroso contemplarlo. Entonces, el 16 de junio de ese año, después de volar la bola en ese partido por tercera ocasión en seis entradas, Knoblauch salió del campo, tocó a Torre en la rodilla en el dugout, le dijo: 'Estoy liquidado' y continuó su camino por el pasadizo hasta la casa club. Torre lo siguió y lo alcanzó cerca de su casillero. Knoblauch se estaba desvistiendo cuando le dijo a Torre que renunciaba.

"Estás pasando por un momento difícil", le dijo Torre. "No puedo permitir que te marches por el impulso del momento y que después lo lamentes. Sólo vete a tu casa por ahora y reflexiona al respecto".

Torre comentó: "Le dije a Cash lo que había sucedido. Cuando Randy Levine se enteró de lo ocurrido quiso retirarle su dinero".

Knoblauch volvió a formar parte de la alineación al día siguiente en la segunda base, pero en realidad nunca recuperó su confianza allí. Los Yankees lo movieron al campo izquierdo en la siguiente temporada.

"Lo que sucedió en la Serie de Campeonato contra Cleveland fue triste", apunta Torre. "Yo sólo intenté mantener unido al equipo después de eso. Los jugadores estaban enojados con él. Yo estaba furioso en el momento en que sucedió, pero, si sabías lo frágil que era, no podías permanecer furioso. Yo conversé con algunos jugadores como Mariano, Bernie, O'Neill y Girardi, que era uno de mis soldados. Les dije: 'Ya está hecho. Ya quedó detrás de nosotros. La única manera de superar esto es brindarle nuestro apoyo. No podemos hacer otra cosa que no sea continuar'".

Cone dijo: "Algunos de nosotros hablamos con él, pero él estaba reticente, culpaba al árbitro".

En el viaje en avión después del partido hacia Cleveland, donde los Yankees tuvieron un día libre después del tercer juego, fue Cone, desde luego, quien aportó el consejo más importante para Knoblauch. Le contó sobre un error similar que él había cometido en Atlanta como pitcher con los Mets, cuando discutió con un árbitro mientras dos Braves corrían a toda velocidad por las bases.

"Tienes que aceptarlo", le dijo Cone. "Tienes que soportar esta situación. Aguantarla y aceptarla. Si el árbitro se equivocó o no, tú tienes que atrapar la bola. Si el corredor estaba fuera de la línea de base o no, es irrelevante. Ahora, todo lo que tienes que hacer es aceptar la culpa y ésta desaparecerá".

Relató Cone: "Por fin, dijo: 'De acuerdo' y lo hizo. Tuvo su conferencia de prensa y dijo: 'Me equivoqué'. Por fin, después de haber permanecido reticente durante un tiempo".

En ese mismo vuelo a Cleveland, Torre sintió que su equipo estaba tenso y que necesitaba un día entero de descanso, en especial, lejos de los medios de comunicación masiva, pues él sabía que exprimirían otro día más de artículos relacionados con el error de Knoblauch. Entonces, dijo a sus jugadores que no fueran al parque de pelota al día siguiente.

"Muchachos, no vamos a trabajar mañana", les dijo. "Lo

mejor que podemos hacer es ocultarnos de los medios por un día. Es probable que eso sea lo mejor".

Unos minutos más tarde, después de que Torre regresara a su asiento cerca de la parte frontal del avión, una mujer le tocó el hombro. Se trataba de Nevalee O'Neill, la esposa de Paul.

"Uh, ¿Joe?", le dijo. "¿Te importaría si Paul batea mañana? Necesita batear".

Torre sonrió y cambió de opinión: les ofreció a los jugadores un programa opcional de ejercicios. Todo el equipo se presentó. Después, Knoblauch dio su conferencia de prensa para admitir su equivocación.

Al día siguiente, antes del tercer juego, Torre tuvo una junta en la casa club para visitas de Jacobs Field con su equipo. Intuyó que el peso de la temporada, con 114 victorias, afectaba a sus jugadores. Él sabía que los Indians no se sentían intimidados por los Yankees, como la mayoría de los equipos. Durante la temporada, por ejemplo, Cone había notado "cierta situación a medio partido cuando comenzábamos a avanzar y podías ver que los pitchers entraban un poco en pánico. De pronto, veíamos una gran cifra en el marcador, cuatro o cinco carreras". Los Indians no eran uno de esos equipos que se sometían al poder de los Yankees.

"Era un encuentro difícil para nosotros, especialmente complicado contra los lanzadores derechos y por el hecho de que ellos nos habían eliminado el año anterior", comentó Cone. "Ellos pensaban que podían derrotarnos. No les importaba cuántos partidos habíamos ganado. Ellos creían que eran mejores, incluso a pesar de que nuestro equipo de pitchers, a todas luces, era mejor".

A Torre no le gustó la energía que recibía de su equipo.

"Muchachos, están demasiado tensos", les dijo Torre. "No se divierten lo suficiente. Deben volver a divertirse".

Cuando la junta finalizó y los jugadores regresaron a prepararse para el partido, O'Neill llevó aparte a Torre.

"Ski-ip", dijo O'Neill con su agudo acento de Cincinnati.

"¿Sí, Paulie?"

"¿Divertirnos? No es divertido a menos que ganes, Ski-ip".

Aquella noche no fue divertida para los Yankees. Bartolo Colón, el diestro de Cleveland, mantuvo en silencio a la ofensiva de los Yankees y los Indians vencieron con facilidad a Pettitte, 6–1. Cleveland encabezó la serie, dos partidos a uno. El valor de una temporada regular con 114 triunfos estaba en peligro de verse seriamente disminuido.

"Sí, había presión", comentó Cone. "Lo que habíamos logrado durante la temporada podía desvanecerse si perdíamos. De alguna manera, también intentábamos validar lo del 96. En general, la gente opinaba que los Braves eran mejores que nosotros en el 96 y que nosotros les habíamos robado el triunfo. Después, perdimos contra Cleveland en el 97 y ahora estaba Cleveland de nuevo, a punto de derrotarnos otra vez. Entonces, no sólo era nuestro récord en el 98 lo que estaba en juego, sino también nuestra validación del 96. No sé si muchos de los chicos opinaban lo mismo. Yo sí".

En la mañana del cuarto partido, Torre fue a la cafetería del hotel a desayunar. Pensó que el hombre de cabeza rapada que limpiaba las mesas y ayudaba a atender a los clientes le resultaba familiar, y lo era: se trataba de su pitcher abridor del cuarto partido, Orlando Hernández. "El Duque" había dejado Cuba y a su familia en alguna especie de barco pequeño —su versión de que fue en balsa era más emotiva y comercial— para impulsar su carrera en el béisbol de las ligas mayores. Lanzaba con una patada sorprendentemente alta y flexible y se deleitaba en jugar al gato y al ratón con los bateadores. Criado en la Cuba aficionada al béisbol, donde el éxito en los torneos internacionales podía significar la diferencia entre una vida cómoda y una vida de esfuerzo, Hernández parecía ajeno a todo el drama del juego en las grandes ligas. Los Yankees tenían tantos pitchers abridores que lo habían olvidado en la Triple A, hasta que cierto día Cone llegó a trabajar con malas noticias para Torre: "El terrier Jack Russell de mi suegra me mordió el dedo. No puedo lanzar".

Los Yankees llamaron a Hernández. Él inició 21 partidos para los Yankees y ganaron 16 de éstos. Debido a la rápida victoria en la Serie de División y a la reorganización de la rotación para la Serie de Campeonato de la Liga Americana, Hernández no había lanzado en 14 días hasta que por fin llegó su turno en el cuarto partido.

Después del desayuno, Torre recibió el mensaje de que Steinbrenner quería verlo en su *suite* del hotel. Torre se dirigió hacia la suite y encontró a Steinbrenner mirando por televisión un partido de football colegial, un partido entre de Ohio State e Illinois.

"Bueno, ¿qué opinas?", le preguntó Steinbrenner.

Torre sabía a lo que se refería. Éste era otro intento del perpetuamente inquieto Steinbrenner de lograr que su apacible director le asegurara que todo saldría bien. Entonces, Torre decidió divertirse un poco con él.

"Lo que opino", respondió Torre, "es que Ohio State va a ganar ese partido".

"¡No, no, no!", ladró Steinbrenner. "¡Me refiero a nuestro equipo!"

Torre contuvo una carcajada.

"Creo que nuestro estado de ánimo es muy bueno", le dijo Torre, cumpliendo con su deber. "Yo sólo sé que nuestro pitcher abridor no estará nervioso. Allá está abajo, atendiendo comensales en la cafetería.

Torre dijo: "Sabía que había presión. Hablé con Bill Belichick, el entrenador de los Patriots en 2007, al respecto. Es grandioso estar con 15, 16, 17 victorias y 0 derrotes. Sin embargo, eso significa que *tienes* que ganar. Es una presión enorme en la que no puedes darle una oportunidad al otro equipo, sin importar lo bueno o malo que sea. Había una presión enorme".

O'Neill bateó un jonrón en la primera entrada e incluso esa pequeña ventaja fue todo lo que Hernández necesitaba. Fue brillante. Lanzó siete entradas sin conceder carreras en una victoria de 4–0. La serie estaba empatada y la presión cedió a favor de los Yankees. Wells, el ganador del primer partido, inició para los Yankees en el quinto. Mientras Wells calentaba en el bulpen, los aficionados de los Indians, incluso algunos niños, hicieron comentarios despectivos hacia él alusivos a su madre muerta. Wells se agitó y se conmovió tanto con aquella hostilidad que acortó su sesión a sólo 25 lanzamientos, la mitad de su calentamiento normal.

"No creerías las cosas que decían sobre mi madre", dijo Wells a Torre en el dugout.

Los Yankees le dieron a Wells una ventaja de 3–0 en la primera entrada, pero, evidentemente distraído y fuera de sus cabales, concedió de inmediato dos carreras, haciendo que Posada lo visitara en el montículo.

"¿Estás bien?", le preguntó el catcher. "¿Cuál es el problema?"

Wells le contó a Posada lo que los aficionados habían hecho durante su calentamiento.

"Ahora tienes otro motivo", le dijo Posada, "para demostrarles quién eres".

Posada, que había cumplido 27 años, se estaba convirtiendo en el jugador más locuaz de equipo y un fiero competidor a medida que acumulaba más tiempo de juego sobre Girardi. Torre se refería a Posada como el *"alter ego* de Jeter", porque Posada y Jeter eran muy buenos amigos y creían en la misma metodología generosa del béisbol, además de no tolerar a quienes pensaban de otra manera. A diferencia de Jeter, sin embargo, Posada no tenía problema en enfrentarse con un compañero de equipo, como en una ocasión en 2002 cuando él y "El Duque" discutieron en la sala de entrenamiento antes de un partido. Posada y Hernández, de hecho, tenían una relación extraña y conflictiva, casi como un acto de vodevil, en la cual ambos intentaban burlarse del otro. Cierto día casi llegaron a los golpes en el dugout en Cleveland; no obstante, esa misma noche, Torre los vio juntos y contentos en un centro comercial en busca de un sitio para cenar.

"Georgie siempre quiere ser líder", comentó Donahue, "y a veces se enfada un poco cuando no puede. Georgie quiere ganar y es por eso que él y Jeter son tan buenos amigos".

El ex entrenador de fortaleza de los Yankees, Brian McNamee, comentó: "Luis Sojo y Posada buscaban pleito con otros muchachos por tonterías, como llegar tarde a los estiramientos o cometer errores en las bases. Se mantenían tranquilos para poderles jugar bromas a los chicos, pero Jorge era el principal. Jorge tenía muy mal carácter, pero siempre tenía razón. Jeet es más reservado. Siempre llega a tiempo, cumple con su trabajo, es callado, maneja bien a los medios; pero Jeter no provoca pleitos con nadie".

Torre observó: "Georgie se frustraba mucho con los pitchers. Sé que Randy Johnson lo frustraba muchísimo, incluso al punto en el que decidí que John Flaherty fuera su catcher. Y entonces Randy y Flaherty, el viejo y relajado Flaherty, casi llegaron a los golpes en Seattle. Pero Randy podía sacar de quicio a Georgie. Georgie sabía cómo quería que Randy lanzara y Randy objetaba; entonces, Georgie intentaba convencerlo de su punto de vista. Llegué al punto en el cual, en 2006, le dije a Randy: 'En la postemporada, Georgie será el catcher'. Él preguntó por qué y le respondí: 'Él es mi catcher número uno'. Randy intentó hacerme cambiar de opinión al respecto para la postemporada".

Torre, desde luego, no iba a perder la confianza en Posada, en especial en la postemporada. Su relación tuvo un inicio débil en 1997 cuando Posada pensaba que merecía más que sus 52 inicios como respaldo de Girardi. Sin embargo, Torre pronto comenzó a confiar en Posada tanto como en sus jugadores más leales, en especial en situaciones decisivas, como un elemento que podía aprovechar para enviarles mensajes a los jugadores de compañero a compañero.

"Lo que sentí respecto de Georgie, una vez que lo conocí un poco mejor, es que tenía un gran corazón", dijo Torre. "Se preocupaba mucho y jugaba bien bajo presión. No siempre estuvimos de acuerdo en su filosofía como catcher, pero lo achaqué al hecho de que él no hizo esto durante toda su vida. No obstante, bajo presión, confiaba en él tanto como en los demás, sin importar la situación del partido.

"También podía llevar mis mensajes a los jugadores. A veces su elección de los momentos no era tan buena como la de Jeter; sin embargo, si necesitaba hacer llegar un mensaje a alguien y pensaba que Georgie podía hacerlo, se lo mencionaba. O si deseaba enviar un mensaje a Georgie, acudía a Jeter, cuando sentía que, si provenía de mí, lo tomaría de manera distinta. Georgie y yo nos llevábamos muy bien. Sentía que era como un hijo mío".

Posada pulsó la cuerda exacta con un distraído Wells en aquella junta en el montículo en la primera entrada del quinto juego. De inmediato, Wells se concentró de nuevo y lanzó una joya. Con ello, permitió sólo una carrera más y eliminó a 11 bateadores por strikes. Los Yankees ganaron 5-3.

"David Wells fue la clave de la serie", dijo Cone. "La gente no se da cuenta de eso. Robbie Alomar y Omar Vizquel tuvieron que batear a la derecha contra un zurdo. Además, Jim Thome fue neutralizado. Para mí, ellos eran una alineación distinta contra los pitchers zurdos. Wells los venció dos veces".

Los Yankees regresaron a casa para el sexto partido y el posible triunfo decisivo. Vapulearon al pitcher abridor de Cleveland, Charles Nagy, con dos carreras en la primera, una en la segunda y tres, gracias a un jonrón de Brosius, en la tercera. El marcador estaba 6–0 después de tres entradas con Cone en el montículo. ¿Qué podía fallar? No obstante, los temores de Cone acerca del ataque de los Indians a los lanzamientos diestros se hicieron realidad en la quinta entrada. Cleveland llenó las bases con tres sencillos consecutivos. Después, Cone permitió una carrera por bola, lo cual provocó que Torre lo visitara en el montículo de inmediato, con Manny Ramírez al bate.

"Me haré cargo de ese sujeto", le dijo Cone.

Torre comentó: "Entonces regresé al dugout y así fue: eliminó a Manny por strikes. Pero entonces lo dejé allí y Jim Thome conectó un cuadrangular. Fue demoledor".

"Nos atemorizamos", observó Cone. "Estábamos 6–1 arriba y ahora estábamos 6–5. Lancé un slider a Thome y ¡*bam!*, hasta las gradas superiores. Sucedió muy deprisa. Lancé dos bolas al siguiente tipo. Yo estaba un poco conmocionado. Estaba muy asustado".

Cone consiguió dos outs más para finalizar la entrada sin otras complicaciones. Torre le dijo que ya había terminado por jugar ese partido.

"Debí haberte hecho caso", le dijo Torre a Cone.

"¿Qué quieres decir?"

"Dijiste que te harías cargo de *ese* sujeto. Debí sacarte después de *ese* sujeto".

Los Yankees simplemente incrementaron su ofensiva y anotaron tres veces durante la sexta, dos por un triple de Jeter, para establecer más margen de diferencia. Mendoza les dio dos entradas sin carreras, como relevo de Cone, y el partido quedó en manos de Rivera, quien cerró la victoria 9–5, con una novena entrada de nueve lanzamientos con su acostumbrada pulcritud.

Todo lo que se interpuso entre los Yankees de 1998 y su cita con la historia fue un enfrentamiento en la Serie Mundial contra los

Padres de San Diego. Los Padres dieron batalla durante un rato, incluso llevaron una delantera de 5–2 hasta la séptima entrada del primer juego. Sin embargo, los Yankees reafirmaron su grandeza de súbito. Knoblauch empató el partido con un jonrón de tres carreras y Martínez colocó a los Yankees al frente con un marcador de 9–5 con un *grand slam* a las gradas superiores frente al zurdo Mark Langston, un lanzamiento después que éste rozó la zona de strike con la cuenta de 2–y–2. Los Yankees ganaron 9–6. Al día siguiente administraron una de sus palizas más rutinarias, 9–3, en la cual eliminaron toda duda sobre el partido con una ventaja ganadora de 7–0 después de tres entradas.

En el tercer partido volvieron a usar la fórmula y eliminaron la ventaja de los Padres de 3–0 en la séptima entrada para ganar 5–4. Brosius, el jugador más valioso de la Serie Mundial, conectó un jonrón de tres carreras contra el pitcher cerrador Trevor Hoffman de San Diego en la octava, para colocar a los Yankees a la cabeza; sin embargo, la metodología de recuperación fue tan importante como el golpe final. El jonrón ganador siguió a bases por bolas de O'Neill y Martínez.

Las bases por bolas, en especial esas llenas de fastidiosos fouls, fueron el juego característico de los equipos de campeonato de los Yankees. No era exactamente la imagen más atractiva, en particular cuando el país se volvía loco con Mark McGwire, Sammy Sosa y los jonrones en 1998. Sin embargo, era efectiva. Las bases por bolas simbolizaban no sólo la generosidad de los Yankees, sino también la confianza que tenían unos en otros. No existía la necesidad de perseguir lanzamientos si sabías que el compañero que batearía después de ti haría el trabajo. Los Yankees de 1998 encabezaron la liga en bases por bolas y acumularon la cantidad sorprendente de 187 pases libres más de los que concedieron. Entre 1996 y 1999, los Yankees obtuvieron un porcentaje de colocación en base de .360, o superior cada año, la primera vez que lo conseguían a lo largo de cuatro años consecutivos desde la era de los equipos de Joe Mc-Carthy de cuatro campeonatos mundiales, desde 1936 hasta 1939.

Desde un punto de vista práctico, la táctica de hacer que los pitchers abridores contrarios lanzaran más bolas era brillante debido al arma que los Yankees poseían en Mariano Rivera. Los Yankees no siempre luchaban para vencer al pitcher abridor oponente, sino que se esforzaban en agotarlo. Una vez que eliminaban al pitcher abridor de un partido debido a un alto conteo de lanzamientos, reducían el encuentro a un duelo de bulpens en el que Rivera sacaba ventaja sobre cualquier otro equipo de béisbol en esas situaciones. El bulpen de los Yankees obtuvo un récord de 28–9 en 1998.

"Era intimidante saber que él estaba al final del partido", observó Beane, el mánager general de los Athletics. "Sentías una ansiedad tremenda al saber que tenías que vencer a los Yankees en siete entradas porque, con Rivera, sabías que no podrías derrotarlos en nueve. Sabías que tenías que decir: 'Vamos a contar con siete entradas para llevar la delantera y eso será todo. Después de eso, viene Rivera'".

Rivera, como Jeter, se adaptó a la perfección a la cultura de la casa club de los Yankees, otra superestrella caracterizada por una humildad y confianza silenciosas que se definía a sí mismo de acuerdo con cuántos partidos ganaba el equipo y no por sus estadísticas individuales. Rivera llegó a las ligas mayores en 1995 sin previo aviso, después de haber sobrevivido la cirugía de Tommy John en 1992, después de haber estado desprotegido en la selección de expansión de 1992 (los Marlins y los Rockies no lo eligieron) y tras casi un intercambio con los Tigers, en 1995, por Wells. Gene Michael bloqueó el cambio cuando escuchó que la velocidad de Rivera se había incrementado de súbito a 96 mph. Entrenado como pitcher abridor, Rivera tuvo una reveladora serie saliendo del bulpen en la Serie de División de 1995 cuando lanzó 5⅓ entradas sin anotaciones. Después de ese año como aprendiz de John Wetteland en 1996, Rivera se convirtió en un pitcher cerrador no sólo confiable, sino único en términos de estrategia. Justo cuando se definía al pitcher cerrador como un superespecialista limitado a una sola entrada, Rivera era el arma por excelencia de Torre porque podía comenzar a cerrar partidos en la octava entrada. Rivera era brutalmente eficiente y eliminaba pronto a los bateadores, porque sus bolas rápidas eran muy difíciles de batear y porque lanzaba con mucha precisión.

Desde 1997 hasta 2008, Rivera acumuló más salvadas de postemporada de seis outs o más (12) que el resto del béisbol sumado (11). En ese mismo periodo, Rivera obtuvo al menos cuatro outs en 79 por ciento de sus salvadas de postemporada, es decir, más de tres veces la incidencia de ese esfuerzo pesado que todos los demás pitchers cerradores combinados (25 por ciento).

"Creo que lo que hace especial a Mo, más que otra cosa, es el tamaño de su corazón", afirmó Torre; "pero, en segundo lugar, él ha realizado algunos ajustes. En algunos momentos lanzó un *cutter* tras otro a Darrin Erstad de los Angels y era foul, foul, foul. Deseabas que hiciera algo más. En una ocasión terminó lanzándole un *changeup*, sin práctica, y éste conectó un fly. Pero Mel lo ayudó con su agarre. El *two-seamer* fue parte de ello. El *four-seamer* fue parte de ello. Él tenía el cutter frontal y luego agregó el cutter trasero. De súbito adquirió diferentes aspectos.

"Creo que una de sus mejores cualidades era que, incluso cuando sabía que había hecho algo especial, nunca dejaba de intentar ser mejor en lo que hacía".

Rivera fue el encargado del cierre en la Serie Mundial de 1998 y, desde luego, lo logró en más de una entrada. Ingresó en el cuarto partido con una ventaja de 3–0 y dos Padres en base, pero consiguió los cuatro outs finales sin una carrera anotada.

Los Yankees de 1998 hicieron lo que debían hacer desde que se reunieron frente al terreno de juego el pasado abril: ganaron el campeonato mundial. El alivio era evidente en el rostro de Steinbrenner en la casa club, donde su característica chaqueta azul chorreaba champaña en medio de la celebración. El Jefe lloraba abiertamente.

"Éste", dijo, "es el mejor equipo que he tenido y tan bueno como jamás haya visto. No ha habido nadie mejor".

Esa noche en San Diego fue el pináculo de la dinastía Yankee bajo la dirección de Torre. Ganaron otros campeonatos, desde luego: como el no favorito en 1996, como un candidato clínicamente eficiente en 1999 y como un esmirriado luchador de 87 victorias en el año 2000. Sin embargo, nunca fue tan bueno como lo fue en 1998, con una composición casi perfecta de la alineación, el talento en edad ideal y la excepcional disposición mental de 25 beisbolistas comprometidos en 125 victorias. *Una desesperación por ganar.* Eso fue lo que los consolidó en la historia.

"Había una cualidad cohesiva en ese equipo", comentó Torre. "En verdad, estaban fusionados. La realidad es que yo no tenía muchas dificultades por resolver. Salías y veías a cuatro chicos que cenaban juntos. Quizá dos días después veías a dos de esos chicos con otros dos. No siempre estaban en el mismo grupo. Todos eran piezas intercambiables y eso era muy bueno.

"No hacían comentarios maliciosos sobre mí y si alguien tenía un día especial esto no los distraía del juego o de la meta. Todo tenía que ver siempre con el equipo. Nadie los contradecía cuando, en un momento dado, decían: 'Podemos ganar este partido'. Lo cierto es que estaban más concentrados en su propio desempeño que en el equipo contrario.

"Cuando tienes la oportunidad de hablar con los jugadores, descubres lo que es importante. Es interesante. Todos son líderes por distintas razones. A Bernie, yo le dije que era un líder. Él no lo sabía. Sin embargo, jugaba cada día y tú confiabas en él.

O'Neill nunca necesitó que se lo recordara. Ése fue el mensaje que intenté transmitirles a mis jugadores; creo que es mi mensaje más poderoso: alguien más cuenta contigo y es uno de tus compañeros de equipo. No es lo que yo quiero que hagas.

"Entre Tino, Jeter, Girardi, O'Neill, Bernie y Brosius existía un compromiso. Eran buenos, lo sabían y se esforzaban por serlo. Se esforzaban por serlo. Eran un conjunto esforzado. A pesar del mantenimiento que Wells necesitaba, eran una máquina. Mariano se adaptó a la función de pitcher cerrador y era genial. Una vez que se saborea el éxito y se siente lo satisfactorio que es, jamás desaparece. Cuando tienes un año en el que incrementas tus números, la gente te dice: 'Está bien'. Pero la gente quiere ver a ganadores. Ese grupo sentía una responsabilidad. Tienes que vivir de acuerdo con tus expectativas. Dentro de esos chicos había algo grandioso".

El campamento de entrenamiento de los Yankees de 1999 estaba por comenzar a la mañana siguiente, 18 de febrero, cuando Torre recibió una llamada telefónica del director general, Brian Cashman. Todo marchaba bien en el mundo Yankee. Habían vuelto 24 de los 25 jugadores que habían ganado la Serie Mundial previa y un récord de 125 juegos. Sólo el veterano Tim Raines no regresó al ser eliminado por la libre agencia, debido al surgimiento de los jóvenes outfielders Ricky Ledee y Shane Spencer. Los Yankees estaban por vender 3,2 millones de entradas ese año, la primera ocasión en la cual la franquicia superaba los tres millones y el tope ideal de asistencias que Steinbrenner imaginaba cuando contrató a Cone en 1995. Sin embargo, Cashman llegó con la noticia impactante que alteraría el aspecto y el sentimiento de los Yankees, perfectos en apariencia.

"Ya cerramos el trato para obtener a Roger", anunció Cashman.

Los Yankees acordaron enviar al pitcher David Wells, al infielder Homer Bush y al pitcher relevista Graeme Lloyd a los Blue Jays de Toronto a cambio de obtener a Roger Clemens, lo cual satisfacía el deseo largamente acariciado por Steinbrenner de obtener a su "guerrero", así como el deseo de Clemens de ganar un anillo de campeonato mundial. Después de la temporada de 1996, y en un intento por convencerlo de lanzar en el Bronx, Steinbrenner había visitado a Clemens, entonces separado de sus Red Sox de Boston como agente libre, en su casa en el área de Houston. Steinbrenner incluso levantó pesas en el gimnasio del hogar de Clemens durante su visita de reclutamiento. Sin embargo, Clemens decidió firmar un contrato por cuatro años con Toronto. Dos años después de aquel acuerdo, durante los cuales ganó el Premio Cy Young cada año, Clemens quiso rescindirlo. Citando un acuerdo con el presidente de los Blue Jays, Paul Beeston, al momento de firmar, Clemens demandó un cambio basado en su alegato de que Toronto no invertía suficiente dinero en construir un contendiente a su alrededor. Clemens no mencionó que con $10 millones por año, su contrato se había vuelto obsoleto frente a los firmados por Randy Johnson ($13,25 millones por año) y Kevin Brown ($15 millones por año).

A Clemens se le debían $16,1 millones por los restantes dos años de su contrato. Cuando Toronto intentó intercambiar a Clemens con los Astros de Houston, su lugar de residencia, el director general de Houston, Gerry Hunsicker, dio fin a las negociaciones y fustigó públicamente a Clemens cuando éste le pidió $27,4 millones como endulzante de un año para su contrato existente. Para febrero, sin otro recurso para salir de Toronto, Clemens estuvo dispuesto a aceptar un acuerdo para unirse a los Yankees.

"El intercambio se realizó muy rápido", observó Torre. "En realidad, no hubo muchas conversaciones. Como es obvio, antes de que él firmara con Toronto, nosotros intentamos conseguirlo.

En aquella época, escuché que él no quería venir a Nueva York. Tal vez era por todo el asunto de Boston que él quería alejarse de toda la locura".

Los Yankees se abstuvieron de anunciar el intercambio hasta la mañana siguiente, con el fin de informar primero a Wells en persona que había sido cambiado. Wells representaba una marca de 39–14 para los Yankees a lo largo de sus dos temporadas con el equipo, incluso de 5–0 en la postemporada. Había lanzado un juego perfecto en 1998 y se había establecido como favorito entre los aficionados, una vez disculpada su falta de condición física. Era muy apreciado, siempre y cuando se mostrara espléndido en los juegos importantes. Si Nueva York amaba a Wells, Wells también amaba a Nueva York de la misma manera, en especial a altas horas de la noche. Como David Cone expresó después de enterarse del intercambio: "Muchos bares de Nueva York tendrán que cerrar".

Cuando Wells se presentó al primer día del campamento de entrenamiento de los Yankees en 1999, de inmediato le informaron que Torre quería verlo. Éste le reveló la noticia de que había sido intercambiado. Wells dejó el complejo a toda velocidad, anegado en llanto.

"Estoy muy conmovido en este momento", les dijo a los reporteros. "Concédanme un par de días. Es un poco difícil en este instante".

Con Clemens, entonces con 36 años, los Yankees obtuvieron al mejor pitcher del béisbol. Clemens había ganado la triple corona del lanzamiento en las dos temporadas previas, liderando la Liga Americana en partidos ganados, ERA y strikeouts cada año. El único problema que Torre detectó al adquirir a Clemens fue que los Yankees no podían soportarlo. Clemens tenía reputación de cazador de cabezas y de emplear lanzamientos de bolas pegadas como intentos para intimidar a los bateadores.

"Antes de que tuviera a Roger en mi equipo, él era un sujeto a quien amabas odiar", comentó Torre. "A él le encantaba intimidar. Sin embargo, lo que siempre admirabas de él era el hecho de que siempre parecía sacar out a otro tipo cuando lo necesitaba. Con un hombre en tercera base y menos de dos outs o con hombres en posición de anotar, no recuerdo a un pitcher que fuera mejor sacando un out cuando necesitaba ese gran out".

El primer día que Clemens les lanzó a sus nuevos compañeros de equipo en una práctica de bateo, Derek Jeter y Chuck Knoblauch se vistieron de catchers antes de tomar el bate en reconocimiento a las tácticas intimidatorias de Clemens, pero lo hicieron con una actitud de buen humor al ser sus nuevos compañeros de equipo, forzados por las circunstancias a llevarse bien. Los Yankees parecían de nuevo una aplanadora. Si la mayor preocupación de Torre era asegurarse de que sus jugadores recibieran bien al mejor pitcher del béisbol en su fraternidad, la temporada sería un paseo. Aunque, de hecho, Torre tenía una preocupación mucho más seria de la cual ocuparse. Estaba aterrorizado por la posibilidad de que pudiera padecer cáncer.

Torre acudió a su revisión física anual con su médico personal en Nueva York durante el invierno anterior. Todo resultó estar bien, excepto un nivel de antígeno prostático que estaba un poco elevado. Su médico le informó que varios factores podían causar una lectura temporal más alta y que no debía alarmarse, pero que también debía prestar atención al resultado de antígeno prostático cuando se sometiera a la revisión médica anual del entrenamiento de primavera con los Yankees. Los Yankees habían agregado un análisis de antígeno prostático a los exámenes físicos sólo después de que el outfielder Darryl Strawberry fuera diagnosticado con cáncer de colon el año anterior. Cuando Torre se sometió al examen físico del entrenamiento de primavera, el nivel de antígeno prostático aún estaba elevado. En ese momento hubo cierta preocupación entre los médicos, que ordenaron otro análisis para averiguar si una infección era la causa de la elevación en el nivel de antígeno prostático; no obstante, esa posibilidad pronto fue desechada. A principios de marzo, los médicos le dijeron a Torre que tendrían que practicarle una biopsia con el fin de determinar si tenía cáncer de próstata.

"La edad nunca fue algo que ocupara mi atención en mis actividades cotidianas hasta que me percaté de que rondaba sesenta años", comentó Torre. "Ese año estaba a punto de cumplir cincuenta y nueve y por primera vez pensé: 'Mierda. Estoy haciéndome viejo'.

"Entonces, me hicieron las pruebas de la biopsia para darme después los resultados. Cuando vives una experiencia como ésta, esperas lo peor. Porque, si esperas lo mejor y obtienes lo peor, vas a derrumbarte".

Los Yankees jugaban un partido de entrenamiento de primavera en Kissimmee, Florida, contra los Astros, el día que Torre esperaba conocer los resultados de la biopsia. Salió temprano del partido y condujo de regreso a Tampa alrededor de la hora en la cual esperaba la llamada. Sólo más tarde, sin embargo, se daría cuenta de que su teléfono celular no recibía señal mientras conducía por la autopista. Fue hasta que se detuvo en Tampa para comprar un disco compacto para su hija, cuando sonó su teléfono. Pero no eran los médicos. Era Steinbrenner.

"No te preocupes, Joe", le dijo Steinbrenner. "Superarás esto y estarás bien".

Torre estaba sorprendido… y herido. ¿Cómo lo supo Steinbrenner? Torre aún no recibía los resultados de los médicos y allí estaba Steinbrenner, dándole la noticia de que tenía cáncer.

"George me llamó y me hizo creer que conocía los resultados, lo cual me enfureció", agregó Torre. "De manera que dejé de confiar a partir de ese momento, no tanto en George, sino en la gente que lo rodeaba. Los médicos me llamaron poco después de la llamada de George. Entonces, regresé y le dije a mi esposa cuál había sido el diagnóstico. Ella se mostró reacia a creerlo. Fueron momentos terribles".

¿Cómo das la noticia a tu equipo de que padeces cáncer? Los Yankees tenían partidos con medias escuadras al día siguiente, lo cual significa que la mitad del equipo jugaría en casa y la otra mitad jugaría fuera. En términos logísticos, resultaba difícil juntarlos a todos. Entonces, Torre llamó a Clemens y a David Cone, y les dijo que le gustaría que les informaran a los jugadores en el partido de casa acerca de su enfermedad. Después, llamó a Joe Girardi y le pidió realizar la misma tarea fuera de casa. También llamó a Don Zimmer, su entrenador de banca, y le pidió dirigir al equipo mientras él se recuperaba de la cirugía. No pasó mucho tiempo antes de que los Yankees echaran de menos la manera de Torre de enfrentar con calma cada crisis. Con frecuencia, las atajaba antes de que explotaran convertidas en un problema mayor, en especial en lo que se refiere a sus habilidades de experto domador de leones con Steinbrenner.

"Cometí el error de poner a Zimmer a cargo del equipo", anotó Torre. "En términos emocionales, fue demasiado peso para él. Era un desastre. Lo que debí hacer fue poner a Mel Stottlemyre a cargo y quizá las cosas hubieran sido más sencillas para todo el mundo (Zim al lado de Mel, pero Mel dando la cara ante los medios de comunicación masiva y ante George).

"Al final de ese entrenamiento de primavera, George llamó 'sapo gordo' a Hideki Irabu. Después, el equipo fue a Los Ángeles para jugar un partido de exhibición y Zim quiso que iniciara Ramiro Mendoza, pero George quería que iniciara Irabu. Yo llamé a Zim en Los Ángeles y le dije: 'Zim, déjalo así. Cuando George dice algo, tú sólo dices: 'Él es el jefe y bla, bla, bla' y sólo haces lo que quieres hacer. No desafíes a George'. Entonces Zim dijo: 'De acuerdo, adiós', y cortó la comunicación. En ese momento, supe que no tendría oportunidad. Retaría a George. Aquello se volvió un infierno. Todo comenzó con el enfrentamiento entre Zim y George".

Torre, mientras tanto, se sometió a cirugía el 19 de marzo. El doctor William Catalona realizó el procedimiento de dos horas y media en el Hospital Barnes-Jewish, en San Luis. Catalona le aseguró a Torre que la operación había sido exitosa y que pronto volvería a trabajar. Ése fue un mensaje que Torre quiso transmitirles a sus jugadores en persona.

"Cuando regresé después de mi cirugía, me reuní con los jugadores y les expliqué lo sucedido", dijo Torre. "Sólo quería que estuvieran enterados. Hacía lo mismo con cualquier tema. Si algo se murmuraba en el equipo, yo siempre me reunía con los jugadores y era tan honesto como podía. Si había alguien nuevo cerca del equipo, por ejemplo, les decía: 'No puedo confiar en ese chico de seguridad. No quiero decirles lo que deben hacer. Sólo quiero enterarlos de lo que yo sé'. Me gusta pensar que la honestidad se convirtió en el factor de confianza que necesitas tener con tus jugadores".

Torre volvió a dirigir a los Yankees el 18 de mayo, casi dos meses después de su cirugía, y justo a tiempo para un partido en Boston contra Pedro Martínez y los Red Sox. Cuando Torre llevó la tarjeta de alineación a home antes del partido, la multitud en el Fenway Park se puso de pie y lo vitoreó durante dos minutos. En la pizarra aparecieron saludos móviles de "bienvenido".

"Cuando te sientas en el dugout después de saber que tuviste cáncer", recordó Torre, "piensas: 'Jugamos un partido, pero, ¿cuán importante es?'. En realidad, no sabía si ese sentimiento tan intenso iba a volver. Y después, cuando fuimos a Toronto en la siguiente gira, recuerdo que Bernie Williams estaba al bate con las bases llenas y yo estaba dispuesto a vender mi alma por un hit. Bernie conectó un cuadrangular. Fue entonces cuando supe que había regresado por completo. Las burbujas habían regresado.

"De vez en cuando tienes que dar un paso hacia atrás para poner las cosas en perspectiva y donde corresponden. Sin embargo, en el instante en el cual comienzas a minimizar la importancia de ganar, le tomas el pelo a todo el mundo. Engañas a los jugadores que intentas dirigir. Mientes a los dueños, que son quienes te pagan.

"En realidad, el cáncer nunca desaparece. El cáncer está allí todos los días de tu vida. Cuando recibí mi diagnóstico aquella primavera, dije en broma: 'Ahora sé por qué se nos caían tantas bolas'. Nunca pensé: '¿Por qué a mí?'. En lugar de ello, pensé: '¿Por qué *no* a mí?'. ¿Por qué debía ser que todas las cosas que me sucedieran fueran buenas? ¿Debía sucederle esto a una persona que tuviera una vida complicada? Por tanto, nunca exclamé: '¿por qué yo?' en son de queja. Yo había sido bendecido".

Los Yankees de 1999 no eran la locomotora que fueron los Yankees de 1998, pero eran una copia bastante razonable, excepto por el hecho de que Clemens se quedó corto en su intento de remplazar la excelencia de Wells. Mantuvieron el primer lugar durante 131 días, incluso todos después del 9 de junio. El 18 de julio, dos meses después de que Torre volviera al trabajo y 14 meses después de que Wells lanzara su juego perfecto, todo en los Yankees era perfecto otra vez. Era una tarde de domingo en la cual los Yankees honraban a Yogi Berra antes de un partido de interliga contra los Expos de Montreal. Don Larsen, el autor del único juego perfecto en la historia de la Serie Mundial, estaba allí para lanzar la primera bola ceremonial a Berra, un reconocimiento a su colaboración en el juego perfecto de 1956. Larsen y Berra observaron el partido desde el palco de Steinbrenner. Allí vieron cómo la historia se repetía.

Cone, el pitcher abridor de los Yankees, dominó a los preponderantemente diestros Expos, ninguno de los cuales lo había enfrentado antes, con bolas rápidas y sliders que desaparecían de su área de swing. Después de sólo cinco entradas, a Cone se le ocurrió la idea de que podría tener la oportunidad de lanzar un juego perfecto. Los Expos se mantuvieron en descenso con sorprendente facilidad; Cone lanzaría sólo 20 bolas a 27 bateadores. Después de casi cada entrada de aquel día a 98 grados Fahrenheit de temperatura, Cone regresaba a la casa club para cambiarse la playera que traía debajo del *jersey*. Para cuando lo hizo en la octava entrada, con el juego perfecto aún intacto, notó que nadie estaba allí. Nadie quería romper la tradición de no hablar con un pitcher mientras hubiera lanzado sin conceder hits o mientras hubiera un juego perfecto en ciernes.

"Era un pueblo fantasma", comentó Cone. "Ni siquiera estaban los empleados de la casa club".

Cone mantuvo el juego perfecto hasta la octava; sin embargo, para lograrlo, fue necesaria una atrapada de revés de un roletazo y un sorprendente lanzamiento del impredecible Knoblauch en segunda base. Ahora, Cone estaba a tres outs de distancia de la inmortalidad en el béisbol. Caminó de regreso a la casa club. Una vez más, el lugar estaba desierto. Se cambió la playera de nuevo; luego entró al baño y se situó ante uno de los lavabos, frente al espejo grande. A solas, se miró a sí mismo en el espejo y habló en voz alta.

"¿Qué tenemos que hacer para lograrlo?", se preguntó. "Ésta es la última oportunidad que tendrás jamás de hacer algo así".

Se inclinó, llenó el cuenco de sus manos con agua fría del grifo y salpicó su rostro. Una vez más se miró en el espejo.

"Mierda", se dijo. "¿Cómo voy a lograrlo?"

Durante un momento se vio atrapado en un incómodo lugar entre la duda y el deseo, tratando de vencer a una mientras motivaba al otro en una batalla dentro de su cabeza.

No lo arruines, pensó.

Luego sacudió la cabeza.

¡No, no pienses así! Eso es negativo.

Pero la duda reptó de regreso.

No lo arruines.

No. Sin pensamientos negativos. ¡Hazlo!

Pero no lo arruines.

Por fin, detuvo la duda interna de manera definitiva. Aún con la vista en su imagen en el espejo, Cone pensó: "¡Al diablo la charla mental! ¡Sal al campo y termina con esto!".

Cone tenía 36 años, había sobrevivido a una terrible aneurisma tres años atrás y estaba consciente de su mortalidad como pitcher. Él no podía saberlo en ese momento, pero aquél sería el último juego completo que podría lanzar, el último partido sin anotaciones contrarias. De hecho, Cone inició 131 partidos en sus seis temporadas con los Yankees y aquél sería el único juego sin conceder carreras.

"Salí a la novena y ¡*bum, bum, bum!*, eliminé por strikes al primer sujeto con tres lanzamientos", recordó Cone. "Luego me conectaron una línea curva por la izquierda que Ricky Ledee perdió en las gradas o por el sol o algo así".

No obstante, Ledee atrapó la bola, aunque sin gracia alguna. Cone necesitaba un out más. El bateador era Orlando Cabrera, un shortstop de 24 años. Carrera hizo swing, pero no le dio al primer lanzamiento y tomó el segundo como bola. En el siguiente lanzamiento, un slider, el número 88 para Cone en ese partido, Cabrera bateó un pop-up al área de foul junto a tercera base. Cone miró hacia arriba pero no pudo encontrar la bola.

"Recuerdo que el sol daba justo en ese lado del Yankee Stadium", comentó Cone. "Cuando miré hacia arriba, el sol me cegó y entonces señalé, pues pensé que Brosius podía perderla a causa del sol. Sólo recuerdo que señalé y Brosius ya estaba ubicado debajo de la bola en ese punto. Yo nunca vi la bola".

Brosius atrapó el pop-up en su guante. Cone estuvo perfecto. El pitcher cayó de rodillas y se sujetó la cabeza en una dulce combinación de incredulidad y alivio.

Torre siempre creyó que los campeonatos comenzaban con los pitchers abridores y 1999 no fue distinto, a pesar de que el desempeño

de Clemens no fue el mejor. La rotación de Torre era notablemente duradera y confiable una vez más. Cone, Clemens, "El
Duque", Pettitte e Irabu comenzaron 152 de los 162 partidos del
equipo y establecieron un récord de 68–36. Sin embargo, Steinbrenner veía a Pettitte como un lastre para el resto y quería que se
marchara; en especial, después de que Pettitte no pudo superar la
cuarta entrada de un partido contra los White Sox el 28 de julio,
diez días después del juego perfecto de Cone y tres días antes de la
fecha límite para intercambios. En ese momento, Pettitte tenía 7–8
con un ERA de 5,65. Steinbrenner ya estaba a punto de cerrar un
trato para enviar a Pettitte con los Phillies.

Mientras los Yankees se encontraban en Boston, a sólo horas
de la hora límite, Steinbrenner sostuvo una conferencia telefónica con Cashman, Torre y Stottlemyre. Steinbrenner anunció
que estaba listo para intercambiar a Pettitte.

"¡No puedo creer que siquiera lo consideres!", dijo Stottlemyre.

Torre y Cashman también se expresaron en contra de intercambiar a Pettitte. Finalmente, Steinbrenner se dio por vencido
y canceló el acuerdo.

"Más les vale tener razón", les dijo a los tres, "o ya saben lo
que va a suceder".

Durante los siguientes cuatro años y medio, o hasta que
Steinbrenner le permitió a Pettitte marcharse como agente libre,
Pettitte obtuvo 75–35 para los Yankees de Steinbrenner, un porcentaje ganador de .682. A lo largo del resto de esa temporada
de 1999, Pettitte logró 7–3 con un ERA de 3,46 antes de una
postemporada de 2–0. Pettitte nunca obtuvo la confianza de
Steinbrenner, tal vez porque se comportaba con una sensibili-
dad que opacaba su competitividad.

Torre recuerda uno de los primeros grandes juegos que Pettitte lanzó para él, el 18 de septiembre de 1996, contra Baltimore. Era el primer partido de una crucial serie de tres en el
Yankee Stadium contra los Orioles, que ocupaban el segundo

lugar, a tres juegos de los Yankees con 13 partidos por jugar. Pettitte, de 24 años, lanzaba contra el veterano diestro de Baltimore, Scott Erickson. Torre entró a la sala de entrenamiento antes del partido y se encontró allí con Pettitte.

"Parecía muerto del miedo", recordó Torre. "Sólo estaba sentado ahí con la mirada fija".

Torre aprendió a interpretar esa mirada de Pettitte como un gesto de intensa concentración. Pettitte lanzó de forma magnífica contra Baltimore y sólo permitió dos carreras al equipo con el mayor número de jonrones de la liga a lo largo de $8\frac{1}{3}$ entradas. Pettitte salió con marcador adverso, 2–1, pero los Yankees empataron el juego en la novena y lo ganaron en la décima 3–2.

"Una cosa que aprendí de Andy", anotó Torre, "es que pensaba que no tenías permitido sentirte nervioso. Jeter, en lo que se refiere a manejar la presión, es lo mejor que yo haya visto. Pero Andy, a pesar de alterarse, se las arreglaba para manejarlo de la forma adecuada. El juego nunca se aceleraba para él.

"Él es muy honesto, lo cual es alentador porque no son muchas las personas que aceptan sus defectos. Él lo hace. Tanto si es un turno al bate como si se trata de un lanzamiento, él te lo dirá. Andy es muy honesto.

"De hecho, recuerdo cuando conversé con él acerca de la posibilidad de volver a los Yankees después de haber lanzado aquellos años en Houston. Él respondió: 'Pensé que lo tenía todo justo donde lo quería: regresar a casa, estar con mi familia… pero no me divertía en el juego. No había emoción. La simple idea de regresar a Nueva York me ha emocionado'. Es probable que la peor frase en los deportes sea 'estar cómodo'. Hay algo en la comodidad que no parece ajustarse con lo que tú necesitas hacer. Andy extrañaba Nueva York. Andy era grandioso. Creo que él le enseñó a Roger cómo lanzar en Nueva York. Y Roger le enseñó a Andy cómo ser más fuerte. Entonces, Andy era un poco débil a nivel físico, pero no a nivel mental; eso es seguro".

◆ ◆ ◆

El intercambio por Clemens, mientras tanto, no resultó como los Yankees esperaban. Clemens faltó durante tres semanas al principio de la temporada debido a un problema en la pierna y, cuando lanzó, no se parecía en nada al mejor pitcher del béisbol que había sido en Toronto. Había conseguido 8–4 con un inapropiado ERA de 4,98 a mediados de julio. Eliminó a diez bateadores por strikes en un partido sólo en una ocasión. Parecía demasiado ordinario.

"Roger tuvo dificultades desde el principio", comentó Cone. "El Yankee Stadium lo abucheaba. Roger siempre era un tanto distante. Era un poco tímido e inseguro. La gente no nota eso en él. Muchas superestrellas son así, por sorprendente que parezca. Roger era así. Se esforzaba por adaptarse. Nueva York no era fácil para él. No lanzaba muy bien y, de hecho, se le dificultaba convivir con nosotros. Solía desaparecer antes de los partidos. Siempre se escondía en la sala de pesas o en el sofá de la oficina de la secretaria de viajes. Como que se ocultaba mucho. Durante el juego no permanecía mucho rato en la banca. Mejoró cuando comenzó a lanzar mejor y se acostumbró a los muchachos".

Un día de agosto, mientras los Yankees se encontraban en Seattle, Clemens le preguntó a Torre si podía utilizar su oficina para llamar a su madre. Torre le respondió que por supuesto. Un poco más tarde, Torre entró a su oficina para recoger algo y escuchó que Clemens le decía a su mamá: "Sólo intento adaptarme y ser uno de los chicos".

Cuando Clemens terminó la llamada, Torre le dijo que quería hablar con él.

"Al diablo con eso de adaptarte", le dijo Torre. "Sólo sé quien eres. Sé Roger Clemens".

"Lo sé", respondió Clemens. "Eso es lo que siempre me dice mi mamá".

"Escucha", continuó Torre: "tienes permiso de ser egoísta. Te intercambiamos porque queríamos al sujeto que lanzaba en Toronto, a nadie distinto. No a un tipo que sólo intenta adaptarse. Tú sólo intentas integrarte y eso no es lo que queremos. Eso no fue lo que intercambiamos. Eres demasiado indeciso".

Clemens estuvo de acuerdo con la evaluación de Torre y juró ser más asertivo, aunque los Yankees aún no veían la versión dominante de Clemens. Éste lanzó sólo un poco mejor como pitcher abridor en sus 11 partidos finales y obtuvo 5–6 con un ERA de 4,34.

"Lo que descubrí con Roger era que lo adorabas", dijo Torre. "Allí estaban todos los adornos y los elogios que obtenías con Roger, pero su corazón siempre estaba en el lugar adecuado. Fue un buen compañero de equipo y eso me sorprendió porque, antes de que nos conquistara, tenía esa reputación de poderse marchar a casa y no convivir en equipo. Yo le dije: 'No puedes hacer eso' y nunca fue un problema.

"Era un porrista entre inicios. Me recordaba a Bob Gibson cuando iniciaba. No anotábamos para Gibby y él exclamaba: 'Muchachos… esto debe ser una broma'. Y se marchaba a la casa club. Roger hacía eso. Era muy extrovertido y, sin embargo, no era una actuación. Si lo era, él estaba muy convencido de ello.

"También tenía una confianza tremenda en sí mismo y en sus lanzamientos. Si no crees que ese lanzamiento irá justo hacia donde quieres que vaya, entonces no irá hacia allá. Roger creía que cada uno de sus lanzamientos iría justo adonde él quería que fuera".

Clemens ni siquiera estuvo cerca de alcanzar la producción de Wells con los Yankees de 1999. Terminó con 14–10 y un ERA de 4,60, el peor ERA de su carrera de 24 años. Sin embargo, los Yankees ganaron en la Liga Americana del Este con 98 triunfos, cuatro más que el segundo lugar, Boston. El último fin de semana de la temporada, Torre estaba sentado con Stottlemyre diseñando sus planes de pitchers para los playoffs, cuando decidió incluir a Clemens en la discusión. Por reputación, Clemens era un prototípico iniciador del primer juego pero la realidad era que no había sido ese tipo de pitcher para los Yankees durante todo el año. Orlando "El Duque" Hernández había tomado la delantera esa temporada con 17 triunfos. Torre decidió que quería que Clemens reconociera esa realidad por sí mismo.

"Roger, ¿quién crees que deba iniciar el primer juego?", le preguntó Torre.

"El Duque", respondió Clemens.

Torre sintió un poco de alivio al saber que no tendría que convencer a Clemens de lo contrario.

"Lo que quiero hacer es saber si la gente evalúa de la misma manera en que yo lo hago", dijo Torre. "Pensé: 'Sin importar cuánto piense en sí mismo, veamos lo que dice'. Si Clemens decía que merecía la bola para el primer juego, hubiéramos intentado disuadirlo. Le hubiéramos explicado por qué eso no era verdad. Siempre me gustó creer que puedes intentar razonar con la gente. Siempre intento lograr que los muchachos comprendan que existen otras perspectivas distintas a las suyas".

Clemens fue el pitcher abridor número tres de Torre, detrás de Hernández y de Andy Pettitte. Los Yankees ganaron de nuevo contra los Rangers de Texas en la Serie de División, permitiendo sólo una carrera en la sucesión de tres victorias. Torre utilizó el mismo orden de pitchers en la Serie de Campeonato de la Liga Americana contra Boston, un arreglo que le permitió a Clemens regresar al Fenway Park para lanzar contra Pedro Martínez en el tercer juego. El partido fue promocionado como una lucha de pesos pesados, un encuentro entre Clemens, la estrella expatriada de los Red Sox, y Martínez, su sustituto en Boston como el mejor pitcher en el béisbol y el alma de la franquicia. La multitud llegó como una turba tensa y rabiosa. De hecho, antes de que terminara el día, grupos de aficionados encaramados unos sobre otros intentaban desprender un mural colgado en una de las explanadas, que celebraba los dos partidos con 20 strikeouts de Clemens con Boston.

Clemens, encerrado en sí mismo durante toda la temporada, falló de forma miserable debido a la hostilidad. Torre lo retiró después de un solo bateador en la tercera entrada con un marcador de 4–0. Clemens bajó del montículo y descendió las escaleras del dugout con toda cautela, con la excusa de última hora de tener tensión en la espalda. Clemens fue responsable de cinco carreras en lo que se convirtió en una victoria para Boston 13–1; el cual sería su único triunfo en la Serie de Campeonato de la Liga Americana. En las entradas medias, sin Clemens y con Martínez, quien devastó la alineación de los Yankees, la multitud se burlaba de Clemens al gritar: "¿Dónde está Roger?".

Una parte de lo que hacía grandioso a Clemens como pitcher era su exagerada autoestima, una cualidad que obligó a Torre a revisar el tema con él antes de organizar su rotación para la postemporada. Casi no existían concesiones en ese hombre. Él disfrutaba no sólo ser Roger Clemens, sino también representar el papel de Roger Clemens.

"Él es menesteroso y tiene su propio mundo dentro del cual vive. En cuanto a competir, son personas distintas. Roger siempre va a salir y tener esa actitud positiva. Así es como debe pensar", comentó Brian McNamee, el ex entrenador personal de Clemens que le dijo al investigador especial sobre béisbol, George Mitchell, en 2007, que le había inyectado esteroides a Clemens. "El peor día era el día posterior a cuando Roger perdía un partido, porque culpaba a todos en el campo. Al árbitro, a los outfielders, a Jeter que no podía moverse hacia su izquierda, a los outfielders que jugaban demasiado lejos… siempre había algo. La bola. La bola estaba demasiado resbalosa. Oh, ¿Posada? Todo el tiempo. Era una pesadilla".

Torre nunca supo que Clemens buscara excusas. Él comprendía que la destreza de Clemens para ignorar la realidad, como costo para preservar su gran sentido de sí mismo, no funcionaría bien después de su debacle en la Serie de Campeonato de la Liga Americana frente a la muchedumbre de Boston. Al culpar a su espalda por su fracaso en la tercera entrada, por ejemplo, invitaba a sus críticos a desvalorizarlo aún más. A Torre le preocupaba lo que Clemens les diría a los reporteros después del partido.

Cuando Torre sacó a Clemens del juego, le dijo en el montículo: "Sólo hazte un favor: cuando lleguen a hablar contigo, sólo diles que estuviste fatal. Yo sé que estás herido. Tú sabes que estás herido. Pero eso no funcionará".

Después del partido, los reporteros le preguntaron primero a Torre si el desempeño de Clemens, con base en la evidencia de la expresión de dolor que tenía al bajar del montículo, había disminuido a causa de una lesión.

Torre dijo: "Creo que el marcador fue lo que le provocó ese gesto".

Después, los reporteros se aproximaron a Clemens. ¿Culparía a su espalda por el resultado? ¿Estaba demasiado resbalosa la bola? En esta ocasión, gracias a la intervención de Torre, Clemens hizo una concesión.

"Creo que el problema para mí esta noche fue la ubicación", respondió Clemens. "No tuve buen control, me sentí en desventaja y ellos me hicieron pagar por eso".

Pettitte, el hombre de quien Steinbrenner quería deshacerse, de inmediato corrigió el rumbo de los Yankees en el cuarto partido. Con poco margen de error, entregó la bola y una ventaja de 3–2 a Mariano Rivera. Pettitte concedió sólo dos carreras a los Red Sox en 7⅓ entradas. Los Yankees abrieron el partido cerrado con seis carreras en la novena para ganar 9–2. Después del juego, Steinbrenner visitó a Torre en su pequeña oficina de má-nager visitante en el Fenway Park. Torre estaba contento por Pettitte y también estaba contento por Joe Girardi, el generoso catcher que había sido la primera adquisición recomendada por Torre cuando fue contratado en 1995. El problema era que Steinbrenner sabía que Girardi era uno de los soldados de Torre y solía criticarlo con frecuencia.

"¿Vio cómo lanzó Andy?", le preguntó Torre a Steinbrenner. "¡Y no pudo haberlo logrado sin Girardi!"

Torre comenzó a llorar. Las lágrimas resbalaban por sus me-jillas. Steinbrenner no sabía qué diablos sucedía allí.

Torre dijo: "En esa época yo tomaba hormonas por mi trata-miento de radiación y estaba sensible. Recuerdo que George había intentado deshacerse de Girardi desde el primer día".

A la mañana siguiente, Steinbrenner llamó a Torre al hotel del equipo.

"¿Quieres almorzar conmigo?", le preguntó Steinbrenner.

"No, Ali está aquí", le respondió Torre.

"Bueno, que venga Ali".

"No. Queremos estar a solas. Voy a hacer un poco de ejerci-cio y después saldremos a comer".

Después, Torre colgó el teléfono.

Torre abordó el elevador del hotel hacia el piso donde se encontraba el gimnasio. Cuando las puertas se abrieron y él salió, vio a Steinbrenner parado allí.

"¿Estás bien?", le preguntó Steinbrenner.

"Sí, estoy bien", replicó Torre. "Sólo estoy sensible, eso es todo".

Torre comentó: "Ésa era la parte divertida de George. Sus ladridos eran peores que sus mordidas. Se preocupaba mucho".

Esa noche, Hernández contribuyó a la joya de Pettitte con

otra propia: sólo permitió una carrera con cinco hits a lo largo de siete entradas. Los Yankees se aseguraron el gallardete con tanta facilidad que Torre no tuvo que utilizar a Rivera.

Como con San Diego en la temporada previa, los Yankees devastaron a su oponente de la Liga Nacional en la Serie Mundial, a pesar de ser un equipo de los Braves con una rotación renovada conformada por Greg Maddux, Tom Glavine, John Smoltz y Kevin Millwood. Los pitchers Yankees eliminaron a los famosos jugadores de los Braves y permitieron que Atlanta anotara sólo nueve carreras en una serie de cuatro partidos. Maddux obtuvo una ventaja de 1–0 en la octava entrada del primer juego y Glavine iba ganando 5–2 en la séptima entrada del tercer juego; sin embargo, los Yankees respondieron con creces a los dos grandes pitchers.

Con una ventaja de tres partidos a cero, los Yankees podían dar la bola a su nuevo pitcher abridor número cuatro, Clemens, con toda comodidad. Clemens había descendido en la fila detrás de Hernández, Pettitte y Cone. Esa mañana, Torre recibió una llamada telefónica con noticias tristes: el padre de O'Neill había fallecido alrededor de las tres de la mañana. Charles O'Neill tenía 79 años y había sufrido deficiencias cardiacas. De inmediato, Torre llamó a Paul. La esposa de O'Neill, Nevalee, respondió al teléfono.

"Paul no está en casa", le dijo. "Oh, Joe, no sé cómo vamos a llevarlo al estadio, pero tenemos que encontrar la manera de hacerlo. Allí es donde él necesita estar".

O'Neill llegó al Yankee Stadium para el cuarto partido y bateó en el tercer turno de la alineación. Obtuvo 0–de–3, pero sus compañeros de equipo lo animaron al reaccionar contra Smoltz en la tercera entrada con otro de esos *rallies* Yankees por excelencia: una base por bolas, dos sencillos al infield y dos sencillos al campo opuesto. Sumaron tres carreras.

Los Yankees ganaron 299 partidos regulares de temporada y tres campeonatos mundiales consecutivos entre 1998 y 2000, sin ocupar los tres primeros lugares de equipos bateadores de jonrones en la liga y sin que ningún jugador bateara más de 30 jonrones. Uno de cada dos equipos en el béisbol de aquellos años tenía a algún jugador que bateaba más de 30 jonrones al menos *dos veces*. Expresado de otra manera, hubo 113 ocasiones en las cuales un jugador conectó más de 30 jonrones en esas tres temporadas. Ninguno de ellos fue un Yankee.

Inspirado por la ventaja de 3–0, Clemens se trajo el campeonato a casa. Obtuvo dos outs en la octava entrada y sólo concedió una carrera a los Braves en la victoria definitiva de 4–1. Los Yankees habían obtenido su segundo campeonato mundial consecutivo y el tercero en cuatro años, y Clemens al menos había obtenido el primero. Los Yankees corrieron hacia el montículo después de que Rivera eliminara a Keith Lockhart con un fly a Chad Curtis en el campo izquierdo. Entre la multitud de jugadores, O'Neill encontró a Torre y caminó hacia él; arrojó los brazos alrededor de su mánager, lo abrazó y sollozó sin control sobre su hombro.

Clemens disfrutó la fiesta tanto como los demás. Estaba tan emocionado de haber conseguido el título que ordenó que sus compañeros de equipo recibieran un segundo anillo de campeonato mundial, esta vez forjado en platino. Ése fue el motivo por el cual le había pedido a Beeston que lo sacara de Toronto: para abordar el tren de campeonato de los Yankees mientras aún avanzaba. Incluso con la postemporada, los Yankees ganaron 109 partidos en 1999. No era el récord de 125 victorias de 1998, pero de cualquier manera fue impresionante; en especial si consideramos su dominio en la postemporada. Los Yankees de 1999 obtuvieron 11–1 en la postemporada y sólo concedieron 31 carreras en esos 12 partidos y sólo la derrota de Clemens en el Fenway Park evitó que ganaran invictos. El campeonato llenó un vacío en la prolífica carrera de Clemens.

"Roger era el mismo chico que salió de la preparatoria", comentó Torre. "En muchos sentidos, es como Alex: estaban a la altura de lo anunciado. Al salir de la preparatoria y de la universidad, se esperaban grandes cosas y él estuvo a la altura de las expectativas. Él es un chico que no conoce lo negativo. No conoce el fracaso. Él pinta una imagen distinta del fracaso a la de mucha gente.

"Roger es un muchacho que, cuando pude conocerlo, me di cuenta de lo poderoso que era. Antes parecía que tenía capacidad; sin embargo, el sujeto que comandaba el barco no era el tipo de jugador que yo incluiría en la categoría de los pitchers como Koufax, Gibson, Drysdale y Ryan, hasta que pude conocerlo bien. Ahora, en mi opinión, él pertenece a esa categoría".

Darse empuje

La temporada de béisbol de 1998 fue una fiesta de proporciones épicas, el equivalente a una celebración hasta la madrugada con la música a todo volumen y con todas las diversiones del mundo o, cuando menos, a la ira y la amargura de la huelga de los jugadores en 1994–1995, olvidada con facilidad. Los Yankees de 1998, el equipo más triunfador de todos los tiempos, fueron sólo parte de la diversión para Bud Selig, cuya función como comisionado interino por fin terminó a mediados del verano. Bud Selig, quien había sido propietario de los Brewers de Milwaukee, era el experto por excelencia.

Fue un año de expansión dado que los Rays de Tampa Bay y los Diamondbacks de Arizona agregaron dos mercados televisivos más, $260 millones en tarifas de expansión y otros 324 partidos al inventario de posibilidades para generar dinero. La asistencia aumentó 12 por ciento, con casi siete millones y medio de personas más que pagaban su entrada en los estadios. El promedio por juego en las ligas mayores mejoró 4 por ciento a 29,054, el mejor desde antes de la huelga. Los *ratings* por partidos televisados por Fox mejoraron un 11 por ciento.

Fue el año cuando David Wells lanzó su juego perfecto, un pitcher novato de los Cubs llamado Kerry Wood alcanzó un récord de 20 bateadores eliminados por strikes y Roger Clemens, desafiando su edad, mientras estaba empleado por los Blue Jays de Toronto en su fase como pitcher de alquiler, se convirtió en el primer pitcher que eliminó a 18 bateadores o más en un partido por tercera ocasión.

Más que todo, fue el año que perteneció a los bateadores, quienes adquirirían proporciones caricaturescas y bateaban bolas hasta las zonas de los estadios donde nunca antes habían llegado. Era un espectáculo extraño y al béisbol le encantó. Fue la primera temporada en la historia en la cual cuatro jugadores batearon 50 jonrones. Greg Vaughn y Ken Griffey Jr., la mitad de los bateadores de 50 jonrones de ese año, eran opacados en estatura, producción y atención por Mark McGwire y Sammy Sosa. Tanto McGwire, con 70 jonrones, como Sosa, con 66, rompieron el récord de 61 jonrones establecido por Roger Maris, que había permanecido incólume durante 37 años. Estados Unidos estaba cautivado por los dos enormes hombres y por la gran competencia de los jonrones. El senador Edward Kennedy, demócrata de Massachusetts, alabó a McGwire y a Sosa como los "reyes de los jonrones de las familias trabajadoras de Estados Unidos". McGwire, cuyos antebrazos medían lo mismo que el cuello de un adulto grande, 17 pulgadas de circunferencia, era una atracción para las gradas por sí mismo, una maravilla del mundo moderno. Los estadios abrían temprano sus puertas y contrataban personal de ventas antes de los partidos para acomodar a las miles de personas que querían verlo realizar su práctica de bateo. El 9 de septiembre, Fox interrumpió la transmisión de los estrenos de sus programas de horario estelar del martes por la noche, para televisar el juego en el cual McGwire bateó su jonrón número 62, con el cual rompió el récord. Más de 43 millones de personas lo vieron.

El béisbol gozaba de bonanza, atención del público y dinero como no se había visto en muchos años. Los Dodgers de Los Ángeles hicieron alarde de dicha abundancia después de esa temporada al dar a Kevin Brown (un pitcher que pronto cumpliría 34 años, momento en el cual, por tradición, muchos jugadores se aproximaban al retiro debido al desgaste de sus cuerpos), un contrato por siete años con un valor de $105 millones, y endulzaron el trato con servicio de *jet* privado para llevarlo y traerlo de su hogar en Georgia.

Ese mismo invierno, con la fiesta a todo vapor, un hombre alzó la voz y, en términos básicos, anunció que todo el maldito asunto era un fraude. Rick Helling, un pitcher diestro de 27 años y representante de los jugadores del equipo de los Rangers de Texas, se puso de pie en la junta de invierno del comité ejecutivo de la Asociación de Jugadores de Béisbol de las Ligas Mayores e hizo un anuncio. Les dijo a sus compañeros líderes del sindicato que el uso de esteroides entre los peloteros había aumentado sin control y corrompía el juego.

"Existe un problema con los esteroides", les dijo Helling. "Suceden. Son reales. Y están tan difundidos que los muchachos que no los usan se sienten presionados a hacerlo porque se han quedado atrás. No son condiciones justas de juego. Tenemos que encontrar una manera de ocuparnos de ello.

"Es un problema más grave de lo que la gente piensa. Ya es bastante evidente que los esteroides han creado una situación de competencia injusta. Lo que en realidad me molesta es que se han salido tanto de control, que los muchachos se sienten presionados a consumirlos. Una cosa es ser un estafador, ser un tipo a quien no le importa si lo que hace está bien o mal. Sin embargo, es muy distinto cuando otros jugadores sienten que deben hacerlo sólo para mantenerse a la altura. Y eso es lo que sucede. Yo no creo que ésa sea la manera adecuada de hacer las cosas".

Lo que hizo Helling fue el equivalente a encender todas las luces, apagar la música y anunciar que la fiesta había terminado.

"Él fue el primer sujeto", dijo Cone, "que tuvo las agallas para ponerse de pie en la reunión del sindicato, decirlo frente a todos y presionar al respecto".

Sólo había una reacción posible del béisbol a este tipo de llamada de atención: subirle el volumen a la música y permitir que la fiesta continuara.

El sindicato se divertía demasiado y ganaba demasiado dinero como para prestar atención a la advertencia de Helling. Resultaba mucho más fácil y prudente, en términos financieros, ignorar el problema, asumir que Helling era un alarmista con tendencia a exagerar y asegurarse de que todos los involucrados tuvieran tan poco conocimiento como fuera posible sobre los jugadores que se inyectaban esteroides poderosos en sus traseros. "No preguntes, no digas, no te preocupes" era el código no escrito del día.

"Lo que en realidad me molestaba era que había muchos chicos buenos, buenas personas, quienes sentían la presión de engañar porque el consumo de esteroides se había extendido demasiado", dijo Helling. "En esa época, yo creía con firmeza que se trataba de una competencia injusta. Yo intenté encontrar una manera de hacer algo al respecto. De lograr que el juego fuera tan justo como fuera posible. Que lo jugáramos de la manera correcta.

"Cuando ves que los chicos llegan al campamento de entrenamiento de primavera con 30 libras más que las que tenían al finalizar la temporada anterior o que han aumentado cuatro o cinco millas por hora en sus bolas rápidas, o sea, esas cosas no son normales. Jugué toda mi carrera en el clímax de la era de los esteroides. Vi sujetos lanzar a 87 millas por hora un año y 95 al siguiente. Por desgracia, muchas personas, la prensa, los propietarios, los jugadores, ofrecieron la otra mejilla. Yo pensaba: '¿Es en serio? ¿No pueden ver lo que sucede? ¿En verdad van a permitir que estos tipos se salgan con la suya?'.

"Por desgracia, el resultado fue justo como temí que ocurriría. Nos explotó en la cara".

El comité ejecutivo del sindicato prestó poca atención a Helling. Los propietarios se comportaron de manera semejante. De hecho, unos cuantos días después de que Helling encendiera una alarma que fue ignorada, el béisbol proporcionó pruebas oficiales de que los esteroides no eran considerados un problema urgente. En esas mismas juntas del invierno de 1998 en Nashville, los dos directores médicos del béisbol, el doctor Robert Millman, nombrado por los propietarios, y el doctor Joel Solomon, el designado por los jugadores, realizaron una presentación a los médicos y ejecutivos del béisbol acerca de los *beneficios* de utilizar testosterona. El director general de los Angels, Bill Stoneman, quedó tan sorprendido por el tono de la presentación que se preguntó por qué el béisbol de las Ligas Mayores la había permitido. En términos básicos, el mensaje que escuchó fue que no existía evidencia alguna de que los esteroides fueran dañinos.

También se encontraba presente el doctor William Wilder, el médico de los Indians de Cleveland. Wilder estaba tan molesto por la presentación que escribió un memorando al director general de los Indians, John Hart, en el cual le decía que, sin importar si la testosterona incrementaba la fortaleza y la resistencia muscular, "aún queda pendiente la cuestión de si debe ser utilizada en atletas". Wilder también se comprometió a enviar información a los jugadores acerca de "los datos conocidos y desconocidos acerca de las sustancias para mejorar el desempeño".

Wilder también habló de manera directa con Gene Orza, de

la Asociación de Jugadores. Orza le recomendó abstenerse de distribuir datos acerca de los suplementos hasta que hubiera más información disponible. Wilder estaba incrédulo. En cuanto a la solicitud de Orza de posponer cualquier acción, el médico escribió: "¡Eso no será nunca! Orza y la Asociación de Jugadores quieren realizar más estudios… entonces, no se hará nada".

En contra de su reputación, Orza reveló la posición de los peloteros respecto de los esteroides de manera más abierta en 2004, incluso mucho tiempo después de que la epidemia de esteroides en el béisbol fuera del dominio público. Como parte de un panel de discusión en un foro público, Orza dijo: "Asumamos que es muy malo tomarlos [los esteroides]. No tengo duda alguna de que no son más malos que los cigarrillos. Sin embargo, yo nunca diría a los clubes, como individuo que representa los intereses de los peloteros, 'oigan, supongo que al no permitir que el béisbol suspenda o multe a los jugadores por fumar cigarrillos, no protejo su salud'".

Bueno, ahí lo tienen. No es sorprendente que nadie quisiera escuchar a Helling. Los propietarios y los jugadores ni siquiera quisieron reconocer que sucedía algo peligroso. ¿Una presentación sobre los *beneficios* de la testosterona? ¿Que no era peor que el cigarrillo? Helling, sin embargo, no se dio por vencido. Cada año pronunció el mismo discurso en la junta de comité de la Asociación de Jugadores… 1998, 1999, 2000, 2001… y cada año no sucedió nada, excepto que cada vez más cuerpos se hacían más grandes de manera poco natural y el juego se retorcía hasta convertirse en una perversión. Sus matices y sutilezas fueron arrasados por una cruda obsesión por el poder. El béisbol se redujo al mínimo común denominador: batear la bola más lejos o lanzarla más rápido. La incapacidad o falta de voluntad del béisbol de actuar se convirtió en cómplice silencioso de Selig y de sus rivales tradicionales en el sindicato, los líderes Don Fehr y Orza. Ninguna de las contrapartes tenía la inteligencia o las agallas para hacer de los esteroides un asunto público prioritario.

"Steve [Fehr] y Don se acercaron a mí y me dijeron: 'Rick Helling ha generado polémica con los esteroides. ¿Crees que exista un problema aquí?'" dijo Cone en referencia a los hermanos Fehr, incluso Steve, su agente. "Respondí: 'Tal vez necesitemos hablar con los muchachos, pero en realidad no veo que exista un problema'".

El sindicato, dijo Helling, habló con algunos peloteros al respecto, pero el pitcher era lo bastante sabio como para no esperar ningún resultado de ello.

"Yo comprendía su postura al respecto, desde el punto de vista de un abogado", dijo Helling. "Su idea era: 'Esto no es algo que los propietarios nos hayan solicitado. Nunca ha sido un impedimento [en las negociaciones]. Entonces, ¿por qué deberíamos darles algo sin recibir nada a cambio? ¿Para qué abrir esa caja?'.

"Yo estaba activo en el sindicato. Conozco muy bien a Don y a Gene. Hablo con ellos hasta el día de hoy. Los comprendo. 'No queremos caminar por esa senda si no tenemos que hacerlo'. Todos los años, yo hablaba sobre el tema. Les decía: 'Es un problema más grave de lo que ustedes piensan'. Bud, Gene, Don… ellos tenían idea de lo que ocurría, pero no se daban cuenta de lo extendido que estaba el consumo. Como jugadores, nosotros lo sabíamos. No sé si era 50 por ciento o lo que sea, no podría decirlo. Era más de lo que la gente sabía. Era más de lo que Don, Gene y Bud pensaban. Entonces, su idea era más como: 'Si los propietarios no lo solicitaron, ¿por qué hacerlo de manera voluntaria? Es probable que no sea tan grave'".

Helling dijo que nunca vio a un jugador inyectarse esteroides, pero escuchaba en la casa club hablar acerca de los peloteros que sí "se daban un empuje", como ellos lo expresaban de manera eufemística. El mismo Helling tenía una idea muy clara de lo que era hacer trampa y de lo que no lo era. Había nacido en Devils Lake, Dakota del Norte, y era uno entre sólo

15 nacidos en ese estado que llegara a ser jugador de las grandes ligas. Asistió a la Universidad de Stanford e hizo su debut en las ligas mayores con Texas, sólo dos años después de que los Rangers lo eligieran en una segunda ronda de reclutamiento en la selección de 1992. Había tenido un buen desempeño como pitcher, tanto para los Rangers como para los Marlins (en una ocasión fue intercambiado con Florida y regresó después de 11 meses), antes de comprometerse en un programa severo de acondicionamiento físico y ejercicio después de la temporada de 1997. En 1998, su primer año completo como pitcher abridor, ganó 20 partidos. Participó en 12 temporadas en las ligas mayores y obtuvo un récord de 93–81 mientras ganaba más de $15 millones.

"Puedo recordar mi carrera y, tanto si fue buena como si fue mala, sé que todo lo que hice fue por mí mismo", dijo Helling. "No hice trampa en forma alguna. Es una desgracia que tantas personas a quienes yo conocía pensaran: 'Necesito hacer algo para estar a la altura'. Escuchas las excusas de los tipos que lo admitieron: 'Sentí que tenía que hacerlo'. Desde mi punto de vista, cuando no fui lo bastante bueno para hacerlo por mí mismo, llegó el momento de marcharme. Muchos jugadores no pensaban así. Los muchachos siempre tenían una excusa sobre las razones por las cuales podían hacerlo.

"Yo no opinaba de esa manera. Puedo mirar hacia atrás y saber que todo lo hice yo. Eso es lo más importante. Tengo mi nombre y mi reputación. Toda la gente que me conoce sabe que no hay duda alguna de que yo jugué de la manera correcta. Y así fue como quise dejar el juego. No me importaba en lo absoluto ganar $1 millón o $100 millones; si ganaba un partido o si ganaba 300 partidos. Yo estaba comprometido con ser honesto conmigo mismo y con mis compañeros y con ser un buen padre y esposo. Para mí sólo fue la manera como fui educado".

Rick Helling, al jugar limpio, nadaba contra la corriente.

◆ ◆ ◆

La fiesta que fue 1998 también fue el año cuando los Blue Jays de Toronto contrataron a un hombre llamado Brian McNamee para ser su entrenador de fortaleza y acondicionamiento físico. McNamee era un chico de Queens, Nueva York, hijo de un detective, que había asistido a la Universidad St. John's, se había especializado en administración atlética y jugado béisbol. En 1990, McNamee comenzó a trabajar como policía de Nueva York. Tres años después, McNamee conoció a Tim McCleary, un asistente de dirección general de los Yankees. Como McNamee, McCleary también era un chico de St. John's. McCleary ayudó a contratar a McNamee en 1993 como catcher del bulpen de los Yankees. McNamee pasó tres temporadas con los Yankees hasta convertirse en una baja de los cambios directivos de personal después de la temporada de 1995, cuando Torre sustituyó a Buck Showalter. McCleary también se marchó después de esa temporada de 1995. Renunció a los Yankees y pronto reapareció con los Blue Jays de Toronto en una categoría similar.

McNamee, mientras tanto, se reinventó a sí mismo como entrenador de fortaleza y acondicionamiento físico. Había estado alejado del béisbol durante tres años hasta que McCleary buscara a su amigo en 1998 para regresar, no como catcher del bulpen, sino como entrenador de fortaleza para los Blue Jays. McNamee había estado fuera del béisbol durante tres años. Lo que encontró lo dejó pasmado: los esteroides y las drogas abundaban por todas partes. Lo que sólo tres años atrás había sido una cultura subterránea, oculta y marginal, se había convertido en una franca guerra farmacológica en 1998.

"De 1993 a 1995 no veías nada de eso", comentó McNamee. "Algunos suplementos y otras cosas aquí y allá… pero en 1998… fue… yo no podía creerlo".

El consumo de drogas se había extendido tanto en 1998, que

los peloteros hablaban de manera abierta al respecto entre ellos; incluso especulaban acerca de quién consumía qué y cuál droga brindaba los mejores beneficios. McNamee estaba estupefacto por la abundancia del consumo de drogas y la apertura con la cual los jugadores lo comentaban.

La estatura física, el éxito y la popularidad de McGwire y Sosa contribuyeron, como es obvio, al afán de los jugadores por adquirir fortaleza. De acuerdo con el libro *Game of Shadows* de Mark Fainaru-Wada y Lance Williams, fue la adulación ofrecida a McGwire y a Sosa lo que empujó a Barry Bonds al mundo de las drogas para mejorar el desempeño. Bonds, entonces de 33 años y en su cúspide natural, era muy talentoso y mucho mejor jugador *all-around* que McGwire o Sosa. En 1998, Bonds bateó .303 con 37 jonrones, 44 dobles con carrera y 122 carreras impulsadas, además de robar 28 bases y ganar un Guante de Oro. Fue una temporada asombrosamente grandiosa, aunque también fue ignorada por completo. Diecisiete jugadores batearon más jonrones que Bonds. McGwire y Sosa eclipsaron a todos. McGwire y Sosa no sólo redefinieron el récord de jonrones, sino también lo que significaba ser un héroe del béisbol nacional. En general eran jugadores unidimensionales que no podían correr, cubrir un campo o lanzar como Bonds, pero Estados Unidos los adoraba por su corpulencia y por su capacidad de batear muy lejos una bola de béisbol. Bonds, el jugador superior que fue ignorado, sólo fue uno entre muchos peloteros que reconocieron en McGwire y en Sosa que las reglas del juego habían cambiado.

Cone comentó: "Después de eso, después de 1998, hubo un pequeño espacio de cuatro o cinco años durante los cuales las cosas sucedieron con demasiada rapidez".

El año 1998 no inventó los esteroides en el mundo del béisbol; sólo los hizo entrar en grande al interior del juego. Hasta entonces, el uso de esteroides ocupaba una esquina oscura del juego de la cual era mejor no hablar. José Canseco, ex jugador más valioso, comenzó a inyectarse esteroides 13 años antes, en 1985. Un traficante, Curtis Wenzlaff, surtía esteroides a 20 ó 25 jugadores cuando fue condenado en 1992. Lenny Dykstra, ex outfielder de los Mets y los Phillies, admitió usar esteroides desde 1989, de acuerdo con Kirk Radomski, el ex empleado de la casa club de los Mets, que se convirtió en un proveedor clave de drogas para los jugadores. Radomski fue descubierto por las autoridades federales en 2005 y fue obligado a cooperar con la investigación de 2007 sobre el uso de esteroides en el béisbol, ordenada por el ex senador George Mitchell.

"Creo que los chicos [del béisbol] usaban esteroides en los setentas y a principios de los ochentas, pero no se ejercitaban", explicó McNamee. "El ejercicio se hizo más común en los ochentas, de mediados a finales de los ochentas, y era entonces cuando veías la corpulencia. Era entonces cuando veías el poder. Porque no puedes sólo tomarlos en dosis altas y ver los beneficios. Tienes que ejercitarte. Y fue entonces cuando la fortaleza y el acondicionamiento físico entraron en juego, cuando ellos comenzaron a decir: 'Oye, no está mal [levantar pesas]. No te vuelve rígido'.

"Fue entonces cuando comenzaron a contratar entrenadores de fortaleza, quienes, básicamente, eran amigos, pero al menos supervisaban la sala de pesas. Había tipos que levantaban pesos grandes. Todos eran ex jugadores de football de programas colegiales. Penn State. Florida State. Contrataban sujetos como asistentes y hacían programas [de entrenamiento] de football. Y todo el mundo en la universidad consumía esteroides; de manera que cuando menos el conocimiento estaba allí.

"Los chicos que se volvían corpulentos tenían éxito. Canseco era un corredor veloz en un cuerpo enorme. Dykstra era un sujeto veloz y pequeño. Ahora, mientras más grandes se hacían, más se lastimaban. Sin embargo, lograban buenas cifras. Después, la información mejoró y los pitchers no se hacían corpulentos pero se hacían mejores".

Radomski fue el tipo adecuado en el momento adecuado. Él convirtió sus conexiones en el béisbol y su propia experiencia como rata de gimnasio que levantaba pesas en un negocio floreciente. Radomski le dijo a Mitchell que el primera base David Segui había admitido que consumía esteroides desde 1994, cuando jugaba para los Mets y Radomski aún trabajaba para el equipo como empleado de la casa club para los jugadores. Segui, según Radomski, se administraba el esteroide Deca-Durabolin "porque era seguro, no caducaba en tres o cuatro años y servía para aliviar el dolor de espalda".

¿Seguro? El béisbol, como otros deportes, había dado un giro significativo al hacer aceptable el consumo de esteroides. Las amenazas contra la salud asociadas con los esteroides, incluso la presión arterial alta, el aumento en el riesgo de padecer cáncer y la inhibición total de la producción natural de testosterona del cuerpo, habían causado gran parte del estatus de tabú relacionado con los esteroides. Solía suceder que un atleta encontrara dos obstáculos entre él y la decisión de usar esteroides: uno de ellos era los severos riesgos contra la salud y el otro era el asunto moral de lo que era una forma ilegal de hacer trampa. Lo que sucedió en la década de 1990 fue que los peloteros, con la ayuda de los entrenadores y los "gurús" de las drogas, derribaron por completo el primer obstáculo. (¿Y el segundo? Bueno, no equivalía a hacer trampa si no existían reglas, ¿cierto? Entonces, también cayó). Los atletas aprendieron, en gran medida gracias a los conejillos de Indias de los gimnasios y a la cultura de la construcción de los cuerpos, cómo utilizar esteroides "de manera apropiada". Con el Deca, por ejemplo, eran necesarias una o dos inyecciones por semana, tal vez en el rango entre 300 y 600 miligramos por semana, durante un ciclo de alrededor de ocho semanas. Una droga anti-estrogénica, como el Clomid, podía requerirse al final del ciclo.

El espectro de Lyle Alzado ya no los acechaba más. Alzado fue el ex jugador de línea de la NFL que confesó a *Sports Illustrated* en 1991 que se había inyectado esteroides y hormona del crecimiento humano casi de manera constante y que, desde su perspectiva, el consumo crónico de estas sustancias fue la razón por la cual agonizaba a causa de un tumor cerebral (Alzado falleció al año siguiente a los 43 años). La imagen de portada del *Sports Illustrated* de un Alzado devastado, calvo y agonizante fue impresionante. También lo fueron sus palabras.

"Ahora, mírenme", dijo el antes velludo y musculoso hombre. "He perdido el cabello. Vacilo al caminar y tengo que sujetarme de alguien para apoyarme. Me cuesta trabajo recordar cosas. ¿Mi último deseo? Que nunca más muera nadie de esta manera".

Su advertencia tuvo una vigencia más breve que la caducidad del Deca. Casi de inmediato, en un lapso no mayor a uno o dos años, los jugadores de béisbol habían olvidado la muerte de Alzado al considerarla una anomalía de otra era que no les concernía. Su problema, razonaban, fue que había consumido demasiados esteroides durante demasiado tiempo sin informarse de forma adecuada. Los peloteros podían acudir con sus "gurús" de las drogas, o incluso consultarse entre ellos, para saber cómo utilizar los esteroides. Lo anterior fue muy conveniente para los negocios de las personas como Radomski, que muy pronto cambió su labor de recoger medias sudadas y suspensorios sucios del suelo de la casa club de los Mets a transformar la forma como se jugaba el béisbol con su provisión de drogas y su experiencia para utilizarlas.

"Sí, existían rumores acerca de lo que sucedía", recordó Cone, "pero en realidad no lo sabíamos con seguridad. Yo estaba preocupado por los esteroides con base de aceite. Recordaba una y otra vez a Alzado. ¿Mezcla de esteroides? Nunca lo comprendí. Nunca tuve conexiones. Vi morir a Lyle Alzado a causa de eso. Jamás pensaría hacerlo. ¿Para qué? ¿Para hacerte corpulento y musculoso? Tal vez fui ingenuo. Los chicos se ha-cían corpulentos en la liga aquí y allá, pero nadie sabía lo que consumían. Tuve conexiones con proveedores de suplementos de venta libre, pero no del tipo de esteroides sintéticos con base de aceite que consumía Lyle Alzado. Quedé estupefacto cuando me enteré más tarde".

Después de la temporada de 1995, de acuerdo con el "Re-porte Mitchell", el catcher de los Mets, Todd Hudley, pidió un poco de ayuda a su amigo de la casa club, Radomski. Hudley tenía 26 años y entonces era un jugador promedio de las ligas mayores. Había jugado seis temporadas en las grandes ligas y nunca había bateado más de 16 jonrones ni había ganado un salario superior a $1 millón. Radomski lo inició en los ciclos de Deca y testosterona. Sus productos eran tan buenos, le dijo Ra-domski, que batearía 40 jonrones gracias a éstos. En 1996, Todd Hundley en verdad hizo lucir a Radomski como un gurú; bateó 41 jonrones. Después llegó a ganar hasta $47 millones.

El negocio de Radomski despegaba. Comenzó con sus co-nexiones personales con varios jugadores de los Mets o con quienes él conocía a través del sistema de los Mets, incluso Hundley, Segui, Fernando Viña, Chris Donnels, Josías Manza-nillo y Mark Carreón. El negocio creció a través de las recomen-daciones de boca en boca; además, los jugadores de los Mets que eran transferidos a otros equipos representaron nuevos gru-pos de jugadores sometidos a la magia de Radomski. Segui, por ejemplo, se convirtió en amigo de Radomski y en uno de sus mejores vendedores, de acuerdo con el "Reporte Mitchell", pues enviaba un cliente tras otro a Radomski mientras saltaba entre seis equipos después de dejar a los Mets. Sólo el "Reporte Mitchell" cita al menos a cuatro jugadores que Segui presentó a Radomski: F. P. Santangelo, Mike Lansing, Larry Bigbie y Tim Laker.

Todo tipo de jugadores acudía a Radomski. En 1995, por ejemplo, Laker era un anodino catcher de respaldo de los Expos de Montreal que estaba dispuesto a saltar los dos obstáculos de las amenazas contra la salud y el asunto moral para meter las manos en los esteroides. Segui fue su conexión, a pesar de que Segui se había encontrado con él como compañero de equipo con los Expos sólo desde el 8 de junio de ese mismo año. Segui puso a Laker en contacto con su propio proveedor de esteroides, Radomski. Laker y Radomski se reunieron en el hotel de Nueva York, donde los Expos se hospedaban cuando estaban en la ciudad para asistir a una serie de partidos contra los Mets.

Laker era un sujeto de 25 años que poseía un promedio general de bateo en las ligas mayores de .205, sin jonrones al inicio de esa temporada de 1995. Era la definición de un jugador periférico, con el riesgo en todo momento de ser enviado de regreso a las ligas menores o incluso de ser desechado del béisbol. Tenía dificultades para aumentar de peso, por lo cual culpó después a una enfermedad digestiva que le había sido diagnosticada tres años atrás.

Su gran aspiración, sin embargo, era permanecer en las ligas mayores durante el tiempo suficiente para ganar algo de dinero, proveer a su familia, incluso tal vez calificar para una de esas agradables pensiones que la Asociación de Jugadores había negociado. ¿Qué harías por obtener una gran oportunidad? Trabajar duro y comer bien, ¿cierto? Claro, pero, ¿qué sucedía si eso no era suficiente? ¿Qué tal si existía algo más, aunque fuera ilegal, que pusiera esa oportunidad más cerca de tu alcance? ¿Y qué tal si sabías que no existían reglas contra eso? ¿Y qué tal si sabías que algunos chicos en tu propia casa club y al otro lado del terreno de juego lo consumían? Con todo gusto, Laker saltó los dos obstáculos.

Radomski lo sometió a un régimen de Deca y testosterona. Laker se lo administraba por sí mismo. El catcher se inyectaba en el trasero una vez por semana durante ocho o diez semanas, descansaba algún tiempo (en parte para que la producción natural de testosterona de su cuerpo, engañada por las drogas sintéticas, no se anulara por completo) y después iniciaba un nuevo ciclo. Cuando los Expos se encontraban en casa, Laker se inyectaba en su residencia. Cuando estaban de gira, Laker se inyectaba en su habitación de hotel, lo cual representaba un pequeño problema relacionado con la manera de desechar las jeringas sucias vinculadas con una droga ilegal. Laker decidió envolverlas y transportarlas junto con sus pertenencias fuera del país y hasta Montreal. Allá las desechaba.

Laker aumentó de peso. El entrenador de Montreal lo felicitó por su físico mejorado. Continuó su consumo durante seis años. Tim Laker no se transformó en una estrella a pesar de la ayuda de las drogas para mejorar el desempeño. Nunca fue un participante del Juego de Estrellas que bateara 41 jonrones en una temporada. Nunca rompió el récord de jonrones, no apareció en la portada de la revista *Time*, no bateó bolas a más de 500 pies ni levantó sospechas entre los medios o los aficionados. No obstante, sí forjó una carrera en las grandes ligas que incluyó partes de 11 temporadas y un promedio de bateo de .226. Aún estaba en las grandes ligas cuando tenía 36 años. Tim Laker no fue nadie especial. No; existían cientos y cientos de Tim Lakers en el béisbol profesional.

"Es una desgracia", comentó Helling, "que tantas personas que conocí me dijeran: 'Siento que necesito hacer algo para mantenerme a la altura'. Decían: 'Yo jugué con este tipo durante cuatro o cinco años y de pronto ya batea 30 jonrones. Jugamos en la misma posición. Necesito estar a la altura'.

"Escuchas las excusas de los sujetos que lo han admitido [usar esteroides]. 'Sentí que debía hacerlo.' 'Lo hice para mantenerme saludable.' Desde mi punto de vista, cuando no fui lo bastante bueno para hacerlo por mí mismo, llegó el momento de marcharme. Muchos jugadores no pensaban así. Cuando perdían velocidad o no tenían suficiente poder para batear jonrones, los muchachos siempre tenían una excusa sobre las razones por las cuales podían hacerlo".

Laker se convirtió en otra historia de éxito para Radomski.

Quizá dicha historia fue a pequeña escala; no obstante, fue una historia de éxito. Se trataba de una historia que se repetía con creciente frecuencia en todas las casas club de las ligas mayores, incluso en la franquicia modelo del béisbol de las grandes ligas: los Yankees de Nueva York.

El año 1998 también fue el año en el cual Roger Clemens conoció a Brian McNamee, el amigo de Tim McCleary de St. John's contratado para ser el entrenador de fortaleza de los Blue Jays. McNamee había obtenido su doctorado en algo llamado Universidad de Columbia, en Louisiana, la cual más tarde se mudaría a Mississipi después de ser clausurada en Louisiana tras el descubrimiento de que se trataba de una "fábrica de diplomas" en línea. Clemens y McNamee hicieron conexión, no tanto como amigos sino como devotos del entrenamiento. A Clemens le encantaba ejercitarse, pero siempre necesitaba compañía, casi como una persona que necesita un público en lugar de un capataz. McNamee, silencioso y siempre sombrío, no era un público gregario, pero era leal, industrioso y serio hasta la exageración en lo referente al entrenamiento. McNamee se ganó la confianza de Clemens. Lo anterior nunca fue tan evidente como en junio de esa temporada, sólo meses después de haberse conocido, cuando Clemens le pidió a McNamee inyectarle una jeringa llena de Winstrol en el glúteo, de acuerdo con lo que McNamee declaró a Mitchell en presencia de agentes federales y que repitió después en una declaración bajo juramento ante el Congreso. En varias ocasiones, Clemens negó haber utilizado esteroides, incluso frente a un comité del Congreso, y demandó legalmente a McNamee por difamación.

"Yo no sabía nada al respecto hasta que Clemens acudió a mí y me pidió inyectarlo en el trasero en el 98", dijo McNamee. "El Winstrol era estúpido [bueno]. Tienes a un tipo que lanza 82 [millas por hora], se inyecta Winstrol y lanza a 92. Es una droga para la velocidad. Para construir fibra muscular de manera rápida. Si me hubiera inyectado Winstrol en la universidad, hubiera lanzado a cien. Sin duda alguna. No sé si existía entonces. Pero sí, Ben Johnson se inyectó. Es una gran droga para la velocidad. Muslos, manguito rotador... oh, indudablemente, sí funciona. Los caballos la usan".

Clemens ya se encontraba entre los más grandiosos pitchers de su generación, incluso de todos los tiempos. Clemens, bajo un régimen de esteroides, según las declaraciones de McNamee, era literalmente indestructible. Clemens obtuvo 14–0 con un ERA de 2,29 durante el resto de la temporada. Sólo en sus 11 inicios finales de esa temporada, los strikeouts totales de Clemens juego por juego fueron 14, 8, 15, 6, 18, 7, 11, 7, 11, 15 y 11. Sólo en otro momento de su carrera, Clemens eliminó por strikes al menos a 14 bateadores en *cuatro* ocasiones en la temporada entera, y eso había ocurrido cuando era diez años más joven. Sin embargo, en 1998 lo logró en sólo los dos últimos meses de una temporada en la cual lanzó $234\frac{2}{3}$ entradas a la avanzada edad de 36 años. Fue una temporada extraña y fenomenal pero, como muchos logros de 1998, obtuvo poco reconocimiento debido a la abrumadora fascinación generada por McGwire, Sosa y la Gran Competencia de jonrones.

Los Yankees lo notaron. Intercambiaron a un ganador de 18 partidos de su equipo de 125 triunfos, Wells, el mismo pitcher que también había lanzado un juego perfecto, para obtener a Clemens de los Blue Jays al inicio de su campamento de entrenamiento de primavera de 1999. Clemens quiso que su nuevo amigo y entrenador McNamee se uniera a él con los Yankees. No obstante, había un problema: McNamee tenía un contrato con los Blue Jays.

"Él intentó liberarme de mi contrato en el 99", dijo McNamee. "Yo tenía un contrato de jugador. Y él me quería fuera de allí para el Juego de Estrellas. El único problema era que [los Blue Jays] podían presentar una objeción y yo no hubiera podido trabajar con un equipo durante seis o siete años porque no cumplí mi contrato. Es por eso que no me marché. Quise dejar la puerta abierta para regresar al béisbol de las Ligas Mayores. Por eso olvidé el asunto".

Sin McNamee, Clemens no lanzó bien en Nueva York. El ERA de Clemens empeoró en casi dos carreras en 1999 a 4,60, la peor marca de su carrera, aunque ganó el juego decisivo de la Serie Mundial contra Atlanta. Sólo unas semanas después, dijo McNamee, Clemens lo llamó.

"No vas a regresar a Toronto", le dijo Clemens.

"De acuerdo", le respondió McNamee, "te entrenaré".

McNamee, que era de Nueva York, estaba feliz de regresar a casa. Sin embargo, tuvo que resolver un par de asuntos que necesitaban su atención. Clemens no quería tener que hacer viajar a McNamee a través del país entero para entrenarlo mientras los Yankees se encontraran fuera de casa, de manera que le pidió a los Yankees que convirtieran a McNamee en entrenador de fortaleza. No obstante, los Yankees ya tenían un entrenador de fortaleza, Jeff Mangold. ¿Acaso necesitaban otro? Lo necesitaban si querían que Clemens estuviera contento y fuera productivo.

McNamee voló a Tampa para reunirse con el director general de los Yankees, Brian Cashman, y con el asistente Mark Newman. Cerraron un trato. McNamee sería nombrado entrenador asistente de fortaleza del equipo, con un salario base, beneficios médicos completos y acceso total a los jugadores y a las instalaciones de los Yankees. Sólo había un detalle: Clemens tendría que pagar el salario de McNamee. Los Yankees deducían el dinero del salario de Clemens y se lo entregaban a McNamee. El arreglo complació a Clemens, que ahora tenía a un entrenador a su lado todo el tiempo dentro del personal de los Yankees de Nueva York, sin las molestias de tener que hacer arreglos de viaje por separado para él y sin la preocupación de intentar obtener acceso para él a las instalaciones del club. Incluso para McNamee fue extraño que un jugador, adquirido mediante un intercambio y ni siquiera con la posición ventajosa de los agentes libres, en esencia introdujera a su entrenador personal a un equipo que había forjado su reputación a través de transformar la generosidad en campeonatos.

"Estaba destinado al fracaso", aceptó McNamee, "porque llegué allí para tratar de ayudar y Roger estableció una competencia. Era como si yo me enfrentara contra Mangold. Mangold era el chico de Joe, pero Roger les decía a los jugadores que acudieran conmigo, no con Mangold. Odiaba asistir al trabajo todos los días".

McNamee entrenó a Clemens, a Andy Pettitte y al pitcher C. J. Nitkowski en Houston ese invierno, después de la temporada de 1999. Cuando McNamee llegó al campamento de entrenamiento de primavera de los Yankees en 2000, los problemas comenzaron en el primer minuto de los primeros ejercicios de estiramiento del primer día de trabajo. McNamee dirigía los estiramientos del equipo cuando Cone, el respetado y veterano estadista de los Yankees, le gritó con sólo una pequeña dosis de humor que, intencionalmente, no ocultaba su ira.

"¿Qué diablos haces aquí como director de estiramiento?", gritó Cone para que lo escucharan todos sus compañeros. "¿Obtuviste un título rápido? ¿Qué haces aquí? ¡No deberías estar aquí ni hacer esto!"

Cone continuó con sus ataques verbales hacia McNamee con tanta violencia que el pitcher admitió: "Me sentí un poco avergonzado porque sucedió frente a todo el equipo". Cone, el hombre de sindicato de la vieja escuela, estaba molesto no sólo porque sentía que los Yankees se habían sometido a los deseos de Clemens al contratarlo, sino también porque consideraba que McNamee era un intruso, un sujeto que había ingresado al club élite de las Ligas Mayores del béisbol sin haberse merecido su ingreso, que es como los jugadores deben hacerlo.

"McNamee dirigía al equipo en los ejercicios de estiramiento y era el chico de Roger", dijo Cone. "También estaba Jeff Mangold, que era otro chico del Gold´s Gym de Jersey que no estaba calificado para tener un empleo en las Grandes Ligas, según mi opinión. Nunca comprendí por qué los clubes de las Ligas Mayores no utilizaban a los tipos de manera interna. 'Entrénalos como quieras entrenarlos y contrátalos para esos puestos.' Nunca entendí eso. Ninguno de esos sujetos tenía la experiencia suficiente.

"McNamee no me agradaba. No es que fuera un mal tipo. Nunca pensé que tuviera la experiencia apropiada. [Los entrenadores] Gene Monahan y Steve Donahue eran como nosotros. Tuvieron que pasar por las Ligas Menores. Tenían experiencia. Habían viajado en autobús. Habían comido emparedados de salsa de tomate. Se esforzaron para ascender a las Ligas Mayores. Siempre pensé: 'Allí hay otro Gene Monahan en la Doble A o en la Triple A que tiene tres hijos y una familia y necesita un empleo en las Grandes Ligas'. ¿Por qué lo obtenía McNamee? ¿Porque había obtenido un título rápido? El tipo era mi catcher de bulpen en el 95. Luego, de pronto, ya no estaba y luego regresó, ¿acaso estaba escribiendo un libro de deportes? Básicamente, es un buscavidas. Y ahora era entrenador.

"Yo no acudía a ninguno de esos sujetos. Yo acudía a [los entrenadores] Gene Monahan o Steve Donahue si necesitaba algo. Nunca, jamás comprendí eso. Era más una cuestión de principios que ninguna otra cosa. Y sí, existían rumores acerca de lo que sucedía, pero en realidad no sabíamos nada".

Lo que ocurría era que los Yankees, como todos los equipos de béisbol, se volvían cada vez más hacia los esteroides y hacia la hormona del crecimiento humano, y aquellos que se inclinaban en ese sentido ahora contaban con alguien en la nómina y en la estructura del equipo que les proporcionaba información y acceso a esas drogas en cualquier momento, si así lo deseaban. En los años 2000 y 2001, los Yankees bromeaban entre sí acerca de los chicos que trabajaban de cerca con McNamee, en especial sobre quienes mostraban evidentes cambios en su fortaleza o en su constitución física. "Él está en el programa Mac" era la frase en broma, la cual con frecuencia se reducía a "él está en 'El programa'". Nadie conocía con certeza los detalles de "El programa". Nadie quería conocer los detalles. Aquellos eran los días de "no preguntes, no digas, no te preocupes".

"Ellos estaban en su programa, tipos como Roger, Andy y tal vez [Mike] Stanton", dijo Cone. "Creo que él ponía alguna cosa de GNC en sus licuados, productos sin prescripción, tal vez creatina, andro o cualquier cosa que pudieras conseguir de ese modo. Creo que eso era lo que hacía. No tenía idea de que tenía paquetes [de hormona del crecimiento humano]".

Intencionalmente, McNamee mantenía un perfil bajo. Hablaba o sonreía en raras ocasiones. Ésa era su personalidad.

"Si podía pasar un día entero sin hablar con nadie, era un buen día", dijo McNamee.

Además, percibía la fricción generada por la creencia de que él era "el chico de Roger".

"Bernie, Posada, Mariano, Pettitte, todos me conocían porque yo estaba allí cuando ellos llegaron", agregó McNamee. "Pero entonces los pitchers y los demás jugadores comenzaron a hablar y aquello se convirtió en un banquete de insultos. 'Oh, ve a ver a Mac'. Entonces me dediqué a mis asuntos".

"Ve a ver a Mac" y "El programa" se convirtieron en los códigos entendidos para buscar opciones de suplementos, legales o quizá no. McNamee declara oponerse a las drogas para mejorar el desempeño.

"Los chicos me hacían preguntas generales", dijo McNamee. "Yo les informaba las ventajas y las desventajas, y mi recomendación era que no lo hicieran. Puedo reunir ahora a 200 jugadores a quienes convencí de no hacerlo. O a quienes dije que no. Pero nunca dije a nadie que podía conseguir drogas. Creo que por [Jason] Grimsley, Roger supo que yo conocía a un tipo y porque David [Justice] supo que yo conocía a un tipo y que yo sabía que su mercancía era legal, limpia y todo eso. Allí fue donde comenzó el problema. Y yo lo permití. No debí hacerlo".

McNamee también tenía una razón práctica para no estimular el uso de esteroides: éstos devaluaban su trabajo como entrenador. ¿Cómo podía reclamar el crédito de los beneficios de un programa de acondicionamiento físico, por ejemplo, si un paquete de esteroides disponible para todos marcaba la diferencia más grande de todas? Sin embargo, para los años 2000 y 2001, la cultura de las drogas en el béisbol estaba establecida con tanta firmeza que los peloteros iban a hacer trampa, tanto si McNamee o cualquier otro entrenador de fortaleza participaba en ello o no. Las señales eran demasiado evidentes. Wells, por ejemplo, escribiría después en su libro de 2003 *Perfect I´m Not: Boomer on Beer, Brawls, Backaches and Baseball* que podías pararte en cualquier lugar de la casa club y encontrarte a no más de 10 pies de distancia de las drogas ilegales.

"Sí, ése es un buen cálculo", agregó McNamee. "Los chicos miraban en los casilleros de los otros, los chicos buscaban… así eran las cosas. Algunos muchachos eran abiertos al respecto; otros no lo eran.

"Y no creerías la mierda que tomaban. O sea, era como mierda y basura. Ellos no conocían los niveles de toxicidad. No conocían las drogas orales. Tomaban cualquier porquería… consumían Ritalín, esteroides orales… consumían cosas que eran malas para ellos. Y luego salían toda la noche porque tenían anfetaminas en sus cuerpos y bebían; después dormían durante todo el día y luego tenían que consumir anfetaminas otra vez… es un círculo vicioso".

Las anfetaminas se habían establecido en el béisbol desde tiempo atrás para combatir el desgaste físico y mental de la temporada. Sin embargo, se convirtieron en una parte rutinaria del juego.

"Si no haz hecho trampa es porque no la has intentado", dijo McNamee. "Ése era el lema".

McNamee dijo que, durante ese año, los peloteros de los Blue Jays y de los Yankees almacenaban las anfetaminas en sus casilleros pero disfrazadas en los recipientes de plástico de los suplementos sin prescripción.

"Cuando veías esos botes de Ripped Fuel, por lo regular estaban llenos de 'verdes'", dijo McNamee.

Él comentó que conseguir anfetaminas era fácil. Los jugadores nunca tenían siquiera que salir de su propia casa club.

"Había un tipo en California, un mexicano", recordó McNamee. "Él se sentaba allí todo el día, en la casa club. Los chicos le autografiaban bates y él les daba cajas de 'verdes'. En Anaheim. Él estaba allí sentado con un costal lleno de 'verdes'. Había verdes y verdes con verde claro. Eso es lo que ellos usaban para preparar el café.

"Solíamos abrirlos y agregarlos al café en la casa club, el cual bebí en una ocasión [en 1998] sin saberlo. Casi me dio un ataque cardíaco. Yo estaba ocupado en estirar a los muchachos. Uno de los Blue Jays me preguntó: '¿Bebiste el café?', y respondí: 'Sí. Está junto a mi casillero'. Él me dijo: 'Nunca bebas el café de la casa club. Ve a la parte trasera. Yo repliqué: 'Gracias por decírmelo'.

"No conocí a un solo pitcher del equipo de Toronto que no las tomara cuando lanzaba. Los chicos se daban energía para ir a jugar golf después de sus ejercicios".

La presencia importante de las anfetaminas contribuyó a la aceptación general de las drogas ilegales en las casas club. El uso de esteroides se había extendido como una enfermedad contagiosa alrededor del béisbol. Segui, por ejemplo, fue intercambiado en la segunda mitad de la temporada de 1999 de Seattle a Toronto, donde conoció a McNamee. McNamee se fue con los Yankees al año siguiente, donde conoció al pitcher Jason Grimsley. McNamee le dio a Grimsley el número telefónico de Segui, pues sabía que ambos estaban interesados en las drogas para mejorar el desempeño. Entonces, cierto día durante esa temporada de 2000, McNamee estaba sentado con Grimsley en el bulpen de los Yankees durante un partido, cuando mencionó que le gustaba mucho el Lexus RX300 SUV.

"¿En serio?", le preguntó Grimsley. "Yo conozco a un tipo que trabaja con Lexus".

Grimsley le dio a McNamee el número telefónico y el nombre de su amigo, que resultó ser Kirk Radomski. McNamee lo llamó y acordó reunirse con él en una agencia de accesorios para autos.

"Así fue como lo conocí", comentó McNamee.

Radomski y McNamee se hicieron amigos y socios de negocios. Mucho tiempo después, una vez que los federales los tenían en la mira, también se convirtieron en testigos estrella en el "Reporte Mitchell". La conexión fue muy conveniente para Grimsley, que compraba sus drogas a Radomski. ¿Por qué no, pensaba Grimsley, permitir que McNamee realizara su trabajo callejero? Le pidió a McNamee que recogiera sus paquetes de hormona del crecimiento humano con Radomski. McNamee accedió, a pesar de que con ello se internaba en la peligrosa área de la distribución de drogas.

"Él me pidió recoger algo para él y para Knoblauch", dijo McNamee. "Así fue como comenzó. Fueron tres veces y dejé de hacerlo porque no me sentía cómodo al respecto".

Los miembros de los Yankees de 2000 se convirtieron en un buen negocio para Radomski. En algunos momentos de las temporadas de los años 2000 y 2001, de acuerdo con el "Reporte Mitchell", Radomski surtió drogas para Grimsley, Knoblauch, el pitcher Denny Neagle, los outfielders Glenallen Hill y David Justice, y más tarde para el pitcher Mike Stanton. Además, los Yankees de 2000 incluyeron a tres jugadores más que tiempo después admitieron su consumo de drogas (aunque no necesariamente en ese año en particular): José Canseco, Jim Leyritz y Andy Pettitte. Lo más deplorable de todo fue que los Yankees de 2000 tuvieron un décimo jugador que se vio involucrado en reportes de consumo de drogas para mejorar el desempeño: Clemens.

De acuerdo con McNamee, Clemens acudió a él en la segunda mitad de la temporada de 2000 en busca de un estimulante. McNamee le solicitó esteroides y hormona del crecimiento humano a su amigo Radomski. McNamee dijo que le inyectó a Clemens esteroides y entre cuatro y seis dosis de hormona del crecimiento humano. El pitcher, que cumplió 38 años en agosto de esa temporada, lanzó mucho mejor en la segunda mitad que en la primera y disminuyó su ERA de 4,33 en el receso del Juego de Estrellas a 3,15 después de éste, al tiempo que mejoraba su récord de 6–6 antes del receso a 7–2 después de éste. Por fin, los Yankees pudieron ver al pitcher por quien habían hecho un intercambio con Toronto. ¿Asumieron los jugadores que Clemens estaba en "el programa"?

"Supongo que lo asumían y hablaban al respecto debido al hecho de que yo recogía algunas cosas para Knoblauch y Grimsley", dijo McNamee. "Creo que tenías que asumir que Roger consumía algo. Yo nunca hablé sobre eso. No quería que los esteroides y la hormona del crecimiento humano lo fueran todo y se diera por hecho que ése era el motivo por el cual el desempeño de Roger era tan bueno. Se lo aclaré a Andy cuando supe que él sabía. Él lo comprendió. Creo que debías ser un idiota para no pensar que Roger consumía algo".

Desde luego, el hecho de pensar de esa manera no impidió a McNamee escribir una columna como invitado en el *New York Times* ese mismo año, que se tituló: "No te apresures a prejuzgar todo ese poder". En ésta, McNamee escribió: "La percepción de que los esteroides son la respuesta al incremento en la fuerza, la recuperación de las lesiones y el desempeño mejorado de los jugadores de la actualidad es errónea". Concluyó de esta manera su colaboración: "Sí, los jugadores de hoy son más fuertes, veloces e inteligentes que sus predecesores. Sin embargo, su superioridad no se debe al consumo de esteroides sino a los avances en la ciencia específica de los deportes y al compromiso de las organizaciones con la fortaleza, el acondicionamiento físico y la nutrición. Sugerir lo contrario es irresponsable e irrespetuoso".

Como es natural, era una mentira absoluta. El béisbol se había convertido en un fraude sobre otro.

"Mentí a los medios", admitió McNamee, "porque me cansé de asistir a las clínicas y que los chicos me preguntaran sobre los esteroides. Yo me empeñé en responder no, no, nunca, nunca, nunca... mentí. Pero, ¿qué podía hacer? 'Oh, sí, así es como debes ejercitarte, pero, por cierto, mis muchachos consumen esteroides'. Entonces, tuve que responder a las preguntas. Yo, como entrenador, no puedo decir 'no quiero hablar de eso' porque sería como admitir la culpa.

"El hecho de que lo permitiera estuvo mal. No debí hacerlo. Pero era un área gris para mí porque la manera como me involucré con Radomski no tuvo relación alguna con los esteroides. Es una falla de personalidad si observas mi trabajo. Mi trabajo es proteger a esos chicos todo el tiempo. Antes, durante y después. Entonces, cuando esos muchachos ya hacen algo que está mal, yo intenté ayudar porque ellos iban a hacerlo de cualquier manera. ¿Fue mi error? No sé si volvería a hacer lo mismo. Debí decir que no pero no pude. Soy incapaz de hacerlo".

Los Yankees de 2000 ganaron la división del este de la Liga Americana con 87 victorias, después de tropezar con estrépito cuando perdieron 15 de sus 18 partidos finales. Dominaron a Oakland en la Serie de División en cinco partidos, eliminaron a Seattle en la Serie de Campeonato de la Liga Americana, en la cual Clemens ganó el cuarto partido, 5–0, con el partido más dominante en su carrera de postemporada, un partido de un solo hit en el cual eliminó por strikes a 15 bateadores y ejecutó 138 lanzamientos, y luego derrotaron a los Mets en cinco partidos para ganar el campeonato mundial. (Radomski declaró que surtió drogas cuando menos a dos jugadores de los Mets de ese equipo, Matt Franco y Todd Pratt). Los Yankees eran el mejor equipo del béisbol. Y en cuanto a los esteroides, no eran distintos a todos los demás.

"Tuvimos a dos tipos de Nueva York que lo confesaron todo en el 'Reporte Mitchell'", comentó Torre. "Es por eso que existe más información acerca de los jugadores de Nueva York. Si la gente quiere devaluar al equipo del año 2000, ¿así fue como perdimos 15 de los 18 partidos finales? ¿Nos quedamos secos y luego consumimos una dosis fuerte para la postemporada? Una cosa que he aprendido es que la gente va a opinar lo que vaya a opinar, sin importar lo que haya sucedido. Puedes hablar hasta que la cara se te ponga morada y no encontrarás una respuesta que satisfaga a todos".

Un ex participante de juegos de estrellas y consumidor de esteroides que compitió contra esos equipos de los Yankees, dijo: "Todo el mundo en el béisbol hizo lo que pudo hacer. Era la supervivencia del más apto".

¿Nadie dijo: 'Esto tiene que terminar'?

"¿Quién lo haría?", respondió el jugador entre risas. "Es por eso que el gobierno regula los monopolios. Si la gente pudiera hacerlo, claro que lo haría. Es como hacer trampa con tus impuestos. Si hay un área gris, vas a encontrarla hasta que el gobierno diga que ya no es un área gris".

El jugador dijo que todos en el juego comprendían que esa actitud era aceptable. "Ahora, si estaba bien o mal, nos referimos a un asunto moral, pero no existían reglas. Hacías lo que hacías. Era el salvaje, salvaje oeste".

Torre provenía de una generación en la cual el entrenamiento con pesas y agregar masa muscular eran tabúes. ¿Esteroides? No sabía nada al respecto. Nunca los vio. Lo cierto es que los jugadores no iban a decirle lo que sucedía y él no iba a inmiscuirse en sus vidas sin ser invitado.

"Siempre intenté respetar la privacidad de los muchachos", comentó Torre. "Recuerdo en Atlanta en 1982 cuando fuimos a la postemporada y existía el rumor de que revisarían los bates para averiguar si estaban alterados. Fue la época en que comenzó la tendencia de arreglar los bates con corcho o caucho. Recuerdo que organicé una junta y dije: 'Chicos, nunca les pregunto qué es lo que hacen, pero sé que hemos logrado algo muy especial aquí al ganar la división. Si ellos deciden que quieren revisar los bates, eso podría anular todo lo que hemos conseguido. Entonces, si lo han hecho, más les conviene ser cuidadosos. Si no es así, ni siquiera se preocupen por esto'.

"Básicamente, ésa ha sido mi actitud, a menos que en algunas ocasiones detecte conductas erráticas. A menos que alguien actúe de manera extraña. Nunca me meto a los casilleros de los jugadores. Además, nunca vi nada. Yo camino por toda la casa club. Entro a la sala de entrenamiento. Camino por la sala de descanso. Entro a la sala de pesas y todo eso. Nunca vi las drogas.

"Nunca escuché a los peloteros hablar al respecto. Jeter solía hacer bromas. Decía: '¡Sí, véanme batear un hit con esteroides hasta la franja de advertencia!'. Lo que pienso acerca de los esteroides es que pueden acortar tu vida. También pienso que no es justo. La analogía que uso es que es como si unos chicos utilizaran bates de metal y los otros usaran bates de madera. No es correcto. Es peligroso.

"El otro asunto que tienes que recordar es que el béisbol es un negocio que nunca ha interferido con traer gente al estadio. No puedes decirme que con todo lo que sucede… Babe Ruth batea 60 jonrones en 1927, Roger Maris batea 61 en ocho partidos más en 1961 y después, en 1998, dos sujetos batean más que eso, ¿y a nadie le parece sospechoso? En 1998, cuando un chico bateó 66 hits y otro 70, el mundo del béisbol dijo que era grandioso. ¿Y ahora, el béisbol señala con el dedo a todo el mundo? Ése es el fraude para mí".

No todos los diez miembros de los Yankees de 2000 en el "Reporte Mitchell" fueron descritos como consumidores de

drogas durante esa temporada en particular; sin embargo, la cooperación de McNamee y Radomski dio a ese equipo un perfil
más alto que a los demás integrantes del reporte. Por ejemplo, el
outfielder Shane Monahan, quien admitió ser consumidor de
esteroides, dijo que el consumo de estas sustancias y de anfetaminas estaba muy extendido entre los equipos de los Mariners
de 1998 y 1999 en los cuales jugó. (Monahan también describió
a ciertos parásitos con acceso a la casa club que intercambiaban
verdes por objetos de colección.) Nueve jugadores de esos equipos de Seattle, los cuales perdieron más partidos de los que ganaron, han estado vinculados con varios reportes de drogas para
mejorar el desempeño. McNamee dijo que los Yankees de 2000
no eran distintos a los otros 29 equipos en lo que a consumo de
drogas se refiere.

"Creo que el nivel de talento era mejor", agregó McNamee. "Si
agregas ayuda ergogénica, el resultado es un equipo mejor".

McNamee aseguró que les dijo a los agentes federales y a los
investigadores del "Reporte Mitchell" que tanto el director general de Toronto, Gord Ash, como el director general de los
Yankees, Brian Cashman, no quisieron saber si los peloteros se
drogaban y que los agentes de los jugadores estaban involucrados de manera directa en el suministro de drogas ilegales para
sus clientes, pero que Mitchell no incluyó esos comentarios en
el reporte. Gord Ash y Brian Cashman negaron la afirmación de
McNamee.

"Yo les dije a los agentes [federales] y a la gente de George
Mitchell que ellos [los directores generales] se acercaron a mí y
me dijeron: 'No me importa lo que consuman. No quiero enterarme de eso'", comentó McNamee. Cashman negó los alegatos de McNamee y dijo: "Nosotros pensábamos que teníamos
una casa club limpia. Nunca sostuve un diálogo con él acerca
de lo que los jugadores quizá consumían o no. Nunca, ni una
sola vez". Ash también negó los alegatos de McNamee: "No recuerdo eso", dijo Ash.

McNamee describió su relación con Cashman como amistosa. De hecho, McNamee dijo que en el año 2007, seis años después de que los Yankees no lo retuvieran como asistente de entrenador de fortaleza, Cashman lo llamaba con regularidad para consultarle asuntos de entrenamiento de fortaleza relacionados con el equipo.

"Si él no comprendía lo que sucedía [con los esteroides], entonces es un idiota", aseguró McNamee. "[Pero], ¿qué podía hacer él? Si la quería [una casa club limpia], habría tenido que decir: 'Oigan, van a venir a patearnos el trasero. Todo el mundo consume'. Ésa es la realidad. Sé que eso hubiera sucedido. Tienes que estar en igualdad de condiciones".

La permanencia de McNamee con los Yankees finalizó después de la temporada de 2001. El equipo decidió no invitarlo a volver, principalmente debido a un incidente el 6 de octubre de ese año en el hotel del equipo en San Petersburgo, Florida, mientras se encontraban allí para enfrentar a los Rays de Tampa Bay. La policía interrogó a McNamee en relación con un posible incidente de agresión sexual, después de haber sido encontrado en la alberca del hotel a las cuatro de la mañana con una mujer de 40 años. Ambos estaban desnudos. La mujer había ingerido GHB (ácido gamma-hidroxibutírico, por sus siglas en inglés), una sustancia inodora que, por lo general, se conoce como droga "de la violación". McNamee nunca fue acusado. A pesar de que los Yankees cortaron todo vínculo con McNamee después de aquella temporada, Clemens y Pettitte continuaron su entrenamiento con él y así sería durante un año.

En mayo del año siguiente, 2002, Pettitte llamó a McNamee. El entrenador se encontraba de viaje con los Yankees y con Clemens, esta vez no como miembro oficial del equipo sino sólo como entrenador personal de Clemens sin acceso especial. Pettitte se encontraba en Tampa donde, al estar en la lista de los lesionados después de iniciar sólo tres partidos aquella temporada, se ejercitaba en el complejo de entrenamiento de los Yankees para rehabilitarse de una torcedura del codo izquierdo.

"Necesito un poco de ayuda, Mac", dijo Pettitte.

Lo que Pettitte quería no sólo era ayuda con el entrenamiento. Era hormona del crecimiento humano.

"No necesitas hacer eso", le dijo McNamee al pitcher.

"Sí, lo necesito", respondió Pettitte. "Voy a hacerlo. ¿Vas a ayudarme o no?"

McNamee decidió que no iba a hacer cambiar de opinión a Pettitte. Sólo había una cosa por hacer.

"Te ayudaré", le dijo McNamee.

"Bien", exclamó Pettitte. "¿Puedes conseguírmela?"

"Sí, puedo conseguirla".

McNamee comentó: "Ni siquiera sé cómo logré que llegara allá. Yo no viajé con la sustancia".

Pettitte iba al complejo de entrenamiento de los Yankees por la mañana para recibir 30 minutos de tratamiento. Después, McNamee lo entrenaba a través de ejercicios de acondicionamiento y rehabilitación. Por las noches, realizaban otra sesión de entrenamiento. Era un trabajo duro, diseñado para que Pettitte regresara a la rotación tan pronto como fuera posible mientras los Yankees, atorados en el segundo lugar, intentaban no quedarse demasiado atrás de los exitosos Red Sox de Boston en la Liga Americana del Este. Sin embargo, el régimen de entrenamiento no era suficiente para Pettitte. Dos veces al día, por la mañana y por la noche, McNamee le inyectaba hormona del crecimiento humano a Pettitte. Pettitte era un texano, temeroso de Dios, que asistía a la iglesia y que era conocido en la casa club de los Yankees por su integridad y sobriedad. Si Pettitte iba a hacer trampa, ¿quién no lo haría? Desde luego, ni siquiera Pettitte consideraba que inyectarse sustancias obtenidas de manera ilegal para mejorar su desempeño era hacer trampa.

"Creo que él racionalizó el asunto con la información que yo le proporcioné y los motivos por los cuales los chicos consumían", dijo McNamee. "Pienso que él en realidad quería sanar. No era un asunto de mejorar su desempeño. Hasta donde sé, él nunca consumió esteroides. Todo el mundo pensaba que sí lo hacía porque cuando comencé a entrenarlo mejoró sus lanzamientos de 88–89 [millas por hora] a 96. Si tú tienes una fotografía de él en el instante de inyectarse esteroides, yo no lo sé. No sé qué creer".

Torre nunca supo del consumo de hormona del crecimiento humano de Pettitte. Se enteró de ello al mismo tiempo que el resto del mundo: cuando el "Reporte Mitchell" fue publicado en diciembre de 2007. Pettitte se encontraba preparando una declaración en la cual admitiría su consumo de hormona del crecimiento humano cuando Torre lo llamó.

"Andy, sólo llamo para saber cómo estás", le dijo Torre. "No te llamo para preguntarte nada".

"Skip", respondió Pettitte, "me preparo para hacer una declaración".

"No quiero conocer tu declaración", afirmó Torre. "Sólo quiero saber cómo estás".

"Estoy bien", contestó Pettitte.

Torre notó que Pettitte sonaba ansioso o "nervioso", como él mismo expresó. Después de que Pettitte publicara su declaración, el pitcher llamó a su ex mánager.

"Lo lamento", le dijo Pettitte. "Me disculpo contigo en especial si hice algo que te colocara en una situación difícil. No sé cómo hice esto. Con lo religioso que soy, incluso me pregunto cómo es que Dios pudo ayudarme a tomar este tipo de decisiones".

"Bueno, Andy", respondió Torre, "no siempre tomamos las decisiones adecuadas. Así es la vida. Sólo por el hecho de conocerte como te conozco, y no mucha gente te conoce como yo, sé que caíste porque pensaste que al estar en la lista de los lesionados lo más importante era recuperarte para ganar tu dinero y para ayudar al equipo. Estuviste dispuesto a intentar algo y después te diste cuenta de que ya no querías hacerlo más. Entonces, ¿qué hiciste? Dejaste de hacerlo.

"Eso fue lo que hiciste. ¿Fue lo correcto? ¿Fue un error? Es sólo lo que hiciste. Estoy seguro de que nunca hubo nada malicioso en tu mente en ese momento. Sólo intentabas recuperarte y volver a ganar tu dinero. No intentaste volver para ganar un partido para ti mismo".

"Me siento mal por eso", le dijo Pettitte.

"¿Y qué hay del otro burro?", le preguntó Torre.

Pettitte sabía que Torre se refería a Clemens.

"Roger es Roger", replicó Pettitte. "Cuando hablé con él, era Roger".

De inmediato, Torre comprendió lo que Pettitte quiso decir sobre su buen amigo: que un escándalo generalizado debido a los esteroides no iba a cambiar la manera de ser de Clemens; es decir, el vaquero más presuntuoso del planeta. Clemens vivía en su propio mundo, rodeado por personas que de manera inequívoca verificaban ese concepto que tenía sobre sí mismo, y George Mitchell no iba a provocarle una duda o un autoanálisis. Torre también comprendió que Pettitte se sentía una víctima de la cultura del momento.

"Es como dijo Bob Gibson: 'Para ganar un juego, aceptarías cualquier cosa'", dijo Torre. "Todos venderíamos nuestras almas. Ganar es lo primero y lo más importante y eso era lo que nosotros queríamos. Por desgracia, ahora lo que estimula la necesidad de hacerlo es el desempeño personal y no el deseo de ganar. Antes, lo único importante era ganar. Era: 'Ganemos este partido', 'Vamos a la Serie Mundial'. Ésa era la motivación de entonces. Ahora es más un caso en el cual la motivación es: 'mis números'. Pero, sí, como competidor, tú venderías tu alma".

Tal vez Pettitte no consideraba que su consumo de hormona del crecimiento humano era hacer trampa o mejorar su desempeño. Los Red Sox, desde luego, podían verlo de manera distinta. Pettitte salió de la lista de lesionados y regresó a la rotación el 14 de junio. Los Yankees iban detrás de Boston por un partido y medio. Pettitte inició 19 partidos a partir de entonces y fue uno de los mejores pitchers en la liga en esa época; de hecho, obtuvo 12–4 con un ERA de 3,29. Con la ayuda de Pettitte, los Yankees pasaron a los Red Sox y ganaron la división con 103 victorias. Los Red Sox ganaron 93 partidos. No calificaron para los playoffs.

Más o menos al mismo tiempo que Pettitte, con la ayuda de McNamee, se inyectaba hormona del crecimiento humano en un hotel en Tampa, y cuatro años después de que las súplicas de Helling a la asociación de jugadores cayeran en oídos sordos, Ken Caminiti se sentó enfrente de un escritor en su cochera en Houston y rodeado de sus autos especiales hizo un anuncio que era sabido por todos: el emperador estaba desnudo. El béisbol, dijo Caminiti, estaba lleno de consumidores de esteroides. Aquel sería un momento que cambiaría la manera de jugar y administrar el béisbol. Fue el principio del fin de la era de los esteroides, o al menos de sus días del salvaje oeste sin leyes definidas en el juego.

Caminiti, un ex ganador del premio al jugador más valioso, entonces en su primer año de retiro, no sólo admitió haber consumido esteroides, lo cual lo convirtió en el primero en confesarlo entre los cientos y cientos de jugadores que habían consumido esteroides, sino que lo expresó con una carencia absoluta de remordimiento. El consumo de esteroides estaba tan extendido que se había convertido en la opción automática si querías tener éxito en las Grandes Ligas. ¿Cómo podías sentirte culpable por ello si alrededor de la mitad de los jugadores, según los cálculos de Caminiti, hacía lo mismo?

Lo que él dijo no fue sorprendente en absoluto. El béisbol se había rendido a los consumidores de esteroides durante más de una década; no obstante, como señaló Cone, el índice de los que cruzaban al lado oscuro se había acelerado en gran medida en el lapso de los últimos cuatro años. Para 2001 había alcanzado su punto máximo: los jugadores limpios, como Helling, comenzaron a considerarse a sí mismos una minoría que se encontraba en desventaja competitiva debido a la creciente aceptación de que los esteroides eran simplemente una parte del costo actual de jugar béisbol, como lo eran los ocasionales lanzamientos intimidatorios de los pitchers para hacer retroceder al bateador. Los esteroides ya no formaban parte de un elemento vicioso. Eran de rigor.

Este cambio importante entre los jugadores de todos los niveles se hizo evidente en la segunda mitad de aquella temporada de 2001. Tal vez el nuevo rompimiento del récord de jonrones, en esta ocasión por parte de una versión llamativa e inflada de Bonds, quien bateó 73 a los 36 años después de nunca antes haber bateado más de 49, ayudó a acelerar las críticas en el interior de las instituciones. Muchos jugadores limpios sostuvieron conversaciones acerca de la creciente aceptación de los esteroides. Estaban preocupados y molestos, desde luego, aunque la mentalidad de discreción entre estos compañeros del sindicato y camaradas de trinchera les impidió hablar públicamente. Uno de ellos bromeaba, con cierto humor negro, acerca de los "paquetes para principiantes con los esteroides" que hacían tan evidentes y localizables a los consumidores: además de las jeringas, el consumidor de esteroides necesitaba cremas contra el acné para los granos que, de lo contrario, brotaban en su espalda, y una buena rasuradora o depilación con cera para mantener su cuerpo sin vello, lo más recomendable para exhibir el nuevo físico musculoso, aunque inflado. Estos jugadores se hicieron cada vez más conscientes de su imagen corporal, incluso si brillaban a causa de la musculatura acuosa y lampiña. Algunos peloteros tenían ligeras dificultades para hablar con claridad porque la hormona del crecimiento humano aumentaba el tamaño de sus lenguas y mandíbulas. Otros jugadores no podían colocarse bien los cascos para batear porque sus cabezas habían engrosado.

Desde luego, los esteroides difícilmente podían considerarse un secreto en el béisbol de entonces. Muchas emisiones de los medios de comunicación habían cubierto el tema, con frecuencia a través de fuentes anónimas, y el "Reporte Mitchell" hizo referencia a muchas de esas emisiones. No obstante, el tema nunca obtuvo mucho auge, en especial porque los más importantes oficiales del béisbol de las Ligas Mayores, los líderes de los sindicatos y los jugadores activos no solían admitir la magnitud del problema o comprometer su nombre con una llamada a la acción.

Para abril de 2002, el resentimiento creciente entre algunos jugadores sobre el consumo de esteroides fue una señal de que la cultura de "no preguntes, no hables, no te preocupes" estaba a punto de colapsar. El secreto peor guardado en el béisbol era el uso y la aceptación cada vez mayores de los esteroides. Caminiti, quien fuera un fiero competidor y un personaje brutalmente franco a lo largo de sus 15 temporadas con Houston, San Diego, Texas y Atlanta, fue el hombre que rompió el código del silencio en las páginas de *Sports Illustrated*.

"No tengo nada que ocultar", dijo.

Sin embargo, una tristeza se hizo evidente en él: su virilidad había desaparecido. Caminiti se movía y hablaba despacio. Sus famosos ojos intensos se habían vuelto fríos e inexpresivos. En varias ocasiones, se quejó de que su cuerpo ya no podía producir suficiente testosterona por sí mismo y se había hecho dependiente de las fórmulas sintéticas que tenía que inyectarse.

"¿Sabes cómo es?", dijo. "Te vuelves letárgico. Te deprimes. Es terrible".

El artículo fue enorme. Lo que Helling había intentado comunicar a la Asociación de Jugadores durante cuatro años, era transmitido ahora a través de todas las redes y medios de comunicación en el país. El secreto había sido revelado, a pesar de que muchos aún no querían reconocer la verdad obvia. Querían perpetuar el mito.

"Todo el mundo odia a los delatores", dijo el director de los Cubs, Dusty Baker, y con ello permaneció fiel a la confidencialidad de los peloteros.

El gran bateador de los Angels, Mo Vaughn, dijo: "Permíteme decirte por qué Barry Bonds bateó 73 jonrones: porque es un gran bateador. Porque los Giants se mudaron del Candlestick Park a un lugar donde el viento no sopla tanto".

Desde luego, se trataba del mismo Mo Vaughn que era uno de los mejores clientes de Radomski. Los investigadores de Mitchell descubrieron que Vaughn, quien fue referido a Radomski por Glenallen Hill, emitió al menos tres cheques para Radomski en 2001 por un total de $8.600 por paquetes de hormona del crecimiento humano. Radomski le dijo a Mitchell que él entregaba las drogas a Vaughn en persona.

Entonces se presentó la reacción post-Caminiti de Jason Giambi de los Yankees. "Sé que este tema es de interés periodístico", dijo Giambi, "pero espero que la gente no lo crea por completo. No hay nada milagroso en este juego. Tienes talento o no lo tienes. Una característica común de todos los grandes del juego es que tuvieron longevidad".

Desde luego, se trataba del mismo Jason Giambi, en apariencia carente del talento requerido, que inflaba su cuerpo con esteroides y con hormona del crecimiento humano.

Hicieran lo que hicieran, los peloteros no pudieron lograr que desapareciera el tema de los esteroides. Tres meses después de que Caminiti hablara, la Asociación de Jugadores de pronto desechó su oposición feroz a los análisis aleatorios antidrogas y aceptó un nuevo contrato colectivo de negociación que obligaba a todos los jugadores en 2003 a someterse a exámenes anónimos "de inspección". Antes de que el sindicato aceptara hacer algo respecto del problema de los esteroides en el béisbol, sin embargo, los jugadores negociaron una cláusula de escape: un programa diseñado sólo para descubrir si en realidad existía un problema. Los verdaderos exámenes de esteroides tendrían lugar en 2004 sólo si más del 5 por ciento de los análisis anónimos realizados en 2003 resultaban positivos, análisis que los jugadores sabían se realizarían durante el entrenamiento de primavera. Los jugadores no podían dejar de consumir las drogas durante suficiente tiempo para falsear los análisis que sabían que vendrían. Suficientes peloteros fallaron para disparar el verdadero programa de exámenes.

"Esto me sorprende un poco", dijo el pitcher relevista Mike Stanton, entonces con los Mets después de sus años con los Yankees, "pero a los exámenes no les gustan las mentiras".

¿Stanton estaba sorprendido? Desde luego, se trataba del mismo Mike Stanton que, de acuerdo con el "Reporte Mitchell", conoció a Radomski cuando era Yankee en 2001 y recibió de él tres paquetes de hormona del crecimiento humano en 2003, el año en el cual Stanton expresó su sorpresa por el resultado de los análisis de escrutinio.

Rick Helling, al menos, no se sorprendió por lo que sucedía en el béisbol. El béisbol en la era de los esteroides era una pila de mentiras, una sobre otra. Las mentiras comenzaban con la idea de que el béisbol no tenía ningún problema de esteroides en esa época y continuaban con la flamante evasión a la ley federal al decir que no existían reglas contra los esteroides. Las mentiras continuaban con que los esteroides no ayudaban a nadie a jugar al béisbol y seguían diciendo que nadie parecía conocer a nadie que consumiera esteroides o, Dios no lo permitiera, consumir las drogas ellos mismos. Incluso, las mentiras encubrían las estadísticas de carrera cientos de los cientos de jugadores que eligieron violar la ley con toda conciencia y el aparentemente arcaico código del espíritu deportivo. La era de los esteroides fue el Watergate del béisbol, una ruptura colosal de la confianza por la cual la institución ha quedado manchada para siempre. Flota por sus propios medios sobre el resto de la historia del béisbol como un gran pedazo de chatarra espacial, desconectada de los amarres de las estadísticas del juego.

Como el Watergate, la era de los esteroides eventualmente condujo a una era de descubrimiento, a una especie de arqueología de los tiempos en la cual algunas de las verdades horrendas flotaron hasta aparecer en la superficie o fueron desenterradas al barrer las mentiras. Las reputaciones se vieron arruinadas o dañadas. Helling tuvo razón: explotó en los rostros de los jugadores. Sin embargo, dos gigantes del juego recibieron los golpes más fuertes y pagaron un alto precio porque, en primer lugar, sus reputaciones eran exageradas, y después, porque sus entrenadores personales se vieron atrapados en los enredos legales de lo que había sucedido. Uno de ellos fue Bonds. El otro fue el presuntuoso vaquero de Texas que ayudó a los Yankees de Torre a ganar dos campeonatos mundiales.

El Jefe

Vestido con ropa informal, George Steinbrenner podía palear escombros en medio de seis pulgadas de agua verde y viscosa si ello significaba ganar una Serie Mundial, lo cual es justo lo que hizo en la octava entrada del cuarto partido de la Serie Mundial del año 2000 en el Shea Stadium. Se había iniciado un incendio en un bote de basura del tercer nivel de gradas en Shea. Cuando los bomberos abrieron una tubería de agua para extinguir el fuego, la presión se acumuló en otra tubería localizada sobre la casa club de los Yankees. El tubo explotó y arrojó torrentes de agua sucia que, en un momento dado, causaron que se derribara el techo de la casa club. Grandes olas de aguas fétidas se derramaron en cascada sobre la casa club y se extendieron hacia el principal dueño de los Yankees.

La costumbre de Steinbrenner era observar los juegos de

postemporada por televisión desde la casa club. "Te presentabas temprano para un partido y él era el primero en llegar, sentado en el sillón y a la espera de que el juego iniciara. Él miraba todo el partido allí", comentó David Cone. "A Steinbrenner le gustaba que las cámaras de televisión no pudieran enfocarlo allí y le agradaba poder comunicarse con su equipo durante los partidos. Por ejemplo, cuando el entrenador de bateo, Chris Chambliss, entraba a la casa club en el transcurso del juego para ver los videos, Steinbrenner le ladraba: "¡Tenemos que hacer que los muchachos se esfuercen!". El viejo entrenador de football hablaba desde su interior.

Cuando los bomberos llegaron para trancar el agua y limpiar el desorden, Steinbrenner se dispuso de inmediato a ayudarlos. Después de que hicieron lo mejor que pudieron para sacar el agua y retirar con palas los pedazos del techo demolido, Steinbrenner, empapado, sacó un montón de billetes del bolsillo y separó algunos de $50 y $100 para entregárselos a los bomberos como agradecimiento por su esfuerzo.

Steinbrenner era el epítome del propietario involucrado. Su presencia estaba en todas partes. El mismo día de la explosión de la tubería de agua, más temprano, Steinbrenner ordenó a los empleados de su casa club que reamoblaran la casa club para los visitantes en el Shea Stadium con las sillas, sofás y mesas de entrenamiento del equipo, traídas en camiones desde el Yankee Stadium. Al Jefe le molestaba que los Mets sólo hubieran colocado bancos frente a los casilleros de cada jugador y él quería sillones de cuero de respaldo alto para sus jugadores.

"¡No puedo hacer que mis chicos se sienten en esos bancos!", dijo Steinbrenner.

Nada era lo bastante pequeño o insignificante como para escapar la atención del dueño de los Yankees. De hecho, Steinbrenner se consideraba a sí mismo como uno de los muchachos, un ex jugador y entrenador de football a quien le gustaba rondar por la casa club, charlar con los atletas, hablar su lenguaje y oler los ungüentos. Incluso, entraba a sentarse en las juntas de reporte de reclutamiento. Cone, más que ningún otro jugador, reconocía la necesidad de Steinbrenner de formar parte de la cultura de los suspensorios y bromeaba con él al respecto.

"Yo hacía cosas para involucrarlo", comentó Cone, "para hacerlo sentir parte de nosotros. Me gustaba que estuviera cerca por eso, porque la mayoría de la gente se sentía demasiado intimidada como para decir algo. Siempre le decía: '¿Cómo era entrenar a Lenny Dawson? Dile a O'Neill. Vamos. ¡Cuéntale! ¡Dale a él el discurso de motivación que le diste a Lenny!'. Yo lo provocaba. Y O'Neill odiaba que lo hiciera.

"George sólo quería ser parte de nosotros. Eso le encantaba. Recuerdo una ocasión en que tuvimos una junta de bateadores antes de uno de los partidos de playoffs en el Yankee Stadium. George pasaba el tiempo en la casa club durante la postemporada entera después de casi no venir durante la temporada regular. Él se involucraba en la junta de bateadores, en la junta de los pitchers, en los reportes de reclutamiento… después de no venir durante todo el año.

"Recuerdo que tuvimos nuestra junta de pitchers y George estaba en el comedor con todos los bateadores, y Chris Chambliss hablaba de los pitchers contrarios. 'Este muchacho hace esto y lo otro…'. Gene Michael tenía el reporte de avances. Y la máquina de Coca-Cola estaba en la esquina y zumbaba. *Bzzzz*. Volvió loco a George. Entonces se tiro al piso y alargó el brazo para intentar desconectarla. *Bzzzz*. Movía esa cosa y trataba de rodearla… *Bzzzz*. Él les gritaba a los muchachos: '¡Ayúdenme a mover esta cosa!'. Por fin, la desconectó. La máquina dejó de hacer ruido y él se levantó del suelo.

"Nosotros ya habíamos terminado nuestra junta y yo entré allí y lo vi, y vi también el rostro de Tino. Tino se veía tan tenso como un tambor después de todo lo sucedido. Ahora, George estaba en todo y miraba por encima del hombro de Chambliss. Entonces, le grité: '¡George, no molestes a los muchachos!'. Él volteó a mirarme así, como si dijera: '¿Qué diablos…?' y todo el mundo volteó a verme.

"Le dije: '¡Sal de ahí, George! ¡No los molestes!'. Después, moví los brazos para alentarlo a salir y él soltó una carcajada. Justo entonces, Tino se levantó e interrumpieron la junta.

"Y George se acercó a mí después de eso y me dijo: '¡Más te vale que estés listo!'. Yo le respondí: 'Estaré listo, George. Estaré listo'".

Cone volvió a provocar a Steinbrenner justo antes del inicio de ese cuarto partido de la Serie Mundial de 2000. O'Neill, famoso por su intensidad y seriedad en cuanto a su preparación, caminaba con Cone en la casa club redecorada cuando el pitcher llamó a Steinbrenner: "¡Es hora de un discurso motivacional, George! O'Neill necesita algo. No creo que luzca preparado para jugar".

O'Neill disparó una fría mirada a Cone. Éste recordó: "Él me miró y estaba tenso como un tambor. Estaba amargado. Estaba furioso conmigo por intentar agitar las cosas". Cone, desde luego, continuó con la broma.

"Vamos, George", le dijo. "¡Dile! Vamos. Necesitamos hoy a O'Neill, George. No creo que luzca preparado. ¿A ti te parece que está listo?"

Cone dijo: "A George le encantaba". Sin embargo, O'Neill tenía una opinión muy distinta sobre la capacidad de manipulación de Cone.

"Tú", ladró a Cone, "¡Sal de la maldita casa club! ¡Ahora mismo!"

"Pensé que iba a matarme", comentó Cone. "Fue la primera vez que vi a Paulie mirarme de esa manera. Y no era una broma".

Cone se divirtió un poco más con Steinbrenner al día siguiente, con una ventaja de tres partidos a uno de los Yankees y la oportunidad de ganar la Serie Mundial. Una vez más, Steinbrenner llegó temprano a la casa club. Cone le señaló unos cables extraños que no estaban antes en la casa club. Encontró un micrófono pegado con cinta adhesiva a la parte inferior de una de las mesas de la casa club.

"¡Mira, Jefe!", exclamó Cone. "¡Nos han puesto micrófonos ocultos! ¡Los Mets quieren grabarnos en secreto!"

No obstante, Cone sabía que el equipo pertenecía a la cadena de televisión Fox en preparación para una posible celebración en la casa club.

"Cone sabía cómo provocarlo", dijo Lou Cucuzza, el director de la casa club de visitantes de los Yankees. "Él sabía que Steinbrenner desconfiaba de todo y que siempre le preocupaban las grabaciones secretas".

Steinbrenner cayó en la broma de Cone.

"¡Que alguien", gritó Steinbrenner, "consiga un par de tijeras y los corte!"

Para bien o para mal, Steinbrenner contribuía en inmenso grado al deseo furioso de ganar entre los Yankees. A diferencia de la mayoría de los demás propietarios, quienes se ocupaban de sus intereses en el mundo de los negocios y disponían de poco tiempo para supervisar a sus equipos de béisbol, Steinbrenner se iba a dormir por las noches y despertaba por las mañanas con el mismo pensamiento: *tenemos que ganar*. Era implacable con esta meta.

"En una ocasión, vi a George hacer llorar a un jugador", recordó Brian McNamee, el ex entrenador de fortaleza. "Tal vez fue en el 93. John Habyan, un pitcher. Lo hizo llorar un día. Fue triste".

En otra ocasión, Allen Watson, un pitcher relevista, arrojó un *bagel* a un empleado de la casa club mientras bromeaba allí durante el entrenamiento de primavera. Justo cuando el *bagel* volaba a través de la sala, Steinbrenner entró por la puerta. Fue un caso de sincronización perfecta: el *bagel* volador golpeó a Steinbrenner en el pecho. La casa club entera guardó silencio absoluto.

"¿Quién arrojó eso?", preguntó Steinbrenner con voz imperiosa.

Watson levantó la mano.

"Fui yo".

"Me imaginé que habías sido tú, Watson", dijo Steinbrenner. "Por eso no me dolió".

Y continuó con su camino.

La intimidación y la simple amenaza de que pudiera enfurecer en cualquier momento formaban parte de la personalidad de Steinbrenner y de su paquete de liderazgo. Cualquier persona podía sentir si Steinbrenner acechaba porque los empleados de los Yankees se tornaban tensos y ansiosos. Mantenía a todos en vilo, que era justo como le gustaba.

"Un detalle de su organización", comentó Cucuzza, "era que cuando el Jefe estaba a cargo de todo, en especial en Florida durante el entrenamiento de primavera, todo tenía que ser perfecto. No había negligencia ni nada. Tú sabías que él daría la vuelta a la esquina, justo en el peor momento, y te atraparía. Él sabía cuándo debía presentarse. Quizá tomabas un descanso después de 20 horas de ejercicio continuo. Tan pronto como subías los pies, *bum*, él entraba. '¡Oye, no te pago para que te relajes!'. Con frecuencia hacía eso.

"El asunto con George era que sabías dónde estabas parado con él. Yo sabía lo rudo que podía ser con los jugadores y con Joe, pero no había áreas de duda. Sabías dónde estabas parado. En gran medida, ése ha sido el mayor cambio. Cuando estaba en su cúspide, algunas personas no podían soportarlo porque era demasiado severo. Ahora escuchas decir que desearían que el Jefe regresara".

En cierta ocasión, durante el entrenamiento de primavera, Cucuzza y sus internos estaban reunidos en su oficina para revisar las reglas fundamentales de su torneo de football en Playstation. De pronto, él vio a Steinbrenner entrar a la casa club. "De inmediato, cité un discurso de Vince Lombardi", dijo Cucuzza: *"Y otra cosa, asegúrense de mantener este lugar inmaculado…"*

Steinbrenner pasó junto a Cucuzza y le dijo: "Muy bien hecho".

Cone era uno de los raros empleados de Steinbrenner que no se sentía intimidado por él y se deleitaba en desarmarlo. Había otra persona clave que no se dejaba dominar por el Jefe: Torre. Desde luego, ayudó el hecho de que Torre hizo un depósito cuantioso en su cuenta de buena voluntad con Steinbrenner justo después de su contratación: ganó la Serie Mundial en su primera temporada. Su relación, no obstante, alcanzó un punto clave al año siguiente, 1997, cuando Torre demostró que él no era el "títere" de Steinbrenner que la prensa de Nueva York había anticipado.

El 10 de agosto de 1997, Torre metió a Ramiro Mendoza para iniciar la cuarta entrada contra Minnesota y relevar a Kenny Rogers con una ventaja de 8–2. Mendoza permitió tres carreras con siete hits a lo largo de tres entradas. Los Yankees aún ganaron el juego 9–6, pero no con suficiente comodidad, según la opinión de Steinbrenner. Él llamó a Bob Watson, el director general, y le dijo que quería que Mendoza fuera enviado a las Ligas Menores. Mendoza tenía un ERA de 4,34 y se había ganado la confianza de Torre como pitcher abridor de emergencia, como pitcher de relevos largos y como máquina de lanzamiento de rolatas que podía salir de apuros con doble plays. Watson llamó a Torre después del partido contra Minnesota para decirle que Steinbrenner quería degradar a Mendoza.

"Sólo asegúrate", le dijo Torre a Watson, "de que George sepa que, cuando lo hagamos y los reporteros me pregunten el motivo, diré que George quiso hacerlo y que él quiso eliminarlo. No yo".

Torre comentó: "En buena conciencia, yo no podía decir: 'Lo enviaremos a las Ligas Menores. No hizo su trabajo'. Todo el mundo conocía mi opinión acerca de él. El chico ha sudado su trasero para lanzar y luego una tarde permitió un hit con carrera".

Watson transmitió el mensaje de Torre a Steinbrenner. De súbito, el Jefe cambió de opinión. Mendoza no se marcharía a ninguna parte.

"Ésa fue una buena lección que aprendí desde el principio", dijo Torre. "En realidad fue mi primera confrontación con George. Él cedió porque no quiso aceptar la responsabilidad de que la gente supiera que había sido su decisión".

La dinámica de "divide y vencerás" que Steinbrenner creó con los Yankees motivó a algunos empleados a marcar sus territorios, a buscar el favor del Jefe o a dañar la imagen de los demás para elevar la propia. Lo que Steinbrenner vio como un sistema para mantener a sus empleados siempre en vilo, Torre lo percibió como algo divisorio e improductivo.

"Quisieras creer que todos queremos que todo el mundo mejore y que todo el equipo mejore y que nos importe un bledo quién se lleva el crédito por ello", observó Torre. "La gente abrumaba a George con recomendaciones. Toda esa gente hacía sugerencias y nunca se hacía responsable de lo que resultaba mal. Cuando así era, decían: 'Bueno, él es el mánger o 'él es el entrenador de pitchers'.

"En ocasiones, recibía mensajes de Cash: 'George quiere hablar contigo'. Yo lo llamaba y había algo que quería que hiciera. Por lo general yo me adelantaba. Lo llamaba. Le decía: 'Esto no anda bien'. Luego él comenzaba con las amenazas, pero nada que los demás mánagers no hubieran soportado. George siempre quería hacerme sentir incómodo porque quería ese tipo de control sobre mí.

"La única llamada que recibí de George y que nunca olvidaré fue cuando él me criticó por no meter a Mariano en un partido empatado en entradas extra. Le dije: 'No voy a dejar que salga allí y lance dos o tal vez tres entradas. No puedo hacer eso. Es sólo un partido'. Él me dijo: 'Oh, ¿sí?'. Eso fue lo que me dijo. Le dije: 'Sí. Bien o mal o lo que sea, no voy a hacerlo'. Pero entonces perdimos dos partidos seguidos contra los Mets y luego me llamó un domingo por la mañana para decirme que mantuviera el ánimo. Así era George. Cuando sufrías, él venía a ayudarte. Si no era así, él era el tirano que cuestionaba muchas de las cosas que hacías o que no hacías".

Torre hizo su mejor esfuerzo para no permitir que Steinbrenner lo hiciera sentir incómodo, una táctica que frustró a Steinbrenner porque debilitaba el control que él pretendía ejercer. A diferencia de la mayoría de los mánagers de Steinbrenner, quienes jugaban bajo las reglas del Jefe porque se sentían en deuda con él por el empleo, Torre llegó a los Yankees como un completo extraño para la franquicia que había sido despedido en tres ocasiones, y ni siquiera estaba seguro de recibir una cuarta oportunidad. Jugaba con dinero de la casa. No dirigía con el temor de perder su empleo; por tanto, privó a Steinbrenner de una de sus armas principales. Otro mánager hubiera enviado a Mendoza a las Ligas Menores, por ejemplo, y simplemente hubiera cubierto las espaldas de Steinbrenner con una mentira útil. Torre no. Además de ese tipo de desarme, Torre recibió grandes alabanzas de los medios de comunicación y de sus oponentes por su dirección del equipo, otra molestia para Steinbrenner y otra amenaza para el control que el Jefe quería ejercer sobre su director.

"Estaba dolido por todo el crédito que yo recibí", dijo Torre, "y yo lo discutía con él. Lo que me molestaba era que yo obtenía todo ese crédito y él encontraba pequeños detalles para irritarme, sólo para llamar mi atención. Yo le decía: 'No pasa un solo día sin que alguien me reconozca algo y que yo no mencione tu nombre. No siempre escriben eso, pero yo no puedo evitarlo. Sólo comprende eso'. Él siempre lo negó. Decía: 'No, eso no me importa'. Yo sabía que sí le importaba".

◆ ◆ ◆

Steinbrenner estuvo en vilo en esa Serie Mundial de 2000, sumergido hasta los tobillos en agua y sumergido hasta el pecho en la presión de mantener el estatus de los Yankees como el mejor equipo de Nueva York. Los Yankees simplemente no podían tolerar una derrota contra los Mets, entre todos los equipos, en especial en un momento en el que Steinbrenner planeaba el lanzamiento de su cadena regional de deportes. Los Mets eran un equipo confiado y endurecido por las presiones de Nueva York y, a diferencia de los Padres de 1998 y de los Braves de 1999, no iban a empequeñecerse contra los poderosos Yankees y su ventaja de encontrarse en su casa. "¿El Yankee Stadium? Me importa un comino", declaró Turk Wendell, el pitcher relevista de los Mets, a la víspera de la serie. "Ya hemos jugado allí antes. No será una sorpresa".

Wendell, quien creció como fanático de los Red Sox, agregó: "Los Yankees nos han torturado durante años y años, y vencerlos será grandioso para mí".

Sin embargo, los Yankees de 2000 ya no eran tan poderosos. Ellos representaban otro descenso incrementado en la dinastía a partir de ese pináculo de 1998. Knoblauch, de 31; Martínez, de 32; Brosius, de 33; O'Neill, de 37 y Cone, de 37 años, habían tenido años adversos a medida que comenzaron a mostrar algunos desgastes propios de la edad. Denny Neagle, una adquisición de mitad de temporada a la rotación, fue un fracaso, un precursor de las muchas ocasiones en las cuales los Yankees fracasarían por traer a un pitcher de la Liga Nacional a la Liga Americana. Los Yankees terminaron en sexto lugar en la liga en carreras y sexto también en ERA. Eran buenos, pero no especiales. Los Yankees ganaron sólo 87 partidos, menos que ocho equipos de béisbol, incluso los Indians de Cleveland, los cuales ni siquiera llegaron a los playoffs.

Los Yankees mantenían un liderazgo de nueve partidos con 18 partidos por jugar y, de cualquier manera, tuvieron que esforzarse para obtener un primer lugar sobre Boston; de hecho, ganaron por sólo dos partidos y medio. Terminaron la temporada con una caída en picada de 3–15 en la cual perdieron partidos con marcadores de 11–1, 15–4, 16–3, 15–4, 11–1, 11–3 y 9–1.

"No tengo idea de lo que sucedió en septiembre", dijo Torre. "En la segunda entrada estuvimos a 6–0 todos los días. Tuve una junta antes de un partido en Baltimore y dije: 'Muchachos, ¿quieren la champaña antes del partido? Porque nos aferramos a esta champaña esperando ganar. Bien podríamos bebérnosla temprano'. Yo sólo intentaba hacer algo para relajarlos.

"Sin embargo, de pronto llegamos a la postemporada y la presión desapareció. De súbito, ese 15 de 18 ya no contaba; por tanto, la presión desapareció. No tienes que preocuparte por perder el primer lugar".

A pesar de que los Yankees de 2000 parecían vulnerables por su producción en la temporada regular, su experiencia en postemporada les resultó muy útil. Sobrevivieron a una serie de cinco partidos contra Oakland en la Serie de División, ganando el quinto juego fuera de casa con Andy Pettitte como pitcher abridor, Orlando Hernández, Mike Stanton y Jeff Nelson en el medio y Mariano Rivera al final, todos ellos pilares de postemporada. Los Athletics iniciaron con el oficial Gil Heredia y se encontraron 6–0 antes incluso de su primer turno al bate.

"Fue nuestra primera aparición en los playoffs en ocho años", comentó Billy Beane, el director general de Oakland. "Teníamos un grupo joven y muy emotivo. Ganamos el primer partido, teníamos un buen equipo, mantuvimos la adrenalina durante un partido o dos, pero, cuando jugamos el quinto juego, fue casi como si los Yankees hubieran dicho: 'Ya es suficiente. Ya jugamos bastante con el ratón. Es hora de acabar con él'".

Después, los Yankees eliminaron a Seattle en seis partidos en la Serie de Campeonato de la Liga Americana y perdieron sólo en los dos partidos iniciados por Neagle. Clemens ayudó a voltear la serie con el mejor juego de su carrera en postemporada, un partido de un solo hit sin carreras, con 15 strike outs y 138 lanzamientos para ganar el quinto juego, 5–0, un partido en el cual Clemens anunció sus feroces intenciones al rozar a Alex Rodríguez con un lanzamiento al principio del juego. "Ese partido fue increíble", comentó Torre. "Recuerdo que él tocó la espalda de Alex y éste lo miró como si dijera: '¿Qué haces?'. Y eso fue todo".

Los Yankees avanzaron a una Serie Subway contra los Mets, aunque según la publicidad previa, la Serie Mundial misma parecía relegada sólo al escenario de la hiperpublicitada guerra personal entre Roger Clemens y Mike Piazza. Clemens había iniciado contra los Mets el 8 de julio de ese año en el Yankee Stadium. Piazza había valpuleado a Clemens en su carrera. En 12 turnos al bate, Piazza le había dado a Clemens siete hits, incluso tres jonrones y nueve RBI. McNamee, el ahora alejado entrenador de Clemens que solía ayudarlo a calentar en el bulpen antes de los partidos, comentó que, antes del partido, le dijo a Clemens: "Escucha, tienes que detener esa mierda. O sea, ese tipo… tienes que terminar con esta mierda". McNamee dijo que la respuesta de Clemens fue: "No te preocupes".

Piazza fue el bateador inicial de la segunda entrada de un partido sin anotaciones. Clemens tiró un strike en el primer lanzamiento. Su siguiente lanzamiento, una bola rápida, voló hacia la cabeza de Piazza. Éste levantó la mano y agachó la cabeza un poco en el último momento; sin embargo, la bola le pegó justo en la parte frontal del casco. De inmediato, Piazza cayó al suelo como si le hubieran disparado. Los Mets creyeron que Clemens le había apuntado a Piazza de forma intencional. Piazza tuvo que ser retirado del juego. Mientras el jugador era examinado en la casa club de los Mets, Clemens llamó por teléfono para hablar con él, para averiguar cómo estaba. Hubo alguna confusión acerca de lo que sucedió después: si Piazza no pudo contestar la llamada en ese momento o si se negó en redondo a tomar el teléfono. Todo lo que Clemens supo fue que su intento de hablar con Piazza fue rechazado.

"La vez que lo he visto más alterado fue cuando golpeó a Piazza", dijo McNamee. "Me dijo: 'Mac, no respondió al teléfono. ¿Qué debo hacer?' Yo le dije: 'Al carajo'. Él continuó: 'No, hombre. No respondió al teléfono. Tengo que hacer algo'. Le dije: 'Escucha, yo conozco a Franco. Si quieres que vaya, yo iré por Franco'.

El pitcher relevista de los Mets, John Franco, y McNamee habían asistido a la Universidad St. John's.

"Entonces, fui a la casa club y agarré a Franco", dijo McNamee. "Hablé con John justo afuera de la casa club y le dije: 'Sí, John. Roger se siente mal. Está en la sala de casilleros y quiere hablar con Mike'. Él me respondió: 'Está allá adentro. Es un maricón. Al carajo con él. Está en la sala de entrenamiento'.

"Yo regresé y se lo dije a Roger. Entonces fue cuando Roger se puso a la ofensiva y me dijo: '¿Quién es golpeado y da una conferencia de prensa?'".

Torre dijo: "Piazza no tomó la llamada en la casa club, pero es comprensible. Es decir, todos pensamos que Roger era esa misma persona cuando lanzaba contra nosotros y no lo conocíamos. O sea, yo lo odiaba como oponente por la mierda que hacía.

"Recuerdo que fue justo antes del receso del Juego de Estrellas en Atlanta. Bob Gibson estaba allí. Él me dijo: 'El muchacho no se movió. Sólo se quedó parado allí'. Yo respondí: 'Sí, porque lo último que pensó fue que iba a recibir un golpe en la cabeza. Sólo espera a que yo llegue, me plante bien y lanza la bola para acá, donde yo la quiero, para sacarle las tripas'.

"Roger no arrojó la bola hacia él. O sea, con esto no quiero decir que no intentara hacerlo retroceder de su sitio. No digo que no lo haya hecho, pero estoy seguro de que nunca tuvo la intención de golpearlo".

Era un tema ideal para los tabloides. Fue una amarga lucha entre dos jugadores superestrella, los Yankees contra los Mets, Nueva York contra Nueva York. Clemens, por fin merecedor de su sitio entre los Yankees después de un año de transición en 1999, representó el papel del chico malo.

"Todo el asunto de Piazza en 2000 dominó ese año, para él y para todos alrededor", dijo Cone. "Steve Phillips, el director general de los Mets, hizo más grande el problema. Estaba muy molesto y muy agresivo en sus comentarios posteriores al partido. Cerró la sala de pesas al día siguiente cuando fuimos al Shea Stadium. Los jugadores de los Yankees no tuvieron autorización de entrar a la sala de pesas de los Mets al día siguiente. Él continuó con el asunto. Dijo: 'Mantengan a los jugadores alejados unos de otros'. Había demasiada animadversión. Él hizo más grande el problema. Creo que fue una actitud un poco inadecuada para un director general. Eso pudo haber sido manejado por los jugadores y los mánagers. Él agravó la situación sin necesidad alguna, pero estaba furioso".

Para la Serie Mundial se generó gran especulación acerca de lo que sucedería cuando Clemens y Piazza se encontraran de nuevo. Los canales de deportes y de noticias transmitieron incontables repeticiones del golpe de julio. ¿Golpearía de nuevo Clemens a Piazza? ¿Designarían los Yankees a Clemens como pitcher en el Shea Stadium donde, bajo las reglas de la Liga Nacional, tomaría su turno al bate y podría ser víctima de un golpe como un acto vengativo de los Mets?

"Nosotros no necesitábamos que eso sucediera", dijo Torre, quien puso a Clemens en el segundo juego por la seguridad de lanzar en el Yankee Stadium. "Roger me dijo: 'Lo que tú quieras que haga'. Creo que fue Mel quien se acercó a mí y me dijo que Roger prefería no lanzar en Shea, pero eso nunca lo admitirá. Mel era notable. Él lo percibía todo, o tal vez era que los pitchers hablaban con él antes de hablar conmigo, lo cual es comprensible".

Mel Stottlemyre, el entrenador de pitchers en quien Torre confiaba, se había sometido a un tratamiento agresivo para un cáncer en la médula ósea conocido como mieloma múltiple. En gran riesgo de contraer infecciones, Mel no podía desempeñar los deberes de entrenador de pitchers ese año, pero continuó al servicio de Torre como asesor. Steinbrenner lo invitó al Yankee Stadium para los primeros dos partidos de la Serie Mundial. Ambos miraban juntos los partidos desde la oficina de Torre y comían hamburguesas con queso.

Los Yankees, como siempre parecían hacer en octubre, de alguna manera ganaron el primer juego, a pesar de haber dejado a 15 corredores en base y estar perdiendo 3–2 con un out en la novena entrada y sin nadie en base contra el pitcher cerrador de los Mets, Armando Benítez. La ventaja de los Mets debió servirles de protección, pero los Yankees se beneficiaron de un error de Timo Pérez al correr entre las bases en la sexta entrada. Con dos outs, Pérez debió anotar desde primera base por un doble de Todd Zeile contra el muro, excepto que Pérez corrió sin prisa, pues asumió que la bola sobrepasaría el muro en un jonrón. Derek Jeter, con otro de sus heroísmos exquisitamente cronometrados de personaje de tiras cómicas, hizo a Pérez pagar por su error con un lanzamiento perfecto a home para el out final de la entrada.

Sin embargo, los Mets aún dominaron a los Yankees hasta sus dos outs finales con las bases vacías cuando Benítez le lanzó a O'Neill. Lo que sucedió después fue la quintaesencia de los Yankees de campeonato al bate: una base por bolas tras diez lanzamientos. "Eso estableció el tono de la serie", comentó Torre. "Era sólo un desafío: 'No puedes sacarme out'. Fue la base por bolas más escandalosa que jamás hayas experimentado".

O'Neill iba detrás de Benítez, una bola y dos strikes. En 104 ocasiones durante la temporada regular, Benítez había colocado a los bateadores en una disyuntiva de 1–y–2 y sólo en 19 ocasiones lograron llegar a la base, lo cual deja una baja probabilidad de 18 por ciento de colocarse en base. O'Neill luchó para salir del aprieto con la persistencia categórica de los Yankees, forjada a partir de esa *desesperación por ganar* de 1998. Bateó dos fouls, permitió que dos lanzamientos más fueran bolas, bateó dos fouls más y, por fin, vio pasar al décimo lanzamiento fuera de la zona de strike para la bola cuatro.

El resto de la entrada mostró las mismas características familiares de la habilidad Yankee: dos sencillos al campo opuesto, uno por el bateador emergente Luis Polonia y otro por Luis Vizcaíno, y un fly de sacrificio por Chuck Knoblauch. El partido estaba empatado. Mirar ese tipo de reacción de los Yankees una y otra vez era como mirar tejer a una anciana: un derecho, un revés, un derecho, un revés… la repetición de la ejecución de tareas simples creaba algo grande. Los Yankees ganaron en la duodécima entrada al tejer una base por bolas y tres hits, el último de los cuales fue un sencillo al campo opuesto, bateado por Vizcaíno contra Wendell.

El segundo juego llegó con su atracción principal: el encuentro colosal entre Clemens y Piazza. Torre estaba harto del exceso de publicidad, incluso furioso por ello. El sentimiento en el Yankee Stadium aquella noche era rabioso, tres meses de hostilidad llevada a la ebullición, encendida por la incesante fascinación de los medios de comunicación por las dos estrellas. Torre dirigió un breve discurso a su equipo antes del partido.

"No permitamos que nos envuelva la emoción de lo que intentan hacer con esto", dijo Torre. "Aún tenemos que jugar béisbol y tenemos que vencer a un equipo".

Para entonces, Torre ya apreciaba a Clemens y confiaba en él. Clemens, en su segundo año con los Yankees, se había integrado mucho más al equipo. Ya no se ocultaba tanto en las salas traseras de los sótanos del Yankee Stadium.

"Él era fácil para mí", comentó Torre. "Yo tengo mis reglas acerca del himno nacional y del estiramiento. En ocasiones, los sorprendía y a veces no me daba cuenta. De pronto, Roger salía al terreno de juego y me decía: 'Skip, acabo de poner $300 sobre tu escritorio' porque yo no los busco a todos cuando salen para escuchar el himno nacional. Creo que no había falsedad alguna en Roger. Él era quien era. Y era un buen compañero de equipo".

Clemens se preparaba para cada uno de sus inicios como si lo hiciera para el Armagedón. Ninguno le dio más emoción que el segundo juego de la Serie Mundial del año 2000. No había lanzado en siete días, cuando dominó a los Mariners con ese único hit. La atención de esos días estuvo concentrada en los reportes de los medios sobre un nuevo enfrentamiento con Piazza. Clemens también estaba preocupado por su madre, que se encontraba sentada en la sección de sillas de ruedas del Yankee Stadium con un tanque de oxígeno para contrarrestar los efectos de un enfisema. Ella estuvo allí cuando Clemens lanzó el partido decisivo de la Serie Mundial de 1999; sin embargo, tuvo que marcharse después de cinco entradas porque se sintió tan nerviosa y ansiosa, que su respiración se tornó más difícil. Clemens también se conmovió al ver al convaleciente Stottlemyre en la casa club antes del partido.

Había mucho en qué pensar incluso desde antes de lanzar una bola. Clemens se concentró en su preparación acostumbrada antes del juego, la cual por costumbre comenzaba cuando encendía la tina de hidromasaje a su máxima temperatura posible. "Salía como una langosta", dijo el entrenador Donahue. Después, éste le untaba linimentos calientes en todo el cuerpo a Clemens. "Desde los tobillos hasta las muñecas", recordó Donahue. Luego, el entrenador untaba el linimento más caliente posible en sus testículos. "Clemens comenzaba a resoplar como un toro", dijo Donahue, "y entonces era cuando estaba listo para lanzar".

"Roger era un guerrero y un luchador", comentó Donahue. "Su intensidad no era igual a la de David Cone. Ni siquiera te atrevías a hablarle a Coney cuando el partido comenzaba. Roger podía hablar acerca de la pesca, la cacería, los árbitros.

"Entre una entrada y otra, casi en todas las entradas, era como una pelea de boxeo de campeonato con Roger. Era como si regresara a su esquina entre *rounds*. Él entraba y tú tenías que tener puestos tus guantes quirúrgicos, listo para actuar. Él decía: 'Ponme la pomada caliente en la espalda' o 'ponme un poco de grasa en el codo'. Tenías que prestar verdadera atención cuando llevaba dos outs, porque lo primero que salía era la camiseta. Tenía todas las camisetas secas alineadas. Entonces teníamos dispuestos dos o tres grados de ungüentos calientes. Se ponía el medio caliente en la espalda y el segundo más caliente en el codo; se engrasaba todo. Luego tenías que aplicarle talco para que pudiera ponerse la camiseta sobre la grasa y entonces salía de nuevo para la batalla".

Clemens salió a su acostumbrado calentamiento en el bulpen. Mike Borzello era el catcher al inicio. McNamee observaba, revisando siempre si alguna parte de su cuerpo estaba débil (la espalda, el muslo trasero, la ingle) y necesitaba una atención adicional. Posada llegaba a tiempo para atrapar los últimos 20 lanzamientos y McNamee tomaba el puesto de bateador diestro y zurdo. "¡Guau! ¡Cuántas veces estuvo a punto de incendiar mi trasero!", exclamó McNamee. Clemens finalizaba con secuencias de lanzamientos a dos bateadores virtuales. Después se secaba el sudor de la frente, lo untaba en el monumento a Babe Ruth en el Parque de Monumentos para la buena suerte y se dedicaba a intimidar a los hombres con el trayecto de vuelo y la velocidad de una bola lanzada.

Eran las ocho con cinco minutos de la noche cuando Clemens realizó su primer lanzamiento. Esa noche diría más tarde: "No recuerdo haber estado nunca más listo para iniciar, pero también sabía que tenía que controlarlo de alguna manera".

En definitiva fue feroz desde el principio y disparó lanzamientos hacia los Mets con el calor y la fuerza de la llama de un soldador de gas. Timo Pérez, el primer bateador, fue eliminado por strikes con bolas rápidas de 97 millas por hora. Edgardo Alfonzo abanicó ante un splitter ridículamente veloz de 94 millas por hora. Piazza era el siguiente. El frenesí de la multitud ya era salvaje. Quedaba claro que la actitud de Clemens era más dominante que su acostumbrada personalidad de guerrero.

"Me sentí ansioso durante todo el día", dijo después del partido, a las dos de la mañana en el estacionamiento de los Yankees, aún alterado. "Fueron momentos muy difíciles para mí. Sentí como si no pudiera lanzarle alto y adentro, lo cual en otro momento podía hacer con él, ¿qué tal si lo hacía? ¿Y qué tal si una se me iba? Todo lo que se habló al respecto me afectó. Me decía una y otra vez: 'Tienes que controlar tus emociones'. Todo se acumuló. Me resultaba muy difícil controlar mis emociones".

Los primeros dos lanzamientos fueron misiles de 97 millas por hora que Piazza dejó pasar como strikes.

"Ni siquiera podías ver la zona de bateo con todos los *flashes* fotográficos", comentó McNamee. "Yo estaba en el bulpen y no podías ver al bateador contra todas las luces".

Clemens intentó un splitter a continuación, pero falló, con lo cual el conteo fue 1–y–2. El siguiente lanzamiento fue una bola rápida adentro, llena de ira y machismo, un lanzamiento tipo sierra circular que perforó el mango del bate de Piazza, cuando intentó batearlo. Volaron astillas hacia todas partes a la manera de una explosión. Un fragmento del bate voló hacia el costado izquierdo del infield. El mango permaneció en las manos de Piazza. La bola voló hacia el territorio de foul, cerca de primera base. El fragmento más grande del bate, se astilló y rebotó hacia Clemens. Sucedían tantas cosas, había tantas ideas en su cabeza y tantas emociones recorrían su cuerpo, que Clemens no pudo procesar con suficiente rapidez el inventario de lo que sucedía en ese instante. Él levantó el madero como si atrapara una rolata; de hecho, después diría que su primer pensamiento fue que había atrapado la bola. Entonces, se dio cuenta de que lo que sostenía entre sus manos era un pedazo inútil de madera y lo arrojó; lo arrojó, según dijo, hacia lo que pensó que era un área segura fuera del terreno de juego, sólo para expulsar a ese maldito pedazo de madera y, por extensión, de Piazza, del diamante.

Piazza, sin embargo, resultó estar cerca de la trayectoria de vuelo del madero. Piazza también estaba confundido. No tenía idea de dónde estaba la bola, de manera que comenzó a trotar hacia primera base sólo en caso de que aún estuviera en juego en alguna parte. El bate rebotó y giró a poca distancia frente a él. Piazza estaba estupefacto.

"¿Cuál es tu problema?", gritó a Clemens. "¿Cuál es tu problema?"

Clemens no respondió. Hablaba con el árbitro de la zona de bateo, Charlie Reliford, acerca de que había pensado que se trataba de la bola.

"Ésa fue la máxima frustración para Roger", comentó McNamee acerca del incidente del bate, "porque era la primera vez que veía a Piazza desde julio. Estaba muy agitado. Fue sólo la emoción. No fue nada. Él no arrojó el bate *hacia* Piazza.

"Y Roger lee cada uno de los malditos artículos de prensa. Sus hermanas leen todo y hablan con él. Él se entera de todo. Tiene gente por todo Internet. El ridículo cuento de la bola; ésas son mentiras. Yo creo que él estaba muy acelerado y concentrado".

Torre dijo: "Como es obvio, Roger estaba en otro planeta. Él recoge el bate y lo arroja, sólo lo arroja fuera del campo. Piazza, sin saber dónde estaba la bola, comienza a correr. Clemens sabía que era un foul y sólo arrojó el bate hacia el dugout. Resultó que Piazza casi corre hacia el bate".

Reliford se colocó entre Clemens y Piazza. Ambas bancas

se vaciaron. La situación fue controlada con rapidez. En el siguiente lanzamiento, Clemens retiro a Piazza con una rolata hacia segunda base. Clemens, aún muy alterado y acelerado, corrió fuera del campo y siguió de largo, pasó junto a Torre y recorrió el corredor hasta el interior de la casa club. Esta vez no tenía intenciones de cambiarse la camiseta. Stottlemyre saltó del sillón donde comía su hamburguesa con Steinbrenner, en la oficina de Torre, y se dirigió hacia Clemens.

"¡No era mi intención hacer eso!", exclamó Clemens.

Cuando Stottlemyre llegó hasta donde estaba Clemens se encontró con el espectáculo más sorprendente: Clemens, el intimidante guerrero que se untaba linimento caliente en los testículos, el que resoplaba como toro, el que lanzaba a 97 millas por hora con más de un pincelazo de peligro adosado a sus lanzamientos, estaba allí sentado y lloraba sin consuelo.

Mientras Clemens, con la ayuda de Stottlemyre, recuperaba la compostura, sus compañeros de equipo anotaron dos carreras por él. Para la octava entrada, los Yankees llevaban la delantera 6–0 y resultaba casi imposible batearle a Clemens. Enfrentó a 28 bateadores. Dos batearon de hit, no hubo bases por bolas, nueve fueron eliminados por strikes y sólo cinco consiguieron sacar la bola del infield, de hit o no. Los Mets anotaron cinco carreras en la novena a Jeff Nelson y Mariano Rivera y Piazza bateó un jonrón contra Nelson; sin embargo, la noche fue de Clemens y de los Yankees con un marcador final de 6–5.

"La competencia", observó esa noche el catcher de los Mets, Todd Pratt, "saca a relucir lo mejor y lo peor de la gente".

Al día siguiente, día de ejercitamiento antes del tercer juego, Cone le preguntó a Torre si podía hablar con él un minuto. Torre aún no había anunciado a su pitcher abridor para el cuarto partido. Había alineado a Orlando Hernández para el tercer partido el mismo que los Yankees perdieron 4–2, cuando El

Duque permitió dos carreras en la octava, pero aún debía decidir entre Neagle y Cone para el cuarto partido.

"Joe no tenía mucha fe en Neagle", dijo Cone. "Neagle no era muy de su agrado por alguna razón. Él pensaba que Neagle era un poco inconstante. Había algo en él que le desagradaba".

No obstante, Cone estaba lejos de ser una opción segura. Había lanzado sólo una entrada en la Serie de Campeonato de la Liga Americana contra Seattle, una entrada final en un partido de 6–2. El cuerpo del líder inspiracional de los equipos de campeonato de los Yankees se agotaba. Cone sufrió una tortuosa temporada y obtuvo 4–14 con un ERA de 6,91.

"Llegué a un punto en mi carrera en el cual aprendí a manejar el dolor", dijo Cone. "Aprendí cuántos Advil tenía que tomar o, cuando me encontraba en problemas serios, si podía tomar algo más fuerte, Indocin u otros antiinflamatorios. Ya lo había vivido durante el tiempo suficiente para saber cómo manejar el dolor. Lo que no sabía era lo cortos que se hacían mis lanzamientos. Me volví muy bueno para manejar el dolor porque no reconocía que mis lanzamientos se acortaban. Muchos sliders colgados ese año. Mi slider dejó de ser efectivo".

Hacia el final de la temporada, Cone se dislocó el hombro izquierdo al arrojarse al suelo para atrapar una bola.

"Yo no debí estar en la alineación de playoffs", dijo. "Lanzaba con un solo brazo. En verdad, necesitas ese impulso del frente. Durante el resto del año no logré nada".

Cone no lanzó a más de 85 millas por hora en esa única entrada contra Seattle. Él sabía que Torre pensaba en un inicio para él, razón por la cual solicitó hablar con el mánger aquel día de ejercitamiento.

"Oye, mira, Joe", le dijo Cone, "me siento cómodo con la idea de poder darte un par de entradas como relevista. Pero no estoy seguro de lo que puedo ofrecerte como abridor".

Cone dijo: "Ésa fue la primera vez que lo admití. Ante cualquier persona. Admitir que no podía hacerlo".

Torre le agradeció su honestidad y anunció que Neagle sería el pitcher del cuarto partido de los Yankees.

Jeter bateó ese importante jonrón con el primer lanzamiento de Bobby Jones para comenzar el cuarto partido. Los Yankees llevaron la ventaja a 3–0 para la tercera entrada, pero Neagle devolvió dos de las carreras al permitirle un jonrón a Piazza al final de la tercera.

El marcador aún se encontraba a 3–2 en la quinta cuando Piazza apareció con dos outs sin hombre en base. Torre salió hacia el montículo. Neagle estaba a un out de distancia de calificar para una victoria en la Serie Mundial. Sin embargo, Torre no quería ver a Neagle lanzarle a Piazza por segunda ocasión. Entonces, señaló hacia el bulpen.

Torre manejaba los juegos de postemporada con una urgencia despiadada, una política que comenzó en su primera serie de postemporada como director de los Yankees con la asesoría de Zimmer. El abridor de Torre, Kenny Rogers, era bateado con fuerza por los Rangers en la segunda entrada del cuarto partido cuando Zimmer se volvió hacia Torre y le dijo: "Quizá debas poner de pie a alguien del bulpen".

"¿Qué?", replicó Torre. "Sólo es la segunda entrada".

"Nunca debes permitir que estos partidos se te vayan de las manos", le recomendó Zimmer.

Torre sacó a Rogers después de sólo dos entradas, con marcador adverso de 2–0. Los Yankees ganaron el partido 6–4. Torre nunca olvidó la lección de Zimmer.

En el cuarto partido de la Serie Mundial de 2000, Neagle fue la última versión de Rogers. Entregó la bola a Torre y salió deprimido del campo. Más tarde, Neagle explicaría: "Soy una víctima por no haberle lamido el trasero a Joe durante el tiempo suficiente".

La puerta del bulpen se abrió y de ella salió a trote el bribón de la casa club a quien O'Neill quería destrozar antes del partido, el mismo sujeto con el récord de 4–14, la bola rápida de 85 millas por hora, el hombro dislocado y el corazón de un león. Ya había llegado la hora de un último momento Yankee para David Cone.

"Él no podía eliminarnos a mí o a ti", dijo Torre, "pero yo sabía que siembras algunas ideas en la cabeza de Mike Piazza. 'Oh, mierda. Ahora tengo que esperar más de un lanzamiento'. ¿Cuándo sabe un bateador como Piazza en qué momento le llegará ese lanzamiento? Él te aniquilaría. Pero con Coney, él sale y te lanza perdigones. Era ideal para la coyuntura".

Cone imaginó que en algún momento del partido sería llamado para enfrentar a Piazza. Lo que no imaginó fue que ese momento se presentaría cuando Neagle estuviera a un out de distancia de calificar para una victoria en la Serie Mundial.

"Todo eso vino a demostrar que a Joe no le importaba", comentó Cone. "Un detalle que estableció la estrategia de Joe desde el principio era que no iba a jugar con los favoritos. Sí, él era un poco como un apostador en términos de estrategia. Sin embargo, él iba a poner en el terreno de juego al equipo que le diera las mayores probabilidades de ganar en ese momento. Si eso significaba sentar a Tino en la postemporada, sentar a Boggs, sacar a Neagle con dos outs en la quinta y no permitirle enfrentar a Piazza una vez más, iba a hacerlo. No le importaba quién eras ni lo que sucedía. Él iba a hacer cualquier cosa con tal de ayudar al equipo a ganar. A los muchachos no les gustó, pero que se iba a hacer. A Tino no le gustó, pero lo aceptó. Pudo asimilarlo".

La experiencia de Cone le resultó muy útil. Él sabía, por ejemplo, que Piazza era el tipo de bateador a quien le gustaba esperar un strike. "Para mí, ésa es la mitad de la batalla", dijo Cone, "saber cuáles chicos te esperarán un strike o no".

Entonces, incluso después de que Cone fallara con su primer lanzamiento, regresó con una bola rápida que pasó por encima del plato. Piazza la tomó como el strike uno.

"Ése", comentó Cone, "fue un lanzamiento que él pudo haber pulverizado. Pero yo confiaba mucho en que él no iba a batear la primera bola rápida con 1–y–0. Una vez que obtuve el strike, le lancé dos sliders, uno lo falló y el otro lo bateó de foul. Sliders decentes, como barridos; sliders de Frisbee.

"Después, Posada ordenó una bola adentro y rápida y entonces pensé que tal vez fallaría con ésta. Invadió un poco más de la zona de bateo de lo que yo quería. Sólo estuvo lo bastante alta. Lo último que él buscaba era una bola rápida en cualquier parte de la zona. Fue pura suerte. Él reaccionó tarde y falló. Bateó un pop-up".

Torre dijo: "Él buscaba poca velocidad y le lanzó una bola rápida a 85 millas por hora por el centro y Piazza bateó un pop-up".

Fue un triunfo de la confianza. Torre quiso enfrentar a Cone contra Piazza incluso con una bola rápida a 85 millas por hora. Y Cone le dio gusto. Fue el último lanzamiento que Cone realizaría en su gran carrera con los Yankees. Cone iba a lanzar otra entrada, pero Torre utilizó a José Canseco para que bateara en su lugar con dos outs y dos en base. Canseco fue eliminado por strikes. Nelson, Stanton y Rivera se hicieron cargo de los 12 outs finales para mantener el marcador final en 3–2.

Los Yankees ganaron la Serie Mundial la noche siguiente por última vez bajo el mandato de Torre. Fue el cierre perfecto, extraído del álbum de colección de los Grandes Éxitos de 1996–2000. Hubo, desde luego, una recuperación; el marcador de 2–1 era adverso en la sexta entrada. Apareció de nuevo la actuación de superhéroe de Jeter, quien empató el partido con un jonrón. Hubo un magnífico pitcheo abridor: Andy Pettitte permitió dos carreras inmerecidas en siete entradas. Hubo la prototípica estrategia ganadora de juegos de la astucia Yankee: los Yankees tenían dos outs sin hombre en base en la novena, cuando Posada obtuvo bases por bolas después de nueve lanzamientos de Al Leiter. Brosius agregó un sencillo al infield y Luis Sojo agregó un sencillo que, aunado a un error, envió dos carreras a home para lograr una ventaja de 4-2. Y, desde luego, al final llegó Rivera, que marcó el out final con un fly de Piazza, la potencial carrera del empate.

Después del hit de Sojo que rompió el empate, técnicos y carpinteros de la Fox se apresuraron a reunirse en la casa club de los Yankees para comenzar a levantar la plataforma para la presentación del Trofeo del Comisionado. Sin embargo, había un problema: la puerta estaba cerrada. Ellos tocaron para anunciarse.

"¡No dejen pasar a esos bastardos!", gritó Steinbrenner.

Era supersticioso en cuanto a que cualquier persona asumiera que los Yankees tenían en las manos el campeonato mundial. Nadie, decidió, entraría en su casa club hasta después del último out. El comisionado Bud Selig, a quien la noticia le llegó en las gradas, estaba furioso. ¡Sus socios de la televisión necesitaban entrar! Kevin Hallinan, director de seguridad del béisbol de las Grandes Ligas, llamó a un oficial de los Yankees a la casa club y le dijo que los Yankees se arriesgaban a pagar una enorme multa de Selig si Steinbrenner no abría la puerta de inmediato. Steinbrenner le mandó decir que con la única persona con quien hablaría era Paul Beeston, uno de los asistentes de Selig y amigo suyo desde los años de Breeston como administrador de los Blue Jays de Toronto. De hecho, Beeston era lo bastante amigo de Steinbrenner como para haberle jugado una broma unos cuantos años antes, cuando ayudó a organizar una junta de propietarios a la cual todos los asistentes se presentaron vestidos como Steinbrenner: pantalones grises, chaqueta azul marino y suéter blanco de cuello de tortuga.

Beeston golpeó la puerta. "¡George, soy Beeston! Abre la puerta", gritó.

Steinbrenner abrió la puerta sólo un poco, apenas lo suficiente para que Beeston, y nadie más, se deslizara al interior de la casa club antes de cerrarla de golpe. Con toda calma, Beeston negoció con Steinbrenner para que abriera la puerta y permitiera a la gente de la televisión hacer su trabajo. Tras un rato,

Steinbrenner cedió, pero no sin antes advertir a Beeston: "Pero si algo sale mal, ¡la culpa será tuya!

Sólo unos cuantos minutos después, Rivera saltó en el aire tras el fly de Piazza hacia Bernie Williams. Steinbrenner lloró en el hombro de un muy aliviado Beeston. Pronto, la champaña voló de nuevo. Nunca se hacía vieja. Toda celebración con champaña estaba llena de exuberancia y gozo; aunque, con cada año, también se producía con más alivio.

"Después nos divertimos muchísimo", dijo McNamee. "Yo estaba sentado arriba del refrigerador en esa pequeña sala. George se aproximó hacia mí y estrechó mi mano. Me dijo: '¡Felicidades!'. No creo que supiera quién era yo. Sólo sé que durante unos 30 minutos después de que se terminara la champaña, casi todos los del equipo estaban en esa sala. Los muchachos reían. Y casi cada cinco minutos, alguien decía: '¡Esto es por Turk Wendell!'. Brindamos por él como diez veces. Decíamos: 'Oye, ¿no es esto grandioso?' y entonces algún chico levantaba la mano y decía: '¡Por Turk Wendell!'. Y todos gritaban. Fue muy divertido. Pudieron tener una oportunidad si él no hubiera abierto la boca. Oh, los hizo enfurecer a todos. Ese equipo de los Yankees no era tan bueno".

¿Acaso no parecían terminar de la misma manera todas las noches de octubre de aquellos años? Ver jugar a los Yankees en la postemporada de esos años era como ver un capítulo de *La isla de Gilligan*: sin importar lo inverosímiles que fueran los giros y saltos del guión en los primeros minutos del programa, uno sabía cómo iba a terminar: Gilligan aún seguiría en la isla cuando aparecieran los créditos. De igual manera, sin importar si los Yankees perdían, si iban empatados o si se enfrentaran a un ataque cerrado, cualquiera sabía que iban a salir victoriosos.

Desde 1998 y hasta 2000, los Yankees ganaron tres campeonatos mundiales consecutivos por medio de un béisbol de .805

en la postemporada con un total de 33–8. Incluso cuando su talento declinaba, parecían conocer cómo superar la postemporada mejor que nadie más, como si sólo ellos tuvieran el mapa para encontrar el tesoro escondido. Los pitchers, desde luego, eran su brújula. Concedieron cero, una o dos carreras en 23 de aquellos 41 partidos. Sin embargo, había algo más, algo más que existía en el interior y entre esos jugadores. Era algo tan fuerte que ellos tomaron toda la lógica común de los "pequeños tamaños de muestra", del azar de cuando dos buenos equipos se encuentran en los playoffs y de la dificultad de tener que superar esas tres rondas de playoffs, y destrozaron lo que ahora es sabiduría convencional. Esos tres equipos de los Yankees, por ejemplo, estaban a 15–3 en los partidos de playoffs decididos por una o dos carreras. ¿Tenían tanta suerte? ¿O eran tan buenos?

"El azar existía entonces", dijo Beane, el padre de la filosofía moderna de que los playoffs son "un tiro de dados". "Pero en algún punto eres como el básquetbol de la UCLA bajo el mando de John Wooden. Ganaron, ¿cuánto? ¿Doce títulos en una postemporada en la cual puedes ser eliminado en un partido? En algún punto, un equipo se hace tan bueno que supera al azar. Los Yankees del 98 fueron uno de los equipos más grandiosos que jamás he visto. Ese equipo fue casi igual de bueno en el 99 y en 2000. Sin duda alguna, fueron la UCLA del béisbol en esa época. Tenían todo lo que querrías que tuviera un equipo de béisbol, eran jóvenes y, enfrentémoslo, cuando eres tan bueno es un poco abrumador que otro equipo llegue e intente vencerte. Eran mucho mejores que todos los demás".

En cuatro ocasiones, los Yankees de Torre recorrieron el Cañón de los Héroes en el Bajo Manhattan mientras eran honrados con un desfile. En cuatro ocasiones incrementaron el legado de los Yankees como la franquicia más prestigiosa en los deportes con 26 campeonatos mundiales en total. Sin embargo, la gloria tenía una desventaja: Steinbrenner, que estaba desesperado por ganar cuando Torre llegó y después de haber soportado

17 años sin un título, ahora había llegado a esperar esos campeonatos. Cada título le aportaba cada vez menos gozo. Los Yankees no podían hacer otra cosa salvo cumplir con una obligación.

Poco tiempo después de la Serie Mundial de 2000, cuando los Yankees ya habían derrotado a sus rivales del otro lado de la ciudad en una serie de rabiosos combates y la red YES estaba a punto de su lanzamiento con el equipo que aún era el más importante en los deportes, Torre y su esposa se preparaban para abordar un avión hacia Europa, cuando su teléfono sonó. Era Steinbrenner.

"No les daré bono este año a los entrenadores", dijo el Jefe. Steinbrenner había entregado bonos de $25.000 a los entrenadores de Torre cuando los Yankees ganaron en 1996, 1998 y 1999.

"George", dijo Torre, "¿cómo pudiste darles un bono a los entrenadores cuando vencimos a San Diego y luego, cuando vencemos a los Mets, no puedes darles uno? Es una locura".

"Bueno", respondió Steinbrenner, "es que *se esperaba* que ganaran".

Unas cuantas semanas después, Steinbrenner llamó a Torre una vez más. Era la víspera de Año Nuevo.

"Voy a darles un bono a los entrenadores", anunció Steinbrenner.

¿Quién sabe por qué cambió de opinión? Todo lo que Torre supo fue que estaba contento por sus entrenadores, pero aún estaba enojado porque Steinbrenner no creyera que merecían un bono desde el principio.

"No obstante, tú pasas por lo mismo con Steinbrenner", comentó Torre. "Le agradeces, le dices lo buen propietario que es y cuánto aprecias su gesto. Lo dices de verdad, pero también piensas: '¿Por qué es necesario esto?'. Pero, mira, ése era el único control que él tenía. Es lo que él empleaba para llamar mi atención porque él quería ver que yo me retorciera. Entonces, básicamente, era como un juego.

"Al menos tenías acceso a él. Yo trabajé para Ted Turner y trabajé para August Busch y era más fácil trabajar para George porque tenías acceso a él. Podías manifestarle tu opinión. Nunca podías acercarte a los otros tipos para hablar con ellos".

El cada vez menor aprecio de lo que su equipo lograba, sin embargo, comenzaba a afectar a la organización. Sus agentes de reclutamiento y sus empleados de desarrollo de jugadores, por ejemplo, no recibieron sus anillos de la Serie Mundial de 1999 hasta más de un año después; es decir, *hasta después de la Serie Mundial de 2000* y, cuando por fin los recibieron, resultaron ser falsos. Tiempo después, la empresa fabricante de los anillos les solicitó devolverlos para poder corregir el "error".

No obstante, ningún anillo de la Serie Mundial de 2000 fue entregado al personal de reclutamiento, integrado por dos docenas de individuos. La moral empeoró cuando se les instruyó no mencionar el tema de los anillos de la Serie Mundial en las juntas organizacionales. Empeoró aún más cuando se enteraron o vieron que los amigos de Steinbrenner, como el actor Billy Crystal y el cantante Ronan Tynan portaban anillos de la Serie Mundial. La hija de un reclutador escribió una mordaz carta a Steinbrenner acerca de retener los anillos de las personas que habían trabajado tanto tras bambalinas para ayudarlo a conformar un equipo exitoso. Steinbrenner cedió y tiempo después ordenó un anillo para ese reclutador. Otro oficial de desarrollo de jugadores puso su solicitud por escrito e insistió en que no firmaría su siguiente contrato hasta que éste incluyera la promesa de entrega de un anillo de la Serie Mundial del año 2000.

Sin embargo, casi ninguno de los reclutadores recibió nunca un anillo de la Serie Mundial de 2000. El comentario de humor negro entre ellos, si consideramos todo el tiempo que tuvieron que esperar para recibir el anillo de la Serie Mundial de 1999, era que los Yankees tendrían que ganar otra Serie Mundial para que pudieran recibir los anillos de la Serie Mundial de 2000. No obstante, ningún reclutador más recibió su anillo y, de hecho, Cashman dijo a *Newsday* en 2006, después de asumir la autoridad total de las operaciones de béisbol, que esas personas no los recibirían. Con el paso de los años, los reclutadores plantados comenzaron a referirse a cada temporada perdida de los Yankees después de 2000 como el resultado de lo que ellos llamaron "La maldición de los anillos". Los Yankees no ganaron una Serie Mundial hasta 2009.

Mística y aura

A mitad de la sexta entrada del séptimo partido de la Serie Mundial de 2001, Joe Torre se retiró a la casa club para entrar al baño. George Steinbrenner esperaba a Torre mientras éste subía una corta serie de escalones. El dueño de los Yankees había ocupado su acostumbrada posición para ver jugar a su equipo en la postemporada.

"¿Qué opinas?", le preguntó Steinbrenner.

Torre supo con exactitud lo que Steinbrenner quería: otra dosis de tranquilidad. "Estaba devastado", comentó Torre. A lo largo de los años, en muchas ocasiones Torre había calmado los nervios y temores de Steinbrenner. Ser tranquilizador era la naturaleza de Torre, incluso en 1962, durante la crisis de misiles en Cuba, cuando formó parte de la guardia aérea nacional y estaba a cargo de 50 soldados en la base de la Fuerza Aérea Lackland, en Texas. Una noche, mientras marchaban, las tropas lamentaban la posibilidad de ser enviadas a una guerra. "No se preocupen", les dijo Torre. "No iremos a la guerra". Las tropas le creyeron y de inmediato se sintieron mejor. Torre no contaba con información confidencial; simplemente imaginó que, si no iban a la guerra, pensarían que él era inteligente y, si eran enviados a la guerra, bueno, tendrían cosas más importantes por las cuales preocuparse que por lo que su jefe de dormitorio les había dicho.

Lo mismo sucedía con Steinbrenner. Torre le dijo al Jefe que los Yankees ganarían con pitchers novatos en un doble juego contra los poderosos Indians en 1996 y así había sido. Le dijo a Steinbrenner que los Yankees ganarían cuatro partidos seguidos contra los poderosos Braves en la Serie Mundial de 1996 y así fue. Le dijo que Orlando Hernández estaba listo para lanzar en el crucial cuarto partido de la Serie de Campeonato de la Liga Americana de 1998 y Hernández lanzó una joya. Le dijo que Andy Pettitte era demasiado bueno como para intercambiarlo y Pettitte obtuvo 75–35 para Steinbrenner.

Esta ocasión, sin embargo, fue distinta. Mientras Torre permanecía de pie allí, en la casa club de visitantes del Bank One Stadium, miró a Steinbrenner a los ojos y se percató de que no podía decirle lo que éste deseaba escuchar. Torre no tenía palabras de tranquilidad esta vez. El hecho era que, con el pitcher Curt Schilling de los Diamondbacks de Arizona en control de ese partido y dado que la ofensiva de los Yankees pareció débil a lo largo de la serie, ni siquiera Torre podía crear una imagen optimista para Steinbrenner. El pozo de la tranquilidad estaba seco.

"Jefe," dijo Torre, "desearía poder decirte algo positivo. Sin embargo, no sé siquiera si anotaremos una carrera. Con toda mi alma desearía saberlo, George".

El hecho de que los Yankees aún jugaran a pesar de la desventaja de 1–0 contra Schilling y los Diamondbacks en el séptimo juego ya era un logro colosal. La dinastía se quedaba sin combustible. La edad continuaba afectando a los Yankees después de su pináculo en 1998. Por tercera temporada consecutiva desde esa fuerza indestructible de 1998, la producción de carreras de los Yankees disminuía; anotaron más de una carrera menos por partido de las que consiguieron en 1998 y bajaron de un promedio de cinco carreras por partido por primera vez desde un deprimido equipo que perdió 86 partidos en 1992. El porcentaje de hombres en base de los Yankees de 2001, una vez la orgullosa marca de un equipo que peleaba cada turno al bate, se hundió a .334, un promedio que sería el peor en los 12 años de Torre con los Yankees y el peor de la franquicia desde aquel equipo de 1992.

Los Yankees recurrieron al robo de bases; robaron 161 bases, el segundo récord de la franquicia desde 1916, y confiaban en que sus pitchers ganaran los partidos cerrados. Clemens ganó el Premio Cy Young con un récord de 20–3 mientras Mike Mussina, el agente libre contratado para remplazar a Cone, encabezó a los demás en entradas, ERA y strikeouts. Mariano Rivera salvó 50 partidos mientras los Yankees obtenían 30–18 en partidos de una carrera, primera vez que los Yankees ganaron tantos partidos por el margen más pequeño posible desde 1980. Los juveniles Athletics, con 102 victorias y una rotación de dinamita que recordaba a los Braves de 1995, y los profundos y hábiles Mariners, con un récord en la liga de 116 victorias, eran los equipos en ascenso, los probables sucesores de los Yankees.

Los Yankees, en proceso de obtener su triunfo número 95, no enfrentaron retos durante un largo periodo en la segunda mitad de la Liga Americana del Este, gracias a un largo desvanecimiento de los Red Sox.

La mañana del 11 de septiembre, Torre despertó con una cómoda ventaja de 13 partidos sobre Boston. Estaba por levantarse de la cama cuando sonó su teléfono. Era su servicio de transporte y la llamada se refería a una cita programada para llevar a Torre a un compromiso en Manhattan un poco más tarde.

"Supongo que está cancelado", dijo el hombre de la empresa de transporte.

"¿Qué es lo que está cancelado?", preguntó Torre.

"¿No se ha enterado?"

El hombre le contó sobre el avión que se había estrellado contra una de las Torres Gemelas del World Trade Center. Torre encendió el televisor sólo para ver que un segundo avión se estrellaba contra la otra torre.

"Mi primer pensamiento fue mi hija", dijo Torre. "Aún no tenía seis años. Yo intentaba cambiar los canales de televisión para asegurarme de que ella pudiera ver algunos dibujos animados o algo así. Mi esposa hacía ejercicio, llegó y le conté. Ella tenía encendido el televisor en la cocina y mi hija y yo nos encontrábamos en la sala. Era aterrador por completo.

"Pensé en mi hijo. Él solía ir al World Trade Center. Intenté localizarlo por teléfono. Mi cuñada Katie, una de las hermanas de Ali, era aeromoza de American Airlines. Ella se encontraba en otro país. Ésa era nuestra prioridad en ese momento: averiguar dónde estaban todas las personas a quienes conocíamos. Mi hijo vivía en Nueva Jersey en esa época. Estaba justo al otro lado del Túnel Holland, del lado de Jersey".

La vida en Estados Unidos entró en una pausa ansiosa. Muchos de los objetivos mundanos de la vida diaria, como los viajes aéreos y el béisbol de las Grandes Ligas, eran insignificantes en el gran vórtice de pena y ansiedad que consumía al país. Algunos de los peloteros viajaron para reunirse con sus familias. Roger Clemens, por ejemplo, se fue en auto desde Nueva York hasta Texas. El 15 de septiembre, los Yankees que aún se encontraban en la ciudad se reunieron después de su ejercitamiento para visitar el centro Jacob Javits, que había sido convertido en área de clasificación de emergencias; el Hospital St. Vincent, donde se esperaba atender a los sobrevivientes; y el New York Armory, otra área de clasificación que se había convertido en lugar de reunión para las familias que buscaban a sus seres queridos perdidos. Derek Jeter, Bernie Williams, Chuck Knoblauch y varios de los entrenadores se unieron a Torre en esa misión de buena voluntad.

"Como es obvio, fue muy conmovedor", comentó Torre. "Ibas al Hospital St. Vincent y no había nadie allí. Creo que llegamos y vimos a un bombero que había inhalado humo. Sin embargo, no había gente que hubiera estado dentro del edificio cuando el avión se estrelló.

"La parte más emotiva fue en el Armory. Llegabas al área de clasificación y veías a los trabajadores y estrechabas su mano. Muchas personas esperaban resultados, exámenes de ADN, para averiguar dónde se encontraban sus seres queridos. Eso fue lo más difícil porque entramos... yo ni siquiera quería entrar. Pero entonces recuerdo que Randy Levine envió a alguien que entrara, o tal vez él mismo entró, sólo para ver cómo estaba el ánimo. Y la gente que estaba en el interior quiso que entráramos.

"Creo que justo en ese momento me di cuenta de que había un propósito por el cual nosotros estábamos allí. No conocíamos a todas esas personas devastadas y reunidas en diferentes grupos. Veías alrededor y te dabas cuenta de que había terapeutas, sacerdotes o rabinos reunidos con las distintas familias. Nosotros sólo entramos allí y miramos alrededor. Y entonces alguien levantó la mirada y nos llamó con movimientos de las manos, el miembro de alguna familia. Nos trajeron fotografías de los familiares a quienes esperaban, fotografías de ellos con gorras de los Yankees. Grandes aficionados de los Yankees, lo cual fue muy conmovedor".

Los Yankees fueron parte de su comunidad en un momento de gran necesidad. Williams, por ejemplo, se acercó a una mujer que lloraba.

"No sé qué decir", le dijo Williams, "pero me parece que usted necesita un abrazo".

Y el outfielder central de los Yankees estiró los brazos y la abrazó.

"En ese momento me di cuenta", comentó Torre, "de que teníamos que adoptar cierta perspectiva para el resto de la temporada".

Torre se enteró de que los Yankees tenían que viajar a Tampa al día siguiente, domingo, para jugar un solo partido el lunes contra los Rays y que después de ello viajarían a Chicago para una serie contra los White Sox.

"Pensé": 'Esto no tiene sentido. No tengo jugadores aquí'", dijo Torre. "Discutí con George y él cedió".

El plan cambió. Los Yankees no viajarían a Tampa. Viajarían a Chicago para ejercitarse el lunes y reiniciar la temporada el martes. Torre sostuvo una breve junta con su equipo antes del partido.

"Las iniciales "NY" en nuestras gorras", les dijo, "se refieren a Nueva York, no a los Yankees".

Orlando Hernández, el inmigrante cubano que había llegado a Estados Unidos en busca de su libertad, paralizó a los White Sox esa noche con siete entradas sin carreras y los Yankees ganaron 11–3. Los Yankees se habían convertido no sólo en el equipo de Nueva York, sino en el equipo de la patria de Estados Unidos.

"Vimos grandes pancartas en Chicago que apoyaban a los Yankees", dijo Torre. "Ver todo eso fue como una experiencia extrasensorial. No podías saber lo importante que era, lo que nosotros hacíamos. Era como andar a tientas".

Clemens fue el pitcher abridor la siguiente noche.

"Recuerdo cuando él se concentró", dijo McNamee. "Cuando se trata de un gran partido, podemos sostener una conversación de 20 minutos y él no la recuerda. Él sabía lo que eso representaba. Le dije: 'Escucha, hombre. Comprende la importancia de este partido'. Nosotros siempre hablábamos así. A veces lo captaba, a veces no. Así era como yo trabajaba. Así era como yo trataba a un tipo mientras éste se preparaba. Hablábamos y era genial. Yo sólo intentaba asegurarme de que él no tratara de hacer demasiado, pues él es capaz de intentar hacerlo. Así marchaba la conversación, pero él tenía esa expresión en su rostro, sólo una mirada fija. Al día siguiente, hablábamos al respecto y él no sabía qué diablos había dicho yo".

Clemens, tras la guía de Hernández, lanzó bien hasta la séptima entrada y los Yankees ganaron de nuevo 6–3. Los White Sox los detuvieron la noche siguiente, con un marcador de 7–5, en un partido en el cual el pitcher de Chicago, Kip Wells, golpeó a Williams en la cabeza con un lanzamiento. La madre de Williams, quien estaba presente en el juego, corrió a la sala de entrenamiento para revisar a su hijo. Williams estaba bien y regresó a la banca de los Yankees en la quinta entrada con buen ánimo.

"¿Ya sabes, cuando te golpeas la cabeza y ellos revisan tus ojos y te formulan distintas preguntas?", dijo Williams a Torre en el dugout.

"Sí, claro", respondió Torre.

"Bueno, los médicos me hicieron varias preguntas", continuó Williams. "Me preguntaron qué día era y yo les dije que no sabía. Cuando vi su preocupación, les dije: '¡Pero yo nunca sé qué día es!'".

El béisbol, con su paso sosegado y su ritmo cotidiano, poco a poco volvió a la normalidad e incluso pudo haber ofrecido un poco de diversión para ayudar al país a aproximarse a su estado normal. Los Yankees se esforzaron sólo un poco para mantenerse a su nivel durante el resto de la temporada: ganaron nueve partidos, perdieron en ocho ocasiones y empataron en otra más. El hecho era que el colapso de las Torres Gemelas aún humeaba en la Zona Cero y los rescatistas y el personal de emergencia aún recorrían los escombros. Cada vez que la multitud cantaba *God Bless America (Dios bendiga a Estados Unidos)* en el Yankee Stadium, Torre lloraba, pues sabía que el mundo era un lugar distinto y más oscuro.

"Yo sentía que me ahogaba porque la cámara siempre enfocaba niños", comentó Torre, "y, dado que yo mismo tengo hijos, te das cuenta de que ellos no tendrán las libertades que yo tuve. Ellos no van a ser tan confiados como yo lo fui. Y eso era muy triste. Aún lo es".

En la Serie de División, los Yankees jugaban de nuevo contra Oakland, un equipo peligroso que era un año más sabio y un año más experimentado. Los Athletics ganaron los primeros dos partidos en el Yankee Stadium y sólo necesitaban un triunfo más en los siguientes tres partidos, con los siguientes dos en casa, para eliminar al tres veces defensor de campeonatos mundiales. Torre organizó una junta de equipo el día de ejercitamiento cuando llegaron a Oakland. Traía puesta una gorra que le regaló Yogi Berra que decía: "No termina hasta que termina", la cual usó durante el resto de la postemporada.

"No pensemos en que tenemos que ganar el resto de los partidos de la serie", dijo Torre. "Sólo ganemos un partido. Confíen en mí. Si ganan un partido, su situación cambia y hay un elemento de duda en el equipo del otro lado".

Los Yankees voltearon la serie al ganar el tercer juego, el juego del cambio, con un marcador de 1–0 con los lanzamientos de Mussina y las oportunas habilidades para improvisar de Jeter. En la tercera entrada del siguiente partido tenían una cómoda ventaja de 4–0 y se dirigían hacia una victoria de 9–2 para traer la serie de regreso al Yankee Stadium, para un decisivo quinto juego. Una vez más, Clemens tendrá la bola en un gran juego.

"El casillero de Clemens estaba junto al mío", contó Donahue. "Recuerdo que él llegó ese día. Intentaba quitarse la camiseta y le costaba mucho trabajo hacer sólo eso. Me dije: 'Mierda, está lastimado'. Le pregunté algo acerca de cómo se sentía. Él sólo respondió: 'Estoy bien'".

Un rato después, Torre confrontó a Clemens en la sala de entrenamiento. Necesitaba que Clemens lo convenciera de que podía ayudar a los Yankees a ganar el partido, darles cinco entradas decentes y no sólo salir con buen ánimo, con el hombro lesionado y el codo resentido, sólo por ser capaz de decir que lo había intentado.

"Roger, necesito que lances hoy", le dijo. "Pero no necesito que bajes del montículo, cojeando o como sea, y que te quites la gorra y seas un héroe. Necesito una maldita victoria. No necesito a alguien que sólo lo intente".

"Joe", replicó Clemens, "puedo hacerlo".

Clemens duró hasta el primer out en la quinta entrada. Dejó una ventaja de 4–2 y dos corredores en base, uno de los cuales anotó. Los Yankees obtuvieron el triunfo, 5–3. Rivera, el arma mortal de Torre para la postemporada, aseguró los seis outs finales con 23 lanzamientos, todos los cuales, excepto cinco, fueron strikes.

"Pensé que en 2001 habíamos hecho más corta la distancia", dijo Beane, de Oakland. "Ellos eran el mejor equipo. Nosotros casi tuvimos suerte. A todo el mundo le gusta decir que el partido clave fue el juego del cambio, que si Jeremy Giambi se barre, no hubiera sido out. Asumamos que se barre y queda a salvo. Eso sólo empataría el partido. Y era probable que Rivera lanzara en dos o tres entradas".

Entonces, los Yankees detuvieron en seco a los Mariners con 116 victorias y se hicieron cargo de ellos en cinco partidos, incluso con un triunfo de 12–3 en el partido decisivo. Seattle había anotado el mayor número de carreras y había permitido la menor cantidad en contra en la Liga Americana; no obstante, los Yankees en octubre parecían operar con memoria muscular de postemporada. Martínez, Williams y O'Neill, todos representantes de la Vieja Guardia, conectaron jonrón. Cone, espectador lejano de los Yankees esa temporada como miembro de los Red Sox de Boston, apreció mucho más a sus ex compañeros, con quienes había compartido tantas trincheras, cuando éstos regresaron a la Serie Mundial.

"En definitiva, fue extraño verlo desde el lado opuesto", comentó Cone. "Descubrí que, con los Yankees presentes, era un típico año de los Red Sox. Ocupamos el primer lugar durante la mitad del año y los mirábamos por el espejo retrovisor todo el tiempo. Además, teníamos lesiones. Podías verlo venir.

"Lo que aprecié más y más y más desde el otro lado fue lo buenos que eran Bernie, O'Neill y Jeter después de enfrentarme a ellos. Me impactó lo bueno que era Bernie. Al mirar a Bernie a lo largo de todos esos años, siempre lo pensamos; su tremendo talento, un campeón del bate. Sin embargo, siempre que le preguntábamos: '¿En qué piensas cuando bateas, Bernie?', como respuesta obteníamos: 'En nada. Tengo la mente en blanco'. Y así era Bernie.

"Entonces, al enfrentarme a esos chicos vi cuán talentosos eran en realidad, lo duro que era sacar out a Jeter, Tino, O'Neill, Bernie… Pude ver lo buenos que eran, lo resistentes que eran y lo mucho que pueden agotarte, en especial a un pitcher como yo que lanza muchas bolas e intenta engañarlos tarde en mi carrera. Pude apreciar muy bien los buenos turno al bate que consiguieron, lo cual provoca el desgaste del pitcher, y que continuaron presentes a lo largo del año.

"Ése fue el gran lema de Joe con el paso de los años: 'Desgasten al pitcher'. Lo sentí de verdad desde el otro lado. Lo aprecié mucho mejor. Lo vi sentado allí. Es una realidad más cruda cuando los enfrentas e intentas sacarlos out. Y si no era este tipo, era el siguiente. Era alguien distinto cada día. También pude sentir eso".

La Serie Mundial de 2001, el primer evento deportivo importante después del 11 de septiembre, comenzó en Phoenix bajo un despliegue de seguridad tan preciso que todas las tapas de alcantarillas cercanas al Bank One Stadium fueron soldadas. Después, Curt Schilling y Randy Johnson aplicaron el mismo procedimiento a la ofensiva de los Yankees. Los Diamondbacks ganaron el primero y el segundo juego 9–1 y 4–0, y permitieron a los Yankees un total de seis hits; es decir, los más escasos durante los primeros dos partidos de una Serie Mundial, excepto por el trabajo de restricción de los Cubs de 1906 en la era de las bolas muertas sobre los White Sox. Tan entusiasta era el sentimiento de los Diamondbacks acerca de sí mismos que, cuando la serie cambió al Yankee Stadium, Schilling se hizo famoso por minimizar los casi sobrenaturales poderes asociados con la ventaja de los Yankees al encontrarse en casa: "Cuando utilizas las palabras *mística* y *aura*", dijo Schilling, "esas palabras son nombres de bailarinas de un club nocturno. No son cosas por las cuales nos preocupemos en el diamante".

Los Yankees no batearon mucho mejor en el Yankee Stadium en un tercer juego conmovedor, una noche que comenzó con el lanzamiento de la primera bola por parte del presidente George W. Bush, un strike declarado al corazón de la zona de bateo, desde el sitio del pitcher. (Torre supo que había algo distinto al ver a un séptimo y desconocido árbitro en el home, cuando los equipos intercambiaron tarjetas de alineación; se trataba de un agente encubierto del Servicio Secreto). Los Yankees consiguieron dos carreras con siete hits; eso fue suficiente para obtener una victoria de 2–1 porque Clemens lanzó para tres hits a lo largo de siete entradas y concedió sólo una carrera. Cuando Torre retiró a Clemens, lo sujetó y le dijo: "No tienes que volver a probarte a ti mismo". Rivera, con su armamento de alta tecnología de dos entradas, cerraría el partido con seis outs ininterrumpidos.

Lo que sucedió a lo largo de las dos noches siguientes es materia de leyenda, una historia americanizada del rey Arturo tan improbable que el paso de los siglos puede dejar abierta al debate su precisión histórica. Sin embargo, sí sucedió en realidad: no sólo una vez sino dos, los Yankees batearon un jonrón cuando se aproximaban a su último out y tenían una desventaja de dos carreras, y ganaron el partido. Sólo en una ocasión anterior un equipo había bateado un jonrón salvador en la historia de 98 años de la Serie Mundial (y esa jugada única en el siglo había sucedido 72 años atrás). ¿Y ahora los Yankees lo lograban *dos veces seguidas*? Era una locura. Era el tipo de suceso que una ciudad de luto necesitaba, aunque sólo fuera para comenzar a creer de nuevo en *algo* en un mundo que de pronto había perdido el sentido.

Los Yankees estaban a un out de perder el cuarto partido la noche de *Halloween*, 3–1, cuando Tino Martínez, sin hits en la Serie Mundial y con O'Neill en segunda base, bateó el primer lanzamiento que había recibido de Byung-Hyun Kim hacia la gradería de sol en el campo derecho central. Sólo Mule Haas de los Athletics de 1929 había revertido una derrota en la Serie Mundial con dos carreras de desventaja y dos outs al batear un jonrón. Jeter ganó el partido con un jonrón en la décima que, incluso para él, representó una sincronización impecable. Jeter entró a la caja de bateo cerca de la medianoche, después consumió nueve lanzamientos y cuatro minutos para llegar al batazo ganador que lo convirtió en "Señor Noviembre".

En el estadio, la siguiente noche, alguien sostuvo en alto un letrero durante el quinto juego que decía: "La mística y el aura aparecen cada noche". Como era de esperarse, el espectáculo comenzó justo a la misma hora: con los Yankees próximos a su último out, con una desventaja de dos carreras y con Kim en el montículo. Esta vez Brosius, que no había bateado un jonrón desde el 21 de septiembre y con Posada en segunda base, conectó un jonrón hacia la delirante muchedumbre que ocupaba los asientos del campo izquierdo.

"Él bateó esa pelota", comentó Torre, "y fue como decir: 'Ni siquiera comprendo lo que veo'".

Jeter dijo: "Increíble. Nunca más volverás a ver algo así. Nunca.

Lo hicimos dos días seguidos. Eso fue tan emocionante como cualquier otra cosa que hayamos vivido aquí. Eso y el séptimo juego de 2003 contra Boston. Han sido las tres ocasiones en las cuales he escuchado más escándalo en el Yankee Stadium".

No fue un jonrón final, sino un cuadrangular. Esta vez, los Yankees ganaron por un sencillo en la duodécima entrada de Alfonso Soriano.

Resultaba difícil encontrarle sentido a lo que sucedía. Los Yankees bateaban .177 en la Serie Mundial y habían anotado sólo diez carreras en cinco partidos… y, sin embargo, estaban a una victoria de ganar su cuarto campeonato mundial consecutivo y el quinto en seis años. Los Diamondbacks, mientras tanto, abandonaron el Yankee Stadium perdiendo tres partidos contra dos y sabían que habían estado a dos outs de ser campeones mundiales.

"Esto", dijo esa noche Brian Anderson, pitcher de Arizona, "supera cualquier pesadilla. Todo lo que sé es que necesitamos salir de este lugar. Rápido".

La mística y el aura, sin embargo, no viajaron. De regreso en Phoenix para el sexto juego, los Yankees absorbieron su peor paliza en la historia de 213 partidos de la franquicia en Serie Mundial, 15–2. El pitcher relevista Jay Witasick, a pesar de sólo conseguir cuatro outs, concedió nueve carreras, tantas como las anotadas por los Yankees en toda la Serie Mundial de 1999. Su golpiza tuvo lugar después de que Arizona arrasara a Pettitte con seis carreras con siete hits; los Diamondbacks atacaron sus lanzamientos con tanta confianza que parecían saber lo que vendría. Según resultaron las cosas, así fue. Después del partido, el lesionado pitcher de Arizona, Todd Stottlemyre, le dijo a su padre Mel, entrenador de pitchers de los Yankees, que los Diamondbacks se dieron cuenta de que Pettitte señalaba sus lanzamientos durante su postura de preparación. Ellos sabían que, cada vez que Pettitte se llevaba las manos al cinturón trazando un círculo alto, lanzaría una curva. Si se llevaba las manos al cinturón de manera más directa, se trataba de una bola rápida. Mel Stottlemyre transmitió la noticia a Pettitte al día siguiente, antes del séptimo juego.

"Mel no iba a decirme", comentó Pettitte. "Él no quería decirme. Todd quería que yo supiera porque sólo teníamos un partido más y yo no iba a lanzar. Hasta el día de hoy Mel sabe lo que fue. Yo ni siquiera quería saber. Cambié toda mi estrategia. Cambié a una posición más alta. Ni siquiera quería ver. Ni siquiera quería verlo. Me ponía fatal.

"Porque nunca me sentí tan bien. Me sentía muy bien en cuanto a mi codo. Me sentí fuerte ese año. Gané el premio al jugador más valioso en la serie previa contra Seattle. Estaba en una buena racha. Mis lanzamientos eran buenos y yo me sentía muy fuerte.

"Entonces, cuando llegas al último inicio de tu temporada y perdiste la otra en el segundo juego, y ellos me hicieron trabajar muy duro en las primeras tres entradas, para el sexto juego yo ya estaba agotado. Ellos me agotaron. No pensé que algo hubiera sucedido en cuanto a señalar los lanzamientos. Sólo tomé nota de que mis salidas eran malas. Es difícil de asimilar.

"Fue brutal, pero, una vez más, todo sucede por una razón. Hace que desees más para la próxima vez. Sin embargo, lo odias porque sabes lo valiosas que son esas oportunidades".

El séptimo juego se convirtió en un choque de titanes: Clemens y Schilling, sólo la cuarta vez que se enfrentaban en un séptimo juego dos ganadores de 20 partidos. Clemens, de 39 años, era el pitcher abridor más viejo del séptimo juego en la historia. Schilling lanzaría con tres días de descanso y ya excedía las 300 entradas en el año. El duelo se desarrolló tan bien como se anunciaba, para el nerviosismo de Steinbrenner. No hubo anotaciones hasta el final de la sexta, cuando Danny Bautista conectó un doble contra Clemens para que Steve Finley llegara a home.

Los Yankees respondieron con la carrera del empate contra Schilling en la séptima gracias a sencillos de Jeter, O'Neill (en la que sería su última aparición al bate como Yankee) y Martínez. Clemens eliminó a Schilling al principio del final de la entrada, pero, cuando concedió un sencillo al primer bateador, Tony Womack, en su lanzamiento número 114, Torre lo sacó. Mike Stanton lanzó hasta el final de la entrada para conservar el empate, pero ahora Torre tenía que tomar una decisión en cuanto al lugar de éste en el orden de bateo, que era el tercero en la octava entrada.

"¿Quién entrará a lanzar en la octava entrada?", le preguntó Zimmer.

"Mendoza", respondió Torre.

"No puedes meter a Mendoza", dijo Zimmer. "Tienes que meter a Mo".

"No estamos en casa", replicó Torre. "¿A quién diablos voy a meter para que salve este partido?"

"Lo sé, pero te patearás tú mismo el trasero si nunca metes a Mariano al partido".

"Pero, ¿qué demonios voy a hacer? ¿En quién voy a confiar para que preserve una ventaja?"

"¿Por qué no metes a Mariano ahora?"

"Sí, claro… si Sori conecta un jonrón. Eso resolvería todo el problema".

Apenas Torre pronunció las últimas palabras Soriano bateó una bola de Schilling sobre el muro del campo izquierdo central para dar a los Yankees una ventaja de 2–1. Ahora, con esa ventaja, la decisión era obvia: sería Rivera, el arma por excelencia, para los últimos seis outs.

Rivera fue devastador en la octava entrada contra el núcleo de la alineación de Arizona. Steve Finley se las arregló para batear un sencillo por tierra, pero Rivera eliminó a los otros tres bateadores, Luis González, Matt Williams y Bautista. Realizó sólo 14 lanzamientos en la entrada.

Los Yankees cayeron con tranquilidad en la novena contra nada menos que Randy Johnson, quien salió del bulpen en la octava entrada la noche después de ejecutar 104 lanzamientos en su victorioso sexto juego.

Todo se resumió en lo siguiente: Mariano Rivera en el montículo con una carrera de ventaja contra el final de la alineación de Arizona. Steinbrenner estaba parado frente al espejo del baño y se peinaba en preparación para aceptar el trofeo del comisionado por cuarto año consecutivo. Mientras tanto, sin que Steinbrenner lo supiera, los técnicos de la Fox se deslizaron por una puerta lateral al interior de la casa club y comenzaron a colgar luces y cables para preparar la celebración posterior al partido. Un oficial de seguridad de los Yankees, con todo cuidado para no alertar a Steinbrenner, les susurró, en un intento por ahuyentarlos:

"Saben que no pueden estar aquí", dijo el oficial.

"Tenemos que instalar", respondió uno de ellos. "Es la novena entrada".

"¡Pero no pueden estar aquí! El Jefe se volverá loco".

Bueno, ésta parecía ser una victoria segura para los Yankees, a pesar de que la gente de la televisora desafiaba las supersticiones de Steinbrenner. Éstas eran las fuerzas a favor de los Yankees:

- Rivera estaba invicto en sus 51 partidos de postemporada.
- Rivera había logrado salvar 23 oportunidades consecutivas en postemporada.
- Los Yankees tenían 155–1 (.994) en la historia de la franquicia cuando llevaban la ventaja en un partido de postemporada después de ocho entradas.
- Los Yankees tenían 45–0 con Torre cuando llevaban la delantera en un partido de postemporada después de ocho entradas.

- El bulpen de los Yankees estaba invicto en 52 partidos consecutivos de postemporada (10–0).
- Los Yankees estaban invictos con Torre en partidos de postemporada decididos por una carrera (10–0).
- Los Yankees obtuvieron 11–0 en series de postemporada desde 1998.

Lo que sucedió después fue tan asombroso como los sucesos paranormales de la noche de Halloween y su continuación en el Yankee Stadium. No hubo jonrón en esta ocasión. Tomado del libro de texto de béisbol de campeonato de los Yankees, los Diamondbacks formaron el equivalente a una brigada de emergencia para apagar incendios: emplearon a seis jugadores en una secuencia de 14 lanzamientos para batear, tocar la bola y correr. Así labraron su camino hacia uno de los finales más grandiosos de uno de los partidos más grandiosos de todos los tiempos.

El final comenzó cuando Mark Grace, con el bate trabado como defensa ante el gran cutter de Rivera, contraatacó el lanzamiento característico del pitcher con un sencillo al campo central. David Dellucci fue el corredor sustituto de Grace. El siguiente bateador, Damian Miller, dio un toque hacia el costado izquierdo del montículo. Rivera, un fielder elegante y atlético, atrapó la bola, giró y la arrojó con fuerza hacia Derek Jeter, quien cubría la segunda base, en un intento por conseguir un out.

Rivera hizo su grandiosa carrera con el cutter, un lanzamiento que se dirige hacia las manos de un bateador zurdo y se aleja de un bateador diestro. Sin embargo, un outfielder que intenta realizar una jugada rápida con un toque no tiene mucho tiempo para preocuparse por el agarre. Entre el azar de buscar en el interior de su guante y sacar la bola del fondo del guante, Rivera, de manera incidental, realizó un agarre que se aproximó a una bola rápida, un lanzamiento que tiene justo el movimiento opuesto de su cutter, una acción de izquierda a derecha. El lanzamiento de Rivera comenzó a alejarse y a alejarse cada vez más de la mano enguantada de Jeter. Éste comenzó a ubicarse y a estirarse para alcanzarla.

Sin embargo, algo no marchaba bien.

Mientras los Yankees salían al campo al final de la novena entrada, Jeter se movía notablemente más despacio y con más rigidez. Tal vez se trataba de un momento terrible para pagar el precio de su febril e interminable actividad. Jeter había terminado la temporada regular con una rancha de bateo y así siguió hasta la Serie de División contra Oakland. En 15 partidos bateó .375, incluso .444 contra los Athletics en los playoffs. Jugó el mejor béisbol de su vida en la edad cumbre de 27 años. Y después, en la octava entrada del quinto juego de esa serie, Terrence Long de los Athletics bateó un fly de foul hacia las gradas cercanas a la línea del campo izquierdo del Yankee Stadium. Los Yankees llevaban la delantera, 5–3, y estaban a cinco outs de avanzar a la Serie de Campeonato de la Liga Americana, pero Oakland tenía a un corredor en base contra Rivera. Jeter se estiró tras la bola, aunque sabía que se acercaba a las gradas. Justo cuando atrapó la bola, Jeter se estrelló contra el muro acolchado con la cadera y cayó en las gradas con un fuerte golpe.

Los Yankees ganaron el partido, pero Jeter, de pronto, dejó de conectar hits. Logró 2–de–17 contra los Mariners y luego 4–de–27 contra los Diamondbacks, lo cual lo convirtió en un bateador de .136 después de caer con fuerza sobre las gradas. Si estaba lesionado, Jeter, desde luego, no se lo dijo a nadie, ni siquiera a Torre. Sin embargo, cuando la bola rápida de Rivera hacia segunda base se alejó de su guante, Jeter fue incapaz de estirarse lo suficiente para atraparla mientras mantenía un pie en la base. El tiro pasó muy lejos de su guante. Fue un error de Rivera y ahora los Diamondbacks tenían corredores en primera y en segunda, sin outs, en lugar de tener un corredor en primera base con un out; una jugada que en esencia triplicaba la expectativa de carreras de Arizona de 0.54 carreras a 1,51, de acuerdo con los modelos de expectativa de carreras de 2007.

"No pudo estirarse para atrapar ese tiro", comentó Torre.

Incluso en una entrevista, siete años después, Jeter no estuvo dispuesto a hacer la más pequeña concesión a una limitación por lesión.

Le preguntaron si estaba lesionado en el séptimo juego.

"Yo estaba bien".

Cuando le dijeron que parecía que arrastraba las piernas cuando salió al terreno de juego, él replicó: "Yo estaba bien".

Bajo presión, dijo: "¿Sabes una cosa? Llegas a un punto, en especial con la temporada tan avanzada, en el cual todo el mundo tiene algo mal".

Se le recordó que se había estrellado contra las gradas para atrapar un pop-up contra Oakland.

"Yo estaba bien".

No era una excusa si se trataba de una lesión, pero Jeter insistió.

"Yo estaba bien".

Hizo una pausa.

"No, yo estaba bien. No lo recuerdo. Sucedió hace mucho tiempo".

Si estaba saludable, ¿hubiera atrapado el tiro de Mo? ¿Le hubiera echado el guante?

"No. Mo lanzó una bola rápida... tal vez... No, no lo creo. No-ho. Incluso si la hubiera atrapado, no lo hubiéramos puesto out. Creo que era Dellucci. Es probable que no lo hubiéramos puesto out".

Cuando Jeter tenía 24 años y después de que los Yankees ganaron la Serie Mundial de 1998, George Steinbrenner le dio un libro como regalo: *Patton on Leadership: Strategic Lessons for Corporate Warfare*. Steinbrenner escribió en éste: "Para Derek. Lee y estudia. Él fue un gran líder, como tú eres y serás un gran líder. Espero que lo seas de los hombres con uniforme a rayas". En lo referente a los padecimientos físicos, Jeter vivía una filosofía que era muy de Patton. Fue Patton quien dijo: "Si vas a ganar cualquier batalla, tienes que hacer una cosa: tienes que hacer que la mente gobierne al cuerpo. Nunca permitas que el cuerpo le diga a la mente lo que debe hacer. El cuerpo nunca está cansado si la mente no está cansada".

Jeter estaba bien.

Justo después de que Dellucci llegó a segunda y colocó a la carrera del empate en posición de anotar, Steinbrenner dio vuelta a una esquina de la casa club de los Yankees y le sorprendió lo que vio: ¡técnicos de televisión que hacían instalaciones para la presentación del trofeo!

"¡Salgan de aquí!", les gritó. "¡Me traen mala suerte! ¡Salgan de aquí!" Y de inmediato los ahuyentó hacia una puerta que conducía al pasillo.

Ahora, los Yankees se encontraban en problemas: sin outs, dos corredores en base y otra jugada de toque en ciernes. Torre salió hacia el montículo, donde él y los infielders se reunieron alrededor de Rivera.

"Consigan un out", los instruyó Torre. "No me preocupa la segunda ni la tercera con Mariano. Sólo hagan un out".

Un bateador emergente, Jay Bell, tocó la siguiente bola. Rivera la recuperó pronto y disparó un strike a Brosius en tercera base para el out. Brosius se permitió relajarse tan pronto atrapó la bola para el out y nunca se molestó en considerar un tiro a través del infield para intentar atrapar también a Bell en primera base.

"No sé si sembré la semilla en Brosius cuando dije 'consigan un out'", comentó Torre. "El tipo en primera base era un out. Fue una gran sorpresa, porque él atrapó la bola y sólo caminó, y el tipo estaba como a dos tercios de camino para llegar a primera base. Todo lo que tenía que hacer era tirarla. Hubiéramos obtenido un doble play. Pero él era muy bueno por instinto, y estaba allí, justo frente a él. Nunca lanzó la bola. El juego pudo haber finalizado con el mismo resultado. ¿Quién sabe? Pero hubiera sido un poco más difícil para ellos, porque hubieran tenido dos outs en contra".

Otro corredor emergente, Midre Cummings, sustituyó a Miller como corredor en segunda base. El siguiente bateador, Tony Womack, bateó con fuerza un lanzamiento de 2–y–2 y envió la bola al campo derecho con un doble. Cummings corrió a home con la carrera del empate. Bell, que portaba la carrera ganadora, se detuvo en tercera base con el doble. Rivera golpeó al siguiente bateador Craig Counsell. Ahora, las bases estaban llenas, había un out y Luis González era el bateador. Torre tenía que tomar una decisión: jugar con el infield por detrás para intentar un doble play o jugar por dentro para intentar cortar en home la potencial carrera ganadora del séptimo partido de la Serie Mundial.

"No tenía opción", dijo Torre. "En ese punto, juegas por dentro. Si alguien batea una rolata a Mo, la bola va a saltar. No vas a lograr un doble play. Y odio imaginar que veo entrar la carrera ganadora en home mientras intentamos hacer un doble play, no me importa cuán lento sea el corredor".

Desde que Rivera se convirtió en el pitcher cerrador de los Yankees en 1997, los bateadores habían llegado en 33 ocasiones a home contra él, con las bases llenas. En esas situaciones batearon sólo .071, con sólo dos hits, cuatro flies de sacrificio, una base por bolas y sólo un doble play.

González había sido eliminado por strikes y había bateado una rolata contra Rivera en Serie Mundial con el empleo de su postura usual en la cual su meñique y anular derechos descansaban en la base del bate. En esta ocasión, González empleó el mecanismo defensivo automático de los Diamondbacks contra el cutter de Rivera: el agarrar el bate a dos pulgadas del mango.

"Fue la primera vez que subí el agarre en todo el año", diría más tarde. "Me dije: 'Sin importar lo que hagas, sólo intenta poner la bola en juego en alguna parte'".

González bateó de foul en un lanzamiento. El siguiente fue un clásico cutter de Rivera dirigido hacia las manos de González. Éste hizo swing. El bate se cuarteó justo debajo de la marca al contacto. La bola flotó hacia el costado izquierdo de Jeter y sobre su cabeza. Éste fue incapaz de hacer nada; no obstante, se estiró en vano mientras la bola parecía que no caería sino que planearía hasta lograr un suave aterrizaje donde la tierra del infield se une con el césped del outfield. Feliz, Bell entró a home con la carrera ganadora.

Había terminado. La Serie Mundial había terminado, claro. Sin embargo, los Yankees de campeonato, como todo el mundo los conocía y como se llamaban a sí mismos, también dejaron de existir. Entre los años 1998 y 2001, siete jugadores tomaron casi 15.000 turnos al bate para los Yankees y representaron el 67 por ciento de los turnos totales del equipo al bate en cuatro equipos ganadores de gallardetes: Posada, Martínez, Knoblauch, Jeter, Brosius, Williams y O'Neill o, como eran conocidos familiarmente dentro de las paredes de su casa club, Sado, Tino, Knobby, Jeet, Bro, Bernie y Paulie. La Vieja Guardia. Cada año, los Yankees pudieron mover al outfielder izquierdo y al bateador designado; no obstante, en esencia, los Yankees fueron un equipo establecido durante cuatro años, y Martínez, Jeter, Williams y O'Neill incluso podían rastrear sus raíces Yankees hasta el campeonato de 1996, al menos. Los Yankees eran un equipo notablemente sólido y duradero. Sin embargo, mientras se quitaban los uniformes después de la derrota del séptimo juego, supieron que nunca más volvería a ser igual. Los contratos de Martínez, Knoblauch, Brosius y O'Neill estaban a punto de expirar. O'Neill había dado a conocer sus intenciones de retirarse.

"Entré a la casa club", dijo Torre, "y George estaba allí. Estaba, como todos nosotros, sorprendido. Creo que no sostuvimos ninguna conversación. Fue difícil después del partido porque sabías que tenías que despedirte de muchos jugadores. Realicé una junta y después regresé y los abracé a todos. No ibas a tener a Knoblauch de regreso. No ibas a tener a O'Neill de regreso; Tino, Brosius… él era otro. Como O'Neill, él también se fue directo a casa".

Steinbrenner no quería demorarse y partió pronto para felicitar al propietario de los Diamondbacks, Jerry Colangelo. De camino hacia allá se encontró con Johnson y Schilling en un corredor. Los dos pitchers habían sumado las cuatro victorias de Arizona y el 59 por ciento de sus outs en la serie. Ambos estaban empapados en champaña. Steinbrenner los felicitó. Después de estrechar las manos de Colangelo, Steinbrenner no supo qué hacer; lo único que sabía era que no quería regresar a la casa club de los Yankees. Por tanto, caminó hacia uno de los autobuses familiares de los Yankees y se sentó a solas. Era demasiado pronto, tras finalizar el partido, para que alguien se encontrara allí. Cuando los familiares por fin comenzaron a abrirse camino para salir del estadio, algunos se asomaron al primer autobús y, al ver al deprimido Steinbrenner sentado allí, decidieron abordar el segundo autobús. Era una derrota difícil de aceptar para Steinbrenner.

"¿Qué puedes decir?", comentó Torre. "Teníamos a Mariano en el montículo con ventaja en la novena entrada. Desde luego, te preguntas: '¿Juegas el infield por detrás?'. Claro… y miras entrar la carrera ganadora a home por una bola suave hacia el shortstop. No me quitó el sueño la jugada, salvo el resultado. En realidad, no había nada. Ahora, ¿hice todo bien? No lo sé. Sin embargo, sí sé una cosa: no hubiera hecho nada distinto".

Rivera se paró frente a su casillero y respondió oleadas y oleadas de preguntas. No estaba molesto ni triste. Estaba despreocupado al respecto. En otras palabras, a pesar de haber perdido el séptimo partido de la Serie Mundial, era el mismo Mariano de siempre.

"Yo realicé los lanzamientos que quise hacer y ellos los batearon", declaró Rivera. "Eso es el béisbol. Hice todo lo que quise hacer. Ellos me vencieron. Ya pueden decir que me vencieron".

Nadie representaba mejor lo que se perdía que O'Neill. El jugador se quitó el uniforme por última vez y lo cambió por una camisa negra y pantalones grises. Tenía 38 años y quizá estaba tan dispuesto como siempre, pero su cuerpo lo traicionaba, como sucedió en la primera entrada cuando intentó convertir un doble en un triple. Sus piernas no pudieron transportarlo con suficiente velocidad. El porcentaje de O'Neill en base había disminuido por cinco temporadas consecutivas desde 1996. La temporada de 2001 fue la peor para él con uniforme a rayas. Ya era tiempo de partir, decidió.

"Paul O'Neill fue un gran ejemplo de lo que todos pensábamos", comentó Torre. "Él pensaba: 'Tengo que encontrar una manera de hacer esto'. Y ése es el tipo de actitud que debes tener. Mira a Jeter hacerlo. Bernie Williams lo hizo a pesar de no ser un jugador instintivo. Desearía poder explicarlo mejor. Sólo es algo que ocurre cuando estás rodeado por los chicos todo el día; es ese sentimiento de seguridad de que tienes que salir y de que vas a dejarlos jugar.

"Debes mantener cierta dosis de control y debes ser firme en ciertas cosas para que a alguien no le haga falta preparación o para que alguien no pierda la dirección, pero, a excepción de eso, confías en que los muchachos jugarán el partido. Puedo decir con honestidad que, cuando el partido termina, sólo queda marcharte a casa. Si no fue lo bastante bueno, no fue lo bastante bueno. Tú sabes que ellos estuvieron allí para dar lo mejor que tenían".

Para O'Neill ya no hubo más garrafones de agua por arrojar, no más cascos de bateo para azotar, no más bates para lanzar a través de la casa club hasta su casillero y no más pitchers que no eran lo bastante buenos para sacarlo out, pero que de alguna manera lo hacían. Se sentía en paz aquella noche, tal vez no con el resultado del séptimo juego pero sí con el hecho de haberle dado al béisbol el mejor esfuerzo que podía ofrecer. Después de empacar su maleta, sonrió con suavidad al encontrarse con la mirada de Nick Johnson, un primera base de 23 años que había debutado en las Ligas Mayores en agosto de ese año.

"¿Aprendiste algo?", le preguntó a Johnson. "Ahora es tu turno. Tienes que continuar".

6

El béisbol se actualiza

Menos de 48 horas después de una de las series mundiales más emocionantes y conmovedoras jamás presenciada, incluso aquel histórico séptimo juego en 2001 y antes de que los Diamondbacks tuvieran tiempo siquiera de encabezar un desfile de triunfo, los propietarios del béisbol de las Ligas Mayores celebraron la ocasión votando en una reunión en Rosemont, Illinois, para sacar a dos equipos del negocio a partir de la temporada de 2002. Después de ver jugar a los Yankees en cuatro series mundiales seguidas y producir tres, e incluso cuatro veces más utilidades que diez de las demás franquicias, los propietarios decidieron que la economía del juego estaba tan desequilibrada que la parte inferior de la cadena alimenticia del béisbol necesitaba ser eliminada. Esos equipos, decidieron, no tenían esperanza alguna. "Existen ciertos mercados en donde el béisbol no puede prosperar", dijo el comisionado Bud Selig ese día. "Lo notable es que había una intención fuerte de contratar *cuatro* equipos".

Los Expos de Montreal eran una opción obvia de eliminación. Eran propiedad de las otras 29 franquicias y éstas los operaban, como si fuera un huérfano del béisbol. En promedio sólo atraían a 7.643 aficionados por partido y generaban ingresos de $34 millones, los más bajos de las grandes ligas. Los Twins de Minnesota, recién finalizada una temporada con 85 victorias en la cual su asistencia ascendió 70 por ciento a 1,7 millones, era considerado el otro equipo que tenía más probabilidades de desaparecer, aunque sólo fuera porque su propietario, Carl Pohlad, parecía ser un cómplice dispuesto. Florida y Tampa Bay, al parecer franquicias débiles, también fueron mencionadas, aunque los contratos de renta del estadio y las amenazas de demandas hicieron más problemática su eliminación.

No fue coincidencia que el voto de contracción ocurriera en un momento en el que los propietarios intentaban llegar a un acuerdo con la Asociación de Jugadores para un nuevo contrato colectivo de negociación.

"No, ésta no es una estratagema de negociación", dijo Selig. "No lo es en absoluto".

En cualquier caso, el voto de contracción colocó dos opciones frente a los jugadores: o los equipos débiles recibían más dinero de los equipos ricos o ellos, y los trabajos que desempeñaban, serían eliminados. Los Yankees se habían hecho demasiado buenos para el bien del béisbol. Su éxito para generar montañas de dinero debilitaba el ideal de que el béisbol brindara a todos los equipos una oportunidad más o menos equitativa de ganar. Los Yankees generaron $242 millones en ingresos en 2001, más que los Expos, los Twins, los Marlins y los Royals combinados. Su nómina se había duplicado desde 1996 a $112 millones. Mientras otros equipos veían que se les cerraban sus escasas probabilidades de construir un equipo de campeonato debido a los costos de la libre agencia, los Yankees mantuvieron sólido el núcleo de su equipo porque nunca perdieron a un jugador que quisieran conservar.

El mejor ejemplo relacionado con el poder de su generosidad ocurrió cuando Bernie Williams estuvo a punto de firmar con los Red Sox de Boston después de la temporada de 1998. Durante esa temporada, los Yankees habían ofrecido a Williams $37,5 millones por cinco años. Al finalizar la temporada, la oferta ascendió a $60 millones por cinco años. Como agente libre, sin embargo, Williams cayó en los brazos de los Red Sox, quienes lo sedujeron con una oferta de $91,5 millones por siete años.

Los Yankees, mientras tanto, volvieron su atención hacia el agresivo bateador de los White Sox, Albert Belle, cuyo temperamento explosivo y comportamiento volátil podrían poner a prueba la camaradería triunfante de un equipo que había obtenido 125 victorias. Torre jugó golf con Belle en Arizona en una visita de reclutamiento y regresó con la idea de que los Yankees contaban con una cultura de casa club establecida con tanta firmeza que ni Belle podría destruirla.

"Le pregunté: '¿Qué es lo que pides?' ", comentó Torre, "y él me dijo: 'Sólo pido que me des el cuarto turno en la alineación'. En esencia le dije que estaba de acuerdo porque no significaba un gran problema y porque supe que con el tiempo la práctica señalaría que tendría que batear en quinto lugar o algo así, según la ocasión. Pero eso fue todo lo que me dijo: que quería jugar todos los días y que quería el cuarto turno al bate. Era muy fácil hablar con él. Lo que juzgué de Albert Belle fue que jugaba 160 partidos al año. ¿Cuán malo podía ser? No me preocupé por la casa club. ¿Sabes? Por lo general, puedes conseguir algo cuando dices: 'Bueno, vamos a resolverlo' ".

Los Yankees ofrecieron a Belle el dinero que le ofrecieron a Williams: $60 millones por cinco años. Belle pidió que el acuerdo fuera reestructurado a $52 millones por cuatro años.

Steinbrenner aprobó la propuesta. Belle estaba a punto de convertirse en un Yankee con un simple "sí". No obstante, ya con el acuerdo establecido, Belle cambió de opinión debido a sus dudas de jugar bajo el escrutinio de Nueva York; por tanto, corrió a la comodidad de los Orioles de Baltimore y su oferta de último minuto: $65 millones. De súbito, los Yankees se vieron a punto de perder a Belle con los Orioles y a Williams con los Red Sox. ¿Qué debían hacer? Pronto, le ofrecieron otros $27,5 millones a Williams, o $50 millones más de los que le habían ofrecido durante la temporada. Steinbrenner mismo cerró el trato con $87,5 millones por siete años.

Los Yankees tenían el dinero suficiente para hacer lo que quisieran y lo mismo sucedió en 2001 cuando necesitaron sustituir a Tino Martínez, Scott Brosius, Chuck Knoblauch y Paul O'Neill: un primera base, un tercera base y dos outfielders de esquina. Entre los agentes libres ese invierno se encontraban Barry Bonds, después de su récord de 73 jonrones con los Giants de San Francisco, pero con la reputación de tener un ego más exagerado que su cuerpo, cada vez más enorme.

"No me interesaba", señaló Torre. "Pudimos haber mencionado su nombre, pero nunca hablamos con seriedad acerca de él. En quien sí estaba interesado era en Johnny Damon".

Sin embargo, la principal atracción para los Yankees era el compañero de Damon en Oakland, Jason Giambi. Giambi era un bateador devastador hacia todos los campos que había ganado el premio al jugador más valioso en el año 2000, había quedado segundo en la misma categoría en 2001 y estaba mejorando su promedio de bateo en cada una de sus temporadas en las Ligas Mayores: .256, .291, .293, .295, .315, .333 y .342. Giambi, quien fuera reclutado como delgado infielder y de quien se proyectaba que batearía alrededor de 15 jonrones al año, se convirtió en un bateador monstruoso que conectó 47 dobles y 38 jonrones en 2001. Si había alguna desventaja en Giambi era que estaba por cumplir 31 años y parecía hacerse más gordo y cada vez menos móvil, con un futuro potencial como bateador designado escrito por todas partes.

Cashman y Steinbrenner le preguntaron a Torre qué opinaba acerca de que los Yankees contrataran a Giambi. Torre les dijo que estaba en contra de la idea y que prefería traer de regreso a Martínez por un año más mientras preparaban a Nick Johnson como su reemplazo en primera base, y gastar la mayor parte del dinero en un outfielder como Damon.

"Me agradaba Giambi", dijo Torre. "En Oakland bateó hacia el lado contrario y consiguió muchas bases por bolas como... era genial. Sólo pensé que en ese momento tenías a Tino y tenías a Nick Johnson. Sólo sentí que Giambi afectaría nuestra eficiencia. A pesar de ser primera base, no formaba parte de lo que nos enorgullecía: jugar bien a la defensiva. Él te ata las manos. El problema más grande que teníamos era la falta de flexibilidad. Una vez que tienes a un tipo que es, básicamente, un bateador designado, eliminas mucha flexibilidad y la capacidad de utilizar más bateadores.

"Ellos querían a Jason. A George le gustaban mucho los grandes batazos. Perdí en los votos, lo cual no me molestó".

Steinbrenner pidió la opinión de todos por escrito. Torre sabía que, cuando los peloteros no jugaban bien para los Yankees, Steinbrenner solía culparlos a él y a Cashman, diciéndoles:

"¡Es *tu* muchacho! ¡Tú lo querías!"

En 2003, por ejemplo, Torre sugirió que los Yankees contrataran a Todd Zeile, de 37 años, para su banca. Zeile podía jugar en tercera y primera base, ser bateador emergente, incluso ofrecer alguna seguridad como catcher de emergencia. "Yo sabía que él podría aguantar la presión y pensé que sería una buena adquisición para nosotros", comentó Torre. Los Yankees sí contrataron a Zeile y estuvo fatal. Bateó .210 antes de que los Yankees lo dejaran ir en agosto.

"Cada vez que perdías un par de partidos, George buscaba castigarte, deshaciéndose de una persona", comentó Torre. "Lo hizo con Billy Martin y Art Fowler, el entrenador de pitchers de Billy. Ese año fue 'Zeile, Zeile, Zeile'. Eso era todo lo que yo escuchaba. Era como si él fuera el motivo por el cual perdíamos. Él ni siquiera jugaba. Recuerdo que le dije a George cierto día, en una de esas comidas en Malio's, en Tampa: 'Yo recomendé a Todd Zeile. Pensé que sería bueno. Aún creo, si hacemos a un lado su promedio de bateo, que es un buen muchacho adicional para este club. No es que me haga favores. Yo no lo quería para que me sirviera el café. Lo traje aquí para intentar que fuéramos mejores'".

En cuanto a Giambi, Torre quiso evitar que Steinbrenner le echara sobre sus hombros su arrepentimiento como comprador. Estaba feliz de poner sus objeciones por escrito, de manera que Torre anotó y entregó a Steinbrenner su idea de que conservaran a Tino un año más mientras preparaban a Johnson en lugar de contratar a Giambi. Como era de esperarse, dos años después de la contratación, cuando el promedio de bateo de Giambi se desplomó casi cien puntos del nivel que había tenido en Oakland, y en especial en el tercer año, cuando el cuerpo saturado de esteroides de Giambi comenzó a colapsar, Steinbrenner quiso culpar a Torre por la contratación de Giambi.

"Cashman me defendió", señaló Torre. "Le dijo: 'No, no. Él no lo quería'. Porque él me culpaba por Giambi. Él siempre culpaba a los demás por la mierda que no funcionaba".

Los Yankees contrataron a Giambi por siete años a cambio de $120 millones. Cierto día, mientras Torre se encontraba en Hawai, Cashman lo llamó y le dijo que la firma del contrato estaba sujeta a una condición en la cual Giambi había insistido.

"Si queremos contratarlo, tenemos que aceptar a su entrenador Bobby Alejo", dijo Cashman.

"¿Por qué me haces esto, Cash?", le respondió Torre casi en broma. "Eso dificulta más mi trabajo. ¿Cómo puedo decir a los demás muchachos del equipo que no pueden traer a sus entrenadores cuando él sí puede traer al suyo?"

Torre dijo: "Como es obvio, él necesitaba que alguien lo empujara, su padre o alguien más".

Lo anterior estableció una dinámica totalmente distinta en la casa club de los Yankees. El equipo, famoso por estar conformado por luchadores, jugadores completos y con gran iniciativa, había pagado $120 millones por un bateador designado en ciernes que necesitaba que su entrenador personal estuviera con él todo el tiempo. Los Yankees agregaron a Alejo a su nómina como su asistente personal. Los días de Paul O'Neill y del espíritu indomable a bajo costo que él representaba habían finalizado de forma oficial.

"Estábamos en el dugout durante un retraso por lluvia en una ocasión", recordó Torre. "Jason se encontraba en un extremo, hacia el lado de la primera base. Alejo salió del corredor y le dijo: 'Vamos. Corre'. Gritó desde un extremo hasta el otro del dugout. ¿No existe la vergüenza en este lugar? Necesitas automotivarte aquí. No necesitas que alguien te empuje. Él tenía que decirle todo. Jason dependía de eso. Tú sabías que eso sería el inicio de algo distinto.

"Jason era un buen tipo, un oso bueno al cual podías abrazar. Podía convivir con cualquiera; por lo que a mí respecta, era un tipo con concepto de equipo que sabía que las cifras individuales no sumaban para un gran total. Era un jugador. La presión del juego no lo alteraba, a pesar de que no siempre trabajaba lo bastante duro. En el entrenamiento de primavera le recordé: 'Para ser un jugador regular tienes que recibir tu complemento acostumbrado de rolatas'. Y luego tuve que recordárselo dos o tres veces a lo largo del año".

Mientras los Yankees afinaban las negociaciones con Giambi, éste intentó convencer al equipo de contratar a su amigo Damon para cubrir el campo izquierdo. Los Yankees decidieron que tenían una idea mejor: contrataron a Rondell White por $10 millones por dos años y permitieron que Damon firmara cuatro días después con los Red Sox por $31 millones en cuatro años.

"Giambi intentó convencerlos de contratarme", dijo Damon. "Rondell se me adelantó. Escuché que había una persona que no me quería allí". Damon se negó a identificar a la persona de los Yankees que no lo quiso en el equipo.

White tenía 29 años y venía de una temporada de .309 con los Cubs, pero era un gran riesgo de lesión. El promedio de White era sólo de 109 partidos por año a lo largo de las cuatro temporadas previas en lo que debió ser la cúspide de su carrera. Cuando la prensa de Nueva York le preguntó sus expectativas para la temporada de 2002, White replicó: "Permanecer en el terreno de juego". Fue una respuesta que apenas llevaba inspiración.

Cashman admitió en ese tiempo: "¿Existe algún riesgo asociado con Rondell? Claro que sí. Tal vez un poco más alto que con otros jugadores. Sin embargo, dadas las opciones en el mercado, él es un riesgo mejor que algunos otros".

Tanto Giambi como White, como descubriría después el "Reporte Mitchell", se convirtieron en un símbolo de cómo las drogas para mejorar el desempeño transformaban el juego e incrementaban la dificultad para evaluar la durabilidad de los jugadores en las oficinas centrales de los equipos. De acuerdo con el "Reporte Mitchell", White compró hormona del crecimiento humano y el esteroide Deca-Durabolin a partir de 2000 al ex empleado de la casa club de los Mets, Kirk Radomski. El reporte dice: "Radomski recuerda haber enseñado mucho a White 'acerca de los esteroides y la hormona del crecimiento humano' y 'haberlo guiado sobre las inyecciones de hormona del crecimiento humano durante dos horas por teléfono cierta noche'".

¿Qué tipo de jugador habían contratado los Yankees con Rondell White? Como jugador joven con los Expos, en una ocasión robó 25 bases en 30 intentos. Sin embargo, a medida que se lesionaba más, corría menos y, de acuerdo con lo que

Radomski dijo a Mitchell, recurrió a las drogas para "permanecer en el terreno de juego". ¿O fueron las drogas lo que contribuyó a los problemas musculares que lo mantenían alejado del diamante? ¿Contrataban los Yankees a un jugador en sus años de plenitud o a un jugador en riesgo de sufrir lesiones causadas por los esteroides?

Según resultaron las cosas, White estaba acabado como jugador diario de primera clase. La decisión de White-sobre-Damon terminó siendo espectacularmente terrible para los Yankees. White participó en 126 partidos para los Yankees en 2002 y bateó .240 con un porcentaje de .288 de colocación en base. Era tan malo que sólo dos outfielders de los Yankees fueron aún peores en llegar a las bases mientras jugaban tantos partidos en una temporada: Andy Kosco, en 1968, y Wid Conroy, en el remoto año de 1907. Los Yankees despacharon a White hacia los Padres después de sólo un año de verlo batear un out tras otro.

Los Yankees habían sido un equipo tan sólido en sus años de campeonato que lo único que tenían que hacer era ajustar algunos detalles. Sin embargo, cuando se enfrentaron al desafío de realizar alteraciones mayores después de la desintegración de su núcleo, al finalizar la temporada de 2001, los resultados se mezclaron y los errores condujeron a más errores. Esto fue lo que resolvieron: Giambi sustituyó a Martínez; Robin Ventura, quien estaba por cumplir 35 años y quien fuera adquirido mediante un intercambio con los Dodgers, remplazó a Brosius; White sustituyó a Knoblauch y Shane Spencer y John Vander Wal se alternarían para remplazar a O'Neill. También agregaron al relevista intermedio Steve Karsay, otro jugador con riesgo de lesión, quien, después de darles un buen año, recibió $17 millones por lanzar en $12\frac{2}{3}$ entradas durante los siguientes tres años.

Los pasos en falso continuaron durante la temporada. Cuando el equipo alterno del campo derecho demostró ser inútil, los Yankees obtuvieron en intercambio a Raúl Mondesi, famoso por su sueldo excesivo y su falta de motivación. También intercambiaron a Ted Lilly, un zurdo de 26 años con un ERA de 3,40, para obtener a Jeff Weaver, un diestro próximo a cumplir 26 años con una personalidad frágil que se había desempeñado en el montículo apenas un poco mejor que el promedio con Detroit.

"En esencia, pensé que el intercambio de Ted Lilly por Weaver era magnífico y me equivoqué", admitió Torre. "Recuerdo que le comenté a Jeter la posibilidad de obtener a Weaver y él se entusiasmó porque no le gustaba enfrentarlo. Una vez más, ésta es otra situación en la cual Nueva York fue responsable en parte por no ser capaz de realizar tu potencial".

¿Cuán malo era Weaver? Los Yankees habían tenido 188 pitchers que habían lanzado al menos 200 entradas en sus carreras dentro del equipo. Weaver fue el peor lanzador de todos ellos, pues sólo logró un ERA de 5,35. Weaver fue otro recordatorio del desafío que representaba el hecho de hacer negocios en Nueva York. Debido a las expectativas y al escrutinio que se daba en Nueva York, los Yankees enfrentaban una lista más larga para evaluar a un jugador que otros equipos interesados en contratar o en intercambiar peloteros. Los directivos no sólo debían preguntarse: "¿Puede jugar?", sino también "¿Puede jugar en Nueva York?". Los años posteriores a la Serie Mundial de 2001 estarían llenos de costosas equivocaciones, justo del tipo de la de Weaver.

"Yo me sentía más como un venado cegado por los faros cuando llegue allí porque en realidad no estaba seguro", dijo Giambi. "En Oakland yo fui ese líder, ese tipo. Sin embargo, de pronto entras a una sala con chicos que tienen los mismos años que tú en las Ligas Mayores. Al principio, yo intentaba aclimatarme y me esforzaba por integrarlo todo. Después de un tiempo te das cuenta de que mucha gente necesita muchas cosas, en especial cuando eres el chico nuevo del barrio, la historia fresca. Porque antes de que te des cuenta, puedes decir: 'Oh, ¿tengo que jugar un partido ahora?'. Eso sucedía.

"Existen demasiados periódicos y todos intentan llegar al mismo lector y todos tienen que tener algo distinto. Tienen que hacerte diferentes preguntas. Así es como aprendes a adaptarte. A dar a las personas lo que necesitan, a cambiar tu historia un poco, a darles una frase un poco diferente y a tratar de atenderlas.

"No creo que fuera malo, era más como pensar: 'Tengo que tener esto bajo control'. Los Yankees son el lugar por excelencia para jugar si eres un beisbolista porque es todo lo que puedes desear. Tienes seguidores que son fanáticos. Tienes a tus medios. Eres un espectáculo ambulante de *rock*. Los Yankees son una banda ambulante de *rock*".

No todo el mundo estaba hecho para el escenario. Los Yankees de 2002, y los equipos que los siguieron, jugaban bajo una presión tremenda. Ya no se trataba sólo de la presión de Nueva York, sino también de la presión de tratar de emular el éxito de los Yankees de la Vieja Guardia… y sin esa indomable voluntad que esos hombres únicos compartieron.

"Creo que el retiro de Paulie cambió el núcleo", declaró Mike Mussina. "Tú preguntas por un líder y yo no creo que se tratara de *un* individuo. Era un grupo. Eran como seis o siete sujetos que trabajaban juntos como un comité, no necesariamente un solo tipo.

"El asunto era ganar el partido de ese día, sin importar lo que tuvieran que hacer. Podían estar 0–de–4 en la décima entrada, pero luchaban y se esforzaban por una base por bolas. Costara lo que costara esa pequeñez, así era como ese grupo de chicos jugaba el juego. Cuando comienzas a perder a los muchachos que han participado en la mayoría de los campeonatos, es grave. Resulta difícil mantener el mismo sentimiento cuando no es la misma gente".

Sin el núcleo de la vieja guardia, o al menos sus valores de juego, los Yankees jamás pudieron cumplir con ese mandato. Y obligados a encontrar sustitutos adecuados para esos jugadores, muchos de los cuales eran locales, los Yankees no administraron un sistema productivo de cultivo para sostener esa cultura. Y cuando necesitaron buscar a esos reemplazos fuera de la organización, se encontraron con un panorama distinto en el béisbol de cuando Watson, Michael, Torre y Steinbrenner transformaron a los Yankees de 1995 en campeones.

Las revoluciones informativas y económicas se filtraron al béisbol. Cuando los Yankees ganaban campeonatos, los equipos contra los cuales competían en la Liga Americana del Este eran dirigidos por hombres con antecedentes principalmente de reclutamiento y que nunca más dirigirían equipos: Gord Ash en Toronto, Dan Duquette en Boston, Syd Thrift en Baltimore y Chuck LaMar en Tampa Bay. De hecho, la mayoría de la gente del béisbol era como ellos y dirigía a sus equipos de maneras un tanto informales y anticuadas que después fueron muy poco efectivas ante los recursos crecientes de los Yankees. En el nuevo siglo, en lugares como Oakland, Cleveland y Boston, las mentes jóvenes estudiaban y comprendían el béisbol de formas nuevas y efectivas en relación con los costos. Ellos sabían que no podían gastar más que los Yankees. La respuesta era ser más inteligentes. No fue sino hasta la publicación en 2003 del bestseller *Moneyball*, de Michael Lewis, en el que se reveló que el director general de Oakland, Billy Beane, construyó equipos triunfadores con poco dinero al explotar las "ineficiencias del mercado", que los Yankees y otros equipos de béisbol comprendieron los avances en investigación y desarrollo que tenían lugar en los laboratorios de estos equipos vanguardistas.

"Tiene que existir cierto punto en el cual el nivel del juego se eleva", comentó Mussina. "Creo que Michael Jordan, Larry Bird y Magic Johnson en la NBA obligaron a todos los demás a ser mejores. La liga tenía que ser mejor. Wayne Gretzky hizo que todos los demás tuvieran que ser mejores en la NHL o él los avergonzaría por siempre. Entonces, la liga comenzó a ser mejor. Creo que los Yankees de los 90 obligaron a todos los demás a encontrar una manera de mejorar, porque lo que hacían no era lo bastante bueno. Entonces, encontraron una manera de ser mejores y eso elevó el juego un poco más.

"Así como Jordan se fue y Gretzky se fue, la dinastía Yankee se fue. Tratamos de aguantar. Hemos estado en los playoffs cada año, pero no es lo mismo".

Los directores generales de la nueva era, liberados al fin de los grilletes del pensamiento convencional, disfrutaron una ventaja sobre los equipos que aún hacían negocios al estilo de la vieja escuela. Animaron a los viejos a conservar sus empleos y se lamentaron cuando otro equipo hacía el cambio y se unía a la revolución de la información. Ellos sabían adónde acudir para vaciar los bolsillos de alguien y encontrar jugadores devaluados, pero eficientes en términos de costos. Un director general dijo que acudió a la misma víctima una y otra vez para arrancarle a los futuros jugadores de las Grandes Ligas que se desarrollarían en su propio sistema de sucursales. La primera reacción de los tradicionalistas ante *Moneyball* fue burlarse de esta perspectiva tan mecánica de evaluación. Era un blanco demasiado fácil. Después de todo, los Athletics de Beane nunca llegaron a la Serie Mundial y estaban constituidos sobre una filosofía tan eterna como jamás ha existido: una tormenta perfecta de pitchers abridores talentosos y baratos. Entre los años 2000 y 2003, los Athletics llegaron a los playoffs cada año en gran medida porque Tim Hudson, Mark Mulder y Barry Zito iniciaron el 57 por ciento de los partidos del equipo en ese periodo de cuatro años, mientras le costaron a Oakland la suma total de $7,2 millones, o alrededor de $10 millones menos de lo que los Yankees pagaron por $12\frac{2}{3}$ entradas de Steve Karsay en los últimos tres años de su acuerdo. Sin embargo, incluso los tradicionalistas más recalcitrantes tuvieron que conceder con el tiempo, cuando menos, que *Moneyball* cambió el diálogo dentro del béisbol. Si eras un dinosaurio, lo que más te convenía era ser discreto al respecto.

"Se trata de un libro sensacionalista que no describe la situación real de una manera tan precisa", dijo Mark Shapiro, director general de los Indians. "No obstante, sí propone las preguntas que deben ser formuladas: ¿Cuáles son nuestros procesos de toma de decisiones? ¿Cómo tomamos decisiones? ¿Cómo se integran estas decisiones a una estrategia o a un plan? No considero que *Moneyball*, el cual se enfoca de manera objetiva en el proceso de toma de decisiones, sea la manera correcta de hacerlo. La belleza de este juego radica en la realidad de que tratamos con seres humanos. Pero si yo fuera un propietario, lo cierto es que tendría todo el derecho de preguntar: ¿cuáles son nuestros procesos?, ¿cómo tomamos decisiones?, ¿cómo se integran esas decisiones entre sí a medida que implementamos un plan o una estrategia?, ¿qué hacemos en los niveles inferiores del equipo de las ligas mayores que sustentan ese plan?, ¿para que sea más fácil tomar las mejores decisiones posibles para nosotros? En un ambiente ineficiente, ¿cómo podemos alcanzar la máxima eficiencia posible? ¿Cómo podemos encontrar valor?

"Este tipo de preguntas tienen que ser formuladas por los propietarios. Lo que creo, y ésta es una teoría, es que los propietarios comenzaron a ser cuestionados por sus amigos. Es una pequeña fraternidad. David Glass de Kansas City comienza a ser cuestionado por sus amigos: 'Oye, ¿ya leíste eso? Es increíble. ¿Ustedes hacen eso?'. Ahora, de pronto, ellos bajan y miran a un director general convencional de la vieja escuela y es probable que no les satisfagan las respuestas que reciben".

La revolución intelectual despegó. Los equipos ahora querían no sólo a un Bill Beane propio, sino a un Paul DePodesta, el graduado en economía de Harvard quien, a los 26 años, se convirtió en la mano derecha de Beane y en el cerebro detrás de los números, y a los 31 años asumió el cargo de director general de los Dodgers de Los Ángeles. El juego, que en gran medida dependía de ex jugadores retirados y hombres reasignados de empresa para construir una alineación de 25 hombres, se convirtió en un negocio multibillonario que atrajo a las mentes educadas para construir *organizaciones,* incluso *sistemas.* Cuando Beane, por ejemplo, promovió a David Forst, otro egresado de Harvard con especialidad en sociología, para sustituir a DePodesta, publicó una vacante para el trabajo anterior de Forst como asistente de director general. Recibió 1.500 currículos, incluso uno de un sujeto que escribió: "Me disculpo, pero no estaré disponible hasta junio porque estoy por terminar mi especialidad en astrofísica en Oxford". Beane terminó por contratar a Farhan Zaidi, un doctor en economía de Cal Berkeley quien era un diplomado en economía de la conducta.

"Los tipos que tal vez 15 años atrás pasaron cuatro años en Goldman Sachs y luego cambiaron a las empresas privadas, ahora solicitan empleos en equipos de béisbol", comentó Beane. "Recuerdo cuando, con cierta vergüenza, tuve que informarle a Farhan la cantidad de dinero que le pagaríamos para empezar. El punto es que los currículos que ahora ves son impresionantes. Los socios de bufetes legales están listos para renunciar y trabajar en el béisbol.

"Me refiero a puestos de entrada, inferiores a Farhan, que ofrecen un salario inicial de $30.000. La gente que va a Wall Street y quiere trabajar en los deportes es, por naturaleza, muy competitiva. Y dado que son personas inteligentes y competitivas, su premio máximo es ganar mucho dinero. No es que todo el mundo gane mucho dinero, pero el dinero está allí para ser reclamado. Así es como debería ser. Yo ni siquiera sería capaz de solicitar este empleo en otros diez años. Y eso no me incomoda".

◆   ◆   ◆

El incremento en el intelecto significó que todas las organizaciones comenzaron a comprender mejor el valor de los jugadores. Por ejemplo, después de la temporada de 2002, los Red Sox encontraron poca competencia por el tercera base Bill Mueller, un agente libre. Él no bateaba con poder ni tenía un promedio de bateo especialmente alto, que son las dos medidas tradicionales de "valor" ofensivo; por tanto, ambos componentes determinaban su pago. Mueller dividió la temporada de 2002 con los Cubs y los Giants y bateó .262 con siete jonrones. Los Red Sox lo contrataron por tres años (con el tercer año sujeto a su decisión) a un costo total de $7 millones. Lo que los Red Sox sabían entonces y que los demás ignoraban era que Mueller era mucho mejor que el jugador promedio para colocarse en base. Y mientras más corredores coloques en base, más carreras puedes anotar. El porcentaje en base de su carrera era .370. Mueller ganó el título de bateo de la Liga Americana en su primer año y ayudó a los Red Sox a llegar al Campeonato Mundial en el segundo año.

Cuatro años después, Dave Roberts, un bateador con promedio de bateo de .270 en su carrera con poco poder, entró al mercado de los agentes libres. Para 2006, los equipos comprendieron el valor del porcentaje de colocación en base y pagaban por él. Roberts, como Mueller, no tenía valor tradicional en términos de un alto porcentaje de bateo o de jonrones. Su valor era llegar a la base. Roberts no se colocaba en base con tanta frecuencia como Mueller (el porcentaje de colocación en base de su carrera era de .344) pero era mejor que el jugador promedio para hacerlo. Los Giants le dieron a Roberts $18 millones por tres años, un sorprendente incremento de 129 por ciento sobre el valor de Mueller sólo cuatro años antes. Encontrar al siguiente Bill Mueller se hizo cada vez más complicado con el incremento del intelecto. Y si más equipos eran mejores para identificar el valor del talento, entonces más equipos tenían mejores oportunidades de conformar un club de béisbol ganador.

"Existen menos ineficiencias por explotar", dijo Shapiro. "Se hace cada vez más difícil, particularmente a medida que los equipos con los mayores recursos son mejor administrados y más eficientes en su forma de operar. Las oportunidades son menores y más espaciadas. Y eso ha creado cierto grado de la paridad que ves. Como es obvio, aún siento que existen oportunidades en ciertas áreas pero son más difíciles de encontrar".

Beane dijo: "Hace diez o doce años yo podía llamar a Brian Cashman y siempre había un yin y un yang con los equipos. Él podía tomar a mis jugadores costosos y yo podía evaluar a sus jugadores más jóvenes. Era un caso de lo que era más valioso para cada franquicia. Siempre podías encontrar un compañero de baile. Lo más grandioso que sucede ahora es la capacidad de evaluar de manera apropiada la materia prima más valiosa en el juego: el jugador joven de costo controlado, con un salario mínimo y que es productivo al nivel de las ligas mayores. Todo gira alrededor de eso.

"Los Red Sox de Boston son increíblemente brillantes. Aún cuentan con los recursos para obtener al jugador de alto precio, pero también valoran al jugador joven con desarrollo de gran jugador. Pueden tener lo mejor de ambos mundos. Lo peligroso es cuando tienes tipos muy inteligentes que tienen mucho dinero y administran esos equipos; con toda franqueza, cuando ves a Boston, no hay razón alguna para pensar que no continuarán en la senda del triunfo. El hecho es que se supone que tú tienes las oficinas generales más brillantes con montones de recursos y un grupo de propietarios que las apoyan. Ellos han convertido a los Red Sox en una marca registrada internacional gracias a su desempeño en el diamante y a la mercadotecnia de dicha marca. Ellos crearon a un Manchester United, una marca internacional".

El intelecto y el desarrollo de los jugadores son los rubros con los que Boston superó a los Yankees. Los Red Sox, por ejemplo, eran tan insaciables acerca del poder de la información que destinaron a ciertos expertos en estadísticas a las oficinas generales de la NCAA, en Kansas, para que metieran todas las estadísticas disponibles de todos los jugadores universitarios de la historia en una base de datos. Después hicieron referencias cruzadas con esas cifras contra el desempeño de los jugadores universitarios que llegaron a las Grandes Ligas; a partir de allí diseñaron sus propias tablas para identificar cómo el desempeño universitario podría ayudar a predecir el desempeño en las ligas mayores, información que se volvería fundamental en sus decisiones de reclutamiento. También contrataron a un renombrado entrenador dedicado de manera específica a mantener saludables a los pitchers, con la comprensión de que los brazos y los hombros requerían un tratamiento y un mantenimiento muy distintos a los cuerpos de los jugadores de posición. (Los Yankees, mientras tanto, cometieron tantos errores en asuntos de acondicionamiento físico que en 2007 contrataron a un "director de mejora de desempeño" de un *country club* de Florida. Marty Miller no había trabajado en el béisbol desde hacía diez años. Después de cinco lesiones en los tendones de los Yankees en cuatro semanas, fue despedido a un mes de iniciada la temporada).

Cuando los Yankees ganaron, lo lograron con un modelo muy similar a lo que ahora está en boga: un núcleo de jugadores baratos y locales. En el equipo ganador de 125 victorias del campeonato mundial de 1998, por ejemplo, Jorge Posada, entonces con 26 años, Derek Jeter, de 26, Mariano Rivera, de 28, y Andy Pettitte, de 26, recibían una suma total de $5,55 millones. Bernie Williams, de 29 años, otro producto de su sistema de cultivo, era el jugador mejor pagado del equipo: $8,3 millones.

"El esquema no era muy distinto a como es ahora", comentó Beane. "A medida que envejece ese núcleo, necesita ser rejuvenecido en cierta medida. Después de alrededor de los 30 ó 31 años, comienzas a obtener un desempeño depreciado debido a la edad. Aún necesitas que entren los jugadores de 25 años en su plenitud. Los agentes libres complementan al núcleo."

Los Yankees nunca repitieron ese tipo de núcleo joven, en

gran medida porque no dieron a su sistema de cultivo la misma importancia que dieron a su alineación de 25 hombres, en especial cuando su frustración comenzó a crecer por no obtener triunfos.

"Los Yankees nunca fueron capaces de hacer ambas cosas", dijo un director general veterano. "Ellos han intentado cambiar y reestructurar, pero es tan complicado, tan institucional, hay tantas cabezas, que Cashman ya se ha esforzado bastante en desbaratarlo todo como para tener que construirlo de nuevo. Son inteligentes y tienen talento. Tuvieron mucha suerte a nivel internacional con Wang, Cano y Cabrera; Arizona pudo obtener a los tres en el intercambio por Randy Johnson. Eso los ayudó mucho porque tuvieron reclutamientos terribles hasta 2006.

"Sin embargo, es tan difícil reestructurarlo todo, que llegaron demasiado lejos en la dirección opuesta. Apresuraron a los novatos e hicieron intocables a prospectos mediocres. Fue un movimiento de péndulo demasiado dramático".

Otro ejecutivo citó la salud en declive de Steinbrenner como un factor en la tendencia a la baja de los Yankees. El control de Cashman de las operaciones del béisbol, que asumió en 2005, se hizo más complicado ya que tenía que reportar a un comité del cual formaban parte Hank y Hal Steinbrenner, Randy Levine, Félix López y Lonn Trost.

"Ellos comenzaron a enterarse", observó el ejecutivo, "y empezaron, basado en mis conversaciones con Cashman, a comprender lo que les sucedía con los Red Sox. Comenzaron a reaccionar a ello y comenzaron a hacer las cosas de manera más efectiva; por tanto, la disfunción pareció reducirse durante alrededor de dos años. Y ahora, la disfunción ha regresado. Cashman pierde su tiempo en cosas en las cuales yo no tengo tiempo para invertir mi energía. Las facciones empiezan a surgir de nuevo".

Dijo Shapiro, de los Indians: "No cometas el error, sin importar lo que ahora sucede, de pensar que esos equipos con recursos no tienen una ventaja distintiva; en particular con la manera de ser de los Yankees durante un periodo breve y con la manera de ser de los Red Sox ahora".

Los equipos superaron el concepto popular de *Moneyball* tiempo atrás porque, en esencia, el porcentaje de colocación en base no era ya un mercado ineficiente. Entonces, si todos los equipos ahora reconocían el porcentaje de colocación en base así como el valor de los jugadores jóvenes, ¿cuál es el siguiente mercado ineficiente a explotar con el fin de equiparar la ventaja de los Yankees en cuanto a recursos?

Beane se rió y comentó: "El simple hecho de decir eso me provoca dolor de cabeza. Cada parte del juego es medida ahora contra la inversión en dólares. Es cosa de voltear cada piedra. Cada vez es más y más difícil. Yo creo que eso es bueno. A mí no me importa en absoluto ser anticuado".

La carrera siempre está vigente. Los Athletics han intentado desarrollar medidas defensivas propias para identificar a los jugadores devaluados en términos de su trabajo con el guante. Los Red Sox después se enfrascaron en desarrollar sus medidas defensivas basados en jugadores de clase A y clase AA en un intento por apoderarse de ellos *antes* de que llegaran a las Grandes Ligas. Esa cultura organizacional ayuda a promover el avance del juego y alienta el espíritu de paridad: si la verdadera moneda del juego es el intelecto en lugar del dinero, entonces, ¿por qué cualquiera no puede ganar?

Un área que varios equipos exploran como la posible ventaja estratégica siguiente es la biomecánica. Cada equipo estará de acuerdo en que la adquisición y desarrollo de los pitchers es el fundamento de los equipos de campeonato. Pero, ¿de qué sirven los lanzamientos grandiosos si los pitchers no son lo bastante saludables para lanzar? Con toda la planeación y los cálculos necesarios para construir una alineación, la temporada de un equipo por lo general se reduce a si su rotación permanece saludable o no. Incluso, los Yankees de Torre son la prueba de ello. He aquí el desglose de las rotaciones de Torre de acuerdo con cuántos pitchers abridores realizaron al menos 25 inicios:

25 o más partidos iniciados (GS, por sus siglas en inglés)	AÑO
2	2005
2	1997, 2001, 2002, 2004, 2007
3	1996*, 1998*, 2000*, 2003, 2006
5	1999*

*Series mundiales ganadas

Torre ganó sus cuatro campeonatos mundiales sólo en los años cuando al menos cuatro pitchers abridores tomaron sus turnos regulares. Por otra parte, en los seis años en que tuvo que completar la alineación, es decir, cuando no más de tres pitchers abridores trabajaron para él de manera regular, sus equipos fueron derrotados en la primera ronda en cuatro ocasiones y nunca ganaron la Serie Mundial.

Los campeonatos, entonces, parecieron basarse en la vaguedad de la fortuna, en la simple suerte de permanecer saludables. Pero, ¿qué sucede si la salud no se deja al azar y puede ser controlada hasta cierto punto? ¿Qué sucede si los datos, y los análisis de esos datos, pueden mejorar las probabilidades de un equipo de mantener saludables a sus pitchers? Entonces podrías identificar la nueva ineficiencia del mercado.

El doctor Glenn Fleisig y el doctor James Andrews hicieron su mejor esfuerzo para explicar este concepto a los entrenadores y a los ejecutivos de las ligas mayores en una presentación especial en 2002. Fleisig y Andrews ayudaron a fundar el American Sports Medicine Institute (ASMI) en Birmingham, Alabama, una clínica sin fines de lucro dedicada principalmente a la prevención de lesiones.

"Dijimos: 'Oigan, tenemos este asunto de la biomecánica", dijo Fleisig, "y queremos dedicarnos a la prevención de lesiones'. Entonces tratamos de batear un jonrón: un acuerdo de contrato con el béisbol de las Grandes Ligas en el cual examinaríamos a todos los pitchers. Nosotros podemos descubrir quién se encuentra en gran riesgo de sufrir una lesión. Todos respondieron: 'Gran idea, pero así no es como funciona el béisbol. Treinta equipos distintos no funcionan como una empresa'".

Entonces, el ASMI abrió sus puertas a los equipos individuales. Los Athletics fueron el único equipo que acudió en 2002. Los Indians y luego los Red Sox pronto los siguieron. Ahora, la clínica atiende a diez equipos. El ASMI coloca marcas de reflejo en el cuerpo de un pitcher y utiliza ocho cámaras especiales para detección de movimientos, con tecnología desarrollada por empresas productoras de cine de Hollywood, para filmar los lanzamientos del pitcher y alimentan la información a una computadora. Lo que dicha computadora entrega es un análisis de diagnóstico de 35 puntos que mide todo, desde la longitud del paso del pitcher hasta la "abducción horizontal del hombro", un término biomecánico que describe la amplitud de la flexión de los hombros al lanzar. El ASMI capturó tantos lanzamientos de esta manera con el paso de los años que estableció tablas de guías normativas para la mecánica apropiada. Ellos descubrieron que los más grandes pitchers, como Roger Clemens, no hacen ninguna fase del lanzamiento fuera de las tablas sino que, por el contrario, son excepcionales porque caen dentro del rango normativo en la tabla.

"Lo que estudiamos", comentó Fleisig, "es cómo los principios de la física ayudan a la gente a moverse y cuáles son los patrones. Qué es lo que te convierte en un pitcher más eficiente, dónde obtienes la mayor velocidad con la menor tensión en el codo y en el hombro".

La mayor recompensa de los datos aún está por descubrirse: una vez que los tienes, ¿qué haces con ellos?

"Es un gran desafío", respondió Fleisig. "Mi prioridad número uno es descubrir qué es lo que está mal en los pitchers. Qué hacer es una gran pregunta. Algunas cosas quizá necesiten ser mejoradas por el entrenador de pitchers y algunas otras por el entrenador de fortaleza".

Los Indians, por ejemplo, enviaron al pitcher Jeremy Guthrie al ASMI en 2004. El reporte de su diagnóstico indicó que su "máxima velocidad angular del tronco superior" (en términos comunes, es la respuesta a si su tronco superior rota más rápido que su pelvis al lanzar) era inferior al rango normativo. Guthrie giraba a 1.059 grados por segundo, justo por debajo del rango normativo de 1.078 a 1.370 grados por segundo. ¿Qué hicieron los Indians al respecto? Nada. En todo lo demás, Guthrie obtuvo buenos resultados sin mayores alertas rojas.

"Es muy raro que en realidad hagas un cambio significativo con un sujeto", dijo Shapiro. "De manera ocasional puedes trabajar con la dirección de los pasos, cuando la bola sale del guante; pequeñas cosas como ésas pueden ayudar".

Lanzar es un acto de violencia. Una vez que el pitcher carga la bola en posición de disparar, el brazo rota hacia el frente a 7.000 grados por segundo.

"Ése es el movimiento humano más rápido medido entre todas las actividades", acotó Fleisig.

Mientras el pitcher se encuentra en posición de carga, el hombro y el brazo soportan el equivalente a 40 libras de fuerza que oprimen hacia abajo. Los expertos en biomecánica del ASMI tenían curiosidad de saber cuánta fuerza más podía soportar el brazo; por tanto, trajeron cadáveres al laboratorio y jalaron y empujaron sobre el hombro para descubrir su punto de quiebre. Los ligamentos del cadáver se rompieron sólo después de 40 libras de fuerza. "Por tanto, un pitcher se encuentra en el máximo nivel", concluyó Fleisig.

No es sorprendente que los pitchers se lesionen: han presionado a sus brazos y hombros hasta el límite del punto de quiebre. Lanzar, a diferencia de la mayoría de las actividades deportivas, ha llegado al límite de lo que es posible en términos humanos.

Entonces, mientras los corredores corren más rápido, los nadadores nadan más rápido, los golfistas golpean la pelota más lejos y los jugadores de football se hacen más grandes y veloces, los pitchers ya han llegado a su límite. No verán que un pitcher lance la bola a 110 millas por hora. El brazo y el hombro están a su máxima potencia. Si se le presiona más, el hombro se dislocaría, como una máquina descompuesta.

"Es por eso que la función de la investigación en el béisbol no es lograr que el pitcher lance más rápido", dijo Fleisig, "sino disminuir el riesgo de sufrir lesiones".

Beane dijo: "En algún momento, lo que en realidad va a suceder es que todos vamos a contratar actuarios, como las compañías de seguros. De alguna manera nos hemos convertido en pseudoactuarios. Puedes contratar actuarios en tu oficina para calcular la probabilidad de ocurrencia de lesiones, dada la cantidad de dinero que has invertido. La biomecánica es, sin duda alguna, un área fascinante de exploración. Un pitcher puede ser tanto la inversión más arriesgada como la mejor que podemos hacer. Tiene sentido explorar el por qué".

Sembrada en esta revolución de la información estaba la semilla del dinero para motivar la innovación. Selig y los propietarios no cumplieron la amenaza de contratar a dos equipos; no obstante, la estrategia funcionó como palanca para establecer un sistema creciente de repartición de utilidades que encauzó más dinero de los equipos ricos, en especial de los Yankees, hacia los equipos pobres. El sistema de repartición de utilidades en 2001, por ejemplo, transfirió $169 millones. Para 2008, la cantidad transferida había superado el doble: $408 millones.

De manera simultánea, el béisbol desarrolló fuentes lucrativas de ingresos que no existían cuando los Yankees ganaban la Serie Mundial. El 19 de enero de 2000, por ejemplo, Selig convenció a los propietarios de repartir de manera equitativa todas las ganancias generadas por Internet. El béisbol no tenía idea de la cantidad de dinero que estaba en juego; en especial Selig, un tecnófobo que no sabía utilizar una computadora. Sin embargo, Selig comprendió que si a cada equipo se le permitía encontrar su camino hacia la Red, los equipos ricos, como los Yankees, los Mets, los Red Sox y los Cubs, sólo se harían más ricos, lo cual haría mucho más grande la diferencia de recursos entre éstos y otros clubes.

"Yo dije entonces, y en realidad no comprendía la magnitud de ello", comentó Selig, "que esto tendría una importancia similar a cuando Pete Rozelle convenció a los propietarios de la Liga Nacional de Football de compartir el dinero de la televisión. Creo que la historia demostrará que fue lo correcto".

La Major League Baseball Advanced Media (MLBAM) fue creada en 2000 para administrar los activos digitales del deporte. MLB.com fue lanzado en 2001. Para 2007 generaba casi $400 millones en ingresos, gran parte de éstos de la venta de boletos, suscripciones a paquetes de partidos y como uno de los proveedores más adeptos de la red de videos. De súbito, los propietarios del béisbol recibían cantidades equivalentes de ingresos nacionales que nunca antes habían existido. Además de la MLBAM, también recibieron pagos de otras fuentes de ingreso, como la radio y la televisión satelitales y la Major League Baseball International. Más aún, muchos clubes tomaron el control del mercado de reventa de boletos y utilizaron a la Red para reclamar los ingresos del mercado secundario de venta de boletos que antes iban a las manos de los revendedores en el mercado negro.

El efecto de esos cambios fue que, para 2008, todos los equipos de béisbol sabían, desde antes de vender un solo boleto o de negociar sus propios paquetes de medios locales, que comenzaban con una base de $29 millones, mucho más que los $16 millones con los cuales contaban en 2001. Era el equivalente a que el banco te entregara dinero en un juego de Monopolio desde antes de que el dado fuera arrojado.

El dinero adicional no hizo menor la diferencia para el poder financiero de los Yankees. De hecho, los Yankees recibían la misma porción de un treintavo de los ingresos que, digamos, los Royals de Kansas City. Sin embargo, lo que los crecientes ingresos nacionales permitieron hacer a los equipos pobres fue establecer compromisos financieros con sus jugadores jóvenes que quizá no hubieran sucedido antes. Y si estos equipos podían asegurar a sus jóvenes estrellas, esto significaba posponer la libre agencia; y posponer la libre agencia significaba menos opciones para los Yankees cuando se propusieron resolver las deficiencias de su sistema de cultivo.

"Más equipos han contratado tipos que son candidatos en términos de prearbitraje o arbitraje, incluso para cubrir la libre agencia", dijo Chris Antonetti, el asistente de dirección general de Cleveland. "Eso fue lo que sucedió con Roy Halladay, Chris Carpenter y, con nosotros, C. C. Sabathia. Con muchos muchachos ocurrió lo mismo. Lo que eso provoca, en especial debido al tiempo, es que limita el número de jugadores disponibles en sus años de plenitud. Entonces, ¿qué sucede si contratas a un pitcher abridor desde su segundo hasta su octavo año? Ésos serán los años de su máximo poder".

He aquí un ejemplo: en marzo de 2006, los Indians contrataron al outfielder central Grady Sizemore por seis años a cambio de $23,45 millones, con una opción para el club al final de ese periodo. Lo anterior significaba que los Indians controlarían los servicios de Sizemore hasta 2012. Sin la extensión del contrato, Sizemore podía dejar a los Indians como agente libre después de la temporada de 2010 a los 28 años de edad, en su cúspide, y los Yankees estarían preparados, sin duda alguna, para superar una oferta de quien fuera en el béisbol por sus servicios. Con toda probabilidad, los Indians hubieran enfrentado la necesidad de tener que intercambiar a Sizemore antes o durante su año de partida para obtener una recompensa mayor por su pérdida, que sólo dos elecciones compensatorias de reclutamiento. Sin embargo, la extensión del contrato mantiene a Sizemore fuera del mercado durante al menos dos años más y hasta después de su trigésimo cumpleaños.

"Si no hubiéramos contratado a Grady, es probable que buscáramos intercambiarlo en algún momento", explicó Antonetti. "Lo que el dinero del fondo central ha logrado es permitirnos retener a nuestros muchachos del núcleo. Eso es, en mayor medida, lo que nos ha permitido hacer.

"Para los equipos en los mercados medianos y más pequeños, los ingresos centrales se han convertido en un porcentaje mayor de sus ingresos. En cuanto a los equipos de los mercados más grandes, eso no ha sucedido. Sus ingresos continúan en crecimiento con nuevos estadios y acuerdos de televisión, acuerdos en radio, aumento de precio de los boletos, asistencia... aún incrementan sus ingresos locales. Nuestros ingresos locales son mucho menores, pero el crecimiento en los ingresos centrales se hace cada vez más importante para nosotros".

Con clubes capaces de retrasar la libre agencia de sus mejores jugadores jóvenes, la libre agencia se volvió menos una cuerda de salvamento garantizada para los Yankees. Cuando Toronto aseguró a Roy Halladay, por ejemplo, la opción de los Yankees fue pescar a Carl Pavano y a Jaret Wright.

"Comencemos por el hecho de que la libre agencia es ineficiente por naturaleza", dijo Shapiro. "Esto se debe a que casi todos los jugadores han pasado ya de su cúspide cuando llegan a la libre agencia. Pagas muchos dólares por talentos en declive. Empecemos por eso. ¿Después reduces la base general de talentos en términos de calidad hasta el punto en el cual caes en un frenesí competitivo por el talento limitado que está allá afuera? Lo que haces es incrementar la ineficiencia de manera exponencial. Y luego, para agregar una tendencia más cíclica, dado que cada vez más jugadores están atados a acuerdos, habrá menos y menos talento allá afuera".

A pesar de que los Yankees continuaron generando más ingresos locales, el incremento en intelecto, la repartición de ingresos y el acceso a más corrientes de ganancias nacionales crearon un balance competitivo en el béisbol que no había sido visto desde los años 80. Los Yankees ahora no sólo tenían que preocuparse por sus viejos adversarios, como los Red Sox o los Braves, sino también por los Angels, los Mariners, los Tigers y los Indians, todos los cuales los eliminaron en los playoffs. Mientras tanto, equipos como los Astros, los Rockies, los Cardinals y los White Sox participaban en la Serie Mundial por primera vez en una generación, por lo menos.

Después de la Serie Mundial de 2001, 12 franquicias jugaron en las siguientes siete Series Mundiales, incluso nueve que no habían estado desde 1987 y cinco que lo lograron un año después de haber tenido un récord negativo. La tendencia hacia la paridad se ha acelerado. Desde 2005, los ocho lugares para la Serie Mundial habían sido ocupados por ocho franquicias diferentes. En 2007, ningún equipo repitió como campeón de división por primera vez desde 1988.

"Los clubes del mercado grande siempre serán grandes", comentó Selig. "Incluso, ellos comprendieron que este sistema les convenía. Nunca podrás tener un sistema que sea justo por completo, pero, si eres un aficionado en Nueva York, en Boston, en Chicago o en Los Ángeles, y si sabes que tres cuartas partes de los clubes no tienen oportunidad de ganar, ¿qué va a suceder? ¿Sabes? La gente no es tonta. Yo creo que el resultado ha sido extraordinario".

Después de 2001, los Yankees ya no pudieron contar con que otros directores generales fueran semilleros de estrellas, con que los equipos con problemas financieros pusieran a sus mejores jugadores jóvenes en el mercado o con que los equipos que estaban abajo permanecieran abajo. Ya no pudieron contar con un núcleo de ganadores comprobados de Nueva York en su propia alineación o con otra ola de jugadores de su sistema de ligas menores para fortificarse. Frente a los fuertes vientos de todas estas fuerzas, sin embargo, los testarudos Yankees daban por hecho que obtendrían el mismo antiguo resultado: ganar la Serie Mundial. Cualquier otra cosa era un fracaso.

"Llegamos a un punto en el cual eran seis meses de preparación para un mes de béisbol importante", recordó Mussina. "Y eso no estaba escrito en el pizarrón de ninguna parte, pero así era. O sea, la máquina que había sido creada, el monstruo que había sido creado, eso era todo lo que contaba. Ya no se trataba de llegar a los playoffs. Se trataba de llegar y de ganar. No importaba cómo llegaste allí, sólo llega y gana".

Dado que sólo se permitieron dos opciones en este nuevo reino del béisbol, ganar la Serie Mundial o fracasar, los Yankees sólo conocieron el fracaso.

Para 2001, la famosa gran rivalidad en los deportes, el nombre en la competencia entre los Yankees y los Red Sox de Boston, ya no era una rivalidad mayor a la existente entre el correcaminos y el coyote en las tiras cómicas. Los Red Sox de 2001 ofrecieron lo que, incluso para ellos mismos, fue el desempeño virtuoso del personaje secundario eterno. Finalizaron en segundo lugar detrás de los Yankees por cuarta ocasión en el que sería su octavo final seguido en ese puesto. Ganaron sólo 82 partidos y quedaron a 13 ½ juegos detrás de los Yankees. Los Red Sox tenían al mejor pitcher del béisbol, Pedro Martínez, pero su intento, bajo las órdenes de su director general Dan Duquette, de apoyar a Pedro con una colección de jugadores desechados y veteranos (Frank Castillo, Hideo Nomo, Rolando Arrojo, David Cone y Bret Saberhagen, todos los cuales ya habían visto sus mejores días) falló de forma miserable. Incluso el gran Pedro falló, pues sólo les dio 18 inicios en ese año. Los Red Sox despidieron a Jimy Williams como mánager y lo sustituyeron por el entrenador de pitchers Joe Kerrigan, quien presidió al equipo en un final de 17–26.

Dicho simplemente, no existía tal rivalidad. En las seis temporadas desde que Torre asumiera la dirección de los Yankees, Nueva York ganó 67 partidos más que Boston y ganó la competencia individual, 45–35. Los Yankees habían ganado 14 series de postemporada, incluso cuatro series mundiales, y los Red Sox habían ganado una serie de postemporada, al tiempo que un campeonato de Serie Mundial permanecía casi inalcanzable para la franquicia maldita.

No era una batalla justa en ningún terreno, incluso en el de los negocios. En 2001, los Yankees generaron un 52 por ciento más de ingresos que los Red Sox. Boston atrajo menos aficionados que 15 franquicias, la mitad de los equipos de béisbol, incluso franquicias de mercado medio como los Rangers, los Brewers, los Rockies y los Orioles. En esencia, los Yankees construyeron su dinastía con poca resistencia por parte de los Red Sox, a excepción de la temporada de 1999 cuando Pedro Martínez, en la cúspide de su maestría, los condujo a la Serie de Campeonato de la Liga Americana. Sin embargo, incluso entonces, los Yankees los apalearon en cinco partidos. Los Red Sox ganaron el único partido que Martínez inició en esa serie, pero perdieron los demás con los pitchers abridores en declive Kent Mercker, Ramón Martínez y Bret Saberhagen.

La rivalidad como ahora la conocemos no comenzó hasta el 20 de diciembre de 2001. Ese día, los socios de los Red Sox, que operaban el equipo bajo un acuerdo de fideicomiso con los bienes del ex propietario Jean R. Yawkey, votaron para vender el equipo a un grupo de inversión encabezado por John Henry y Tom Werner. Larry Lucchino, quien sería nombrado presidente del club, se les unió. El grupo pagó $660 millones por los Red Sox, el Fenway Park y 80 por ciento de la New England Sports

Network, la red regional de deportes que transmite los partidos de los Red Sox. Ningún equipo de béisbol se había vendido por siquiera la mitad de esa cantidad.

La venta fue una mala noticia para los Yankees. Henry, Werner y Lucchino eran verdaderos conocedores del béisbol y amigos del comisionado Bud Selig; ellos conocían, por sus experiencias previas en equipos de las Grandes Ligas, cómo jugar bajo las reglas no escritas de Selig. (Henry había sido dueño de una pequeña fracción de los Yankees y luego de los Marlins, mientras Werner había sido propietario de los Padres y Lucchino había sido presidente de los Orioles y de los Padres). Estos hombres sabían cómo hacer tratos y ganar dinero en el provincial mundo del béisbol, pues tiempo atrás habían cubierto la curva de aprendizaje que hasta los hombres de negocios más sagaces deben superar cuando se unen al juego. Ellos representaban la mayor amenaza para la dinastía Yankee. Apenas horas después de la compra, despidieron a Duquette y promovieron al asistente de dirección general, Mike Port, para el puesto de director general; aunque sólo a nivel interino con la intención de tomarse todo el tiempo necesario para encontrar un arquitecto joven y dinámico que hiciera realidad su visión del equipo.

Kerrigan sólo duró dos semanas del entrenamiento de primavera pues los propietarios esperaron hasta que su compra se cerrara en febrero. Lucchino convocó a una junta de equipo un día en la casa club de los Red Sox, en la locación del entrenamiento de primavera en Fort Myers, Florida, para presentarles a Grady Little a los jugadores como su mánager. Little, que había sido entrenador de banca de Williams durante tres temporadas, era una opción popular y segura. Justo después de que Lucchino presentara a Little, Martínez se sentía tan contento que bailó desnudo alrededor de la casa club y provocó carcajadas entre sus compañeros de equipo cuando se sacudió el pene.

Los propietarios hicieron una contratación aún más importante en ese mismo entrenamiento de primavera con mucha menos fanfarria. Nombraron a un graduado de Yale de 28 años para el puesto de asistente de dirección general con Port. Theo Epstein, que creció a una milla de distancia de Fenway, en Brookline, se había iniciado en el béisbol como interno de verano para los Orioles de Baltimore de Lucchino en 1992, 1993 y 1994. Epstein siguió a Lucchino a San Diego, donde trabajó dos temporadas en el departamento de comunicaciones de los Padres antes de cambiarse al departamento de operaciones del béisbol en 1997; mientras tanto, obtuvo un título de la Escuela de Leyes de la Universidad de San Diego. Era inteligente en extremo y estaba lleno de preguntas. Encabezaba una generación de jóvenes ejecutivos y analistas muy diestros en el uso de las computadoras que creían que algunas de las respuestas para evaluar a los jugadores y para construir equipos podían encontrarse en el estudio paciente de las copiosas estadísticas del juego.

El cambio, sin embargo, no se presentó de inmediato a los Red Sox de Henry-Werner-Lucchino. Durante la primera mitad de la temporada de 2002, Port y su gente de operaciones y reclutamiento del béisbol sostenían frecuentes conferencias telefónicas que no sonaban muy distintas a la manera como casi todos los equipos habían conducido el negocio durante generaciones. Una de esas conferencias incluyó una discusión acerca de adquirir un outfielder.

"Oigan", exclamó un reclutador, "¿qué tal ese Doug Glanville? Es bastante bueno".

"¿Qué tal Marquis Grissom?", interrumpió otro reclutador. "Siempre me ha gustado".

La conferencia telefónica continuó en el mismo tenor: hombres del béisbol que hablaban sobre béisbol, que confiaban en sus instintos y muy poco más. (Tiempo después, los Red Sox obtuvieron al outfielder de Montreal, Cliff Floyd, a cambio de los prospectos de pitchers Sun-Woo Kim y Seung Song para los Expos).

"A grandes rasgos, ésa era la metodología", comentó Epstein. "La gente se sentaba a hablar acerca de los jugadores sobre quienes escuchaban hablar y acerca de quién sería una buena adquisición. No se estudiaban los números, sólo se hacían análisis subjetivos. ¿Vieja escuela? En verdad, era la vieja escuela. Y no la vieja escuela buena. Entonces, básicamente, lo que hicimos fue integrar algunas técnicas nuevas tras bambalinas."

En las oficinas administrativas en Fenway, Epstein, Jed Hoyer y otros jóvenes asistentes para el desarrollo de jugadores tenían su propia especie de laboratorio donde analizaban cifras y formulaban preguntas a la manera de la nueva escuela. Por ejemplo, fue el análisis estadístico realizado por Epstein y los jóvenes talentosos de estas oficinas lo que ayudó a los Red Sox a realizar un intercambio por el pitcher relevista zurdo Alan Embree, en junio de 2002. Los Red Sox cedieron a dos prospectos de pitchers de poca importancia a San Diego para obtener a Embree, un jugador del montón que ganaba $500.000 y que había saltado de los Giants a los White Sox a los Padres y a los Red Sox en un plazo de 12 meses. Sin embargo, a Epstein le agradaba el índice de strikeouts de Embree: más de uno por entrada. Embree sería una pieza importante del bulpen de Boston durante cuatro temporadas.

"No teníamos el poder para tomar la decisión final", comentó Epstein acerca de los analistas de la oficina administrativa, "pero, poco a poco, en el transcurso del año, comenzamos a integrar algunas de estas técnicas. Pronto fue evidente lo que John Henry buscaba en un nuevo director general y, debido al pensamiento de John, sentí que tenía el poder para crear un sistema nuevo".

Henry creía en los números. Éstos lo habían convertido en un hombre rico. En 1981, a los 31 años, Henry estableció una firma alternativa de administración de dinero de activos que, orgullosamente, eliminó del juego toda emoción humana y todo análisis subjetivo. La firma tomaba decisiones comerciales basadas en un sistema propio y objetivo que analizaba las tendencias en cada mercado. Para 2005, John W. Henry & Company, Inc. tenía activos por $3,8 mil millones. Para 2006, se calculaba que el valor neto de Henry era de $860 millones. Henry no vio razón alguna para que los análisis de datos no funcionaran también en el béisbol. Después de todo, él había sido aficionado del béisbol durante mucho tiempo y alrededor de 20 años atrás había descubierto el trabajo de analista estadístico de Bill James y otros reconocidos analistas de los deportes.

"Captamos la clave por la manera como funciona su mente", comentó Epstein. "Él es un verdadero pensador basado en la experiencia. Muy lógico, muy analítico, muy objetivo. Eso lo guió en su carrera, donde identificó tendencias en el mercado y descubrió una fórmula. Su creencia es que puedes contemplar al mercado de forma objetiva y que las tendencias radican en los números; incluso si eres derrotado a corto plazo, en última instancia funcionará. Es empírico.

"Los analistas de *sabermetrics* (el estudio del béisbol a través de muestras objetivas y cuantificables, en especial de las estadísticas) le gustaban mucho. Él veía una gran analogía entre los mercados financieros y el béisbol. Él comprendía que las peores decisiones eran las subjetivas, las decisiones de la vieja escuela, y quería a alguien que percibiera las operaciones del béisbol de la misma manera sistemática que él conocía de los mercados. Él es incluso más devoto de la perspectiva sistemática que yo. Mi perspectiva es más balanceada.

"En esa época, el panorama que rodeaba al béisbol cambiaba de manera definitiva en cuanto a la toma de decisiones. El *modus operandi* automático en el juego, la perspectiva de la vieja escuela, estaba a punto de sufrir un cambio dramático. Eran tiempos de grandes transformaciones y tú veías un cambio en el tipo de personas que tomaban las decisiones".

Los Red Sox de 2002 ganaron 93 partidos, pero se perdieron los playoffs en lo que fue un año de transiciones en la cultura organizacional. Henry aún necesitaba a un hombre clave para encargarse de las operaciones del béisbol de una manera que coincidiera con su perspectiva de análisis objetivo de los mercados. En noviembre supo con exactitud quién era esa persona: el director general de Oakland, Bill Beane, pero éste lo rechazó por motivos familiares.

Henry pensó en J. P. Ricciardi, que había sido la mano derecha de Beane en Oakland; no obstante, Ricciardi había sido contratado sólo un año antes por los Blue Jays de Toronto como director general y no estaba dispuesto a abandonar ese contrato, ni siquiera para ser el director general del equipo de su estado natal, Massachussetts. Entonces, Henry se volvió hacia su tercera opción, que también resultó ser el mismo que Billy Beane le había recomendado: Epstein. El 25 de noviembre de 2002, un mes antes de su vigésimo noveno cumpleaños, Epstein fue nombrado director general de los Red Sox de Boston. Ese mismo mes, Henry contrató a James, el sumo sacerdote del movimiento estadístico de los deportes, y al mes siguiente contrató a Josh Byrnes, un graduado de Haverford College de 32 años, que había trabajado en las oficinas generales de los Indians de Cleveland bajo las órdenes de Mark Shapiro. El cambio cultural en Boston ya estaba completo. Los Red Sox administraron su organización con un fuerte énfasis en el análisis estadístico para encontrar y explotar los mercados devaluados. Eran los Athletics, sólo que con mucho más dinero. Con los nuevos propietarios y con la juventud de Epstein, ahora también tenían el aplomo para ser verdaderos rivales de los Yankees. Ahora estaban equipados para competir contra los Yankees en su terreno, incluso si ese terreno se encontraba en Nicaragua.

El Día de Acción de Gracias, sólo días después de haber sido nombrado director general de los Red Sox, Epstein llamó a su novia desde el aeropuerto Logan, en Boston. Se suponía que compartiría la cena de Acción de Gracias en la casa de los padres de ella.

"Lo siento, pero no podré llegar", se disculpó Epstein. "Voy de camino a Nicaragua".

Uno de los legendarios pitchers en Cuba, José Contreras, había desertado el mes anterior mientras lanzaba en México para el equipo nacional de Cuba. Se encontraba en Nicaragua exclusivamente para evadir los requerimientos de selección de las ligas mayores y convertirse en agente libre. Los Yankees querían al hombre a quien el mismo Fidel Castro había apodado El Titán de Bronce, como homenaje al valor del general cubano del siglo XIX, Antonio Maceo. Sin embargo, los Red Sox no cedieron a los Yankees. De hecho, el viaje de Epstein a Nicaragua fue el inicio simbólico de la misión de Boston de enfrentarse cara a cara con los Yankees.

"Nuestros reclutadores lo adoraron", comentó Epstein. "Pensaron que él podría ser un pitcher abridor número uno en las ligas mayores, con un poco de riesgo involucrado. No podías hacer con él el mismo análisis estadístico que podrías hacer con un pitcher de las ligas mayores; además, el asunto de abandonar su país y a su familia era parte del riesgo. Justo entonces, dos cosas quedaron claras acerca de nosotros: no queríamos tener miedo y queríamos ser el tipo de organización que podía correr un riesgo sin acobardarnos porque podría hacernos lucir mal. No queríamos que la percepción fuera parte del proceso de toma de decisiones. Durante demasiados años, esta organización estuvo obsesionada con los periódicos del día siguiente y con los Yankees. Había tal fijación en lo que hacían los Yankees y en el temor a parecer tontos en los periódicos que eso casi paralizaba al club".

Antes de que Epstein partiera a Nicaragua, recibió una llamada de Louie Eljaua, su director de reclutamiento internacional. Eljaua había llegado primero a Nicaragua y había tomado una de las 12 habitaciones en el hotel, en la remota ciudad de Nicaragua, donde Contreras y su agente, Jaime Torres, estaban hospedados.

"Oye, hombre, sería bueno que no sólo reservaras una habitación para ti, sino que reservaras todas las habitaciones del hotel", le dijo Eljaua a Epstein. "De esa manera, los demás equipos no podrán hospedarse aquí. El lugar más cercano se encuentra a millas y millas de distancia".

A Epstein le encantó la idea. Los Red Sox pagaron todas las habitaciones. Cuando llegó allí, Epstein no podía creer lo bien que había funcionado el plan. Tenían el sitio sólo para ellos. Él y Eljaua se quedaron hasta altas horas de la noche con Contreras y Torres. Bebieron whisky, fumaron puros cubanos y hablaron sobre una nueva vida en Boston con los Red Sox. Epstein le dijo a Contreras que los Red Sox habían contratado a un catcher de bulpen que había nacido en Cuba y que podría ofrecerle apoyo diario y amistad.

"Es probable que no seamos quienes te hagamos la oferta más alta", dijo Epstein, "pero los demás equipos no te darán el apoyo y la bienvenida que nosotros te daremos".

A Contreras le gustó todo lo que escuchó acerca de los Red Sox. Todos disfrutaron más conversaciones, whisky y puros antes de irse a dormir.

"Me fui a la cama seguro de que firmaría con los Red Sox", dijo Epstein. "Al día siguiente vi dos figuras sombrías que entraban y salían de su habitación. Eran de los Yankees. Vi que Contreras hablaba por su teléfono celular".

Los Yankees habían enviado dos espías con una simple orden: no regresen sin haber contratado a Contreras. Si no lo contratan, sus puestos ya no estarán aquí cuando vuelvan. No pasó mucho tiempo antes de que Contreras solicitara ver a Epstein. El Titán de Bronce tenía lágrimas en los ojos.

"No es nada personal", le dijo a Epstein. "Me hicieron una mejor oferta. No aceptaron mi negativa".

Los Yankees le dieron a Contreras $32 millones por cuatro años, con lo cual aniquilaron la oferta de Boston de $23 millones por tres años. La leyenda dice que la reacción de Epstein fue alzar una silla en su habitación y romper los muebles, historia que él niega.

"No rompí nada", aclaró Epstein. "Quizá sólo arrojé algunas de mis pertenencias en mi habitación".

Lucchino, quien hablaba con el *New York Times* en ese momento, reaccionó con insultos.

"El Imperio Maligno extiende sus tentáculos incluso hasta América Latina", dijo Lucchino.

Los Red Sox habían perdido frente a los Yankees. Otra vez. Un suceso ordinario. Sin embargo, Epstein vio una victoria en su derrota.

"*Fuimos* valientes", señaló Epstein. "Sin embargo, aún teníamos que ser disciplinados y enfocarnos en el valor. Eso hicimos con nuestra oferta. Nuestra meta en la adquisición de jugadores era establecer un valor y nunca caer en una guerra de ofrecimientos de agentes libres. No hacerlo sin un fuerte sentido de cuál era nuestro punto de retiro. Es casi como una perspectiva de pequeño mercado para obtener la mayor ventaja por cada dólar. Al mismo tiempo demostramos que habíamos cambiado. En verdad avanzamos hacia nuestra meta de ser valientes y no temer quedar como estúpidos si las cosas no funcionaban".

Lo que sucedió poco tiempo después del embrollo de Contreras fue una de las temporadas bajas más fértiles y eficientes en la historia de los Red Sox, un estirón que pronto haría posible el logro de su Santo Grial, el campeonato mundial que esperaron durante más de ocho décadas.

Los Red Sox de 2002 habían logrado el segundo lugar en la Liga Americana en carreras y el tercero en porcentaje de colocación en base; no obstante, los bateadores ineficientes, como Tony Clark, Rey Sánchez, José Offerman, Carlos Baerga y Shea Hillenbrand, habían tenido demasiado turnos al bate. Epstein sabía que su equipo necesitaba bateadores que fueran mejores para colocarse en base. En los siguientes tres meses, Epstein agregó al bateador designado David Ortiz, al primera base Kevin

Millar, al segunda base Todd Walker, al tercera base Bill Mueller y al outfielder Jeremy Giambi, y también agregó a los pitchers Mike Timlin y Bronson Arroyo. Los siete jugadores le costaron el total de tres "no prospectos" de su sistema de ligas menores y $13 millones en salarios por la temporada de 2003. Epstein operaba a la manera de un experto carterista en serie. Era tan bueno que el resto de los miembros del béisbol no sabían qué les había golpeado, en especial meses antes de que *Moneyball* les señalara a los tipos de la vieja escuela lo que hacían los chicos de la nueva escuela.

"La rápida aplicación de algunos principios básicos dio resultados inmediatos en 2003", explicó Epstein. "Observamos la lista de jugadores y vimos que contábamos con el talento de superestrellas en la parte superior de la alineación. Sin embargo, después de nuestros diez mejores jugadores, encontramos muchas áreas que necesitaban mejoras. Pensamos que si podíamos conseguir jugadores superiores al promedio de la liga para colocarse en base, estaríamos mucho mejor. Necesitábamos muchachos que se colocaran en base. Teníamos demasiados puntos muertos en nuestra alineación. También sabíamos que en ese momento podíamos conseguir chicos que se colocaban en base y que no eran costosos. Aún podías encontrar a esos chicos y aún eran buenos valores. Ahora no puedes hacerlo. Sin embargo, el promedio de bateo de entonces se correlacionaba con el salario, no el porcentaje de colocación en base. Ahora sucede lo contrario. Todos esos tipos tuvieron años grandiosos y ejercieron un efecto dramático en nuestra ofensiva".

Cada bateador que Epstein obtuvo en esa época superaba el promedio de la liga en cuanto a colocación en base. Walker (.353 de porcentaje en base en 2002) y Giambi (.414) fueron obtenidos en intercambios menores. Mueller (.350) fue contratado como agente libre. Ortiz (.339) fue contratado por $1,25 millones después de ser despedido por los Twins de Minnesota en lugar de pagar una cantidad cercana a ésa por arbitraje. Mi llar (.366) fue contratado después de que los Marlins de Florida lo declararan disponible para contratación con el fin de permitirle jugar en Japón. El resto del béisbol interpretó esa disponibilidad como una formalidad necesaria para un jugador que se marcharía de Estados Unidos; no obstante, los Red Sox consideraron que la situación era una oportunidad para hacerse de otro jugador que podía colocarse en base. A los demás equipos les molestó haber sido sorprendidos con la guardia baja o, según su opinión, sólo respetando las reglas no escritas del juego.

"Lo anterior vuelve a nuestra prioridad principal: ser audaces", enfatizó Epstein.

A Giambi lo derrotarían sus lesiones, pero Walker, Mueller, Ortiz y Millar contribuyeron mucho. Los movimientos calculados de Epstein durante la temporada baja produjeron un impacto inmediato y enorme. Los Red Sox de 2003 se ganaron el comodín en los playoffs con 95 victorias (seis menos que Nueva York) y fueron el mejor equipo en bateo en la historia del béisbol, con lo cual sacaron a los Yankees de 1927 del libro de récords con un porcentaje de .491. Batearon 238 jonrones, récord de la franquicia, y encabezaron la liga con 961 carreras, la segunda cifra más alta en la historia de la franquicia. Seis compañeros de equipo batearon al menos 20 jonrones, un récord del club: Millar, Ortiz, Manny Ramírez, Jason Varitek, Nomar Garciaparra y Trot Nixon. De las 95 victorias de Boston, 40 fueron superando desventajas, incluidas 13 en las cuales tenían una desventaja de tres carreras o más.

"El equipo de 2003 contaba con un grupo de chicos que no conocían otra realidad", dijo Epstein. "No importaba lo mal que lanzáramos, sabíamos que podíamos patear el trasero al oponente y batear la bola por todo el estadio".

En el lapso de dos años, los astutos propietarios de los Red Sox habían ensamblado un verdadero rival para los Yankees con capacidad para construir equipos y un conocimiento de los procedimientos que superaba cualquier promedio. En 2003, los

Red Sox, poco más que un saco de boxeo para los Yankees durante los años de campeonato de éstos, fueron lo bastante buenos y seguros de sí mismos para empujar a los Yankees al borde de una caída: un partido para decidir el campeonato de la Liga Americana, y tal vez la llegada de un nuevo paradigma al béisbol. Un partido. Fue, en pocas palabras, uno de los más grandiosos partidos de béisbol jamás jugado.

7

Los fantasmas hacen
una aparición final

David Wells había sido una molestia pintoresca durante su primera etapa con los Yankees y sucedió lo mismo cuando volvió a unirse al equipo en 2002. A veces hacía movimientos con los brazos para mostrar su disgusto cuando alguno de sus compañeros de equipo cometía un error detrás de él, discutía con Torre y con Mel Stottlemyre, el entrenador de pitchers, podía pesar demasiado y salir por las noches hasta una hora un poco avanzada; no obstante, los incidentes, incluso uno que implicó un reporte policiaco en 2002, podían ser interpretados como el costo incidental de su inmadurez, como molestas casetas de peaje en la autopista rumbo a sus usuales 17 triunfos más o menos. El incidente de 2002, por ejemplo, ocurrió en un restaurante del East Side cuando el puñetazo de un aficionado

impertinente le zafó dos dientes frontales y le provocó una hemo-
rragia a Wells. El controvertido pitcher había lanzado uno de sus
clásicos partidos eficientes la noche de ese viernes 6 de septiembre, y derrotó a Detroit 8–1 en un juego completo sin bases por
bolas que le tomó sólo 2 horas y 28 minutos; es decir, fue lo bastante rápido para que Wells se pudiera dedicar el resto de la noche
a vagar por los bares de Manhattan. Wells bebió varios tragos de
tequila en un club en Soho antes de dirigirse hacia el restaurante
para comer algo, sin esperar el puño volador del dueño del restaurante, con sólo cinco pies y siete pulgadas de estatura.

Torre llamó a Wells a su oficina al día siguiente.

"¿A qué hora sucedió eso?", preguntó a Wells.

"Era como cuarto para la una de la mañana o algo así", respondió Wells.

Era una mentira flagrante. En apariencia, Wells olvidó que las
llamadas de emergencia al 911, de las cuales él había realizado
una aquella noche, forman parte de un registro público fechado.

"Me zafaron los dientes de un golpe, ¿de acuerdo?", ladró al
operador del 911 durante una perorata de dos minutos en la
cual arrastró las palabras y lo maldijo en repetidas ocasiones.
"Nueve, maldito hijo de puta, nueve, uno", escupió con la boca
sangrante.

Pronto se hizo evidente, sin lugar a dudas, que Wells le había
mentido a Torre acerca de la hora del suceso. Se equivocó por
unas cinco horas. Wells realizó la llamada al 911 a las 5:40 de la
mañana.

"En ese momento no recibí reporte alguno de lo contrario",
dijo Torre. "Siempre quiero confiar en mis jugadores, pero él
mintió descaradamente".

La mentira rompía la confianza entre Torre y sus jugadores, lo
cual era el cimiento mismo de toda su filosofía directiva. La
mentira de Wells molestó mucho a Torre debido a esa destruc-
ción deliberada. Constituía el peor tipo de traición en el libro de

Torre entre un mánager y sus jugadores: la insubordinación. En 1981, por ejemplo, Torre dirigía a los Mets cuando él y Bob Gibson, su entrenador de pitchers, vieron a dos peloteros, Ron Hodges y Dyar Miller, en el bar del hotel, lo cual no estaba permitido a los jugadores.

"Ve y diles que terminen su cerveza y se marchen", le pidió Torre a Gibson. "No soy de los que quiere atrapar a la gente; sólo diles que terminen y salgan de allí".

Los jugadores le dijeron a Gibson que se tomarían su tiempo con sus cervezas, gracias. No se marcharon.

Al día siguiente, Torre llamó a Hodges y a Miller a su oficina. Los acompañaba Rusty Staub, el respetado líder de la casa club, a quien Torre invitó a la reunión para que fungiera como testigo, como una manera de documentar la charla.

"Muchachos", les dijo Torre a Hodges y Miller. "Los enviaré a casa. Le pedí al chico de la casa club que saque sus maletas del autobús. No irán con nosotros a Filadelfia. Se irán a casa".

Como Torre explicó: "Odio hacer eso pero tuve que hacerlo. Era una insubordinación".

Miller miró con asombro a Torre y, en referencia al director general de los Mets, Frank Cashen, preguntó: "¿Está enterado Frank de esto?"

"No hasta que yo se lo diga", respondió Torre.

Torre le contó a Cashen el asunto mientras los dos jugadores iban camino a Nueva York.

Cashen le preguntó a Torre al día siguiente: "¿Te das cuenta de que todo esto fue por una cerveza?"

"Sí", replicó Torre.

"Si levantas la suspensión", le dijo Cashen, "puedo hacer que lleguen a Filadelfia a tiempo para el partido de esta noche".

"Si levanto la suspensión", le respondió Torre, "bien puedes agarrar las reglas y metértelas por el trasero".

Lo que hizo Wells, mentirle en su cara, fue una traición a Torre y a los Yankees, que el mánager vio como un acto rayando con la insubordinación.

"Es probable que ese incidente haya sido el más cercano a una insubordinación", recordó Torre. "Sin embargo, se convirtió en un problema de las oficinas generales y no de mi código de disciplina, porque se trataba de un asunto legal".

Wells sobrevivió al incidente, como siempre hizo con los Yankees, casi sin daños colaterales. No sólo lanzó su siguiente inicio, según lo programado, sino ganó todos sus inicios durante el resto de la temporada y obtuvo 3–0 con un ERA de 1,64 para terminar liderando al equipo con 19 triunfos.

Con frecuencia, Wells empujaba los límites de lo que significaba ser un Yankee. Era un tipo fiestero e iconoclasta de la contracultura en el mundo conservador de los uniformes a rayas, el rebelde sin causa; aunque, de alguna manera, siempre se las arreglaba para sobrevivir gracias a la fortaleza de su brazo izquierdo de oro. Sin importar cuánto bebiera, maldijera, vociferara o mintiera, Wells había sido bendecido con un brazo de goma y con una especie de condición atlética que podía permitirle repetir sus bien balanceados lanzamientos, la clave para lanzar la bola de béisbol justo donde quería, una y otra vez, de manera tan rutinaria y exacta como si colocara los puntos sobre las *íes* y trazara las *tés* con la más elegante letra que alguien pueda imaginar. Wells podía despertar la mañana de Navidad bajo una tormenta de nieve después de una parranda de toda la noche y pintar las esquinas exteriores del plato con su bola rápida. Tal vez, incluso con los ojos tapados. Así de buenos eran su mecánica y su brazo.

"Cuando perteneces a un equipo que es maduro", comentó Torre, "un tipo como David Wells puede ser un verdadero beneficio porque puede lanzar y todo el mundo lo comprende, comprende que este tipo puede ayudarnos; por tanto, hagamos todo lo que podamos por ayudarlo. Y si ello significa besarle el trasero o lo que sea, hagámoslo. Depende del grupo. Es algo que no sabes hasta que los reúnes y observas cómo es su composición".

De acuerdo con Mussina: "Boomer era difícil de complacer. Era escandaloso y difícil de complacer. Y me agrada Boomer. Es divertido. Nunca lo tomé demasiado en serio. No tenía problema alguno en jugar con él, sin importar lo demás. Nunca tuve problemas mientras jugué con Boomer".

En el entrenamiento de primavera de 2003, sin embargo, Wells por fin llevó demasiado lejos su rebelión, al menos con las oficinas generales. Se rebeló tanto que ni siquiera su brazo de oro pudo salvarlo de la ira de George Steinbrenner. ¿Su crimen? Wells escribió un libro: *Perfect I'm Not; Boomer on Beer, Brawls, Backaches, and Baseball.* Fue un problema inmediato para los Yankees cuando las pruebas de galera comenzaron a circular aquel febrero. Wells declaraba haber estado "medio borracho" cuando lanzó su juego perfecto en 1998, calculó que hasta el 40 por ciento de los jugadores de las Grandes Ligas consumían esteroides (cifra que redujo a 25 por ciento después del lanzamiento del libro), hizo algunas referencias veladas a sus compañeros de equipo, Roger Clemens y Mussina, y dijo que podías pararte en cualquier sitio de la casa club de los Yankees y estar a 10 pies de distancia de una provisión de anfetaminas. Wells podía avergonzar a sus compañeros de equipo en el diamante, parrandear toda la noche y mentir al mánager; no obstante, escribir un libro que impugnaba la integridad de la franquicia de los Yankees por fin lo hizo morder el polvo cuando Steinbrenner dijo: "Basta". Este episodio cobró mucha importancia para Torre, mucho más significativo que el incidente de la mentira en 2002, porque los restos de metralla que volaron a consecuencia del libro dañarían por siempre la posición de Torre con las oficinas generales.

Steinbrenner estaba furioso por el libro y reflexionó durante varios días lo que debía hacer con Wells.

"Ha dado segundas oportunidades a Darryl Strawberry y a Dwight Gooden", dijo Wells a los reporteros en referencia a dos ex consumidores de drogas a quienes Steinbrenner contrató en persona para jugar en los Yankees. "Yo merezco una segunda oportunidad".

Steinbrenner convocó a Torre a una junta en Legends Field,

en Tampa. Torre abordó el elevador en la recepción, en la planta baja donde se encontraba la casa club, hasta el cuarto piso, donde se encontraban las oficinas ejecutivas. Torre entró a la sala de conferencias y encontró a Steinbrenner con el director general, Brian Cashman, la asistente de dirección general, Jean Afterman, el jefe de operaciones, Lonn Trost, y el director de relaciones públicas, Rick Cerrone. También en la junta, a través del altavoz telefónico desde Nueva York, estaba el presidente, Randy Levine.

Steinbrenner miró a Torre y le preguntó: "¿Qué crees que debemos hacer con David Wells?".

"Lo que yo haría si fuera tú", le respondió Torre a Steinbrenner, "es pedirle que venga y ordenarle que cierre el hocico".

"No", dijo Steinbrenner. "Quiero que le digas…"

Torre no le permitió continuar.

"Yo no le diré nada", replicó Torre. "Esto no tiene relación alguna conmigo. Si tienes algo que decirle, díselo tú. Así de simple. Eso será todo. Dile que venga. Y díselo".

Torre sabía que Steinbrenner tenía una debilidad: Steinbrenner podía reñirse con la gente con mucha frecuencia y facilidad, pero nunca le gustó hacerlo de persona a persona. Torre comentó: "Siempre quería hacerlo con otras dos personas presentes. Él quería atemorizarte frente a otras personas". Steinbrenner no estaba dispuesto a enfrentarse en persona con Wells.

"Esto es lo que quiero que hagas", le dijo Steinbrenner a Torre. "Quiero que lo conviertas en el pitcher número once de la rotación".

Steinbrenner quería castigar a Wells al retirarlo de la rotación inicial y relegarlo a las labores finales en el bulpen. Los Yankees habían obtenido 23–8 cuando Wells abrió para ellos en la temporada previa.

"No puedo hacer eso", le respondió Torre a Steinbrenner. "No me agrada mucho ese hijo de puta, pero no puedo hacerlo. Aún puede ganar y va a ayudarte a ganar partidos".

Steinbrenner y Torre comenzaron a discutir. Steinbrenner insistía en que Torre sepultara a Wells. Torre le explicaba que con ello castigaría a los compañeros de equipo de Wells. Steinbrenner le decía que su trabajo era disciplinar a sus jugadores. Torre le respondía que ése era un asunto ajeno al juego y que no era su responsabilidad… y así continuaron hasta que Torre se cansó. Y Torre estaba cansado no sólo de esa discusión acerca de David Wells: también estaba harto de Steinbrenner.

"¿Sabes una cosa?", le dijo Torre a Steinbrenner. "Estoy harto y cansado de esta mierda. Tú me das un golpe tras otro y tras otro… me molesta. Quizá no debería decirte esto, pero me molesta".

De pronto, la voz de Levine llenó la sala a través del altavoz que se encontraba sobre la mesa de la sala de conferencias de Steinbrenner. Levine comenzó a decir algo, pero Torre lo interrumpió de inmediato.

"Randy", le dijo Torre, "cierra el pico".

La sala quedó en silencio durante un momento, un breve instante bastante incómodo.

Torre dijo: "Descubrí que Randy había intentado encontrar una manera de deshacerse de mí a partir de ese momento. Comprendido".

Levine no participó allí en las temporadas de campeonatos de los Yankees. Había abordado el tren del campeonato justo a tiempo para su última parada al unirse al club en enero de 2000. No tenía conexión alguna con el ascenso de la dinastía y las bases de confianza que Torre había establecido con sus jugadores y no tenía conexión alguna con las operaciones del béisbol. Levine estaba allí porque era un operador político experimentado e inteligente que sabía cómo conducir a los Yankees a través del laberinto de reglas, regulaciones y burocracia, mientras éstos planeaban el equivalente a dos monumentales proyectos de perforación marina, para generar ganancias que los mantuvieran en la vanguardia económica durante el siguiente siglo: el lanzamiento de su propia cadena deportiva regional y la construcción de un nuevo Yankee Stadium.

Levine sabía cómo hacer las cosas en la ciudad de Nueva York. Antes de unirse a los Yankees ocupó el cargo de vicealcalde de desarrollo económico, planeación y administración de la ciudad. Se graduó de la Universidad George Washington y la Hofstra School of Law. Pronto, Levine se convirtió en una fuerza importante en los Yankees y proporcionó una presencia diaria en Nueva York, mientras Steinbrenner pasaba cada vez más tiempo en Tampa. Los reporteros aprendieron a acudir a él para obtener información. Levine era un individuo que de manera anónima impulsaba las metas de los Yankees, mientras Steinbrenner se alejaba poco a poco de su función de alimentar a los tabloides. El arte de información fue una habilidad que Levine afiló en la política al haber sido uno de los asesores más fiables del alcalde Rudy Giuliani.

Las facultades políticas de Levine chocaban con el énfasis de Torre en la confianza organizacional y personal. Torre creía que una organización operaba con el máximo grado de eficiencia sólo cuando todas las relaciones se construían sobre la base de la confianza y la visión compartida de que el objetivo de ganar superaba, e incluso transformaba, los propósitos individuales. Él creía en la gente. Sin embargo, con demasiada frecuencia, Torre se estremecía ante la rapidez y la frialdad con la cual los Yankees, bajo el mando de Levine, podían volverse contra alguno de ellos mismos. La reacción de los Yankees ante un jugador en crisis a menudo incluía explorar la posibilidad de evitar pagarle a dicho jugador. Ellos a veces buscaban extirpar heridas, no sanarlas. Entre aquellos jugadores con quienes se apresuraron a investigar una posible liberación contractual, a partir del año 2000, se encuentran Bubba Trammell, un outfielder que sufría depresión y quien, en cierta ocasión y sin previo aviso, no se presentó a trabajar; Chuck Knoblauch, que deseaba renunciar debido a un bloqueo mental que le impedía lanzar la bola desde segunda base; Jason Giambi, debido a su famaso testimonio ante el gran jurado durante el caso BALCO en el cual admitió consumir esteroides; Carl Pavano, que parecía buscar razones para no lanzar y no anunció a los Yankees que tenía dos costillas fracturadas a causa de un accidente automovilístico; y Johnny Damon, con sus intenciones de retirarse por una especie de fatiga de batalla.

El más infame y largo caso de los Yankees vueltos en contra de uno de los suyos involucró a Jason Giambi. Un día después de que el testimonio de Giambi ante el gran jurado fuera reportado por el *San Francisco Chronicle* en 2004, los periódicos estaban inundados de fugas de información de que los Yankees ya investigaban la posibilidad de rescindir su contrato. El mismo escenario ocurrió en 2007 cuando Giambi se implicó a sí mismo en el consumo de esteroides al decirle a un reportero que él formaba parte de una cultura de juego que "estaba mal por hacer esas cosas". (Desde luego, el terreno legal sobre el cual estaban parados los Yankees parecía inestable y desigual si consideramos que ellos retiraron la palabra *esteroides* de su contrato de manera específica cuando lo contrataron; de hecho, cambiaron el lenguaje a referencias más genéricas, como *sustancias controladas*, con la creencia, dijeron, de que el lenguaje más amplio les ofrecía una mejor protección ante cualquier responsabilidad).

De hecho, el deseo de escapar de Giambi y de su contrato saldría a la superficie entre 2004 y 2007, casi en cada ocasión en la cual el jugador no bateaba bien o estaba lesionado. Durante una de esas ocasiones, dijo Torre, Levine intentó averiguar si los Yankees podían despedir a Giambi sin pagarle; el motivo sería insubordinación por negarse a cumplir una asignación en las ligas menores. "Cash le dijo: 'No podemos hacer eso'", comentó Torre.

Durante otra campaña de las oficinas generales contra Giambi, el médico del equipo, Stuart Hershon, entraba a la oficina de Torre a diario para decirle por qué Giambi estaba disponible para jugar.

"Él bajaba, según las órdenes de George y Randy, para averiguar por qué Jason no jugaba", dijo Torre. "Se veía bastante inquieto".

"Él puede jugar", le dijo el médico a Torre cierto día. "Él puede jugar".

"Lo sé", respondió Torre. "He decidido que no jugará".

Torre dijo: "Tal parecía que ellos querían comprobar el hecho de que él se negaba a jugar para basarse en ello. Nunca me pidieron que dijera que Jason se rehusaba a jugar. Nunca me incluyeron en ninguna discusión. Es sólo que yo no consideraba que él fuera una de nuestras mejores opciones en ese momento".

Por tercer día consecutivo, Hershon asomó la cabeza en la oficina de Torre para averiguar qué sucedía con Giambi. Sería el último de esos días.

"¿Sabes, Doc?", le dijo Torre. "Lárgate de mi oficina. No quiero volver a escucharlo. Si George tiene un problema con esto, muy bien. Pero no me digas a quién meto a jugar. Aléjate de mi oficina".

Torre siempre odió las confrontaciones, tal vez por haber crecido en un ambiente familiar violento bajo el puño de hierro de su padre, Joe. Sin embargo, odiaba, quizá tanto como a las confrontaciones, el daño que la gente podía hacer al intrigar de manera encubierta.

"Lo que no puedo soportar, y supongo que sucede en muchos negocios, es cuando ocurren cosas a espaldas de la gente", comentó Torre. "Si algo necesita ser atendido, yo lo atiendo. Sin importar lo mucho que odie las confrontaciones, tengo que hacerlo. Evitarlo es una tortura. Recuerdo cuando fui mánager de San Luis y tuve una junta con Kenny Hill, un pitcher, y le dije: 'Siento que llega un momento en el partido en el cual pareces perder la concentración'. Entonces, él me dijo: 'Bueno, es que Tom Pagnozzi hace esto y lo otro…'. Pagnozzi era el catcher. Le dije: 'Oye, espera. Tommy, ven acá'.

"Kenny estaba mortificado porque yo llamé al catcher de quién él hablaba. Le dije: 'Resolvamos este asunto. No vamos a herir los sentimientos de uno o del otro. Encontremos una manera de mejorar esta situación a través del trabajo conjunto'. Pero eso es lo que hago. Yo involucro a los jugadores".

La junta en el entrenamiento de primavera de 2003 sobre Wells en Legends Field con Levine, Steinbrenner, Cashman, Torre y otros terminó sin una decisión. De hecho, fueron necesarias dos semanas para que Steinbrenner y los Yankees llegaran a un consenso acerca de lo que debían hacer. Resultaba claro que Wells estaba molesto por las críticas dirigidas hacia él desde adentro y desde afuera de la organización por su libro. El 28 de febrero, antes de un partido de entrenamiento de primavera en Clearwater contra los Phillies, Wells les dijo a Torre y a Cashman que quería renunciar.

"David", le dijo Torre a Wells, "tu nombre está en el libro".

"Yo no sabía lo que contenía", respondió éste.

"David, ¿revisaste las páginas del libro? ¿Escribiste algo de eso?

"No".

"Bueno, no sé qué decirte".

"Voy a renunciar".

Torre sabía que Wells hablaba por frustración. Torre ya había pasado por eso; es decir, había escuchado a un jugador endurecido y admirado de las Grandes Ligas, con habilidades de clase mundial y millones de dólares, decirle que quería renunciar. Wells siguió a Knoblauch y precedió a otros esos Yankees que habían alcanzado un punto de quiebre y querían alejarse del béisbol. Todos eran recordatorios de la fragilidad del espíritu humano, incluso entre los que eran fuertes a nivel físico y las celebridades deportivas de quienes se creía que "lo poseían todo" y vivían una vida encantada. Wells estaba muy conmovido cuando se reunió con Torre y Cashman.

"No renuncies", le dijo Torre a Wells. "Sólo no renuncies. Ve a casa ahora y regresa mañana. Reflexiona al respecto. Nadie quiere que renuncies. Sólo tienes que hablar con esos jugadores y hacer lo que tengas que hacer para disculparte con ellos y reparar esto. Pero no te limites a renunciar. Tienes demasiado por ofrecer".

Wells se quedó. Los Yankees, después de ciertas negociaciones con el agente de Wells, decidieron imponerle una multa de $100.000. Poco tiempo después, *Sports Illustrated* organizó una sesión fotográfica en Legends Field para la que sería la portada de la edición de adelantos de la temporada de béisbol. La idea era colocar a Steinbrenner rodeado por los seis pitchers abridores de los Yankees, a quienes pagaba una suma total de $46,5 millones: Roger Clemens, Andy Pettitte, Mike Mussina, David Wells, Jeff Weaver y José Contreras. Wells se negó a ser incluido, aún resentido por los contratiempos del libro, pero también porque en el pasado había acusado a *Sports Illustrated* de alterar una fotografía de él para hacerlo lucir más gordo (una acusación inexacta, desde luego). *"You Can't Have Too Much Pitching (Just Ask George)"*, rezaba la portada.

"Allí estábamos: yo, Andy, Roger, Weaver, Contreras y George, sin Boomer en la fotografía", comentó Mussina. "Ahora, yo no sé qué más quieres como pitchers, pero creo que era bastante bueno. Ése es quizá el mejor grupo de gente con quienes tuve la oportunidad de jugar".

Tan alta era la calidad de los pitchers abridores de los Yankees que su pitcher abridor número *seis* (Weaver y Contreras alternaban entre el quinto puesto y relevista largo) pudo haber sido el número uno para muchos otros equipos. Eran tan buenos como indicaba la publicidad. Clemens, Pettitte, Wells y Mussina lanzaron más de 200 entradas y marcaron sólo la duodécima ocasión en la historia de los Yankees en la cual contaron con cuatro caballos de tiro de esa magnitud, aunque fue la primera ocasión en la era de la rotación de cinco hombres. Los cuatro ganaron al menos 15 partidos con pérdidas de un solo dígito, con lo cual hicieron de la rotación de los Yankees de 2003 una de las únicas 12 en la historia del béisbol en ser tan exitosas; las únicas otras rotaciones de los Yankees dentro de esta categoría ocurrieron en 1927 y 1932. El grupo concedió el menor número de bases por bolas por juego de todos los equipos de los Yankees desde 1906.

Torre siempre pensó que el plano para construir un equipo de campeonato comenzaba con la rotación y los Yankees de 2003 representaron uno de los equipos más fuertes de Torre. Sus pitchers abridores lanzaron 1.066 entradas ese año, la cifra más alta en sus 12 años con los Yankees, y ganaron 83 partidos, superados sólo por el histórico equipo de 1998. Los Yankees de 2003 obtuvieron 101 victorias y tenían el equipo de lanzamiento para extender la dinastía a lo que hubiera sido un quinto campeonato mundial en ocho años. No obstante, se quedaron a dos victorias del título y perdieron ante los Marlins de Florida, que ganaron 91 partidos, pero entraron en racha en el momento adecuado.

El hecho de que los Yankees hubieran llegado a la Serie Mundial de 2003 era, en sí mismo, un logro memorable. Fue necesario cada partido y cada entrada de la Serie de Campeonato de la Liga Americana y algo más para ello. Fue necesario cierto ruido y un tipo de emoción intensa que nunca antes ni después sacudieron al enorme y viejo estadio. Fue necesario uno de los más grandiosos partidos de béisbol jamás jugado. Fue necesario lo que sería el último milagro en el Bronx.

◆ ◆ ◆

El 16 de octubre de 2003, un jueves, el secretario de defensa de Estados Unidos redactó un memorándum interno para sus asesores principales bajo el título "Guerra global al terrorismo", en el cual escribió: "Está muy claro que la coalición puede ganar en Afganistán e Iraq de una manera o de otra, pero será un trayecto largo y difícil". Ese mismo jueves, el presidente Bush se reunió en privado en una *suite* de hotel con el gobernador electo de California, Arnold Schwarzenegger. Si los mismos hombres se hubieran reunido sólo 13 años atrás, habríamos hablado de una junta con un poco menos de seriedad si consideramos que hubiera sido el hombre que dirigía al equipo de béisbol de los Rangers de Texas en charla con el protagonista de *Kindergarten Cop*. El mundo ese 16 de octubre de 2003 podía parecer más confuso y voluble que nunca, y tal vez en ningún lugar más que en el vacío Fenway, en Boston. Esa mañana, los trabajadores habían pintado con todo cuidado el logotipo de la Serie Mundial de 2003 en el césped, detrás de la caja de bateo. La Serie Mundial estaba programada para empezar dos noches después en el parque, que era la sede del campeón de la Liga Americana. Mientras los trabajadores aplicaban y cepillaban la pintura en los terrenos verdes de Fenway, había un pequeño detalle que debía resolverse antes de las festividades: los Red Sox aún tenían que disputar el séptimo juego de la Serie de Campeonato de la Liga Americana esa noche en el Yankee Stadium, contra los Yankees.

Los Red Sox ya no parecían representar el papel del coyote de las tiras cómicas contra los Yankees. Se habían convertido en un rival más auténtico, valioso y provocadoramente ansioso. Y Torre lo sabía. Horas antes del séptimo juego, Torre tomó asiento en su oficina en el Yankee Stadium y se preguntó si los Yankees podrían vencer a Boston una vez más, sin dejar de considerar lo agonizantes y agotadoras que habían sido las victorias contra los Red Sox.

"Oh, ellos eran mejores que nosotros en 2003", dijo Torre. "Digámoslo de esta manera: ellos me inspiraban más temor que nunca antes. Desde luego, ellos siempre me atemorizaban. No puedes evitarlo cuando se trata de los Red Sox. Sin embargo, en algún momento te preguntas: '¿Cuándo terminará esta mierda? ¿Durante cuánto tiempo los venceremos antes de que la ley de las probabilidades se vuelva en nuestra contra?'.

"Dado que crecí en Nueva York, yo sabía de las guerras entre los Dodgers y los Giants 22 veces por año. No obstante, al no haber estado involucrado de manera personal en ello, a no ser como aficionado, nunca había experimentado algo semejante a todo el asunto de los Red Sox y los Yankees. Ahora era personal. O sea, Don Mattingly dijo que no quería que su hijo fuera seleccionado por los Red Sox. Así de arraigado es. Se vuelve personal entre los jugadores".

Mel Stottlemyre, el entrenador de pitchers que contaba con toda la confianza de Torre, entró a la oficina de éste antes del séptimo juego.

"Tienes a Moose en el bulpen esta noche", anunció Stottlemyre.

"Tengo a todos en el bulpen esta noche", respondió Torre.

Mike Mussina, "Moose", había iniciado y perdido el cuarto partido tres días antes. Mussina había lanzado bien y había marcado dos outs en la séptima entrada, pero el pitcher abridor de Boston, Tim Wakefield, había lanzado mejor. Mussina salió con un déficit de 3–1 en un partido que los Red Sox ganarían 3–2; un partido en el cual el mánager de Boston, Grady Little, sacó a Tim Wakefield después de siete entradas y 100 lanzamientos para que los relevistas Mike Timlin y Scott Williamson consiguieran los seis outs finales. Mussina había aparecido en 431 partidos a lo largo de su carrera profesional al llegar a ese séptimo juego, incluidas las postemporadas. Ninguna de esas 431 apariciones había salido del bulpen.

"Tal vez te usemos en el bulpen", le había dicho Stottlemyre a Mussina; "pero, si lo hacemos, no te llamaremos a la mitad de una entrada. Te llamaremos para iniciar una entrada. De esa manera tendrás tiempo suficiente para calentar".

◆ ◆ ◆

Una de las bellezas del béisbol es su nobleza. Siempre hay otro turno al bate, otro partido, otra oportunidad de acertar, y esas oportunidades de redención, a diferencia de otros deportes, son posibles a diario. Un equipo juega 162 partidos en 181 días. Un bateador tendrá 600 oportunidades. Un pitcher enfrentará a 900 bateadores. Una temporada ofrecerá 750.000 lanzamientos. El volumen de oportunidades es lo que da al juego su ritmo y su alma.

Hasta que llegas a un séptimo juego.

El séptimo juego voltea al béisbol de adentro hacia fuera y sustituye las casi interminables oportunidades por urgencia. Inyectado con una dosis abundante de decisión, el béisbol en el escenario del séptimo juego es distinto por completo. Sólo han existido 47 séptimos juegos decisivos a lo largo de la historia del béisbol. Ninguno de ellos fue más esperado, ninguno estuvo más cargado de tensión y hostilidad que el séptimo juego de la Serie de Campeonato de la Liga Americana de 2003. Los pitchers abridores garantizaban de por sí algo histórico, incluso peligroso. Los Yankees iniciaron con Roger Clemens. Los Red Sox entregaron la bola a Pedro Martínez. Entre estos dos pitchers sumaban 476 triunfos en las ligas mayores, un récord absoluto para cualquier enfrentamiento de pitchers en un séptimo juego. Ambos sumaban nueve premios Cy Young. No sólo se encontraban entre los mejores pitchers de su generación, sino también eran de los más temidos. Tanto Clemens como Martínez utilizaban la bola no sólo para ganar, sino para intimidar a los bateadores. Con frecuencia, ellos lanzaban rozando a los bateadores con una mentalidad justiciera, un tipo de machismo que casi había desaparecido del juego. A Clemens le gustaba utilizar un eufemismo para este tipo de tácticas de intimidación, la llamaba "mover los pies del bateador", y lo decía con la actitud casual y despreocupada de quien mueve los muebles de una

persona. Martínez, por su parte, había desarrollado tal reputación de lanzar la bola pegada a los bateadores que, en cierta
ocasión, uno de ellos corrió hacia el montículo convencido de
que Pedro lo había golpeado a propósito; un lanzamiento disparado con un juego perfecto intacto. Más aún, Martínez y Clemens no se querían demasiado.

El tercer juego, en Boston, ya había demostrado las características explosivas de cuando mezclabas a los Yankees y a los
Red Sox, a Clemens y a Martínez. Los dos ases iniciaron ese
partido y armaron un alboroto considerable. A los Yankees no
les agradaba Martínez, a tal grado que, cuando Martínez se volvió agente libre más tarde, después de la temporada de 2004,
muchos de ellos se ocuparon de decirle a Torre que no pensara
en él.

"Cuando fue agente libre, hubo alguna charla informal
acerca de que se integrara a los Yankees, pero había un des-
agrado genuino hacia él por parte de nuestros jugadores", comentó Torre. "Ellos no lo querían cerca y así me lo dijeron. No
nos agradaba. No nos gustaba por una razón. Quiero decir, él
lanzaba la bola contra la gente. Hubo un partido en Nueva York
en el cual golpeó a Soriano y a Jeter, uno tras otro, y mandó a los
dos al hospital.

"Se trata de un tipo que puede poner la bola donde lo desee.
Y lo cierto es que tiene la mentalidad adecuada: que si vas a
lanzar la bola cerca de alguien, te equivocas y lo golpeas. No veo
nada de malo en ello. Es mejor que equivocarte sobre la zona de
bateo y que el otro conecte un jonrón. Eso es lo que intentas
enseñar y no muchos chicos pueden hacerlo. Solíamos odiar a
Clemens por el mismo motivo cuando él pertenecía a otro
equipo".

Además de su tendencia a lanzar adentro, Martínez irritaba
a los Yankees con sus provocaciones verbales desde la banca,
otra táctica de la vieja escuela que parecía fuera de lugar en el
juego moderno. El pitcher insultaba a los Yankees desde el

dugout de Boston. El catcher Jorge Posada era su blanco favorito. Martínez cuestionaba la inteligencia de Posada y lo llamaba "Dumbo", en referencia a las prominentes orejas del catcher. Era una táctica rastrera, pues Martínez sabía que Posada era un jugador sensible: mientras más molestaba Martínez a Posada, más se distraía este último. Posada era un bateador con .191 contra Martínez al iniciar la Serie de Campeonato de la Liga Americana de 2003.

Sin embargo, en el tercer juego, los Yankees no permitieron que Martínez se saliera con la suya. Boston le dio a Pedro en la primera entrada una ventaja de 2–0 sobre Clemens, pero los Yankees, encabezados por el fiero Posada, contraatacaron con un bateo agresivo contra Martínez. Posada abrió la segunda entrada con un doble y más tarde anotó con un sencillo del outfielder Karim García. Derek Jeter bateó un jonrón en la tercera entrada para empatar el marcador. Para la cuarta entrada, los Yankees estaban tan envalentonados por su furia contra Pedro que voltearon la situación, provocándolo desde su dugout.

"¡No tienes nada!", le gritaban a Martínez.

Fue Posada quien inició otra secuencia ofensiva; esta vez con una base por bolas. Nick Johnson lo siguió con un sencillo contra el "monstruo verde" hacia el campo izquierdo, un disparo que envió a Posada a tercera. Hideki Matsui bateó el siguiente lanzamiento hacia el campo derecho, para lograr un doble que saltó a las gradas y permitió la anotación de Posada. Ahora los Yankees, encabezados por Posada, mortificaban a Martínez desde el dugout. Martínez se enfrentaba a García, un bateador zurdo, con la primera base abierta y un bateador diestro en espera. Su primer lanzamiento para García fue una bola rápida que zumbó directo hacia la cabeza del bateador. García se agachó y la bola le rozó el hombro izquierdo.

Los Yankees estaban atónitos. Desde su punto de vista, Martínez había lanzado la bola contra García de manera intencional al sentirse frustrado por sus swings y sus gritos ofensivos desde el dugout.

"¿Intentaba Pedro demostrar algo? Yo estoy seguro de que así fue", dijo más tarde uno de los compañeros de Martínez, el pitcher John Burkett. "Roger lo hace, Randy Johnson lo hace en ocasiones y Pedro lo hace. No creo que intentara lastimarlo. Trataba de transmitir un mensaje. El mensaje era: 'Al carajo con esto. Tengo que inspirar temor en alguien'. Y lo logró".

Martínez declaró que el lanzamiento no tenía intención alguna. Sólo se le escapó.

"¿Por qué voy a golpear a Karim García?", dijo. "¿Quién es Karim García? Karim García es un out. No es un out que yo quiera dejar ir".

Los gritos continuaron desde el dugout de los Yankees. El siguiente bateador, Alfonso Soriano, bateó una rolata hacia el shortstop que los Red Sox convirtieron en un doble play, pero no antes de que el furioso García se barriera con fuerza contra Todd Walker, el segunda base, en un intento por desestabilizarlo y para desahogar su furia por haber sido golpeado. García se levantó del suelo y miró con rabia a Martínez, mientras corría por el infield hacia el dugout de tercera base. Martínez interpretó con razón la mirada de García como un mensaje de que éste creía que el pitcher había intentado golpearlo a propósito.

"¿Por qué voy a intentar golpearte?", le gritó Martínez a García. "¡Tú eres mi out!"

"¡Hijo de puta!", gritó García como respuesta.

"¡Tú eres el hijo de puta, sucio bastardo!", gritó Martínez.

"Cuando dije eso", comentó Martínez, "Posada subió a saltos los escalones del dugout y comenzó a gritarme en español. Podía escuchar que me gritaba y que hizo un comentario acerca de mi madre. Posada es latino. Él debería saber que, si no quieres hacer encabronar a alguien, no dices nada acerca de su madre.

"Una característica de la cultura dominicana con la cual debes ser muy cuidadoso es con decir cualquier cosa acerca de la madre de alguien. Tú dices algo sobre la madre de alguien y provocas un pleito al instante. Si yo siquiera veo que alguien le alza la voz a su madre, va a recibir un manazo en la boca. Posada es de Puerto Rico. Dado que es latino, él debería saber eso".

Martínez ya no le hizo caso a García y volvió su atención a Posada en el dugout. Martínez levantó su dedo índice derecho y lo apuntó hacia el lado derecho de su cabeza, mientras le gritaba algo en español. Martínez dijo que gritó: "Recordaré lo que dijiste". Posada y los Yankees escucharon e interpretaron algo muy distinto. Vieron en las acciones de Martínez una amenaza clara de que golpearía a Posada en la cabeza con la bola en su siguiente turno al bate.

Clemens, desde luego, no iba a permitir que dichas acciones no recibieran su merecido. La pregunta no era si respondería con un lanzamiento agresivo, sólo algo pequeño para 'mover los pies de alguien', sino cuándo. Un aprieto en la sexta entrada de un partido cerrado, con un out, una ventaja de 4–2 y las carreras del empate en base no parecía ser el escenario adecuado para la retribución, pero Manny Ramírez opinaba distinto. Los Yankees siempre discutían en sus juntas de reporte previas a los partidos que Ramírez se sentía incómodo con los lanzamientos adentro. Los reportes decían que podías sacar a Manny de su juego si de manera ocasional le lanzabas bolas hacia sus manos, fuera del área. Dichos tiros de advertencia le restaban valor a Ramírez para buscar los lanzamientos afuera. (Los reportes también incluían que esos lanzamientos no tenían efecto alguno en David Ortiz, el otro gran bateador y asesino de Yankees confirmado. Ortiz respondía a cualquiera de esos lanzamientos con sólo escupir en las palmas de sus manos y recuperar su postura agresiva acostumbrada, casi encima de home. A diferencia de Ramírez, los Yankees consideraban que era imposible intimidar a Ortiz).

Clemens disparó una bola rápida alta que, aunque voló un poco hacia adentro, no estuvo cerca de golpear a Ramírez. Sin embargo, Ramírez, al percibir, como todos los Red Sox, que Clemens no dejaría impune el incidente de la cuarta entrada con Martínez, pensó que el pitcher había intentado golpearlo. Ramírez se agachó y luego, con el bate en la mano, corrió hacia el montículo. Los jugadores y entrenadores de ambos dugouts de inmediato salieron hacia el centro del diamante, excepto un entrenador de 72 años de los Yankees, que caminó en línea recta hacia el dugout de Boston. Don Zimmer ya había visto y escuchado suficiente de Martínez. Ese incidente, pensaba Zimmer, había sido causado por Martínez y por sus años de lanzar hacia los bateadores y de gritar insultos a los Yankees. Vio a Pedro con su uniforme rojo de calentamiento al otro lado del campo y hacia allá se dirigió. Zimmer no tenía planeado lo que iba a hacer cuando llegara, sólo sabía que estaba harto de Martínez.

"Lo único que recuerdo", dijo Torre, "es cuando salía del dugout con Zimmer a mi izquierda, tal vez dos o tres escalones debajo de mí. Iba a decirle: 'Zim, tú quédate aquí', pero supe que era inútil. O sea, que yo lo detuviera o que cualquiera lo detuviera, no iba a ser posible. Es lo último que recuerdo de Zim. Después me encontré en medio de la bronca con todos los demás, en el centro del terreno de juego, y escuché que Zim o alguien más gritaba algo en su dugout y miré hacia allá. Él ya estaba en el piso".

Zimmer se había lanzado a la carga sobre Martínez como un toro en una arena y un Martínez atónito había respondido a la manera de un matador. Martínez se hizo a un lado y empujó a Zimmer al suelo.

"Él intentó sujetar mi brazo derecho", recordó Martínez. "Yo pensé: '¿Va a jalármelo? ¿Intentará lastimarme?'. Yo lo arrojé hacia el piso".

La escena de este hombre de 72 años cayendo al suelo, con su calva cabeza rosada, sin gorra, contra el césped verde oscuro frente al dugout de Boston, fue tan desagradable que, en efecto, dio fin a lo que de otra manera hubiera sido una pelea a gran escala. (Clemens dijo que al principio pensó que el redondo cuerpo tirado era el de su compañero de equipo David Wells). Zimmer estaba ileso; no obstante, los Yankees insistieron que trajeran una camilla y que fuera transportado de inmediato en ambulancia a un hospital. Pero Zimmer se sentía muy avergonzado. Convocó una conferencia de prensa al día siguiente y, entre lágrimas, se disculpó por sus actos. Su acto de contrición no impidió que el alcalde de la ciudad de Nueva York, Michael Bloomberg, sugiriera que Martínez habría sido arrestado de haber actuado de esa manera en Nueva York.

"Cualquiera que sea la clase de béisbol que ellos quieran jugar, nosotros vamos a jugar; pero nosotros no iniciamos eso", dijo Clemens después del partido, apenas capaz de contener su rabia contra Martínez. "En ocasiones, cuando eres derrotado en el estadio pelota, llegas a tu límite. Me ha sucedido en muchas ocasiones. Esos tipos me lo han hecho a mí. Si no tienes la potencia o no puedes con tu adversario y los chicos batean bolas que no deberían batear, quizá desees provocar un pleito con alguien. Pero sólo porque estás en desventaja en el marcador, no golpeas [a alguien] detrás de la cabeza…

"Yo no formé parte de eso. Llegué allí e intenté eliminar a Manny por strikes; el detalle fue que él empezó a insultarme y la bola no pasó cerca de él. Si hubiera querido golpearlo, él lo hubiera sabido, sin duda".

Torre sacó a Clemens después de que sacara esa sexta entrada al llevar a Ramírez a batear para un doble play. Clemens hubiera podido durar más pero Torre calculó que el pitcher se había agotado a nivel físico y emocional en esa pelea irregular. Ya había notado las venas protuberantes en el cuello de Clemens. Los Yankees no podrían terminar el partido sin otra pelea, que en esta ocasión sería sangrienta, en el bulpen de Nueva York, entre un guardia de seguridad de Fenway, el pitcher Jeff Nelson y el outfielder derecho García, que se saltó la barda. La rivalidad se había convertido en franca locura; por tanto, cuando

Torre necesitó restablecer el orden, acudió a la serenidad confiable de Mariano Rivera. El pitcher cerrador se hizo cargo de los seis outs finales de una victoria con un marcador de 4–3 sin carreras, hits ni incidentes. Rivera necesitó sólo 19 lanzamientos para lograrlo.

Los desafueros del tercer juego alimentaron la hostilidad y la rivalidad de la serie, que se acumularían hasta el séptimo partido. A partir del tercer juego, los equipos alternaron victorias a lo largo de cuatro partidos, en los cuales, cada una de las escuadras se colgaría de la balanza hasta la novena entrada. Entonces, todo se resumiría así: los Yankees y los Red Sox combatirían entre sí por vigésima sexta ocasión en el año, es decir, la cifra más alta de encuentros entre los dos mismos equipos en la historia del béisbol, y recrearían en el Yankee Stadium el duelo de pitchers entre Martínez y Clemens. Para profundizar el drama, era probable que ese partido fuera la última ocasión en la cual Clemens lanzaría en las Grandes Ligas. Él había anunciado su intención de retirarse después de esa temporada, una intención que en realidad tomaría cuatro años en consumarse. Sin embargo, la expectativa del momento era que tal vez ése sería su último partido.

Martínez no durmió bien antes del séptimo juego. Una razón era que su reloj biológico estaba confundido por un horario agotador de viajes. En los 19 días previos, Martínez había volado de Boston a Tampa, a Oakland, a Boston, a Oakland, a Nueva York, a Boston y a Nueva York. La otra razón era que se sentía ansioso, incluso temeroso, ante la hostilidad que quizá encontraría en Nueva York después del incidente en el tercer juego. Leyó y escuchó comentarios de que debía ser encerrado en la cárcel por lo que le había hecho a Zimmer, y que los aficionados iban a llegar al séptimo juego armados con piedras y baterías para arrojárselas al bulpen. Su hermano, el ex pitcher Ramón Martínez, quería ver lanzar a su hermano menor con la bandera en la mano en el Yankee Stadium, pero Pedro no se lo permitió.

"Quédate en Boston", le pidió a Ramón. "Cualquier cosa puede suceder".

Martínez se aseguró de no salir de su habitación de hotel mientras se encontraba en Nueva York. El día del séptimo juego ordenó comida dominicana a su habitación en lugar de aventurarse a salir a almorzar. Abordó el autobús del equipo para ir al estadio en lugar de confiar en que un taxi neoyorquino lo llevara sano y salvo al lugar del encuentro. A los Yankees nunca les agradó mucho Martínez, pero él ahora sentía la ira de los ciudadanos por haber arrojado a un hombre viejo y adorable al suelo.

Burkett, consciente de la posibilidad de que ésa fuera su temporada final, había llevado consigo una videocámara a lo largo de los playoffs. Estaba encendida en la casa club antes del séptimo juego. Una de sus imágenes favoritas, tomada de manera no invasiva, es de Martínez, sentado a solas frente a su casillero y con el rostro tenso a causa de la concentración y la ansiedad.

Martínez enfrentó el desafío y superó con toda claridad a un ineficiente Clemens en las primeras entradas. Boston golpeó a Clemens con tres carreras en la tercera entrada; por su parte, Martínez no cedió nada a los Yankees. Kevin Millar aprovechó el primer lanzamiento de Clemens en la cuarta entrada para conectar un jonrón y el marcador llegó a 4–0. Los Red Sox no se detuvieron allí. Trot Nixon recibió la base y Bill Mueller logró un sencillo hacia el infield. Los Yankees estaban a punto de ser derrotados; ya tenían una desventaja de cuatro carreras contra un cortante Martínez, con corredores de Boston en primera y en tercera y sin outs. Torre no tuvo más remedio que sacar a Clemens de la debacle antes de que empeorara. Clemens salió del diamante con su característico andar lento y vago de vaquero, pero la multitud del Yankee Stadium no estaba de humor para enviarlo a su retiro con un educado aplauso.

◆ ◆ ◆

Cuando la puerta del bulpen se abrió, un pitcher relevista accidental salió de éste. Era Mussina. Haría su primera aparición como relevista en su vida profesional y tendría que hacerlo con un aterrizaje en la mitad de una entrada… justo el escenario que Stottlemyre le había dicho que no sucedería. El problema era que Stottlemyre no le dijo a Torre que le había prometido a Mussina que sólo lanzaría al principio de una entrada. Todo lo que Torre sabía era que el juego había llegado al borde en ese instante y que ya era momento de romper el vidrio en caso de emergencia. Mussina era su mejor opción.

Mussina tuvo que enfrentar primero al catcher de Boston, Jason Varitek. Lo eliminó con tres lanzamientos. A continuación, se presentó el outfielder central Johnny Damon. Mussina logró que bateara una rolata a Jeter, que la convirtió en un doble play para finalizar la entrada. De esa manera, con sólo seis lanzamientos a dos bateadores, Mussina había estampado su firma personal como Yankee. Hasta entonces, se había forjado una reputación de pitcher casi grandioso. Confiable, sí, pero siempre un poco carente de verdadera grandeza. Mussina nunca había ganado 20 partidos en una temporada, se había quedado a un strike de lanzar un juego perfecto contra Boston en 2001 y había perdido cuatro partidos seguidos en postemporada para los Yankees, incluso dos en la Serie de Campeonato de la Liga Americana en 2003.

El trabajo como relevista de Mussina adquirió estatura a medida que se desarrolló el partido. Los Yankees por fin le respondieron a Martínez cuando Jason Giambi conectó un jonrón con su primer lanzamiento en la quinta entrada. Por su parte, Mussina lanzó dos entradas más sin anotaciones. Había ejecutado 33 lanzamientos y había mantenido a los Yankees en la pelea contra Pedro, cuando Torre decidió sacarlo después de la sexta entrada. En esta ocasión, recurrió al pitcher relevista zurdo Félix Heredia para que enfrentara a Damon y a Todd Walker, los dos bateadores zurdos en turno para Boston.

Cuando le informaron que la noche había terminado para él, Mussina se volvió hacia Torre en el dugout y le dijo: "Pensé que no me meterías a mitad de una entrada".

Torre le respondió en tono de broma, porque no sabía lo que Stottlemyre le había dicho a Mussina. "Bueno, supongo que te mentimos"; entonces, Torre se puso serio, se acercó a su pitcher y le dijo: "Todo lo que puedo decirte es que acabas de lanzar el partido de tu vida. Si alguien cuestiona alguna vez cómo manejas la presión, ya lo respondiste justo aquí. No lo olvides nunca".

"Gracias", le respondió Mussina.

"Oh, y una cosa más", le dijo Torre: "Tal vez cuando regresemos la próxima primavera, te echaremos un vistazo en el bulpen".

"No, no. No, gracias", concluyó Mussina.

Torre, desde luego, bromeaba, pero el trabajo de Mussina como relevista decisivo había aportado un poco de ligereza y esperanza en un partido en el cual los Yankees aún se encontraban en desventaja por tres carreras contra un decidido, aunque un tanto fatigado, Martínez. La falta de sueño, la ansiedad por la caldera de Nueva York, las tres semanas de cruzar husos horarios... todo lo anterior le robó un poco de energía a Martínez. A pesar de haber superado la sexta entrada, Martínez salió del campo, tomó asiento junto al entrenador asistente, Chris Correnti, y le dijo una frase reveladora:

"Chris", le dijo, "estoy un poco fatigado".

En la séptima, Martínez aseguró los primeros dos outs sin dificultad aparente. Pero, entonces, Giambi conectó su segundo jonrón en el partido para disminuir la ventaja a 4–2. Ahora, Martínez sólo necesitaba eliminar a Enrique Wilson para finalizar la entrada. Por lo general, Wilson sería el último chico que cualquiera querría que tomara un turno al bate si estuviera cerca de los últimos siete outs de su vida en los playoffs. En términos más sencillos, Enrique Wilson era uno de los peores bateadores en la historia de los Yankees de Nueva York. Apareció en 264 partidos para los Yankees y bateó .216. Sólo cuatro hombres en la historia de la franquicia batearon peor usando tanto tiempo el uniforme a rayas: Bill Robinson (.206, 1967–69), Jim Mason (.208, 1974–76), Lute Boone (.210, 1913–16) y Steve Balboni (.214, 1981–90). Más aún, Wilson no era especialmente veloz ni talentoso en el terreno de juego. En esencia, su valor se reducía a una habilidad específica e inexplicable: podía batearle a Pedro Martínez. Wilson era un bateador de .500 en 20 turnos al bate, includios un increíble 7–de–8 sólo en ese año. Torre lo designó como tercera base inicial de acuerdo con esas cifras, a pesar de que su tercera base regular no le había dado motivo alguno para que permaneciera en la alineación. Aaron Boone, que lucía vencido, bateaba .125 en la Serie de Campeonato de la Liga Americana, con dos hits en 16 turnos. Como era de esperarse, Martínez no pudo eliminar a Wilson. Éste se colocó en base con un sencillo al infield. García, a quien Martínez había tratado como a su patito de plástico para su práctica de tiro al blanco en el tercer juego, respondió al siguiente lanzamiento con un sencillo.

Martínez, que había hecho un empleo efectivo de su energía a lo largo de todo el partido, sólo lanzó 11 bolas en la posición de *stretch* antes del hit de García. Sin embargo, ahora que los Yankees tenían las carreras del empate en base y a Soriano al bate, Martínez tuvo que recurrir al último tanque de energía de reserva que poseía. Soriano se enfrentó a Martínez con una sucesión exhaustiva de seis lanzamientos. En el último, Soriano abanicó para el tercer strike. Era el lanzamiento número 100 para Martínez en el partido. Cuando el pitcher descendió del montículo, le dio gracias a Dios señalando hacia el cielo. La nación de los Red Sox reconoció el lenguaje corporal. Se trataba del código usual de Pedro para indicar un trabajo completo de una noche, su firma de salida. Era el aspecto de un hombre que había terminado, que había entregado 100 lanzamientos a su equipo, una ventaja de 4–2 y seis outs en la Serie Mundial. Los compañeros de equipo de Martínez reconocieron lo que veían. Cuando Martínez caminó hacia el extremo de tercera base del dugout de Boston, el shortstop Nomar Garciaparra lo rodeó con sus brazos, en un gesto de aprecio por el juego que había lanzado. En el otro extremo del dugout, cerca del home, el entrenador de pitchers de Boston, Dave Wallace, sacó su libreta de orden de lanzamientos y un lápiz de su bolsillo, y trazó una línea sobre el nombre de Martínez. Pedro, según la mejor opinión del entrenador, ya había terminado. Debajo del nombre tachado de Martínez, Wallace escribió "Embree". Alan Embree, un pitcher zurdo, iniciaría la octava entrada frente a Nick Johnson, un bateador zurdo y el primer Yankee programado para la entrada. Wallace y Correnti felicitaron a Martínez por su esfuerzo, un trabajo bien hecho.

"Después de la séptima", dijo Martínez, "Chris y Wallace me dijeron que eso era todo. Ellos iban a hablar con Grady".

En ese momento, Martínez asumió que ya había terminado por esa noche. Ese instante es todo lo que necesita un pitcher para apagar todos sus sistemas competitivos. Volver a encenderlos nunca es rápido ni fácil.

"Tu nivel de energía se desploma", explicó Martínez sobre ese apagón mental. "Tan pronto como crees que ya finalizaste, incluso durante 30 segundos, te sientes cansado y desconcentrado".

Martínez, tras envolverse con su chaqueta de calentamiento, ya estaba listo para salir del dugout hacia la casa club. De pronto, Little se acercó a él.

"Te necesito para una [entrada] más", le dijo el mánager. "¿Puedes darme una más?"

Martínez estaba atónito. En primer lugar, él ya había asumido que su trabajo había terminado. En segundo lugar, ¿cómo se suponía que debía responder a esa pregunta? ¿Tenía permitido, en el código masculino no escrito del juego, rehusar la solicitud del mánager y decirle que quería salirse de un séptimo juego?

"Yo no sabía qué decir", comentó Martínez más tarde. "¿Me salgo después de la sexta o de la séptima? Si algo sucedía, todo el mundo diría: 'Pedro quiso salirse'.

"Yo no estaba lesionado. Estaba cansado, sí. Nunca expresé nada acerca de salirme. La única manera de decirlo sería si estuviera lastimado a nivel físico. La única manera".

Entonces, Martínez le dijo a Little que intentaría darle otra entrada. Little debió sentir la fatiga y las dudas en Martínez porque se decidió por un plan secundario.

"Te diré lo que haremos, Petey", le dijo Little. "¿Por qué no intentas iniciar la octava? Hasta podría enviarte allá afuera sólo para calentar".

Embree practicaría lanzamientos en el bulpen. Sería llamado ante cualquier señal de molestia, incluso si ésta se presentaba mientras Martínez realizaba sus lanzamientos de calentamiento.

"La ayuda está por llegar", le dijo Little a Martínez.

David Ortiz proporcionó otro tipo de ayuda cuando bateó un jonrón contra David Wells al principio de la octava entrada, con lo cual extendió la ventaja de Martínez a 5–2. Torre había utilizado a Heredia para enfrentar a dos bateadores zurdos y a Jeff Nelson para enfrentar a dos bateadores diestros cuando llamó a Wells para neutralizar a Ortiz. No funcionó. Ahora, Torre había utilizado a cinco pitchers, incluso Clemens, Mussina y Wells, quienes en conjunto habían ganado 709 partidos en las ligas mayores; sin embargo, aún estaban tres carreras por debajo de Martínez y con seis outs por llegar. Martínez marchó hacia el montículo para el resto de la octava entrada; creía que lo sacarían tan pronto como los Yankees colocaran a un hombre en base.

"En ese momento pensé que sería un bateador a la vez", comentó.

Mientras Martínez lanzaba sus tiros de calentamiento, Embree lanzaba en el bulpen, listo para entrar. Los relevistas diestros Mike Timlin y Scott Williamson también estaban disponibles. Los tres pitchers relevistas habían dominado a Nueva York a lo largo de la serie y sólo permitieron una carrera en $11\frac{1}{3}$ entradas, además de sólo cinco hits en 36 turnos al bate. Más tarde, Little les comentó a los oficiales del club que, sin importar lo bien que hubieran lanzado, él no confiaba en que ellos mantuvieran sus nervios bajo control en una situación tan apremiante. Él sólo confiaba en Martínez, incluso en un Martínez fatigado. De hecho, Little confiaba tanto en Martínez que, a pesar de que el pitcher mismo pensó que su función en el partido sería de un bateador, a la vez Little pretendía que él lanzara la entrada completa, incluso si los corredores se colocaban en base.

"Es la manera como siempre lo hemos hecho", dijo Little. "El 90 por ciento del tiempo cuando enviamos a Pedro allá afuera, él termina la entrada. Él encuentra la manera de hacerlo. Casi no puedo recordar cuántas veces he tenido que sacarlo. Prefiero tener a un Pedro Martínez cansado allá afuera que a nadie más. Él es mi mejor opción".

Hasta el quinto juego de la Serie de División de la Liga Americana contra Oakland, Little había sacado a Martínez a media entrada en sólo siete ocasiones en sus 60 inicios para el mánager (cuatro de esas siete fueron contra los Yankees), y sólo en una ocasión después de la séptima entrada. Sin embargo, con ligeros rasgos de profecía, Martínez no había sido capaz de superar la octava entrada en ese partido decisivo en Oakland. Little sacó a un agotado Martínez después de dos hits en esa entrada y después utilizó a cuatro pitchers relevistas para asegurar los seis outs finales y hacer posible el encuentro en jaula de acero entre Nueva York y Boston.

Diez días después, Little se enfrentó al mismo lío, sólo que en esta ocasión con el pase a la Serie Mundial en disputa: un Martínez fatigado para iniciar la octava entrada con un descansado y confiable bulpen detrás de él. Little jugaría esa entrada de manera distinta al partido en Oakland y eso le costaría el empleo.

Martínez inició bien la octava entrada, pues eliminó a Nick Johnson con un pop fly hacia el shortstop. Sin embargo, Johnson había hecho trabajar a Martínez con otros siete lanzamientos en ese mismo turno al bate. El último de esos lanzamientos registró una velocidad de 93 millas por hora. La velocidad ya era bastante impresionante; sin embargo, Martínez sabía que era una medida inadecuada de cómo se sentía en realidad.

"Incluso cuando estoy fatigado puedo lanzar fuerte", comentó Martínez. "La velocidad de mi brazo puede estar allí, pero la ubicación es donde sufro y eso se debe a que el ángulo de mi brazo baja. Lanzo a tres cuartos, sí, pero son tres cuartos estables. Si comienzo a sentirme cansado, mi brazo baja un poco más y eso causa que la bola quede plana sobre el área de bateo. Mi velocidad no cambia, pero no puedo dirigir la bola con tanta precisión cuando estoy cansado. Eso fue lo que sucedió".

Faltaban cinco outs. Los Red Sox estaban a cinco outs de su pase a la Serie Mundial y de dejar atrás su estatus inferior respecto de los odiados Yankees. Desde luego, la paradoja de Boston en ese momento, a la cual solían referirse como la "Maldición del bambino", es que cada out lleva al club tan cerca de la infamia como de la satisfacción. Cada paso ofrece el horror de una trampa.

"A medida que avanzaba el séptimo juego, el drama aumentaba", dijo Burkett. "Algunas personas del equipo pensaban: 'No quiero ser el que cometa el error'. Ya sabes, el asunto de Bill Buckner. Estoy seguro de que eso pasó por la mente de la gente".

Después de eliminar a Johnson, Martínez se adelantó a Derek Jeter con dos strikes con bolas rápidas. Si Babe Ruth y su intercambio en 1918 de Boston a los Yankees es la raíz de todo lo maligno para la franquicia de los Red Sox, Jeter es el talismán de la dinastía moderna de los Yankees. Por tanto, muchos de los momentos estelares del equipo y las reacciones improbables implicaban a Jeter:

- Él inició la reacción de la duodécima entrada y anotó la carrera ganadora en el segundo juego de la Serie de División de la Liga Americana de 1996 contra Texas, la victoria decisiva que salvó a los Yankees de quedar dos partidos a ninguno en la serie del mejor de cinco, y fue el triunfo trampolín de su dinastía.
- Él bateó el disputado jonrón (el jonrón de Jeffrey Maier, cortesía de la interferencia del aficionado) para rescatar a los Yankees en el primer juego de la Serie de Campeonato de la Liga Americana de 1996, justo cuando se encontraban a cinco outs de distancia de perder contra Baltimore.
- Con un marcador adverso de 6–0 en la sexta entrada del cuarto partido de la Serie Mundial de 1996 (los Braves parecían a punto de extender su ventaja en la serie a tres juegos contra uno), Jeter dio inicio a la épica recuperación con un sencillo.
- Después de que los Yankees perdieron el tercer juego de la Serie Mundial de 2000 contra los Mets, Jeter restableció el equilibrio de la serie al responder al primer lanzamiento del cuarto partido con un jonrón contra Bobby Jones.
- Cuando los Yankees enfrentaban la eliminación en Oakland, él salvó el tercer juego de la Serie de División de la Liga Americana de 2001 al aparecer de la nada y atrapar un tiro errante, además de improvisar un tiro a home para impedir la que hubiera sido la carrera del empate.

- Él bateó el jonrón final en la décima entrada para ganar el cuarto partido de la Serie Mundial de 2001 contra Arizona.

Jeter aún tenía 29 años, pero ya contaba con una gran colección de momentos valiosos en la postemporada. Había logrado sentirse tan cómodo bajo presión, en especial en el Yankee Stadium, donde el equipo en ocasiones parecía ser excelente hasta grados paranormales y cada jugada parecía actuar a su favor, que dijo al tercera base, Aaron Boone, en su primer año como Yankee:

"No te preocupes. Los fantasmas saldrán en cualquier momento".

Contra Martínez, en el séptimo juego, Jeter protagonizaría otro momento estelar. El catcher de Boston, Jason Varitek, pidió otra bola rápida en 0–y–2. La quería tan lejos de la zona de strike que incluso estaba casi de pie cuando se colocó como referencia para Martínez. Pedro lanzó hacia ese punto, muy alto y muy lejos, pero Jeter bateó de todas formas y dirigió la bola con fuerza hacia el campo derecho. Trot Nixon, el outfielder derecho de Boston, hizo un seguimiento pobre de la trayectoria de la bola y corrió con menos profundidad hacia su derecha de lo que requería el fuerte batazo. Para cuando Nixon corrigió su error, ya era demasiado tarde. La bola voló sobre su cabeza y rebotó en el muro acojinado azul; mientras tanto, Jeter llegó a segunda con un doble.

El hit fue olvidado entre la demencia que estaba por hacerse presente; no obstante, fue una de esas sutilezas de ejecución que pueden volver locos a los hombres del béisbol. Los aficionados de los Yankees vieron el batazo de Jeter como oportuno aunque, en el interior del dugout de los Red Sox, también vieron el posible segundo out de la octava entrada desperdiciado por la trayectoria de un outfielder hacia la bola. Justo después del partido, uno de los Red Sox sujetó a un reportero y le preguntó:

"Dime, ¿era posible atrapar la bola de Jeter?"; Cuando le respondieron que sí, alicaído, suspiró: "Eso pensé".

Martínez, que imaginaba que terminaría tan pronto como un corredor llegara a base, miró hacia su dugout, pero nadie se acercó. Bernie Williams, un bateador ambidiestro que bateó 24 puntos menos contra pitchers zurdos ese año, tomó su turno al bate; Hideki Matsui, un bateador zurdo, seguía detrás de él. El analista de la Fox, Tim McCarver, dijo al aire en ese momento:

"Uno presiente que [Embree] será el pitcher para Matsui, de una manera o de otra".

Una vez más, Martínez llevó al bateador al borde del colapso con otro conteo de dos strikes, esta vez en 2–y–2, a Williams. Y una vez más, Martínez no pudo terminar el trabajo. Lanzó una bola rápida a 95 millas por hora que invadió gran parte del área de bateo. Williams bateó un sencillo fuerte que envió a Jeter a home para acortar la diferencia a 5–3.

Tal como se esperaba, con el zurdo Embree listo para enfrentar al bateador zurdo Matsui, Little salió del dugout y caminó hacia el montículo. Pero entonces sucedió algo inesperado: Little regresó al dugout sin Martínez. Los reporteros en el área de prensa aullaron:

"¿Qué hace?"

Al aire, McCarver dijo:

"Ésta es la situación más clara de decidir de esta serie: meter a Embree para lanzar a Matsui o no. Si no vas a meterlo para enfrentar a Matsui, ¿cuándo vas a hacerlo?"

Martínez había ejecutado 115 lanzamientos. Estaba fatigado. Había subido al montículo en la octava entrada con la idea de que un corredor en base sería su señal de salida; ahora, dos de ellos se habían colocado en base con fuertes batazos y él *seguía* en el partido. Una vez más, Little había dejado gran parte del proceso de decisión en las manos de un pitcher orgulloso que no quería decir que no.

"¿Puedes lanzar a Matsui?" le preguntó Little a Martínez en el montículo.

"Sí, por supuesto", respondió Martínez. "Déjame intentar sacarlo".

La pregunta de Little sobre Matsui dejó a Martínez con la duda de si éste sería el último bateador a quien enfrentaría.

"Él no me preguntó sobre nadie más", dijo Martínez. "Sólo sobre Matsui".

Por tercer bateador consecutivo, Martínez obtuvo dos strikes, esta vez con otro conteo de 0–y–2 después de que Matsui dejara pasar una bola rápida y una curva. Y por tercer bateador consecutivo, Martínez no pudo ejecutar un lanzamiento para eliminar al bateador en turno. Varitek pidió una bola rápida, alta y adentro.

"Es probable que le hayamos lanzado 80 bolas a Matsui arriba y adentro", explicó Martínez, "y nunca pudo responder a ese lanzamiento".

De nuevo, Martínez erró un poco en la ubicación. El lanzamiento no estaba lo bastante adentro. Matsui bateó una línea que picó y se fue a las gradas y que significó un doble. Martínez había concedido sólo dos hits dobles a lo largo de todo el año con conteos de 0–y–2. Ahora lo había hecho en dos ocasiones con tres bateadores, con el gallardete de la Liga Americana a sólo cinco outs de distancia.

Los Yankees tenían corredores en segunda y en tercera. Esta vez, Martínez dio por segura su salida del partido. Little le había preguntado sólo por Matsui y Martínez había fallado en el intento de eliminarlo. Había lanzado 118 veces y ya no tenía la fuerza necesaria para eliminar bateadores. Sin embargo, Little no se movió del dugout. Los aullidos desde la zona de prensa se hicieron más sonoros. El siguiente bateador era Posada. Un duelo más entre los archienemigos.

"En realidad, estaba muy sorprendido porque había estado allá afuera durante mucho tiempo", comentó Martínez sobre la octava entrada. "Pero me pagan por eso. Yo pertenezco a Boston. Si ellos quieren que mi brazo explote, es su responsabilidad. Yo no voy a ir al mánager a decirle: 'Sácame del partido'. No voy a culpar a Grady por dejarme allí afuera".

Para entonces, el pitcher cerrador de los Yankees, Mariano Rivera, practicaba lanzamientos en el bulpen. La multitud, con una intuición certera de la vulnerabilidad de su presa, estaba frenética de júbilo. Una vez más, Martínez dio inicio a un conteo de dos strikes. Erró con una bola rápida antes de lanzar tres curvas; obtuvo un strike con la primera, falló en la segunda y logró un strike con abanico en la tercera. Varitek le pidió una bola rápida en 2–y–2. Por cuarta ocasión consecutiva, los Yankees batearon un hit con una bola rápida en dos strikes. Posada no la bateó bien, pues el lanzamiento de 95 millas por hora le impidió golpear con el barril, pero le pegó con suerte. Su pequeño fly cayó en el césped del campo central.

Williams anotó y Matsui lo siguió a home con la carrera del empate. Ninguno de los Red Sox, como si les sorprendiera lo que sucedía, se preocupó por cubrir la segunda base; por tanto, Posada llego con facilidad a segunda con un doble. Una ovación se elevó, el tipo de ovación que proviene no sólo de la garganta, sino también del alma. Con tres carreras abajo contra Pedro Martínez y próximos a sus últimos cinco outs, los Yankees habían empatado el partido con cuatro hits en dos strikes consecutivos.

"Esa noche", dijo Posada, "fue cuando más escándalo he escuchado en el Yankee Stadium".

De pronto, Rivera salió del montículo del bulpen. El bulpen de los Yankees estaba dividido en dos niveles. El área de lanzamiento estaba a nivel del campo, detrás del muro del campo central izquierdo y, sobre éste, a la altura de unos cuantos escalones, se encontraba una especie de área de distribución con un pequeño dugout y baños. Sin una palabra de explicación, Rivera subió los escalones, corrió hacia el baño, cerró la puerta detrás de él y, con la música gozosa y el ruido que sacudía los muros de concreto del estadio, comenzó a llorar.

"Comencé a llorar porque era demasiado", explicó Rivera. "Yo necesitaba lanzar, sí, pero así de maravilloso fue ese momento. Yo no quería que nadie me viera. No quería que la gente me viera parado allí con lágrimas en los ojos".

En ese momento, Little caminaba hacia el montículo. Por fin ordenó que Embree sustituyera a Martínez. En Boston, donde más personas veían ese partido que las que vieron a los Patriots ganar el Super Bowl ocho meses atrás, quienes no lloraron, lo maldijeron. Se habían jugado 1.053 partidos de postemporada en la historia del béisbol. En sólo 13 de éstos había perdido un equipo después de llevar la delantera con tres o más carreras y con sólo cinco outs faltantes. Y sólo en dos ocasiones un equipo había perdido esa ventaja con el partido tan avanzado y sin emplear al bulpen. Esos dos colapsos históricos en postemporada ocurrieron con sólo tres noches de diferencia: primero, cuando el mánager de los Cubs, Dusty Baker, perdió el sexto juego de la Serie de Campeonato de la Liga Nacional con Mark Prior en el montículo contra Florida, y luego cuando Little perdió el séptimo juego de la Serie de Campeonato de la Liga Americana con un Martínez incapaz de detener a los Yankees. Dos derrotas con tres días de diferencia y con un ADN semejante. Dos de 1.053. Una coincidencia de una décima parte de uno por ciento.

"Esa reacción de la octava entrada es lo que nos define", dijo Torre. "Nunca darnos por vencidos y encontrar una manera. Lo que fuimos capaces de hacer contra Pedro fue lo que siempre intentamos hacer: sólo hacer que Pedro lanzara y trabajara hasta llegar a un punto en el partido en el cual él es vulnerable. Tanto si él estaba en el partido o no. Puedes cuestionar la decisión en cualquier sentido. Lo que hizo posible esa entrada fueron todos los turnos al bate antes de ese momento y que lo hicieron vulnerable".

Embree, desde luego, y luego Timlin, procedieron a guiar el resto de la entrada sin que se anotara otra carrera. Dado que Martínez ya estaba fuera del partido, Torre quitó a Wilson para que Rubén Sierra bateara un hit contra Timlin. De manera intencional, los Red Sox dieron base por bolas a Sierra; con ello, Torre metió a su ex tercera base inicial emergente como corredor: Aaron Boone.

Entonces, Torre acudió a Rivera para conservar el empate. Rivera lo hizo en la novena, en la décima y en la undécima entradas. Fue su participación más larga en siete años. Torre sólo contaba con Gabe White y José Contreras, el pitcher vencido en el sexto juego, como sus siguientes opciones detrás de Rivera.

"Cada entrada pensamos que era la última para él", recordó Burkett, "y en cada entrada dijimos: 'Oh, mierda, aún sigue allí'".

El bulpen de Boston tampoco parpadeó. Los Yankees estaban a 0–de–8 contra Embree, Timlin y el pitcher de las bolas de nudillos, Tim Wakefield, que había entrado al partido en la décima entrada. Boone, con sus dos hits en 16 turnos al bate en la serie, fue el primer bateador en la undécima para los Yankees.

"Boone", comentó Torre, "era un desastre. Era un buen chico. Sólo que no podía mantener los pies en la tierra. Estaba demasiado emocionado. Abanicaba las bolas rápidas todo el tiempo. No le importaba quién lanzaba o dónde estaba la bola".

Boone no tuvo que preocuparse por perseguir bolas rápidas contra Wakefield. Lo que vería serían bolas de nudillos. Torre lo llamó a Boone mientras éste tomaba su bate del estante.

"Escucha", le dijo Torre, "cuando subas allá, intenta conectar un sencillo hacia el campo central o derecho. Esto no significa que no debas batear un jonrón hacia la izquierda".

Boone asintió y caminó hacia el área de bateo. Eran las 12:16 a.m. de lo que ya era una mañana de viernes. La serie y la rivalidad apenas podían estar más parejas. El partido estaba empatado en cinco carreras. La serie estaba empatada a tres victorias. Cada equipo había anotado justo 29 carreras. Si llevas esta situación al pasado, a cuando los Red Sox fueron vendidos y Henry,

Werner, Lucchino y Epstein comenzaron a administrar un club de pelota más eficiente e inteligente que no tenía temor de clavar una estaca en el ojo de los Yankees, Nueva York y Boston se habían enfrentado en 44 ocasiones. La diferencia entre los dos equipos a lo largo de 44 batallas eran sólo dos triunfos y cinco carreras; cada pequeña ventaja a favor de los Yankees.

Wakefield ejecutó su primer lanzamiento a Boone, una bola de nudillos, un poco hacia adentro y hacia arriba. Boone abanicó y la conectó con tanta solidez que al instante supo que sería un jonrón. La bola voló, como Torre había imaginado, hacia las gradas del campo izquierdo.

Dentro de la casa club de los Yankees, Clemens, quien durante siete entradas había contemplado el posible final de su carrera, escuchó el sonido de la historia, como un tren de carga que ruge a través de un túnel de concreto. Clemens estaba sentado en una pequeña sala lateral adyacente a la principal de la casa club, frente a un corredor angosto que la separaba de la oficina de Torre, cuando reconoció el sonido que provenía de arriba (la casa club de los Yankees estaba debajo de las gradas de primera base) y supo que era el sonido de miles de esos asientos de plástico azul que subían casi de manera simultánea cuando los aficionados se pusieron de pie de un salto. La bola aún se encontraba en el aire cuando Clemens salió a toda prisa de la sala hacia la puerta de la casa club y la angosta rampa que conducía al dugout.

Había confusión y también había alivio; alivio por, de alguna manera, haber contenido esa fuerza poderosa en la cual se habían convertido los Red Sox.

"Lo único que vi", dijo Torre, "fue a Manny Ramírez volverse en el campo izquierdo y salir a trote del terreno. Todo lo que sucedió después está difuso excepto por un detalle: vi a Mariano allá afuera en el montículo cuando besó la goma o algo así".

Rivera es un hombre profundamente religioso. Había orado

en la casa club antes del partido para pedir fortaleza y valor. "Una buena conversación con el Señor", le decía él. Había llegado a las lágrimas en la octava entrada y había llorado en la privacidad del baño del bulpen. Pero esto… esta victoria… era demasiado como para mantener en privado sus emociones. Corrió en línea recta hacia el montículo y se arrojó a la tierra con las manos y las rodillas. Entre lágrimas, una vez más, esta vez a la vista de todos, agradeció al Señor por impulsarlo. Era un panorama extraño: los Yankees saltaban unos sobre otros alrededor de Boone en el área de home, mientras Rivera lloraba en postura de súplica.

"Ésa", comentó Torre, "fue una noche emotiva. No estoy seguro de qué fue lo más emotivo: ese partido o los tres partidos en el Yankee Stadium en la Serie Mundial de 2001. En todos mis años en Nueva York, ese séptimo juego y los partidos de 2001 fueron lo mejor de todo".

Los Red Sox regresaron a su casa club sin pronunciar palabra. Varios jugadores lloraban. Una vez en el interior, con la puerta aún cerrada para los reporteros, Little habló muy poco, pero dijo a sus jugadores que debían mantener la cabeza alta con orgullo. Los relevistas Todd Jones y Mike Timlin también hablaron de un tema similar.

Un rato después, entre la profunda tristeza de la casa club de Boston, Little y Martínez se abrazaron en un momento privado muy breve. Después, el mánager miró al pitcher en quien confiaba más que en nadie y habló acerca de lo que sucedería después.

"Petey", le dijo Little, "tal vez ya no esté más aquí".

Martínez intentó animarlo.

"¿Por qué?", le preguntó Martínez. "No es culpa tuya. Depende de los jugadores. En cualquier otra situación, yo saco los outs y tú eres un héroe".

Sin embargo, Little sabía muy bien cómo funcionaba el béisbol en Boston. La sangre estaba en sus manos y Boston no daba mucha oportunidad de perdón a quienes podían resultar culpables. Él no podría regresar.

Lo cierto era que, de cualquier manera, Little era una especie de sustituto, un tipo a quien los Red Sox conocían y a quienes agradaba, que estaba disponible en el entrenamiento de primavera y quien llenaría su lugar de manera inofensiva hasta que los nuevos propietarios establecieran una nueva cultura orientada hacia los procesos alrededor del equipo y encontraran al director adecuado para que se integrara a ello. Little, que no creía por completo en el énfasis creciente en los análisis estadísticos, no era el tipo adecuado. El horror del séptimo juego aseguró el final de sus días y Little lo sabía. Martínez intentó consolar a Little con las mismas palabras que varias generaciones de jugadores y aficionados de los Red Sox prácticamente habían convertido en su lema:

"No estaba en nuestro destino".

Así terminó la temporada consecutiva número 85 para los Red Sox de Boston y su congregación sin un campeonato mundial. La historia limitó a Boston e impulsó a Nueva York. La angustia de los Red Sox no se remontaba al primer siglo antes de Cristo, pero el poeta romano Cátulo capturó en un epigrama la esencia de una frustración como la suya cuando escribió entonces: "Amo y odio. Tal vez te preguntes por qué hago esto / No lo sé pero siento que sucede y es una tortura".

La tortura de los Red Sox ya no lo sería más. Aaron Boone fue el último grano de sal en las heridas. El resto del béisbol había alcanzado el nivel de los Yankees y los Red Sox se encontraban al frente de esa revolución. No había manera de saberlo en ese momento, desde luego, pero el jonrón de Boone fue el final no sólo de uno de los mejores partidos de béisbol jamás jugados, fue el último momento mágico de la "Era de Torre". Fue la última vez que los fantasmas del Yankee Stadium salieron a jugar. Fue la última vez que los Yankees se bañarían uno a otro con champaña en el estadio para celebrar otra conquista más de postemporada. Fue la última vez que los Yankees pudieron reclamar una verdadera posición superior sobre los Red Sox de Boston.

"Sentí una decepción tremenda aquella noche", dijo Epstein. "Yo crecí en Boston. Yo comprendía y sentía la rivalidad y el dominio de los Yankees. Sentía que lo comprendía; sin embargo, mientras estaba sentado allí y miraba el jonrón de Aaron Boone, me sentí bautizado, inmerso en ello.

"Pensaba que nuestra nueva perspectiva de las cosas funcionaba, a pesar de que terminamos por perder el séptimo juego de esa manera. Pensé en lo lejos que habíamos llegado, pero, al final, regresamos adonde siempre habíamos estado: al segundo lugar detrás de los Yankees. Era muy obvio que existían algunas fallas. Se encontraban en el equipo de pitchers. Habíamos intentado conformar un equipo de pitchers al nivel del promedio de la liga y que hiciera brotar llamas en la bola de béisbol. No obstante, ahora sabíamos que, si podíamos agregar a un pitcher abridor de élite y a un pitcher cerrador dominante, la diferencia sería enorme. Pensamos que, al agregar a estos dos tipos de élite, así haríamos menor la distancia entre nosotros y los Yankees".

Los Marlins no fueron un equipo particularmente especial a lo largo de la temporada regular. Ocuparon el octavo lugar en carreras en la Liga Nacional y el séptimo en carreras concedidas, con lo cual se convirtieron en el único de los 28 equipos en alcanzar la Serie Mundial en la era de los comodines en ocupar el séptimo lugar, o alguno inferior, en ambas categorías. Sin embargo, fueron la primera historia exitosa del plan del comisionado Bud Selig de repartir la riqueza y el éxito en todo el béisbol.

De los $49 millones que los Marlins invirtieron en nómina (ocupando el lugar número 26 entre 30 equipos; los Yankees ocuparon el primer lugar con $153 millones), $21 millones provenían de los cheques de repartición de ingresos elaborados por otros equipos. Desde luego, ningún otro equipo contribuyó más a la olla de la repartición de ingresos que los Yankees, quienes aportaron $52,6 millones, y ningún equipo, excepto los Expos de Montreal, un equipo del cual el béisbol de las Ligas Mayores era propietario y operador, recibió una ayuda mayor que los Marlins. Tres años después de que el béisbol incluyera a los Marlins en su lista eliminatoria cuando surgió la idea de la contracción, los Marlins vencieron a los Yankees en la Serie Mundial con la ayuda del dinero que los segundos habían producido. Los Yankees ayudaban a armar al enemigo, que contrató por $10 millones al catcher Pudge Rodríguez como agente libre e intercambiaron por el pitcher cerrador Ugueth Urbina por $4,5 millones. Urbina era un jugador en alquiler dado que su condición de agente libre era inminente.

Si la dinastía de los Yankees, entonces en sus últimos días de reputación exaltada, era emblemática de la fuerza y el poder del béisbol tradicional, los Marlins eran el epítome de la nueva visión de Selig del campeón postmoderno. Un equipo que finalizó a diez juegos del primer puesto, que era de mediana escala en producir e impedir carreras y tenía 43 por ciento de su nómina cubierta por otros equipos, se convirtió en campeón mundial. Lo anterior ocurrió la temporada posterior a que los Angels de Anaheim, otro equipo comodin en el extremo receptor del nuevo sistema de repartición de ingresos, también pisotearon a los Yankees en la Serie de División de camino hacia el campeonato mundial.

"Éste es el primer año de muchos cambios", declaró Selig a los reporteros después de que los Marlins ganaran la Serie Mundial. "Dije a todos ustedes el año pasado que los Angels de Anaheim eran los primeros beneficiarios de la repartición de ingresos. Ahora, ustedes pueden verlo y yo me siento muy complacido".

En realidad, los Yankees encabezaron la Serie Mundial dos partidos a uno antes de una sucesión de derrotas críticas en el tercer y cuarto juegos. La primera ocurrió en la undécima entrada del tercer juego, cuando Aaron Boone bateó con las bases llenas y un out contra Braden Looper. Boone no pudo poner la bola en juego y fue eliminado por strikes. John Flaherty finalizó la entrada con un pop-out.

Torre, después de utilizar a un bateador emergente en la entrada por José Contreras, que lanzó dos entradas sin anotación del bulpen, necesitaba a un pitcher para el final de la undécima. Dado que los primeros cuatro bateadores alineados eran diestros, Torre tenía sólo dos opciones de pitchers diestros como relevo: Weaver y Mariano Rivera. Usar a Rivera en un partido empatado, pensó Torre, no era muy lógico. Weaver podría cubrir más entradas. Había iniciado en 24 ocasiones durante la temporada, aunque su récord de 7–9, su conducta temerosa en el montículo y su dificultad para ajustarse al caldero de críticas de Nueva York le habían provocado un año complicado. Dado que Rivera estaba disponible para un máximo de sólo dos entradas, eso daba a los Yankees sólo un turno al bate, una sola oportunidad de entregar a Rivera un liderazgo por proteger. De lo contrario, ¿quién cerraría el partido después de eso? ¿Weaver?

"No tuve opciones", explicó Torre. "La gente decía que metiera a Mariano. Yo no tenía opciones. Era un partido con entradas adicionales. Nunca consideré otras opciones. Nunca me vi en una disyuntiva. Estoy seguro de eso".

Weaver estuvo magnífico en la undécima entrada. Se deshizo de tres bateadores de Florida con sólo ocho lanzamientos.

"Yo estaba muy contento por él", dijo Torre. "La gente lo criticaba por el cuarto partido y en lo que había sucedido antes, cuando era malo. Sin embargo, el resultado se revirtió a lo que él fue antes; por tanto, la gente dijo: 'es el mismo'".

La carrera de Weaver en los Yankees finalizó con un solo lanzamiento; de hecho, fueron tres, si contamos los dos lanzamientos fuera de la zona de strike al shortstop de los Marlins, Alex González, para iniciar la duodécima González, octavo bate, obtuvo .256 en la temporada. No obstante, con un conteo de 2–y–0, González, un bateador bueno de bolas rápidas, se convirtió en Hank Aaron. Era un bateador de .636 en conteos de 2–y–0, con siete hits en 11 turnos al bate. Weaver le sirvió una bola rápida y el partido terminó de esa manera, cuando la bola voló sobre el muro del campo izquierdo.

Después de los fracasos de Boone y Weaver, ocurrieron más contratiempos en el quinto juego y fueron físicos. El primero sucedió durante la práctica de bateo. Torre estaba parado detrás de la jaula de bateo en el campo cuando el primera base Jason Giambi, quien ocupaba el sexto sitio en la alineación y quien había estado calentando en primera, se acercó a él.

"Skip, mi rodilla", le dijo Giambi. "No puedo moverla. No puedo moverla, en serio. Sé que querías que te avisara si tenía un problema".

Giambi temía no poder defender al equipo contra la artillería de Juan Pierre y Luis Castillo, los veloces jugadores que encabezaban la alineación de Florida. Temía que su movilidad no fuera suficiente para atrapar las rolatas. "El infield en Florida es muy veloz", dijo Giambi. Desde su punto de vista, no era momento para representar el papel del chico rudo y averiguar si la rodilla aguantaba, incluso si se trataba de la Serie Mundial.

"Lo que sucedió fue que me había lesionado la rodilla ese año", continuó Giambi. "Ése fue el año de las lesiones de Derek y de Bernie; Nick Johnson también se lesionó ese mismo año. Fue entonces cuando Joe dijo: 'Necesito que juegues. Necesito alguien que afiance esta alineación'. Bateé en cuarto lugar a lo largo del año y mi rodilla estaba hecha pedazos. Joe y yo ya habíamos hablado antes sobre esto. 'Cuando lleguemos a los playoffs, tú serás el bateador designado; si llegamos a la Serie Mundial, ya platicaremos al respecto'. Porque Nick estaba de regreso y él es un gran jugador defensivo".

Entonces, Torre dijo a Giambi que lo sacaría de la alineación, lo cual ya había sido anunciado a los medios de comunicación, y que Johnson lo sustituiría.

"De acuerdo", le dijo Torre, "sólo diré a la prensa que fue decisión mía".

Torre les dijo a los reporteros: "Lo he visto cojear por allí. Le pregunté sobre su rodilla. Él carraspeó y titubeó; entonces le propuse: '¿Por qué no juega Nick Johnson?'".

Giambi les dijo a los medios: "No quería ser un costo para el equipo en términos defensivos".

Fue una decisión tan difícil como peculiar, según el ángulo desde donde se viera. Por una parte, Giambi creía que podía dañar al equipo si jugaba. Por otra parte, él se sacó de la alineación del quinto partido de la Serie Mundial, su primera Serie Mundial, que estaba empatada a dos partidos por equipo.

"Desde luego, Jeter se acercó a mí y me preguntó: '¿Qué pasó con Giambi?'" comentó Torre. "Nunca pudo comprender cómo es que la gente podía hacer eso. Él no tenía paciencia para esas cosas. Decía: '¿Qué le sucedió a ese chico?' si alguien no jugaba. '¿Cuál es su problema?', con todos, con cualquiera. No tenía paciencia en absoluto para esas cosas".

Giambi dijo: "Esperas toda tu vida para eso, pero creo que así fui criado en Oakland. 'Oye, escucha, tenemos que ganar como equipo'. Te rompe el corazón, créeme. Sin embargo, a veces tienes que pensar no en ti mismo, sino en el equipo".

Giambi salió de la banca como bateador emergente aquella noche. Conectó un jonrón.

Otro problema se presentó incluso antes de que el partido comenzara. Torre estaba de pie junto a Mel Stottlemyre durante el himno nacional, cuando el entrenador de pitchers le sugirió: "Quizá debas tener listo a otro pitcher".

Minutos antes, Wells le había dicho a Stottlemyre que su espalda estaba tiesa y que quizá no podría lanzar. Wells lanzó una primera entrada de uno-dos-tres con una ventaja de 1–0, descendió del montículo, arrojó su guante a la banca, anunció que "no podía seguir" y continuó su camino hacia la casa club. Sólo 24 horas antes, en una conferencia de prensa, Wells había alardeado de su falta de condición física cuando alguien le preguntó cuál era el secreto de su éxito.

"Demuestra que no necesitas sudar tu trasero todos los días para ser exitoso", presumió.

El público irrumpió en carcajadas.

El acto de Boomer no fue tan divertido en el quinto juego, no cuando dejó al bulpen de los Yankees con ocho entradas por jugar la noche posterior a un partido de 12 entradas. Contreras concedió cuatro carreras en tres entradas, Brad Penny lanzó bien para los Marlins y los Yankees perdieron de nuevo, 6–4. Ver declinar a Giambi y a Wells era como ver que tu vehículo público tiene no una, sino dos llantas ponchadas. La sincronización fue terrible y los resultados fueron peores. Los Yankees estaban acabados; no obstante, aún debían cumplir con la formalidad de presentarse a un sexto juego para terminar la serie. El diestro de Florida, Josh Beckett, se hizo cargo del cierre con la victoria de cinco hits sobre los Yankees para un marcador de 2–0.

Por extraño que parezca, los Yankees superaron en hits, jonrones, carreras y lanzamiento a los Marlins en la serie. Su elogiada rotación estuvo a la altura de lo anunciado en la pretemporada y obtuvieron un ERA de 1,91 en la serie (aunque la salida de Wells fue adversa debido a su brevedad). No obstante, los Yankees perdieron. ¿Por qué? La serie podía haber tomado cualquier rumbo. Un fly de sacrificio aquí, un hit allá, un poco de régimen de entrenamiento y mantenimiento más allá y, ¿quién sabe? Tal vez fue sólo la tarifa kármica por todas esas noches y semanas de octubre que antes los favorecieron, el saldo que hizo que gente brillante y razonable creyera en las fuerzas de la mística y el aura. Tal vez los Marlins eran un agente de cobro enviado por los dioses del béisbol o, quizá, por Bud Selig, cuyo nuevo orden mundial de democracia del béisbol apenas despuntaba. Ocho diferentes franquicias jugarían en las siguientes cinco series mundiales, ninguna de las cuales había estado allí desde 1987 y ninguna de las cuales fueron los Yankees de Nueva York, campeones mundiales en 26 ocasiones. Tal vez, al perder la Serie Mundial de 2003, los Yankees de alguna manera ofrecieron un recordatorio de lo grandiosos y prolíficos que fueron aquellos equipos de campeonato de los Yankees.

"¿Sabes? Logramos que pareciera fácil", comentó Jeter. "Nosotros sabíamos que no era fácil, pero hicimos que lo pareciera. Y la gente, en automático, asume: 'Bueno, su nómina es ésta y tienen a tal jugador y a tal otro, y a ése del Juego de Estrellas y a aquél del Juego de Estrellas… deberían ganar'. No, no es así como sucede. Tienes que hacer que muchos detalles marchen bien. ¿Participamos en seis series mundiales? No es fácil, ¿sabes a qué me refiero? ¿En la actualidad? ¿Seis series mundiales en 12 años? Es difícil hacerlo, amigo".

8

Los problemas de Alex

Dado que el automóvil de Aaron Boone se encontraba en el taller de reparaciones el 16 de enero de 2004, él no pudo hacer sus ejercicios diarios.

Y dado que no pudo hacer sus ejercicios diarios, aceptó cuando un amigo de él lo llamó y le preguntó si quería que pasara a recogerlo para jugar un partido improvisado de básquetbol.

Y dado que jugó un partido improvisado de básquetbol aquel día, Boone corrió para evitar que la pelota saliera de los límites cuando, de súbito, se detuvo en la línea lateral y se estiró para desviar hacia él.

Y dado que Boone se detuvo en seco, un amigo de él en el partido, quien también persiguió la pelota, pero que no pudo detenerse a tiempo, se precipitó contra él. Los ligamentos de la rodilla izquierda de Boone se desgarraron.

Y dado que Boone se arruinó la rodilla, Alex Rodríguez se convirtió en un Yankee.

Y dado que Alex Rodríguez se convirtió en un Yankee, la casa club de los Yankees y la personalidad del equipo, ya un poco desviada de la senda trazada por la banda de hermanos conformada por O'Neill, Martínez y Brosius, nunca serían las mismas.

Todo eso por un problema con el auto.

"Cuando llegó Alex, el ambiente en la casa club se volvió tenso", recordó Torre. "No puedo decirte con seguridad a quién podías señalar como culpable o si sólo fue una de esas situaciones que son inevitables con las personalidades fuertes".

La decisión de Boone de jugar un pequeño partido improvisado de básquetbol fue el equivalente en el béisbol a que la señora O'Leary dejara una quinqué demasiado cerca de su vaca o de que cinco ladronzuelos irrumpieran en el complejo de Watergate en Washington. La historia, según observó Voltaire, es tan sólo la representación de los crímenes e infortunios humanos. El infortunio de Boone cambió la historia del béisbol; en especial la neo peloponesa guerra entre los Red Sox de Boston y los Yankees de Nueva York.

"No creo que vivamos lo suficiente para gastar más que los Yankees en la temporada baja", dijo Theo Epstein, director general de los Red Sox, después de que los Yankees sustituyeron a Boone en tercera base a través de un intercambio por Rodríguez, de los Rangers de Texas, el 16 de febrero de 2004, justo un mes después de que la idea de Boone de practicar ejercicios cardiovasculares finalizara con una rodilla destrozada. "Dedicaremos nuestras energías y esperanzas a un día más cercano cuando los derrotemos en el diamante, en octubre".

Ese día llegaría lo más pronto posible; es decir, el siguiente octubre. La llegada de Rodríguez a Nueva York coincidió con el cambio de papeles entre los Yankees y los Red Sox. Atenas, por fin, prevalecería sobre Esparta. Los gallardetes del campeonato ondearon ahora en Boston, no en Nueva York. Rodríguez bateó 208 jonrones y ganó dos premios al jugador más valioso en sus primeros cinco años como Yankee. Sin embargo, en esas cinco temporadas, los Yankees ganaron cero gallardetes y lograron 10–14 en partidos de postemporada. Los Red Sox, mientras tanto, ganaron dos gallardetes en esos cinco años, ambos seguidos por triunfos en la Serie Mundial, y obtuvieron 28–14 en partidos de postemporada.

En los cinco años previos a que Rodríguez fuera un Yankee, los Yankees ganaron cuatro gallardetes y obtuvieron 42–24 en partidos de postemporada; los Red Sox ganaron cero gallardetes y obtuvieron 10–12 en partidos de postemporada. Los papeles se invirtieron por completo.

Lo cierto es que Rodríguez, que jugó casi todos los partidos y se desempeñó al nivel de la élite, por lo menos antes de octubre, se invirtiera, no fue la causa principal de la inversión de papeles. Ningún equipo explotó mejor que los Red Sox el mercado cambiante del béisbol en aquellos años. La perspicacia del equipo para los negocios produjo ganancias tremendas en ingresos locales, además de los crecientes ingresos nacionales repartidos por el fondo central. Su perspicacia en el béisbol no sólo ayudó a un programa fértil de desarrollo de jugadores, sino también promovió una inversión inteligente, gracias a evaluaciones de máximo nivel de jugadores basadas en complejos análisis estadísticos y métodos de reclutamiento de la vieja escuela. Al mismo tiempo, el yermo sistema de desarrollo de jugadores de los Yankees y su falta de selectividad para adquirir jugadores, es decir, pagar dinero en exceso en el cada vez más ineficiente mercado de los agentes libres, conformaron la receta de sus propias arenas movedizas. Mientras más se movían, más se hundían.

No obstante, Rodríguez se destacaba por la increíble disparidad entre sus habilidades y su incapacidad para utilizarlas en situaciones críticas. Rodríguez bateó .245 en la postemporada como Yankee; es decir, 61 puntos menos que el promedio de su carrera. Desde la quinta entrada del cuarto partido de la Serie de Campeonato de la Liga Americana en 2004, el principio del fin de la dinastía, hasta 2008, Rodríguez bateó .136 en 59 turnos al bate en postemporada, incluso 0–de–27 con 11 strikeouts y un total de 38 corredores en base, cada uno de los cuales se quedó allí. Los Yankees obtuvieron 4–13 en ese periodo en que A-Rod estuvo inefectivo y perdieron series consecutivas contra los Red Sox, los Angels, los Tigers y los Indians. Una ansiedad de desempeño tan colosal de un jugador tan talentoso parecía casi inimaginable, incluso si estaba a la vista.

"En lo que se refiere a una situación clave", dijo Torre, "él no puede concentrarse en la preocupación de hacer bien el trabajo, pues está enfocado en cómo luce lo que hace.

"Existe cierta fuerza de gravedad que tienes que superar cuando te comprometes sin una garantía de que siempre saldrás bien. Hay una especie de confianza, una confianza y un compromiso que deben permitirte fallar. Permitirte hacer un mal papel. Permitirte ser vulnerable. Y, en ocasiones, los jugadores no están dispuestos a hacerlo. Ellos tienen una reputación que mantener. Tienen que tener una respuesta para ello. Es un asunto del ego".

De manera justa o no, Rodríguez, por el simple momento de su llegada, pero también por su enorme talento y por la capacidad de atraer la atención sobre sí mismo, fue el símbolo indiscutible de por qué los Yankees ya no eran campeones y sufrían el resurgimiento de los Red Sox. Tanto si bateaba jonrones de 450 pies como si se asoleaba sin camisa en Central Park o si salía con bailarinas nudistas, Rodríguez no se parecía a nada que antes se hubiera visto en los equipos de campeonato de la "Era de Torre": una superestrella ambiciosa, impresionada y motivada por la grandeza y el estatus, en particular cuando esas cualidades se relacionaban consigo mismo.

"Alex monopolizaba toda la atención", comentó Torre. "No creo que eso sea importante. En realidad, nunca antes tuvimos a alguien con tanta sed de atención. Creo que cuando Alex llegó, cambió la energía del club, sea o no debido a ciertas cosas que la gente asumió por el hecho de que Alex estaba allí, de que él era ese tipo de jugador.

"Para mí, el éxito aún dependía de los pitchers. Sin embargo, el hecho de conocer su personalidad me preocupó porque podías ver que su enfoque se centraba en temas individuales".

Alrededor de la mitad de esa temporada de 2004, por ejemplo, Rodríguez pasó junto a Torre en el dugout de camino hacia la jaula de bateo. Torre le ofreció algunas palabras de motivación para ayudarlo a relajarse.

"¿Sabes? Lo harás bien", le dijo Torre a Rodríguez. "Sólo hace falta un poco de tiempo para que te adaptes a jugar aquí".

Rodríguez respondió: "Bueno, mis números son más o menos los mismos que obtuve por estas fechas el año pasado".

Torre se sintió decepcionado con su respuesta.

"Yo no me refería a los números", continuó Torre. "Yo me refería a que se acostumbrara a jugar en este ambiente y lo que se esperaba que él hiciera. La expectativa de los Yankees es ganar y lo cierto es que a la gente no le preocupan las estadísticas".

Tal vez existió algún riesgo al introducir a Rodríguez a la cultura de los Yankees pero, ¿en realidad, cuán riesgoso podía ser agregar al más talentoso jugador de béisbol, que sólo tenía 28 años, había bateado no menos de 41 jonrones por seis años seguidos y había ganado dos Guantes de Oro consecutivos como shortstop? La verdad sea dicha, los Rangers habían llegado al punto de darse cuenta de que Rodríguez, o al menos su contrato de $252 millones, era un error que necesitaban corregir. Ellos fueron un equipo de último lugar con él. Su deseo por deshacerse del compromiso financiero era tan grande, que primero intentaron intercambiarlo con Boston en diciembre. El acuerdo para renegociar la disminución del contrato de Rodríguez se desintegró por una diferencia de $15 millones por siete años, y luego agregaron $67 millones para enviar a Rodríguez a los

Yankees a cambio del dinámico segunda base Alfonso Soriano. ¿Cuán grande era el deseo de Texas de ver partir a Rodríguez? Para 2025, cuando entreguen el último de sus pagos diferidos a Rodríguez, el propietario de los Rangers, Tim Hicks, habrá pagado a Rodríguez $140 millones por sólo tres años de servicio, todos los cuales en equipos de último lugar. Hicks encontró más soportable esa alternativa que retenerlo.

Los Yankees habían intentado remplazar a Boone por el tercera base de Los Ángeles, Adrián Beltre, pero no pudieron concertar un intercambio con los Dodgers. Los Yankees contrataron al nada estelar Mike Lamb para ocupar esa posición. El 8 de febrero, alrededor de tres semanas después de que Boone se lesionara la rodilla y una semana antes de que comenzara el entrenamiento de primavera, el agente Scott Boras llamó a Brian Cashman para hablar acerca de uno de sus clientes, el primera base Travis Lee. La conversación incluyó algunos comentarios ligeros acerca del estado de los Yankees.

"Se me ha dificultado encontrar un tercera base", le dijo Cashman a Boras.

El agente hizo alguna broma con toda honestidad acerca de que quizás Cashman se interesaría en otro de sus clientes: Alex Rodríguez, que sólo dos semanas antes había sido nombrado capitán de los Rangers, tal vez por ningún otro motivo que encubrir el hecho de que el equipo había intentado enviarlo a Boston.

A Cashman le interesó de inmediato, aunque se sorprendió un poco. Rodríguez era shortstop. Con Jeter establecido con firmeza en esa posición con los Yankees y con Boone fuera para toda la temporada, Cashman se preguntó si Rodríguez estaría dispuesto a moverse a tercera base. Boras dijo que le devolvería la llamada y luego llamó a Rodríguez.

"Tienes que decidir lo que la posición significa para ti", le dijo Boras en referencia a la posición de shortstop, "y comprender a qué renunciarías a cambio de una oportunidad de ganar. Piensa en ello".

Rodríguez llamó a Boras al día siguiente.

"Hagámoslo", le dijo.

Al día siguiente, los Rangers, que aún intentaban mostrar un gesto de felicidad después de su reconciliación forzada con Rodríguez, sostuvieron una conferencia telefónica con Rodríguez, Boras, Hicks, el director general John Hart y el mánager Buck Showalter. La idea era decir cosas maravillosas acerca del futuro de los Rangers de Texas, con su recién nombrado capitán al frente para definir la dirección del equipo.

Sucedió entonces que Boras arrojó una bomba en la sala. Se aseguró de mencionar en la conferencia telefónica que Rodríguez podría considerar un intercambio con Nueva York. Hicks hizo escarnio de la idea.

"Alex no va a jugar como tercera base", dijo Hicks. "Siempre lo ha dicho".

"Alex", dijo Boras, como si formulara la pregunta por primera vez: "¿Qué opinas acerca de ser tercera base?"

"No lo descartaría", respondió Rodríguez. "Es una opción que consideraría".

Se hizo el silencio en la línea.

"Con toda franqueza", dijo Boras en su momento, "Tom Hicks estaba atónito".

Al día siguiente, Hart y Cashman negociaban los términos de un acuerdo para enviar al recién acuñado capitán de los Rangers a Nueva York. En 72 horas estaba hecho. Desde luego, Rodríguez dijo todas las frases adecuadas acerca de ceder su nivel alfa con los Rangers a cambio de un nivel más deferente con los Yankees de Jeter.

"Una vez que Scott me presentó la opción me pareció muy lógica", dijo Rodríguez acerca de moverse a tercera base con el fin de ser un Yankee. "Comencé a pensar en el uniforme a rayas. Sentí la fascinación de la tradición y la oportunidad de ganar y me pregunté: '¿Por qué no hacerlo?'.

"¿Sabes cuál fue la mejor parte? Llegar allí cuando aún era

joven y saber que aún me restaban siete años para jugar con Derek y dejar mi legado en lo que se refiere a formar parte de la historia Yankee. Llegar allí a los 37 y jugar dos años no sería lo mismo".

"*¿Comencé a pensar en el uniforme a rayas? ¿La fascinación de la tradición? ¿Dejar mi legado?*" ¿Quién habla así?

Hubieran podido encerar la flotilla entera de taxis de Nueva York durante un año entero con todos esos elogios. El único problema con esa perspectiva color de rosa era que poner a Rodríguez y a Jeter en la misma casa club constituía un riesgo en sí mismo. Los dos fueron amigos muy cercanos cuando eran jóvenes estrellas en los años 90 y uno se hospedaba en el departamento del otro cada vez que los Yankees de Jeter jugaban contra los Mariners de Rodríguez. Sin embargo, su relación sufrió una fractura en el entrenamiento de primavera de 2001 con la publicación de un artículo en la revista *Esquire,* escrito por Scott Raab, acerca de Boras y Rodríguez. En el texto, Rodríguez hizo incapié para agraviar a Jeter. De hecho, fue Rodríguez quien incluyó a Jeter en su conversación con el autor y lo hizo de manera muy decidida y sin deferencia alguna.

"El detalle de Mike Lupica [columnista del *Daily News* de Nueva York] que me enfurece", declaró Rodríguez en el artículo, "es que me hace lucir como el idiota más grande del mundo y luego toma a un sujeto como Jeter y lo coloca muy en alto".

Después, Rodríguez agregó su infame tiro de gracia:

"Jeter ha sido bendecido con talento a su alrededor. Él nunca tuvo que ser líder. Él sólo puede ir, jugar y divertirse. Y batea en segundo turno, lo cual es distinto por completo a batear en tercero o cuarto en la alineación. Si juegas contra Nueva York, quieres detener a Bernie o a O'Neill. Nunca dices: 'No dejes que Jeter te gane'. Él nunca es tu preocupación".

Jeter se sintió herido. No hubo provocación alguna para el degradante ataque de alguien a quien él consideraba su amigo.

Rodríguez condujo durante dos horas desde el campamento de entrenamiento de primavera de los Rangers para disculparse con Jeter, pero ya era demasiado tarde. Jeter necesita una lealtad fiera e incondicional de sus amigos y compañeros de equipo. Estás con él o no lo estás y no hay lugar para cambiar de lado o la absolución. En ese sentido, Jeter es demandante, incluso frío, con los requerimientos de su círculo íntimo. Rodríguez quedó comprometido para siempre ante los ojos de Jeter. Ponerlos en el mismo equipo, del mismo lado del infield, con Jeter en la posición natural de Rodríguez, con el cargo de capitán y el incuestionable nivel alfa en la casa club, era un experimento químico con tantas probabilidades de ser incendiario, que lo más recomendable era acercarse a él con vestimenta aislante y un visor de seguridad de titanio. No marchó bien durante la mayor parte de los tres primeros años; una especie de forzada neutralidad fue el mejor resultado posible en el cuarto año. Para 2007, fastidiado y aún con el padecimiento de las comparaciones con Jeter, cuyo estatus era más favorecido en Nueva York y en la casa club, Rodríguez optó por tener puestos los audífonos de su reproductor de música en los oídos siempre que se encontraba en la casa club, principalmente para evitar que los representantes de los medios lo llamaran. Desde luego, ese acto tan simple destilaba falta de autenticidad. Más tarde, Rodríguez admitió que con frecuencia no llevaba encendida la música aunque tuviera puestos los audífonos.

Al principio, en 2004, Rodríguez hizo su mejor esfuerzo por adaptarse a la cultura Yankee; es decir, su empalagosa actuación como actor de segunda categoría. Exageró en sus elogios. La gente en la casa club, incluso sus compañeros de equipo y el personal de soporte, lo llamaban "A-Fraude" a sus espaldas.

"Él *era* falso", dijo Mike Borzello, el ex entrenador del bulpen y uno de los amigos más cercanos de Rodríguez, "y sabía que lo era. Sin embargo, no sabía cómo ser de otra manera en ese momento. Después comenzó a darse cuenta de cómo son las cosas y de lo que la gente necesita y pensó: 'Oye, en verdad puedo ser yo mismo'".

Dicho con otras palabras, Nueva York podía olfatear a un farsante en un instante.

"Exacto", comentó Borzello, "y, con el tiempo, él se dio cuenta: 'No tengo que ensayar. Puedo hacerlo en una sola toma si sólo digo lo que en realidad siento y muestro mis emociones verdaderas, en lugar de actuar como si no me importara o de conocer tus preguntas desde antes de que me las formules, para poderte dar las respuestas que creo que quieres escuchar'. Él dejó de hacerlo. No obstante, a veces volvía a las andadas y era cuando los chicos se burlaban de él. Nos burlábamos de él por todo.

"Yo solía decírselo a Alex todo el tiempo. Le decía: 'Tú llegas al estadio e intentas que toda la gente te mire. Mientras tanto, la gente ya te mira. Tú eres Alex Rodríguez. No entiendo eso'. Y él respondía: 'Bueno, me gusta jugar con cierto estilo'. Mentira. Yo le decía: 'Tú haces cosas en el campo que atraen la atención hacia ti y que son innecesarias. Quieres que la gente sepa lo bueno que eres, lo inteligente que eres como jugador de béisbol. Nosotros ya lo sabemos. Deja de decir: 'Mírenme'. Nosotros ya te miramos'".

Los jugadores lo notan. Por ejemplo, un gesto notorio del estilo propio de Rodríguez que irrita a los demás jugadores es que él reconoce la profundidad de los outfielders cuando está en segunda base. En esa situación, a los jugadores se les enseña a medir dónde están ubicados los outfielders antes de que bateen la bola. Si el outfielder derecho, por ejemplo, juega a gran profundidad, el corredor puede tener más probabilidades de correr a home con un batazo que apenas rebase el infield en esa dirección o, de acuerdo con las instrucciones del entrenador de tercera base, anticiparse a continuar a home con un hit seguro hacia ese lado. Es una parte de los fundamentos básicos del béisbol que sólo requiere una rápida mirada a cada outfielder antes de que el pitcher lance la bola. Rodríguez, sin embargo, convertía esa sutileza en un gran gesto para que todo el mundo lo viera. Él se volvía y hacía un evidente movimiento de señalamiento hacia cada outfielder, de manera no distinta a un árbitro de football que señala un primer *down* tres veces. No podías dejar de verlo, razón por la cual hacía enfurecer a los demás jugadores. En un entrenamiento de primavera, por ejemplo, mientras un equipo de la Liga Americana revisaba los buenos hábitos para correr a la base, el instructor y varios jugadores realizaron exageradas parodias de la técnica de triple señalamiento de Rodríguez en medio del entrenamiento y se burlaron de la obviedad de la misma. Todo el mundo estalló en carcajadas.

"Él señala para asegurarse de que sepas lo inteligente que es, que él revisa a los outfielders", dijo Borzello. "Ahora, si lo recuerdas, en el campo central del Yankee Stadium había una ventana en el bulpen. Yo me sentaba allí y, cuando él llegaba a segunda, yo lo hacía. Llegamos al punto en el cual él llegaba a segunda, de inmediato me miraba y yo señalaba. Entonces, él señalaba también. Yo le decía: '¿Qué haces? Detente. Deja de hacerlo. Se ve estúpido. Todos sabemos que eres inteligente. Sabemos que conoces el juego', porque así es".

Rodríguez impresionaba a sus compañeros de equipo con una incansable ética de trabajo. Para ellos, él era un equivalente en el béisbol a una rata de gimnasio. Él sabía todo lo que sucedía en el béisbol y nunca dejaba de trabajar. Una noche de 2007 se presentó en el dugout diez minutos antes del primer lanzamiento con sangre en las manos y en las rodillas.

"¿Qué demonios te sucedió?", le preguntó alguien.

Rodríguez explicó que corría a toda velocidad en la caminadora de la sala de pesas cuando se rompió la banda y él voló desde la parte trasera del aparato. Se había raspado las manos y las rodillas cuando fue arrojado contra una pared. ¿Quién diablos corría a toda velocidad en una caminadora justo antes de iniciar un partido? El más talentoso jugador de béisbol. Ése era A-Rod.

"Que yo recuerde, nadie ha trabajado más que este chico",

comentó Torre. "Estoy seguro de que Jeter hace su trabajo de pesas durante el invierno. En el verano, él se viste y sale de allí. No se queda a convivir. Nadie está en mejor forma que Alex. Nadie trabaja más duro que Alex para ser un jugador estelar y llega allí muy temprano; aún así, puede escuchar que el entrenador Larry Bowa le dice: 'Tienes que atrapar rolatas'. Y él hace lo que sea necesario. Lo hará todo el tiempo. Es sólo un adicto al trabajo".

Bowa dijo: "Si dejaba escapar una bola lenta, al día siguiente estaba allá afuera desde temprano y trabajábamos en bolas lentas. Si dejaba escapar una bola de revés, al día siguiente trabajábamos en bolas de revés. Este tipo es el primero en admitir: 'Tengo que trabajar en eso' o 'no me acerqué a la bola de manera adecuada, así que trabajemos en ello'. Y es por eso que él es un jugador tan grandioso".

El más trabajador del equipo, sin embargo, también se estableció como el que más mantenimiento necesitaba. Una de las primeras acciones de Rodríguez como Yankee fue solicitar un asistente personal para la casa club. Por lo general, los Yankees emplean a cuatro o cinco adultos jóvenes en su casa club y otros tres o cuatro en la casa club de visitantes para realizar todo tipo de tareas, como recoger y lavar ropa sucia, limpiar y pulir *spikes*, ordenar y almacenar los alimentos de la casa club, etcétera. Rodríguez quería a su propio empleado. Los Yankees nunca habían escuchado una solicitud como aquélla. Rodríguez conoció a un empleado en particular de la casa club de visitantes del Yankee Stadium cuando formaba parte de los equipos de Seattle y Texas, y pidió que ese empleado fuera asignado para atender sus necesidades de manera exclusiva.

"Pero, Alex", le dijo Lou Cucuzza, director de la casa club para visitantes, "él trabaja para mí. Lo necesito".

Rodríguez y Cucuzza llegaron a un acuerdo: el empleado continuaría con su trabajo primario en la casa club de visitantes, pero también sería considerado "de guardia" para que Rodríguez lo utilizara cada vez que lo necesitara. La parte de "cada vez que lo necesitara" se convirtió casi en un empleo de tiempo completo. Rodríguez hacía que su empleado personal organizara sus prendas de práctica y de juego cada noche, a la manera de un mayordomo para un rey. Cuando Rodríguez necesitaba algo, como una botella de agua durante la práctica de bateo o durante el estiramiento, llamaba a su empleado y éste acudía a toda prisa.

En cierta ocasión, en Detroit, donde su asistente personal no estaba disponible, Rodríguez estaba corriendo para salir del campo después de la práctica de bateo, cuando vio a un empleado de la casa club de visitantes del Comerica Park (un chico en sus primeros meses en el empleo), y simplemente le ordenó:

"Mantequilla de cacahuate y jalea".

"Él siempre quería que le fuera asignado un empleado", comentó Cucuzza. "Yo sabía un poco lo que él había tenido en Texas, donde había una tensa relación entre su chico y el chico del equipo. Puede ser difícil intentar administrar una casa club. Sin embargo, nosotros sabemos que Alex quiere eso. Es un asunto de comodidad para él. Cuando Alex necesita algo, nosotros intentamos complacerlo. La base de todo es mantener contentos a los jugadores".

Los Yankees de campeonato, sin embargo, nunca tuvieron un jugador tan menesteroso. El mantenimiento que Rodríguez requería no era una gran distracción, pero sí causó cierto desconcierto en la casa club.

"En definitiva, él necesita más atención que nadie", comentó Cucuzza. "¿Esto genera problemas? Al principio habíamos escuchado rumores de cuando él estaba en Texas, cuando era un espectáculo de un solo hombre. Sin embargo, entras a los Yankees y todo es muy distinto a los Rangers de Texas. Aún necesitas adaptarte. No veías eso [la dependencia] con los Yankees. Jeter era un producto del viejo régimen. En definitiva, Jeter necesita poco. Rocket era de bajo mantenimiento. Él podía decirte en mayo a quién le dejaría boletos de entrada para agosto. Todo estaba por escrito".

Entre las necesidades de Rodríguez se incluía ser aceptado por sus compañeros de equipo, pero el mantenimiento de Rodríguez exigía mucho trabajo: las maneras de "mírenme" en el campo, el asistente personal en la casa club, la falsedad de esforzarse demasiado por decir cosas a los medios que parecieran brillantes o inteligentes. Eso desalentaba a sus compañeros de equipo. Él estaba demasiado pendiente de cómo lucía ante los demás y de cómo era percibido. Era una conciencia sobre sí mismo que se filtraba en sus turnos al bate en situaciones de presión y que causaba ansiedad, y sus compañeros de equipo lo sabían.

Dos temporadas después de que Rodríguez se integrara a los Yankees, Torre se enteró de que el jugador se había quejado con un oficial del equipo de que no se sentía aceptado entre sus compañeros. Entonces, cierto día del entrenamiento de primavera, Torre encontró a Rodríguez a solas en el comedor de la casa club y tomó asiento junto a él para hablar al respecto.

"De alguna manera, soy ingenuo", dijo Torre, "porque no estoy en la casa club en todo momento. Paso la mayor parte del tiempo en mi oficina y, cuando salgo, todo el mundo parece comportarse de la mejor manera cuando paso por allí. Pero le dije: 'Alex, hazme un favor: al menos sírvete tú mismo una taza de café en lugar de enviar a alguien a que te la sirva'.

"Un rato después, él se desvió de su camino para buscarme. Traía una taza de café en las manos. 'Mira, Skip', me dijo, '¡me serví mi propia taza de café!'. Ése no era el punto. Era sólo un ejemplo. El punto era que sólo fuera uno más de los muchachos. Él no lo captó.

"Pero, mira, Alex necesita eso. Él necesita estar en ese nivel superior. Ésa ha sido la parte intimidante de estar con los Yankees porque él está allá arriba, en el aire enrarecido, pero también lo están otros jugadores. ¿Cuánto dinero gana? Eso no significa nada para ellos".

A finales de mayo de la temporada de 2006, un pequeño grupo de peloteros se quejó con Torre acerca de que Rodríguez no se adaptaba al concepto de equipo de los Yankees. Torre ya había sostenido varias conversaciones con Rodríguez para intentar ayudarlo a convertirse en "uno de los muchachos". Nada parecía funcionar.

"Su meta era convertirse en el mejor jugador de béisbol", dijo Torre. "Él estaba muy enterado de lo que sucedía en el béisbol en otras partes. Parecía agobiado con esas cosas".

Nadie dudaba que Rodríguez era un gran trabajador y un excelente jugador que quería ganar. Obtuvo dos premios al jugador más valioso en sus cuatro años de jugar bajo las órdenes de Torre y en raras ocasiones se perdía un partido. No obstante, aunada a su voluntad de ganar estaba la necesidad de recibir atención, de adquirir el máximo prestigio posible y de ser apreciado, y la mejor manera de medir su lucha por esa atención era a través de sus estadísticas individuales. En una casa club Yankee que aún se esforzaba en vano por aferrarse a los remanentes de los valores nucleares de los equipos de campeonato, el estilo de A-Rod parecía extraño y fuera de lugar.

"Puedo identificarme con algunas de las cosas que Alex siente", comentó Torre. "Como es obvio, yo nunca fui un jugador tan talentoso como Alex, pero mi autoestima se basaba en lo que yo hacía en el diamante. Siento que eso es lo que sucede con él.

"Él nunca podía alejarse del juego y, de pronto, que la gente hablara de alguien más. Jeter podía desaparecer para ir a sentarse a una playa silenciosa en alguna parte y no ser molestado.

"Es triste porque sé que, cuando yo jugaba, incluso en mis buenos años, si lograba 0–de–4 y no conectaba un hit en una situación clave, ni siquiera quería salir a cenar. Me sentía dolido, supongo. Me tomó mucho tiempo superar eso. Con Alex es muy distinto porque él logra conjurar en su mente que eso no sucedió así. Él desaparece en su mundo de sueños y razona consigo mismo.

"Pero Alex está entregado por completo al juego. Él necesita el juego. Él necesita todas esas estadísticas. Él necesita todos los récords imaginables Y necesita que la gente haga mucha bulla a su alrededor. Él siempre tendrá los números porque es demasiado bueno. Eso significa mucho para él y es bueno para él".

Cuando Rodríguez ganó su primer premio al jugador más valioso como Yankee, en noviembre de 2005, Torre lo llamó para felicitarlo. Fue justo después de que los Yankees perdieran la Serie de División contra los Angels, durante la cual Rodríguez bateó .133 sin anotar carreras y se autocastigó al decir que había "jugado como un perro".

"Alex, esto siempre te perseguirá porque la gente siempre va a encontrar motivos para no darte crédito; incluso después de ganar un premio al jugador más valioso", le dijo Torre. "Estoy orgulloso de lo que hiciste y tú deberías sentirte orgulloso de lo que hiciste. Nunca lograrás satisfacer a la gente. Sólo comprende eso. De esa manera será más fácil lidiar con las críticas".

Después, Rodríguez sostuvo una conferencia telefónica con reporteros acerca del anuncio del premio y esto fue lo que dijo: "Podemos ganar tres series mundiales [y] en cuanto a mí, nunca terminará. Mi límite es tan alto que, sin importar lo que haga, nunca será suficiente".

Torre leyó los comentarios y sólo meneó la cabeza.

"Le dije que nunca podría satisfacer a la gente para darle perspectiva. Nada bueno podía resultar del hecho de que hiciera pública esa idea. Yo sólo quería que él comprendiera que sus compañeros y yo apreciábamos lo que hizo".

Rodríguez podía tener sus defectos y peculiaridades, pero eran triviales comparadas con el más grande conflicto que su presencia provocó en la casa club de los Yankees: la dinámica incómoda entre él y Jeter. Se trataba de un problema para ambos. Para Rodríguez, el problema era que sabía que era mejor jugador que Jeter, pero no podía disfrutar de nada parecido al estatus preferente de Jeter adentro y afuera de la organización. Jeter tenía el pedigrí de los Yankees, los cuatro anillos de campeonato, el nombramiento de capitán, la aprobación nacional y ese factor inmensurable del don de gentes que evadía a Rodríguez. Jeter no bateaba ni defendía su área como Rodríguez; por tanto, para un tipo que se medía a sí mismo con base en sus estadísticas, Rodríguez se preguntaba cómo era posible que Jeter fuera considerado con tanta más reverencia que él. A su manera, Rodríguez estaba fascinado con Jeter, como si intentara descubrir qué era lo que aquél tenía que pudiera atraerle tanta buena voluntad. La broma privada en la casa club era que la preocupación de Rodríguez por Jeter recordaba a la película de 1992, *Single White Female (Mujer soltera blanca busca)*, en la cual una mujer se obsesiona con su compañera de apartamento hasta el punto de vestirse como ella.

Durante el Clásico Mundial de Béisbol en 2006, un diseñador de ropa que era amigo de Gary Sheffield les regaló jeans de diseñador y con estilo *hip-hop* a algunos jugadores de Estados Unidos. Jeter y Rodríguez recibieron sus jeans en Tampa. Cierto día, mientras el equipo de Estados Unidos se ejercitaba en Arizona, Rodríguez notó que los pantalones de diseñador colgaban en el casillero de Jeter.

"Oh, ¿vas a ponértelos?", le preguntó a Jeter.

De inmediato, Rodríguez hizo que le enviaran sus jeans por mensajería desde Tampa hasta la base de entrenamiento del equipo en Arizona.

"Creo que Alex se adaptó a la casa club ese primer año", observó Borzello. "Sólo que creo que no se adaptó en ninguna otra parte; en especial, con los medios. Sólo no funcionó. Él nunca lo comprendió. Creo que él tenía que darse cuenta de que lo que

hubieras hecho hasta ese día no significaba nada para los aficionados. O sea, no lo hiciste aquí, de manera que a nadie le importa.
Creo que eso era algo a lo cual él tenía que ajustarse.

"Además, él no lo hizo tan bien de acuerdo con sus estánda-
res. Creo que era una lucha constante para él hacer lo que Roger
intentaba hacer, mostrarle a todo el mundo lo bueno que era.
'Ya lo saben, chicos, pero miren'. E intentar hacerlo. Pero no
tuvimos éxito ese año, en su mayor parte".

El problema para Jeter con Rodríguez en la casa club no era
tanto el artículo de *Esquire*. Esas declaraciones tenían tres años
de antigüedad para cuando los dos se convirtieron en compañeros de equipo; no obstante, como lo expresó Borzello: "Derek es
una persona muy testaruda y no permite que mucha gente se
acerque a él. Y, cuando lo hace, si lo traicionas, creo que es muy
rencoroso con eso. Él abre la puerta a tan pocas personas que, si
te abre la puerta y tú le haces daño, en su mente él se vuelve
cada vez más cauteloso".

El mayor problema para Jeter fue descubrir cómo era Rodríguez como compañero de equipo. Jeter ya había sufrido el des-
engaño de ver que la camaradería de los equipos de campeonato
se desintegraba a su alrededor desde que O'Neill, Brosius, Martínez y Knoblauch partieron después de la Serie Mundial de
2001. Él miraba alrededor de la casa club en 2004 y 2005, y veía
veteranos ir y venir, personas como Kevin Brown, Kenny Lofton, Randy Johnson y Tony Womack. Rodríguez, con su hiper-
conciencia de sí mismo, era el símbolo más visible y controvertido
del alejamiento de los Yankees de lo que Jeter conocía como
definición de los equipos de campeonato. Jeter y Rodríguez estaban programados de manera muy distinta para que los Yankees
recuperaran la unión de los años de campeonato; es decir, per-
cibían versiones muy diferentes de lo que era necesario para
ganar.

"Sus motivaciones son completamente distintas", declaró
Mussina. "Siempre será así. Quiero decir, no hay nada de malo

con las motivaciones de cada uno. Es sólo que no se trata de la misma motivación. Y creo que en ese grupo con el cual Derek aprendió a jugar, o sea, O'Neill, Tino y esos muchachos, la motivación siempre fue la misma. Ellos sabían que no eran los mejores jugadores de la liga, pero sabían que, si hacían su trabajo como grupo, podían ganar.

"Derek no es el jugador más grandioso de la liga. Ni siquiera en sus mejores años. No obstante, él sabe cómo ganar. Él sabe cómo conectar el hit en el momento adecuado. Él sabe lo que hace falta. Él sabe cómo correr las bases. Y ahora tiene pedigrí. No le importa cuáles sean las consecuencias del fracaso. No hay temor de eso.

"Alex puede terminar por llamar la atención sobre sí mismo, pero no hace un gran escándalo con ello. Alex tiene la motivación de ser el mejor jugador en el juego. Cuando todo haya sido dicho y hecho, él quiere ser el mejor jugador de la historia. Ésa es su motivación en esto. Está bien. Todo el mundo necesita una motivación, cualquiera que ésta sea".

La dinámica entre Jeter y Rodríguez nunca fue una guerra abierta que lanzara daños colaterales por los aires al resto de la casa club. De hecho, ellos operaban más sobre la base de una fría tregua. Sin embargo, todo el mundo en la casa club podía sentir el hielo que emanaba de la dinámica Jeter-Rodríguez.

"No creo que eso haya ayudado al equipo", dijo Borzello. "No obstante, ese equipo es una máquina. Es resistente. Te enfrentas a tantas cosas allí que la mayoría de ellas no te desconciertan. Tú llegas y haces lo que te toca hacer. Hay suficientes chicos que se llevan bien, de manera que no creo que a nadie lo desconcierte. No creo que a los otros jugadores les importe que estos chicos se lleven bien o no. Nunca presenciamos discusiones o gritos. Había sólo una especie de frialdad deliberada.

"No ayuda. Tal vez preferirías que las estrellas estuvieran en el mismo sitio y trabajaran juntas, pero no creo que eso haya afectado a los demás jugadores. Sólo afecta a la vibra en la casa club y separa al equipo fuera del terreno de juego porque Alex toma un camino con un grupo de chicos, Derek toma otro camino con otro grupo de chicos y nunca va a ser un grupo de diez o quince chicos juntos".

En cuanto a la relación entre Jeter y Rodríguez, Bowa comentó: "Creo que algo puede hacerse, pero es lo que es. Leí el artículo del cual todos hablan y resulta obvio que Derek se lo tomó a título personal. Si Alex pudiera hacerlo de nuevo, es muy probable que lo corregiría. Él no diría eso. Creo que, poco ha poco, Jeet lo ha perdonado un poco, pero creo que nunca serán, como se dice, amigos".

El resumen es que Jeter y Rodríguez eran dos personas distintas por completo. A Jeter no le importaban mucho sus estadísticas y su lugar en la historia. A Rodríguez lo consumía no sólo su nivel, en ese sentido, sino todo lo relacionado con el béisbol.

"Él es un fanático del béisbol, en primer lugar, y ha resultado ser un jugador grandioso", dijo Borzello. "Pero él es un fanático del béisbol. Sin importar si tuviera éxito en el béisbol, él miraría béisbol todo el día si pudiera.

"Te lo digo, él salía del Yankee Stadium después del último out, se subía a su auto, hablaba sobre el partido, conducía a su casa y miraba los juegos de la Costa Oeste en el paquete de béisbol de la televisión por cable.

"Recuerdo una ocasión cuando fuimos a la casa de Derek Jeter, él y yo. Él iba a cortarse el cabello. Jeter tenía en su casa a una persona que cortaba el cabello. Entonces, llegamos allí, nos sentamos y Alex encendió el televisor a la espera de que llegara esa persona. Jeter caminaba de un lado al otro. Alex preguntó: '¿Dónde es el paquete de béisbol? Jeet, ¿en qué canal transmiten el paquete de béisbol?'. Y Jeter le respondió: 'Yo no tengo eso'. Alex continuó: '¿Cómo es posible que no tengas contratado el paquete de béisbol?'. No podía creerlo, como si pensara: '¿Qué otras cosas haces?'.

"Entonces fue muy gracioso porque Derek nunca ve otros partidos de béisbol aparte de los que juega. Son opuestos por completo. Recuerdo que la reacción de Alex a eso fue de: '¿Cómo es posible?'".

El tercer año de convivencia bajo el techo de la misma casa club de Jeter y Rodríguez fue el peor.

"Yo podía sentir la tensión", dijo Bowa, y nunca mejor que la tarde del 17 de agosto de 2006, en un partido en el Yankee Stadium contra Baltimore. Los Orioles habían golpeado a los Yankees ese día, 12–2, y habían reducido la ventaja de los Yankees sobre los Red Sox a un partido y medio, en vísperas de una serie importantísima de cinco juegos en Boston. En un momento determinante, fácilmente el peor momento de la derrota frente a Baltimore, ni Jeter ni Rodríguez intentaron atrapar un pop-up entre ellos en la parte izquierda del infield. Cuando la bola cayó a la tierra del infield, ninguno de los dos se molestó por recuperarla de inmediato. En lugar de ello, en silencio, ellos se dieron la espalda uno al otro, como si cada uno protestara no sólo porque el otro dejara caer la bola sin intentar atraparla, sino por adherirse a una doctrina distinta por completo de lo que era necesario para ganar. En ese momento, con la bola aterrizando entre ellos, los dos jugadores parecían no tener absolutamente nada en común.

Torre mantuvo cerrada la puerta de la casa club después del partido para dar a su equipo la oportunidad de relajarse. Al mismo tiempo, llamó de manera específica a Jeter y a Rodríguez.

"No sé quién quiere atrapar esa bola", dijo Torre, "pero *alguien* tiene que atrapar a esa hija de puta. Es una estupidez. Es como si no les importara. No sé de quién fue el error y no me importa. Lo único que sé es que no puede caer. Es mejor que ustedes lo resuelvan.

"Ahora, tenemos dos caminos a partir de ahora, a punto de irnos a Boston. Si continúan con esto allá, la manera como han jugado, están en problemas. Básicamente, tienen que dejar esta mierda aquí. Eso fue una mierda. No hay excusa alguna para ello. Estuvimos fatales. Ahora, veamos de qué estamos hechos".

Los Yankees arrasaron en los cinco partidos contra Boston en el Fenway Park; en esencia, se aseguraron otro título de división.

Después del partido con la debacle del pop-up, Cashman consultó con Torre no sólo acerca de la jugada, sino también sobre la dinámica Jeter-Rodríguez.

"Cash culpó a Jeter por completo con base en el argumento de que el shortstop tiene prioridad sobre un pop-up", comentó Torre. "Hubo ocasiones en las cuales tuve que defender a Jeter. A veces, Cash era muy insistente, pues pensaba que el capitán debía ser más proactivo que lo que Jeter quería ser en su relación con Alex. Sé que soy un poco parcial con Derek, de manera que debes tomarlo en consideración, y además está lastimado y aún continúa en el juego. Él nunca espera otra cosa que salir y jugar. No digo que las cosas que hace el 100 por ciento del tiempo sean lo adecuado, pero, en lo que se refiere a competir, siempre puedes contar con él".

Cashman ya estaba molesto con Torre y Jeter por no manifestar más apoyo público hacia Rodríguez durante un lapso adverso de tres meses ese verano, durante el cual los aficionados en el Yankee Stadium abuchearon al tercera base a placer. Rodríguez bateó .257 durante ese lapso y jugó una defensiva deplorable: cometió errores con el guante y en los tiros. Los periódicos de Nueva York reflejaron su deficiente juego con encabezados como:

"¿Odias a este hombre?"

"El infierno personal de Alex empeora día a día".

"E-Rod".

"K-Rod".

"Alex batea con hit…"

Cashman pidió el apoyo de Torre y Jeter para que ayudaran a que los aficionados Yankees dejaran en paz a Rodríguez. Dijo a Torre: "Tienes que decirle a Derek que salga y apoye a Alex, y que les pida a los aficionados que lo dejen en paz".

"No puedo hacer eso", respondió Torre, "porque, si le pides a Jeter que lo haga y él comienza a hacerlo, la gente dirá: '¿Por qué no hizo eso el año pasado?'. No puedo hacerlo. Él es su compañero de equipo. Él y Alex se conocen entre sí. No es que necesite conocer mejor a este muchacho o que lo haya malinterpretado. Ellos han estado juntos desde mucho tiempo antes de que nosotros los conociéramos".

Torre no le iba a pedir a Jeter que le dijera a la afición que fuera benigna con Rodríguez. Él no iba a pedirle a Jeter algo que, de cualquier manera, él no quería hacer.

"Mi trabajo como jugador no es indicarles a los aficionados lo que deben hacer", comentó Jeter entonces. "Mi trabajo no es decirles a los medios qué deben escribir. Ellos van a hacer lo que quieran. Sólo deberían olvidarlo. ¿Cuántas veces pueden formular las mismas preguntas?"

Le preguntaron a Jeter si había visto que alguien fuera tan criticado como Rodríguez.

"A Knobby", respondió él, en referencia al segunda base Chuck Knoblauch, muy proclive a cometer errores. "A Clemens durante un año entero. A Tino".

¿El tratamiento para A-Rod había sido peor?

"No lo sé", replicó. "No pienso en ello. Sólo me preocupa hacer lo que podamos para ganar. Eso es todo. No me preocupan esas otras cosas".

Muy poco después del episodio del pop-up, Rodríguez aceptó reunirse con Reggie Jackson para cenar. A Jackson le preocupaba que Rodríguez hiciera oídos sordos a lo que sucedía en su propia casa club. Jackson sabía que los jugadores intentaban ayudar a Rodríguez a recuperar el camino, tanto en el área de bateo como en su sitio en la estructura del equipo, pero que Rodríguez no recibía el mensaje porque estaba convencido de que todo marchaba a la perfección.

Jackson comenzó por decirle a Rodríguez que sabía lo que era luchar como Yankee y que sabía que era mucho más difícil que lo que éste había conocido. Jackson le contó que sus compañeros de equipo dejaban notas entre sus prendas guardadas en su casillero en las cuales le decían que no lo querían en el equipo. Le dijo a Rodríguez que el mánager Billy Martin había insistido tanto en meterle en la cabeza que era un mal jugador defensivo, que la noche cuando se hizo famoso por conectar tres jonrones en la Serie Mundial de 1977, Jackson convirtió un doble de rutina hacia el campo derecho en un triple debido a la pasividad causada por el temor a cometer un error. Jackson también le relató la historia de cuando se encontró en una racha tan vergonzosa y terrible de strikeouts que, cuando entró a la caja de bateo, le dijo al catcher de los Tigers, Lance Parrish: "Dime lo que viene y te prometo que regresaré de inmediato al dugout, sin importar adónde la batee. Sólo quiero lucir un poco como profesional". (Parrish replicó: "Vete al carajo"; Jackson, para su inmensa satisfacción, logró conectar una rolata). Reggie quería que A-Rod supiera que su situación no era tan mala en realidad.

Más tarde, Jackson le contó esta parábola para señalar el hecho de que Rodríguez se negaba a admitir que le costaba trabajo aceptar los consejos de sus compañeros: un hombre está atrapado en su casa, mientras las aguas de una inundación se elevan. En dos ocasiones rehúsa recibir ayuda, una vez ante los rescatadores en un bote y luego, cuando el hombre busca refugio en su techo, ante los rescatadores en un helicóptero.

"No, gracias. Yo tengo fe", dice el hombre en cada ocasión.

"Lo siguiente es que el hombre se encuentra cara a cara con Dios en el cielo.

"¡Pero yo puse mi fe en ti!", le grita el hombre.

"Sí", le replica Dios, "¡y yo respondí a tu fe e intenté ayudarte dos veces!"

Pronto, los Yankees alcanzaron el nivel de la frustración en sus esfuerzos por ayudar a Rodríguez. Jason Giambi se acercó a Torre y le dijo: "Skip, es momento de dejar de ser indulgentes con él".

Al recordar esa conversación, Torre comentó: "Lo que Jason dijo me hizo darme cuenta de que tenía que abordar el asunto de manera distinta. Cuando el resto del equipo comienza a notar detalles, tienes que arreglarlo. Ése es mi trabajo. Me gusta dar a los individuos lo que yo considero que es el espacio que necesitan; sin embargo, cuando siento que otras personas se ven afectadas, en términos de equipo, tengo que encontrar una solución a ello y adoptar una estrategia un poco más seria".

Torre le pidió a Rodríguez que tomara asiento con él en su oficina en la casa club de visitantes en Seattle. Quería hacer volver a Rodríguez del falso mundo dentro del cual vivía, que el jugador reconociera lo que todos los demás ya sabían: que le costaba trabajo estar allí y que necesitaba ayuda.

"Esto se refiere a la honestidad", le dijo Torre a Rodríguez, "y no se refiere a nadie más que no seas tú. No puedes fingir que todo está bien cuando no es así. Tienes que enfrentar la realidad de que atraviesas por un momento difícil y trabajar a partir de allí".

Esa noche, como bateador emergente, Rodríguez fue eliminado por strikes para finalizar el partido. En su camino de regreso al dugout golpeó la baranda con su bate, avanzó por el corredor hacia el interior de la casa club, levantó una silla plegable y la aventó.

El problema para Rodríguez como Yankee era que todo lo que hacía y, en especial, todo lo que no hacía, como conectar un hit en el momento decisivo, ganar un campeonato o permanecer alejado de las murmuraciones, era comparado y contrastado con Jeter, el parámetro Yankee. Rodríguez, a pesar de ser reconocido como el jugador más talentoso y, sin lugar a dudas, un mucho mejor bateador de largo metraje, no podía ganar en la comparación. Con los Yankees bajo la dirección de Torre, por ejemplo, Jeter superó a Rodríguez en hits con corredores en posición de anotar, .311 — .306, lo superó en hits con corredores en posición para anotar con dos outs, .316 — .274, lo superó en promedio en la postemporada, —309 — .245 y lo superó en general .317 — .306. Cashman, quien negoció el intercambio de Rodríguez y comprendía el valor de su enorme producción al bate, quería creer en Rodríguez, lo cual significaba que la culpa correspondía a Jeter si un pop-up caía entre ellos dos o si los aficionados no dejaban de abuchear a A-Rod. Torre, por su parte, confiaba en Jeter como en un hijo y nunca tuvo el mismo tipo de confianza con Rodríguez.

"Mi relación con Derek ha sido grandiosa", dijo Torre. "Sin importar lo que le pida, él es la persona más confiable que puedas conocer. Con Alex… cuando ofrezco mi cena anual de beneficencia para la fundación Safe at Home, sólo invito a algunos jugadores, a los chicos que viven cerca de Nueva York, porque es en la temporada baja y no quiero que los muchachos sientan que tienen que viajar para venir; excepto cuando honramos al equipo de 1996 o de 1998. Entonces, Alex me preguntó: 'Skip, ¿por qué no me invitas a tu cena?'.

"Yo respondí: 'Alex, tu esposa está embarazada. No quiero invitarte si eso significa alejarte de ella y de tu casa. Sin duda, eres bienvenido. Nos encantaría que estuvieras presente'. Él me dijo: 'Allí estaré, Me canceló un día antes con el argumento de que su esposa daría pronto a luz. No me sorprendió".

9

La marcha a diferentes ritmos

Cierto día del campamento de entrenamiento de primavera de 2004 de los Yankees, Joe Torre llamó a Bernie Williams y a Kenny Lofton a su oficina y cerró la puerta. Los dos veteranos, que competían por la posición de outfielder central, tomaron asiento en las sillas tapizadas que se encontraban frente a Torre, con el escritorio del mánager entre ellos.

"Muchachos", les dijo, "tenemos un dilema aquí".

Los Yankees habían firmado un contrato con Lofton ese invierno por dos años y $6,2 millones; en esencia, porque ya no confiaban más en Williams como su outfielder central cotidiano. Williams había bateado .263 en una temporada en la cual se había perdido 42 partidos por una cirugía de rodilla. Las oficinas generales de los Yankees sospechaban que, debido a su edad, Williams debía convertirse de por vida en bateador designado, una idea que Torre todavía no estaba listo para apoyar por completo.

En fechas recientes, los Yankees habían visto a Juan Pierre y a Luis Castillo ayudar a los Marlins a vencerlos en la Serie Mundial de 2003 al brindar velocidad a Florida a la cabeza de la alineación. Lofton era el intento de los Yankees de copiar dicha estrategia. Fue un intento deficiente. La contratación estuvo llena de ideas erróneas. Por ejemplo, Lofton, entonces con 36 años, era mayor que Williams, con 35 años, y no existía evidencia alguna de que representara una mejoría respecto del segundo. Incluso en una temporada más corta debido a la lesión, Williams bateó más jonrones, produjo más carreras y alcanzó un mejor porcentaje de colocación en base en 2003 que Lofton. Más aún, Lofton se había convertido en un jugador transitorio de béisbol, incapaz de echar raíces con ningún equipo en el declive de su carrera y poco dispuesto a aceptar que ya no era un jugador cotidiano. En 27 meses fue propiedad de seis equipos: se cambió de los Indians a los White Sox, a los Giants, a los Pirates, a los Cubs y a los Yankees.

De alguna manera, Lofton intentó ser diplomático y reverente en una conferencia telefónica con los reporteros para anunciar su contratación: "Si ellos quieren que estacione los autos", dijo, "eso haré".

Sin embargo, Lofton no estaba dispuesto a comenzar a realizar un trabajo inferior en su carrera dentro del béisbol. Él se consideraba a sí mismo un orgulloso outfielder central de calibre del Juego de Estrellas y nada menos que eso. Cuando le preguntaron en la conferencia telefónica acerca de remplazar a Williams, un ícono Yankee, en el campo central, él replicó: "Ellos me dijeron que querían que jugara en el campo central. Yo soy un outfielder central y ellos lo saben".

Lo anterior era cierto, pero, ¿era Lofton un mejor outfielder central que Williams? Tal vez, pero tal vez no. Lo cierto era que los Yankees habían contratado a un jugador mayor con una reputación llena de altibajos y que no era claramente mejor que Williams.

Antes de que la contratación fuera anunciada, Torre llamó a Williams y le dijo: "Vamos a contratar a Kenny Lofton. Eso no significa que se haya tomado una decisión definitiva acerca de la posición del campo central. Vamos a empezar la temporada con el mejor outfielder central, quien quiera que sea".

Se trataba de una mala alternativa que, sin duda, sería desagradable para ambos jugadores. Lofton, que nunca había aceptado ser un jugador ocasional a lo largo de su carrera, pensaba que había sido contratado para jugar en el campo central, cuando en realidad Torre consideraba que él venía al campamento para *competir* por el puesto. Williams, el orgulloso vínculo con seis equipos ganadores de gallardetes, fue despojado del puesto en el campo central que había conservado durante diez temporadas y se vio obligado a competir, no contra un prospecto prometedor con piernas jóvenes, sino contra un jugador *más viejo*. Sin embargo, hubo otro problema, bastante corrosivo, además de la alternativa del campo central, un problema que se reveló en esa junta del entrenamiento de primavera en la oficina de Torre.

Cada equipo se compromete en el entrenamiento de primavera a enviar al béisbol de las Ligas Mayores los nombres que formarán parte de las votaciones para el Juego de Estrellas. Cada equipo puede nombrar a tres outfielders. Los Yankees tenían a Gary Sheffield, a quien habían contratado ese invierno como agente libre, establecido en el campo derecho, y a Hideki Matsui, establecido en el campo izquierdo. No había problema allí. El campo central, sin embargo, era una competencia abierta entre Williams y Lofton, y los oficiales del béisbol necesitaban una respuesta antes de que esa competencia fuera resuelta.

El director general Brian Cashman le preguntó a Torre: "¿A quién debemos anotar en el campo central en las votaciones?"

Torre respondió: "Llamaremos a los dos y lo decidiremos".

Entonces, Torre trajo a Williams y a Lofton a su oficina para resolver lo que pensó era un asunto menor relacionado con los procedimientos. Si cualquiera de los dos jugaba bien en la primera mitad de la temporada, sería seleccionado de todas formas para el Juego de Estrellas, tanto si formaba parte de la lista oficial de votaciones de los aficionados como si no era así.

"Tenemos que elaborar una lista de votaciones para el Juego de Estrellas", les dijo Torre a Williams y a Lofton. "Ya han estado en esto el tiempo suficiente. Ya saben que si tienen un buen año, serán votados o seleccionados. Sin embargo, en este momento se trata de estar en la lista y tenemos que tomar una decisión".

Lofton aún tenía que jugar su primer partido para los Yankees. Williams era una estrella de la franquicia y el preferido de Torre, aunque el mánager no favoreció a ninguno sobre otro.

"Esto es lo que voy a hacer", les dijo Torre. "Ustedes dos son del calibre del Juego de Estrellas. Ambos ya lo han hecho antes. Voy a poner sus nombres en una gorra. Quien salga primero de la gorra será el chico que pondremos en las votaciones".

Williams encogió los hombros con indiferencia, como si dijera: "No importa. Está bien". Lofton giró los ojos hacia el techo y frunció los labios.

Torre colocó dos pedazos doblados de papel en su gorra y comenzó a agitarla para mezclarlos. De pronto, uno de los dos pedazos de papel saltó fuera de la gorra y cayó en el suelo.

"¡Anotemos a ése!", dijo Lofton.

"De acuerdo", aceptó Torre. "Bien".

Torre levantó el pedazo de papel y lo desdobló. Después lo mostró a los outfielders centrales: "Bernie Williams".

Lofton bajó la cabeza y la sacudió, enfadado. A Torre le sorprendió la reacción de Lofton.

"Pensé: '¿Qué significa *eso*?'", comentó Torre. "Es probable que no juegue lo suficiente para formar parte del equipo del Juego de Estrellas; por tanto, ¿cuál es la diferencia en todo caso?

Al ver la reacción de Lofton, Torre pensó que no dejaría nada a la interpretación en cuanto a ese pequeño juego de azar. Entonces tomó su gorra, sacó el otro pedazo de papel doblado que decía "Kenny Lofton" y se lo mostró.

"Tuve que desdoblarlo para demostrarle que él era el otro, para asegurarme de que no pensara que había dos Bernies", explicó Torre. "Estar en las votaciones para el Juego de Estrellas era muy importante para él. Qué mal. Y yo ya conocía ese tipo de pensamiento en los equipos del Juego de Estrellas. Siempre era interesante ver a todos esos muchachos de Cleveland cuando venían a los Juegos de las Estrellas. Eran muy indisciplinados. Colón, Manny, Lofton, Belle… todos marchaban al ritmo de su propio tambor".

Ése era el problema real. Los Yankees ya no tenían un tambor. Desde antes de que los Yankees jugaran un partido en la temporada de 2004 resultó evidente que la cultura eficiente y carente de ego de los equipos de campeonato de los Yankees se había perdido de manera irremediable. Lo cierto es que los Yankees comenzaron a cambiar cuando le dijeron adiós a Paul O'Neill, Scott Brosius, Tino Martínez y Chuck Knoblauch después de la Serie Mundial de 2001. Sin embargo, en 2003 habían realizado una transición exitosa hacia un equipo dominante por sus lanzadores, claramente el mejor equipo en el béisbol hasta que los Marlins, un comodín con 91 triunfos, se enfrentaron a ellos con algunos talentosos pitchers en octubre. El pánico de las oficinas generales después de esa Serie Mundial de 2003 contribuyó más a enviar a los Yankees en una espiral descendente, en especial en lo que se refería a construir una alineación con peloteros esforzados y centrados en el equipo, que cualquier suceso posterior a la Serie Mundial de 2001.

Poco tiempo después de la Serie Mundial de 2003, Torre dio a Cashman un consejo referente a Weaver.

"Recuerdo que le dije a Cash: 'Tienes que deshacerte de este chico porque, a nivel emocional, no puede enfrentarlo; no puede recuperarse de eso'", comentó Torre. "No es como si Eckersley concediera el jonrón a Kirk Gibson o como si Mariano concediera el jonrón a Sandy Alomar. Este chico no estaba equipado a nivel emocional para lidiar con ello, en especial en Nueva York. Yo ya estaba más cómodo con sus lanzamientos que antes, como lo que hizo al principio de ese partido. Pero no podía defenderlo. Demasiadas cosas habían sucedido".

Weaver nunca ejecutaría un lanzamiento más para los Yankees. Con un intercambio ese invierno, los Yankees transformaron a Weaver en Kevin Brown, es decir, un pitcher que sufrió en Nueva York a cambio de otro… sólo que más viejo.

En esa temporada baja, los Yankees adquirieron a Lofton, al arisco y antisocial Kevin Brown, al célebre y voluble Sheffield, y al necesitado de reconocimiento Alex Rodríguez. Además, el equipo se deshizo de sus dos mejores bateadores jóvenes, Nick Johnson y Juan Rivera, para obtener al pitcher Javier Vázquez, que venía de Montreal nada preparado para lanzar bajo la presión de las expectativas en Nueva York. Desde luego, aún tenían a Jason Giambi, el chico con su propio entrenador personal a su disposición, que se había retirado a sí mismo de la alineación inicial en la Serie Mundial previa y que había sido convocado para aparecer frente al gran jurado que investigaba el escándalo BALCO. Más que nunca a lo largo de los años de Torre, los Yankees eran mucho menos un equipo y mucho más una colección de estrellas individuales.

"Hicimos una combinación de diferentes personas provenientes de equipos muy distintos entre sí", comentó el pitcher Mike Mussina. "No vas a obtener esa combinación precisa y perfecta con cada grupo de jugadores a quienes vistas con el uniforme. Cuando la encuentras, tienes que aferrarte a ella. No ha resultado la misma combinación y no es culpa de nadie. Yo no culparía a ningún jugador ni a ningún grupo de jugadores por nada. Sólo es distinto".

Cuando le preguntaron durante cuánto tiempo fueron capaces los Yankees de mantener la combinación adecuada de jugadores que se apegaban a la misma ideología, Mussina respondió: "Hasta 2003; tal vez incluso durante 2003. Luego, Andy se fue después de 2003, Roger se fue y Boomer se fue… Entonces, cuando llegó 2004 fue muy diferente. Teníamos personalidades muy distintas en comparación con el otro grupo, con el grupo que estaba aquí cuando llegué en 2001".

Para la vieja guardia de los Yankees, en especial para Derek Jeter, que no conocía otra cosa en su carrera excepto 25 tipos que asimilaron una sola idiosincrasia, el sistema de estrellas era un desagradable cambio negativo.

"No sé si le molestó o no", dijo Mussina, que fue testigo del colapso de los equipos de calibre de playoffs de los Orioles antes de firmar con los Yankees. "Pero lo sé como jugador que ha visto buenos jugadores formar parte de un equipo, un buen grupo de jugadores, porque yo tuve a un buen grupo de jugadores en Baltimore durante un par de años seguidos; después, vi partir a un buen grupo de jugadores y luego vi llegar otro. Entonces, ves que toda la dinámica de la casa club es diferente; son más jóvenes, no están acostumbrados a ganar o no están concentrados en ganar, sino en su desempeño. Sé que tiene que ser difícil.

"Sé que para él fue un gran cambio y en especial con Alex allí, porque Alex era el mejor y el jugador con más alto sueldo en la liga, se supone. Él era el mejor pagado pero tambien se decía que era el mejor jugador de la liga. Tienes a un nuevo segunda base, tienes a un nuevo tercera base… son muchas cosas por asimilar".

Jeter dijo: "El asunto es que ganábamos y, en su mayor parte, teníamos el mismo grupo año tras año, ¿sabes a qué me refiero? Dado que ganábamos, podíamos permanecer juntos. Entonces, como grupo, habíamos superado todo juntos. Por el contrario, en años recientes, cuando perdimos, la gente cambió. Diferentes tipos entraban y salían".

No fue sólo que los miembros del equipo cambiaron; la cultura cambió. El punto de viaje hacia el fin de la cultura de los Yankees campeones, tanto en la casa club como en el terreno —un equipo fuerte de lanzadores— fue la casi indiferente pérdida de Pettitte a la libre agencia. Pettitte era una materia prima rara en el béisbol: era zurdo, resistente, sólo tenía 31 años, venía de una temporada de 21 victorias y estaba fogueado por su experiencia en postemporadas y por las expectativas diarias de haber jugado durante nueve años en Nueva York. Si él hubiera hecho su carrera en cualquier otro lugar durante todos esos años, los Yankees, dado su ambicoso estilo en la libre agencia, hubieran codiciado a Andy Pettitte. Sin embargo, George Steinbrenner nunca sintió gran aprecio por Pettitte y siempre se reservó su máxima alabanza de llamar "guerrero" a alguien, además de querer deshacerse de él en un intento macabro de intercambio en 1999, bastante publicitado. Los subalternos de Steinbrenner también se preocupaban a menudo por el codo de Pettitte, en parte porque el mismo Pettitte parecía tener una preocupación crónica por lo mismo. Compartir sus sentimientos acerca de sus molestias y dolores usuales sólo hacía parte de su naturaleza honesta. A excepción de la temporada de 2002, el codo de Pettitte estuvo lo bastante bien como para permitirle ser uno de los pitchers más confiables del béisbol durante casi una década. Desde 1995, cuando ascendió a las Grandes Ligas, y hasta 2003, Pettitte lanzó más entradas que todos, excepto nueve pitchers en el béisbol, y empató con Randy Johnson en el segundo lugar del mayor número de victorias, superado sólo por Greg Maddux.

Sin embargo, Pettitte se sintió decepcionado por el poco interés que los Yankees mostraron en él cuando su contrato expiró después de la Serie Mundial de 2003. Durante 14 de los 15 días posteriores a la Serie Mundial, en los cuales los Yankees tenían derechos exclusivos de negociación con él, el equipo no hizo ningún intento por conservarlo. Por fin, cuando Pettitte estaba a punto de escuchar las ofertas de otros equipos, los Yankees le ofrecieron $30 millones por tres años. Mientras tanto, fiel a la predilección de los Yankees por codiciar lo que no era suyo, Steinbrenner se ocupaba en negociar personalmente un contrato con Sheffield. Los Astros, los Red Sox y otros clubes expresaban a Pettitte cuánto lo querían. Era como si los Yankees estuvieran resignados a que Pettitte se marchara con los Astros de su ciudad natal. Pettitte, sin embargo, dijo que la falta de interés de los Yankees en él lo empujó a darle su palabra al dueño de los Astros de Houston, Drayton McLane, de que aceptaría la oferta del equipo de $31,5 millones por tres años, dependiendo de algunos detalles físicos y contractuales. Sólo entonces, los Yankees incrementaron su oferta a $39 millones por tres años, que fue rechazada de inmediato debido al compromiso personal de Pettitte con McLane. (Clemens, envalentonado por el hecho de que su amigo fuera contratado por Houston, también firmó con los Astros). Incluso ahora, después de haber regresado a los Yankees en 2007, Pettitte está seguro de que los Yankees no hicieron un gran esfuerzo por conservarlo entre sus filas después de la temporada de 2003.

"En definitiva, así me sentí", dijo. "Estoy muy feliz de haber regresado, pero, en ese momento, ellos presentaron la peor oferta entre siete u ocho equipos. Después de hablar con los Astros y de haberle asegurado al propietario que jugaría para él, *entonces* recibí una oferta más alta. Yo no podía faltar a mi palabra".

El día en que los Yankees dejaron ir a Pettitte, como si quisieran encubrir el golpe por la pérdida de uno de los Yankees más populares, el equipo acordó un intercambio por Brown, que se convertiría en un jugador estropeado de 39 años el siguiente mes de marzo y que, de acuerdo con el Reporte Mitchell, había construido su reputación como as del béisbol con la ayuda de drogas para mejorar el desempeño, ahora prohibidas en el juego.

◆   ◆   ◆

Aquel receso pintaba mal para los Yankees. Mientras la franquicia de Nueva York dormía en sus laureles, los Red Sox se roba-
ban a uno de los mejores pitchers disponibles y un elemento
que sería fundamental para la recuperación del equilibrio en la
rivalidad Nueva York-Boston. Los Diamondbacks de Arizona hicieron pública su intención de vender al as Curt Schilling. El
diestro tenía poder de veto sobre cualquier intercambio y le dijo
a los Diamondbacks que sólo aceptaría un acuerdo con los
Yankees o con los Phillies de Filadelfia.

"Recuerdo haber leído eso", dijo el director general de los
Red Sox, Theo Epstein.

"De hecho, los Yankees habían hablado con Arizona a principios de ese mes de noviembre acerca de un intercambio por
Schilling. Los Diamondbacks anotaron a Nick Johnson y a Alfonso Soriano en su lista de deseos. Las conversaciones murie-
ron, pero los Yankees imaginaron que todo ello formaba parte
del toma y daba de las negociaciones.

No obstante, los Red Sox, como ya habían demostrado en su
enérgica búsqueda de José Contreras el invierno anterior, tenían un nuevo propósito bajo la dirección de Epstein y del propietario John Henry: ser valientes. No dar nada por hecho. No
preocuparse por lucir estúpidos. Epstein decidió hacer una
oferta por Schilling, mientras los Yankees atendían otros asuntos. Se acercó al director general de Arizona, Joe Garagiola, en
la reunión de directores generales en Phoenix, en la segunda
semana de noviembre.

"Le pregunté por Schilling", contó Epstein. "Creo que lo
abordé en el momento adecuado, porque Garagiola parecía
estar hastiado de Schill y se sentía frustrado de tener las manos
atadas con toda la especulación pública acerca de Nueva York o
Filadelfia.

"Le dije: 'Nosotros no controlamos el proceso. Tiene una
cláusula entera de no-intercambio. Sin embargo, la parte que sí
podemos controlar es ofrecer un intercambio. En términos téc-

nicos, podríamos hacer un intercambio y después presentár-selo'".

Garagiola dijo que lo pensaría. Dos días después, Epstein lo llamó de nuevo y detectó cierto interés en Garagiola.

"Si usted es serio", le dijo Epstein, "si no le preocupa llegar al altar y que lo dejen plantado, no nos importa. ¿Por qué no echa un vistazo a nuestro sistema?

Garagiola estaba interesado.

"De acuerdo, le haremos una oferta", dijo Epstein. "Será como ordenar del menú de un restaurante chino. Puede pedir dos del grupo A y dos del grupo B".

Epstein y sus asistentes prepararon un menú para Garagiola de prospectos de segunda clase. El shortstop de 19 años, Hanley Ramírez, quien había bateado .275 en clase A, estaba en el grupo A. (Tiempo después, Ramírez iría por Josh Beckett a los Marlins y se convertiría en una de las más grandes estrellas en el béisbol).

Garagiola dijo que a los Diamondbacks les agradaban los pitchers Casey Fossum y Jorge de la Rosa del grupo A, a quienes los ejecutivos de Boston no temían perder. Del grupo B mencionó varios nombres, pero eligió a Brandon Lyon, un pitcher relevista con tendencia a las lesiones, y a Michael Gross, un outfielder de 22 años que había bateado .245 con un jonrón en clase A, un chico a quien los Red Sox no consideraban un gran prospecto. Epstein no podía creer su buena suerte.

Se volvió hacia sus asistentes y les dijo: "Muchachos, creo que logramos algo aquí".

Uno de ellos, Josh Byrnes, que después se convertiría en el director general de los Diamondbacks, escuchó a Epstein decirles que los Diamondbacks estaban dispuestos a aceptar a Fossum, de la Rosa, Lyon y Goss por Schilling, y preguntó sin expresión alguna: "¿A qué hora es la conferencia de prensa?"

Era algo muy simple para Boston.

Sólo existía un problema: los Red Sox tenían un plazo de 72

horas para convencer a Schilling de aceptar el intercambio, un plazo que incluía el Día de Acción de Gracias. Lo primero que Epstein necesitaba hacer era lograr que Schilling abordara un avión hacia Boston. Difundiría la noticia, a través de los medios, del viaje de Schilling con el fin de que miles de fanáticos de los Red Sox le dieran la bienvenida cuando descendiera del avión en el aeropuerto Logan, una deferencia para el considerable ego de Schilling.

"¡No puede decir que no!", exclamó Epstein, encantado con el plan. Sonaba genial… Hasta que lo llamó para invitarlo a Boston.

"Amigo, no hay manera de que yo salga de Phoenix", le respondió Schilling a Epstein. "Estoy intrigado, pero los únicos a quienes en verdad quiero tener en cuenta son a Filadelfia y a Nueva York. Si quieres venir, de acuerdo. Pero no me iré".

Epstein tenía entonces que abordar un avión hacia Phoenix. Ya estaba agotado. Había terminado de dar un paseo de reclutamiento por Boston al pitcher cerrador y agente libre Keith Foulke la noche anterior, una noche en la cual asistieron a un partido de básquetbol de los Celtics y después bebieron bastante en un elegante establecimiento de la ciudad. Los Red Sox necesitaban un mánager, pues Grady Little había sido despedido después del fiasco del séptimo juego de la Serie de Campeonato de la Liga Americana de 2003 con Pedro Martínez, y había entrevistado a DeMarlo Hale ese día. El ex mánager de los Phillies, Terry Francona, considerado el candidato principal, llegaría a Boston cualquier día para realizarse un examen médico. Ahora, Epstein, junto con su asistente Jed Hoyer, y el presidente de los Red Sox Larry Lucchino, abordarían un vuelo matutino para visitar a Schilling el día previo al Día de Acción de Gracias, pero no antes de que Epstein y el personal de operaciones del béisbol diseñaran un plan de reclutamiento.

Lo primero que hicieron fue redactar una carta para Curt y su esposa Shonda, para que fuera entregada por la mañana, antes de la llegada del contingente de los Red Sox ese mismo miércoles por la tarde. La carta, firmada por Epstein y Lucchino, constaba de 1.165 palabras. Hacía referencia a que los Red Sox habían intercambiado a Schilling con los Orioles en 1988 y que, tres años después, convencidos de que no habían cometido un error, los Red Sox contaban con un reporte de uno de sus reclutadores sobre Schilling que decía: "Aún es un lanzador. Tiene fortaleza en el brazo pero no ha aprendido nada".

Después, la carta alababa a Schilling por su evolución después de esos complicados inicios. En su mayor parte, la carta servía como sustituto de una multitud emocionada en el aeropuerto Logan: una concesión al ego de Schilling.

"A los 37 años", decía la carta, "con un gran currículo y una reputación aún mayor, tenemos claro que el siguiente paso en tu carrera es la inmortalidad en el béisbol. La inmortalidad en el béisbol —un discurso enaltecedor en Cooperstown, una placa en la pared, un sitio entre las leyendas— es uno de los motivos por los cuales los Schilling y los Red Sox constituyen una unión tan perfecta. No existe otro lugar en el béisbol donde puedas lograr un impacto más grandioso en una franquicia, un impacto más grandioso en una región y un impacto más grandioso en la historia del béisbol como puedes lograrlo en Boston. Resulta difícil describir lo que los Red Sox representan para Nueva Inglaterra. Los jugadores que ayuden a ganar un título a la Nación de los Red Sox nunca serán olvidados. Su lugar en la historia del béisbol estará siempre asegurado.

"Estamos muy cerca de la meta que nos ha eludido durante 86 años. Nosotros no hubiéramos intercambiado a cuatro jugadores jóvenes ni hubiéramos interrumpido tus vacaciones si no creyéramos con toda sinceridad que nuestro momento llegará muy pronto. Los Red Sox de 2003 fueron un equipo talentoso y fascinante que se quedó a cinco outs de llegar a la Serie Mundial. Como grupo propietario y como equipo directivo, estamos comprometidos a conformar un equipo aún mejor en el terreno de juego en 2004 y los años posteriores".

El propósito de la carta era definir la importancia de Schilling en esa mejora y explicarle que, después de la meta del equipo en 2003 de "crear una alineación que sea implacable desde el primer hasta el noveno bate", ahora era imprescindible crear "un equipo implacable de pitchers a la altura de nuestra ofensiva. Tú eres la clave del plan; de hecho, tú eres el plan".

Y concluía: "Creemos que Curt y Shonda se trata de una pareja perfecta. El momento y el propósito son perfectos para ambos. Esperamos que ustedes sientan lo mismo. Estamos ansiosos por discutir cualquier punto que pueda hacerlos sentir, a ustedes y a su familia, más cómodos con Boston. Nos veremos esta tarde…".

La carta, la adulación a su ego, el ataque mientras los Yankees se dormían en sus laureles… todo junto constituyó una brillante estrategia diseñada por una organización inteligente y hambrienta. Sin embargo, los Red Sox no habían terminado con el reclutamiento de Schilling. Apenas comenzaban.

Epstein sabía que Schilling era un "loco de la preparación", un tipo que apreciaba los análisis estadísticos, conservaba notas voluminosas y veía más videos que un crítico de cine. Schilling cumplía con el perfil, decidió Epstein, del recluta perfecto para los Red Sox, expertos en tecnología. Epstein ordenó a su personal que preparara un disco compacto para destacar la alta tecnología de los Red Sox en video y reclutamiento, que se encontraba entre las más avanzadas en el mundo del béisbol. En ese disco compacto grabaron cantidades masivas de videos de Roger Clemens, el doble fantasmal de Schilling como pitcher, con su combinación de recta rápida y splitter, al momento de lanzar contra los mejores bateadores de la Liga Americana del Este. También reunieron reportes detallados de uno de los más numerosos equipos de reclutamiento en el béisbol.

"Así es como podemos ayudarte a prepararte", dijo Epstein a Schilling cuando le presentó la información en su casa.

Epstein comentó: "Él lo devoró todo".

Epstein también puso a trabajar al respetado analista estadístico Bill James. Dos semanas atrás, Schilling había declarado al *Philadelphia Inquirer* que no aprobaría un intercambio con Boston porque "soy un pitcher diestro al que le batean muchos flies. En el Fenway Park, ésa no es una mezcla muy afortunada". Epstein estaba enterado de ese comentario, de manera que pidió a James que escribiera una carta personal a Schilling que, en términos estadísticos, probara que el Fenway Park había resultado beneficioso para los pitchers diestros de bolas altas, incluso Pedro Martínez.

Epstein incluso llegó armado con información para la esposa de Schilling, Shonda, de quien sabía que participaba en las labores comunitarias. Le llevó información acerca de los sitios para vivir en Boston, los sistemas escolares y las oportunidades para desempeñar labores comunitarias.

Epstein también mencionó a Schilling que uno de los candidatos a quien consideraban con más seriedad para el cargo de mánager de Boston era Francona. Francona había sido el director de Schilling en Philadelphia y ambos aún conservaban una relación bastante cercana.

Había un argumento más por reforzar: la oportunidad de hacer historia en el béisbol en Boston. Los Red Sox no habían ganado la Serie Mundial desde 1918. Un campeonato mundial para los Red Sox significaría ocupar un rango entre los campeonatos más significativos en todos los deportes. La oportunidad complació la visión histórica del béisbol de Schilling.

"De inmediato coincidimos en una discusión sobre béisbol", relató Epstein. "Mientras más hablábamos de su unión con los Red Sox y lo que esto significaría en términos históricos, más nos dábamos cuenta de que ya lo teníamos. Después tendríamos que encontrar la forma de que funcionara".

Fue una negociación extraña y, por momentos, tensa en la casa de Schilling. Los reporteros, acampados en el jardín, podían espiar por las ventanas para ver a Epstein y a Schilling en plena negociación en la sala; por la noche pudieron escuchar aullar a los coyotes a los pies de las colinas de la reserva natural que se encontraba detrás de la casa. Epstein compartió la cena de Acción de Gracias en casa de los Schilling, pero aún tenía que obtener la aprobación del pitcher para hacer el trato. Los Red Sox le solicitaron a las ligas mayores de béisbol una ampliación del plazo de negociación de 72 horas debido a las vacaciones por el Día de Acción de Gracias y fue aprobada. Tenían hasta el viernes por la tarde para cerrar el trato.

"Fueron negociaciones muy tensas", explicó Epstein. "Parecía que no íbamos hacia ninguna parte. Me marché después de la cena de Acción de Gracias y sentí que era imposible lograrlo. Fuimos un poco más creativos. Sin importar cuán difíciles fueran las negociaciones, más difícil hubiera sido salir de esa casa sin él, pues sabíamos que era justo el tipo perfecto para el club; es decir, salir de allí y caminar como un criminal arrestado frente a las cámaras y saber siempre que le habíamos entregado todo en bandeja de plata".

La persistencia dio resultado. El viernes, un día después del Día de Acción de Gracias y justo al borde de la hora límite establecida por las ligas mayores de béisbol, Schilling accedió al intercambio y a firmar un contrato por dos años por el cual recibiría $25,5 millones, con una opción al tercer año por un valor de $13 millones. Una cláusula especial se agregó al contrato que, a pesar de ser ilegal bajo las reglas del béisbol, de alguna manera fue pasada por alto por los oficiales de las Ligas Mayores. Los Red Sox pagarían a Schilling un bonus de $1 millón si ganaban la Serie Mundial con él. No está permitido que los jugadores reciban bonos de gratificación basados en logros de equipo, pero esta cláusula se las arregló para convertirse en oficial.

"Él será un rey y un héroe si pueden ganar una Serie Mundial en Boston", declaró Jerry Colangelo, propietario de los Diamondbacks.

Epstein estaba extasiado. Ya contaba con una dinámica ofensiva que había destruido el eterno récord de porcentaje de bateo de los afamados Yankees de 1927. Ahora ya tenía un equipo fuerte de pitchers abridores conformado por Schilling, Derek Lowe, Pedro Martínez, Tim Wakefield, Byung-Hyun Kim y Bronson Arroyo. Como bono, Schilling tenía una personalidad confiada y tipo A que llevaba al montículo la misma arrogancia que jugadores como David Ortiz, Johnny Damon, Manny Ramírez y Kevin Millar llevaban al área de bateo.

"Los intangibles se mezclaron a la perfección", comentó Epstein. "Allí estaba un tipo que había lanzado y ganado en el Yankee Stadium y en grandes partidos. Saltaba a la vista que era audaz. Lo único que sabías que era capaz de ejecutar su lado sin falla alguna, fuera cual fuera la situación. Y sentía deseos de recibir atención. Tenía un gran ego. Le agradaba ser cubierto por los medios de comunicación, pero de manera legítima. Él aportaba audacia. Básicamente, él decía: 'Voy a ir a Boston para dar fin a una maldición de 86 años de duración y haré anuncios de Dunkin' Donuts para que la gente lo sepa'. Creo que eso se contagió. Esa misma mentalidad de patear traseros que teníamos en la ofensiva, Schilling la agregó al equipo de pitchers".

La temporada baja de los Red Sox mejoraría aún más. Pettitte dejó a los Yankees 22 días después. A Boston le encantó ver que Pettitte se integraba a Houston. En realidad, los Red Sox habían ofrecido a Pettitte la mayor cantidad de dinero; más de $40 millones. Esa treta, sin embargo, no sólo era un improbable intento de alejarlo tanto del equipo al cual había pertenecido a lo largo de su carrera como del equipo de su ciudad natal, sino también fue un intento sagaz y estratégico de influir en las negociaciones entre Pettitte y los Yankees. "¿Cómo es posible que los Red Sox me valoren tanto más que los Yankees después de todos estos años en Nueva York?", era la pregunta obligada de Pettitte. Sacar a Pettitte de la liga ya era una victoria en sí misma para los Red Sox, quienes, a pesar de su potente ofensiva de fama histórica, sabían que tenían cierta vulnerabilidad ante los pitchers zurdos. Los Red Sox de 2003 obtuvieron 49 puntos menos en bateo contra zurdos que contra diestros. Pettitte tenía 13–5 en su carrera contra el mayor rival de los Yankees.

Para empeorar la pérdida de Pettitte, los Yankees decidieron no tomar la opción de $6 millones por el contrato de David Wells, otro pitcher zurdo que había lanzado al menos 200 entradas en ocho de los nueve años previos. Wells se había sometido a una cirugía de espalda para reparar un disco herniado, situación que no impidió que los Padres lo contrataran bajo ciertas condiciones relacionadas con su desempeño. Con ese contrato, Wells podía ganar $7 millones. Wells había obtenido 6–5 con los Yankees contra los Red Sox.

En dos meses, después de una temporada con 101 victorias, los Yankees habían perdido a Clemens, Pettitte y Wells, quienes en 2003 se habían combinado para iniciar 60 por ciento de los partidos mientras sumaban un récord de 53–24. El equipo perdió a tres pitchers abridores con un récord de carrera de postemporada combinado de 31–17, un porcentaje ganador de .646. Una de las más grandiosas rotaciones en la historia de los Yankees, conformada por los chicos que sólo nueve meses atrás aparecieron en la portada de *Sports Illustrated*, se había desbaratado.

Para remplazarlos, y para deleite de los Red Sox, los Yankees eligieron sólo pitchers diestros: Brown, de 39 años; Orlando Hernández, con 38 años; Jon Lieber, con 34 años, que se incorporaba después de una temporada entera perdida debido a una cirugía de codo; y Vázquez, con 27 años, que se probaba a sí mismo en la Liga Americana y en Nueva York por primera vez. En 2004, los Yankees no contaban con un pitcher abridor zurdo para lanzar contra los Red Sox, un error fatal que se haría evidente al llegar octubre; además, sólo contaban con un diestro de primer nivel y se trataba del decepcionante Vázquez.

Más aún, el Yankee Stadium era un escenario diseñado para bateadores zurdos, los cuales podían aprovechar el corto pórtico del campo derecho y, de igual manera, para lanzadores zurdos, los cuales podían aprovechar la amplitud del lado izquierdo del outfield contra alineaciones con muchos diestros. No obstante, los Yankees estaban mal preparados para su propio estadio, y por medidas históricas. En 2004, los Yankees utilizaron abridores zurdos, todos ellos mediocres, para iniciar sólo once de sus 162 partidos; por mucho, su más baja incidencia en el previo medio siglo, lo cual eclipsaba los 27 inicios lanzados por zurdos en el equipo de 1992, última ocasión en la cual los Yankees tuvieron a un club perdedor.

"Ir de Clemens y Pettitte y Wells y yo mismo para… no lo sé", dijo Mussina. "Sé que Kevin Brown formaba parte de ese equipo, pero no podíamos contar con él. La mentalidad había cambiado".

Mike Borzello, el catcher del bulpen, dijo: "Los pitchers eran el problema. Después de que Pettitte, Clemens y Wells se marcharon en 2003, tuvimos una rotación sólo de diestros. Ése fue el principio del problema. Vázquez, Brown y luego Pavano, Wright, Igawa, Farnsworth, Randy Johnson… no parecían funcionar. Nunca más sentimos que lleváramos la delantera en lanzadores. Antes de 2004 nunca nos importó cómo estaba la comparación contra los demás equipos. Le íbamos a nuestro chico contra su chico, sin importar su sitio en la rotación. Pero luego nunca parecía estar a nuestro favor, nunca fue un caso de 'Tenemos a tal y a tal para mañana. Ganaremos'".

Mientras los Yankees de 2004 marcaban un final abrupto en el dominio de la franquicia en cuanto a pitchers con calidad de campeonato, la pérdida de esa fortaleza fundamental se vio exacerbada por lo que sucedía alrededor del béisbol. Los pitchers abridores lanzaban cada vez menos entradas debido a la convergencia de varias influencias en el desarrollo de los jugadores; entonces, los caballos de batalla como Pettitte, Clemens y Wells adquirían mucho más valor que nunca.

¿Qué había sucedido con el pitcher abridor semejante a un caballo de batalla? La mente analítica de los Red Sox, como solían hacer con la mayoría de los temas, ordenó a sus analistas estadísticos que intentaran ofrecer respuestas objetivas a esa pregunta. Ellos descubrieron que la disminución de la carga de trabajo para los pitchers podía remontarse a los Athletics de Oakland de 1980 del mánager Billy Martin. Martin sacó a jugar a cinco jóvenes abridores de menos de 30 años. Rick Langford, Mike Norris, Matt Keough, Steve McCatty y Brian Kingman completaron 93 de sus 159 inicios, una enloquecida carga de trabajo. Todos ellos se lesionaron y nunca volvieron a ser los mismos. Debido a dicha carga de trabajo, Martin había llamado tanto la atención sobre ese grupo de pitchers que, cuando esos jóvenes se agotaron, todo el mundo del béisbol lo notó. Ningún mánager o equipo quería la fama de ser asesino de brazos; por tanto, un nuevo conservadurismo comenzó a crecer.

La tendencia cobró impulso al final de la década cuando otro mánager de Oakland, Tony LaRussa, popularizó el bulpen especializado, en el cual prefería confiar los outs en las fases avanzadas del partido, que solían pertenecer a un fatigado pitcher abridor, a una serie de relevistas diestros y zurdos, respaldados por un pitcher cerrador. De igual manera, en 1990, los "conteos de lanzamientos" comenzaron a aparecer en los resultados en la prensa. El efecto de lo anterior fue la designación de cierto tipo de gobernadores o mánagers, que ahora tenían que responder a una especie de "policía de conteo de lanzamientos"; es decir, aficionados y medios de comunicación que vinculaban un arbitrario conteo alto y una derrota o un desempeño pobre. Más aún, las investigaciones avanzadas y los datos en el creciente campo de la medicina deportiva convencieron a los médicos de que el mayor riesgo para la salud del brazo de un pitcher era el uso exagerado. Con pagos de bonos de siete cifras a reclutas *amateurs*, la filosofía automática fue cada vez más conservadora en cuanto al desarrollo y mantenimiento de los pitchers.

"Hemos condicionado a los jóvenes a hacer justo eso: lanzar menos", dijo Torre. "Es nuestra culpa. No tienes otra opción porque es un muro de contención para todos. Un director general te dirá cuánto dinero hemos invertido en esos muchachos y que no podemos agotarlos hasta que se sequen. Incluso en el pasado, en términos de cómo utilizábamos a David Cone en 1999. Evidentemente, Billy Connors le decía a George algo acerca de sus conteos de lanzamientos y George me gritaba a mí o al director general.

"Para mí, el conteo de lanzamientos es otra de esas cosas de números que no me cuentan la historia completa de por sí. Puedes ver que un muchacho no tiene problema alguno al lanzar 120 ó 130 veces, pero puede ejecutar 90 lanzamientos con hombres en base en cada entrada y fatigarse. Entonces, allí es donde el número de lanzamientos que ejecutas no es indicativo de que estés cansado".

El pitcher abridor tipo caballo de batalla era una raza moribunda en el béisbol, uno de los cambios más significativos en el deporte, desde los años cuando los Yankees ganaban campeonatos de Serie Mundial hasta los años cuando no lo hicieron. Durante los 12 años de Torre como mánager de los Yankees, éste es el número de inicios en los cuales un pitcher ejecutó al menos 120 lanzamientos:

AÑO	TOTAL	YANKEES
1996	444	20
1997	367	20
1998	458	25
1999	453	29

2000	454	31
2001	231	14
2002	225	12
2003	215	14
2004	183	4
2005	132	9
2006	119	1
2007	80	0

Dos puntos significativos emergen de la tendencia: la disminución de partidos con 120 lanzamientos se aceleró en gran medida justo después de que los Yankees ganaran su último campeonato mundial, y el declive de los Yankees mismos se precipitó aún más con ese fallido grupo de pitchers de 2004.

Desde luego, con menos lanzamientos, los pitchers abridores aportaban menos entradas. El número de veces en el béisbol que un pitcher trabajó en ocho entradas, por ejemplo, se redujo a más de la mitad en las diez temporadas comprendidas entre 1998 (736) y 2007 (362). Una vez más, el declive de los Yankees se aceleró más allá del promedio de la industria. Su equipo de pitchers de 1998 trabajó en ocho entradas en 42 ocasiones. El equipo de pitchers de 2004 lo hizo sólo en 17 ocasiones. Para 2007, descendieron a sólo diez. Tal vez a nadie le molestaba más la tendencia que a un tipo de la vieja escuela como Andy Pettitte, que pasó de inicios de 120 lanzamientos en 2000 a cero en 2007.

"Él estaba muy molesto con el asunto del conteo de lanzamientos", comentó Torre. "Nosotros nos reíamos de él. No importaba tanto cómo le iba en los siguientes diez, quince o veinte lanzamientos en ese partido, sino cómo lo resolvería para la próxima vez.

"Incluso en 2007, en el último lunes de la temporada, lo sacamos después de seis entradas y 96 lanzamientos. Perdía 4–1. Le dije: 'Andy, ya no tiene sentido que lances más porque quizá te necesitemos el sábado si aún necesitamos ganar ventaja. No quiero que ejecutes ciento y tantos lanzamientos. No necesito que ejecutes otros 15 lanzamientos'.

"Él me dijo: 'Bueno, déjame lanzar 12 más en la siguiente entrada'".

Torre no cedió.

"¿Ocho más?", rogó Pettitte.

"Lárgate de aquí, por favor", le ordenó Torre entre risas.

Torre comentó: "Comenzó a gritarse a sí mismo al caminar por el corredor. Fue graciosísimo".

Los Yankees de 2004 podían haber utilizado a un anticuado caballo de batalla como Pettitte, que era capaz y estaba dispuesto a aguantar más en los partidos. En lugar de ello, los pitchers abridores de los Yankees ese año lograron 371 menos outs que la rotación de 2003, el equivalente a casi 14 partidos completos menos.

El viejo equipo de pitchers diestros resultó ser tan frágil como se suponía. Por sólo segunda ocasión desde que la franquicia se fundara en Baltimore en 1901, ningún pitcher lanzó 20 entradas, ganó 15 partidos o se calificó para el título de ERA con una marca inferior a 4.00. (El otro equipo desprovisto de tan modesta marca fueron los Yankees de 1988, cuyo grupo de pitchers ocupó el duodécimo lugar en una liga de 14 equipos).

En el campamento de entrenamiento de primavera de 2004, sin embargo, George Steinbrenner no detectó los problemas futuros de su grupo de pitchers. Él estaba demasiado ocupado en patrullar el área de la casa club con el pecho erguido y los hombros hacia atrás. Steinbrenner estaba exultante de felicidad aquella primavera por haber contratado a Rodríguez, en especial después de que los Yankees lo obtuvieran sólo después de que los Red Sox perdieran su oportunidad, cuando la Asociación de Jugadores no permitió a Boston renegociar por debajo del valor de su contrato. Steinbrenner

caminaba por los derredores tan ufano como el chico preparato-
riano que invita a la chica más bonita de la clase a la graduación y
ella acepta. Las señales de advertencia de su desarticulada rotación
fueron imperceptibles. Tan jovial y alegre se sentía Steinbrenner
que un día del entrenamiento de primavera entró a la oficina de
Torre y le preguntó:

"¿Qué quieres hacer el próximo año?"

Torre se sintió agradablemente sorprendido. Ésa era una invitación abierta a una extensión de su contrato. Torre trabajaba
el último año de su contrato y, a pesar de que sus Yankees habían ganado cuatro campeonatos mundiales y habían quedado a
tres victorias de apropiarse de seis títulos en nueve años, no habían ganado la Serie Mundial en la relativa eternidad de tres
años completos. Steinbrenner no había pronunciado palabra alguna ante Torre acerca de una extensión ese invierno, después
de que los Yankees perdieran la Serie Mundial de 2003 en seis
partidos contra Florida. Torre se dirigía hacia su última temporada y sin saber lo que le depararía el futuro con los Yankees
hasta ese día, cuando un Steinbrenner de ojos resplandecientes
casi lo invitó a permanecer con el equipo.

Después, Steinbrenner puso a su yerno Steve Swindal a
cargo de las negociaciones de la extensión de Torre. Era una
asignación importante para Swindal, su primera tarea de alto
perfil en la mirilla de los medios de comunicación de Nueva
York. En parte, la asignación estaba diseñada para preparar a
Swindal para, en un momento dado, dirigir al equipo como sucesor de Steinbrenner.

"Lo cierto es que para mí fue una gran responsabilidad", comentó Swindal. "No conecté con los años futuros el hecho de
ser el aparente heredero. Eso no cruzó por mi mente. Sentí una
enorme responsabilidad con la afición. También fue importante
que el señor Steinbrenner sabía que Joe y yo teníamos una relación muy buena, basada en el respeto y la confianza mutuos.

"Trabajábamos en un acuerdo de dos años. En el último minuto, Joe propuso: '¿Y qué tal un año adicional?'. En lo personal, apoyé la idea de los tres años. Le respondí: 'Averiguaré lo que opina el Jefe'. Él también la apoyó.

"Después hablamos acerca de un contrato de servicios personales anexo a éste. Joe sentía que ya no iba a dirigir después de los tres años, que se retiraría. Su idea al respecto era que éste sería su último contrato. Entonces, pensamos que podíamos ser creativos y estructurarlo de una manera que tuviera un valor agregado. Yo usé la frase 'retirarse como Yankee'. Pensé que sería un detalle histórico y atractivo para él".

El 10 de abril, los Yankees anunciaron que habían firmado con Torre una extensión de tres años de su contrato por $19,2 millones que lo respaldaba hasta 2007, con seis años adicionales en los cuales recibiría un salario de $600.000 al año como consultor. Sin embargo, las dos partes nunca pudieron ponerse de acuerdo respecto de esa porción post-dirección del contrato.

"Entonces, lo actualicé y lo simplifiqué cuando le dije a Steve Swindal: 'Lo dividiré contigo. Pones en mi contrato $1,8 y tú conservas $1,8'. Y eso fue lo que sucedió".

"Se lo reporté a George y quedó contento", dijo Swindal. "Cuando hicimos el trato, el contrato lo convirtió en el mánager mejor pagado en la historia del juego. No obstante, en lo personal, sentía que Joe formaba parte de la magia y el aura de los Yankees. Había mostrado su éxito en el terreno de juego. Además de cómo se maneja con los medios. Él fue una parte importante en nuestro incremento de asistencias y en nuestro éxito. Todo eso. Creo que él tiene un efecto calmante entre lesiones, rachas de derrotas… esa influencia tranquilizante. Hemos tenido equipos de superestrellas y él tenía la habilidad de lograr que todo el mundo se sintiera como un equipo en lugar de cómo una colección de individuos. Él tenía la capacidad de hacer que el equipo se sintiera como un equipo. Ése es su mejor atributo. Él siempre estaba tranquilo en los momentos difíciles".

La reunión de egos y malestares que eran los Yankees de 2004 sometió a prueba a Torre como ningún otro equipo de los Yankees. Una vez se inició la temporada, los movimientos de la temporada baja no lucieron mejor en el campo que en papel. Lofton, casi de manera predecible, hubiera sido más útil si hubiera puesto en práctica su oferta espontánea de estacionar automóviles para los Yankees. Sufrió lesiones en las piernas, se quejaba por su turno en el orden de bateo (en ocasiones, Torre le asignaba el noveno turno) y se quejaba por no ser el outfielder central cotidiano (¡sorpresa!). Williams se ganó la mayor parte del tiempo de juego en el campo central y, a pesar de que luchaba contra las lesiones propias del desgaste en las rodillas y los hombros, obtuvo mejores porcentajes de colocación en base y de bateo que Lofton, el hombre que había sido contratado para sustituirlo.

Dado que el cuerpo de Giambi comenzaba a colapsarse, el laborioso Tony Clark, de 32 años, fue el más usado primera base de Torre. Otro jugador laborioso, Miguel Cairo, de 30 años, jugó en segunda base y otro más, Rubén Sierra, invirtió la mayor parte de su tiempo como bateador designado.

Alex Rodríguez luchó a lo largo de la que pudo ser una buena temporada para la mayoría de los jugadores, pero que para él fue la peor desde 1997, cuando tenía 21 años. Se presentó ante los aficionados Yankees con .248 al bate con corredores en posición de anotación, incluso .206 con dos outs en esas posiciones, el tipo de problemas en momentos decisivos que se convertirían en una constante con él. No hubo luna de miel para la preciada adquisición de Steinbrenner.

Lo peor de todo es que el grupo de pitchers, con su ERA de 4,69, era pedestre y resultó un poco por debajo del promedio de la liga, de 4,63. Los Yankees sumaron números que equivalían a un equipo de 89 victorias, de acuerdo con la fórmula pitagórica desarrollada por James, el gurú de las estadísticas. Torre, sin embargo, como un piloto que aterriza un *jet* en un portaaviones en mares tormentosos en la oscuridad de la noche, de alguna manera llevó a los Yankees a una segunda temporada consecutiva de 101 victorias y los mantuvo tres juegos por delante de los Red Sox, que volvieron a ser el comodín inesperado de la Liga Americana.

El mejor jugador del equipo resultó ser Sheffield, a quien Steinbrenner quería en lugar de a Vladimir Guerrero, lo cual era contrario a la preferencia de Cashman. Sheffield, de 35 años, era ocho años mayor que Guerrero, cuya libre agencia era complicada debido a una lesión en la espalda durante la temporada de 2003; no obstante, Guerrero había vuelto a aterrorizar a los pitchers en su rango normal cuando se unió de nuevo a la alineación de los Expos de Montreal después de aquella lesión. Steinbrenner negoció con Sheffield de manera directa y con ello dio pie a la noción de que quería beneficiar a un amigo y residente de mucho tiempo de Tampa.

"Sé que Cash quería a Guerrero, lo cual está bien", dijo Torre. "Mi sensación era que yo sabía con certeza que a Sheffield no iba a molestarle Nueva York. Guerrero provenía de Montreal. Si era a corto plazo, yo quería a Sheffield. Si era a largo plazo, yo quería a Guerrero".

Los Yankees contrataron a Sheffield por tres años y $39 millones, con opción a un cuarto año. Los Angels contrataron a Guerrero por cinco años a cambio de $70 millones, con opción a un sexto año. Los rumores de que Torre prefería a Guerrero llegaron a oídos de Sheffield. La idea corroyó a Sheffield, incluso dos meses después de iniciada la temporada. Para el 26 de mayo, un Sheffield resentido bateaba sólo .265 con sólo tres jonrones. Los Yankees jugaban en Baltimore aquella noche. Sheffield entró a la oficina de Torre en el Oriole Park, en Camden Yards.

"Sólo necesito saber algo", le dijo Sheffield a Torre: "¿Quién quería a Guerrero y quién me quería a mí?"

"Te diré con exactitud lo que yo dije", le respondió Torre: "Si es a corto plazo, te quiero a ti. Si es a largo plazo, lo quiero a él

porque es más joven. Pero siempre te he respetado. Como mánager del equipo contrario me inspirabas temor cuando estabas
en la zona de bateo. Por tanto, si siento eso, entonces te quiero
de mi lado. Te digo con toda exactitud cómo fue la conversación. Si eliges creerlo o no, depende de ti".

"De acuerdo", dijo Sheffield. "Estoy comprometido".

Al instante, Sheffield se convirtió en un jugador distinto. Esa
misma noche conectó cuatro hits, incluso un jonrón, e impulsó
seis carreras. Ese estallido dio inicio a una racha de 17 partidos
en los cuales Sheffield bateó .406 con siete jonrones y 24 carreras impulsadas (RBI, por sus siglas en inglés). Era el clásico
Sheffield. Su estado de ánimo y su producción podían cambiar
en un instante.

"Sucedió esa noche", recordó Torre. "Fue como si lo hubieran encendido. Y él me dijo: 'No te preocupes, yo me encargaré
de todo'. Porque, si te das cuenta, él nunca ataca al pitcher ni
nada de eso. Él se hace cargo en el terreno de juego. Pero esa
noche en Baltimore, de súbito, él comenzó a convertirse en un
jugador, en un feroz bateador y en un competidor. Jugó lesionado y lo hizo todo".

Sheffield era el punto de apoyo de una ofensiva agresiva que
encabezó la liga en jonrones y bases por bolas y finalizó en segundo lugar en carreras, debajo de los Red Sox. Para el final de
la temporada, Torre había conformado la cabeza de su alineación con una sucesión devastadora de bateadores del Juego de
Estrellas: en orden, Jeter, Rodríguez, Sheffield, Matsui y Posada.
En ocasiones, Giambi entraba en la alineación, aunque era una
sombra de sí mismo después de haberse perdido la mitad de la
temporada, en gran medida debido a un tumor benigno en la
pituitaria.

Los Red Sox, sin embargo, pudieron igualar el poder de los
Yankees y rebasarlo. Superaron a los Yankees por 53 carreras en
el transcurso de la temporada. Su mayor ventaja, no obstante,
fue producto de que el grupo de pitchers de Boston ocupaba el

tercer lugar en la Liga Americana. El grupo de Nueva York ocupó el sexto sitio.

Durante el segundo año consecutivo, los Red Sox y los Yankees se encontraron en una ruta de colisión para enfrentarse en la Serie de Campeonato de la Liga Americana. Los Yankees eliminaron a los Twins en la Serie de División en cuatro partidos. Los Red Sox sacaron del camino a los Angels con aún más habilidad, después de ganarles en tres ocasiones seguidas. La rivalidad Nueva York-Boston fue el epicentro del béisbol de octubre una vez más, tal como lo fue en 2003, aunque en esta ocasión se basaría más en los meses de noviembre y diciembre previos que en cualquier otra cosa. Los Yankees intentarían derrotar a Boston sin un solo zurdo en su rotación o sin nadie en su rotación con puro poder para eliminar por strikes a una alineación poderosa. Los Red Sox estaban fortalecidos por Schilling, uno de los mejores pitchers de los grandes partidos de béisbol, quien fue el gran premio por haber superado a los Yankees en noviembre. Schilling era todo lo que los Red Sox habían esperado y ganó 21 partidos para ellos al frente de una rotación fuerte y duradera. Schilling, Martínez, Lowe, Wakefield y Arroyo no perdieron un solo turno y se encargaron de los 162 inicios de Boston, excepto cinco.

Antes, los Yankees comandaron las series de postemporada porque se concentraban mucho en los pitchers abridores. Para la Serie de Campeonato de la Liga Americana de 2004, esos días se habían pasado. Los Red Sox habían invertido la situación con los Yankees. Ellos tenían a los pitchers superiores. La rivalidad estaba a punto de dar un giro de proporciones legendarias.

10

El *final* de la maldición

La rivalidad Yankees-Red Sox pudo ser lo mejor que le sucedió al béisbol, pero ambos mánagers llegaron a odiarla. Cada vez que los Yankees y los Red Sox se enfrentaban en el diamante, incluso en abril (qué diablos, incluso en el *entrenamiento de primavera*), había una cualidad de Armagedón en los prolegómenos. El béisbol nunca fue diseñado para ser así; no hasta octubre, en todo caso. El deporte se enorgullecía en gran medida por el enorme volumen de la temporada; "un maratón", como los jugadores decían con orgullo. Sin embargo, todos los partidos entre los Yankees y los Red Sox provocaban una urgencia similar a la de la NFL para cada juego, cada entrada, cada lanzamiento. La situación avanzaba en contra de todo lo que Joe Torre y Terry Francona intentaban imprimir en sus clubes, ambos conocedores de la sabiduría de mantener a su equipo sobre una base emocional estable. Después de casi cada ocasión en la cual los Yankees y los Red Sox finalizaban su serie, Torre llamaba a Francona o Francona llamaba a Torre.

"¿Ya estás harto de esto?", le preguntaba Torre.

"Estoy contento de que haya terminado", le respondía Francona.

"Tú lo estás y yo también, amigo", le replicaba Torre. "Nos vemos en unas seis semanas".

Torre y Francona compartían no sólo un punto de vista único de ventaja en la rivalidad, sino una amistad honesta. Torre había jugado con el padre de Francona, el ex jugador de las Grandes Ligas Tito Francona, y había recomendado a Francona para su primer cargo como mánager de los Phillies con el director general de Filadelfia, Lee Thomas.

"Yo jugué con el papá de Terry, de manera que sentía una cercanía con él por ese motivo", dijo Torre. "Aún puedo pensar en él como un niño. Y recuerdo que lo recomendé con Lee Thomas. Terry conocía el béisbol, era cerebral y no era exhibicionista. Era sólo una buena y básica persona del béisbol".

Torre y Francona creían que toda la dinámica Yankees-Red Sox había crecido tanto y se había hecho tan emotiva que los directores le temían.

"Podía dejarte exhausto", dijo Torre. "Teníamos un nexo en común porque ambos sentíamos de igual manera. Ambos estábamos sometidos a las mismas presiones. En realidad, no había un favorito. No había un equipo que fuera mejor que el otro con toda claridad. Es como Michigan-Ohio State. No importa cuán buenos sean tus equipos. Se supone que debes ganar. Cada uno de los dos debe hacerlo.

"La cobertura mediática puede agotarte. Hay un partido en el programa y yo sé que es contra Boston. Sé que es un equipo en mi división. Pero creo que la rivalidad se salió de control en cuanto a que se magnificaba cualquier pequeño detalle que sucedía en el partido. Era exhaustivo por completo. ¿Y sabes qué es interesante? El juego es tenso, pero se hace aún más tenso sólo porque sabes que vas a tener que explicar el resultado en cada uno de sus más mínimos detalles. El juego en sí mismo, sin embargo, es grandioso. Todo lo demás es lo que te agota".

Desde la época en que John Henry compró a los Red Sox en 2002, cuando Boston comenzó a hacer el compromiso de mirar cara a cara a los Yankees y ser un rival digno, hasta el inicio de la Serie de Campeonato de la Liga Americana en 2004, cuando los Red Sox pudieron medir mejor su progreso, los Yankees y los Red Sox se habían enfrentado en 64 ocasiones, incluyendo la titánica Serie de Campeonato de la Liga Americana de 2003. Cada equipo había ganado justo 32 de esos 64 partidos.

Ambos equipos realizaron alteraciones significativas en sus clubes para llegar a la Serie de Campeonato de la Liga Americana. Para los Yankees, lo anterior significó deshacerse del objeto de la intensa y costosa guerra de ofertas en la cual se habían involucrado con los Red Sox menos de dos años atrás: el pitcher diestro José Contreras. El gran hombre que se suponía sería un as para los Yankees luchó con su control y con las sutilezas de su función, como lanzar en la recta final y aguanter a los corredores. También tenía una falla particularmente dañina e imperdonable para los Yankees: no podía lanzar contra los Red Sox. Contreras obtuvo 0–4 con un ERA de 16,44 contra Boston.

"Él mostraba destellos de grandes facultades aquí y allá", comentó Torre, "pero tenía una fobia contra Boston y Boston arrasó con él. Contreras era predecible en sus lanzamientos hacia ellos. Lo tenían dominado. Lo superaron. Lo superaron por completo.

"Tenía talento, pero tenía muchos problemas que yo creo que se relacionaban con lanzar en Nueva York. Llegué al punto de pensar: 'No puede evitarlo'. No parecía sentirse cómodo en Nueva York".

El 31 de julio de 2004, el día de la fecha límite para intercambios, los Yankees se encontraban en proceso de vencer a los Orioles, 6–4, en el Yankee Stadium, cuando Brian Cashman llamó a Torre.

"Podemos intercambiar a Esteban Loaíza por Contreras", anunció Cashman.

Pronto, Torre confirmó con el entrenador de pitchers, Mel Stottlemyre, antes de retomar la llamada telefónica con su director general.

"Hazlo", replicó Torre.

Loaíza era una especie de enigma en sí mismo y, como jugador con derechos de agente libre después de la temporada, sólo una recuperación parcial de la inversión por Contreras. Loaíza tenía 9–5 para los White Sox, pero con un abultado ERA de 4,86. Los Yankees eran su quinto equipo en siete años. Tenía 32 años. Loaíza había ganado 21 partidos en la temporada previa, el único año en su vida en el cual ganó más de once partidos. En resumen, Loaíza no era otra cosa que un pitcher abridor irregular. En cierta ocasión, los Red Sox habían pagado todas las habitaciones de un hotel para intentar mantener a Contreras alejado de los Yankees; ahora, el celebrado "Titán de Bronce" era desechado de manera nada gloriosa a cambio de un relleno en la rotación.

Y los Yankees no lo pensaron dos veces. Tampoco Contreras. A pesar de contar con una cláusula de no intercambios, lo aceptó sin pedir nada a cambio.

"En ese momento, nosotros sólo buscábamos a alguien que pudiera salir y lanzar", dijo Torre. "Nosotros podíamos anotar carreras. Nuestro plan con nuestro grupo de pitchers era: 'Sólo intentemos permanecer en el juego'; no obstante, a veces ni siquiera eso funcionó.

"No me di cuenta de eso cuando llegué a Nueva York, pero, después de estar allí durante un tiempo, comprendí que jugar en Nueva York era distinto a jugar en cualquier otro sitio. En realidad, la gente o lo aceptaba por completo o tenía problemas con ello. Creo que a Kenny Rogers le resultó difícil. David Justice lo hizo bien. Roger Clemens, después de un tiempo, pudo hacerlo muy bien. Randy Johnson, de ninguna manera. Tengo que agregar a Contreras dentro del grupo que tuvo problemas con ello".

Los Red Sox realizaron un movimiento aún mayor y más sorprendente ese mismo día de la fecha límite. Epstein organizó una red de intercambios elaborada de cuatro equipos que involucraba a siete jugadores con el fin de deshacerse de una antigua estrella de su propiedad, el shortstop Nomar Garciaparra. Los Red Sox obtuvieron al shortstop Orlando Cabrera de los Expos y al primera base Doug Mientkiewicz de los Twins como parte de los intercambios. Esa negociación produjo más dividendos para Boston que el acuerdo de Contreras para los Yankees.

"Teníamos un fallo fatal", observó Epstein: "nuestra defensiva era terrible".

Bajo el mandato de Epstein y Henry, los Red Sox no sólo implementaron los análisis estadísticos, sino también desarrollaron fórmulas propias para medir el desempeño de los jugadores. Cuando calcularon los números de la defensiva de Garciaparra esa temporada, los resultados los sorprendieron. Él era, por mucho, el peor shortstop defensivo en la historia de su base de datos. Los Red Sox no dependían de los números de manera exclusiva; por el contrario, las cifras estaban respaldadas por las observaciones de los reclutadores de la franquicia, que en ocasiones las confirmaban con su equipo.

"Ya sea por la edad o por las lesiones, él no llegaba a las bolas como solía hacerlo", comentó Epstein. "Los pitchers salían perjudicados, en especial un chico de muchas rolatas como Derek Lowe, de maneras que no siempre puedes ver. Nosotros sabíamos que los equipos que ganaban la Serie Mundial por lo general contaban con shortstops muy ágiles. En verdad, nuestra defensiva en el infield era lo que necesitábamos atender".

El otro elemento que impulsaba a Boston a intercambiar a Garciaparra era que él ya no parecía adaptarse muy bien a una casa club que se había convertido en una banda de locos extrovertidos, que se describían a sí mismos a todas voces como "idiotas". Garciaparra era más del tipo discreto y pensativo; en especial después del entrenamiento de primavera de 2003, cuando los Red Sox le ofrecieron lo que él consideró una extensión de contrato inferior al mercado.

"Como es comprensible, él estaba molesto", anotó Epstein, "y se volvió aislado".

Cuando Epstein incluyó a Garciaparra en el mercado de intercambios, sólo un equipo, los Cubs, mostraron un poco de interés al principio. Ellos ofrecieron enviar a Boston al outfielder David Kelton, de 24 años, pero también querían intercambiar al pitcher Matt Clement por Lowe. Epstein respondió que no, gracias, y con ánimo regresó a trabajar. Jaló suficientes hilos para terminar por quedarse con Cabrera y Mientkiewicz, dos jugadores reconocidos por sus cualidades defensivas.

"Dos minutos antes de la hora límite, yo pensaba que estaba muerto", comentó Epstein. "Debo haber realizado cuatro docenas de llamadas en la última media hora. Terminó por suceder justo a la hora límite. Pensamos que era el acuerdo correcto. Sabíamos que Cabrera era bueno en términos ofensivos, pero su desempeño estaba por debajo de su nivel. Lo que sabíamos sobre su personalidad nos convenció de que él no tendría problema alguno si era asignado al gran escenario donde todo el mundo lo miraba. Era justo lo que él necesitaba. Y pensamos que nuestra defensiva en primera base también era débil.

"Obtuvimos a dos chicos que bateaban alrededor de .230 en ese momento; sin embargo, nosotros pensamos que eso era lo que necesitábamos. Teníamos poder y contábamos con un excelente grupo de pitchers; no obstante, nuestra defensiva nos aniquilaba. Esos chicos eran excelentes defensivos. Sí ayudó. Nuestro pitchers abridores adquirieron gran preponderancia. Desde mediados de agosto obtuvieron 30–13".

Si las estrategias de los Red Sox habían superado a los Yankees el pasado noviembre, lo habían hecho de nuevo en agosto. Después de las negociaciones en la fecha límite, los Red Sox se convirtieron en el mejor equipo del béisbol durante el resto de la temporada regular (42–18), cinco partidos y medio mejores que los Yankees (36–23).

"Con toda certeza, a lo largo de ese año pensé que ellos eran un mejor club que nosotros", dijo Torre. "Pero los partidos en la postemporada no tienen nada que ver con los de la temporada. En esos momentos, tú das el todo por el todo. Lo cierto es que nosotros estábamos lo bastante condicionados como para saber que no había nadie en el terreno de juego que pudiera vencernos. O sea, ellos llamaron nuestra atención y estoy seguro de que también nosotros llamamos su atención".

La eliminación de los Angels por parte de Boston en la Serie de División permitió a los Red Sox alinear su rotación para que Schilling y Martínez abrieran los primeros dos partidos de la Serie de Campeonato de la Liga Americana en el Yankee Stadium. Eso le pareció perfecto a Boston. Schilling, sin embargo, era un pitcher disminuido. Se había lesionado mientras lanzaba en la Serie de División y se había desgarrado el tejido envolvente del tendón del tobillo derecho. Un Schilling inefectivo dejó el montículo tras tres entradas en el primer juego, después de enterrar a su equipo en un agujero de 6–0.

Con un out en la séptima entrada, los Yankees llevaban la delantera 8–0 y Mike Mussina lanzaba un juego perfecto. De pronto, los Red Sox mostraron su poder y, antes de que los Yankees pudieran conseguir cinco outs más, el marcador llegó a 8–7. Boston tenía la carrera del empate en tercera base y a Kevin Millar al bate. Torre metió a Mariano Rivera y ése fue el final de las anotaciones de Boston. Rivera eliminó a Millar con un pop-up y los Yankees obtuvieron el triunfo, 10–7.

Los Yankees también ganaron el segundo juego, aunque lo hicieron de manera muy distinta. Lieber se enfrentó a Martínez en un clásico duelo de pitchers, 3–1. Una vez más, Torre entregó la bola a Rivera con un corredor en tercera y un out en la octava entrada, y el gran pitcher cerrador se aseguró otra victoria.

No habría necesidad de que Rivera participara en el tercer juego. Los Yankees ganaron 19–8 con un espectáculo prodigioso de bateo en un partido que había permanecido empatado después de tres entradas, 6–6. Los Yankees estaban exultantes con tres partidos contra cero, un liderazgo que ningún equipo en la historia del béisbol había perdido jamás.

Sin embargo, no todo fue perfecto. El pitcher abridor de los Yankees, Kevin Brown, quien se suponía sería el as del grupo y quien había tenido dificultades con su espalda durante la mayor parte del año, había lanzado de forma terrible y no tenía buen aspecto. En sólo dos entradas, Brown concedió cuatro carreras con cinco hits y dos bases por bolas antes de que Torre enviara a Vázquez a sustituirlo para iniciar la tercera entrada. (Vázquez tampoco tuvo un gran desempeño pues concedió cuatro carreras con siete hits y dos bases por bolas en $4\frac{1}{3}$ entradas). Ése fue sólo el último episodio para explicar por qué Brown no generaba confianza alguna en sus compañeros de equipo. Brown era famoso por su mal temperamento y su disposición arisca, atributos que no le resultaron muy útiles en un momento de su carrera cuando ya no pudo lanzar con tanta fuerza como antes lo hizo; además, no contaba con los recursos psicológicos para admitir su edad y su cuerpo maltrecho con el fin de hacer ciertos ajustes.

Brown se había perdido siete semanas del verano debido a un desgarre en la espalda baja y a un parásito intestinal. El 3 de septiembre, cuando lanzaba contra Baltimore, Brown llevaba una ventaja de 1–0 cuando permitió una carrera en la segunda entrada, concedió otra más en la tercera, se torció la rodilla mientras cubría la primera base en la quinta y recibió un golpe en el antebrazo derecho debido a un hit impulsador en la sexta que aumentó la ventaja de los Orioles a 3–1. Todo lo anterior fue demasiado para él y su poca paciencia. Al terminar la entrada, Brown salió furioso del campo y se dirigió hacia el corredor que conduce a la casa club. Stottlemyre, que ya conocía el punto de ebullición de Brown y estaba preocupado por el golpe que el pitcher había recibido en el antebrazo, decidió encaminarse a la casa club para ver cómo se encontraba el diestro. Encontró a Brown de pie en el estrecho pasillo, afuera de la oficina de Torre, hirviente de cólera.

"¿Estás bien físicamente?", le preguntó Stottlemyre.

"¿Qué te parece a ti?", replicó Brown al instante.

Brown se alejó a paso vivo de Stottlemyre, se dirigió hacia la zona principal de la casa club, se detuvo frente a un pilar de concreto y le atestó un fuerte golpe con el puño. De inmediato, Brown se inclinó hacia el frente por el dolor y se sujetó la mano.

"Dime que no fue con la mano derecha", le dijo Stottlemyre.

Brown no respondió. Stottlemyre creyó ver que Brown se sujetaba la mano izquierda.

"¿Estás bien?", le preguntó el entrenador de lanzamiento.

Otra vez no hubo respuesta. Brown ignoraba a su entrenador.

"Kevin", insistió Stottlemyre, "necesito saber si puedes regresar a lanzar o no. Tienes que decirme algo".

Brown bajó la mirada hacia su mano. Por fin, habló.

"No", respondió. "No estoy bien".

Stottlemyre supo que lo primero que tenía que hacer era avisar a Torre porque los Yankees necesitaban preparar a un pitcher para que reemplazara a Brown. Entonces, caminó por el corredor hacia el dugout.

Joe", dijo, "no vas a estar contento con tu pitcher".

"¿Qué hizo?", preguntó Torre.

"Golpeó una pared", explicó Stottlemyre. "Quizá se fracturó la mano izquierda".

En ese instante, Torre salió del dugout, atravesó el corredor y entró a la casa club. Encontró a Brown y de inmediato comenzó a gritarle.

"¡Ésa es la maldita cosa más egoísta que he visto hacer a alguien!", exclamó Torre. "¡No tengo paciencia para esta mierda!"

"Lo lamento", se disculpó Brown.

La ira y las reprimendas de Torre pronto desaparecieron, pues vio que el hombre que se encontraba frente a él estaba derrotado.

Torre comentó: "En ese momento, Brown estaba desmoralizado. Nunca fue un luchador. Él nunca quería pelear contigo. Tampoco Randy Johnson, para el caso. Me agrada Kevin Brown. La diferencia entre Kevin Brown y David Wells era que ambos te hacían la vida miserable, pero David Wells lo hacía con intención. No creo que ésa fuera la intención de Kevin Brown. No creo que Randy tuviera esa intención. Eso fue lo que capté".

Brown regresó de su incapacidad por la fractura de la mano para iniciar dos juegos antes del final de la temporada regular, el primero de los cuales fue una pesadilla contra Boston en la cual él no pudo superar la primera entrada. Los Red Sox lo golpearon con seis hits y cuatro carreras en ese breve tiempo. El hecho es que Brown no generaba buenos sentimientos en su equipo y el tercer juego de la Serie de Campeonato de la Liga Americana, a pesar de terminar con un triunfo abultado, continuó con Brown como portador de un mal karma, la cual no era la función que los Yankees tenían en mente cuando negociaron su intercambio y su salario de $15 millones anuales para sacarse la espina de haber perdido a Pettitte, además de devolver el golpe a los Red Sox por contratar a Schilling.

En el triunfo del tercer partido hubo otra señal de problemas. Torre metió al pitcher relevista Tom Gordon para lanzar la novena entrada con el marcador 19–8. Se trataba del tercer par-

tido consecutivo en el cual lanzaba Gordon. ¿Por qué Torre utilizó a su relevista clave de la octava entrada en una victoria tan
evidente? Gordon necesitaba con urgencia una inyección de
confianza. Parecía nervioso tanto en el primer juego como en el
segundo juego, concedió dos carreras y no lanzó con limpieza
en ambas actuaciones. Torre pensó que el hecho de darle la
novena entrada, sin hombre en base y con una ventaja de 11
carreras, ayudaría a Gordon a relajarse y le daría una confianza
que duraría hasta la siguiente ocasión en la cual Torre lo necesitara en un momento de tensión. Sin embargo, Gordon aún
parecía ansioso. Con un out, permitió un doble a Trot Nixon.
Entonces, hizo un lanzamiento desviado. Eliminó a Millar por
strikes y retiró a Bill Mueller por un fly para terminar la entrada
sin que se anotara una carrera. Lo anterior representó un progreso para Gordon, pero sólo un paso pequeño.

Vázquez, Brown y Gordon habían tenido dificultades, pero,
¿en realidad cuán importante era en ese momento? Los Yankees
encabezaban la serie por tres partidos contra ninguno. Los
Red Sox estaban indefensos. En la historia de las Ligas Mayores
de Béisbol, la NBA y la NHL, los equipos con un récord
adverso de 3–0 en una serie de lo mejor de siete tenían 2–231.
Los Red Sox tenían un porcentaje de 0,85 de probabilidad
de ganar la serie. Los únicos equipos que se recuperaron del
fondo de ese pozo fueron los Maple Leafs de Toronto en 1942
y los Islanders de Nueva York en 1975. Los Yankees iniciaron
con Orlando Hernández en el cuarto partido, el diestro veterano con un récord de 9–3 en su carrera en la postemporada.
Los Red Sox iniciaron con Derek Lowe, que se había salido
de la rotación de la postemporada y sólo había recibido la
bola porque el pitcher abridor programado para el cuarto
partido, Tim Wakefield, había lanzado como relevista en el tercer juego para salvar a Francona de agotar a su bulpen en la
derrota.

Unas horas antes del cuarto partido, Epstein vio a Schilling prepararse para una sesión de bulpen en el Fenway Park. Usaba un spike especial con forma de bota para dar soporte a su débil tobillo derecho. Nadie estaba seguro de si podría lanzar de nuevo en la serie. De hecho, nadie estaba seguro de que hubiera otro partido en la serie.

En su camino desde el bulpen hasta el dugout, Epstein fue detenido por reporteros en la franja de advertencia, cerca de la línea del campo derecho. Tenían epitafios y obituarios por escribir para ese equipo de los Red Sox y querían que el director general cooperara. Epstein no quiso participar en ese juego.

"Muchachos", suplicó, "tenemos un partido por ganar esta noche. Ése es nuestro objetivo".

La línea de cuestionamientos no finalizó. Un columnista, con el sonido de los bates de los Yankees aún fresco en los oídos después de la masacre de 19–8, le preguntó a Epstein: "¿Lo que sucedió ayer fue una señal de la falta de profesionalismo en su casa club, en especial si la comparamos con los Yankees? ¿Es una señal de que no pueden ganar con el tipo de anarquía que impera en su casa club?".

"Muchachos", repitió Epstein, apenas capaz de contener su rabia, "quizá no ganemos, pero eso no tiene nada que ver con nuestra estructura".

Epstein se marchó hacia la casa club. Estaba furioso. No fueron los reporteros lo que más le molestó sino todo lo que se había invertido en esa temporada, desde la motivación por redimir el juego de Aaron Boone hasta el sigiloso aseguramiento de Schilling, la contratación de Francona, el valiente intercambio de Garciaparra… todo lo anterior podía irse por el caño sin ganar al menos un partido contra los Yankees.

"Era sólo un pensamiento en el fondo de mi mente del cual no podía deshacerme", comentó Epstein. "Yo estaba furioso por la posibilidad de ser barridos. Pensaba: 'No puedo creer que un maldito equipo tan bueno como éste, que había jugado tan bien hasta el momento y que podía ganar con facilidad la Serie Mundial, fuera barrido por los Yankees. No podemos permitir que eso suceda'".

Cuando Epstein echó un vistazo alrededor de la sala, encontró una razón para sentirse motivado.

"Aún estaban muy relajados", dijo Epstein sobre sus jugadores. "Tenían una condición increíble".

Millar, el primera base, que siempre era el primero en soltar una frase, una carcajada o una broma, caminaba alrededor de la habitación y decía lo mismo una y otra vez.

"¡No nos dejen ganar uno! ¡No nos dejen ganar uno!" La frase se convirtió en el grito de guerra de los idiotas.

Según recuerda Millar: "Yo pensaba: 'Es mejor que nos venzan en el cuarto partido porque, si lo ganamos… cuidado'. No me gustaba la comparación entre ambos equipos en el cuarto partido. Yo no sabía cómo íbamos a lograrlo, pero que no nos dejaran ganar, porque ahora teníamos a Pedro en el quinto partido y teníamos a Schilling en el sexto partido; en el séptimo partido podía suceder cualquier cosa. Entonces, yo sabía que en cuanto ganáramos ese partido, toda la presión se volvería hacia ellos. Nosotros no teníamos presión alguna. Se suponía que perderíamos. Estábamos abajo. Ahora, sólo nos divertíamos. Ahora, los veíamos ahogarse. Básicamente, en eso se resume todo. Íbamos a divertirnos y a continuar dando batalla. Y fueron partidos geniales".

Los Yankees anotaron primero con un jonrón de dos carreras de Alex Rodríguez en la tercera entrada. Ésta sería la última vez en la cual Rodríguez impulsaría a un corredor en la postemporada en esa serie *y en las siguientes tres postemporadas combinadas*, un rango de 59 turnos al bate en los cuales bateó .136, incluso 0–de–27 con 38 corredores totales en base. Los Yankees perdieron el dominio cuando Boston le anotó tres carreras a Hernández en la quinta y luego lo recuperaron con dos carreras en la sexta. La carrera que rompió el empate se anotó con un hit al infield de Tony Clark. Torre puso la ventaja de 4–3 en las manos de Tanyon Sturtze, no en las de Gordon, y Sturtze lanzó dos entradas sin anotaciones.

Ahora, los Yankees se encontraban a seis outs de eliminar a los Red Sox, con el corazón de la alineación de Boston programado para la octava entrada. Torre estaba absolutamente seguro de quién lograría esos outs: Rivera. La vulnerabilidad de Gordon ni siquiera fue tomada en cuenta en esa ocasión. El pitcher cerrador de Torre estaba muy descansado después de tres días libres. A Torre siempre le preocupaba darle a un oponente agonizante cualquier motivo para sentirse optimista. Rivera, incluso por seis outs, era la opción más segura del béisbol, el rey de los pitchers cerradores de postemporada. Había llegado el momento de pisar la garganta de los Red Sox.

Rivera concedió un sencillo a su primer bateador Manny Ramírez, pero fue el clásico Rivera durante el resto de la octava entrada: tres outs consecutivos con 13 lanzamientos (15 en total por la entrada) sin que la bola saliera del infield (un strikeout a David Ortiz y rolatas de Jason Varitek y Trot Nixon).

Los Yankees pasaron con calma al principio de la novena contra Keith Foulke. Faltaban tres outs. Los Yankees tenían una ventaja extrema sobre Boston. En todos los partidos de series una carrera de siete, el equipo visitante con ventaja restando tres outs, tenía 77–11, un porcentaje de 87,5 de éxito. Varios representantes de las Ligas Mayores de Béisbol transportaron grandes cajas a una habitación trasera de la casa club de los Yankees. Las cajas contenían docenas de gorras y playeras que decían: "Yankees de Nueva York. Campeones de la Liga Americana de 2004". Aún no preparaban la champaña. Los Yankees tenían tanta experiencia con ese tipo de celebraciones, y eran tan cautos para no atraer a la mala suerte, que el personal de su casa club aprendió a esperar hasta el último out posible; en todo caso, ellos podían preparar la fiesta en menos de diez minutos.

Mientras Rivera se preparaba para dejar el dugout y lanzar en la novena, Torre pensó decirle algunas palabras de advertencia acerca del bateador inicial Millar. Pensó pedirle a Stottlemyre que le dijera a Rivera que fuera agresivo con Millar, incluso hacerlo él mismo. Pero permitió que el momento pasara sin decirle nada. Ésa fue una omisión que pesa sobre Torre hasta el día de hoy.

"Si hay algo por lo cual puedo cuestionarme a mí mismo", dijo Torre, "fue en 2004 cuando Mo estaba a punto de salir para la novena entrada. No le advertí a Mel: 'Dile que no se lance nada complicado'. Fui hacia él y le dije: 'No te pongas muy elegante. Sácalo. No te preocupes por intentar hacer buenos lanzamientos'.

"La única razón por la cual no dije nada es porque recordé la última vez que lo enfrentó, en el segundo juego".

Rivera había enfrentado a Millar, que representaba la carrera del empate, con Ramírez en segunda base, con dos outs en la novena entrada del segundo juego. El turno al bate fue relativamente breve y elocuente: un strike, tirándole bola, strike, foul, cantado strike, para un strikeout que puso el punto final al partido.

"Ésa es la única razón por la cual no sembré la semilla", dijo Torre. "Por lo fácil que fue ese turno al bate. Dije: 'Al carajo', porque no quise sembrar una semilla que no estaba allí. Había sido muy fácil la última vez".

Ese turno al bate en el segundo juego, sin embargo, tuvo lugar en el Yankee Stadium, donde la filosofía de bateo de Millar de golpear con todo se veía penalizada por la expansión del campo izquierdo. El turno al bate del cuarto partido tuvo lugar en el Fenway Park, donde un fly hacia el campo izquierdo podía, con toda facilidad, volar hacia o sobre el imponente muro que parecía asomarse justo sobre el hombro de un pitcher.

"En ese estadio, tú tratas de no cometer un error contra él", comentó Torre. "Es un poco distinto a nuestro parque".

◆　◆　◆

En el lado opuesto del campo, Francona no se molestó en decirle nada a Millar.

"No", dijo Millar. "No había nada que decir. En esa situación, estábamos abajo por una carrera, teníamos una desventaja de 0–3 en la serie, tienes a Mariano Rivera en el partido... no teníamos mucho a nuestro favor. Pero, ¿sabes una cosa? Por eso es que tienes que jugar el juego".

Millar era un bateador de carrera con .364 contra Rivera en la temporada regular, con cuatro hits, incluso un jonrón, en once turnos al bat. También había sido golpeado por un lanzamiento. La mayoría de los bateadores que comienzan la novena entrada con una carrera de desventaja intentan encontrar cualquier medio posible para colocarse en base, para aprovechar al máximo el turno al bate con mentalidad de supervivencia. Pero ellos eran los idiotas y él era Millar, que se destacaba por ser uno de los principales exponentes del tipo de idiotez descarada que había resultado tan útil para los Red Sox. Sólo había una cosa en la mente de Millar: intentar elevar un lanzamiento de Rivera por sobre el "monstruo verde" del campo izquierdo.

"Yo siempre he tenido buenos turnos al bate contra Mo", declaró Millar. "Cifras decentes. Pero uno no querría ganarse la vida enfrentándolo. Él es un chico poderoso y a mí me gusta la bola rápida, de manera que sólo pensaba en una cosa: tomar un lanzamiento arriba y al centro, y batearlo para conseguir un jonrón. Ése fue mi proceso mental. Sólo intentar conectar un jonrón. No podía distraerme. Básicamente, yo estaba en modo de espera. Si sólo podía recibir el lanzamiento arriba y hacia el centro para intentar batearlo, pensaba que ésa era nuestra única oportunidad. Eso fue lo que sentí".

La estrategia de "modo de espera" fue muy útil para Millar. Dado que él iba a hacer swing sólo si la bola entraba en el área que él tenía en la mira, en realidad lo que consiguió fue volverse paciente. La desventaja de su estrategia es que, en esencia, cedía la mitad exterior del plato a Rivera, al menos hasta que le marcaran dos strikes. Rivera nunca llegó a los dos strikes. Erró su primer lanzamiento. Millar bateó de foul el segundo. Después, Rivera erró tres lanzamientos consecutivos y con ello colocó la carrera del empate en primera base con un boleto gratuito.

¿Cuáles eran las probabilidades de que Rivera diera base por bolas al primer bateador? Hasta 2004 en su carrera en temporada regular, Rivera había enfrentado a 110 primeros bateadores en la novena entrada, mientras protegía una ventaja de una carrera. Sólo había concedido bases por bolas a cuatro de ellos y sólo en dos ocasiones esas bases por bolas presagiaron una derrota. Una de éstas ocurrió apenas un mes antes contra los Red Sox, en un partido que de pronto se tornó en una rara predicción. El 17 de septiembre, Rivera inició la novena entrada con una base por bolas para Nixon con una ventaja de 2–1. Dave Roberts salió como corredor y robó la segunda base, mientras Varitek era eliminado por strikes. Rivera golpeó a Millar con un lanzamiento. Cabrera impulsó a Roberts con la carrera del empate contra Roberts. Un out después, Damon impulsó la carrera ganadora con un sencillo. La base por bolas de Millar en el cuarto partido le dio a los Red Sox el destello de esperanza que Torre quería evitar.

"Tú estás a la espera", comentó Millar acerca de su estrategia, "y el asunto es que a veces, cuando eres agresivo en la zona de bateo en un área como ésa, tu instinto de bateador será sólo esperar. Por el contrario, a veces, cuando piensas que tienes que cubrir un área mayor de la zona de bateo, comienzas a perseguir más. En realidad, yo sólo esperaba un lanzamiento. Yo esperaba uno alto y al centro. Cuando te enfrentas a Mariano, sólo esperas que no tenga mucho control y puedas tener una oportunidad. En definitiva, él es más duro con los zurdos. Él no revienta bates contra diestros como lo hace con los zurdos".

Francona envió a Roberts a que corriera por Millar. Roberts estaba solo, lo que significa que estaba en libertad de intentar robarse la segunda base en el momento en que creyera que podía llegar al cojín. No obstante, Roberts estaba frío, rígido y un tanto ansioso por haber permanecido sentado las nueve entradas. El Fenway Park, construido en 1912, no contaba con un área adecuada para que una persona se preparara a plenitud para correr en una noche fría. Roberts había hecho su mejor esfuerzo mientras corría en el angosto, corto y húmedo pasadizo de concreto que conduce desde el dugout de los Red Sox hasta una escalera que sube a la casa club. Cuando Roberts llegó a primera base, no tenía intención alguna de robarse la segunda en el primer lanzamiento; el 17 de septiembre había esperado hasta el tercer lanzamiento.

Rivera lanzó la bola a primera base. Roberts pudo regresar con facilidad. Después, Rivera lanzó de nuevo y esta vez la jugada fue un poco más cerrada. Entonces, Rivera lanzó por tercera vez a primera base y en esta ocasión la jugada fue aún más cerrada. Algo no intencional e importante sucedió con esa secuencia de tres lanzamientos consecutivos a primera base: Roberts ahora estaba caliente y sus piernas estaban relajadas. Rivera le había hecho un favor. Ahora, Roberts estaba inmerso por completo en el flujo del partido. Su plan había cambiado. Había decidido robarse la segunda base en el primer lanzamiento al bateador.

No hubo un cuarto intento de lanzamiento a primera. Rivera lanzó al bateador en home, Mueller. Roberts corrió. El lanzamiento fue una bola. Jorge Posada, con una veloz recuperación de la bola del guante, hizo un fuerte y preciso tiro a segunda base. Jeter lo atrapó, muy cerca del cojín, y tocó a Roberts. Pero era demasiado tarde. Roberts alcanzó la base justo antes de que Jeter lo tocara. Los Red Sox tenían la carrera del empate en posición de anotar, sin outs.

Mueller era un bateador de carrera de temporada regular con .375 contra Rivera, con tres hits, incluso un jonrón decisivo el 24 de julio de 2004, en ocho turnos al bate. Mueller recibió el siguiente lanzamiento para un strike y con ello igualó el conteo a 1–y–1.

"Doy a Tito mucho crédito por no ordenar un toque", dijo Epstein. "En esa época, Mariano en realidad no usaba su sinker con los zurdos. Entonces, si a Bill Mueller lo sacaban out, es probable que fuera una rolata hacia el lado derecho que de todas maneras avanzaría al corredor".

En el siguiente ofrecimiento de Rivera, Mueller bateó un sencillo sobre el montículo, sobre el área de segunda base y hacia el campo central. Roberts entró a home con la carrera del empate. Los Red Sox estaban vivos.

¿Cuáles eran las probabilidades? Hasta 2004, en su carrera de temporada regular, Rivera se había enfrentado a 231 bateadores zurdos con ventaja de una carrera en la novena entrada. En sólo diez de esos casos, Rivera había arruinado la ventaja. Mueller era el único bateador responsable de dos de esas fallas: un sencillo el 28 de mayo de 2004 y su jonrón final, tres meses antes.

Todo era muy improbable. Había sólo 3,6 por ciento de probabilidades de que Rivera concediera una base por bolas al bateador inicial en la novena con ventaja de una carrera. Había sólo 4,3 por ciento de probabilidades de que perdiera dicha ventaja mientras enfrentaba a un bateador zurdo. Sin embargo, ambos casos, como las dos probabilidades menores en un *double daily* de carreras de caballos, habían sucedido y fueron propicias para los Red Sox. Aún faltaba mucho para llegar allí, pero, de alguna manera, ¿era posible que incluso la menor de las probabilidades, la oportunidad de 0,85 por ciento de que un equipo deportivo profesional pudiera recuperarse de una desventaja de tres partidos a ninguno, de pronto se hiciera presente?

"Comienzas a creer que es posible después de la base por bolas", comentó Millar, "pero el mayor turno al bate de toda la situación fue el de Billy Mueller. Tú te enteras de la base por bolas. Te enteras de la base robada, pero, ¿quién la propició? Billy Mueller conectó un sencillo para traer a home a ese hijo de puta. Después te enteras del batazo final de Ortiz contra

Quantrill y del turno al bate de Ortiz contra Loaíza, pero Billy Mueller tuvo el más grandioso turno al bate de la postemporada".

Los Yankees aún tendrían oportunidades de ganar el partido, con cuatro turnos al bate, con la carrera de continuación en posición de anotación en la undécima y duodécima entradas. Cada uno de esos turnos al bate terminó en outs de Rodríguez (out de línea), Williams (out de fly), Clark (out de fly) y Cairo (strikeout).

Gordon, llamado a relevar, le dio a Torre dos entradas sin anotación. Paul Quantrill, el quinto pitcher de los Yankees, inició la décimo segunda. Ramírez lo recibió con un sencillo. Ortiz cerró la larga noche con un jonrón final.

"Todo se invirtió con ese partido", comentó Millar. "Cien por ciento. Yo lo dije antes del juego".

Los Yankees no habían prestado atención a la advertencia de Millar. Habían permitido a los idiotas ganar el cuarto partido.

"Yo me sentía muy incómodo en ese momento", dijo Torre. "O sea, todo el mundo se sentía mejor que yo. Aún teníamos una ventaja de tres partidos contra uno. Pero el hecho era que teníamos a nuestro pitcher cerrador en el montículo y les permitimos respirar".

Los Yankees estaban en posición de ganar también el quinto juego. Con una desventaja de 2–1 en la sexta contra Martínez, Jeter conectó un doble de tres carreras, otra jugada que transformó el partido en su larga carrera de momentos definitivos en la postemporada. Pero, de alguna manera, con múltiples oportunidades, los Yankees no volvieron a anotar en las que serían las ocho entradas más agonizantes. Una serie de mala suerte y malos turnos al bate comenzó en esa misma sexta entrada, cuando los Yankees llenaron de nuevo las bases después del doble de Jeter. Con dos outs, Hideki Matsui conectó un batazo de línea hacia el campo derecho. Nixon, luchando contra el ocaso, de alguna manera encontró la bola y la atrapó para marcar el tercer out.

"Si no hubieran atrapado esa bola, el partido se hubiera abierto", dijo Torre. "Ya ha terminado. Desde luego, cuando algo así sucede, yo creo que es una mala señal porque nunca tienes suficientes carreras".

Los Yankees lucían como si todavía pudieran aumentar esa ventaja de 4–2 en la octava entrada. Cairo inició con un doble contra el pitcher relevista Mike Timlin. Torre le ordenó a Jeter conectar un toque para llevarlo a tercera base con el fin de dar a Rodríguez una oportunidad para traer a home una carrera que les proporcionaría mucha seguridad. Una vez más, los pitchers de los Red Sox no sintieron temor de lanzarle a Rodríguez con una base abierta. Timlin vio recompensada su confianza, pues eliminó a Rodríguez con cinco lanzamientos.

"Básicamente, Timlin lo aniquiló", comentó Torre. "Eso, para mí, fue más significativo que todo lo demás. No fuimos capaces de conseguir esa tercera carrera".

Sheffield obtuvo bases por bolas después del strikeout de Rodríguez; luego, Matsui bateó otra en línea, esta vez hacia el campo izquierdo, para finalizar la amenaza.

Sin embargo, los Yankees aún tenían una ventaja de dos carreras con seis outs faltantes para finalizar la serie. ¿Cuáles eran las probabilidades de arruinar eso? Entre los 766 partidos de postemporada en las series de siete hasta ese momento, los equipos visitantes con una ventaja de dos carreras y con seis outs faltantes lograban 67–10, lo cual representa un índice de 87 por ciento de éxito. Los Yankees aún sostenían la serie con puño firme. El partido estaba en manos de Gordon, que había lanzado a un bateador en la séptima y había obtenido un doble play. Gordon se había mostrado alterado a lo largo de la serie; era tan incapaz de calmar su ansiedad que había vomitado en el bulpen de los Yankees antes de entrar al partido.

"Flash siempre se alteraba mucho en el bullpen", comentó Borzello, el catcher del bullpen. "No había nada distinto en ese partido que en cualquier otro. Flash es muy nervioso y se preocupa demasiado. No creo que sea por miedo. Creo que sólo es la ansiedad por no estar ya allá afuera. Ese momento está por llegar y él lo sabe; entonces, se pone ansioso. Creo que sólo reacciona a ello. No creo que tenga miedo. Él no le tiene miedo a nada y quiere la bola y quiere ganar. A la gente le gusta decir que es miedoso. A mí no me lo parece en absoluto".

Gordon vomitó mucho más que su almuerzo. Su segundo lanzamiento de la octava entrada fue respondido por Ortiz con un jonrón. Ahora, el marcador estaba a 4–3. Después, Gordon se las arregló para obtener dos strikes de Millar, pero luego lanzó cuatro bolas consecutivas para colocar la carrera del empate en primera base y sin outs. Para completar la simetría con otra base por bolas clave de Millar, Roberts lo sustituyó como corredor. Gordon cayó por detrás de Nixon, 3–y–1, y luego éste conectó un sencillo hacia el centro. Roberts llegó a tercera base. Gordon se había enfrentado a tres bateadores en la octava entrada con una ventaja de dos carreras y no había retirado a ninguno de ellos; había concedido un jonrón, una base por bolas y un sencillo. Torre metió a Rivera en lo que, en términos técnicos fallidos sería registrado como un salvamento, no obstante, Rivera logró salir del atolladero (primera y tercera, sin outs) con sólo una carrera anotada gracias a un fly de sacrificio de Varitek.

"Fue un salvamento fallido, pero lo cierto es que no fue su culpa", aseguró Torre. "Por alguna razón, Tom Gordon fue un desastre allá afuera".

Los Yankees ya no tendrían más la ventaja en la serie. Estuvieron a punto de ganarla en la novena cuando Clark conectó un hit de dos outs en la esquina del campo derecho que en apariencia permitía anotar a Rubén Sierra desde primera base. Sin embargo, la bola saltó a las gradas en lo que sería un doble por regla y Sierra recibió la orden de detenerse en tercera base, donde permaneció dado que Cairo bateó un pop-up de foul y cedió el tercer out. Ésa fue otra mala señal para los Yankees.

Continuaron con el desperdicio de oportunidades también en extra-innings. En la undécima, con un corredor en segunda base, Jeter fue out de línea y de fly Rodríguez. En la decimotercera, Sierra fue eliminado por strikes con corredores en segunda y en tercera. El partido más largo continuó, el más igualado que habían vivido los Yankees. En extra-innings obtuvieron 2–de–18 contra cuatro relevistas de Boston y fueron eliminados por strikes en la mitad de esos turnos al bate.

En la decimocuarta entrada, Torre metió a Loaíza, su séptimo pitcher, al montículo. Era su tercera entrada de trabajo. Loaíza dio base por bolas a Damon con un out. Dio base por bolas a Ramírez con dos outs. Después, en el décimo lanzamiento del turno al bate y en el 471 lanzamiento del partido, que fue ejecutado 5 horas y 49 minutos después del primero, Ortiz conectó un hit hacia el centro para enviar a home a Damon con la carrera ganadora.

Los Yankees estaban atónitos. Llevaban la delantera de la serie de tres partidos contra dos, pero ahora, según la opinión de todos los involucrados, tal parecía como si persiguieran a Boston. Habían jugado dos partidos en Fenway que habían sumado un total de diez horas con 51 minutos, dos partidos en los cuales llevaron la delantera en la octava y novena entradas, que, en términos estadísticos, les daban una probabilidad de 87,5 y 87 por ciento de ganar. No obstante, de alguna manera se las habían arreglado para perder ambos.

"Fue agotador", comentó Torre.

Los Yankees regresaban a casa, al Yankee Stadium, para el sexto juego, y su misión había cambiado. A nivel psicológico se había vuelto más pesada y complicada. Ya no intentaban ganar la serie. Ahora intentaban no perderla.

Los Yankees tenían a Lieber para enfrentar a Schilling en el sexto juego. Sin que los Yankees lo supieran, Schilling se había sometido a un procedimiento médico sin precedentes para impedir que el tejido envolvente desgarrado del tendón de su tobillo se abriera, una sutura temporal del tejido que había sido practicada como experimento en un cadáver. Nadie sabía con certeza si la sutura resistiría. De hecho, incluso cuando Schilling comenzó a calentar en el bullpen, la sangre comenzó a brotar del área de la incisión y a través de sus calcetines sanitarios. Corrieron algunas especulaciones de que los Yankees probarían la movilidad de Schilling al principio del partido con algunos toques de bola. Sin embargo, Torre, ignorante de la verdadera gravedad de la lesión, habló con su equipo antes del partido sobre cómo aplicar la misma estrategia de siempre contra Schilling.

"Básicamente, dije: 'No creo todo ese asunto de la lesión'", dijo Torre. "'Ustedes salgan y jueguen su juego'. Habíamos tenido éxito contra él; por tanto, yo no quería hacer nada distinto. 'Dejemos que él haga los ajustes'.

"Nosotros sólo teníamos que ir y jugar el juego. Yo sólo intenté agregar perspectiva, que estábamos en casa y que teníamos una ventaja de 3–2. Pero es muy difícil cuando pierdes un par de partidos. Como que pierdes estabilidad".

Los Red Sox, mientras tanto, sólo adquirían más valor y confianza con cada triunfo. Millar decidió antes del partido que el equipo no hiciera prácticas de bateo en el campo antes del sexto juego.

"Llovía", explicó Millar. "Estábamos como a 47 grados. Siempre proyectan la *Yankeeography* en Nueva York en la pantalla de video. Como jugador visitante, ves que ponen música para batear y, cuando tú sales, te ponen a Yogi Berra y a Mickey Mantle todo el tiempo".

Millar entró a la oficina de Francona.

"No vamos a batear hoy en el campo, Skip", dijo Millar. "No caeremos en la mierda de la *Yankeeography*".

Francona apenas levantó la mirada de su escritorio.

"Como ustedes quieran, muchachos", replicó el mánager.

Los idiotas tomaban el control del manicomio.

Cuando Millar salía de la oficina, algo llamó su atención.

"Una gran botella de Jack Daniel's", dijo.

Millar tuvo una idea. Los Red Sox harían un brindis previo al partido para invocar a la buena suerte. Comenzó entonces a servir tragos para los chicos en vasitos de papel. Dos días antes, los Red Sox estaban atorados en el fondo de un oscuro pozo del cual ningún otro equipo de béisbol se había recuperado: con desventaja de tres partidos contra ninguno en una serie de siete. Y ahora se encontraban allí, en el Yankee Stadium, en esencia burlándose de la historia Yankee según se presentaba en la hagiografía *Yankeeography*, y levantaban sus tragos en vasitos de papel para brindar por ellos mismos y por su audacia.

"Fue más como una broma, una manera de divertirnos", explicó Millar. "No es que nos hayamos emborrachado. Eso me trajo críticas, que la gente pensara que estábamos ebrios. Hicimos un brindis. Lo siguiente fue que ganamos".

Schilling, con un tobillo sano y el otro escalofriante, estuvo espectacular. Ese partido fue el motivo por el cual Epstein lo había reclutado en la cena del Día de Acción de Gracias. Schilling lanzó siete entradas fuertes en las cuales sólo permitió una carrera, que fue un jonrón de Williams en su última entrada, y permitió sólo cuatro hits y ninguna base por bolas. Los Yankees nunca tocaron la bola contra el hombre del calcetín ensangrentado. Boston ganó 4–2, tras anotar todas sus carreras en la cuarta entrada, tres de ellas con un jonrón al campo opuesto de Mark Bellhorn contra Lieber, con dos strikes y dos outs.

"Tuvimos una pequeña inversión de papeles con Boston", dijo Giambi. "Hasta que pusieron a Schilling junto a Pedro pudimos haberles ganado. Después, cuando tuvieron al chico adicional, eso fue lo que invirtió la situación para ellos. Allí fue donde se voltearon las cosas en contra nuestra".

◆　◆　◆

La serie estaba empatada. Los Yankees tenían el aspecto de uno de esos cadáveres que hicieron posible el procedimiento en el tobillo de Schilling. Torre tuvo un gran problema tan pronto como finalizó el sexto juego: aún no sabía quién sería el pitcher de los Yankees para el séptimo juego. La carencia de los Yankees de un pitcher abridor confiable había alcanzado un punto crítico. El invierno previo, los Angels habían contratado a Bartolo Colón, los Astros habían contratado a Pettitte, los Red Sox habían robado a Schilling bajo las narices de los Yankees y éstos habían perdido a Clemens, a Pettitte y a Wells, y los habían sustituido por… Brown, Vázquez, Lieber, Hernández y Loaíza. Mussina y Lieber no estaban disponibles porque habían lanzado en los juegos quinto y sexto. Torre no contaba con buenas opciones.

Hernández no era una opción en absoluto. El Duque le había dicho a Stottlemyre que no estaría disponible tras dos días de descanso después de haber ejecutado 95 lanzamientos en el cuarto partido. (Lowe, el pitcher abridor contrario que había ejecutado 88 lanzamientos en ese mismo partido, fue la elección de Boston para iniciar el séptimo juego.)

Loaíza no era una opción. Había tenido sólo un día de descanso después de 59 lanzamientos saliendo del bulpen en el quinto partido.

Vázquez tenía tres días de descanso después de 96 lanzamientos en menos de cinco entradas en su aparición vacilante como relevista en el tercer juego. Torre no podía confiar en él. Los Yankees pensaban que Vázquez, que cumplió 28 años ese verano, era justo el tipo de joven arma que el grupo de pitchers necesitaba. Lo cierto es que cumplió con su parte en la mitad de la temporada pues obtuvo 10–5 con un ERA de 3,56 y se hizo acreedor a la selección de Torre para el Juego de Estrellas. Sin embargo, de forma misteriosa y sin ninguna lesión aparente, Vázquez se volvió poco confiable. Obtuvo 4–5 con un ERA de 6,92 en la segunda mitad de la temporada.

"La mayor sorpresa para mí fue Vázquez", comentó Torre.

"Él lanzó el día inagural, lo seleccioné para el Juego de Estrellas y fue ridículo adónde se fue después de eso. Era un gran pitcher para nosotros porque de pronto rejuvenecimos. Recuerdo que Cash me dijo: 'Puedo obtener a Randy Johnson de Arizona, pero ellos quieren a Vázquez'. Le respondí: 'Yo no haría ese trato'. Eso era lo que yo opinaba al principio sobre él. Más tarde, después de la temporada, bien podrías intercambiarlo".

Entonces, en realidad Vázquez no era una opción para inspirar confianza. Sólo quedaba Kevin Brown, el pitcher de 39 años con la espalda lesionada, el portador del mal karma, el chico que lució lastimado e inefectivo en el tercer juego en sólo su cuarto partido después de que se fracturara la mano izquierda en una infantil explosión de ira.

¿En serio iban los Yankees a confiarle el séptimo juego a Brown? Ni siquiera Torre estaba seguro de eso. Los Yankees nunca estuvieron seguros de su frágil condición física. Tan pronto como finalizó el sexto juego, Torre entró a buscar a Brown a la casa club. Brown estaba sentado ante una mesa, más alla del área del bar, con la espalda hacia la puerta de la casa club. Torre tomó asiento frente a él y apoyó la espalda contra la pared. Stottlemyre jaló una silla también. Otros jugadores deambulaban por allí.

"Intentaba tomar una decisión", relató Torre. "Tratábamos de evitar ahogarnos en la orilla. Lieber había lanzado muy bien, pero concedió el jonrón de tres carreras a Bellhorn y eso marcó la diferencia en el partido. Todo el mundo estaba muy tenso, lo que era comprensible, ya que habíamos perdido tres partidos consecutivos".

Torre miró a Brown a los ojos y le dijo: "Dime: ¿puedes lanzar mañana? No necesito un héroe. Necesito alguien que pueda hacer el trabajo".

Casi se trataba del mismo discurso que Torre pronunció frente a un agotado Clemens en la sala de entrenamiento antes del quinto juego en la Serie de División de 2001. Clemens le aseguró a Torre que podía jugar esa noche y le dio cinco buenas entradas.

"Básicamente, eso era lo que yo esperaba de Brown, algo que nos permitiera sentirnos un poco seguros en el partido. No obstante, él era muy distinto a lo que yo pensaba que debía ser. Yo lo vi lanzar en Texas y su mierda era muy buena... Pero él nunca estaba satisfecho con lo que hacía. Tenía problemas. Era muy triste".

Torre continuó con Brown.

"Necesito un pitcher para mañana", le dijo. "Tú eres una de mis opciones. No voy a darte la bola a menos que comprendas lo que necesitamos hacer aquí. Necesitas mirarme a los ojos y decírmelo".

"Tomaré la bola", respondió Brown.

Torre comentó: "Él me dio una respuesta positiva. Se la hubiera dado a Vázquez si hubiera sentido que su respuesta hubiera sido algo como: 'Bueno, si tú quieres que lo haga...'. En mi opinión, él estaba dispuesto a aceptar la responsabilidad".

La temporada de los Yankees, y la posibilidad de evitar el más grande colapso de todos los tiempos, se resumía en lo siguiente: le daban la bola a Kevin Brown, un tipo con la espalda lesionada y en quien sus compañeros de equipo no confiaban mucho, a quien no comprendían y quien no les agradaba.

"Yo pensé: 'Estamos acabados'", comentó Borzello. "Estamos acabados porque Kevin Brown no tendría oportunidad alguna, como tampoco la tendría Javier Vázquez ni nadie más. Es el fin. Recuerdo que estaba en el outfield con Mussina y un par de chicos durante la práctica de bateo y hablamos al respecto. 'No tenemos oportunidad. No hay posibilidad alguna de ganar este partido. Perdimos la serie'. Recuerdo eso. Recuerdo que estábamos parados en el outfield en el séptimo juego como si ya hubiéramos perdido.

"La gente no confiaba en Brown. Él nunca formó parte del equipo y ahora nuestras esperanzas estaban puestas en él. Nosotros permitimos que todo llegara hasta ese punto. No había manera de que sobreviviéramos. Tuvimos nuestras oportunidades. Tuvimos tres partidos para hacerlo y ahora todo se resumía en esto. Merecíamos perder. O sea, de entre todos... Kevin Brown. Algunos muchachos lo odiaban. Los chicos no lo comprendían. Siempre estaba enfermo de algo, de su espalda, de esto o de lo otro".

Con referencia al sentimiento del equipo antes del séptimo juego, Mussina dijo: "Estábamos acabados. Ése era el sentimiento después del sexto juego. Tan pronto como terminó el sexto juego".

Ya no había más "Andys" Pettitte o "Davides" Wells o "Davides" Cone a quienes recurrir en un momento como aquél. Los Yankees de 2004 tenían un ADN totalmente distinto a los equipos Yankees de campeonato. Todo había comenzado con el intercambio por A-Rod y su anhelo de ser necesitado, y continuaba con Lofton en el entrenamiento de primavera, enfadado por las votaciones para el equipo del Juego de Estrellas; con Contreras y Vázquez, que eran incapaces de lanzar en Nueva York; con Sheffield en amargado durante dos meses porque no estaba seguro de que su mánager lo quisiera; con Giambi, que se había convertido en un factor nulo debido a su tumor y a su conexión con BALCO; y Brown, el lobo solitario y herido en cuya espalda frágil descansaban todas las esperanzas de los Yankees... el núcleo de confianza que tan útil había resultado para los Yankees ahora se veía disminuido por un influjo de estrellas forasteras que habían sumado sus necesidades y ansiedades individuales a la ecuación.

"Todo partía de David Cone", comentó Borzello. "David Cone nunca, nunca te decía que algo marchaba mal con él. Recuerdo cuando elaboré gráficas de un partido y los primeros tres lanzamientos fueron de 78 millas por hora. Yo pensaba que eran splitters. Después del partido, en el que lanzó durante cinco entradas y lo ganó, yo me acerqué a él. Le dije: 'Coney, lanzaste entre 78 y 82, máximo, con tu bola rápida. ¿Quieres que entregue esta gráfica?'.

"Esto sucedió antes de que comenzaran a mostrar las velocidades en las pizarras del estadio, de manera que yo era el único que conocía la velocidad con la cual lanzaba. No salía en televisión. No salía en el estadio. Y él me dijo: '¿En serio? Bueno, en realidad no fue mucho, ¿verdad?'. Yo repetí: '¿*No fue mucho?*'. Él dijo: 'Quizá debas aumentarlo un poco para que no asustes a nadie'.

"Él nunca pensó que no podía ganar el partido. Y Kevin Brown no era así. Él pensaba: 'Si no lanzo a 98, no puedo ganar'. Y a los chicos les desagradaba eso. Es una falta de competitividad".

Torre sabía que su equipo estaba tenso antes del séptimo juego, de manera que organizó una pequeña junta en la casa club. Intentó relajar a sus jugadores con una actitud entusiasta y pidió a la gente que hablara, incluso a Yogi Berra y a Hideki Matsui, que era bueno para provocar carcajadas cuando finalizaba las juntas con su fuerte acento japonés y con una de las pocas frases en inglés que había logrado dominar: '¡Vamos a patear sus malditos traseros!'.

Torre comentó: "Había un poco de inquietud en ese momento y lo que intentas es aportar un poco de distensión. Yo sólo trataba de aligerar el estado de ánimo en esa situación. Intuía que, en realidad, Kevin Brown no convencía a nadie en la casa club".

Como es natural, los idiotas del otro lado del campo estaban, si esto es posible, aún más relajados que en el partido anterior. Lowe, el pitcher abridor, estaba tan tranquilo que fue entonces que se dio cuenta de que había olvidado sus spikes en Boston. Lou Cucuzza, el director de la casa club visitante en el Yankee Stadium, tuvo que llamar a una tienda local de artículos deportivos para conseguir spikes para el pitcher abridor del séptimo juego.

"Salimos de nuestras habitaciones de hotel y todo lo que dije antes de partir fue: 'Hoy tenemos la oportunidad de sacudir al mundo'", recordó Millar. "Nunca antes había sucedido. Estábamos abajo 0–3. Estábamos abajo en el cuarto partido. Estábamos abajo en el quinto juego. '¡Hoy tenemos la oportunidad de sacudir al mundo!' Cuando dejamos nuestras habitaciones de hotel y firmamos el registro de salida, sabíamos que íbamos a regresar a Boston esa noche después de tener una oportunidad de sacudir al mundo y ésa era la verdad. ¿Cuántas veces puedes decir eso a lo largo de una vida? El mundo observa este partido. El mundo conoce las consecuencias. Ese grupo, ese equipo, transformó a la franquicia de los Red Sox.

"Los equipos ganan los campeonatos. No los jugadores. Nuestro equipo era muy cohesivo; nos manteníamos juntos y resolvíamos las situaciones. Eso es lo que intento subrayar hasta el día de hoy: los equipos ganan los campeonatos. No los salarios. No el aspecto. No los jugadores. Los equipos".

Los Red Sox se habían vuelto más parecidos a los Yankees de campeonato que los mismos Yankees; excepto, desde luego, por los cabellos largos, las barbas, la irreverencia y los tragos de whisky. Para el séptimo juego se apegaron a la preparación previa al partido del sexto juego: no práctica de bateo en el campo, no *Yankeeography*, sino tragos de Jack Daniel's para todos.

El séptimo juego fue una masacre. Finalizó en la segunda entrada. Brown fue tan malo como los Yankees esperaban. Enfrentó a nueve bateadores y sólo eliminó a tres de ellos. Ortiz bateó un jonrón de dos carreras en la primera entrada. Los Red Sox llenaron las bases en la segunda entrada con un sencillo y dos bases por bolas, lo cual apremió a Torre a sustituir a Brown por Vázquez. Damon respondió al primer lanzamiento de Vázquez con un grand slam. El marcador llegó a 6–0 antes siquiera de que los Yankees colocaran a un corredor en base o tuvieran la oportunidad de que su cuarto bateador tomara su turno al bate.

"En retrospectiva, él no era muy bueno", dijo Torre sobre Brown, que obtuvo un ERA de 21,60 en la Serie de Campeonato de la Liga Americana. "Es el viejo asunto de lanzar lesionado o lanzar estúpido. El lanzar lesionado o jugar lesionado, es cuando aún puedes salir y hacer el trabajo. El jugar estúpido es cuando no puedes hacer el trabajo. Entonces, decepcionas a todos".

El marcador final fue de 10–3. El ascenso de los Red Sox estaba completo. Ellos destruyeron el dominio que los Yankees establecieron sobre Boston desde 1996 hasta 2003. Los Red Sox, mejor que cualquier otra franquicia, habían aprovechado al máximo la explosión de información e ingresos que había transformado el panorama del béisbol desde que los Yankees ganaban títulos. La mayoría de los jugadores clave en los momentos clave de la Serie de Campeonato de la Liga Americana de 2004 fueron obtenidos a medida que los Red Sox desarrollaban las estrategias más avanzadas para la evaluación de jugadores: Ortiz, Millar, Mueller, Roberts… todos ellos fueron adquiridos a bajo costo y sin mucha competencia debido a que Boston comprendió la importancia de medir a un jugador por su capacidad para colocarse en base en lugar de la tradicional, pero errada, medida del porcentaje de bateo. Esa ventaja desaparecería a medida que los métodos de análisis estadístico adquirieran preponderancia, un factor para permitir una paridad en la industria que también conspiró contra los Yankees.

El último pedazo de terreno que Boston conquistó para tener el control de la guerra del Peloponeso del béisbol fue representado por Schilling, el as que ellos le robaron a los Yankees, mientras el pavo y el relleno se cocían en el horno. Torre siempre sostuvo que los cimientos de los años de campeonato de los Yankees fueron los pitchers; en particular, los pitchers abridores. Mientras los Yankees cometían errores en cuanto a hacer evaluaciones y adquisiciones de pitchers abridores, los Red Sox sabían que Schilling era la última pieza del tipo de rotación de campeonato que los Yankees habían ostentado antes.

"En temporadas anteriores, los Red Sox siempre iniciaban muy bien", comentó Torre, "porque contaban con chicos que, sin importar si eran rehabilitados o lo que sea, lanzaban muy bien al principio. Con el tiempo, los buenos jugadores ascienden y los que no son tan buenos quedan expuestos. En realidad, no fue sino hasta que prestaron atención a sus pitchers cuando se convirtieron en esta fuerza. Siempre tuvieron a Pedro, pero siempre encontrábamos una manera de liberarnos de él. Sólo lo manteníamos controlado hasta que aumentábamos su conteo de lanzamientos para lograr que saliera del partido. Entonces, ganábamos".

La superioridad de los Yankees se detuvo en seco en esa Serie de Campeonato de la Liga Americana de 2004. Los Yankees estaban afligidos no sólo por haber sufrido el peor colapso en la historia del béisbol, sino también por el insulto de que los odiados Red Sox se bañaran con champaña en su propio estadio. Torre reunió a sus jugadores para tener una breve junta después del partido y les agradeció su esfuerzo. Cuando miró alrededor de la sala se percató de que los Yankees que antes habían llegado a considerar que la Serie Mundial era una extensión esperada de su temporada estaban conformados por jugadores que nunca antes habían estado allí.

"La parte triste de todo eso para mí", dijo Torre, "es que los chicos en esa habitación que nunca habían estado en la Serie Mundial. Los muchachos como Tony Clark, uno de los muchachos más caballerosos que he tenido cerca".

Torre comentó: "Desde luego, el tipo a quien no mencioné, pero que estaba en el fondo de mi mente, fue Don Mattingly. Todos esos años con los Yankees y nunca participó en la Serie Mundial".

Torre levantó el teléfono en su oficina y llamó a la casa club de visitantes para felicitar a su amigo Francona. Luego pidió hablar con Wakefield, el pitcher que un año atrás estuvo a punto de soltar el llanto en esa misma casa club, después de conceder el jonrón a Aaron Boone. Ahora, Wakefield iría a la Serie Mundial. Tras colgar el teléfono, Wakefield dijo en voz alta, a nadie en particular: "Nunca olvidaré esa llamada. Demuestra mucha clase".

Así que eso era todo. Los Yankees de 2004 eran historia. Serían recordados por todas las razones equivocadas. ¿Por qué todo salió tan mal? ¿Cuál detalle permanecería más presente en los jugadores acerca del fracaso en eliminar a los Red Sox? Mussina reflexiona sobre esas preguntas y piensa en el mismo hombre que aseguró todos esos campeonatos antes de que él se uniera a los Yankees en 2001.

"Ganábamos 3–0 y Mo entró de nuevo con la ventaja y la perdió", recordó Mussina. "La perdió de nuevo. Tan grandioso como es, y es sorprendente lo que hace, si comienzas de nuevo la evaluación desde que llegué aquí, él no había logrado nada en comparación con lo que logró durante los cuatro años previos. Él arruinó la Serie Mundial de 2001. Él perdió la serie con Boston. No perdió por sí mismo; sin embargo, tuvimos la oportunidad de ganar en la novena y eliminarlos, pero él no lo logró.

"Sé que, si miras todo lo que él ha hecho, es asombroso. Admitiré eso. Sin embargo, no había sido igual en ese par de años. Eso es lo que recuerdo de la serie de 2004".

No pasó mucho tiempo después del séptimo juego cuando Torre recibió una llamada de George Steinbrenner.

"Jefe, me siento fatal", le dijo Torre. "Lamento que haya sucedido. Pero no puedes preocuparte por esto. Desearía poder sentarme frente a ti y decirte que me hubiera gustado hacer algo distinto. Es decir, en el séptimo juego no teníamos opciones. Y, quiero decir, en el cuarto partido pusimos a Mariano Rivera en el montículo con ventaja en la novena entrada y perdimos el partido. En el quinto juego, teníamos una ventaja de dos carreras, con Gordon en el montículo, y perdimos el partido. ¿Qué puedes cambiar? No cambias nada".

Sin embargo, en el fondo, Torre sabía que Steinbrenner no iba a ceder con tanta facilidad a una derrota tan dolorosa. La cualidad de teflón de Torre como director de los Yankees había desaparecido. El entrenador de leones que, de alguna manera, siempre podía meter la cabeza en las fauces de una fiera llamada Steinbrenner y salir intacto, ya no tenía ese toque mágico. Ahora pisaba un terreno peligroso. A partir de ese momento, cada año se haría más difícil para él que el anterior.

"Como es obvio, la vergüenza lo afectó", dijo Torre. "Hubo más después de eso con él. Fue entonces cuando inició toda la campaña subterránea contra mí".

11

El abismo

Si la derrota de la Serie Mundial de 2003 ante los Marlins causó que los Yankees perdieran la orientación en la siguiente postemporada, la victoria aplastante de los Red Sox en 2004 los envió más al fondo y los sacó terriblemente de trayecto, como un barco que vaga por el mar sin instrumentos de navegación. Su respuesta a haber perdido frente a Schilling y a los Red Sox, con su equipo fortificado de pitchers, los recién coronados campeones del béisbol, fue buscar pitchers abridores a lo largo del invierno, incluso si eso significaba rechazar a un bateador ambidextro de 27 años y outfielder central de agencia libre que venía de una temporada de 38 jonrones, Carlos Beltrán, que estaba dispuesto a aceptar 20 por ciento de descuento con tal de ofrecer sus jóvenes piernas a los Yankees.

Los Yankees estaban concentrados en los pitchers y eso fue

lo que obtuvieron en una juerga de compras de 22 días de duración que pronto lamentarían: Carl Pavano, Jaret Wright y Randy Johnson. Con ese trío que se unía al vulnerable y malhumorado Kevin Brown, que tenía la bomba del séptimo juego de la Serie de Campeonato de la Liga Americana sumada a su excesivo equipaje, los Yankees tenían una de las rotaciones más frágiles en términos físicos y emocionales que pudiera reunirse, incluso si alguien se lo propusiera. Como era predecible, la rotación de los Yankees en 2005 fue tan desastrosa que Torre necesitó 14 pitchers abridores para superar el año. Sólo en una ocasión anterior los Yankees habían tenido que poner a trabajar a más pitchers abridores y eso sucedió en tiempos de la posguerra, cuando utilizaron 16.

Los Yankees de 2005 eran tal piltrafa, tal colección precipitada de partes que no coincidían ni funcionaban juntas, tan llena de críticas organizacionales y disfunciones dentro de la casa club, y a otros 60 grados de separación de los equipos de campeonato de los Yankees, que al final del año, el entrenador de pitchers Mel Stottlemyre renunció. Torre se cuestionó con toda seriedad si debía seguir a su amigo.

"Yo no sabía si quería regresar", dijo Torre. "Ése era el primer año de mi contrato trienal. Yo estaba preparado para averiguar si ellos me querían y, si no era así, yo iba a encontrar una manera de salir de allí".

La derrota aplastante ante los Red Sox sacó a relucir lo peor de los Yankees: una estrategia de arreglos rápidos para conformar el equipo, con poca atención a la capacidad de cada jugador para adaptarse a Nueva York y a la casa club de los Yankees, y una especie de frustración y enojo reprimidos por no haber ganado la Serie Mundial en cuatro años. Torre y Steinbrenner casi dejaron de hablarse entre sí aquel año. El estado de ánimo entre los Yankees se había vuelto tan amargo, que apenas en el tercer partido, y la primera derrota, de la temporada, los aficionados en el Yankee Stadium abuchearon al grandioso y elegante

Mariano Rivera. El pitcher cerrador entró a ese partido contra los Red Sox con una ventaja de 3–2 y dejó el montículo con un marcador adverso de 6–3. Sólo una de las cinco carreras anotadas en su contra fue merecida.

"Fue una de las pocas ocasiones en las cuales lo saqué de un partido a mitad de una entrada y los aficionados abuchearon", recordó Torre. "Fue la única vez que me sentí enfadado y sorprendido ante la reacción de la afición".

Cinco días después, en el primer partido en Boston, los Yankees estuvieron presentes mientras los Red Sox lucían los botines de guerra: la presentación de los anillos del Campeonato Mundial de 2004. Hubo mucha especulación acerca de lo que harían los Yankees durante la ceremonia. ¿Permanecerían recluidos en su casa club? Torre sostuvo una breve reunión con sus jugadores después de la práctica de bateo.

"Lo único que voy a decirles, muchachos, es que no voy a obligarlos a salir", dijo Torre. "Pero ellos tuvieron que soportar mucha mierda cuando nosotros ganamos. Creo que nosotros sólo podemos demostrar de qué estamos hechos si comprendemos que ellos se lo merecen. Ellos ganaron. Ustedes no pueden ignorarlo. Entonces, yo no les digo que salgan. Sin embargo, yo estaré allá afuera cuando ellos reciban sus anillos".

Torre comentó: "Y todos salieron. Fue difícil. Otra de esas visitas al consultorio del dentista. Pero es una de las cosas que, mientras más piensas en ella, más incómoda es. No obstante, ahora tienes una mejor comprensión. Y yo siempre intento agregar perspectiva como una parte de todo lo que sucede".

El equipo Yankee que se encontraba en el dugout para visitantes en el Fenway Park aquella tarde representaba otro descenso respecto de los equipos de campeonato. Más tarde, el director general Brian Cashman describiría ese periodo de declive de la organización como un camino directo hacia "el abismo". Y si existía un símbolo de ese inevitable abismo, ese símbolo era Pavano. Torre tuvo una corazonada, aunque no demasiado fuerte, de que Pavano podría ser un problema cuando se encontró con él por casualidad en un restaurante en West Palm Beach, Florida, el invierno anterior. Torre asistía a la cena de ensayo de la boda de un sobrino. Le pareció que Pavano era un tanto tímido o que, al menos, padecía alguna limitación social. Torre, después de observar que el desempeño de jugadores como Kenny Rogers, José Contreras y Javier Vázquez disminuía porque no se sentían cómodos en Nueva York, se sintió preocupado por Pavano; sin embargo, sus dudas no fueron tan fuertes como el recuerdo de ver a Pavano lanzar nueve entradas fuertes contra los Yankees en la Serie Mundial de 2003.

"Él ocupaba el primer lugar de mi lista", dijo Torre en referencia al mercado de agentes libres ese invierno. "Sólo me sentí un poco inquieto con algunas de las preguntas que él formuló. Se lo reporté a Cash, pero esa otra imagen, la de la Serie Mundial, volvía una y otra vez a mi mente. No sentí tanto rechazo por Pavano como el que sentí por Kenny Rogers cuando conversé con él en el 95".

Pavano y su agente Scott Shapiro se embarcaron en una gira alrededor del país para solicitar ofertas. Los Mariners, los Red Sox, los Tigers y los Reds se encontraban entre los numerosos equipos que sentían mucho interés en el diestro. Pavano recibió muchas ofertas de cuatro años. Los Mariners se acercaron a los $48 millones con cláusulas de escalación que representaban aún más dinero cuando Shapiro le dijo que los Yankees necesitaban una respuesta pronto. Los Yankees ya habían aceptado los términos de un contrato por tres años y $21 millones con Jaret Wright, quien venía de una temporada de 15 victorias para los Braves, pero cuya larga historia de problemas en el brazo lo convertía en un riesgo médico significativo. También estaban por decidir si traían de regreso a Jon Lieber o no. Pavano había crecido en Connecticut y era aficionado de los Yankees. Shapiro le advirtió a Pavano lo que significaba lanzar para los Yankees: las expectativas y la atención son mayores con uniforme a rayas que con cualquier otro uniforme.

"Yo quiero ser un Yankee de Nueva York", le dijo Pavano a Shapiro.

Se presentaron problemas desde el principio. Los Yankees contrataron a Pavano por $39,95 millones por cuatro años. Pavano tenía la impresión de que obtendría $40 millones de los Yankees y pronto despidió a Shapiro debido al malentendido. Shapiro incluso ofreció darle a Pavano los $50.000 restantes de su comisión de agente, pero eso no tranquilizó al pitcher, que contrató entonces a su cuarto agente.

Hubo otras señales de conflicto relacionadas con Pavano. Los reporteros de béisbol de Boston invitaron a Pavano, nativo de Connecticut, a asistir a su cena anual en temporada baja. Pavano accedió. El día de la cena, la novia de Pavano llamó a Shapiro y le dijo: "Carl no va a poder llegar. Él quiere que te diga que está enfermo pero es mentira. Eso me dijo que te dijera".

Shapiro quería organizar una cena informal para Pavano con los representantes de la prensa de Nueva York para facilitar su transición a los Yankees. Sería una sesión informal de preguntas y respuestas para conocerse con los reporteros que cubrían al equipo. Cuando Shapiro presentó la idea a Pavano, el pitcher respondió: "No quiero conocer a esos malditos imbéciles".

El día del primer partido de Pavano en el Yankee Stadium, éste se encontró con su madre en la sala ejecutiva y se sintió mortificado cuando vio que ella tenía un logotipo de "NY" de los Yankees pintado en la mejilla con pintura facial. "Quítate esa mierda de la cara. Me avergüenzas", le dijo con tono severo. La intención de sus palabras era sarcástica, pero los oficiales de los Yankees que estaban presentes se sintieron incómodos con la manera de Pavano de reprender a su madre frente a ellos.

"Guau, ¿de veras le dijo eso a su mamá?", dijo una persona que estaba allí.

Pavano realizó 17 inicios para los Yankees en 2005 y fue golpeado con fuerza, pues obtuvo 4–6 con un ERA de 4,77, un salto significativo de sus 3,00 el año previo en la Liga Nacional, menos difícil, antes de terminar su participación en la temporada en junio debido a una lesión en el hombro derecho. Los Yankees se enteraron muy pronto de que Pavano no estaba diseñado para lanzar en Nueva York.

"A mediados de ese primer año", dijo Mussina cuando le preguntaron cómo llegó a esa conclusión, "él me dijo algo en el dugout acerca de jugar en otro lugar. Se refería a otros equipos con los cuales había hablado cuando era agente libre. No le agradaba encontrarse bajo el microscopio. No podía jugar bajo el microscopio todos los días".

Entonces, ¿la decisión de Pavano era no jugar?

"Así fue como resultaron las cosas", concluyó Mussina.

En agosto, mientras los Yankees jugaban contra los White Sox, el catcher del bulpen, Mike Borzello, mencionó a Pavano en una conversación con Tim Raines, el ex outfielder de los Yankees y que ahora era entrenador de Chicago.

"Tim Raines me dijo: '¿Pavano? Él nunca lanzará para ustedes. Olvídalo'", recordó Borzello. "Yo le dije: '¿Qué?'. Él explicó: 'El chico no quiso lanzar en Montreal. Siempre le sucedía algo malo. En Florida, lo mismo. No quiso lanzar, excepto por un año que lanzó para lograr contrato. Te lo digo, él no va a lanzar para ustedes'".

Resultó que Raines tuvo razón. A lo largo de la vigencia del contrato, Pavano hizo sólo 26 inicios y ganó nueve partidos, lo cual era equivalente a un costo de $4,44 millones por triunfo por la inversión de los Yankees. Perdió largos periodos debido a un hombro lesionado, a un hematoma en los glúteos, a dos costillas fracturadas gracias a un accidente automovilístico sobre el cual no dio aviso al equipo, a una torcedura de codo y, con el tiempo, a una cirugía mayor en el codo. Sus compañeros Yankees lo clasificaron como un sujeto que aprovechaba cualquier dificultad física como excusa para no tener que lanzar.

"Todos los jugadores lo aborrecían", comentó Torre. "No era un secreto".

Borzello dijo: "Los muchachos del equipo lo despreciaban. Cierto día, Jeet pasó junto a él y le dijo: 'Oye, Pav, ¿alguna vez vas a jugar? ¿Alguna vez?'. Guau. Ése fue un comentario hiriente dado que provenía de Jeter. Él no decía mucho pero, cuando decía algo así, era muy incisivo".

En una ocasión, Torre llamó al entrenador del bulpen Joe Kerrigan y a Pavano a su oficina porque Kerrigan le había reportado que Pavano le había dicho en tono desafiante: "Yo no voy a explotar mi brazo por esta organización".

"Pav", le dijo Torre, "esta organización te dio $40 millones y ha sido muy paciente contigo. Lo que quiero que te preguntes es, ¿por cuál organización estarías dispuesto a explotar tu brazo?" Pavano afirmó que no recordaba haber hecho ese comentario a Kerrigan.

Lo que más molestaba a Torre de Pavano era que el pitcher no tenía idea de su responsabilidad con sus compañeros de equipo. Pavano lo dejó claro en 2006 cuando se lesionó en un accidente automovilístico al estrellar su Porsche 2006 contra un camión. El accidente ocurrió justo cuando los Yankees estaban casi listos para activarlo después de un periodo de rehabilitación. Torre llamó por teléfono a Pavano y le dijo: "Es agradable pasear. Sé que te gusta pasear, pero aquí tienes un compromiso. Tienes a un montón de jugadores que necesitan que tú seas un pitcher".

Pavano nunca lo comprendió. "Siempre era un poco evasivo cuando hablabas con él", comentó Torre.

Al final de esa temporada, Cashman estaba listo para enviar a Pavano a casa. El pitcher estaba en rehabilitación permanente en Tampa y no iba a poder ayudar a los Yankees en ese periodo.

"No", le dijo Torre a Cashman. "Haz que venga a St. Pete en la última gira".

Torre sabía que los compañeros de equipo de Pavano lo odiaban y quería que ellos pudieran desahogar su frustración con el pitcher en lugar de arrastrarla a una nueva temporada. Él quería a Pavano en la casa club cuando el equipo jugara contra los Rays de Tampa Bay en St. Petersburg.

"Vamos a dejarlos que quiten esta mierda del camino", le dijo Torre a Cashman. "Ellos podrán verlo, atacarlo o hacer lo que sea que quieran hacer con él".

Cashman estuvo de acuerdo y le dijo a Pavano que asistiera al partido en St. Petersburg. Cuando Pavano llegó, Torre le explicó por qué lo quería en ese sitio.

"Vas a tener que quitar esta mierda del camino", le dijo a Pavano.

Cuando Pavano se presentó en la casa club de los Yankees ocurrió algo mucho peor que las bromas crueles y el acoso propio de compañeros de fraternidad: nada. Los Yankees no le dijeron nada. No querían relación alguna con él. Se había convertido en nadie.

"Por desgracia, nadie lo atacó", comentó Torre. "Ésa es una mala señal. Lo ignoraron".

La siguiente primavera, Mussina dejó claro que los peloteros de los Yankees no confiaban en Pavano para nada. Refiriéndose a las lesiones y las largas ausencias de Pavano les dijo a los reporteros: "No son bien aceptadas desde el punto de vista de un jugador y de un compañero de equipo. ¿Es todo sólo una coincidencia? ¿Una y otra vez? No lo sé".

Fue una extraña y sorprendente afrenta pública entre sus compañeros de equipo, una violación al código no escrito entre camaradas. Sin embargo, Pavano estaba tan lejos de los lazos naturales de un equipo que Mussina se sintió en libertad de expresarse. Torre llamó tanto a Mussina como a Pavano a su oficina. Él sabía que Mussina, en el sentido estricto del código, se había pasado de la raya; sin embargo, también sabía que los sentimientos de Mussina hacia Pavano representaban los sentimientos de la casa club entera y era conveniente que Pavano supiera que necesitaba un trabajo de reparación mayor en cuanto a su relación con sus compañeros Yankees.

"Moose no hizo lo correcto por su manera de abordar el tema", dijo Torre, "pero hablaron entre ellos y lo superaron. De pronto, él comenzó a recibir cierto apoyo.

"Andy Pettitte tuvo problemas con el codo en 1996 y sólo tienes que darte cuenta de lo siguiente: 'O lanzo o ya no puedo jugar más este juego'. Pav, por desgracia, nunca enfrentó esa realidad. ¿Al decir esto, lo que quiero decir es que no estaba lesionado? No. Para nada. ¿Hubiera sido distinto si él hubiera lanzado, con base en dónde se lastimó, en todo caso? Tú aún eres capaz de eliminar bateadores.

"Él es un tipo que tiene todos esos problemas en su vida y que no está seguro de lo que es importante y de lo que no lo es. ¿Tenía temor de fracasar en Nueva York? Pudo ser así, porque yo conversé con Larry Bowa y él vio a la fiera en el montículo cuando lanzó contra los Phillies. Yo lo vi en la Serie Mundial. Ninguno de los dos vimos lo mismo con los Yankees".

Pavano no fue un error aislado. Fue sólo parte de una tendencia. La colección de pitchers costosos importados a los Yankees que no eran aptos para Nueva York, debido a que eran demasiado frágiles a nivel emocional o porque estaban lesionados, aumentaba en una proporción asombrosa. Weaver, Contreras, Vázquez, Wright, Brown, Pavano…

"Lo cierto es que no soy un evaluador de jugadores", dijo Mussina, "pero por lo general veo que los jugadores son quienes son a lo largo de un periodo de cierto número de años. Pueden tener un buen año aquí y un mal año allá, pero en general juegan a cierto nivel; es decir, los jugadores que han estado aquí durante suficiente tiempo. El momento en el cual un jugador se transforma en un agente libre, como en su sexto año, digamos que de pronto tiene un año espectacular. La opinión de todo el mundo al respecto es: 'Oh, ¿ahora se ha dado cuenta?'. No es su año de novato. Hay otros cuatro o cinco años contenidos allí. Analicemos todos ellos.

"Entonces, tú das a los chicos, y sólo utilizaré a Pavano como ejemplo… tú das a un chico que está dos o tres juegos por debajo de .500 en su carrera un contrato de cuatro años y $40 millones. Bueno, yo no comprendo eso. Yo no comprendo eso".

Brown, desde luego, debido a la debacle de la Serie de Campeonato de la Liga Americana de 2004, también fue un símbolo de las evaluaciones pobres de pitchers que conducían a los Yankees hacia el abismo, como Cashman lo nombró. Su temporada de 2005 comenzó justo como terminó la de 2004: con la espalda lesionada y resultados terribles.

Brown inició 2005 en la lista de los lesionados, quinta ocasión en seis años en la cual había que archivarlo. Cuando Brown intentó lanzar de nuevo, su estado era deplorable. Él estaba acabado, en todo sentido y para todo propósito, como pitcher efectivo de la Grandes Ligas. Más aún, los aficionados del Yankee Stadium, que siempre lo asociaban con la abominación del séptimo juego, no le hacían caso y sus compañeros de equipo apenas un poco más que eso. El 3 de mayo de 2005, Brown tomó el montículo en St. Petersburg contra los Rays con un récord de 0,3 y un ERA de 6,63. Su estancia con los Yankees estaba a punto de tornarse aún peor. Los Rays le dieron a Brown una golpiza tremenda en la primera entrada al anotar seis carreras con ocho hits antes de que Brown pudiera obtener un segundo out. La sinfonía de hits y corredores en base adquirió un ritmo de *staccato*: sencillo, *wild pitch*, sencillo, doble, rolata de out con carrera, sencillo, doble, sencillo, sencillo, sencillo. El marcador llegó a 6–0 después de un tercio de entrada. Cuando Brown se las arregló para conseguir los dos outs para finalizar el tratamiento de percusión, salió del campo a toda prisa, pasó junto a Torre y marchó por el corredor hacia la casa club. Al pasar, le gritó al mánager:

"¡Ya terminé!"

Torre y el entrenador de pitchers Mel Stottlemyre voltearon

a mirarse como si se preguntaran: "¿Y ahora, qué?". Brown era famoso por su mal temperamento, pero, ¿renunciar en la mitad de un partido era una opción? Torre se volvió, salió del dugout y avanzó por el corredor que conducía a la casa club de visitantes en el Tropicana Field. Torre vio el jersey, la gorra y el guante de Brown regados por el piso, pero no vio al pitcher. A quien sí vio fue a Mussina, sentado en uno de los sillones de la casa club.

"¿Dónde está?", le preguntó Torre.

"No lo sé", respondió Mussina. "Allá atrás, en alguna parte", y señaló hacia una sala posterior de la casa club. Mussina había visto a Brown entrar furioso a la casa club, quitarse el jersey, el guante y la gorra, sacar su teléfono celular de su casillero y desaparecer mientras gritaba: "¡Ya terminé! ¡Me voy a casa!"

Torre siguió la dirección hacia donde Mussina apuntaba. Dio vuelta a una esquina y de pronto le sorprendió lo que descubrió: Kevin Brown, de 40 años, participante en el Juego de Estrellas en seis ocasiones, dos veces campeón de ERA, un hombre que había ganado 207 partidos de ligas mayores y más de $130 millones como jugador de béisbol, estaba enroscado en el suelo, en una pequeña fisura en la esquina de un área de almacenamiento, en la parte trasera de la casa club.

"¿Qué haces?", le preguntó Torre.

"No voy a salir más a lanzar", le dijo Brown.

"¿Qué vas a hacer?"

"Me voy a ir a casa".

"Tal vez deberías irte a casa". No hubo respuesta de Brown. Torre continuó: "Porque, sólo recuerda una cosa: si vas a renunciar a esos chicos, no podrás regresar. *Nunca* podrás regresar. Sólo comprende eso. ¿Lo que acabas de decirme? Eso es lo que significa. Si no vas a volver al terreno de juego, tampoco puedes quedarte aquí".

Brown tenía la mirada herida; la misma mirada que tuvo nueve meses atrás, después de fracturarse la mano izquierda con un golpe a un pilar de concreto.

Mientras tanto, el principio de la segunda entrada estaba en progreso y ya había un out. Los Yankees necesitaban con urgencia a *alguien* que lanzara el final de la entrada. Nadie lanzaba en el bulpen. Nadie más sabía lo que sucedía con Brown.

"Escucha", le dijo Torre a Brown, "¿por qué no recoges tu guante, sales al campo y lanzas? Más tarde hablaremos de esto".

Brown se incorporó, pasó junto a Torre y se dirigió hacia el cuerpo principal de la casa club; luego arrojó su teléfono celular a través de la sala en dirección a su casillero, levantó su camisa, su gorra y su guante y tomó el camino de regreso al dugout. Kevin Brown lanzó cuatro entradas más y concedió dos carreras adicionales.

"Nunca se molestó en venir a hablar conmigo", dijo Torre. "Estaba devastado. Yo creo que tenía algunos conflictos emocionales. Había muchos demonios en el interior de ese sujeto. Era triste".

Los Yankees perdieron el partido 11–4 y luego perdieron otra vez y otra y como parte de una racha de 1–9 que redujo su récord a 11–19. Lo anterior marcó sólo la quinta ocasión en la historia de la franquicia en la que perdieron tantas veces en los primeros 30 partidos. Los otros cuatro equipos con principios de temporada tan pobres resultaron ser, de hecho, equipos horrendos.

Esos equipos de 1912, 1913, 1925 y 1966 perdieron por lo menos 85 partidos y finalizaron detrás del primer lugar de 55, 38, 28 ½ y 26 ½ juegos, respectivamente. Así fue la poco gloriosa compaña de los Yankees de 2005.

Existe la leyenda de que los equipos de campeonato de los Yankees bajo la dirección de Torre operaban con piloto automático y cabalgaban gozosos sobre sus talentos y voluntades hacia los títulos predestinados. Ningún equipo puede sobrevivir sin cuidados. Incluso el más hermoso jardín del mundo, sin impor-

tar cuánto nos asombre y nos cautive su belleza natural, es el
resultado de horas de limpieza, barbecho, fertilización y atención minuciosa fastidiosas a todos los detalles. Los equipos de
campeonato requirieron su propio mantenimiento por, entre
otras cosas, las inseguridades de Chuck Knoblauch, la inmadurez de David Wells, la naturaleza autocrítica de Tino Martínez,
la intensidad abrumadora de Paul O'Neill, la dependencia de
Roger Clemens y la intrusión e influencia omnipresente de
George Steinbrenner. La grandeza es la capacidad de enmasca-
rar la dificultad de una tarea con el fin de que lo complicado
parezca fácil. Esos equipos de los Yankees eran el epítome de la
grandeza.

Sin embargo, los Yankees de mediados de la década de 2000
no lograban que nada pareciera sencillo. Estaban sepultados por
disfunciones organizacionales y de la casa club que hacían que
el mantenimiento del equipo fuera un trabajo ruidoso, constante y exhaustivo, como mantener en funcionamiento un
horno maltrecho y desvencijado en el sótano de un edificio de
apartamentos. El problema se hizo evidente en 2004 debido a la
mezcla de jugadores contratados y empeoró en esa temporada
de 2005. No habían pasado ni cuatro semanas después del colapso de Brown cuando Mussina pidió hablar con Torre acerca
de lo que él percibía como una falta de concentración y preparación en algunos jugadores. Ambos fueron a almorzar mientras
el equipo se encontraba en Milwaukee.

"Yo expresé algunas cosas", relató Mussina. "Fue sobre los
jugadores que, según mi opinión, no avanzaban por el camino
correcto. El equipo de 2005 tuvo algunos problemas en la primera mitad de la temporada".

Las carencias de los Yankees, en especial en lo referente a los
pitchers abridores, se veían exacerbadas por las personalidades
excéntricas y los propósitos individuales en la casa club. La mezcla de jugadores no funcionaba, lo cual alejaba cada vez más a
los Yankees de las raíces de sus campeonatos.

"Todo es una continuación del final del otro grupo, el grupo que partió después de 2001", comentó Mussina. "Después de 2001, perdimos a algunos chicos, y después de 2002 perdimos a otros chicos. Tras 2003, perdimos al grupo de pitchers. Cualquiera que fuera la semejanza con ese otro equipo, lo cierto es que ya no existió después de 2003. Comenzó a desintegrarse después de 2001, pero después de 2003 sólo se quedaron Derek, Posada, Mariano y Bernie. Todos los demás eran nuevos. La mezcla no era la misma".

Sólo días después de que Mussina diera voz a su preocupación con Torre, y en el mismo viaje, sólo un mes después del colapso de Brown, ocurrió otra catástrofe. En esta ocasión involucró a Gary Sheffield y a Torre. Mientras los atribulados Yankees perdían otro partido, esta vez en San Luis, Sheffield pareció no empeñarse demasiado en perseguir una bola en el campo derecho. Torre, descontento con el desempeño general que obtenía de su equipo, sostuvo una junta en la casa club después del partido en la cual señaló a Sheffield y al segunda base novato, Robinson Cano, por lo que consideró una falta de empuje.

En los días posteriores a la junta, Torre notó que Sheffield parecía estar molesto con él; por tanto, lo llamó a su oficina.

"¿Tenemos algún problema?", preguntó Torre.

"Sí", respondió Sheffield, quien le explicó que estaba molesto con él por haberlo acusado frente a todo el equipo por su falta de empuje. "Yo intentaba hacerle una finta al corredor".

"Bueno, si no haraganeabas, me disculpo", le dijo Torre, "porque eso fue lo que me pareció a mí. ¿Qué más?"

"Bueno, se publicó en los periódicos", le dijo Sheffield en referencia a la acusación de Torre.

"¿Tú crees que yo se los dije?", le preguntó Torre.

"No lo sé", le respondió Sheffield.

"Yo no hago eso", le explicó Torre. "Yo no haría eso. Como

es obvio, salió de alguna otra parte. Había muchas personas en la sala. No puedo controlar eso. No hay razón alguna para que yo comunique eso a los medios".

Torre dijo: "Él pareció creerme pero siempre fue una persona suspicaz".

Dos años más tarde, en una entrevista con HBO, Sheffield utilizó esa junta en la casa club como evidencia para apoyar su opinión de que Torre trataba distinto a los jugadores negros y a los blancos.

"Lo único que siempre quise hacer como mánager fue asegurarme de que todo el mundo sintiera que era tratado con justicia", comentó Torre. "Es por eso que cuando Sheffield dijo eso, me sentí muy decepcionado, porque siempre me esforcé muchísimo por intentar que él se sintiera atendido e integrado. Si yo tenía que decirle algo que él necesitaba escuchar, como cuando traía a su hijo a la casa club, lo cual no estaba permitido, yo le pedía a Jeter que se lo dijera porque había una relación entre ellos. Si provenía de otro jugador, no parecería como si alguien tratara de decirle otra vez lo que tenía que hacer.

"Al instante supe que nada de lo que él decía era verdad. Es sólo que no quise alimentar las llamas en ese momento. Yo había estado en el juego durante un tiempo muy largo; entonces, si hubiera habido un problema, estoy seguro de que se hubiera hecho público que yo era descortés con la gente o que no la trataba bien. Eso surgió de la nada".

Lo que más necesitaban los Yankees de 2005 para alcanzar estabilidad y presencia era un as. Necesitaban a un Schilling, el sujeto a quien el director general de Boston, Theo Epstein, había cazado con éxito para traer una actitud de "patear traseros" al grupo de pitchers de los Red Sox. Los Yankees estaban tan seguros de haber encontrado a ese tipo en la persona de Randy Johnson, de 41 años, que las oficinas generales enteras

lo eligieron de manera unánime en lugar de a Beltrán, un jugador veloz y atlético en la plenitud de su carrera. No podían estar
más equivocados.

(Beltrán había hecho un ofrecimiento de descuento de último minuto a los Yankees antes de firmar con los Mets. Torre
dijo: "Cash dijo que no, que no puedes tenerlo todo. Beltrán
quería venir con nosotros para poder ocultarse entre los otros
árboles. Nadie quiere ser el líder. Eso es lo que hace a Jeter tan
único en lo que hace. Alex, para crédito suyo, quiere ser ese
chico, pero, siempre que Jeter esté allí, él es muy consciente de
ello").

Johnson había lanzado un juego perfecto, se había encargado de 245²/₃ entradas, había ganado 16 partidos y había eliminado a 290 bateadores en 2003 con Arizona, un récord de lo
mejor de la Liga Nacional. Él llenaba el perfil de contención
que los Yankees necesitaban con tanta desesperación; el perfil
estadístico, en todo caso. Él era, en realidad, una persona sensible e hiperalerta que, de acuerdo con la creciente tradición de
Weaver, Contreras, Vázquez y Pavano, se sentía incómodo con
las críticas y el escándalo constantes que resultaban de jugar en
Nueva York. Dicha extrañeza fue evidente para él desde su primer día, cuando golpeó a un camarógrafo de noticias en las ca-
lles de Nueva York mientras se encontraba en la ciudad para
someterse a un examen físico.

"Yo estaba en Hawai cuando eso sucedió", comentó Torre, "y
hablé con él por teléfono. Le dije: 'Haz lo que tengas que hacer.
Si quieres disculparte, discúlpate. Sólo olvídalo'.

"Pero en realidad no fue su culpa. Nunca debieron ponerlo
en esa situación. Debieron meterlo a un auto o a una camioneta
y llevarlo al hospital. Ésa fue nuestra decisión de seguridad. Fue
una mala decisión. Tuvo muchos problemas para recuperarse
de eso porque, para empezar, a la gente no le agrada. Y él debió
leer cada palabra escrita al respecto".

Johnson estaba limitado por dos neurosis del béisbol que aumentaron en Nueva York: le preocupaba sobremanera lo que se dijera y escribiera sobre él y con frecuencia le preocupaba que los otros equipos decodificaran "señales" en sus movimientos para saber el tipo de lanzamiento que vendría. Lo cierto es que éstas no son cualidades típicas de un líder de grupo que "patea traseros".

Johnson no lanzó tan mal en Nueva York y tomó la bola con regularidad. Entre 2004 y 2007, sólo en cuatro ocasiones un pitcher le dio a los Yankees 200 entradas. Johnson lo hizo dos veces; es decir, tanto como la suma de la participación de los demás pitchers de los Yankees en esos cuatro años. También ganó algunos partidos y logró un récord de 34–19. Sin embargo, también fue bateado y estaba muy perdido en su propia nube de preocupación; por tanto, no podía dar a los Yankees nada cercano a la sensación de ser un verdadero as. En esas dos temporadas, por ejemplo, concedió 95 y 114 carreras merecidas, las dos peores temporadas de su larga carrera. Su ERA combinado en ese periodo con los Yankees fue 4,37, el cual ocupó un muy poco impresionante sitio número 55 entre todos los calificadores de ERA de esos años.

"La mayor sorpresa para mí fue lo fácil que era alterar a Randy Johnson", comentó Torre. "Desearía haber sabido esto sobre él en la Serie Mundial de 2001, cuando jugamos contra él. Tú podías alterarlo. Cada inicio con Randy era: 'Este tipo sabe mis lanzamientos, este sabe mis lanzamientos…'. No había equipo alguno que no tuviera a una persona que le dijera que conocía sus lanzamientos y que él no se lo tomara a pecho. Se lo mencioné a Randy y le dije: 'No es por los lanzamientos; es por la ubicación. Lanza esa bola donde tú la quieres y los eliminarás'.

"Él siempre estaba muy preocupado por eso. '¿Conocen mis lanzamientos? ¿Crees que adivinan mis lanzamientos? Ese chico bateó mi lanzamiento'. Yo le decía: 'Sólo lánzala por el centro. Cuando ellos comiencen a ignorar lanzamientos que deberían abanicar, entonces sí". Pero él fue la mayor sorpresa para mí. Es probable que él haya sido la superestrella más consciente de sí misma con quien he convivido. Por mucho".

Torre invirtió horas con Johnson, tratando de hacerle la vida más fácil en Nueva York y diciéndole que no debía preocuparse por las críticas porque, con base en su prolífica carrera, de cualquier manera nunca podría complacer a la afición y a los medios de comunicación.

"No vas a satisfacer a la gente a menos que elimines a diez o doce bateadores en cada partido", le dijo Torre. "Incluso si ganas, ellos querrán saber por qué no eliminaste a más. Entonces, no te preocupes más por eso".

Cierto día, Johnson se acercó a Torre con un periódico en la mano. "¡Mira eso!", exclamó Johnson. "¡Éste es mi departamento! ¡Tienen fotografías de mi departamento!"

"Randy", le dijo Torre, "¿por qué siquiera ves los diarios?"

En otra ocasión, Torre detectó tanta pasividad en Johnson sobre el montículo que le dijo: "Necesito ver tus dientes allá afuera. Tienes que gruñir". Entonces, Johnson lanzaba un buen partido y preguntaba a Torre: "¿A eso te referías?".

"Sí", respondió Torre. "Sólo haz lo que haces y descubre lo bueno que es; eso es todo".

Y luego desaparecía el fuego, ahogado por algo que los periódicos o la radio habían dicho sobre él o por esa preocupación fastidiosa de que los bateadores conocieran de antemano el lanzamiento que venía.

"Lo traje a mi oficina, hablé con él en la sala de entrenamiento, nos sentamos juntos en el dugout… en muchos sitios", dijo Torre. "Era más triste que frustrante porque cuando lo contratamos yo pensé que por fin teníamos a alguien que pudiera jalar el vagón y ése no fue el caso".

Los Yankees de 2005 emplearon un grupo de pitchers con una edad promedio de 34,2 años, lo cual lo convirtió en el grupo más viejo en la historia de la franquicia. Terminaron en el noveno sitio en la Liga Americana con un ERA de 4,87. Su ERA relativo, en esencia una medida de cómo se comparaban contra el promedio de la liga, era el segundo peor de los Yankees en los últimos setenta años, superados sólo por el club de 1989 que perdió 87 partidos y finalizó en quinto lugar. La fórmula pitagórica de Bill James categorizó a los Yankees, con ese tipo de lanzadores, con un valor de 90 triunfos, lo cual los hubiera mantenido fuera de los playoffs con el quinto mejor récord en la Liga Americana.

En lugar de ello, de alguna manera ganaron la Liga Americana del Este una vez más, con 95 victorias. (En realidad, los Yankees terminaron empatados con los Red Sox, pero recibieron el primer lugar en virtud de haber ganado la serie de temporada contra Boston 10–9. Los equipos se habían dividido los último 90 partidos 45–45).

Se había desarrollado un patrón claro. Los lanzadores de los Yankees eran cada vez peores y la casa club se llenaba cada vez más de jugadores inapropiados, pero Torre no sólo llevaba a esos equipos a los playoffs, sino que, de manera consistente, llevaba a esos equipos a desempeñarse mejor de lo esperado. El equipo de 2005 fue el octavo equipo consecutivo de Torre que ganó más partidos que los que se esperaba que ganaran. Esos equipos superaron las expectativas pitagóricas por un promedio de 5,25 victorias.

En cierto modo, tras arrastrarse a sí mismos hasta los playoffs de alguna manera en la última parte de esos años, esos equipos cubrían lo que, de lo contrario, hubieran sido fallas más evidentes. Los Yankees ya no contaban con los lanzamientos de campeonato, pero portaban el mismo uniforme de los Yankees de 1996, 1998, 1999 y 2000, aún contaban con Jeter, Williams, Posada, Rivera y Torre. Además, aún tenían la nómina más alta del béisbol; por tanto, se esperaba que sólo se presentaran y ganaran la Serie Mundial como si nada hubiera cambiado en el béisbol en los pasados cinco años. Estaban destinados al fracaso en octubre.

Los Yankees se enfrentaron a los Angels de Anaheim en la Serie de División, una serie en la cual los Angels, que también ganaron 95 partidos, mantuvieron la ventaja de jugar en casa en virtud de vencer a los Yankees durante la temporada, 6–4. Después de que los Yankees se las arreglaran para dividir los primeros dos partidos en Anaheim, de manera conveniente su temporada recayó en las manos de Johnson, que tomó la bola en el tercer juego, el partido del desempate, en el Yankee Stadium. La respuesta de los Yankees a Schilling fue abismal.

Johnson no pudo obtener ni un out en la cuarta entrada. Enfrentó a 17 bateadores y concedió nueve hits. Salió con dos corredores en base en la cuarta entrada y con los Yankees perdiendo 5–0. Durante toda la temporada, Johnson nunca brilló como un verdadero as y la realidad fue muy evidente en el tercer juego.

"Ése es un partido en el cual tienes una clara ventaja", comentó Torre, "y sólo tienes que salir y agarrarlo por la garganta. Él nunca pareció sentirse cómodo con eso. Nunca tomó la bola y dijo: 'De acuerdo, muchachos, síganme'. Nunca tenías la sensación de que eso sería lo que obtendrías. No hay duda alguna de que Nueva York es un lugar distinto para jugar. Todo lo que haces es magnificado y criticado. Él no estaba cómodo como pitcher en Nueva York.

"Él es quien se supone que sea intimidante. Lanzó un juego horrible y actuaba como si no le hubiera sorprendido. Roger Clemens se sorprendía cada vez que lanzaba un juego horrible".

Los Yankees, que aún podían batear la bola como nadie en el béisbol, lograron salir del agujero del 5–0 y, de hecho, tomaron una ventaja de 6–5 en la sexta entrada. Sin embargo, los Angels azotaron al bullpen de los Yankees con seis carreras no respondidas y ganaron 11–7.

Los Yankees enviaron a la serie de regreso a Anaheim al ganar el cuarto partido, 3–2, con dos carreras en la séptima entrada. Sin embargo, su grupo de pitchers, viejo y desvencijado, se volvió contra ellos una vez más en el partido decisivo. Mus-

sina, de 36 años y molesto por una rigidez en un músculo ingui-
nal, descendió del montículo en la tercera entrada después de
haber sepultado a los Yankees en un agujero de 5–2. Perdieron,
5–3.

Poco tiempo después, Stottlemyre renunció a su cargo como
entrenador de pitchers, fastidiado por las relaciones contencio-
sas entre los oficiales de los Yankees en Nueva York y Tampa,
dado que los últimos con frecuencia decidían intervenir en los
asuntos de los pitchers de las ligas mayores. No obstante, Stottlemyre también renunció porque estaba al tanto de que las relaciones entre Torre y Steinbrenner habían empeorado y sabía
que una de las tácticas favoritas de Steinbrenner para fastidiar a
su mánager era despedir a uno de sus entrenadores preferidos.
Stottlemyre quiso salir de allí antes de que Steinbrenner tuviera
oportunidad de utilizarlo como peón en su guerra contra
Torre.

Torre tampoco estaba seguro de querer regresar a lo que se
había convertido su trabajo. Él sabía, dado que venía de la derrota amarga de la Serie de Campeonato de la Liga Americana
de 2004, que le restaba muy poco del favor del Steinbrenner. Su
comunicación había sido casi nula durante la temporada de
2005. La incidencia de críticas, dudas y declaraciones entrega-
das o filtradas a los medios de comunicación había aumentado.
A Torre también le molestaba que los oficiales de los Yankees le
dieran preguntas a la reportera de la cadena YES, Kim Jones,
diseñadas para arrinconar a Torres o a ponerlo bajo una luz des-
favorable. Las preguntas en sí mismas no molestaron tanto a
Torre. La molestia se debía más a que Torre, que había construido todas sus relaciones con la gente sobre la base de la confianza, comprendió que la misma gente que le pagaba para
ayudar a los Yankees a ganar intentaba minarlo de manera intencional en la cadena propia del equipo.

"Me pagaban para realizar un programa previo y posterior al partido para la cadena YES", comentó Torre, "y tomaron el hecho de que me pagaban como una apertura para decirle a una persona lo que debía preguntarme y para que intentara formularme preguntas difíciles. No sé qué es una pregunta difícil cuando alguien habla acerca del partido. Es decir, ellos te hacen una pregunta acerca del partido y tú la respondes. Tú sabías que esa persona no se sentía cómoda al formular ciertas preguntas, como por qué metiste a éste o por qué hiciste eso. No tenía sentido.

"Y luego lo admitían: 'Bueno, por eso te pagamos'. Ellos sentían que tenían el derecho de hacer eso, lo cual es una locura en mi opinión. Entonces, cuando la temporada terminó, yo dije: 'Olvídenlo. Ya no vamos a hacerlo más. No quiero su dinero. Yo responderé cualquier pregunta que deseen, pero no sostengamos un diálogo diseñado para hacerme lucir mal'.

"Era muy evidente que toda la intención era hacerme quedar mal. Y, en todo caso, no sé cuál pregunta podría ser tan difícil. Si yo metí a un pitcher al juego y le patearon el trasero, ¿dónde está el secreto en ello? Todo el mundo vio lo que sucedió. Yo tomé una decisión y no funcionó. No es como si yo hubiera dicho: 'Tengo que tomar una decisión. Voy a lanzar una moneda al aire. De acuerdo, meteré a este muchacho'".

Torre se fue a la casa e intentó recuperarse de una temporada agotadora. Durante algunos días no habló con nadie de la organización ni con nadie de los medios. No sabía si deseaba dirigir más a los Yankees, en parte porque no sabía si ellos lo querían. Después de que Torre cavilara lo suficiente en su casa, su esposa Ali le sugirió:

"¿Por qué no vas y hablas directo con George?"

"Tienes razón", le respondió Torre.

No había llamado a Steinbrenner casi en todo el año ni había discutido su relación con él con los medios. Ya era momento de

EL ABISMO ◆ 399

dar fin a la guerra fría y averiguar si George en realidad quería que volviera.

"Me desconecté", dijo Torre. "No había hablado con él. Sólo recibía noticias de segunda mano, lo cual era peor".

Con el fin de que su viaje fuera lo más discreto posible, Torre alquiló un avión privado a Tampa. Steve Swindal, el socio director del equipo, le preguntó a Torre si le importaba que Randy Levine viajara con él. "No, para nada", respondió Torre.

Levine se encontró con Torre en el aeropuerto. El vuelo estaba retrasado.

"Problemas de mantenimiento", le explicó Torre a Levine. "El asiento eyector para ti necesitaba una reparación".

Ambos se rieron ante el humor negro. Levine le dijo a Torre en el vuelo hacia Tampa: "Queremos que regreses". Por tanto, el humor de Torre se aligeró un poco para cuando llegó a la reunión. Torre y Levine se reunieron con Steinbrenner y Swindal. La junta tuvo lugar en la oficina de Steinbrenner en Legends Field. Steinbrenner tomó asiento ante su escritorio como un capitán ante el timón. Torre tomó asiento a la izquierda de Steinbrenner.

"El único motivo por el cual estoy aquí", comenzó Torre, "es porque quiero averiguar si ustedes desean que yo sea el mánager".

Torre no estaba seguro de la reacción que obtendría de Steinbrenner ante un inicio así. Mucho antes de la junta, ya había decidido que: "si había cualquier vacilación o titubeos o si no me querían, yo les diría: 'De acuerdo, encontremos la manera de salir de esto'".

Steinbrenner no dudó.

"Sí, quiero que dirijas", le dijo.

Torre sintió alivio.

"No puedo trabajar para alguien si la única razón por la cual me tienen aquí es porque me paga", aclaró Torre. "Quiero sentirme cómodo al saber que, cuando hago cosas, están de mi parte, que están conmigo para hacer lo correcto".

El resto de la junta marchó con prontitud y facilidad. Torre dijo que la desconexión entre los oficiales de los Yankees en Nueva York y en Tampa necesitaba ser resuelta. Steinbrenner se mostró de acuerdo. Torre también prometió llamar a Steinbrenner alrededor de cada diez días. "Me aseguraré de que estemos en contacto", le ofreció.

Había un cabo suelto que necesitaba atención inmediata y, aunque Torre no lo sabía en ese momento, contribuiría a crear una fisura en su relación profesional con Brian Cashman y, por extensión, fue el principio de su final como mánager de los Yankees: los Yankees necesitaban un sustituto para Stottlemyre como entrenador de pitchers. Torre mencionó que su elección sería Ron Guidry, el ex pitcher de los Yankees que había trabajado como instructor del entrenamiento de primavera.

"Sabía que nunca antes lo había hecho", comentó Torre, "pero manejaba bien el estrés. Trabajó mucho en el entrenamiento de primavera".

Guidry ni siquiera se acercaba al tipo de entrenador que Cashman deseaba y el poder de Cashman en la organización crecía a pasos agigantados. Cuando el desempeño de los Yankees era deficiente durante la primera mitad de la temporada de 2005 (después del inicio de 11–19 aún eran un equipo de .500 hasta el primero de julio), Steinbrenner acosaba sin piedad a Cashman.

"¡Esto es culpa tuya y de Joe!", le advertía Steinbrenner a Cashman.

Se trataba de una vieja táctica favorita de Steinbrenner. Le encantaba responsabilizar a la gente de manera individual por los resultados de otros. Era una estrategia designada de chivo expiatorio y lo que encantaba a Steinbrenner de ésta era que mantenía siempre incómodos a los que estaban sometidos a su advertencia. Odiaba que sus empleados se sintieran cómodos. Quería que su gente viviera siempre angustiada.

Las críticas molestaban a Cashman sólo porque Steinbrenner lo hacía responsable por decisiones en las cuales había participado poco o, incluso, había objetado. A Steinbrenner también le encantaba la estratagema de "divide y vencerás" para mantener a su gente en la angustia. Le gustaba poner a sus lugartenientes en Tampa en contra de sus soldados en Nueva York, por ejemplo. La gente de operaciones del béisbol en Tampa podían contratar a alguien a quien Cashman no apoyaba por completo, como el outfielder Gary Sheffield o el infielder Tony Womack, pero siempre sería Cashman a quien Steinbrenner haría responsable. Por fin, durante los primeros días oscuros de esa temporada de 2005, Cashman decidió que ya estaba harto de las reprimendas.

"Si éste en verdad es mi equipo", dijo a Steinbrenner, "y yo soy el único que lo arregla, lo arreglaré por última vez. Punto. Al final de la temporada, me iré. Ya te he dicho que las nubes de tormenta se acercan".

De hecho, Cashman le dijo a Steinbrenner, dado que su contrato vencía al finalizar la temporada, que tenía intenciones de marcharse debido a la desorganización en las jerarquías de operaciones del béisbol. Cashman escribió un memorando de "filosofía de mando" a Steinbrenner y en éste enfatizó justo lo que los Yankees necesitaban: descripciones de puesto y responsabilidades definidas con claridad y para el personal de operaciones del béisbol, con la autoridad superior en manos del director general. Steinbrenner respondió que instituiría esos cambios si Cashman aceptaba volver. Cashman decidió quedarse, ahora con todo el poder sobre operaciones del béisbol y para mantener bajo control a los lugartenientes de Tampa.

Mientras arreglaba a los Yankees de 2005, Cashman introdujo algo de juventud. Promovió al pitcher Chieng-Ming Wang, que a los 25 años dio a los Yankees un récord de 8–5, y al segunda base Robinson Canó, que bateó .297 a los 22 años. Cashman vio lo que sucedía alrededor del béisbol. Sus contemporáneos y amigos, como Theo Epstein en Boston, Billy Beane en Oakland y Mark Shapiro en Cleveland, utilizaban herramientas y procesos vanguardistas de evaluación para conformar rotaciones eficientes de principio a fin. Cashman quiso unirse a la revolución de la información, pero sabía que no podría hacerlo si los hombres de los viejos tiempos del béisbol en Tampa, como Billy Connors, el "gurú de los pitchers" de toda la confianza de Steinbrenner, podían deshacer todos sus planes cuidadosamente confeccionados con sólo un murmullo en el oído del Jefe acerca de algún veterano maltrecho que tanto le gustaban. Su nuevo contrato eliminaba ese problema.

La elección del nuevo entrenador de pitchers probaría de inmediato la autoridad y la filosofía de Cashman. A Cashman le agradaba la gente con experiencia, con fuertes capacidades de organización y con comprensión de los análisis estadísticos. Ninguna de esas cualidades describía a Guidry. La idea de Cashman del entrenador moderno de pitchers era alguien como Joe Kerrigan, el ex entrenador de pitchers de Boston y Filadelfia a quien había contratado en 2005 como su asistente especial. Kerrigan estudiaba reportes de reclutamiento, impresiones de computadora y videos para encontrar cualquier ventaja para los Yankees.

Los Yankees, con la influencia de Steinbrenner sobre Cashman, intentaron primero contratar a Leo Mazzone, que tenía amplia experiencia y un récord probado con los Braves de Atlanta, pero que desplegaba una filosofía de la vieja escuela. Los Yankees se acercaron tanto a cerrar un trato con Mazzone que, cuando Torre lo llamó cierto día, Mazzone le dijo: "De acuerdo. Estaré contigo. Estoy ansioso por trabajar contigo".

"Bien", respondió Torre, que conocía a Mazzone desde que dirigía a los Braves.

Al día siguiente, Mazzone firmó con los Orioles para trabajar cerca de donde vivía y con el mánager de Baltimore, Sam Perlozzo, amigo suyo desde la infancia. Entonces, Cashman llamó a Torre.

"George quiere contratar a Guidry", le dijo Cashman.

"Me parece bien", respondió Torre.

"George quiere hablar contigo al respecto".

Torre llamó a Steinbrenner, que le preguntó: "¿Qué opinas sobre Guidry?"

"Confío en él", afirmó Torre. "Tomará algún tiempo. No lo ha hecho a diario, pero es muy meticuloso, a partir de las experiencias que he tenido con él en primavera".

A Steinbrenner le agradaba Guidry, siempre le había agradado hacerse cargo de los grandes ex Yankees. Cashman fue más difícil de convencer.

Torre comentó: "A Cash no le gustaba el plan porque Guidry no tenía experiencia. A él le gusta la gente con experiencia. Eso lo comprendo. Yo me encontraba en una posición difícil porque sé que había mencionado a Guidry de pasada cuando tuve esa junta con George. Sé que Cash insistió en el asunto de la inexperiencia de Guidry porque sé que a Billy no le agradaba Guidry. Creo que George lo contrató porque recordó que yo lo sugerí".

Torre concibió una idea para intentar tener contentos tanto a Steinbrenner como a Cashman.

"Cash", le dijo, "sé que estás incómodo con esta decisión. Entonces, dada la inexperiencia de Guidry, ¿por qué no traes a Kerrigan como entrenador del bulpen? De esa manera, Kerrigan estará allí para ayudar a Guidry con las labores administrativas".

Cashman aceptó la idea, aunque Torre sabía que aún no se sentía cómodo con el hecho de que un tipo de la vieja escuela como Guidry dirigiera a su grupo de pitchers. Guidry fue uno de los grandes pitchers zurdos en la historia de los Yankees, un as bajo la dirección de Billy Martin en equipos de campeonato. Trabajaba duro, se llevaba bien con todo el mundo, pero veía el desarrollo de los pitchers desde una perspectiva distinta a la de

Cashman. Guidry no dependía tanto de las computadoras como de su experiencia personal y le agradaba compartirla con sus pitchers. Él recordaba, por ejemplo, una ocasión en 1977 cuando entró a la casa club durante la tercera entrada de un partido. El miembro del Salón de la Fama, Catfish Hunter, pitcher abridor de ese partido, bebía una cerveza.

"Cat, ¿qué haces?", le pregunto Guidry.

"Gator, en un día caluroso como hoy siempre bebo un poco de cerveza mientras lanzo", le explicó Hunter. "Me ayuda. No me gusta el Gatorade. El agua me hincha. Entonces, entro y bebo una cerveza. Sólo durante los partidos de día, no en las noches. Me sienta bien".

Guidry pensó que, si le funcionaba a Hunter, también le funcionaría a él. Cierto día en 1978, una tarde calurosa de sábado, Guidry, que lanzaba ese día, bebió una cerveza en la casa club en la tercera entrada. De pronto, vio que Martin estaba de pie en el quicio de la puerta.

"¿Qué demonios haces?", le preguntó el mánager.

"Estoy 11 a 0", replicó Guidry. "¿Qué más quieres?"

De inmediato, Martin se tranquilizó.

"Adelante", dijo Martin. "Continúa".

Guidry dijo: "Cada día a partir de ese momento, cuando yo entraba a la casa club después de la tercera entrada, Billy me preguntaba: '¿Vas a ir a la sala?'. Yo le respondía: 'Sí' y él decía: 'Enseguida regreso'. Recuerdo todo lo que vivimos. A veces creo que es por eso que jugábamos tan bien. Porque era muy divertido".

Cashman, sin embargo, era el tipo de director general que no pone su fe en esas historias, sino en los datos duros y fríos, como los conteos de lanzamientos y los análisis estadísticos, el tipo de cualidades para las cuales Kerrigan era excelente.

"El asunto con Cash", explicó Torre, "es que cada vez que le decías que él era adepto a los números, tenía muy poca paciencia al respecto. Lo negaba una y otra vez. Se ponía muy defensivo con ese asunto".

Cuando comenzó el campamento de entrenamiento de primavera de 2006, fue evidente que ese era el equipo de Cashman. Las primeras pistas fueron las cámaras de video instaladas en trípodes detrás de las zonas de bateo en la gran área del bulpen del complejo de Legends Field.

"Supimos que algo sucedía en el entrenamiento de primavera cuando Cashman ordenó que cada sesión de lanzamiento fuera filmada", dijo Borzello.

Torre también notó que más y más personas de las oficinas generales deambulaban por la casa club y en los vestidores de los entrenadores. Cashman se había rodeado de asistentes prometedores que confiaban más en los análisis estadísticos que en las pesadas creencias de reclutamiento de la vieja escuela. Eran jóvenes, inteligentes y diligentes y se sentían cómodos, incluso entusiasmados, cuando hablaban acerca de temas como los VORP de los jugadores; es decir, el acrónimo en inglés para algo conocido como el valor de reemplazo del jugador, además de los torneos internos de PlayStation.

Ellos aportaron una nueva perspectiva a la evaluación de talento que, desde luego, no resolvía mejor los eternos misterios del béisbol que los métodos de reclutamiento de la vieja escuela. A mediados de 2007, por ejemplo, Cashman y sus analistas estadísticos decidieron hacer un intercambio por Wilson Betemit, un infielder ambidiestro, con los Dodgers de Los Ángeles. Los rumores que circulaban con gran emoción por los pasillos del Yankee Stadium decían que los Yankees habían encontrado al "nuevo David Ortiz"; no era que Betemit cumpliera con el perfil de Ortiz como bateador largo, sino que sus cifras sugerían que él era una joya menospreciada que estaba a punto de revelarse en grande, como hizo Ortiz para Boston en 2003. Los Yankees estaban muy equivocados. Betemit, asolado por una muy escasa disciplina en la caja de bateo y con problemas de acondicionamiento físico, estuvo fatal. Sus porcentajes de colocación en base fueron .278 y .289 con los Yankees a lo largo de esa temporada y de la siguiente. Por otra parte, la nueva filosofía Yankee repercutió en descubrimientos de pitchers de ligas menores de agencia libre como Brian Brunei, José Veras, Darrell Rasner y Edwar Ramírez. La institucionalización del nuevo pensamiento grupal en 2006, sin embargo, no ocurrió sin cierta tensión interna.

"Llegó al punto en el cual comencé a no confiar en la gente", comentó Torre respecto del campamento de entrenamiento de primavera de 2006. "Había mucha gente externa a quien Cashman quería agregar al equipo. Me volví muy suspicaz. Había sujetos en la casa club y en la sala de los entrenadores que nunca antes habían estado allí, como si supervisaran lo que sucedía. Cash decía: '¡No hemos contabilizado los lanzamientos de este chico!'. Siempre había información que debía ser enviada a Cash, información que le ayudaba a saberlo todo en lugar de confiar en lo que hacía la gente del béisbol. Y, desde luego, él cuestionaba a Guidry. En el entrenamiento de primavera parecía como si Cashman hiciera labores encubiertas para supervisar a Guidry todo el tiempo".

Se desarrollaba una colisión cultural. Cashman, con su poder recién adquirido, al fin tenía la oportunidad de dirigir al equipo a su manera y en ésta se incluía un deseo fuerte de subir a bordo de la revolución de la información. Torre veía a los números no como a una filosofía orientadora, sino como a una herramienta dentro de la caja de herramientas de un mánager, en particular en lo que se refería a reunir información de las historias de los bateadores y los pitchers.

"Una vez que estuvo a cargo, Cash quiso ser tan práctico como fuera posible", comentó Torre. "Él depositaba su confianza en la gente que contrataba, como Billy Epler. Billy estaba bien. Yo conversaba con él durante la práctica de bateo, detrás de la jaula. Recuerdo que en una ocasión hablábamos acerca de Kyle Farnsworth. Yo sospechaba de su capacidad para mantener consistencia. Lo que Eppler dijo al respecto fue: 'Creo que es una buena firma por el dinero'. Eso está bien pero lo que yo intento es ganar partidos y poner a alguien en la posición de relevo medio que sea consistente".

Torre y Cashman llevaban juntos 11 años, los últimos nueve como la combinación más exitosa entre mánager y director general en el béisbol. Habían compartido muchas experiencias y, a pesar de la diferencia de edades, habían alimentado un profundo respeto mutuo y una afinidad especial. Al menos comprendían, tanto como cualquiera, los gozos y las dificultades de trabajar para George Steinbrenner, y sólo eso tenía el mismo poder de generar vínculos que una asignación de seis meses en un submarino nuclear. No obstante, el campamento de entrenamiento de primavera de 2006 abrió una grieta profesional y filosófica entre ellos que nunca se cerraría por completo. Cierto día, durante ese campamento, Torre se reunió con Cashman en la oficina del mánager.

"Cash, has cambiado", le dijo Torre.

"No es verdad", le respondió Cashman.

"Lo acusé de buscar razones para criticar a Guidry", comentó Torre. "Tenía a su alrededor a todos los miembros de su personal. Dependía mucho menos de las opiniones. Él quería documentación. Eso era más importante".

Después de eso, ambos mantuvieron una distancia fría entre sí durante algunos días.

"Tuvimos un tropiezo en el entrenamiento de primavera", relató Torre. "Básicamente, lo desafié. Unos días después me disculpé con él porque en verdad me agrada Cash. Les pregunté a otras personas: '¿Soy sólo yo o él ha cambiado?'. Estábamos bajo su supervisión y él quería que todo se hiciera a su manera. Yo lo comprendo. Me hubiera gustado que él confiara en mí. Yo siempre fui un empleado muy leal".

Torre tuvo otra reunión clave con Cashman durante la temporada en la oficina del director general.

"Cash, escucha", le dijo Torre. "No sé durante cuánto tiempo estemos juntos, pero hazte un favor a ti mismo: nunca olvides que hay un latido de corazón en este juego".

Después de la temporada de 2006, la fisura filosófica se convertiría en un abismo relacionado con lo que harían con uno de los más importantes y adorados jugadores en la historia de los Yankees. La creencia de Torre en el poder de la confianza, firme como el titanio, la columna vertebral de toda su filosofía de dirección, alcanzaría un punto crítico de confrontación contra la practicidad de la nueva era de Cashman, el principio de su poder recién descubierto. En el mismo centro se encontraba uno de los últimos vestigios de los años de campeonato, un recordatorio pleno de gracia de cuando la confianza y el trabajo en equipo aún eran relevantes. En juego se encontraban la carrera y el legado de Bernie Williams.

Confianza rota

Bernie Williams observó el que sería el último partido de sus 16 años de carrera desde la banca; no participó en la derrota decisiva de 8–3 en el cuarto partido de la Serie de División de la Liga Americana de 2006 contra los Tigers de Detroit. La autopsia de los Yankees de 2006 se parecía mucho a los análisis post mórtem de las dos temporadas previas. Los Yankees presentaron una alineación espectacular y anotaron 930 carreras, la mayor cifra del béisbol, pero no pudieron batear al llegar octubre; en particular, Alex Rodríguez. Sus lanzadores fueron, otra vez, viejos y pedestres; de hecho, ocuparon el sexto sitio en la liga de ERA, y no fueron lo bastante profundos. Con su temporada en entredicho en ese cuarto partido, los Yankees dieron la bola a Jaret Wright en una situación en la cual la victoria era obligatoria. Wright nunca más ganaría otro partido de Ligas Mayores. El pitcher no salió de la cuarta entrada y dejó a los Yankees en un agujero de 4–0 del cual no pudieron escapar.

Los Yankees se fueron sin gloria de su segunda eliminación consecutiva en primera ronda desde que los Red Sox invirtieran la balanza del poder en esa Serie de Campeonato de la Liga Americana de 2004, aunque sólo después de haberse quedado a medio camino de eliminar a Detroit. Los Yankees ganaron el primer juego y mantuvieron el liderazgo en la quinta entrada del segundo juego, con Mike Mussina en el montículo en Nueva York.

Mussina concedió carreras en la quinta, sexta y séptima, y la mejor ofensiva del béisbol no anotó nada más durante el resto del encuentro. Los Yankees perdieron 4–3. Detroit superó a los Yankees 17–3 a lo largo de las últimas 23 entradas de la serie para enviarlos a casa, a otro invierno de ira y caos.

De alguna manera, los Yankees de 2006 se las arreglaron para no superar la primera ronda, a pesar de haber empleado los bates de Jeter, Rodríguez, Johnny Damon, Bobby Abreu, Gary Sheffield, Hideki Matsui, Jason Giambi, Jorge Posada y Robinson Canó, uno de los conjuntos más profundos de bateadores de primero en un equipo. ¿O acaso fue que perdieron precisamente por esa plétora? Torre, que trabajaba rodeado de lesiones y egos, se esforzaba por encontrar la combinación perfecta de jugadores.

Damon, contratado como agente libre cuando Boston mostró poco interés en conservarlo, dio energía y un sorprendente poder a la alineación. Bateó un récord en su carrera de 24 jonrones. Cashman agregó a Abreu en un hábil intercambio a media temporada con Filadelfia, después de que los outfielders Sheffield y Matsui sufrieran lesiones que les costarían la mayor parte de la temporada. Williams invirtió algún tiempo en las tres posiciones del outfield, al igual que Melky Cabrera, y también fue bateador designado. Jason Giambi faltó a 23 partidos debido a su colección acostumbrada de calamidades físicas y dividió su tiempo entre las funciones de primera base y bateador designado cuando formó parte de la alineación. El problema fue que los Yankees llegaron a octubre muy lejos de ser un equipo establecido. De los siete bateadores ya mencionados, dos de ellos estarían fuera de la alineación en cualquier momento dado.

A finales de septiembre, cuando Sheffield se preparaba para reintegrarse al equipo después de cuatro meses de incapacidad debido a una cirugía de muñeca, Torre lo llamó a su oficina. El mánager deseaba hablar con Sheffield acerca de la posibilidad de que jugara en primea base cuando volviera.

"Ahora que ya tenemos a Abreu…", comenzó Torre.

"Ya ordené mi guante de primera base", lo interrumpió Sheffield.

"Perfecto. Sé que puedes hacerlo".

Torre comentó: "Él era un jugador de equipo. Finalizó un par de partidos en tercera base para mí cuando tuvimos que sacar chicos del juego y mover a la gente. Él estaba dispuesto a hacer todo. Incluso a ser catcher. 'Yo haré lo que sea', me dijo. Llegó un día y me trajo un VHS de cuando era catcher en la liga infantil. Era un gran compañero de equipo. Lo único es que era inconsistente en sus estados de ánimo".

Torre probó a Sheffield en la primera base durante la última semana de la temporada. Torre no estaba seguro de que Giambi, que también tenía problemas en la muñeca, pudiera jugar en esa posición.

"Se veía bien", dijo Torre sobre Sheffield como primera base. "Y luego, una vez que comenzamos los playoffs, tuvo una regresión defensiva. Comenzó a atrapar la bola muy raro. Y en términos ofensivos, no tuvo suficiente tiempo para prepararse. Nosotros lo forzamos, pero resulta difícil no hacerlo porque tú sabes lo que él puede ofrecer. Sin embargo, él ya no era el mismo sujeto. Si él hubiera sido la misma fuerza ofensiva, yo nunca lo hubiera sacado del partido por nadie; pero, en ese momento, yo buscaba algo que animara al equipo".

En el tercer juego en Detroit, contra el zurdo Kenny Rogers, los dos jugadores que Torre decidió que no iniciaran fueron Sheffield y Cabrera. Torre eligió a Giambi para iniciar en primera base y a Williams como bateador designado, que bateó en el octavo turno. Williams era un bateador de .353 contra Rogers en 34 turnos a lo largo de su carrera. Sheffield tenía a 1–de–8 en la serie y bateaba .222 desde que regresó al equipo el 22 de septiembre. Torre buscó a Sheffield en la casa club antes de publicar la alineación.

"Voy a cambiar la alineación", le dijo Torre. "Quiero meter a Bernie en la alineación".

"De acuerdo", respondió Sheffield.

Unos minutos más tarde, después de que Torre se marchara por el pasillo hacia su oficina, Rodríguez asomó la cabeza tras la puerta del mánager.

"¿Puedo hablar contigo?", le pregunto Rodríguez, que había bateado en el sexto turno en el primer y segundo juego casi sin éxito y que tenía el cuarto turno para el tercer juego.

"Claro".

"¿Sabes? Cuando te marchaste después de hablar con Gary, él comenzó a arrojar cosas por todas partes".

"Bueno, no puedo evitarlo. Yo le dije. No envié a nadie para decirle. Yo se lo dije. Si él quiere tener un problema conmigo, pudo haberlo tenido".

"No te preocupes. Yo me encargaré".

"De acuerdo. Gracias".

Torre comentó: "Ése fue un intento más de Alex de ser el líder; de ser Jeter, básicamente".

Los Yankees fueron derrotados 6–0 dado que Rogers superó a un ineficiente Randy Johnson, que concedió cinco carreras en menos de seis entradas y aumentó su ERA en postemporada como Yankee a 6,92. Rogers aplastó a los Yankees con cinco hits y dos outs en la octava entrada antes de que los relevistas Joel Zumaya y Todd Jones cerraran. Giambi y Williams obtuvieron un combinado de 0–de–7. Rodríguez tuvo a 0–de–3 y recibió un golpe de pelotazo, con lo cual se deslizó de manera cada vez más profunda hacia un pánico de proporciones cercanas a la parálisis para batear. Rodríguez obtuvo 1–de–11 a lo largo de los tres primeros partidos de la serie, no conectó hits en sus últimos diez turnos al bate, había sido eliminado en cuatro ocasiones por strikes, había bateado con diez corredores en base y no había traído a home a ninguno de ellos; además, como si fuera incapaz de apretar el gatillo, se había quedado inmóvil ante 12 strikes.

Un nuevo día trajo otro partido de ruleta con la alineación. A excepción de Jeter y Posada, Torre no tenía a nadie en su antes formidable alineación que abanicara bien el bate. En esta ocasión, contra el diestro Jeremy Bonderman en el cuarto partido, Williams y Giambi fueron los dos excéntricos hombres que se quedaron fuera, con Sheffield de regreso como cuarto al bate y primera base, y Cabrera en el noveno turno como bateador designado. La noticia principal de la alineación, no obstante, era que Rodríguez batearía en el octavo puesto. Torre no habló con Rodríguez al respecto antes de publicar la alineación en la casa club.

"En ese momento, nuestra posición era precaria y yo sólo intentaba aportar un poco de energía", explicó Torre, "de manera que lo hice y lo publiqué. Entonces, los reporteros me preguntaron en la conferencia de prensa previa al partido, por qué le había asignado el octavo turno. Les respondí: '¿Saben? Es triste que no me hayan formulado esta pregunta, la cual hubiera sido mejor: ¿por qué no juega Giambi contra el diestro?'. Nadie me hizo esa pregunta. Todo se refería a Alex.

"Sin embargo, el bateo de Alex era una mierda y yo estaba empeñado en intentar poner gente con más potencia antes que él. Yo no intentaba provocar su furia a propósito. No obstante, como conozco a Alex, sin importar la explicación que yo le diera, él no me hubiera comprendido. No supe qué decirle para apaciguarlo sin dejar de comunicarle la verdad".

Rodríguez no buscó a Torre para preguntarle sobre la alineación.

"No", dijo Torre. "Esa noche, él se acercó a mí en la pista, después de que aterrizamos en Nueva York, y me dio un abrazo. Eso fue todo".

Rodríguez obtuvo 0–de–3 una vez más. Para la serie .071, bateó con 11 corredores en base y no trajo a ninguno de ellos a home, no tuvo bases por bolas, no conectó ningún extrabase y vio más de cuatro lanzamientos sólo en dos ocasiones en 15 apariciones en la caja de bateo.

Jeter y Posada se combinaron para batear .500 en la serie. El resto del equipo, el mismo que había anotado 930 carreras en la temporada regular, bateó .173.

Poco después de la eliminación de los Yankees, Steinbrenner publicó una declaración a través de su gente de relaciones públicas, la cual se había convertido casi en su único medio de comunicación, para decir: "Estén seguros de que regresaremos a trabajar de inmediato a intentar corregir este triste fracaso y a brindar un campeonato a los Yankees, como es nuestra meta cada año".

Los Yankees habían ganado 97 partidos, habían atraído a 4,2 millones de personas al Yankee Stadium, habían llegado a los playoffs por 12 temporadas consecutivas, habían superado a todos los demás equipos de béisbol por al menos 60 carreras, habían empleado a 36 jugadores pasados, presentes o futuros del Juego de Estrellas… y su propietario lo había reducido todo a "un triste fracaso".

Torre soportó la mayor carga de la frustración creciente en la organización. Las derrotas en los playoffs borraban la historia de empuje de esos fallidos equipos de los Yankees. Los Yankees vinieron de abajo para llegar a los playoffs en 2006 por tercera ocasión en cuatro temporadas consecutivas. En 2004 iniciaron 8–11 y comenzaron el mes de junio en el segundo lugar. En 2005 comenzaron 11–19 y recibieron julio con un récord de .500. En 2006 iban detrás de Boston durante la mayor parte de los primeros cuatro meses y llegaron a agosto en segundo lugar. En 2007 iniciaron 21–29 y eran un equipo de .500 cuando inició la segunda mitad de la temporada. En cada uno de los casos, Torre llevó al equipo a los playoffs. El costo de jugar desde atrás, año tras año, fue la constante ansiedad organizacional que invadía las largas temporadas. No había margen de error ni ventaja suficiente para sentirse tranquilos.

Durante la temporada de 2006, por ejemplo, los Yankees sufrieron una derrota pasmosa, 19–1, ante los Indians de Cleveland, el equipo de la ciudad natal de Steinbrenner, el 4 de julio, cumpleaños de Steinbrenner. La derrota dejó a los Yankees en segundo lugar, cuatro partidos detrás de los Red Sox. Steve Swindal, que disfrutaba felizmente del día feriado a bordo de un yate, llamó a Cashman y comenzó a gritarle.

"¡Yo les pago a ti y a Joe todo ese dinero!", dijo Swindal como parte de su rabieta.

Torre comentó: "Cash se enfadó y yo me enfadé. Hablé con Steve al día siguiente y le dije: 'Steve, tienes que comprender: nosotros tratamos de ganar el juego. Y si perdemos 2–1 o 18–6, no hay diferencia alguna'".

Tres días más tarde, los Yankees jugaban contra los Rays en St. Petersburg. Swindal entró a la casa club para visitantes. La oficina para el mánager visitante es la primera puerta a la izquierda después de entrar a la casa club en Tropicana Field. Cuando Swindal llegó, Torre lo guió hacia su oficina.

"Cierra la puerta", le pidió Torre.

Swindal tomó asiento.

"Permíteme decirte algo", comenzó Torre: "despídenos, despídeme o confía en lo que hacemos. Si crees que no ganamos porque no prestamos atención, estás muy equivocado. Eso fue ridículo".

"Bueno", respondió Swindal con una risa nerviosa, "ya sabes cómo soy".

"Sí", dijo Torre, "y lo resolveremos. Pero tú nos contrataste por una razón. Puedes creer en lo que hacemos o dejarnos partir".

La derrota en los playoffs de 2006 contra Detroit disminuyó aún más la cuenta de buena voluntad que Torre había construido con la organización Yankee, una realidad que se haría evidente en la mañana posterior al cuarto partido.

Horas después de que los Yankees perdieran el cuarto partido contra los Tigers, la página posterior del *Daily News* de Nueva York del día siguiente publicó una fotografía de Torre y declaró con mayúsculas, sin la típica vacilación de un signo de interrogación, "¡FUERA DE AQUÍ!". El artículo decía que Steinbrenner despediría a Torre y lo sustituiría por Lou Piniella (aunque Piniella estaba enfrascado en discusiones para firmar su contrato como director de los Cubs y no había tenido contacto alguno con los oficiales de los Yankees). Los reporteros comenzaron a merodear el jardín del hogar de Torre en Westchester, Nueva York. Steinbrenner y el resto de las oficinas generales de los Yankees no hicieron declaraciones públicas acerca del estatus de Torre en dos días y permitieron que la especulación creciera con libertad, aunque sí condujeron una conferencia telefónica de alto nivel que incluyó a Steinbrenner, a Cashman, a Torre, al presidente Randy Levine, al jefe de operaciones Lonn Trost y al director asociado Steve Swindal. En varias ocasiones, los encargados de tomar decisiones de los Yankees mencionaron la idea de que tal vez Torre se había "distraído" de sus labores como mánager de Nueva York; incluso, hicieron referencias a las labores de caridad que él realiza para su fundación a favor de las víctimas de abuso por parte de miembros de su familia, la fundación Safe at Home.

"Me dolió el hecho de que aseguraran que yo estaba distraído por algo", dijo Torre. "Les pregunté: '¿Qué fue lo que sucedió de pronto en la postemporada que me distrajo y que no hubiera sucedido durante la temporada regular, cuando ganamos tantos partidos como cualquier otro equipo de béisbol?'".

De hecho, los Yankees ganaron 97 partidos, la mayor cifra en la Liga Americana, y empataron con los Mets de Nueva York en el primer sitio en el béisbol. Anotaron más carreras que ningún otro equipo de béisbol. Derrotaron a Detroit en el primer juego en la serie de mejores de cinco, 8–4, y tomaron una delantera de 3–1 hasta la quinta entrada del segundo juego con el diestro veterano Mike Mussina en el montículo del Yankee Stadium.

En apariencia, fue entonces cuando las "distracciones" comenzaron a manifestarse, pues, de súbito, los Yankees perdieron su dominio sobre la serie.

Ali, al escuchar a su esposo en la conferencia telefónica, exclamó en un susurro: "¿De qué te defiendes? Si quieren despedirte, que lo hagan. Así de simple".

Torre no percibió mucho apoyo de sus jefes en el otro extremo de la línea telefónica. Los Yankees habían llegado a creer que cualquier cosa menor que el campeonato mundial era un fracaso. Desde luego, esa idea era posible sólo debido a los cuatro campeonatos que ganaron en los primeros cinco años de Torre en el puesto. Ningún otro equipo desde 1953 había ganado cuatro títulos de la Serie Mundial en cinco años, un lapso de 53 años que cubrió el advenimiento de la libre agencia, el principio de la expansión y la integración plena de las ligas mayores. El crédito de la confianza por aquellos títulos se había terminado para Torre. Si iba a ser juzgado con severidad y casi por completo por dos partidos y medio contra los Tigers (23 entradas en las cuales Mussina, Randy Johnson y Jaret Wright fueron superados como pitchers y los Yankees batearon .163), bueno, ésa era la verdad brutal del puesto. En cada temporada, los Yankees jugaban como si metieran todas sus apuestas en el partido y el mánager tenía que asumir las consecuencias si no le tocaba en suerte una mano ganadora. Torre conocía esa realidad. Al final de la conferencia telefónica, dejó de defenderse a sí mismo y a su récord y le ofreció un consejo a George Steinbrenner.

"George, siempre quiero que te sientas orgulloso de lo que hago", le dijo Torre; "pero, si desde el fondo de tu corazón sientes que debes hacer un cambio, entonces eso es lo que debes hacer. No suplico por mi empleo. Estoy aquí para decirte que voy a trabajar de la misma manera como siempre lo he hecho para ti. ¿Qué podría hacer de forma distinta? Sólo puedo ser quien soy. Sin embargo, si te sientes más cómodo al hacer un cambio, entonces eso es lo que debes hacer".

Cuando la conferencia telefónica terminó, nada había sido decidido. Steinbrenner necesitaba pensar al respecto. Torre colgó sin saber si podría dirigir de nuevo a los Yankees. Pasó otro día. Aún nada. Torre era incapaz de aceptar ninguna pregunta de los medios porque no tenía idea de su situación. Lo que sí hizo fue pedir a Jason Zillo, el director de relaciones públicas de los Yankees, que hiciera algo con los reporteros acampados en su jardín frontal. De inmediato, Zillo proporcionó el servicio solicitado y llamó a las fuentes de noticias para pedirles que dieran fin a la vigilia infructuosa.

Al día siguiente, por fin, los Yankees anunciaron que Torre se reuniría con los reporteros a la una de la tarde en el Yankee Stadium. Para Torre, sin embargo, había un pequeño impedimento para los planes de una conferencia de prensa: aún no tenía idea de si dirigiría a los Yankees. Aún no había recibido noticia alguna de Steinbrenner. Torre se preparaba para asistir a la conferencia de prensa cuando decidió hacer algo para terminar con esa incertidumbre: llamar a Cashman.

"Cash, ¿te has enterado de algo?", le preguntó Torre.

"No", replicó Cashman. "No me he enterado de nada".

"Hazme un favor", le pidió Torre.

"Claro, ¿de qué se trata, Joe?", le preguntó Cashman.

"Llámales y diles que me despidan ahora mismo. Si les toma tanto tiempo tomar una maldita decisión, diles que busquen a alguien más. No quiero estar aquí. Esto es ridículo".

Era el típico Torre. Una de sus características más fuertes al trabajar para Steinbrenner era que, desde el momento en que fue contratado, nunca necesitó tanto el trabajo como para convertirse en lacayo de Steinbrenner. Al Jefe le agradaba que sus mánagers y ejecutivos se sintieran en deuda con él (ninguno de ellos se sintió más en deuda con él que el "verdadero Yankee" Billy Martin, que se refería a él con la mayor deferencia: "Señor Steinbrenner"), pero Torre sentía que trabajar con los Yankees era como jugar con dinero de la casa. Él llamaba "George" a Steinbrenner.

Sin embargo, el edicto de "despídanme" a Cashman era también un rasgo típico de Torre porque se trataba de una reacción emocional. Con frecuencia, Ali le decía que se tomaba las cosas demasiado a pecho y que reaccionaba de forma muy emotiva, y éste parecía ser otro ejemplo de ello.

Cashman le pidió a Torre que tuviera un poco más de paciencia y éste, por fin, accedió. Podría presentarse en la conferencia de prensa y responder preguntas según su mejor entender, que era muy poco en lo que se refería al estatus de su empleo. Cinco minutos antes de que la conferencia de prensa comenzara, el teléfono de Torre sonó. Era Steinbrenner.

"Queremos que dirijas el año próximo", dijo el Jefe.

Después de haber sido "despedido" por la página trasera del *Daily News*, después de que lo acusaran de estar "distraído" mientras laboraba como mánager del equipo con más victorias en la liga, después de haber sido colocado en un limbo durante dos días hasta cinco minutos antes de la conferencia de prensa, Torre reaccionó a la ofrenda de paz de Steinbrenner de la mejor manera que conocía: le dio las gracias cortésmente a Steinbrenner.

Ésta sería la última conversación significativa que Torre sostendría con Steinbrenner. El cambio en su relación no tenía nada que ver con la situación laboral de Torre. Por el contrario, se relacionó con la salud de Steinbrenner. Nadie le comentó a Torre ningún detalle específico que afligiera la salud de Steinbrenner, pero, para toda la familia Yankee, resultaba evidente que la agudeza física y mental del Jefe disminuía con rapidez. Steinbrenner y Torre habían conversado con frecuencia a lo largo de los años y habían desarrollado una relación cordial y respetuosa. Torre tenía una facilidad natural para manejar a Steinbrenner.

"Lo volvía loco que todo tuviera sentido cuando hablaba con él", comentó Torre. "Recuerdo que en una ocasión le dije: 'George, tenemos que hablar de esto'. Él respondió: 'No quiero hablar al respecto porque vas a convencerme'. No recuerdo cuál era el tema. Reí. Él dijo: 'No quiero hablar contigo sobre eso porque tú lo expresarás de tal manera que lo volverás muy sencillo'".

Las bromas y las conversaciones disminuyeron hasta casi desaparecer. Alrededor de un mes después de que Steinbrenner aceptara el regreso de Torre para la temporada de 2007, cerca del Día de Acción de Gracias de 2006, Torre se encontró por casualidad con Steinbrenner en Tampa después de viajar hacia allá en un avión privado con su familia. Steinbrenner, de 76 años, esperaba la llegada de sus nietos en el aeropuerto.

"Hola, amigo", saludó Steinbrenner. Además del intercambio de bromas, no hubo conversación alguna. Steinbrenner, como ya acostumbraba hacer con regularidad, portaba anteojos oscuros en lugares cerrados. Lo que sorprendió a Torre es que la mano de Steinbrenner temblaba y que prefirió metérsela en el bolsillo para intentar calmar el temblor.

"Él estaba bien", recordó Torre, "pero podías ver que ya no tenía la energía que antes tuvo".

Torre no tuvo conocimiento de ningún diagnóstico; no obstante, para 2007 resultó evidente que el viejo león había llegado a su invierno. Torre supo que Steinbrenner se había retirado de la operación cotidiana y de las planeaciones a largo plazo. Cierto día se encontró con Steinbrenner en el estacionamiento de Legends Field mientras el Jefe se subía a su automóvil. Torre conducía un carrito de golf. Steinbrenner se aproximó a él y colocó un pie en el carrito de golf y una mano sobre el techo para equilibrarse. Lo que Torre notó fue que la mano de Steinbrenner temblaba en el techo del carrito. Más o menos en la misma época, uno de los jugadores estrella de los Yankees también se encontró con Steinbrenner en el estacionamiento. Después del encuentro, el jugador dijo:

"Con toda honestidad, ni siquiera estoy seguro de que él supiera quién era yo".

"Yo hablo con él de tiempo en tiempo", dijo Torre cierto día en el campamento de entrenamiento de primavera de 2007, en la oficina del mánager. "Él ya no viene más por aquí. Antes solía presentarse aquí a diario. Le encantaba. Pero ya no puede sentarse por allí y hablar contigo. Es muy triste. Sin importar lo que opines de él, nunca querrías ver a nadie en esas condiciones; básicamente, que pierda su espíritu. No quieres ver que eso suceda.

"Recuerdo que un día nos sentamos juntos en mi sofá, hace varios años, y le dije lo mismo que siempre le decía: '¿Sabes? Si sólo pudieras hacerme un favor. Sólo comprende: quiero que te sientas orgulloso. No puedo controlar el hecho de que la gente me otorgue el crédito por lo que sucede. Cada vez que eso pasa, yo siempre te doy el crédito porque tú me trajiste aquí y porque nos proporcionas los recursos para hacerlo. Pero no me culpes y no te enojes conmigo por eso, porque yo no puedo controlarlo'.

"Él respondió: 'Oh, no es así. No es eso lo que siento'. Yo

sabía que yo tenía razón. Y eso nos impidió tener la relación más cercana que pudimos tener. En lugar de que él percibiera esto como 'conseguí al mejor tipo y estoy orgulloso de eso', lo que él sentía era 'él recibe demasiado crédito'. Y porque a George le gusta mantener el control y atemorizar a la gente, creo que eliminó eso conmigo. Él no podía controlarme y no podía atemorizarme y creo que eso lo frustraba.

"Le dije: 'Me gustaría que entre nosotros dos hubiera una situación en la cual, si vieras que algo no te gusta, sólo me llamaras. ¿De acuerdo? Sólo llámame. Una cosa que nunca perderé de vista es que tú eres el Jefe. Siempre respetaré eso. Nunca querré llegar al punto de pensar que yo soy superior a eso porque ése no es el caso'".

Lo que Torre apreciaba de Steinbrenner era que el Jefe siempre era accesible. Era capaz de llegar a la carrera a la oficina de Torre en cualquier momento, de llamarlo por teléfono o convocarlo, a él y a sus demás asesores de béisbol, a otra reunión de emergencia en la sala ejecutiva en el tercer piso de Legends Field. A Torre le agradaba saber que Steinbrenner siempre estaba allí y sabía dónde estaba parado con él.

Sin embargo, ya no fue igual en 2007 debido a la salud de Steinbrenner. Uno de sus últimos aliados verdaderos, Cashman, se alejaría cada vez más de él en términos filosóficos y Williams estaría implicado por completo en ello.

Williams, de 37 años, era un agente libre que deseaba volver a la única organización que siempre había conocido. El muchacho de 22 años que había accedido a las ligas mayores en 1991 con un aspecto tan inocente que sus compañeros de equipo lo apodaron "Bambi" (su error fue confundir su ingenuidad con falta de competitividad), llegó a ganar cuatro anillos de campeonato, conectar 2.336 hits, participar en cinco Juegos de Estrellas, ganar un título de bateo y ganar $103 millones. Después de todo eso, Williams aún transmitía esa misma ingenuidad juvenil que fascinaba a los aficionados de los Yankees. Williams era uno de los suyos. Ellos lo habían visto crecer, resolver situaciones decisivas y, sin embargo, permanecer humilde, inocente y sincero.

La belleza de Williams radicaba en que no había cambiado mucho, vestido con el mismo uniforme y con la misma sobriedad placentera en la mirada. Antes de que se dijera que Manny era Manny, una frase pegajosa para disculpar la tontería infantil de Manny Ramírez, se decía que Bernie era Bernie. Después de que los Yankees vencieran a los Rangers de Texas en el decisivo cuarto partido de la Serie de División de 1996, Williams llamó a Torre a su habitación de hotel.

"Tengo un problema", le dijo Williams.

"¿De qué se trata?", le preguntó Torre y temió lo peor.

"Mi familia viajó hasta aquí y cuesta $500 cambiar los boletos para regresar un día antes. ¿Conoces a alguien en la aerolínea?"

Williams ganaba $3 millones en 1996.

"Detalles como ésos eran lo que lo hacía encantador, en verdad", comentó Torre. "Bernie Williams siempre esperaba lo mejor. Siempre recordaré que le hicieron el último out en la Serie de División de 1997, un fly hacia el campo central con un corredor en segunda base. Prácticamente tuve que bajarlo de los escalones que conducían a la casa club. Le dije: 'Bernie, las cosas no siempre van a resultar como tú quieres'. Él estaba devastado".

A sus compañeros de equipo les encantaba que Bernie fuera Bernie. En una ocasión se marchó del Yankee Stadium después de un partido nocturno y olvidó a su propio hijo, que jugaba videojuegos. Cuando llegó a la casa y se percató de su distracción, llamó a Andy Pettitte y le preguntó: "Andy, ¿puedes traerlo a casa?".

En otra ocasión, después del partido decisivo de una Serie

Mundial, Williams condujo a casa sin su esposa. Waleska Williams se quedó en la sala de espera con el entrenador Steve Donahue.

El último día de la temporada de 2005, los Yankees se trasladaron al Fenway Park en Boston. Sabían que, si ganaban el partido, abrirían la Serie de División en casa contra los Angels; si perdían, abrirían contra ellos de gira en Anaheim. Antes del partido, Williams le preguntó a Torre: "¿Te importa si me voy a casa con mi esposa después del partido?" Torre respondió: "Bernie, si perdemos hoy iremos a Anaheim". "¿En serio?" replicó Williams.

Williams llamaba por teléfono a la casa club de los Yankees desde su hogar en los surburbios de Westchester a la una de la tarde y, como un jugador de liga infantil, decía: "Aquí llueve. ¿Vamos a jugar hoy en la noche?".

Se sabía que en algunas ocasiones reportaba tarde al trabajo. Williams llegó tarde, por ejemplo, para el sexto juego de la Serie Mundial de 2001; apenas llegó a tiempo después de que el conductor de su taxi pasara las estrictas medidas de seguridad y las barricadas establecidas alrededor del estadio.

Hubo otra ocasión en la cual Torre se acercó a Williams en el comedor de la casa club para visitantes en Tampa Bay. Williams se preparaba un emparedado.

"¿Cómo estás, Bernie?" preguntó Torre.

"Perdí el autobús. Lamento llegar tarde", se disculpó Williams.

"Bernie", le dijo Torre con una sonrisa. "Ni siquiera sabía que habías llegado tarde, pero gracias por disculparte. Ese emparedado te costará $200".

Williams se rió.

Williams ocupó un sitio especial en la historia de los Yankees. Él jugó en un equipo de los Yankees que perdió 91 partidos en 1991 y estuvo presente en la reconstrucción y en el ascenso de una dinastía moderna. Williams jugó en 2006 bajo un acuerdo de un año por $1,5 millones. Era una ganga, dado que su promedio era .281, con 12 jonrones y 61 carreras impulsadas. Ya no era un jugador cotidiano, ni siquiera un outfielder central de medio tiempo, y él y Torre lo sabían. Williams quería jugar un año más como jugador de banca, iniciar en el outfield de manera ocasional en caso de que se presentara alguna lesión o fuera necesario un día de descanso para uno de los outfielders principales: Damon, Abreu, Cabrera y Matsui.

Poco después de que los Yankees perdieran la Serie de División de la Liga Americana de 2006 contra Detroit, Cashman tuvo una junta con Torre y el equipo de entrenadores en la cual discutieron si Williams aún tendría una función dentro del equipo para 2007. Cashman dijo que todos en esa sala estaban de acuerdo en que Williams estaba acabado. Sin embargo, a medida que la alineación de los Yankees comenzó a tomar forma a lo largo del invierno, Torre llegó a creer que Williams resurgiría como su mejor opción en la banca.

Torre sabía que aún podía contar con él para brindar un turno de calidad al bate en un momento decisivo y tenía el beneficio agregado de ser bateador ambidiestro, lo que causaba decisiones complicadas a los mánagers contrarios cuando éstos intentaban elegir a sus pitchers relevistas con el fin de ganar alguna ventaja para sus equipos. En las dos temporadas previas, a los 36 y 37 años, Williams bateó .317 y .321 con corredores en posición de anotar y dos outs.

Torre le dijo a Cashman que quería traer de regreso a Williams por un acuerdo similar al que tuvo en 2006. Cashman no quiso ni escuchar hablar al respecto. Tenía una idea mejor, dijo, y sacó algunos números. Entonces, comenzó a dar a Torre algunas cifras de hits de emergentes y porcentajes de colocación en base de Josh Phelps y Doug Mientkiewicz. Ése era el plan de Cashman: obtendría mejores resultados con una combinación de Josh Phelps y Doug Mientkiewicz, que si contrataban de nuevo a Bernie Williams por un año más. Torre estaba atónito.

"Cash", dijo Torre, "Bernie Williams quizá no juegue mucho en el outfield porque no hay espacio allí; sin embargo, como jugador de banca, como bateador ambidiestro, sé que, si yo dirijo en el otro dugout y sé que ellos tienen sentado allí a Bernie Williams, va a afectar en mis decisiones sobre a quién meto a jugar y cómo dirijo el partido. Si conoces al jugador que Bernie fue, y no está tan alejado de ello, sabes que el peligro sigue allí".

Cashman se aferró a las cifras de porcentaje de colocación en base.

"No puedo rebatir eso", dijo Torre. "Para mí y para algunos de los demás mánagers, ¿la llegada de Mientkiewicz como bateador emergente va a atemorizarme como lo hace Bernie Williams? ¿Incluso si tiene un mejor porcentaje de colocación en base?"

Cashman no cedió. A él también le preocupaba la incomodidad de tener que eliminar a un ícono como Williams si éste demostraba que en verdad estaba acabado. Torre comentó: "Fue como hablar con un muro de ladrillos. Nunca avanzamos en ningún sentido".

La batalla filosófica no fue una batalla en absoluto. La fe de Cashman en los números obtuvo una victoria decisiva sobre la confianza de Torre en sus jugadores. Cashman no le ofreció a Williams un contrato en las ligas mayores. Estaba abierto a la idea de permitir que Williams asistiera al campamento para hacer el intento con un acuerdo de ligas menores. El orgullo de Williams de ser un Yankee fue demasiado para eso. En múltiples ocasiones, Torre intentó convencerlo de asistir al campamento como invitado fuera de la alineación. Williams no aceptaría ese escenario. La ausencia de una verdadera oferta de ligas mayores le comunicó a Williams todo lo que él necesitaba saber: los Yankees ya no lo requerían.

"Hablé con él alrededor de tres o cuatro veces", dijo Torre, "e intenté convencerlo de venir. Hice todo menos prometerle que formaría parte del equipo. No podía hacer eso. Hasta el día de hoy no sé lo que pasaba por la mente de Bernie. Sabía que el hecho de haber sido eliminado lo lastimaba. Sólo creo que, en su mente, Cashman se resistía a pagarle durante tanto tiempo y a pagarle tanto dinero. Él sentía que no le debía nada, aunque no estoy seguro de que ésa sea la manera de percibir las cosas. Y luego Cashman se enojó con Bernie; estaba enojado por algo".

En enero de 2008, Cashman, de forma inadvertida, reveló lo que en realidad sentía acerca de Williams en ciertos comentarios que hizo en un simposio en el Colegio William Paterson en Nueva Jersey, un suceso que Cashman no imaginó que estaba destinado a aparecer en los periódicos. Cashman atacó a Williams y dijo que había tenido una "temporada terrible" en 2005, que Torre había metido a jugar a Williams en 2006 "en lugar de otros que podían habernos ayudado a ganar" y que Williams se había involucrado más en su carrera musical, "lo cual lo alejó de su juego".

El Plan Mientkiewicz-Phelps fue, desde todos los puntos de vista, un error. Mientkiewicz se fracturó la muñeca derecha y participó sólo en 72 partidos. (Williams jugó en al menos 119 partidos en sus últimas 12 temporadas, después de la temporada de 1994, que fue acortada por la huelga de jugadores). Phelps fue despedido en junio después de jugar sólo 36 partidos. Sumados, Mientkiewicz y Phelps batearon .200 en todos los partidos como jugadores de la banca, con cinco hits en sus 25 turnos.

"No sé cuántas veces durante ese año miré a Don Mattingly y le dije: 'Éste es un buen momento para Bernie'", comentó Torre. "Tienes una oportunidad para un bateador sustituto y ellos tienen a un diestro y a un zurdo en el bulpen, y con Bernie, tú neutralizas sus opciones".

Los Yankees participaron en seis Series Mundiales bajo la dirección de Torre y Williams bateó en el tercero o cuarto turnos en la alineación en cada una de éstas. Con sus expresivos ojos, su swing fluido y su físico de corredor, Williams no era el típico bateador del medio de la alineación en equipos de campeonato. Nunca bateó más de 30 jonrones, pero era lo bastante fuerte como para soportar ese tipo de responsabilidad.

"Bernie era un hijo de puta; la presión del juego nunca le molestó", dijo Torre. "Nunca lo incomodó. ¿Sabes? Tú intentas explicar todas estas cosas y, a menos que tengas idea de lo que ves, resulta difícil de racionalizar con números concretos.

"No creo que a Bernie le preocupara cómo lucía en el campo; sólo era quien era. Creo que los buenos jugadores entran al terreno de juego con la conciencia de que existe el peligro de hacer un mal papel y eso no les molesta en absoluto. Bernie nunca pensaba que algo negativo podía suceder, hasta que sucedía".

Para Torre, la eliminación de Williams por parte de Cashman fue también, en parte, un repudio a la confianza y la comprensión del mánager hacia sus jugadores. Los golpes a sus cimientos como el mánager seguro de los Yankees de Nueva York se acumulaban: los ataques a través de la propia cadena de la franquicia y la guerra fría con Steinbrenner en 2005, la virtual despedida y la subsecuente indefinición después de la Serie de División de 2006 y ahora esto; es decir, la decisión de Cashman de confiar en su fe en las cifras en lugar de confiar en la fe de Torre en Bernie Williams.

"Lo que en verdad me encabronó más que nada fue lo de Bernie Williams, cuando mi opinión fue ignorada por completo", afirmó Torre. "Yo intenté luchar por un caso perdido y eso nunca lo olvidaré".

El futuro de Joe como mánager de los Yankees de Nueva York fue una adición de último minuto al menú de un almuerzo a beneficio de los Boys and Girls Clubs de Tampa Bay en el Hotel Tampa Marriot Waterside, el 9 de marzo de 2007. Desde hacía mucho tiempo, los Boys and Girls Clubs habían sido una de las instituciones de beneficencia preferidas por George Steinbrenner; podías encontrar su nombre adosado a uno de sus edificios como prueba de su generosidad. En cada campamento de entrenamiento de primavera, Steinbrenner se aseguraba de que su personal y sus peloteros se unieran a su intención de ayudar a los Boys and Girls Clubs, asistiendo al almuerzo que había crecido hasta convertirse en uno de sus eventos más grandes de recaudación de fondos. Brian Cashman decidió aprovechar el almuerzo de 2007, lejos de los ojos penetrantes de los medios de comunicación de Nueva York, para sacar a colación el tema espinoso de lo que debían hacer con Torre. Durante los cinco meses previos, este tema se había convertido en el elefante en la sala que nadie quería reconocer debido a su carácter incómodo. El futuro de Torre, más allá de esa temporada de 2007, era incierto. Cashman se dirigió a Torre y le preguntó:

"¿Qué es lo que quieres hacer, Joe?"

Al instante, Torre reconoció la oportunidad. El director general no le hubiera formulado esa pregunta de no haber querido que Torre regresara. Eso constituía un suceso de gran importancia. Torre se encontraba en el último año de su contrato, un estatus de más peso que sus 11 temporadas consecutivas guiando a los Yankees hasta los playoffs, cuatro de las cuales habían culminado en campeonatos mundiales. El final próximo del acuerdo lo colocaba con firmeza en la mirilla de sus críticos, algunos de los cuales resultaron estar dentro de su propia organización. Cuando Torre se marchaba para asistir al entrenamiento de primavera, su esposa Ali lo despidió con un beso, un abrazo y esta advertencia: "Éste será tu año más difícil porque ellos siempre se referirán a él como el último año de tu contrato".

Torre comentó: "Creo que en ocasiones fui ingenuo, pero nunca esperé que fuera más difícil. Esto se debe a que siempre pensé que me encontraba en el último año de mi contrato, sin importar lo que éste señalara. Incluso si cuentas con un contrato, siempre existe la amenaza de que te despidan. Pero nunca me di cuenta de cuánta razón tenía Ali".

Sin un contrato para 2008, Torre era un mánager próximo a ser sustituido, más herido aún por todo lo que representó su despido simulado después de la temporada de 2006, que fue como ser sometido a todos los protocolos de un escuadrón de fusilamiento: la venda en los ojos, los cartuchos cargados, la orden de "¡preparen, apunten, fuego!", pero con salvas en lugar de balas.

La decisión más importante del departamento de operaciones del béisbol en el campamento de entrenamiento de primavera era qué hacer con Torre. Cashman abrió la puerta para una extensión cuando se dirigió a Torre en el almuerzo de beneficencia del 9 de marzo. Cashman ni siquiera estaba seguro de si Torre tenía planes para dirigir más allá de 2007. Torre no dudó al responder. Sin importar lo difíciles y dolorosos que habían resultado los efectos colaterales de la derrota en la Serie de División de 2006, Torre no había perdido ni un ápice de entusiasmo por su empleo. Odiaba los ataques internos, la búsqueda insensata de crédito y la asignación de culpas; además, aborrecía saber que no todo el mundo en esas oficinas generales lo apoyaba por completo. No obstante, a Torre le encantaba dirigir personas y juegos de pelota tanto como siempre.

"Me gustaría continuar con mi trabajo de mánager", respondió Torre. "Aún lo disfruto".

"De acuerdo", dijo Cashman. "Tú eres mi tipo. Mientras yo esté aquí, prefiero que nadie más que tú dirija este equipo, excepto tú. ¿Cuánto tiempo más quieres dedicarte a esto?"

Torre comprendió que, de pronto, la puerta para una extensión de contrato se abría por completo. Fue lo bastante sensato como para no mencionar el tema a lo largo del invierno, después de estar a punto de ser despedido, pero era lo bastante inteligente como para saber que ésta era la oportunidad precisa para establecerlo. Torre tuvo una idea.

"¿Cuánto tiempo tienes de contrato?", le preguntó Torre a Cashman.

"Hasta el año próximo".

"De acuerdo. Sólo emparéjame contigo. Tendremos las mismas condiciones. Auméntalo al año próximo para que ambos tengamos los mismos términos".

"Estoy de acuerdo", aceptó Cashman.

Torre ganaba $7 millones en 2007, el último año de su contrato. Una extensión de un año, si no tenía ninguna otra función, al menos serviría para eliminar su estatus de mánager próximo a la sustitución y disminuiría el tamaño del tiro al blanco en sus espaldas. También minimizaría las especulaciones de que en cualquier momento podía ser despedido, una espada de Damocles que puede perjudicar a todo un equipo, no sólo al mánager.

Para Torre fue una noticia excelente que Cashman quisiera extender su contrato; en especial debido a su influencia dentro de la organización.

"Cuando él dijo eso, yo pensé: 'Es sólo una formalidad'", comentó Torre. "Pensé que era un tiro seguro. El director general me pregunta durante cuánto tiempo quiero dirigir y yo sólo asumí… desde luego, no debí asumir nada porque él dijo: 'Sólo quiero saber qué voy a decirles a ellos'".

"Ellos". Era un nuevo concepto en el régimen de Steinbrenner. Dado que Steinbrenner ya no era lo bastante saludable para ser el Jefe, el gobernante absoluto con poder absoluto, la estructura de poder de los Yankees se había vuelto borrosa y aún necesitaba definirse. Los hijos de Steinbrenner, Hank y Hal, estaban presentes, pero aún no se involucraban por completo en las operaciones diarias del club. Trost y Levine conducían las operaciones de negocios de la franquicia, pero también contribuían en los asuntos de béisbol. Uno de los yernos de Steinbrenner, Félix López, se interesaba cada vez más en todos los aspectos del negocio de los Yankees de Nueva York y representó uno de los ascensos más asombrosos en la historia corporativa estadounidense. López llegó a sala de consejo de los Yankees por medio de la jardinería. Conoció a Jessica Steinbrenner, la hija del Jefe, mientras se encargaba de su jardín. Contrajo nupcias con la hija del Jefe y de inmediato se convirtió en un experto en béisbol.

Otro yerno, Steve Swindal, era el director general asociado del equipo y el sucesor escogido por Steinbrenner. Steve Swindal contrajo nupcias con Jennifer, otra hija del Jefe. Él dirigió Bay Transportation Corporation, una empresa de remolque marino que fue adquirida por la compañía American Shipbuilding, propiedad de Steinbrenner. Cuando los Yankees jugaron en Miami contra los Marlins en 1997, Steinbrenner le preguntó si le gustaría convertirse en director general asociado de los Yankees. A Swindal le encantó la idea. Disfrutaba su trabajo y tendía a mantenerse con un perfil bajo alejado de la publicidad.

Entonces, el 15 de junio de 2005, para ser exactos, Swindal estaba sentado junto a George Steinbrenner en una conferencia de prensa para anunciar los planes de construcción y financiamiento de un nuevo Yankee Stadium, cuando Steinbrenner anuncio que Swindal, en lugar de sus propios hijos, lo remplazaría algún día como cabeza de los Yankees. Casi todos los presentes en la sala se sorprendieron al escuchar que Steinbrenner señalaba a Swindal como su sucesor. Una persona en particular estaba sorprendida: el mismo Swindal. Steinbrenner nunca le había dicho que él era su elección para dirigir al equipo; nunca había discutido sus planes de sucesión con él.

"Fue una novedad para mí", comentó Swindal.

Steve Swindal era el hombre que se convertiría en el rey de una de las propiedades más valiosas dentro del deporte profesional, los Yankees de Nueva York, la cual se había convertido en una icónica franquicia global con un valor de alrededor de $2,000 millones si se incluía la cadena YES, la cadena regional de deportes más exitosa en la industria de la televisión.

La autoridad de Swindal pronto desaparecería por completo gracias a una de las juergas más costosas en la historia de la bebida.

Sólo tres semanas y un día antes de la reunión de Cashman con Torre (era la noche del Día de San Valentín y la segunda noche del campamento de entrenamiento de los Yankees), Swindal conducía su Mercedes Benz modelo 2007 en St. Petersburg. Un poco después de las dos de la mañana, Swindal dio una vuelta brusca hacia la izquierda en la intersección de la Avenida Central y la calle 31 y se adelantó a otro auto. El otro vehículo tuvo que frenar de manera abrupta para evitar una colisión. Resultó que ese vehículo era una patrulla conducida por el oficial Terri Nagel. En ese momento, en la esquina de la Avenida Central y la calle 31, las operaciones futuras de los Yankees de Nueva York también dieron un giro abrupto.

Nagel siguió al Mercedes, que aceleró por la zona de 35 millas por hora a una velocidad de 61 millas por hora. El oficial detuvo al Mercedes alrededor de 18 cuadras después. Eran las 2:12 de la mañana. Swindal falló un examen de sobriedad y se negó a someterse al control de alcoholemia. Fue arrestado por conducir bajo la influencia de sustancias, llevado a prisión, registrado a las 4:26 de la mañana y liberado a las 9:53 de la mañana. Pronto, su reporte policial apareció por todas partes en Internet.

Los Yankees emitieron una declaración que decía: "El señor Swindal se disculpa profundamente por su distracción durante el entrenamiento de primavera de los Yankees". ¿Distracción? Claro, conducir bajo la influencia de sustancias está mal porque, bueno, nadie quiere que eso distraiga a los millonarios que practican cómo batear y atrapar pelotas.

A pesar de las frases cómicamente benignas, Steve Swindal pronto dejaría de tener relación alguna con los Yankees de

Nueva York. Lo que sucedió es que él aún no lo sabía. Alrededor de cuatro semanas después, Jennifer Swindal entregó la documentación para una demanda de divorcio en el departamento de ley familiar de la Corte de Circuito del Condado de Hillsborough y citó "diferencias irreconciliables", lo que condujo a la separación de la pareja, sí, en el Día de San Valentín. En la demanda, Jennifer Swindal solicitó conservar el hogar conyugal, valuado en $2,3 millones, en el vecindario exclusivo de David Island en Tampa. Swindal quedaba fuera de la familia, lo que significaba que también quedó fuera de los Yankees.

Entre el arresto y el divorcio, Swindal continuó presentándose a trabajar cada día en Legends Fields, el grandioso aunque triste complejo de entrenamiento de primavera que estaba lleno de concreto, bardas y oficiales de seguridad. Él y los Yankees mantuvieron las apariencias mientras los abogados comenzaban a redactar documentos de divorcio y de separación de bienes. Swindal se mantuvo involucrado en la cotidianidad de los asuntos del club, lo que significó que Cashman necesitó presentar su idea de una extensión de contrato para Torre tanto a Swindal como a Levine antes de presentársela al Jefe para su aprobación. En otras épocas, cuando la salud de Steinbrenner era mejor, Cashman y Torre hubieran podido negociar con el Jefe de manera directa y entonces éste hubiera podido posponer la idea o darle luz verde, tal vez después de entregársela a alguno de sus lugartenientes para que se encargara de las negociaciones. Sin embargo, dado que la vitalidad de Steinbrenner estaba en entredicho, también lo estaba la estructura usual del poder en las oficinas generales de los Yankees. Es por eso que Cashman le explicó a Torre que necesitaba comunicarles a "ellos" la idea de una extensión del contrato.

Pasó un par de días sin que Cashman le notificara a Torre lo que "ellos" habían respondido. Por fin, Torre decidió preguntarle a Cashman qué sucedía. Torre había alquilado una casa para el entrenamiento de primavera y los propietarios querían saber si él alquilaría el inmueble otra vez en 2008.

"Cash, tenemos que tomar una decisión sobre la casa que alquilamos aquí", le dijo Torre. "¿Tienes alguna noticia sobre el contrato?"

"Bueno, hablé con Swindal", le adelantó Cashman.

"¿Y qué dijo?"

"Dijo: 'Cuánto dinero va a querer?'".

"Oh. De acuerdo".

La respuesta de Swindal a Cashman no fue motivante para Torre. Cuando Torre fue contratado después de la temporada de 1995, los Yankees no habían ganado una serie de playoffs desde 1981, la más larga sequía jamás vista en el Yankee Stadium desde que fuera construido en 1923. Los Yankees atraían a un promedio de 23.360 aficionados por partido cuando Torre firmó su contrato, es decir, menos que otras 14 franquicias entre las cuales se incluían los Rangers de Texas, los Reds de Cincinnati y los Marlins de Florida. Sin embargo, bajo la dirección de Torre, los Yankees habían llegado a los playoffs en cada temporada y habían ganado 17 series de postemporada, incluso cuatro series mundiales, y la asistencia por partido aumentó 124 por ciento hasta alcanzar la cifra más alta de las ligas mayores: 52.445 aficionados. Los Yankees amasaban cantidades pasmosas de dinero debido a la demanda de boletos de temporada; nada mejor para un club que vender sus boletos y tener el dinero en la mano incluso meses antes de que iniciara la temporada, y la demanda de boletos de temporada se incrementó por la certeza casi absoluta de que, cada octubre, los Yankees serían anfitriones de los partidos de playoffs. Desde 1996 hasta 2006, los Yankees jugaron 59 partidos de postemporada en el Yankee Stadium, dos más de los que se jugaron en la historia entera de 94 años hasta ese momento en el Fenway Park, en Boston.

"Lo que hace atractivos los boletos de temporada es la expectativa de los partidos de postemporada", explicó un ejecutivo de negocios de alto rango de un club de la Liga Nacional. "Y para asegurarte de obtener esos boletos de postemporada que todo el mundo desea, tienes que tener tus boletos de temporada. La oportunidad de presenciar partidos de postemporada es el gran atractivo".

Torre se encontraba al timón durante ese periodo de éxito asombroso y riqueza para los Yankees. Sin embargo, cuando Cashman presentó a Swindal la idea de agregar un año más al contrato de Torre, Swindal reaccionó primero no al mérito de la misma, sino a su costo. Como una chuchería en una venta de garaje, el valor de Torre para la franquicia se reducía a su precio en dinero. Ésta no era una buena señal para Torre. Y estaba a punto de ser peor.

Cashman aún necesitaba comunicar la idea de una extensión a Levine antes de que ésta llegara hasta Steinbrenner. Lo hizo el 13 de marzo, fecha que resultó ser el día posterior a una derrota de los Yankees en un partido de exhibición contra Boston, con un marcador adverso de 7–5. De inmediato, Levine dijo a Cashman que olvidara su intención de acudir al Jefe en esos momentos.

"Yo no iría ante el Jefe ahora mismo", le dijo Levine a Cashman, de acuerdo con lo que éste le reportó después a Torre. "No después de que el equipo ha perdido un par de partidos consecutivos. No es buen momento para esto".

Torre estaba incrédulo. ¿No era un buen momento? Torre había ganado 1.079 partidos como mánager de los Yankees, con un promedio de 98 triunfos por año, y había ganado 21 partidos de Serie Mundial. Ningún hombre vivo había obtenido más triunfos que ésos. ¿Y ahora Levine decía que, sólo porque los Yankees habían perdido dos partidos de exhibición de principios de primavera, no era posible que Cashman le presentara a Steinbrenner la idea de una extensión de contrato para Torre? ¿Cómo era posible que, después de 11 años seguidos en postemporada, el futuro de Torre fuera juzgado por dos insignificantes partidos de entrenamiento de primavera? ¿Cómo era posible que su valor estuviera vinculado a un partido de la noche anterior, tan insignificante que la alineación de los Yankees estaba llena de jugadores a quienes el mismo Steinbrenner no hubiera sido capaz de identificar si hacía uno de sus viejos, tempestuosos y presurosos recorridos por la casa club, los mismos que casi había abandonado a medida que avanzaba su edad? ¿Cómo era posible que el empleo futuro de Torre estuviera en suspenso debido a una derrota con Todd Pratt como catcher, Alberto González como shortstop, Chris Basak como tercera base, Josh Phelps como primera base y Kevin Reese en el campo derecho? ¿Cómo era posible que un partido como ése tuviera tanta importancia?

Torre llegó a su límite. Los Yankees ya le habían dicho suficiente. El despido fingido, las dudas por el costo y ahora esto: su extensión considerada indigna de mención por dos derrotas en entrenamiento de primavera después de 11 años en el puesto.

"Olvídalo", le dijo Torre a Cashman.

"¿Qué quieres decir?", le preguntó Cashman.

"Sólo olvídalo", le dijo Torre. "No te molestes más en preguntar. Ya no quiero más conversaciones acerca de una extensión. Sólo déjalo así. Y si surge el tema, diles que esperaré hasta después de la temporada para hablar al respecto. Sólo olvídalo por ahora. No quiero sentir como si concursara para este puesto. Eso es lo último que quiero hacer: pensar en eso mientras hago mi trabajo. No puedo hacerlo.

"Escucha: a ustedes o les complace lo que hago o piensan que alguien más podría hacerlo mejor. No van a herir mis sentimientos. Ésa es la realidad".

Cashman asintió.

"Yo no quiero que tengas que pensar en ello mientras haces

tu trabajo", dijo Cashman. "No cambies nada. Sólo haz lo que tú haces".

Listo. Estaba hecho. El globo sonda sobre una extensión, pero estalló en pedazos antes incluso de elevarse desde el suelo. Los peligros de lo que Ali predijo como el año más difícil de la vida de su esposo estaban a la vista. Torre era un mánager sin seguridad en su puesto y, le gustara o no, concursaba para el puesto que había desempeñado durante 11 años. Fue el principio del fin.

13

"Tenemos un problema"

Cada año, Joe Torre organizaba una junta de equipo el primer día del entrenamiento de primavera y se aseguraba de que todo el mundo supiera lo que se esperaba de todos: ganar la Serie Mundial. Ningún otro equipo de béisbol comenzaba de esa manera. El discurso, desde luego, también incluía las indicaciones estereotipadas de llegar a tiempo, ser agresivos en el terreno de juego y representar a la franquicia de los Yankees con clase y dignidad todo el tiempo. No obstante, Torre también se aseguraba de que los muchachos comprendieran las expectativas que pendían sobre ellos. Veintinueve equipos más esperaban una oportunidad en los playoffs y querían correr sus riesgos con la naturaleza azarosa del béisbol de postemporada. Los Yankees, después de haberse embolsado cuatro campeonatos mundiales en cinco años tras ganar 12 de 13 series de postemporada, cifra que desafiaba toda probabilidad, habían llegado a creer no sólo que debían jugar cada año en octubre, sino que *debían ganar la Serie Mundial*. Los Yankees adoptaron a la excepción como su regla.

Cada año que pasaba sin que los Yankees ganaran la Serie Mundial se hacía cada vez menos gozoso; los crecientes éxitos y momentos espectaculares de una larga temporada, el tipo de temporada que haría enorgullecer a las otras 29 franquicias, se desvanecían ante la decepción de no haber ganado. Torre percibió un vistazo de ese vacío en el entrenamiento de primavera de 2002 mientras firmaba autógrafos cierto día para un grupo de aficionados.

"¡Qué lástima lo del año pasado, Joe!", dijo uno de ellos. "Tus chicos lo harán mejor este año".

Los Yankees habían perdido el último partido de la Serie Mundial de 2001 en el último lanzamiento y la última entrada debido a un hit flojo que rompió el bate y, sin embargo, la temporada fue un fracaso. En 2007, la decepción podía multiplicarse por seis, es decir, el número de temporadas que habían pasado sin que los Yankees ganaran la Serie Mundial. En ese momento tenían un marcador más pedestre de 5–6 en las series de postemporada.

Torre decidió que ya no podía dar más su discurso acostumbrado de entrenamiento de primavera. El béisbol había cambiado mucho. Se había vuelto demasiado democrático. Diez franquicias diferentes habían jugado en las seis series mundiales desde que los Yankees ganaran una por última vez. Ya nadie hablaba acerca de los problemas de equilibrio competitivo.

Los Yankees mismos habían cambiado mucho. Cuando Torre reunió a su equipo en la casa club de Tampa para sus comentarios iniciales, alrededor de la sala sólo vio cuatro rostros que habían ganado un campeonato mundial con el uniforme de los Yankees: Derek Jeter, Jorge Posada, Mariano Rivera y Andy Pettitte. Sin embargo, en mayor medida, Torre estaba harto de escuchar que los logros de los Yankees eran minimizados porque la postemporada no les era favorable como lo fue entre 1996 y 2000. Los Yankees de 2006 no tenían motivo alguno para pensar que debían ser campeones mundiales. Jaret Wright era su pitcher abridor número cuatro. Aaron Gueil y Andy Phillips tuvieron más turnos al bate que Hideki Matsui y Gary Sheffield, quienes se perdieron de grandes porciones de la temporada debido a sus lesiones. Los Yankees estuvieron a cuatro partidos del primer lugar el 4 de julio. No obstante, de alguna manera, los Yankees lograron 97 triunfos, la mayor cifra en la Liga Americana, y empataron con los Mets en el mayor número de victorias en el béisbol. Todo lo anterior, sin embargo, se fue por el caño con la derrota en la Serie de División contra Detroit, la misma que inició en el instante, a mitad del segundo juego, cuando Mussina perdió la ventaja en casa. La temporada entera fue un error abyecto por sólo tres días de octubre. Torre estuvo a punto de ser despedido por ello.

Torre decidió que el discurso de ese año sería distinto. La meta todavía era ganar la Serie Mundial, pero ya no quería que sus jugadores sintieran la presión de que se esperaba que la ganaran.

"Miren, no vamos a preocuparnos por las percepciones de nadie más", les dijo Torre. "Salgan y hagan lo mejor que puedan. Prepárense de la mejor manera que puedan y den siempre su mejor esfuerzo. Pero no se dejen atrapar por las percepciones y las expectativas.

"El año pasado ganamos 97 partidos. Nadie ganó más partidos que nosotros. Me niego a considerar que eso fue un fracaso. No siempre pueden controlar los resultados. Lo que sí pueden controlar es su preparación y su manera de jugar. Asegúrense de hacerse cargo de su preparación y esfuerzo. Lleguen al estadio todos los días listos para jugar y, básicamente, se ganarán el sitio en el cual terminen".

Los Yankees se habían unido a los otros 29 equipos, incluso si eran los últimos en admitirlo. La mayoría de los jugadores en la casa club no tenía idea de lo que era ganar un campeonato mundial con el uniforme a rayas de los Yankees; entonces,

¿cómo podían asumir que ése era su destino manifiesto? Además, el primer día del entrenamiento de primavera, Torre ya tenía algunos problemas entre las manos. Tres de sus ocho jugadores de posición iniciales, Bobby Abreu, Jason Giambi y Johnny Damon, se habían reportado al campamento fuera de forma. Y aquello sólo estaba a punto de empeorar. A menos de una semana de iniciados los programas de ejercicios, el director general Brian Cashman entró a la oficina de Torre y le dijo: "Tenemos un problema. Johnny ya no está seguro de querer jugar béisbol".

Johnny Damon se había presentado al campamento con un sobrepeso de 15 libras, gran parte de ellas en la sección media de su cuerpo. Había preferido montar su motocicleta acuática en el lago que colindaba con el patio trasero de su casa en Orlando que prepararse para una temporada de béisbol. Damon no se había molestado en ejercitarse durante el invierno; en parte, dijo, por una fisura en el pie que no había sanado por completo, pero también porque estaba hastiado del béisbol. Durante 11 años consecutivos, Damon había jugado en al menos 145 partidos para cuatro equipos distintos sin siquiera haber figurado en la lista de lesionados. Incluso, sus temporadas bajas eran exhaustivas. En 2001, por ejemplo, Damon ejerció sus derechos como agente libre y se había marchado de Oakland para firmar con los Red Sox.

En 2002 se divorció de su esposa, la madre de sus dos hijos, y vivió la vida de un soltero a toda carga. En su libro *Idiot*, acerca de la temporada de 2002, Damon escribió: "Si eres pelotero apuesto, las chicas te desean. Durante el resto de la temporada conocí a algunas mujeres, algunas buenas, algunas malas. Tuve algunas aventuras de una sola noche que nunca antes había experimentado. Fue divertido. Terminé por tener que llevar conmigo un teléfono celular por separado para que las mujeres me llamaran. No quise que tuvieran mi número telefónico principal porque entonces mi teléfono hubiera sonado todo el tiempo y hubiera sido un fastidio".

Una de las mujeres a quienes conoció ese año, Michelle Mangan, se convertiría en su siguiente esposa. Se comprometieron en 2004. Esa temporada baja previa, Damon sufrió severas migrañas, visión borrosa y síndrome postraumático después de una violenta colisión en el outfield con su compañero de equipo Damian Jackson en los playoffs de 2003. Literalmente, le dolía afeitarse, de manera que no lo hizo y fue así como Damon llegó a adquirir el aspecto icónico, bíblico, barbado y con cabello largo de la que se convirtió en la temporada del campeonato mundial de 2004 de los Red Sox de Boston. Ese invierno, también con requerimientos de apariciones personales y publicidad comercial, él y Michelle se casaron.

La siguiente temporada baja trajo consigo otro tipo de divorcio, pues los Red Sox le agradecieron sus cuatro años de servicio en el equipo, decidieron que ya habían recibido el beneficio de los mejores años de su carrera y lo enviaron al mercado de los agentes libres. Un decepcionado Damon terminó por firmar un contrato de cuatro años por $52 millones con los Yankees.

"De alguna manera, me convertí en agente libre y Nueva York fue el equipo que me quiso", comentó. "El equipo por el cual atravesé paredes no me quiso. Y me dijeron de todo [por marcharme]. Sólo soy un jugador de béisbol. Si hubiera un equipo en Orlando, Florida, ése sería el equipo al cual le sería más fiel. Por desgracia no hay equipo de béisbol allí".

Damon le dio a los Yankees una típica temporada sólida en 2006, incluyendo su récord de carrera de 24 jonrones. Como jonrones siempre, Damon jugó casi todos los días, anotó más de 100 carreras por novena temporada consecutiva y aportó una energía maniática y ligera en su modo de ser que los Yankees más serios necesitaban con urgencia.

"Me encantaba su personalidad", comentó Torre. "Su manera de divertirse justo antes del partido era genial para el equipo. Siempre se cercioraba conmigo, aunque sólo fuera con una mirada en mi dirección, antes de hacer algo estúpido para provocar carcajadas antes de un partido. Se echaba agua encima o rompía un paquete de semillas de girasol… cualquier cosa para liberar la tensión. Era genial".

Todo se le juntó a Damon ese invierno. Su vida había sido una cadena ininterrumpida de catástrofes y triunfos… dos lapsos de agente libre, divorcio, matrimonio, contusión, la barba, el cabello, el primer campeonato mundial de los Red Sox en 86 años… entonces, cuando los Tigers los enviaron, a él y a los Yankees, a casa a la inusual calma de ese invierno, Damon dejó de pensar en sí mismo como jugador de béisbol y cayó en la bienvenida comodidad de ser un papá que se queda en el hogar. Jugó casi todos los días con sus gemelos de siete años de su primer matrimonio, mientras Michelle daba a luz en enero al primer hijo de la pareja, una niña.

"Después de la temporada de 2006 me fracturé un hueso del pie", relató Damon; "entonces, cada vez que intentaba realizar alguna actividad física, correr o lo que sea, no podía. Sentía mucho dolor. Es por eso que no hice mucho".

Torre dijo que no sabía que Damon aún tenía problemas con su pie pero comentó: "Creo que, de cualquier manera, todo estaba conectado con el hecho de que no sabía si quería jugar. En realidad, nunca se puso en forma para el entrenamiento de primavera. Y si piensas en las temporadas bajas del béisbol de ahora, a diferencia de cuando yo jugaba, los chicos las aprovechan para ponerse en forma. De hecho, en mejor forma que la que tenían la temporada previa. Se ejercitan durante todo el invierno. Pero si él estaba en la disyuntiva entre jugar y no jugar, no iba a comprometerse con ese tipo de programa.

"Cuando llegó al entrenamiento de primavera y dijo que no estaba seguro de querer jugar, estoy seguro de que no fue la primera vez que se le ocurrió. Estoy seguro de que lo pensó durante todo el invierno. Entonces, al encontrarse inmerso en ese proceso de pensamiento, él no iba a hacer nada para prepararse para la temporada".

Damon admitió: "Todos los días de la temporada baja, yo sólo... no sentía ganas de prepararme para el béisbol. Sólo me divertía con los niños y jugaba en el lago todo el día. No me sentí preparado para tomar esa decisión acerca de jugar".

Damon se presentó en Tampa para el entrenamiento de primavera, pero su corazón no estaba en ello. Tampoco sus piernas. Sus piernas lo habían ayudado a convertirse en una estrella, pero, como estaba fuera de forma, Damon no podía moverse ni correr con la explosividad de siempre.

"Entonces, cada vez que me movía me sentía frágil", dijo. "Y fue entonces cuando comenzaron a presentarse todos los problemas con las piernas. Para mí, ésa es parte de la razón por la cual juego béisbol. Es por eso que los reclutadores se acercaron. Para verme correr y todas esas cosas. Y cuando no eres capaz de hacer eso y atrapar bolas en el campo central y hacer aquello, comienzas a pensar en renunciar.

"Lo que sucede es que, desde mi perspectiva, no podía verme ir al estadio y prepararme todos los días, a nivel mental y físico. Lo había hecho durante mucho tiempo. Tengo tres hijos que no pueden verme en mis mejores momentos todo el tiempo porque pienso constantemente en el béisbol. Viajo con frecuencia y mi vida fuera del campo es tan grandiosa que necesito un poco de descanso... Yo sabía que aún tenía el béisbol en mi interior pero, justo cuando comencé a sufrir estas molestas lesiones, comencé a pensar que no quiero jugar este juego sólo para estar bien. [El ex infielder de los Royals] Frank White me dijo una de las mejores frases que he escuchado cuando entrenaba a los outfielders en Kansas City. Me dijo: 'No sólo juegues el juego por jugar. Trata de dejar una huella'. Cuando salgo y juego un mal partido, me siento mal por los aficionados que llevan mi jersey en las gradas, porque yo quiero que ellos me vean y se impresionen. Y yo no sentía eso en mí".

La gota que derramó el vaso fue saber que el cumpleaños de su padre estaba próximo. Johnny no podía recordar la última vez que había estado con Jimmy Damon en su cumpleaños. Johnny siempre jugaba béisbol en el entrenamiento de primavera en alguna parte en febrero. Se sentía mal por no pasar suficiente tiempo con su padre.

"Yo quería acercarme de nuevo a él", dijo Damon. "No sé cuánto tiempo le quede. Quiero pasar tiempo con él. O sea, pasaban muchas cosas. Mis hijos más grandes crecen cada vez más…"

El 24 de febrero Damon le dijo a Cashman que pensaba con toda seriedad renunciar al béisbol. De inmediato, Cashman organizó una junta entre Damon, Torre y el psicólogo del equipo en la oficina del mánager. Torre sugirió que se reunieran en otro sitio, pues sabía que, en cualquier momento, los reporteros notarían que la puerta de su oficina estaba cerrada y darían inicio a una vigilia para averiguar quién salía de allí cuando se abriera la puerta. Entonces, los cuatro mudaron la reunión a la sala de entrenamiento, en una zona trasera de la casa club no accesible para los reporteros.

"Johnny se disculpaba y yo me sentí mal por él", comentó Torre. "Desde luego, la mente de Cashman funcionó de manera distinta. Su actitud fue más del tipo de: 'Si vas a retirarte, ésta es la cantidad de dinero con la cual podemos trabajar y esto es lo que dejas sobre la mesa'. Básicamente, no intentamos convencerlo de nada. Sólo le dijimos: 'Tómate el tiempo que necesites. Y no vamos a mentir a los medios. Sólo diremos que tienes que atender algunos asuntos personales y que volverás cuando decidas hacerlo'".

Damon abordó su automóvil y volvió a su casa en Orlando. Jugó con sus hijos y llevó a su padre a cenar para celebrar su cumpleaños. ¿Quién sabía cuánto tiempo se mantendría alejado del béisbol? ¿Un día? ¿Una semana? ¿Para siempre? Su cena con Jimmy lo convenció en realidad de que necesitaba volver al béisbol; al menos por ese momento, en todo caso. Jimmy le dijo que la vida después del béisbol siempre estaría allí para él, pero que ahora el deporte le proporcionaba una plataforma nacional para afectar la vida de la gente. Damon, por ejemplo, ayuda a recaudar fondos y a crear conciencia para el proyecto Wounded Warriors, una organización de caridad que ayuda a los soldados heridos en combate en su transición a la vida civil. El hecho de ser un jugador de béisbol, en especial un *Yankee*, le dijo Jimmy, hacía que su contribución a ese tipo de labor fuera mucho más impactante. En el tercer día de su sabático, Johnny Damon condujo de regreso a Tampa y se convirtió de nuevo en un jugador de béisbol.

"Sólo descubrí otra vez la importancia de jugar béisbol", dijo Damon. "Todo se resumió en que no volvería por mí, sino por los Yankees. Los Yankees fueron la razón por la cual quise jugar de nuevo. Ellos mostraron fe en mí y me dieron un muy buen contrato.

"Y hay muchos aficionados allá afuera a quienes les gusta lo que hago y muchas obras de caridad a las cuales puedo contribuir por el hecho de ser jugador de béisbol. Ahora pienso en el béisbol, pero también pienso en la vida después del béisbol. Hay mucha gente en la cual puedo lograr un impacto y el béisbol me brinda los medios para hacerlo".

Sin embargo, no fue tan sencillo. Tendrían que pasar varios meses antes de que Damon estuviera listo por completo para jugar béisbol otra vez, meses durante los cuales la temporada de los Yankees titubeó y se balanceó. Al mismo tiempo, Abreu y Giambi también estaban fuera de forma y eran improductivos. El mismo día que Damon regresó al campamento, Abreu se lesionó un músculo oblicuo mientras realizaba una práctica de bateo. Giambi no había corrido durante todo el invierno y había limitado sus ejercicios a entrenamiento con pesas y a los aparatos cardiovasculares. Le habían dolido tanto las piernas, la espalda y las caderas que no corrió; resultado, como descubriría más tarde, de tener demasiado altos los arcos de los pies. Los Yankees, en términos literales, comenzaron el año en mala condición física.

Torre tuvo otro asunto por considerar esa primavera: ¿debía alterar las normas de su equipo para acomodar la posible contratación de Roger Clemens? Clemens visitó a los Yankees en Legends Fields el 7 de marzo, aún reservado en cuanto a la posibilidad de salir por tercera ocasión del "retiro". No obstante, los Yankees comprendían que contratar a Clemens significaba ofrecerle los mismos privilegios que los Astros de Houston le habían concedido durante los tres años previos. Los Astros permitieron a Clemens dejar al equipo entre sus apariciones en el montículo cada vez que lo deseara. Entonces, si Clemens quería ver jugar béisbol a su hijo Koby en las ligas menores, o asistir a su esposa Debbie en su campeonato local de golf, él era libre de abandonar a sus compañeros de equipo. Clemens no estaba interesado en renunciar a dicho privilegio para regresar al béisbol.

Torre había permitido a los jugadores que abandonaran al equipo en el pasado, pero sólo a los pitchers abridores entre sus participaciones y sólo por asuntos relacionados con el trabajo, como el tratamiento médico que Kevin Brown necesitaba para su espalda.

"Rechacé a muchos jugadores regulares que querían asistir a graduaciones y a otras cosas y yo no podía dejarlos ir", explicó Torre. "Wade Boggs me lo pidió en una ocasión y le respondí que no. No puedes defender con los jugadores regulares".

Torre consideraba que los pitchers de relevo eran también demasiado necesarios como para permitirles ausentarse. De hecho, durante esa temporada de 2007, en junio, el pitcher cerrador Mariano Rivera le pidió permiso a Torre de faltar a la serie de los Yankees en Colorado para asistir a la graduación escolar de su hijo. Torre le respondió que no, que los Yankees no podían permitirse dejarlo partir.

"Lo lamento", le dijo Rivera a Torre, "pero voy a ir, con o sin permiso".

"Escucha", le dijo Torre, "no puedo impedirte que vayas, pero, si llegamos a la octava o la novena entrada, llevamos la delantera, te necesitamos y tú no estás allí, ¿qué le digo a la gente? Dime tú lo que debo decir. ¿Le digo que te marchaste sin permiso? ¿Quieres enfrentarte a esa clase de mierda? No sé qué es lo que quieres que diga, pero no puedo decirle a la gente que te di permiso cuando hay 24 muchachos más que cuentan contigo. No puedo hacer eso".

Rivera comprendió. No se fue. Y los Yankees fueron derrotados en tres partidos por los Rockies. Rivera no fue necesario en absoluto.

Como pitcher abridor, Clemens era distinto. No era necesario en los cuatro partidos entre inicios. Sin embargo, Torre tendría que decidir si sus desapariciones causarían resentimientos o adversidades dentro del equipo. Al menos Gary Sheffield y Randy Johnson, cada uno intercambiado después de la temporada de 2006, ya no estaban presentes. Torre imaginó que tanto Sheffield como Johnson, ambos estrellas establecidas bastante temperamentales, habrían tenido problemas con el hecho de que los Yankees le ofrecieran privilegios a Clemens que no habían sido extensivos para ellos. El Plan Familiar de los Clemens habría causado problemas en una casa club que incluyera a Sheffield y a Johnson, pensó Torre.

"Cash opinaba lo mismo y es probable que por las mismas razones", comentó Torre.

Con el fin de averiguar si el asunto causaría resentimientos entre los Yankees de 2007, Torre conversó con algunos de sus jugadores estelares.

"Cashman me dijo en el entrenamiento de primavera que teníamos una oportunidad con Roger y que ésa sería una parte del acuerdo", dijo Torre. "Formaba parte de sus reglas. Si querías obtenerlo, eso era parte del paquete. Para ser honesto, cuando me lo presentaron, lo primero que pensé fue: 'No puedo hacer eso con este equipo'. Entonces, cuando me avisaron que él vendría, se lo mencioné a Jeter, a Jason y a Alex. Hablé con ellos de manera individual e informal, detrás de la jaula de bateo. Dije: 'Tengo que saber si esto va a molestar a alguien'. Y todos me respondieron: 'Con tal de que gane partidos, nos importa un carajo lo que haga'. Nadie tenía un problema con eso.

"En gran medida, la decisión dependía de la estructura del equipo. Para mí, la comparación era como cuando Richie Allen venía de Filadelfia para jugar con los Cardinals cuando yo jugaba con ellos. Y teníamos estrellas como Bob Gibson y Lou Brock. Richie llegaba tarde pero le protegíamos el trasero y nadie se enteraba de ello. Pero luego Richie estuvo con los Dodgers y fue distinto por completo. Richie llegaba tarde, y los jugadores esperaban a que apareciera en el estacionamiento para presentarse después que él. Entonces, depende de la estructura de tu equipo. Yo presentía que Roger no correría a casa todo el tiempo y que no abusaría de ese privilegio. Le dije a Cash: 'No creo que sea un problema, pero, como sea, lo aceptaremos'.

"Según mi opinión, tienes que ver cómo afecta a otras personas y permitir ciertas cosas derivadas de ello. Tal vez estoy equivocado. Así es como pienso: a partir de conocer la personalidad de un equipo, sé lo que es real y lo que es fabricado".

Desde luego, Clemens aún no lo sabía, pero tenía problemas mucho mayores que asegurarse una temporada de permisos de ausencia de los Yankees.

Tres meses antes, agentes federales habían invadido la casa en Long Island, Nueva York, de Kirk Radomski, un ex empleado de la casa club de los Mets que, durante más de una década, había surtido drogas para mejorar el desempeño de varios béisbolistas. Los agentes descubrieron cheques personales y registros telefónicos vinculados con Brian McNamee, el entrenador personal de Clemens. Sólo era cuestión de tiempo para que la carrera y la vida de Clemens se convirtieran en un desastre completo.

Los Yankees sabían que necesitaban a Clemens, incluso a pesar de que el diestro cumpliría 45 años ese verano, y asistieron al entrenamiento de primavera después de haber comprometido dos de los cinco puestos en la rotación inicial a Carl Pavano, que no había lanzado en las Grandes Ligas desde mediados de la temporada de 2005 debido a una serie de padecimientos físicos, y a Kei Igawa, un zurdo a quien los Yankees adquirieron como agente libre desde Japón a un costo de $46 millones, incluso con una tarifa de publicación de $26 millones que sorprendió a todo el mundo del béisbol.

Igawa inspiraba poca confianza en su propia casa club. Incluso antes de que los Yankees fueran anunciados como los autores de la oferta ganadora en el proceso de publicación, un director general de la Liga Americana, cuando le preguntaron cómo se insertaría en las ligas mayores, dijo: "Es mejor que se mantenga alejado de las Ligas Mayores. Tal vez si lo pones en la Liga Nacional del Oeste, con el pitcher que batea y en los estadios más grandes en esa división, puedas hacer algo con él como cuarto o quinto pitcher abridor. Pero no puede lanzar en la Liga Americana. No tenemos interés alguno en él".

Los Yankees se enamoraron de Igawa y le otorgaron un valor mucho más alto que nadie más. No fue coincidencia que los Yankees entregaran su oferta por Igawa poco después de perder el proceso de publicación por Diasuke Matsuzaka, otro agente libre anunciado de Japón. Los Red Sox de Boston arrasaron con las negociaciones con una tarifa de publicación de $51,1 millones por Matsuzaka, que era considerado uno de los mejores pitchers del mundo. Los Yankees habían ofrecido un poco más de $30 millones por Matsuzaka. ¿Cómo era posible que ofrecieran casi la misma cantidad por Igawa, que, a pesar de ser campeón de strikeouts en Japón, concedía demasiados jonrones y bases por bolas, casi nunca superaba las 90 millas por hora con su bola rápida y no poseía ningún récord impresionante de lanzamientos? Bueno, ellos se aseguraron de no obtener un 0–de–2 en procesos de ofertas publicadas. Igawa era todo suyo.

Mientras tanto, el pitcher de agencia libre Ted Lilly esperaba que los Yankees lo contrataran. Lilly había llorado un día en 2002 cuando Cashman lo había enviado a Oakland en un acuerdo de tres vías en el cual los Yankees terminaron con Jeff Weaver, que resultó ser el peor de los tres pitchers involucrados en la negociación. (Detroit obtuvo a Jeremy Bonderman, que ayudaría a los Tigers a vencer a los Yankees en su camino hacia el gallardete de 2006). Lilly cumplía con el perfil de un clásico contribuyente de los Yankees: un pitcher zurdo que prosperó bajo la presión de Nueva York y de la Liga Americana del Este. Él quería ser un Yankee. Lilly había ganado 15 partidos para los Blue Jays de Toronto y no tenía mayores dificultades con su brazo.

Cashman no quiso a Lilly y prefirió a Igawa, aunque éste le costaría a los Yankees más dinero a lo largo de cuatro años ($46 millones, incluso la tarifa de publicación de $26 millones) que lo que Lilly hubiera costado en el mercado de agentes libres ($40 millones; los Cubs se hicieron con sus servicios). Cashman le dijo a Torre: "Igawa es tan bueno como Lilly y no nos costará tanto", porque la tarifa de publicación no contaba como parte de la nómina oficial de los Yankees; por tanto, significaba dinero libre de impuestos en lo que se refería al impuesto de lujo.

"Tan pronto como Cash dijo eso, que Igawa era tan bueno como Lilly, fue suficiente para mí", afirmó Torre.

Igawa no era nada seguro; incluso los Yankees lo sabían. Cuando los Yankees presentaron a Igawa en una conferencia de prensa después de su contratación, Cashman hizo todo lo posible para disminuir cualquier expectativa sobre su hombre de $46 millones.

"Intentamos ser muy cuidadosos y respetuosos con el proceso y no poner demasiado peso sobre sus hombros", dijo Cashman entonces. "Él parece ser un chico resistente y es obvio que ha lanzado frente a grandes multitudes para una organización muy exitosa. Al mismo tiempo, habrá muchas experiencias nuevas para él aquí en Estados Unidos y en esta liga. Habrá que esperar y ver lo que tenemos".

Los Yankees habían rechazado a Lilly y a Gil Meche, otro agente libre, y habían intercambiado a Randy Johnson para poder comprometer dos sitios en su rotación para Pavano e Igawa. Peor aún, había muy poca seguridad detrás de ellos, ninguna comprobada. Los Yankees tenían gente como Darrell Rasner, Matt DeSalvo, Jeff Karstens y Chase Wright, todos ellos muy poco impresionantes. Phil Hughes era la joya de la corona del sistema de cultivo, pero sólo tenía 20 años. Los Yankees habían colocado apuestas de alto riesgo en que Pavano permaneciera saludable y en el hecho de que Igawa pudiera eliminar a los bateadores de las Grandes Ligas. Demasiado pronto se hizo evidente que ambas apuestas eran perdedoras. En el caso de Igawa, sólo fue necesario un día para descubrir que había sido un error.

El catcher del bulpen Mike Borzello fue asignado en la primera sesión de lanzamientos de Igawa en el entrenamiento de primavera. Borzello estaba ansioso por hacerlo, en especial después de que Billy Eppler, el asistente de Cashman, hablara maravillas de Igawa con él.

"¿Ya recibiste para Igawa?", le preguntó Eppler, emocionado.

"No", replicó Borzello.

"Sólo espera", le dijo Eppler. "Tiene un changeup impresionante. Ya lo verás".

Igawa le lanzó a Borzello en Legends Field. Borzello no

podía creer que ése era el mismo sujeto de quien le habló Eppler, el mismo por quien los Yankees habían pagado $46 millones y el mismo a quien los Yankees prefirieron en lugar de Lilly.

"Recibí los lanzamientos de Kei Igawa", dijo Borzello. "Fue terrible. Tal vez lanzó tres strikes en 25 lanzamientos. Su changeup era terrible. Tuve que estirarme hacia todos lados para atrapar sus lanzamientos".

Eppler se encontró con Borzello después de la sesión de lanzamientos de aquel día.

"Y entonces, ¿qué te pareció Igawa?", le preguntó Eppler.

"¿La verdad?", replicó Borzello.

"Sí".

"Lanzó tres strikes en toda la sesión. Su changeup es como de 40 pies. Su slider no es un lanzamiento de Grandes Ligas. Su control fue terrible".

Eppler estaba atónito.

"Te lo digo", continuó Borzello. "Espero que esté lesionado. Así habría una explicación para que lance así".

"Oh, ¿en serio?", exclamó Eppler.

"En serio", confirmó Borzello. "Estuvo terrible".

Igawa nunca mejoraría.

"Su control era un gran problema", dijo Torre. "No podía lanzar dos bolas seguidas al mismo lugar, incluso en una sesión del bulpen. Fallaba y fallaba en su ubicación de manera consistente".

Borzello dijo que la inversión en un pitcher como Igawa llamó la atención de los jugadores en la casa club, quienes antes conocían a los Yankees como grandes cazadores estelares en el mercado de pitchers después de haber adquirido talentos como Jimmy Key, Orlando Hernández, David Wells, David Cone y Clemens a lo largo de los años.

"Te refieres a un tipo que lanza *para los Yankees de Nueva York*", comentó Borzello. "Los Yankees de Nueva York siempre fueron tras los tipos de primera. Y después de invertir $200 millones en nómina, ¿por qué colocas la bola en las manos de este tipo de pitcher? No tenía sentido. Pero los Yankees cometían el mismo error una y otra vez. Pavano, [Jaret] Wright, Igawa… otras organizaciones adquieren a ese tipo de pitcher. Pero, ¿los *Yankees?*"

Ésos fueron los Yankees de 2007, el equipo en el cual Torre, en el último año de su contrato, colocaría su futuro como directivo. Cuarenta por ciento de la rotación fue asignada a Pavano, que no podía mantenerse saludable, y a Igawa, que no podía lanzar un strike. Pavano, debido a ciertas lesiones de los demás pitchers abridores, fue el pitcher de los Yankees para el Día de Apertura. El outfielder central Damon quería renunciar. El outfielder derecho Abreu estaba lastimado y fuera de forma. El primera base Giambi estaba demasiado fuera de forma como para volver a jugar en primera base; por tanto, tuvo que ser el bateador designado mientras la primera base estaba abierta a las opciones entre Doug Mientkiewicz, Josh Phelps y Andy Phillips, ninguno de los cuales podía batear como debía hacerlo un primera base. La mayor adquisición por venir, Clemens, estaba por cumplir 45 años y había obtenido éxito en sus negociaciones para recibir un trato especial. ¿Parecía un equipo del cual debía esperarse que ganara la Serie Mundial? ¿Y le quedaban a Torre algunas lealtades en las oficinas generales después de ser avergonzado en público tras la Serie de División de 2006?

En la casa club y en el campo, ya no eran los Yankees como el mundo del béisbol los conocía. Vestían el mismo uniforme a rayas, jugaban en el mismo estadio, tenían los mismos 26 títulos de Serie Mundial, pero estos Yankees ya no eran los mismos que podían considerar a la Serie Mundial como un virtual derecho de nacimiento. Lo más evidente de todo era que éstos ya no eran los Yankees de Steinbrenner. El Jefe había impuesto su voluntad y espíritu sobre toda la organización y los Yankees fueron lo mejor y lo peor por ello durante todos esos años. Ahora había un vacío donde antes había existido mucha energía. Para Torre, el declive de Steinbrenner fue otro golpe a los cimientos de su puesto directivo. Steinbrenner podía ser demandante e irracional, pero Torre siempre hablaba con él y por lo general encontraba las palabras adecuadas para impedir que el Jefe perdiera los estribos por completo. En 2007, el nexo se cortó. Torre lo sabía, en especial cuando salía de Legends Field al caer la tarde, después de un día entero de trabajo, y veía a Steinbrenner sólo entonces, cuando apenas llegaba a trabajar. El último día del entrenamiento de primavera resultó evidente que Steinbrenner era demasiado frágil para ser el Jefe.

Torre abordó el elevador de Legends Field hacia el cuarto piso para despedirse de Steinbrenner. Los Yankees se preparaban para viajar por avión de Tampa a Nueva York para comenzar la temporada en dos días. El equipo celebraría su cena de bienvenida anual la víspera del primer partido. Steinbrenner tomó asiento en la *suite* adyacente a su oficina. Hank Steinbrenner estaba presente. Félix López estaba presente. La esposa de Steinbrenner, Joan, estaba presente.

"Jefe, sólo vine para despedirme", le dijo Torre.

"De acuerdo", respondió Steinbrenner. "Te veré mañana por la noche".

Joan miró a Torre y, mientras se alejaban de Steinbrenner y se dirigían hacia la puerta, ella le dijo con una expresión de preocupación en el rostro: "No sé cómo vamos a llevarlo allá".

Sí llevaron a Steinbrenner a Nueva York para asistir a la cena, en lo que sería un extraño viaje para él. Torre vio a Steinbrenner en la cena y atravesó la sala para saludarlo. Steinbrenner estaba sentado con su familia. Lucía frágil. Usaba anteojos oscuros dentro del salón de baile. Incluso detrás de esos anteojos oscuros, como Torre pudo percibir, Steinbrenner lloraba. Estaba ahogado y conmovido por otro ataque emocional en lo que se suponía que debía ser el lugar de nacimiento del optimismo y la alegría: la víspera del Día de Apertura. Mientras Steinbrenner se enjugaba una lágrima de melancolía, Torre supo que la vida con los Yankees nunca más volvería a ser la misma para ellos dos.

El segundo partido de la temporada de 2007 fue cancelado por lluvia, lo cual no fue un mal resultado para los Yankees: los mantuvo invictos durante un día más y pospuso la infernal primavera que se aproximaba en su dirección. Alex Rodríguez se quitó el uniforme y recuperó su aspecto propio del East Side: un suéter verde de tejido trenzado sobre una camisa negra de cuello de tortuga, jeans y tenis. Su meta para la temporada era volverse inofensivo por completo o, como el entrenador de tercera base Larry Bowa le repetiría con frecuencia: "vainilla". A pesar de todo, Rodríguez estaba listo para un buen inicio, a pesar del suéter verde y una entrevista en marzo con la estación de radio AM de Nueva York, WFAN. Rodríguez dijo al aire que la decisión de permanecer con los Yankees u optar por la cláusula de salida de su contrato para jugar con otro equipo al terminar la temporada dependería de si los aficionados de los Yankees lo aceptaban o no. "Es una situación de vida o muerte", dijo.

"Es distinto por completo a como era el año pasado", dijo Bowa cuando comenzó la temporada regular. "Podías verlo en él cuando empezó el entrenamiento de primavera. Todo lo que hace es natural. Sólo ha permitido que su habilidad tome el control. No voy a utilizar la palabra *relajado*, porque aún es intenso. Pero hay algo distinto en él. No está preocupado por todo lo que sucede a su alrededor. Vainilla. Usamos mucho esa palabra cuando hablamos. Simple. Que todo marche con facilidad.

"Sólo tuve que reprenderlo en una ocasión. Fue un par de días después de que fuera a WFAN. Y le di una buena reprimenda. Le dije: '¿Por qué tienes qué decir una y otra vez esa estúpida mierda?'".

Bowa era una parte importante de la dirección de Torre en el equipo. Los jugadores lo respetaban porque contaba con un currículo sustancial en las Grandes Ligas que muy pocos entrenadores tenían. Bowa jugó durante dieseseis años en las ligas mayores y sumó 2.191 hits, ganó dos Guantes de Oro como shortstop, terminó en tercer lugar en las votaciones para el premio al jugador más valioso, fue seleccionado para cinco Juegos de las Estrellas y ganó un campeonato mundial con los Phillies en 1980. Su fiero temperamento, su pintoresco vocabulario y su naturaleza reaccionaria lo convirtieron en un mánager volátil con los Padres y los Phillies; sin embargo, como entrenador se estableció como uno de los mejores dentro del negocio: un estudiante aplicado del juego cuya característica más importante era que impedía que los peloteros se sintieran demasiado cómodos. Su estilo desafiante era un agradable complemento para el estilo relajado de Torre y parecía ser justo lo que no sólo A-Rod necesitaba, sino también un jugador joven como el segunda base Robinson Canó, que sabía que podía ser un buen jugador de ligas mayores sólo con su talento pero que desconocía el trabajo que era necesario para ser un gran jugador.

Cierto día de abril, en referencia a Canó, Bowa dijo: "Él atrapó una bola de revés el otro día, un batazo fácil que pudo haber atrapado de frente. Había tenido un mal turno al bate antes de eso. Estoy convencido de que se llevó consigo ese turno al bate cuando salió al campo. Tienes que estar pendiente de Robbie. Como en Oakland. Hubo un tiro de relevo y él simplemente asumió que Eric Chávez se detendría en segunda base. No lo hizo. Ése fue error de Robbie. Tienes que asumir que el corredor va a continuar y luego, si volteas y el corredor se detiene, entonces puedes relajarte. Pero él hizo justo lo opuesto. Sólo asumió que Chávez no seguiría. Ése es un error indolente. Le di una buena reprimenda por eso.

"Como hoy también. Él me dijo: 'Nada de rolatas. Sólo voy a batear en la jaula'".

Ese día, los Yankees ofrecieron sólo bateo opcional en la jaula de bateo de adentro. No hubo el usual bateo previo al partido en el campo, durante el cual Bowa siempre se aseguraba de batearle rolatas a Canó.

"Y yo le dije: 'No lo harás'", comentó Bowa. "'No sólo irás a la jaula. Vas a sacar de aquí tu trasero y ponerte a trabajar. Tienes 23 años y no eres un veterano que necesita un descanso'.

"¿Ves? El asunto es que tienes que recordarte a ti mismo que él tiene 23 años. Tienes que ser estricto con él, pero luego te preguntas: ¿quién a los 23 años lo tiene todo resuelto? Pero lo miras y ves que él puede ser tan bueno como desee serlo. Tan grande como lo desee. Así de talentoso es. Él se desliza hacia la bola, pero, a diferencia de los otros chicos que lo hacen, él mantiene las manos atrás. Y luego, cuando saca el bate, permanece en la zona de strike durante un tiempo muy largo. Él es como George Brett en ese sentido. Puede ser tan grandioso como lo desee".

Canó, desde luego, capturó sus rolatas ese día. Con Bowa detrás de él, Canó bateó .306 en 2007 y produjo 97 carreras. Como Canó, Rodríguez sabía que Bowa siempre estaba allí para empujarlo. En el entrenamiento de primavera, por ejemplo, Bowa regañó a Rodríguez por hacer lanzamientos suaves y perezosos hacia segunda base para iniciar un doble play.

"¡Vas a matar a tu segunda base!", le dijo Bowa y le ordenó a Rodríguez trabajar en los tiros temprano por la mañana, en un campo trasero, antes incluso de que la mayoría de sus compañeros de equipo se presentaran. El brusco Bowa era una voz importante para alguien como Rodríguez, que, si no, se rodeaba de una cuadrilla de agentes de publicidad y amigos que bien podrían conformar un club de aduladores.

"¿Sabes? La gran cosa con estos chicos es que tal vez no te digan que les agrada, pero los verdaderos jugadores buenos no quieren escuchar sólo que estás de acuerdo con ellos", dijo

Bowa. "O sea, si sucedió una vez, sucedió diez veces en dos años con Alex. Alex se acercaba a mí después de cometer un error y me decía: '¿Crees que debí atrapar esa bola?'. Y en nueve de cada diez ocasiones, él hacía esa jugada. Y yo le respondía: 'Sí, tenías que atrapar esa bola'.

"Después de que sucedió cuatro o cinco veces, le dije: 'Al, cada vez que te acercas a mí, sabes que debiste hacer la jugada o no te acercarías a mí. Te he visto cometer errores con una línea, de revés. Tú no te acercas a mí porque sabes que es una jugada difícil, sino que en cada jugada que crees que debiste hacer, vienes conmigo. Entonces, sólo voy a reafirmar que sé que sabes que debiste hacer esa jugada'. Y creo que a los jugadores les agrada cuando eres honesto. Tal vez no les complazca en el momento, pero a ellos les gusta que seas directo con ellos".

Rodríguez, sin embargo, ya contaba con una de las más altas capacidades de trabajo en el béisbol. El empuje más importante que recibió de Bowa no fue para el trabajo, sino para mantenerse alejado de los problemas. Rodríguez hizo un esfuerzo evidente para lograr justo eso en 2007. La meta, como diría Bowa, era impedirle decir "mierda estúpida". Los Yankees no habían ganado nada salvo una Serie de División contra Minnesota desde que adquirieron a Rodríguez, que se había convertido, gracias a su talento, gracias a su magnífico contrato de $252 millones que permanecía insuperado después de seis años y gracias a su tendencia a llamar la atención sobre sí mismo (no siempre para bien), en la encarnación de los fracasos de los Yankees. Gran parte de ello era injusto, por supuesto, no distinto a cuando la chica más bonita de la preparatoria se convierte en un blanco fácil para las críticas. Torre lo sabía y quería que Rodríguez supiera que no debía luchar contra eso. Cierto día de marzo, justo antes de que los Yankees jugaran un partido de entrenamiento de primavera, Torre llevó aparte a Rodríguez, junto al dugout.

"Mira, mucho de lo que te sucede es injusto", le dijo Torre a Rodríguez. "Tú eres la historia sin importar lo que ocurra, si obtienes cuatro hits o ninguno, si ganamos o si perdemos. Lo comprendo. Pero no puedes preocuparte por eso. Lo que tienes que hacer es sólo jugar y no preocuparte por lo que vaya a suceder. Sólo deja que ocurra en lugar de preocuparte por las consecuencias".

El Día de Apertura no pudo comenzar peor para A-Rod. Dejó caer la primera bola bateada hacia él, un pop-up foul. Con el cuarto turno al bate, su primer partido desde que Torre lo colocara en el octavo turno en la Serie de División, perdida contra Detroit, Rodríguez fue eliminado por strikes con dos corredores en base. Era sólo la primera entrada del primer partido de la temporada y la afición ya lo abucheaba. Pero Rodríguez dio un giro a ese día y al partido entero. Con el juego empatado a cinco carreras, Rodríguez comenzó la séptima entrada con un sencillo contra el pitcher de Tampa Bay, Brian Stokes. Robó la segunda base y anotó la carrera que rompería el empate con un sencillo de Jason Giambi. La base robada reflejó cómo Rodríguez había transformado su cuerpo a lo largo del invierno, pues había perdido 15 libras sin perder fortaleza y había reducido su grasa corporal de 18 a 10 por ciento, una sorprendente transformación en un lapso de cuatro meses para un jugador que ese verano cumpliría 32 años.

Cuando le preguntaron la noche siguiente, después del partido cancelado por lluvia, si hubiera intentado un robo de base en la misma situación la temporada anterior, Rodríguez respondió: "¿El año pasado? De ninguna manera, porque me habrían eliminado por dos pies. Ésa no era parte de mi juego.

"Yo sabía que quería correr pronto en el conteo. Esperé un lanzamiento. Quería ver si él daria un paso lateral y sólo mirarlo bien. Pero quise ser agresivo. Lo importante es asegurarte de eliminar la posibilidad de un doble play. Es la situación, más que el pitcher que está allí".

Rodríguez es un talento único, un sujeto que puede abrir un partido con su poder, ganarlo con sus piernas o preservarlo con su defensiva. Pero, dado que carecía del pedigrí que se adquiere con un campeonato y que aún parecía un torpe intruso con uniforme a rayas, en su propia casa club era considerado poco confiable.

"Los dos chicos en ese equipo que no podíamos perder eran Derek [Jeter] y Jorge [Posada]", comentó un jugador Yankee después de ese partido cancelado por lluvia. "Los pitchers son aún los más importantes para el juego, pero, si te refieres a los chicos que están allá afuera todos los días, necesitamos a esos dos. No hay nadie que los sustituya y lo que ellos significan para el equipo es muy importante. Alex no pertenece a esa misma categoría. Él también es importante, pero creo que podríamos sobrevivir si se lesiona".

Desde luego, Rodríguez era la fuente primaria de poder diestro en una alineación predominantemente zurda y jugaba una magnífica defensiva; por tanto, los Yankees no eran tan capaces de sustituir ese tipo de valor si él se lesionaba. No obstante, tras un desempeño de 1–de–14 en la postemporada y su a veces extraño comportamiento en la casa club, su valor percibido por su propio equipo era menor que su valor real. Era una circunstancia muy rara para un talento de superestrella.

El hecho es que los Yankees, tanto si aún pertenecían a Jeter por su nombramiento como capitán como por su cuenta en el banco de la buena voluntad con sus aficionados, o a Rodríguez, gracias a su talento y tendencia a llamar la atención, aún buscaban confeccionarse una identidad en los años posteriores a sus campeonatos. Si los Yankees esperaban ganar, sólo se debía a una obligación percibida con su pasado y no porque en verdad lo vivieran y lo respiraran. Fue necesario un Yankee repatriado como Andy Pettitte para reconocer ese tipo de cambio importante en la cultura Yankee.

◆ ◆ ◆

Pettitte ganó campeonatos mundiales en los años 1996, 1998, 1999 y 2000 con los Yankees. Partió con desgano después del tibio esfuerzo de los Yankees por conservarlo después de la derrota en la Serie Mundial de 2003 contra Florida, para ser contratado por los Astros de Houston. Después de tres temporadas en Houston, una de las cuales incluyó otra aparición en la Serie Mundial para Pettitte, aprovechó la oportunidad de regresar a los Yankees, porque extrañaba la energía y las demandas que son indispensables para jugar en Nueva York. Esto no tuvo relación alguna con la ciudad misma. Pettitte casi nunca se aventuraba a pasear por Manhattan. Por el contrario, se relacionó con el ambiente del juego. Los Yankees le devolvieron su antiguo número, el 46, su viejo casillero (un sitio adosado al muro derecho, a medio pasillo de la sala rectangular) y su antigua posición automática en la rotación: Pettitte era el clásico pitcher abridor número dos. Él estaba, de hecho, programado para lanzar en ese segundo partido de la temporada de 2007 antes de que fuera cancelado por lluvia. Sentado ante su casillero acostumbrado, después de la cancelación del partido, Pettitte supo al instante que casi todo había cambiado en los Yankees en sus tres años de ausencia. Estos Yankees no estaban seguros de quiénes eran, no sabían si eran campeones o no y no creían de corazón, como creían los equipos Yankees de campeonato, que *debían* ganar.

"Tengo que ser cuidadoso con la forma de decir esto", comentó Pettitte, "pero en los años que ganamos aquí, nosotros esperábamos ganar. *Todo el mundo.* Y cuando no ganábamos, era devastador. Recuerdo en 2003 que deseábamos ganar con todas nuestras fuerzas. Fue personal para mí porque yo no había lanzado bien en la Serie Mundial de 2001. Y Josh Beckett arrasó con nosotros en la Serie Mundial y nos venció. Tuvimos un gran año pero recuerdo que pensé que el año había sido un fracaso total. Fue un sentimiento amargo. Muy amargo".

El simple recuerdo de esa experiencia le dolía a Pettitte. Él bajó la cabeza y su rostro expresó dolor al pensar en ese recuerdo de hacía cuatro años, en especial esa última noche cuando Beckett venció a Pettitte y a los Yankees 2–0, en el que sería el último partido de Serie Mundial que se jugaría en el Yankee Stadium. Sólo siete hombres habían derrotado a los Yankees en un partido de postemporada en el Yankee Stadium, ninguno desde que Warren Spahn, miembro del Salón de la Fama, lo hiciera en 1958, y ninguno había eliminado a más bateadores por strikes que los nueve Yankees ante quienes Beckett se impuso aquella noche. Pettitte lanzó con valentía esa jornada y sólo concedió una carrera merecida a lo largo de siete entradas; no obstante, fue el pitcher perdedor. Odiaba ese recuerdo. Pettitte levantó la cabeza y continuó.

"Y aquí es donde debo ser cuidadoso", dijo. "Creo que ahora sabemos lo difícil que es ganar. Tienes que ser cuidadoso al decirlo porque no quieres que la gente piense que has disminuido tus expectativas. La meta aún es la misma. Sin embargo, ahora existe un sentimiento distinto. Es el sentimiento de saber lo difícil que es ganar".

Al perder, los Yankees supieron lo difícil que era la victoria en realidad. Y tal vez ahora conocen esa realidad demasiado bien.

"Exacto", confirmó Pettitte. "Eso no significa que nuestro deseo de ganar sea menor, pero, ¿la expectativa de que *ganaremos*? Es diferente ahora a como era antes".

Jeter, mientras tanto, permanecía fiel al estilo de la vieja escuela de los Yankees. Era difícil para él aceptar la derrota y no toleraba a quienes no sentían lo mismo. Aún creía, a pesar del discurso que Torre dio en el entrenamiento de primavera sobre sentirse orgullosos por los 97 triunfos, que la temporada del 2006 había sido un fracaso.

"Tal vez, si se trata de un equipo joven que nunca antes ha llegado a los playoffs, puedan decir que no fue un fracaso", dijo

Jeter. "Nosotros no. Yo no. Para mí es un fracaso si no cumples lo que determinaste cumplir. No es un éxito si no alcanzaste la meta que estableciste".

Le preguntaron a Jeter si no había mérito si se tomaba en consideración que 2006 fue un año bastante bueno, que los Yankees ganaron tantos partidos como el que más, a pesar de las muchas lesiones y su inicio lento.

"No", respondió. "En absoluto".

Ésa fue toda su respuesta. Era como si la respuesta fuera tan obvia que cualquier explicación o expansión fuera superflua. Doce pulgadas equivalen a un pie. Hay 24 horas en un día. Cualquier temporada de los Yankees que finaliza sin la adquisición de un título de Serie Mundial es un fracaso. Era una verdad inmutable. El problema era que, a medida que la alineación de los Yankees cambiaba a lo largo de seis años después de tener una verdadera temporada exitosa, cada vez menos Yankees pensaban como Jeter. Ahora, la derrota era una propiedad de la naturaleza del béisbol que aplicaba tanto a los Yankees como a cualquiera de las otras 29 franquicias, en especial durante los dos primeros meses de la temporada de 2007.

Los Yankees perdieron partidos con una frecuencia que los colocaba entre los peores equipos Yankees de todos los tiempos. Perdieron 29 de sus primeros 50 partidos, un desastre que hubiera sido mucho peor de no ser por el espectacular bateo del recién pulido Rodríguez.

Sólo cinco de los demás equipos de los Yankees habían tropezado con inicios peores, incluso sólo uno en los pasados 93 años: los equipos de 1905, 1912, 1913, 1914 y 1990. Todos esos equipos finalizaron con récords perdedores, en sexto lugar o peor. Los Yankees de 2007 tenían el desastre escrito por todas partes.

Después de esos 50 partidos, el bateo zurdo de los Yankees,

que debía ser la columna vertebral de la ofensiva, fue atroz. Abreu bateaba .228, Damon bateaba .260 y Giambi bateaba .262. Ninguno de ellos estaba aún en forma apropiada para el juego.

El final de la rotación apenas fue sorpresivo: era tan poco confiable como lucía en el papel. Igawa era tan malo que, después de sólo seis inicios, los Yankees redujeron su rango y lo enviaron, a él y a su ERA de 7,63, a la Liga Estatal de Florida de clase A, en esencia para que los "gurús" de pitchers de Steinbrenner, Nardi Contreras y Billy Connors le dieran clases de lanzamientos para principiantes. Resultaba asombroso pensar que los Yankees pudieran creer que valía una inversión de $46 millones y decidieron, después de sólo seis partidos, que Igawa necesitaba aprender a lanzar. ¿Y Pavano? Él era la versión en pitcher de por qué el estado de Nueva York había aprobado una ley para proteger a los compradores de autos usados. Aguantó el entrenamiento de primavera y dos inicios de temporada regular antes de finalizar su participación en la temporada debido a un codo lesionado.

Aunque las bajas de Igawa y Pavano pudieron ser predecibles, Mussina, Chien-Ming Wang y el novato Phil Hughes también terminaron en la lista de lesionados. (Hughes se desgarró un tendón mientras lanzaba un partido sin hits). De inmediato, los Yankees se vieron atrapados en una carencia de sustitutos de calibre de ligas mayores. En sólo esos primeros 50 partidos de la temporada, Torre se vio obligado a utilizar a once pitchers abridores distintos, siete de los cuales eran novatos y casi ninguno de ellos contaba con un futuro significativo en las Grandes Ligas. Uno de ellos, Chase Wright, se convirtió en el segundo pitcher en la historia de las ligas mayores en lanzar cuatro jonrones consecutivos; se las arregló para concederlos en su segundo partido de Grandes Ligas, en una secuencia de diez lanzamientos, en Boston y contra los Red Sox.

"Nuestro problema ahora mismo es que tenemos demasiados pitchers en el 'Pavano' de quince días", dijo Mussina cierto día de abril. "Así es como ahora se le llama de manera oficial. ¿Lo sabías? El 'Pavano'. Su cuerpo se descompuso después de haber lanzado durante seis semanas. Es como cuando te haces un trasplante de órgano y tu cuerpo lo rechaza. Su cuerpo rechazó el hecho de ser pitcher. No está acostumbrado a eso".

Los triunfos y los lanzadores decentes se presentaban con tanta dificultad que Torre pronto desechó el plan que había anunciado el primer día del entrenamiento de primavera de que Mariano Rivera se convirtiera en el pitcher cerrador de una sola entrada. Rivera tenía 37 años y Torre pensó que podía aligerar su carga física si nunca le pedía que obtuviera más de tres outs, que es la manera como la mayoría de los mánagers consentían a sus pitchers cerradores.

Rivera, sin embargo, intuyó al instante que el plan de Torre estaba sujeto a cambiar. Rivera era una de las armas más valiosas en el béisbol, un sujeto que no sólo poseía lanzamientos dominantes, sino también una eficiencia temible: en raras ocasiones se metía en conteos largos, por no hablar de bases por bolas. Esto le permitía asegurar más outs que cualquier pitcher cerrador típico. Era el mejor amigo de un mánager, la solución exacta para un problema. En caso de emergencia no era necesario romper un cristal: sólo había que poner a Mariano a lanzar.

"Ya veremos", comentó un Rivera escéptico en marzo acerca del plan de Torre. "Ya he escuchado antes ese tipo de cosas y luego no suceden. No me importa. Yo lanzaré cuando ellos me pidan lanzar y estaré listo. Pero ya veremos".

El plan de Torre duró hasta el 21 de abril, cuando uno de esos partidos típicamente insólitos en el Fenway Park contra los Red Sox creó una de esas situaciones "en caso de emergencia". Los Yankees tenían una ventaja de 6–2 en la octava entrada contra los Red Sox cuando Torre puso a Mike Myers, su especialista zurdo, a lanzar contra David Ortiz, un bateador zurdo. Ortiz bateó un doble.

A continuación, Torre probó con su hombre diestro, Luis Vizcaíno, contra el bateador diestro Manny Ramírez. Vizcaíno concedió base por bolas a Ramírez. Vizcaíno logró un out por rolata con J. D. Drew, pero luego Mike Lowell conectó un sencillo que llevó a Ortiz a home. Ahora, el marcador era 6–3 con la carrera del empate al bate y un out. Era el momento para que Torre desechara su plan y acudiera a su mejor pitcher.

"Mentí, ¿qué puedo decirte?", comentó Torre después del partido. "Mi plan no era mentir, pero lo hice. Según resultaron las cosas, él no lanzó dos entradas".

Rivera perdió la ventaja. Jason Varitek bateó un sencillo que produjo una carrera; Coco Crisp conectó un triple para traer a home dos más; y Alex Cora obtuvo otro sencillo sobre la cabeza de Jeter para impulsar la última carrera de lo que fue un triunfo para Boston 7–6.

Para los Yankees, éste fue el comienzo de siete derrotas consecutivas, cuatro de ellas ante los Red Sox, incluso una paliza de 11–4 en el Yankee Stadium en la derrota número siete. Era el 27 de abril y Torre recibió la noticia oficial de que su despido era inminente… bueno, si la filtración de información a los periódicos puede ser considerada una forma oficial de comunicación de las oficinas generales de los Yankees. "Joe en peligro debido a los fallos de los Yankees", publicó el *New York Post* a la mañana siguiente. George King escribió: "Ayer, los rumores en Tampa señalaron que Steinbrenner estaba 'muy disgustado' por la manera como su costosa cuadra de talentos se ha desempeñado y piensa en un cambio".

El artículo cuestionaba si Torre era culpable por la deplorable actuación de los pitchers y por los bateadores ineptos y continuaba: "Si Steinbrenner y las voces que él escucha creen que la respuesta es 'sí', y si los Yankees son barridos este fin de semana por los Red Sox, no está fuera del reino de las probabilidades que el Jefe realice un cambio".

Traducción: el empleo de Torre estaba en las manos de los

pitchers abridores Jeff Karstens y Chien-Ming Wang durante las siguientes 48 horas.

"Sí me molestan las filtraciones", confirmó Torre. "Es un insulto. Si tienes un problema, acude a mí. Después de estar tanto tiempo con los Yankees, de entregarme a la organización… Si a alguien no le gusta lo que hago, que me lo diga. Ellos me dejaron en la incertidumbre y yo estaba a punto de tener una conferencia de prensa sin saber si trabajaría o no. Luego, George me llamó cinco o diez minutos antes de mi conferencia de prensa y me dijo que regresaría; y yo aún cumplí con mi papel. 'Muchísimas gracias'.

"Es un insulto porque tú crees que mereces más que eso. Mi esposa me dice que soy demasiado sensible y yo respondí: 'Es probable que tengas razón'. Pero existe cierta dignidad en lo que haces.

"Una vez más, como señaló Ali, tú ya sabes para quién trabajas. Así es su manera de operar. Y eso no me importa cuando ganamos. Y George azota el látigo todo el tiempo. Eso está bien. Tú lo que haces es sonreír ante eso y respetas el motivo por el cual él es exitoso y de lo que está hecho. Pero hay ciertos momentos en los cuales quisieras que la gente confiara en lo que haces, en lugar de cuestionar lo que haces".

Karstens, con su tercer partido ganado en las ligas mayores y en la que sería su única victoria de la temporada, salvó el empleo de Torre cuando lanzó para los Yankees en un improbable triunfo de 3–1. Los Yankees, sin embargo, volvieron a lo mismo en el final de la serie y perdieron 7–4. Habían ganado un solo partido en los diez días previos.

Ahora era el momento para que Steinbrenner hiciera alguna declaración o, al menos, la versión cuidadosamente confeccionada de Steinbrenner, en lugar de sólo los susurros clandestinos de "las voces que él escucha". La gente de publicidad de Steinbrenner había dejado de permitirle hablar de forma extemporánea con la prensa, tanto en persona como por teléfono.

En muy pocas ocasiones aparecía en público. Era un riesgo para las relaciones públicas que Steinbrenner fuera visto o escuchado, aunque sólo fuera porque provocaba más debates acerca de su salud y de la sucesión del poder. El Jefe se comunicaba con los medios de comunicación sólo mediante declaraciones muy bien revisadas y emitidas a través de la empresa de publicidad, mientras los oficiales de esa misma firma o las oficinas generales de los Yankees continuaban pintando una imagen de un robusto Steinbrenner que, si les creías, casi atravesaba a nado el Canal de la Mancha cada mañana y jalaba camiones con los dientes por las tardes. La verdad era que, cuando Torre llamaba a Steinbrenner, ya no podía localizarlo en su oficina en Legends Field hasta las cuatro o cinco de la tarde. Steinbrenner no iba a su oficina antes de esa hora.

"La temporada es aún muy joven", decía la declaración de Steinbrenner, "pero hasta ahora los resultados no son nada aceptables, ni para mí ni para la afición Yankee. Sin embargo, Brian Cashman, nuestro director general, Joe Torre, nuestro mánager, y nuestros jugadores creen que pronto podrán cambiar esta situación.

"Yo creo en ellos. Yo estoy aquí para apoyarlos de cualquier manera y para ayudarlos a lograr este cambio. Es momento de hacer un lado las excusas y las palabras. Es momento de ver si la gente está dispuesta a dar un paso al frente y aceptar su responsabilidad. Es momento para que todos ellos nos demuestren, a mí y a los aficionados, de qué están hechos.

"Sigamos adelante. Salgamos, ganemos y traigamos de regreso un campeonato mundial a Nueva York. Eso es lo que quiero".

Sonaba como si alguien ofreciera su versión de Steinbrenner, como uno de esos concursos de escritura al estilo Hemingway para autores novatos; porque, bueno, en momentos como ése se esperaría que Steinbrenner dijera *algo*, ¿no es así? La declaración incluía las típicas amenazas veladas (Cashman y Torre, dado que eran los únicos mencionados, quedaban advertidos de que toda culpa recaería sobre ellos) y las banalidades propias de un discurso de intermedio de football que Steinbrenner creía que hacían que jugaran mejor. No obstante, el comunicado carecía del fuego visceral y la pasión que habían convertido a Steinbrenner en un líder tan feroz. Sin embargo, el texto fue suficiente para motivar más especulaciones acerca de que el cargo de Torre estaba en peligro.

"Cada partido que perdíamos era una referencia a ser despedido", comentó Torre. "Era como si fuera inminente. Eso era lo que decía la gente. Sin importar cuánto intentes no leer los periódicos, tus amigos y tus familiares sí los leen. Y no puedes aislarte de todo.

"Me agotaba responder a todas esas preguntas. Iba a la casa club y los jugadores me decían: '¿Estás bien? ¿Estás bien?', por todo lo que sucedía. Yo odiaba eso.

"Tú quieres que todo sea agradable. Ganes o pierdas, quieres una casa club que esté lista para competir en lugar de tener que quitar primero los obstáculos. Yo estuve allí durante doce años. Entonces, hay cierta cantidad de respeto que los jugadores sienten, incluso si no te quieren como mánager, y que desean mostrar. Fue un periodo muy incómodo para mí. La mejor parte para mí era el juego. No tenía que responder nada. Podía hacer lo que sabía hacer".

Los partidos no eran tan tranquilos para Torre. Los Yankees sólo habían jugado 23 partidos para cuando Steinbrenner publicó su misiva. Estaban a 9–14 y habían utilizado a nueve pitchers distintos para iniciar esos 23 partidos. Cinco de esos pitchers eran novatos y cuatro de ellos nunca antes habían lanzado en las ligas mayores, lo cual convertía a los Yankees en el primer equipo desde 1900 que utilizó tantos pitchers por primera vez en fechas tan tempranas de la temporada.

Cashman intentaba ayudar, pero la asistencia que brindaba

sólo servía para subrayar una sutil ruptura filosófica que se abría entre él y Torre. Cashman le entregaba sus sugerencias de alineación a Torre, casi siempre basadas en estadísticas, como los porcentajes de colocación en base.

"Haz lo que quieras con esto", le decía Cashman.

Para una alineación sugirió que Bobby Abreu bateara primero y Jason Giambi en segundo lugar. Ambos eran productores estrella de carreras, pero la idea de Cashman era poner bateadores con altos porcentajes de colocación en base al principio de la alineación, fueran o no bateadores tradicionales de mediados de la alineación.

Por lo general, Torre no acataba las ideas específicas de alineación. A Torre le agradaban ciertas cifras como herramientas, no como filosofía. Le gustaba saber, por ejemplo, cómo se desempeñaban los bateadores y los pitchers a largo plazo contra zurdos y diestros. Entonces, con toda educación, Torre le agradecía a Cashman sus sugerencias y agregaba un recordatorio para el director general.

"Brian", decía Torre, "los números son buenos, pero no olvides nunca el latido del corazón".

Cashman sí hizo una sugerencia que Torre se vio obligado a resolver de inmediato.

"¿Por qué no pones a Mike Myers a lanzar contra bateadores diestros?", le dijo Cashman. "Ha logrado que los diestros bateen rolatas. Si estás en un momento en el cual necesitas un doble play contra un bateador diestro, ¿por qué no metes a Myers?"

Myers era un pitcher zurdo cuyo único propósito en su vida deportiva era eliminar bateadores zurdos. Él lanzaba con un curioso movimiento de costado diseñado de manera específica para crear dificultades para los bateadores zurdos, al incrementar el ángulo desde el punto de liberación del lanzamiento. La bola parecía venir de lado para los bateadores zurdos. El movimiento, sin embargo, garantizaba a los diestros una larga mirada a la bola.

A lo largo de su carrera, los bateadores diestros habían obtenido .300 de promedio contra Myers, pero los zurdos bateaban sólo .219 contra él. La temporada de 2007 era una anomalía para Myers, pues los zurdos en realidad bateaban mejor contra él (.295) que los diestros (.259). Cashman ponía su fe en la pequeña muestra de números al inicio de la temporada de 2007, cifras compiladas en gran medida en situaciones de poca importancia y no en las últimas entradas de partidos cerrados.

"Brian, el único momento en que le permitimos lanzar contra bateadores diestros es cuando tenemos una ventaja suficiente. Él no les lanza a bateadores diestros con el juego por definirse".

Los Yankees eran un desastre. Steinbrenner tenía motivos para estar preocupado. Su equipo era un desorden total y ello no sólo se debía a las lesiones.

Damon, el bateador inicial de la rotación que antes inyectara una especie de simpática energía a los Yankees, se había convertido en un lastre para el equipo con las lesiones de su pierna y su actitud indiferente. Una vez que Damon tomó la decisión de regresar a los Yankees después del entrenamiento de primavera, necesitó poner en forma sus piernas; sin embargo, estaba demasiado retrasado en el programa como para que eso sucediera a tiempo para el inicio de la temporada. Como era de esperarse, el Día de Apertura, ni más ni menos, Damon corría hacia atrás para atrapar un fly de Elijah Dukes, de los Rays de Tampa Bay, fly que sería un jonrón, cuando percibió una sensación de agarre en la pantorrilla.

"En realidad, me sentía listo para jugar", comentó Damon, "y luego, el Día de Apertura, en una temperatura de 30 grados (por qué jugamos en Nueva York entonces y no en Tampa, no lo sé), con el jonrón de Elijah Duke sentí dolor en la pantorrilla. Yo pensé: 'Esto debe ser una maldita broma'. Continué en el juego a pesar de ello. No podía llegar a las bolas. El equipo perdía porque yo no podía llegar a las bolas. Fue brutal. Intentaba hacer algo pero mis piernas no me lo permitían".

Durante dos meses, Damon estuvo preocupado por la condición de sus piernas y nunca pudo recuperar la chispa del deseo de jugar béisbol. Hubo días en los cuales dijo que no podía jugar y días en los cuales jugó cuando no parecía estar entusiasmado con ello. En cada ocasión surgían las preguntas: ¿Está en la alineación o no? ¿Quiere jugar o no? Sus compañeros de equipo se sentían frustrados. Tampoco ayudaba el hecho de que Damon se mostraba abatido en la casa club. Ya no había más de esas bromas previas al partido en la casa club y en el dugout.

Damon representaba varios problemas para Torre. Estaba el problema de conformar una alineación dependiendo del estado diario de las piernas de Damon. Estaba el problema de la falta de producción de Damon cuando formaba parte de la alineación. Y estaba el problema de los compañeros de Damon; en especial los Yankees de la vieja guardia, enojados con la falta de compromiso de éste. Torre hablaba en privado con Damon de tiempo en tiempo y salía de allí con la idea de que Damon se encontraba en el mismo lugar que cuando abandonó al equipo en el entrenamiento de primavera: aún se preguntaba si quería jugar béisbol; es decir, no exactamente el tipo de jugador que un equipo en vías de hundirse necesita como bateador inicial y como catalizador de sus deseos.

En una de sus reuniones privadas, Torre le dijo a Damon: "El tipo de jugador que has sido a lo largo de toda tu vida es el tipo de jugador que sale al terreno de juego y se compromete por completo. Tú no eres ese tipo de persona ahora. Es fácil darse cuenta de ello".

Damon se mostró de acuerdo con Torre.

"No estoy seguro de querer hacer esto", le dijo Damon.

Los compañeros de equipo de Damon se sentían tan frustrados que varios hablaron con Torre y le comunicaron sus preocupaciones de que Damon dañaba al equipo. Uno de ellos visitó a Torre cierto día en su oficina y casi soltó el llanto mientras hablaba sobre Damon.

"Deshagámonos de él", dijo el jugador. "Los muchachos no lo soportan".

Torre respondió: "Comprendo tu manera de sentir, yo también estoy decepcionado y todo eso, pero tenemos que encontrar una manera de hacer que funcione en lugar de dar la espalda a la situación. Tenemos que hacerlo. Y tú vas a ayudarme a encontrar una manera de corregir todo esto.

"Lo más fácil del mundo, o sea, no es que tú puedas hacerlo, es deshacernos de él. No puedes hacer eso. No *podemos* hacer eso. Entonces, busquemos la manera de hacer que funcione.

"Escucha, siempre hemos tenido a alguien aquí, de tiempo en tiempo, con quien tenemos que lidiar, alguien que no nos encanta. Pero últimamente no nos ha ido bien y tal vez por eso lo vemos de manera distinta. La base de todo esto es que él forma parte del equipo. Y en tanto sea parte del equipo, depende de todos nosotros encontrar una manera de hacer que esto funcione. Hagamos lo que podamos hacer para ayudarlo y avanzar".

Damon continuó frustrando a sus compañeros de equipo. Su promedio de bateo era .229 con un jonrón, cuando los Yankees, dando tumbos con un récord de 9–14 y justo después del comunicado de Steinbrenner, viajaron a Texas para una serie de tres partidos contra los Rangers. Torre decidió que era necesario tener una junta, una junta en la cual era tan importante que los jugadores hablaran como que él mismo hablara. Los Yankees se reunieron en la sala de entrenamiento de la casa club para visitantes en el estadio en Arlington.

"Para superar algo como esto, ustedes se necesitan unos a otros", les dijo Torre. "No me importa lo que opinen unos de otros, si les agrada el chico que está a su lado o si no es así, pero se necesitan unos a otros. Sólo hay una cosa que todos intentamos lograr y no pueden hacerlo solos.

"Cuando ustedes van allá afuera, a la caja de bateo, o cuando suben a ese montículo, tienen que saber que los otros chicos les cuidan las espaldas. Si ustedes no hacen el trabajo, tienen que comprender que alguien más lo hará por ustedes.

"No pueden controlar los resultados todo el tiempo. Sólo tienen que estar preparados cada día y jugarse el trasero. Y... tiene que ser importante para ustedes".

Gran parte de la vieja guardia habló. Jeter habló. Pettitte habló. Rivera habló. Hablaron acerca de que era necesario que todos estuvieran de acuerdo y que eso conllevaba cierta urgencia. Hablaron acerca de la importancia de depender unos de otros. Nadie mencionó a Damon por su nombre. A continuación, para sorpresa de Torre, Damon se puso de pie para hablar. Básicamente, repitió el mismo mensaje, directo del archivo de discursos de "esto es lo que necesitamos hacer". Concluyó cuando dijo: "Desearía haber podido ayudarlos. Estaba lesionado. Ahora, *yo* necesito ayudar".

Sus palabras no tuvieron efecto alguno en sus compañeros de equipo. Quizá la intención de Damon era buena, pero no estaba en posición, pensaron ellos, de animar a las tropas cuando él era quien más necesitaba ánimos. A Torre le sorprendió escuchar hablar a Damon.

Damon mejoró un poco después de eso, pero dicha mejoría aún estaba sujeta a intervalos periódicos de acción e inacción que irritaban a Torre. El 15 de mayo, cuando los Yankees se encontraban en Chicago para jugar contra los White Sox, Torre supo que tenía que conversar con Damon una vez más. Se aproximaba una tormenta. Pesadas y ominosas nubes se acumulaban sobre el U.S. Cellular Field mientras los Yankees realizaban ejercicios opcionales de bateo.

"Estuvimos bien en Texas, incluso en casa después de eso", dijo Torre en aquellos días, "pero nos hacía falta esa chispa. Carecíamos de esa actitud vencedora. Jugábamos bastante bien, pero no cumplíamos con nuestro trabajo. Y yo tenía dos chicos que intentaban decidir si querían jugar o no".

La chispa que más falta les hacía era la que se suponía que Damon debía aportar. Giambi también era un problema. Su pie, como las piernas de Damon, era un asunto diario que parecía entorpecer su resolución. Como si se los hubieran indicado, las nubes sobre el U.S. Cellular Field dieron paso a un aguacero que hizo correr a los Yankees a la casa club en busca de resguardo. Torre encontró allí a Damon y a Giambi y le dijo a cada uno de ellos que quería verlos en la sala de entrenamiento con pesas.

"Hay una cosa que necesito saber de ustedes, muchachos", les dijo Torre. "Necesito saber si están listos para jugar porque hemos llegado a un punto en el cual de verdad necesitamos ganar partidos y ustedes son muy importantes para nosotros. Pero sólo son realmente importantes para nosotros si su corazón está en el partido. Entonces, díganme: ¿quieren jugar béisbol o no?"

Damon y Giambi le ofrecieron a Torre la respuesta adecuada. Ellos le darían todo lo que tenían.

"En el pasado", dijo Giambi, "él nos pidió que jugáramos lesionados y Johnny y yo jugamos hasta el punto en el cual quizá no debíamos estar allá afuera. Pero haríamos cualquier cosa por Joe. Creo que Joe intentaba transmitir el punto de: 'si en realidad están tan lesionados, sólo sean honestos con nosotros porque estamos perdiendo y, si no tienen ganas, infórmenmelo, en lugar de decir 'sí, estamos bien, Joe'. Él pretendía mezclar y combinar jugadores para ganar.

"Yo le dije: 'Estoy agotado. Te he dado todo lo que tengo. Si no crees que es suficiente, entonces acude a otro. Pero te doy todo lo que tengo'. Así fue hasta el punto en el cual reventé. Me partí el pie por la mitad, creo que no mucho tiempo después de eso".

Mientras tanto, Torre tenía que encontrar una manera de que Abreu superara un mal comienzo. Sus sospechas con Abreu eran que quizá éste se esforzaba demasiado.

"Él es un buen soldado", dijo Torre en su momento. "Es sólo que se presiona mucho porque siente que nos ha decepcionado a todos. No es el mejor espécimen físico del mundo, pero es un buen bateador. En términos físicos está bien, pero ahora lucha consigo mismo más que contra cualquier otra cosa".

Pocos días antes, Torre se había reunido con Abreu y con el entrenador de banca, Don Mattingly, para intentar sacar a Abreu de su atasco.

"Estoy bien", les dijo Abreu.

"No es así", respondió Torre al instante. "No estás bien. Sé qué es lo que quieres y sé que trabajas por ello y vas tras ello. Pero intentemos descubrir qué es lo que sucede aquí".

Torre dijo: "Yo sólo quería asegurarme de que la posibilidad de ser agente libre no era parte de ello y creo que me convenció de que no lo era. La responsabilidad de decepcionar a la gente era más una imposición que nada".

Mientras tanto, el entrenador de bateo Kevin Long también intentaba que Abreu superara ese bache. Long decidió que necesitaba regresar a los fundamentos de su swing, de manera que sacó un *tee* de bateo. Abreu le dijo a Long algo que sorprendió por completo al entrenador de bateo: él nunca había utilizado un *tee*.

"Uno intentaría cualquier cosa con tal de animar a un jugador", comentó Long, "pero, básicamente, cuando un chico está en un bache, tú trabajas con su cabeza. Él se para ahora sobre el cubo, estaba bateando bien. Así batea él. Sin embargo, perdió toda su confianza en su habilidad para batear y ahora trabajamos para recuperar una parte de esa confianza".

Abreu tenía 33 años. Damon tenía 33 años. Giambi tenía 37 años. Mussina, estaba en la lista de los lesionados, tenía 38 años. Ocho de los 12 jugadores regulares más utilizados en esa temporada y tres de los cuatro pitchers abridores más utilizados en esa temporada tenían 33 años o más. Tal vez, sólo tal vez, esos Yankees habían recorrido demasiadas millas. Torre fue preguntado sobre esa posibilidad en el dugout del U.S. Cellular Field en Chicago.

"No, no lo creo", respondió Torre. "Tal vez están agotados, pero no creo que estén viejos. Creo que, sóbre todo, se trata de un caso de lo difícil que resulta resolver problemas con mucha frecuencia. Lo cierto es que el año pasado tuvimos varios problemas y llegó Melky Cabrera y nos dio una inyección de energía, sin duda alguna. Dos años antes fueron Robinson Canó y Wang. Jugar a diario en Nueva York, en especial cuando tienes que responder por ello cada día, a veces pienso que agota a la gente. No creo que sea la edad".

El partido de los Yankees fue cancelado aquella noche en Chicago, lo cual obligó a un partido doble al día siguiente. Damon se las arregló para conectar un hit en cinco turnos al bate y fue eliminado por strikes en tres ocasiones en una derrota de 5–3 contra Chicago. En el segundo partido, Torre puso a Cabrera, de 22 años, en el campo central en lugar de Damon. Cabrera bateó un jonrón en una victoria para los Yankees de 8–1. Entonces, Torre metió a Cabrera en la alineación del siguiente día y mantuvo a Damon en la banca. Cabrera no pudo lograr ni un hit y los Yankees perdieron 4–1.

Damon mostró algo de vida en sus piernas y bateó después de ese lapso en la banca. Conectó nueve hits a lo largo de los siguientes seis partidos. No fue coincidencia que también los Yankees jugaran mejor. Perdieron dos de los tres partidos contra los Mets en el Shea Stadium, pero a Torre le agradó su manera de jugar. Mostraron verdadera energía por primera vez, mejoraron sus turnos al bate y reaccionaron cuando se encontraban detrás en lugar de rendirse a los déficits. De hecho, cuando los Yankees recibieron a Boston después de la serie en Shea, Torre organizó una junta de equipo para hacerles saber a sus muchachos que por fin habían adquirido una personalidad luchadora.

"Felicitaciones, chicos", les dijo. "Han adquirido esa personalidad. Pueden luchar. Ahora que han visto que ya la tienen, aférrense a ella. Vamos".

El mánager quería que sus jugadores supieran, después de haber probado que podían jugar con tanto vigor, que esperaba que esa personalidad fuera la regla y no la excepción.

Torre recorría la sala con los ojos y, por costumbre, establecía contacto visual con sus jugadores mientras hablaba para comprometerlos por completo con su mensaje y para leer en su lenguaje corporal si le compraban la idea. Justo cuando Torre fijó la mirada en la de Damon, dijo: "Sin importar lo que pueda sucederles en casa o fuera del campo, el tiempo que invierten aquí debe continuar enfocado en ofrecer todo lo que tienen al equipo".

Torre no se había propuesto captar la mirada de Damon en ese instante, pero de inmediato consideró que ese contacto visual había sido una feliz coincidencia de sincronía. La verdad es que el mensaje aplicaba tanto para el lesionado y atribulado out-fielder central de los Yankees como para cualquier otra persona presente en la sala.

Mientras tanto, detrás de los comunicados de prensa, el verdadero Steinbrenner, y no la versión apuntalada que publicaba declaraciones a través de una firma de relaciones públicas, tampoco mostraba su acostumbrado fuego y pasión a Torre. Antes del partido medio de la serie contra los Mets, Cashman se encontraba en la oficina de Torre cuando su teléfono sonó. Era Steinbrenner. La llamada fue un error. Steinbrenner había hablado con Cashman poco tiempo antes, pero había remarcado el número por equivocación. Torre aprovechó la oportunidad y pidió hablar con el Jefe. A Torre le agradaba llamar a Steinbrenner cada dos semanas o algo así, sólo para mantener abierta la comunicación, para decirle cuánto apreciaba su apoyo, pero las conversaciones eran cada vez más breves y genéricas. Torre y Steinbrenner conversaban sólo unos 30 segundos. Ésta fue otra de esas conversaciones.

"Tú eres mi chico", le dijo Steinbrenner a Torre. "Manténte animado".

"Gracias, George", respondió Torre. "Hacemos nuestro mejor esfuerzo para que te enorgullezcas de nosotros".

Eso fue todo. Mientras tanto, durante esos días difíciles, Cashman se arrojaba frente a Torre como un escudo humano en un intento por mantenerlo aislado del fuego de Steinbrenner y, con más exactitud, de los lugartenientes de Steinbrenner, que habían considerado con firmeza la posibilidad de despedir a Torre después de la temporada previa y de nuevo en abril y en mayo.

"Joe no es el problema", le decía Cashman a Steinbrenner. "Si necesitas despedir a alguien, despídeme a mí, no a Joe".

Los Yankees ganaron dos de tres partidos contra Boston. Tenían en que apoyarse. Sin embargo, nada bueno fue sostenible en esos primeros 50 partidos y la inconsistencia se reflejaba en Damon en mayor medida. Cada vez que el juego de Damon comenzaba a despuntar, de pronto parecía otra vez frágil y poco comprometido. El 25 de mayo fue uno de esos frecuentes días malos para Damon. Antes del partido, mientras se acercaba a los 2.000 hits, Damon pareció sentirse extrañamente indiferente ante la posibilidad de jugar el tiempo suficiente para tener la oportunidad de batear 3.000.

"La posibilidad no está eliminada", dijo, "pero ahora mismo no sé si esto es lo que quiero hacer cuando tenga 37, 38 ó 39 años de vida, jugar béisbol. No sé".

En el partido de esa noche contra los Angels de Los Ángeles, Damon casi se avergonzó a sí mismo con su juego. No conectó ni un hit en tres turnos al bate, dejó caer un *drive* de línea descendente, no pudo perseguir dos flies que debieron ser outs y, por fin, le pidió a Torre que lo sacara del partido. Varios de sus compañeros de equipo notaron cuando Damon pidió salir del partido y no les agradó la situación. Los Yankees se habían cavado un agujero de dos meses para iniciar la temporada, lo que los dejaba con muy poco margen de error, y Damon se salía del partido.

"Sólo un día malo en la oficina", les dijo Damon a los reporteros después del partido. "No sé lo que sucedió. Durante los últimos días me sentía como si me hubieran inyectado la fuente de la juventud. Y ahora ocurre esto".

Le preguntaron a Damon si no era mejor que fuera a la lista de los lesionados en lugar de continuar jugando así.

"No lo sé", respondió él. "Dejaré que ellos decidan lo que sea mejor para el equipo".

Sobre el papel, los Yankees lucían formidables. Con un Roger Clemens de 45 años a punto de firmar para hacer otro retorno, su rotación incluía a uno de los más grandiosos pitchers abridores de todos los tiempos (Clemens), a uno de los más grandiosos pitchers relevistas de todos los tiempos (Rivera), a uno de los más grandiosos infielders de todos los tiempos (Rodríguez) y a uno de los más grandiosos shortstops de todos los tiempos (Jeter). Los Yankees tenían a cinco de los nueve jugadores de béisbol mejor pagados (Giambi, Rodríguez, Jeter, Clemens y Abreu) y al mánager mejor pagado del béisbol.

En la realidad, los Yankees eran un naufragio. Damon estaba lesionado y, en ocasiones, tan desinteresado que hacía enfurecer a sus compañeros de equipo. Giambi estaba lesionado. Abreu carecía de confianza. Igawa recibía lecciones correctivas para lanzar. Pavano estaba lesionado. Alguien llamado Tyler Clippard y alguien llamado Matt DeSalvo constituían el 40 por ciento de la rotación. Las famosas voces en Tampa ponían el empleo de Torre en entredicho casi una serie tras otra. Steinbrenner no se presentaba a trabajar hasta la tarde, mientras un alboroto impredecible tenía lugar para ver cómo se llenaría el enorme vacío de poder.

Los Yankees habían obtenido 21–29, el quinto peor inicio en la historia de la franquicia, el mismo que los colocó 14½ partidos detrás del primer lugar, los Red Sox, y a ocho partidos y medio de distancia del comodín, con *siete* equipos arriba de ellos. Sólo tres equipos habían estado tan lejos de ser el comodín con la temporada tan avanzada y habían logrado llegar a la postemporada. Era como si Torre dirigiera un taller de reparación de autos y el lote estuviera saturado de chatarras y autos golpeados que necesitaran sus atenciones diarias, con fugas de aceite y líquido de transmisión por todas partes.

¿Dónde comienzas a salvar la temporada y a salvar tu empleo? Torre comenzó en Toronto. Comenzó con una junta más. Comenzó con la junta para patear traseros que superó a todas las juntas para patear traseros.

14

La última carrera

Otra ciudad. Otro día. Otra crisis. Otra junta. Así fue como transcurrió el primer tercio de la temporada para los Yankees de 2007.

Se encontraban en Toronto para finales de mayo, su segundo mes nefasto consecutivo. Durante semanas, Torre había intentado motivar a su equipo para que jugara con urgencia, con comprensión y confianza mutuas pero los resultados no aparecían. Peor aún, en los días precedentes, sus entrenadores comenzaron a alertarlo sobre el hecho de que algunos jugadores se concentraban cada vez menos, y no más, ante la cantidad de derrotas que se acumulaban. Los chicos se presentaban tarde a los estiramientos, tal vez faltaban a algún trabajo adicional antes del partido… ahorraban esfuerzos en un momento en el cual los Yankees necesitaban no dar nada por seguro.

"Creo que ellos dieron por seguras muchas cosas porque los Yankees ganaron antes y ellos pensaban que las cosas sucedían de manera automática, así de simple", dijo Bowa. "Algunas pequeñas cosas ocurrieron… No sé, no eran cosas del estilo de los Yankees de Nueva York.

"Eran cosas pequeñas, como llegar tarde a los estiramientos, pero sumaban. Y los chicos que llegaban tarde no eran sólo los jugadores de reserva, o sea, eran los jugadores estelares.

"Ya sabes, cuando comienzas a perder partidos, ves que sucede un montón de mierda y los chicos dicen: '¿Para qué molestarse?'. Así es como ha cambiado el juego. Porque cuando yo solía jugar, cuando perdíamos, entonces hacías todo como debía hacerse. Cuando pierdes y no juegas al tope de tus capacidades, quieres estar lo más silencioso posible y cumplir con las reglas, lo que el mánager quiera. Cuando ganas es cuando puedes intentar cosas nuevas. Ahora, de hecho, es justo lo opuesto".

Había algo en ese equipo que intrigaba a Torre. Tal vez era injusto compararlo con los equipos de campeonato, pero ése era el marco de referencia con el cual trabajaba. En una sala llena de luchadores como Paul O'Neill, Tino Martínez y Scott Brosius, los descensos de concentración y esfuerzo a lo largo de la temporada nunca duraban mucho tiempo. Esos equipos respondían pronto a los inevitables deslices de energía o enfoque.

"Todo lo que esos equipos necesitaban era un pequeño empujón, un breve recordatorio, y respondían", comentó Torre.

Éste era un equipo muy distinto. La mayoría de los jugadores nunca había ganado nada. Muchos ni siquiera sabían *cómo* ganar. Había una notable carencia de esfuerzo, de hacer lo necesario para ganar.

"Sí. Podías sentirlo", dijo Mussina. "Podías sentir que todo el mundo se acostumbraba a perder. La gente se acostumbraba a sólo jugar; ganar o perder no era importante".

Este equipo no sólo necesitaba un empujón o un recordatorio. Este equipo necesitaba una patada en el trasero. Varias patadas.

Los Yankees realizaron prácticas de bateo adicionales a las 2:30 de la tarde en Toronto, lo cual acostumbraban hacer en su primer viaje de la temporada a un estadio. Poco después de finalizarla, Torre convocó a una junta de equipo que tendría lugar en la casa club de visitantes del Rogers Centre.

"Mi junta furiosa", dijo Torre. "Ésa fue la primera vez en todos mis años con los Yankees que sentí que no había suficientes muchachos a quienes les importara un carajo. Realicé esa junta y estaba furioso.

"Éramos terribles en ese momento. Jugábamos mal y no parecía importarles".

Torre criticó a los jugadores por cómo jugaban, pero lo hizo con una voz tranquila y mesurada.

"Terminemos con esta mierda ahora mismo", les dijo.

A partir de ahora, les dijo, los Yankees comenzarán a realizar prácticas de infield, el tipo de trabajo previo al partido de la vieja escuela que había desaparecido largo tiempo atrás como característica fundamental del juego. Los muchachos serían multados si se presentaban un minuto tarde al estiramiento. Todos tendrían que estar presentes por completo, en corazón y alma. Habló acerca de la responsabilidad y el enfoque.

"Y", les advirtió, "es demasiado tarde para decir que es muy temprano".

El cambio tendría que suceder de inmediato.

Y luego habló Bowa.

"Muchachos, ustedes juegan para el mejor mánager con quien podrían jugar", les dijo Bowa a los jugadores. "Él nunca los ataca. Él se mantiene a su lado tanto si aciertan como si fallan. Él les da el beneficio de la duda en todo. Él les avisa una noche antes si van a jugar o a descansar al día siguiente. Yo pienso que ustedes se aprovechan de este tipo, maldita sea.

"¿Van a marcharse a otra parte? No van a encontrar a otro

mánager como éste. Ésta es una oportunidad única en su vida entera para su carrera. No abusen de ella. No la den por segura porque éste es un mánager que aparece cada 25 ó 30 años. Muchachos, no tienen una maldita idea de lo afortunados que son por jugar para este hombre".

A los jugadores les sorprendió la intensidad tan directa de las palabras de Torre y de Bowa en esa junta. Tal vez ese tipo de rabia era lo que habían llegado a esperar del impulsivo Bowa, pero, ¿de Torre? Muchos de ellos nunca lo habían visto tan enojado. Los impresionó.

"Hubo verdadera emoción", recordó Mussina. "Creo que eso captó la atención de todos. En realidad hubo una sensación que percibimos en Joe y en el personal de que existía una verdadera preocupación. Tal vez no angustia, sino sólo verdadera… emoción. Casi como: 'Si van a hacer que esto cambie, más les conviene empezar muy pronto'. Como que se hacía demasiado tarde. Creo que todo el mundo captó la emoción".

Cuando Torre, Bowa y el resto del personal abandonaron la sala, los jugadores se quedaron. Decidieron reforzar el mensaje con su propia junta. Pettitte habló. Jeter habló.

"Hay momentos en los cuales puedes sentirte demasiado cómodo", dijo Jeter. "Y eso no siempre es bueno. Creo que a veces la gente piensa que si juega para esta organización, si juega para este equipo, va a ganar de manera automática. ¿Saben a qué me refiero? No me refiero a nadie en particular. En ocasiones, puede ser un estado mental y tú quedas atrapado allí. 'Ahh, si no ganamos hoy, ya lo haremos mañana. Ya sabes, somos los Yankees. Estaremos en los playoffs. La victoria sucede por sí misma'.

"Pero esta junta fue una llamada de advertencia para nosotros. He dicho muchas cosas a lo largo de los años. La gente siempre asume que no lo hago. La gente siempre asume. Todos asumen. 'Jeter no es muy hablador'. Permítanme plantearles una situación hipotética. Digamos que me llevo a Mo aparte.

En primer lugar, no voy a hacerlo con una cámara sobre mí. Creo que la gente que hace eso quizá sepa que la cámara está encima. Digamos que llevo aparte a Mo y digamos que le grito durante un día entero. Durante una hora. ¿Se lo dirá? Él no se lo dirá. Yo no se los diré. Pero entonces siempre escucho: 'Bueno, él no es muy hablador'. Sí, de acuerdo. Yo hablo con todos, pero no lo hago cuando la cámara está cerca".

Las palabras de Jeter captaron la atención de los jugadores.

"¿Sabes? Una cosa es escuchar algo del mánager y del personal", dijo Mussina, "y otra cosa es escucharla de jugador a jugador. No es que el mánager no provoque un impacto, pero es como escucharlo de tus padres en contraposición a escucharlo de tus amigos. Produce un impacto distinto.

"Básicamente, lo que se dijo fue para asegurarse de que cada muchacho hiciera absolutamente todo lo posible para estar preparado y para jugar al límite de sus capacidades. Cuando ganas es porque prestaste atención a todos los detalles y realizaste todo el trabajo. No das nada por seguro. Pero es muy fácil acostumbrarse a perder. Te quedas rezagado al principio de un partido y piensas: 'De acuerdo, otra derrota. Ya los atraparemos mañana'. Resulta fácil rendirse a ese sentimiento y acostumbrarse a perder. Por eso estaban preocupados los jugadores. Por asegurarse de que no cayéramos en ese marco mental y de que hiciéramos todo lo posible por ser un equipo ganador. Ningún individuo fue mencionado, pero existen maneras de hacer llegar un mensaje a las personas sin tener que exponerlas".

Jason Giambi dijo: "Joe sólo quería que jugáramos más duro. Sin importar lo bueno que es nuestro equipo, de vez en cuando tienes que meter a la gente en cintura. Creo que él hizo eso. Nosotros lo reflexionamos y hablamos. Lo más importante fue, además, que todo el mundo comenzó a recuperarse de sus lesiones y creo que eso fue lo que también dio el impulso necesario".

Las juntas, incluso las juntas exclusivas entre jugadores,

tienden a ser rutinarias, llenas de lugares comunes y poses, en nada distintas a las convenciones políticas. Sin embargo, estas juntas fueron diferentes. Había emoción en lo que la gente decía. Los jugadores cuestionaron de manera abierta las actitudes de otros jugadores, aunque no por el nombre.

"Los muchachos dijeron cosas a otros muchachos que tal vez no querían escucharlas", comentó Borzello, "y no querían allí a Joe para impedirlo. Joe lo hubiera hecho. Así de caldeados estaban los ánimos. Los chicos se cuestionaron quién quería jugar y quién no quería hacerlo, lesiones que algunas personas sospechaban que no eran reales, cosas así".

Las dos juntas duraron casi una hora. Los Yankees se perdieron de casi toda la práctica de bateo. Habían sido desafiados por Torre, reprendidos por Bowa y advertidos por Pettitte y Jeter. Ése sería el punto de cambio de su temporada o la verificación de que a ese grupo de Yankees no le importaba un carajo.

"Comencé a pensar en mí mismo", dijo Mussina. "Llegué al punto en el cual algunos de los jugadores hablaban y yo no escuchaba. O sea, sabía que algunos muchachos estaban encendidos y sabía que, básicamente, nos decían que abusábamos de todos los privilegios que recibíamos. La confianza en que haríamos lo que tuviéramos que hacer para estar listos para jugar, y salir a jugar el partido tal como éramos capaces de jugar, se estaba perdiendo. La confianza se estaba perdiendo.

"Lo que cada jugador debía hacer era mirarse a sí mismo y preguntarse: '¿Estoy involucrado en esto? ¿Soy yo una de esas personas?'.

"Pero algunos sólo se sientan allí y ni siquiera lo escuchan. Ellos no piensan que nadie habla acerca de ellos. Pero en realidad yo estaba en ese punto en el cual sólo estaba sentado y pensaba: '¿Soy yo?'. Si lo era o no… o sea, yo había estado lesionado la mitad del tiempo hasta ese momento, de cualquier manera, y luego estuve en la lista de lesionados por un problema en el tendón la mitad del periodo antes de esa junta. Sin embargo, me preguntaba si hacía todo lo que podía o debía hacer. En última instancia, la junta marcó una diferencia".

Sólo hubo un problema con el momento de la junta: los Yankees iniciarían con el novato Matt DeSalvo en el montículo esa noche. DeSalvo era un pitcher aceptable que contribuyó a un par de buenos partidos; sin embargo, en esencia era un jugador que reservaba el lugar para Roger Clemens y no había sido probado aún o, con más exactitud, dadas todas las lesiones, era el sustituto del sustituto del sustituto de Clemens. No era el tipo de pitcher probado que cualquiera desearía para consolidar una junta de patear traseros con el objetivo de darle la vuelta a la temporada de inmediato. DeSalvo salió antes de que finalizara la quinta entrada. Los Yankees perdieron, 7–2.

Al menos los Yankees tenían a Pettitte, un miembro de la vieja guardia y uno de sus pocos pitchers confiables que iniciaban partidos esos días. Pettitte tomaría la bola en el siguiente juego. Resultó que eso también fue un problema.

"Es cuando más tenso he visto al equipo", dijo Torre. "Jugaron como si sintieran que tenían que ganar el partido porque Andy era el pitcher. Y se notó".

Los Yankees perdieron de nuevo, 3–2, y su récord bajó a 21–29 después de 50 partidos. Algo gracioso sucedió después del partido: el trayecto en autobús de regreso al hotel se convirtió en un club de comedia sobre ruedas. Los muchachos rieron y bromearon, no porque no les importara haber perdido, sino porque... bueno, sólo porque eran así. La tensión se había roto, como un aguacero en un día caluroso. Los Yankees sabían que habían jugado un partido bueno y limpio y que reaccionaron de dos déficits de una carrera, con Pettitte en el montículo en la octava entrada, antes de perder por un fly de sacrificio en esa entrada. Era como si comprendieran a profundidad el mantra de Torre acerca de que no siempre es posible controlar los resultados, pero sí es posible controlar el esfuerzo personal. Los Yankees habían hecho un esfuerzo concentrado y con urgencia. Habían perdido el partido, pero se habían encontrado a sí mismos. Eran otra vez los Yankees y parecían saberlo en ese trayecto en autobús de regreso al hotel. Al día siguiente demolieron a los Blue Jays 10–5. Ya habían encontrado su camino.

"Sólo se sentía como que lo habían captado", comentó Bowa. "Escuchábamos a Joe emplear esa palabra, *urgencia*. 'Necesitan sentir la urgencia'." En verdad la sentí después del regaño y de que los muchachos hablaran; había un sentimiento de urgencia en cada ocasión que entraban al campo. En verdad la sentí. Podías ver cómo respondían los jugadores. Su manera de hacer su práctica de bateo. Su manera de concentrarse en las juntas cuando revisaba a los pitchers. Sentí que estaban más atentos. Y ellos sabían que nos faltaba un largo camino para llegar a los playoffs debido al lugar donde estábamos".

Los Yankees, desde luego, no podían salir de Toronto y retomar su camino sin que Rodríguez se las arreglara para crear una controversia. Mientras corría hacia tercera base en un pop-up de rutina hacia el tercera base Howie Clark, Rodríguez le gritó algo en un intento por distraerlo. Funcionó. Clark soltó la bola, con lo cual se extendió la entrada. Los Blue Jays estaban furiosos. Como la mayoría de los observadores, los Blue Jays consideraron que aquella había sido una jugada que, aunque quizá se encontraba dentro de las reglas, parecía una maniobra de una liga menor. Incluso Mussina, compañero de equipo de Rodríguez, se refirió a ésta como "carente de espíritu deportivo". Torre les dijo a los reporteros que era probable que Rodríguez deseara no haberlo hecho; en especial si se tomaba en consideración la mala voluntad que había generado. La respuesta de Torre a las preguntas de los reporteros fue publicada de esta manera en los tabloides del día siguiente: "Torre a A-Rod: Cállate".

"Alex fue criticado por eso", dijo Torre, "y mi sentimiento fue, como se lo mencioné a él, que si él hubiera sido el que se encontraba debajo del pop-up, y alguien más lo distrajera y él dejara caer la bola, él sería el criticado. Es la verdad.

"Les dije a los medios que es probable que lo piense dos veces antes de hacerlo de nuevo. Y fue entonces cuando ellos pusieron por escrito que yo dije que se callara. Yo nunca hice eso. Le dije: 'Estás teniendo esa reacción, Alex. ¿Qué vas a hacer? Tú intentas ganar un partido'.

"Él estaba emocionado. Estaba bateando muy bien. Fue con el muchacho de tercera base. Ya sabes que hace estupideces todo el tiempo durante el partido cuando juega bien. Yo no pensé que fuera una jugada de liga menor. Él juega duro. Tal vez fue innecesario, pero la verdad es que no esperarías que el tipo pierda la bola. Creo que exageraron. Pensé que era pura mierda su manera de reaccionar. Esperaron hasta regresar a su estadio para vengarse. Vinieron al Yankee Stadium y… nada. No sucedió nada. Luego regresaron a casa y lanzaron una bola contra él. Fue entonces cuando Rocket fue expulsado del partido. Lanzaba un juego magnífico y luego fue expulsado por proteger a Alex y tuvimos que sudar nuestros traseros para ganar el partido. Roger fluía muy bien. Desde luego, cuando fue expulsado, me dijo que creía que de todas maneras ésa sería su última entrada. Yo le dije: 'Podrías haber esperado dos outs'. Se lo hizo al primer bateador. Pero Roger es muy parecido a Alex en muchos sentidos. Como que están en su propio mundo".

El día del último partido en Toronto, Torre decidió llamar a Steinbrenner. Le gustaba llamarlo después de las derrotas. Era una manera de calmar las ansiedades de Steinbrenner.

"Estoy emocionado con los pitchers jóvenes", le dijo Torre. "Con todo el dinero que esta organización ha invertido con el paso de los años, es bueno ver a los pitchers jóvenes. Es grandioso. Tenemos pitchers jóvenes con sustancia. Es genial. Eso va a ahorrarte mucho dinero, George".

"Sí, amigo. Buena suerte", replicó Steinbrenner. Ya no era muy dado a las conversaciones. Los Yankees viajaban a Boston para jugar contra los Red Sox al día siguiente y Torre se lo mencionó a Steinbrenner.

"A continuación tenemos a los Red Sox y les ganaremos", le dijo Torre.

"Sí, tienen que derrotar a esos chicos", respondió Steinbrenner. "Vénzanlos".

Y con ello, la conversación terminó.

"Él repetía o imitaba lo que yo decía", comentó Torre. "Y ésa era toda la conversación. Hablaba con él y él colgaba el teléfono en 30 segundos. Eso era todo. En realidad, no estaba al tanto de lo que sucedía".

Torre, de hecho, se aseguraba de estimular la memoria de Steinbrenner. Por ejemplo, un poco más de una semana después, cuando Torre ganó el partido número 2.000 de su carrera como mánager, llamó a Steinbrenner para agradecerle el obsequio que los Yankees le dieron como reconocimiento al logro: una bandeja de plata pura. Torre se aseguró de nombrar el obsequio específico porque no estaba seguro de que Steinbrenner lo recordara.

"Oh, de acuerdo. Te lo mereces", le dijo Steinbrenner.

Si Steinbrenner ya no era el conversador que solía ser, la filosofía de liderazgo de "divide y vencerás" que inculcó en la organización Yankee aún tenía fuerza. Cuando los Yankees llegaron a Boston, Torre se enteró de que alguien del personal sería despedido, tal vez el entrenador del bulpen Joe Kerrigan, si los Yankees perdían la serie en esa ciudad. Las "voces" en Tampa necesitaban que se derramara un poco de sangre para enviar el mensaje de que la derrota no sería tolerada o, incluso, para enviar un mensaje a Torre de que la estabilidad de su empleo era cada vez menos firme.

Kerrigan era una contratación de Cashman y además era su aliado, una personalidad rara e iconoclasta. Mantenía copiosas gráficas y estadísticas, conducía la mitad de la junta previa al partido con los pitchers con el entrenador Ron Guidry, analizaba millas y millas de videos para intentar decodificar los hábitos de los bateadores oponentes y creía que las verdades inmutables relacionadas con el juego podían encontrarse en sus números. A Cashman, desde luego, le complacía ese aspecto analítico de Kerrigan. Sin embargo, las habilidades sociales del entrenador no eran su característica más fuerte. Tenía confrontaciones con los jugadores en casi todas las paradas de su vida en el béisbol, incluso en Filadelfia, Boston y Nueva York, donde tuvo choques iracundos y desagradables con Carl Pavano y Jason Giambi. Pavano quiso pelear con Kerrigan cuando tuvieron un enfrentamiento a gritos en el bar del hotel en Boston. La confrontación con Giambi sucedió en un restaurante bar.

"Le pedí que viniera, en Texas", comentó Torre sobre Kerrigan, "y le dije: 'En primer lugar, no debes salir con los jugadores por las noches. En segundo lugar, si no puedes controlar tus emociones, entonces tampoco puedes salir'. Entonces, dejó de asistir a las cenas. Yo lo invitaba a reunirse conmigo y con otros miembros del personal para cenar y él dejó de asistir".

A Torre le agradaba la ética de trabajo de Kerrigan y lo consideraba un buen complemento para Guidry, que era el entrenador de pitchers al estilo de la vieja escuela. Sin embargo, Torre no estaba seguro de poder confiar en Kerrigan. Él sabía que Kerrigan estaba conectado con las oficinas generales a través de Cashman y le llegó el rumor de que Kerrigan sostenía conversaciones privadas con Cashman acerca del equipo y de Torre. Un miembro del personal incluso dijo que Cashman había llamado por teléfono a Kerrigan durante un partido. Torre quería averiguar si los rumores eran ciertos, si Cashman tenía una vía de comunicación a sus espaldas con su propio personal, de manera que confrontó a Cashman al respecto.

"Recuerdo que le pregunté a Cash a bocajarro si tenía conversaciones con Kerrigan", dijo Torre, "y él respondió que no".

Poco tiempo después, uno de los miembros del personal de Torre le dijo que él y otros dos miembros del grupo de entrenadores iban en auto con Kerrigan cuando sonó su teléfono celular. "Hola, Cash", dijo Kerrigan al teléfono y ambos comenzaron a charlar un rato. Torre se sintió herido, no tanto porque pensara que Kerrigan pudiera mantener un contacto secreto con el director general, sino porque Cashman había negado dicho vínculo ante él.

En los malos tiempos, Kerrigan resultó ser prescindible. Él no tenía el pedigrí Yankee que tenían Guidry y Mattingly; además, sus confrontaciones con Pavano y Giambi habían causado preocupación acerca de su agresividad, en todo caso. Los Yankees ganaron un partido y perdieron otro en Boston. Kerrigan sería despedido si perdían el partido final de la serie. En ese momento, un aliado inesperado dio un paso al frente y luchó para que Kerrigan conservara su empleo: Torre. El mánager llamó a Cashman.

"No puedes despedirlo", le dijo Torre. "Vamos fatal. Yo lo despediría al final del año, pero éste no es el momento de hacerlo, porque entonces parecerá que él es la causa de nuestros problemas y eso no es correcto".

Cashman tomó en consideración el ruego de Torre. Esa noche, los Yankees perdieron una ventaja de 4–0 contra Boston y quedaron detrás 5–4 al comenzar la octava entrada. No obstante, anotaron una carrera en la octava y ganaron el partido en la novena con un jonrón de Rodríguez contra el pitcher cerrador de los Red Sox, Jonathan Papelbon. Kerrigan estaba a salvo y los Yankees habían ganado sólo su tercera serie fuera de casa en todo el año.

El juego de los Yankees continuó con el enfoque y la energía que habían generado en la junta de Toronto. Viajaron a Chicago y ganaron tres de cuatro partidos. De regreso en casa, derrotaron a los Pirates con Clemens, oxidado como una vieja bomba de gasolina, de nuevo con uniforme a rayas y sobre el montículo; barrieron a los Diamondbacks y ganaron dos de tres partidos contra los Mets. La racha de 13–3 los colocó dos partidos arriba de .500. Por fin, Damon y Abreu estaban en forma tanto a nivel físico como mental.

Mussina dijo en ese entonces: "La diferencia ahora es que tenemos más de tres chicos con buenos turnos al bate. Son ocho o nueve y el equipo se ha alimentado de eso. Los pitchers saben que este equipo puede recuperarse y los bateadores saben que no todo depende de un solo jugador para lograrlo. Ahora estamos en un muy buen sitio".

Canó, el joven segunda base con tendencia a perder la concentración, representó un buen ejemplo de la nueva dedicación de los jugadores. Canó había sido el proyecto de Bowa, un arreglo que el entrenador dejó en claro durante el entrenamiento de primavera cuando se sentó a conversar con el chico.

"Robby, si quieres ser el mejor jugador que puedes ser, necesitas venir aquí y trabajar todos los días", le dijo Bowa. "Yo sé que tú eres un bateador natural. Sé que puedes batear. 300. Pero tienes que hacerlo todo. Y voy a ser honesto contigo. No voy a decirte lo que quieres escuchar. ¿Sabes? Eres perezoso allá afuera con los doble plays. Permites que la bola avance mucho. Y voy a mostrarte que ésa no es la manera de hacer un doble play.

"En su mayor parte, eres muy bueno en lo que haces. Pero entonces, de pronto, te sumerges en esos pequeños encantos cuando dices: 'Oh, lo tengo' y luego ¡*bum!*, caes en malos hábitos. Entonces, esto es lo que vamos a hacer. Cada vez que tengamos un día libre, al día siguiente vamos a salir al campo temprano para hacer trabajo adicional".

Canó se apegó al plan de Bowa. Después, en junio, Bowa decidió que Canó habia sido tan bueno en su trabajo y en su esfuerzo por mantenerse concentrado que decidió ser menos severo con él. Bowa suspendió el trabajo adicional obligatorio para él. Una semana después, Canó buscó a Bowa.

"Oye, quiero volver a trabajar temprano después de todos los días de descanso", dijo Canó. Bowa sonrió.

"Grandioso", respondió el entrenador.

Los Yankees tenían una nueva vibra. Llegaron al descanso del Juego de Estrellas 43–43. Tenían un pulso. Torre organizó una breve junta antes del primer partido después del descanso. Sólo se trataba de un recordatorio para continuar con el juego duro, para mantener la agudeza mental todos los días. Al finalizar, Torre dijo: "¿Alguien tiene alguna pregunta?"

Nadie tenía preguntas, pero Derek Jeter quiso decir algo. A lo largo de los años, y en especial después de haber sido capitán, en ocasiones Torre utilizaba a Jeter como mensajero. Incluso, le avisaba cuando planeaba organizar una junta de equipo para que preparara algún aporte. "Quizá quiera que digas algo", le decía Torre. Torre sabía que el sistema de entrega de compañero a compañero entre peloteros era poderoso; en especial, cuando se trataba de Jeter.

"Yo lo presionaba y él lo hacía", comentó Torre, "pero, cuando hablaba, siempre era en términos de 'nosotros', nunca de 'tú' o de 'yo. 'Vamos a hacer esto'. Después de convertirse en capitán lo hizo mucho más. No eran puros elogios. Él era crítico, sin exponer a la gente. Él decía algo como: 'No podemos no perseguir una bola para conseguir un out'. Incluso podía dirigir el mensaje hacia algún individuo, pero era crítico en sus comentarios sin señalar a alguien en particular. Era bueno para eso.

"Con Alex, yo le pedía a Alex que dijera algo, pero él nunca quiso decir nada. Nunca quiso decir nada".

En esa junta posterior al descanso del Juego de Estrellas, Torre no había motivado a Jeter para que dijera nada; por tanto, incluso el mánager sintió curiosidad de escuchar lo que el capitán diría.

"A partir de hoy", dijo Jeter, "todos los partidos son partidos de playoffs. Así es como debemos tratar a cada partido: como un partido de playoff".

Las palabras de Jeter captaron la atención de todos. Jeter, como Torre, era fiel a la creencia de que todo resultaría bien al final. No tenía tiempo ni energía para desperdiciarlos en pensamientos negativos. No obstante, aquí estaban los Yankees a mediados de julio y Jeter, el Capitán Sereno, oprimía el acelerador.

"Incluso en él podías notar que estaba preocupado", dijo Bowa. "Cuando Jeter habla, dado que él no habla mucho, atrapa su atención".

Los Yankees comenzaron no sólo derrotando equipos, sino demoliéndolos con un poder ofensivo de proporciones históricas. Ganaron 12 de sus primeros 16 partidos posteriores al descanso del Juego de Estrellas y anotaron la sorprendente cantidad de 151 carreras. Sólo dos equipos en la historia de la franquicia anotaron 150 carreras en un lapso de 16 partidos y esos equipos lo lograron en 1930 y 1939. Por fin, después de meses durante los cuales Torre los había empujado, los había azuzado y les había gritado, los Yankees estaban dedicados por completo al proceso entero de ganar partidos de béisbol: la preparación, la intensidad, el enfoque, la feroz *determinación* de ganar. Ahora sí les importaba.

Los Yankees iban en ascenso, pero había un problema: Torre no podía disfrutarlo. Ya sabía, a partir de su simulación de despido de la temporada pasada, por la turbulencia en abril y mayo y por el hecho de que los Yankees no tenían obligaciones contractuales con él más allá de 2007, que el estatus de su empleo era un asunto prioritario dentro de la organización. Torre sabía que trabajar para Steinbrenner significaba que tu empleo siempre estaba en riesgo, sin importar la vigencia del contrato, pero esto era distinto. Sintió que algunas de las "voces" que hablaban al Jefe no lo apoyaban por completo. Sin embargo, algo que le molestaba de igual manera era saber que los jugadores y los entrenadores sabían que pendía de un hilo. Torre siempre trabajó para que la casa club se mantuviera siempre "impoluta", como él decía, con el fin de que los jugadores y el personal pudieran ocuparse sólo de las diligencias que requería el triunfo en el béisbol. Si los periódicos estaban llenos de murmullos acerca de su puesto, ese ruido sólo se acumulaba para crear conversaciones y especulaciones que distraían al equipo de dichas diligencias.

"Yo intentaba, en verdad intentaba siempre ser el mismo tipo para ellos", dijo Torre, "a pesar de que lo que vivía era incómodo. Lo cierto es que me resultaba difícil ir al estadio en 2007, sabiendo que había aparecido mierda en los periódicos y en la radio. Y caminas en la casa club y vas a la sala de entrenadores y te encuentras con ese silencio absoluto en el interior, porque ellos no saben qué decirte. Y luego iba a la sala de entrenamiento con los jugadores y, a menos que yo comenzara a bromear al respecto, nadie sabía en realidad qué decir. Fueron tiempos muy incómodos".

Algunos jugadores notaron un cambio en Torre. Parecía cansado. Agotado.

"Lo que Joe siempre intentó hacer fue un buen trabajo, sin importar lo que sucedía; evitar que el asunto afectara a la casa club", comentó Giambi. "En serio, cada año de los últimos tres, la cabeza de Joe estuvo en peligro. Básicamente, cada año tuvo que luchar por su empleo. '¡Bueno, Joe se marcha!'. Entonces, sucedía algo increíble y no podían despedirlo porque resultaba que ganaban 15 partidos y llegaban a la postemporada.

"En 2007 nos sentíamos mal por él. Para que un ser humano supere eso debe ser muy fuerte. O sea, él actuaba como si no lo fuera, pero tuvo que haberle afectado. Es decir, yo noté una diferencia tal vez entre mis primeros tres años y mis últimos tres años allí. Sólo porque creo que cuando tienes que vivir algo así todo el tiempo es difícil. Él se maneja con clase y dignidad, pero…

"Tuvo que haberlo agotado. Tuvo que estar en su mente todo el tiempo. Yo sentía que estaba un poco más cansado. ¿Tiene sentido? Él se sentía más cansado. O sea, tú podías verlo. Incluso le pregunté a Jeet alguna vez: 'Jeet, ¿él está bien?', y Jeet me respondía: 'Sí, tal vez tiene muchas cosas en la mente'. Sólo creo que eso fue lo que noté".

No obstante, otros jugadores no notaron cambio alguno en Torre.

"Parecía como si no estuviera allí", Mussina dijo respecto del estatus laboral de Torre como un problema en la casa club. "Él nunca manifestó que estuviera allí. Creo que todos leíamos el periódico, comprendíamos lo que sucedía y lo sabíamos; además, la gente nos hablaba al respecto. Pero eso nunca se filtró a los asuntos cotidianos.

"Joe tiene gran habilidad y tuvo gran habilidad *en Nueva York*. Tiene gran habilidad para disipar las cosas de manera que no se filtren a nuestra casa club, para que no lleguen hasta los jugadores, con el fin de que no se conviertan en distracciones. Ésa es una de sus mejores cualidades".

Tal vez cuando los Yankees comenzaron a ganar a lo largo del verano, las victorias le compraron a Torre un poco más de tiempo; no obstante, este hecho no cambió la realidad de que vivía en la mirilla de personas que querían que se marchara, y es probable que cualquier logro menor al campeonato de la Serie Mundial no hubiera sido suficiente. Lo que era debilitante para él era saber que ya no confiaban en él y, sin embargo, era el mismo hombre que había ayudado a conseguir esos seis gallardetes y esas cuatro series mundiales.

"Cashman tiene problemas para decirle cosas a las personas", observó Borzello, el catcher del bulpen. "Él hacía comentarios acerca de Joe, como que hizo esto o lo otro en un partido, y se lo decía a la gente que él sabía que conocía y quería a Joe. ¿Acaso no pensaba que Joe se enteraría a través de esas personas? Pero Cash operaba así todo el tiempo. Era un gran problema. Y entonces hablábamos al respecto y decíamos: '¿No se dará cuenta de que aquí somos una familia?'.

"Lo cierto es que el equipo sabía que, si no íbamos a la Serie Mundial, él no regresaría y no podíamos negarlo. No era eso lo que nos decían. El silencio hablaba lo suficiente. Existían rumores allá afuera, o cosas en los periódicos, acerca de que el empleo de Joe estaba en riesgo, y nadie en las oficinas generales lo negaba ni decía algo al respecto. El silencio lo decía todo. Joe nunca lo mencionaba en la casa club, pero nosotros comenzamos a creer que se marcharía".

Torre dijo: "Le pregunté a Donnie [Mattingly] al respecto, acerca de no disfrutarlo. Él me respondió lo mismo: él tampoco lo disfrutaba. Incluso después de ganar partidos, no lo disfrutábamos. Yo estaba exhausto.

"Las preguntas llegaban, pesadas e incesantes. Muchas de éstas porque comenzamos muy mal la temporada. Descubrí que cuando la gente habla acerca de lo que quiere hablar, y era acerca de mi despido, no quiere considerar las razones por las cuales pudimos empezar tan mal. Todo se refiere a la conclusión y todo se refiere a cuál será la consecuencia de ello, no sobre cuántos chicos teníamos lesionados. Tuvimos a Abreu en la lista de lesionados la mayor parte de la primavera. Tuvimos a Johnny Damon, que tropezó desde el principio. Teníamos pitchers en la lista de lesionados.

"Pero ésa no era la última página de los diarios. La gente quería conseguir la noticia gorda: estoy en el último año del contrato. Y los medios conocían a quien quiera que filtraba la información. Yo sólo sentía amenazas desde distintas direcciones y me sentía incómodo con esa situación.

"Uno quisiera pensar que, si trabaja para alguien durante determinado tiempo, llegará un momento en el cual esa persona confiará en uno de alguna manera. Yo nunca logré eso. Ni siquiera lo logré cuando ganábamos. Eso me molestaba".

Los Yankees ganaron como nadie más después de esa junta de patear traseros en Toronto y ese inicio de 21–29. Jugaron un béisbol de .652 durante los cuatro meses finales, el mejor récord en el deporte. Fue necesario mucho más que el pequeño empujoncito o golpecito que antes daba a sus equipos de campeonato, pero Torre había encontrado una manera de lograr que su equipo respondiera, incluso a pesar del quinto peor inicio de temporada en la historia de la franquicia. A medida que los Yankees arrasaban con sus oponentes y pasaban sobre uno y otro equipo en la carrera del comodín, el Yankee Stadium zumbaba ese verano con la electricidad acostumbrada por la posibilidad de otro octubre. La vida volvía a ser buena en el Bronx.

Excepto en la oficina del mánager en el Yankee Stadium.

Cierto día durante el verano, a pesar de que los Yankees ganaban con una insólita regularidad, el único tipo de regularidad que podía superar un inicio de 21–29, Torre paseó la mirada por su oficina y vio los testimonios acumulados de un exitoso periodo de 12 años. Los trofeos, las fotografías, las bolas de béisbol… los pequeños remanentes de los logros, los pequeños recordatorios del asombroso poder de la confianza. A pesar de que las victorias llegaban una tras otra, Torre sabía lo que le esperaba. Entonces se volvió hacia su asistente personal Chris Romanello.

"Chris", le dijo Torre, "¿por qué no empiezas a empacar algunas cosas?"

El partido del viernes por la noche del 20 de julio de 2007, fue particularmente malo para los Yankees y significó un recordatorio severo de que, sin importar que se hubieran recuperado de ese inicio de 21–29, aún tenían un camino largo y complicado

hasta octubre. En la quinta entrada y frente a 53.953 enfureci-
dos aficionados en el Yankee Stadium, los Yankees fueron superados 9–0 por los Rays de Tampa Bay gracias a una actuación
terrible de Mike Mussina en el montículo, cuya carrera parecía
dirigirse cada vez más hacia su final, y a la de Edwar Ramírez,
un descubrimiento de los Yankees en la liga independiente cuya
carrera parecía no haber comenzado nunca.

Mussina permitió seis carreras merecidas en $4\frac{2}{3}$ entradas y
con ello cayó a 4–7 en la temporada. Torre metió a Ramírez
para corregir el daño, pero la masacre creció al punto de que
resultaba doloroso presenciarla. Ramírez hizo 17 lanzamientos
y 17 de éstas fueron bolas. Uno de los dos lanzamientos que no
fueron bolas resultó en un grand slam. Esto fue lo que los primeros cinco bateadores hicieron contra Ramírez: base por bolas,
base por bolas, grand slam, base por bolas, base por bolas. Los
pitchers de los Yankees concedieron diez bases por bolas en un
partido por primera vez en seis años.

Edwin Jackson, un pitcher diestro de Tampa Bay que entró
al partido con un récord de 1–9 dejó perplejos a los bateadores
de los Yankees, pues no permitió ni una carrera a lo largo de seis
entradas. El trío zurdo de Damon, Abreu y Matsui obtuvo
1–de–14. Otro zurdo, Giambi, ni siquiera entró a la alineación.

La derrota redujo a los Yankees a 49–46, su peor récord
después de 95 partidos en 16 años. Otros 26 equipos Yankees
obtuvieron 49–46 o peor después de 96 partidos. Ninguno de
éstos llegó a los playoffs.

Si se toma en consideración todo lo anterior, aquella fue una
buena noche para estar en Nueva Bretaña, Connecticut, en
lugar de estar en el Bronx. Allí es justo donde podías encontrar
a los más importantes personajes que tomaban las decisiones del
departamento de operaciones del béisbol de los Yankees. De
hecho, hacía una noche preciosa en el New Britain Stadium,
hogar de los Rock Cats, afiliados Doble A de los Twins de Min-

nesota: la temperatura rondaba los 70 grados, baja humedad, una brisa agradable. Era una buena noche para soñar. Al estadio de 6.000 asientos entraron los personajes destacados de la crema y nata de los Yankees: el director general Brian Cashman, el gurú de las estadísticas y asistente de la dirección general Billy Eppler, el director de desarrollo de jugadores Mark Newman, el gurú de lanzadores Nardi Contreras (los Yankees, como es natural, no contrataban a los que sólo eran expertos; ellos encontraban a los gurús de su profesión) y el asesor especial Reggie Jackson. No venían en busca del consuelo de la noche, no venían por los burritos de $6,50 ni por la cerveza Sam Adams Cherry Wheat de $5,50.

Venían para ver el futuro.

Los Rock Cats jugaban contra los Trenton Thunder, afiliados doble A de los Yankees, quienes habían designado como pitcher abridor a un fornido chico diestro de 21 años llamado Joba Chamberlain. Cashman, Eppler, Newman, Contreras y Jackson querían ver si Chamberlain estaba listo para ayudar a los Yankees en su trayecto cuesta arriba. El único y gran motivo por el cual la dinastía Yankee se había convertido en una franquicia más que luchaba por los playoffs, aunque fuera como comodín, era porque Cashman y sus gurús habían cometido error tras error tras error en cuanto a evaluar pitchers, tanto en las ligas mayores como en los medios amateur.

Kevin Brown, Randy Johnson, Jaret Wright, Jeff Weaver, Steve Karsay, Esteban Loaíza, Kyle Farnsworth, José Contreras, Javier Vázquez, Kei Igawa, Carl Pavano, Roger Clemens (la versión de 44 años)... ninguno de esos 12 pitchers, todos obtenidos fuera de la organización, lanzaron durante tres temporadas consecutivas para los Yankees. Ninguno. Era un patrón perdedor que desafiaba probabilidades enormes. Los Yankees acostumbraban sobrevaluar a un pitcher y lo traían al equipo cuando se encontraba cerca del final de su carrera o cuando no era adecuado para Nueva York; luego se deshacían de dicho pitcher y avanzaban al siguiente error. La hoja de balance de esas 12 inversiones era terrible:

> Récord: 125–105 (incluso 3–7 en la postemporada)
> Costo*: $255 millones
> Costo por triunfo: $2,04 millones

*No incluye prospectos cedidos en intercambios.

Cashman se encontraba en Nueva Bretaña porque tenía la ligera sospecha de que desperdiciar $255 millones en errores con pitchers no podía considerarse una buena práctica de negocios. Los Yankees se colocaron en la posición de despilfarrar todo ese dinero en los pitchers equivocados porque no podían desarrollar pitchers aceptables por sí mismos. *Tenían* que buscar hasta encontrar a los pitchers veteranos disponibles porque su sistema no producía nada. Y, dado que el sistema de repartición de ingresos y las nuevas corrientes de ganancias pusieron más dinero en los bolsillos de los equipos con menores ingresos, el grupo de pitchers veteranos disponibles en el mercado, comenzó a agotarse. En otra época, los Yankees pudieron seleccionar a los pitchers de élite en la plenitud de sus carreras de organizaciones que ya no podían pagarlos, tal como habían tomado a David Cone de los Blue Jays en 1995 y a Mussina de los Orioles después del vencimiento de su contrato en el año 2000. Bajo el nuevo régimen, los Blue Jays aseguraron a Roy Halladay, los Indians aseguraron a CC Sabathia, los Brewers aseguraron a Ben Sheets, los Astros aseguraron a Roy Oswalt y los Twins aseguraron a Johan Santana; todos los anteriores eran equipos de ganancias menores que, de súbito, obtuvieron el dinero para mantener fuera de los intercambios y del mercado de agentes libres a sus excelentes pitchers. El colmo para los Yankees fue que, bajo el sistema de repartición de ingresos, ellos financiaban una parte de la recién descubierta solvencia de esos equipos.

Durante la siguiente década después de llevar a Andy Pettitte a las Grandes Ligas en 1995, los Yankees no emplearon ni siquiera a un pitcher de sus propios feudos, a excepción de Ramiro Mendoza y, a pesar de que tenía valor como relevista medio, Mendoza no era pitcher abridor ni pitcher cerrador, asignaciones *premium* para un pitcher. Entonces, los Yankees tenían que llenar las posiciones de su alineación cada año a través del intercambio o de la compra de los problemas de alguien más.

Cashman reconoció la espiral descendente que creó dicha desesperación; por tanto, en 2006 comenzó a priorizar la contratación y el desarrollo de nuevos pitchers. Su estrategia comenzó con la flexión del músculo financiero de los Yankees en el mercado amateur, incluso si ello significaba escupir en el rostro del sistema de *slotting* no oficial del comisionado, en el cual los equipos podían conspirar para rebajar bonos por contratación al limitarse a los techos establecidos con base en la posición del jugador en el escalafón de reclutamiento. Los Yankees no jugaban bajo esas reglas porque, bueno, porque el dinero no era un problema para ellos. Esto significó que los Yankees podían incluso comprar los riesgos médicos del jugador amateur y ofrecer buen dinero por los pitchers con techos altos que asustaban a la mayoría de los clubes debido a la posibilidad de que fueran calamidades a punto de ocurrir. Muchos de los clubes no podían correr el riesgo financiero de entregar un enorme bono de contratación a un talento de primera ronda con problemas en el brazo. Los Yankees podían hacerlo porque, si el jugador nunca llegaba a las Grandes Ligas, ellos sólo habían invertido un poco de dinero suelto. No cambiaría en nada su manera de hacer negocios.

Si el pitcher superaba los exámenes médicos, los Yankees tenían un as potencial en sus feudos. Justo así fue como los Yankees terminaron por adquirir a Alan Horne, que se había sometido a una cirugía de reconstrucción de codo en la universidad, después de que Cleveland lo eligiera en la primera ronda en bachillerato; Andrew Brackman, que pasó directo de la selección al quirófano para someterse a una cirugía Tommy John; y el musculoso chico que atrajo a la plana mayor de los Yankees a Nueva Bretaña el 20 de julio de 2007, Joba Chamberlain, cuyos titubeantes reportes médicos relacionados con su brazo, rodilla y peso (llegó a pesar más de 290 libras en la Universidad de Nebraska) asustaron a la mayoría de los equipos antes de que los Yankees lo eligieran como selección número 41 del reclutamiento de 2006.

Cashman y los Yankees por fin vieron la luz en cuanto a los pitchers jóvenes y su fe se adhirió en mayor medida a tres diestros: Phil Hughes, Ian Kennedy y Chamberlain. La esperanza de Cashman era que estos muchachos fueran la base de la siguiente dinastía Yankee o, al menos, tres razones para impedirle desperdiciar otros $255 millones.

"El mensaje que tengo para todo el mundo", declaró Cashman para el *Hartford Courant* mientras se encontraba en Nueva Bretaña, "es que si lanzas hasta el punto en el cual te ves forzado a mirar a los muchachos que no son Roger Clemens, yo quiero eso".

La rotación de los Yankees en ese momento consistía de tres jugadores en declive: Pettitte, con 35 años; Mussina, con 38 años; y Clemens, con 44 años; además de dos agentes libres internacionales: Wang e Igawa, ambos con 27 años. El desempeño de Chamberlain como pitcher fue pobre ante la crema y nata de los Yankees en Nueva Bretaña. Concedió siete carreras con nueve hits en menos de cinco entradas. Sin embargo, a los Yankees les agradó lo que vieron: una bola rápida que superaba el rango de las 90 millas por hora y un slider agresivo. Su changeup y su bola curva también tenían calidad de ligas mayores. Cashman llamó a Torre desde Nueva Bretaña y le dijo: "Te encantará. Es mejor que Hughes".

"Eso", dijo Torre, "llamó mi atención".

De inmediato, los Yankees colocaron a Chamberlain en la vía rápida hacia el Bronx. Cuatro días después de que los ejecutivos Yankees lo observaran en Nueva Bretaña, Chamberlain estaba en Triple-A, y sólo siete días después de eso, Chamberlain estaba en las Grandes Ligas. El único detalle fue que Chamberlain no tenía permitido iniciar. De hecho, Cashman y Contreras lo enviaron a Torre con las instrucciones para usarlo, un mandato que llegaría a conocerse como las "Reglas Joba".

Los Yankees ya no podían permitir que Chamberlain iniciara porque les preocupaba acumular demasiadas entradas después de lanzar 88⅓ entradas en las menores, o sólo una menos de las que había lanzado en 2006 en Nebraska. Las reglas dictaban que Chamberlain tendría que lanzar saliendo del bulpen, que no debía ser utilizado para cerrar partidos, que no debía ser usado en días consecutivos y que obtendría un día de descanso por cada entrada que lanzara en una aparición. Los medios de comunicación percibieron las Reglas Joba como una bofetada para Torre. Se interpretaba que los Yankees no confiaban en que Torre manejara con cuidado a Chamberlain y, por tanto, tenían que darle instrucciones acerca de cómo utilizarlo. Torre, sin embargo, no tuvo problema alguno con las reglas.

"No, en realidad no tuve problemas", comentó Torre. "A menos que yo sea muy ingenuo. Es decir, sé que habían escrito y que me hicieron preguntas al respecto, pero, a menos que yo haya sido muy ingenuo, nunca me pareció que hubiera otra intención salvo cuidar al chico. Y Nardi fue a quien llamé. Nunca hablé con Cashman acerca del tema. Llamaba a Nardi con regularidad.

"El otro hecho es que nunca pensé que hubiera algo malo en las reglas o en hablar acerca de las mismas. Es como un muchacho con una lesión. ¿Para qué esconder algo?"

Chamberlain fue una sensación inmediata. Era un personaje extraído del reparto de una película de Hollywood de los años 50: un chico del campo en la gran ciudad con una bola rápida que podía alcanzar las 100 millas por hora y una tendencia a celebrar los strikeouts con un aullido y un golpe de puño. A los fanáticos de los Yankees les encantaba su acto. También a Torre. Con Chamberlain delante de Rivera, los Yankees tenían su mejor combinación de candado para las entradas finales desde el equipo clave de Rivera y Wetteland en 1996. Chamberlain lanzó en 19 partidos para los Yankees y éstos ganaron 17 de dichos partidos. Chamberlain sólo concedió una carrera merecida. Con corredores en posición de anotar fue perfecto: nadie le conectó un hit. Estaba tan cerca de ser inbateable como no se había visto en mucho tiempo: un muchacho de 21 años que asistía a la universidad el año anterior; es más, un niño que nunca antes había visto a bateadores de las Grandes Ligas.

La llegada de Chamberlain tuvo el efecto de hacer que Kyle Farnsworth fuera inútil en cualquier situación significativa, lo que no molestó en absoluto a los aficionados de los Yankees. Cashman estaba extasiado por haber contratado a Farnsworth como agente libre después de la temporada de 2005 por tres años y $17 millones. En esencia, Farnsworth sustituyó a Tom Gordon, que firmó como agente libre con Filadelfia. Farnsworth lanzaba fuerte y tenía un slider desagradable, aunque un poco confuso; sin embargo, el defecto de Farnsworth era que se desanimaba en los momentos decisivos. De hecho, sólo dos meses antes de que los Yankees le entregaran los $17 millones, los Braves se encontraron a seis outs de llevar su Serie de División contra Houston a un quinto y decisivo partido cuando el mánager de Atlanta, Bobby Cox, dio la bola a Farnsworth. Atlanta llevaba una ventaja de 6–1. Farnsworth permitió un grand slam en la octava y un jonrón individual en la novena que le arrebataron la ventaja. Houston ganó en la decimooctava entrada y envió a los Braves a su casa.

En el entrenamiento de primavera de 2006 de los Yankees,

Eppler no pudo contener su entusiasmo por la adición de Farnsworth.

"Sin duda, Farnsworth va a ayudarnos", le dijo Eppler a Borzello, el catcher del bulpen. "Tiene uno de los mejores sliders del juego".

"Sí, claro. Grandioso", respondió poco impresionado Borzello. "Su slider es genial; excepto que sólo uno de cada siete es genial".

Farnsworth ejecutó buenos lanzamientos. Los bateadores contrarios obtuvieron .242 contra él en sus dos años como pitcher de Torre, siempre y cuando no hubiera corredores en posición de anotar. Con corredores en posición de anotar, Farnsworth no era tan difícil. Los bateadores obtuvieron .272 contra él en esas circunstancias.

La otra cosa curiosa del pitcher relevista de $17 millones de los Yankees era que tenía el cuerpo construido como un jugador ofensivo de la NFL y de alguna manera era uno de sus más frágiles pitchers, en gran medida debido a su espalda dañada que podía reaccionar en su contra mientras calentaba en el bulpen. Torre tenía entendido que los Yankees no querían que metiera a Farnsworth a jugar dos días seguidos. En dos años bajo la dirección de Torre, Farnsworth sólo hizo veinte de sus 136 apariciones sin día de descanso y, por lo general, era deficiente en esas situaciones; obtuvo un ERA de 5,60 en esas raras ocasiones en las cuales Torre lo utilizó en días consecutivos.

"Me dijeron que no debíamos usarlo dos días seguidos", dijo Torre. "Billy Eppler y Cash, o sea… era como su bebé cuando lo trajeron".

El arreglo creó un problema para Torre. Al intentar evitar utilizarlo dos días consecutivos, Torre no podía dar a Farnsworth trabajo de afinación en partidos que parecían ya estar decididos. Si Torre lo metía a lanzar en esos partidos, no podía disponer de él al día siguiente para un partido donde podría ser necesario para dar paso a Rivera. Era una situación contradictoria sin solu-

ción aparente. El problema, sin embargo, era que Farnsworth
no sabía que había llegado con su propio paquete de instrucciones. También era muy sensible. (El 19 de mayo, en el estadio
Shea, por ejemplo, Torre encontró a Farnsworth en el piso de
un rincón de una pequeña y deshabilitada sala de entrenamiento
en la casa club de visitantes. Farnsworth lloraba. Estaba herido
porque sus compañeros de equipo habían desaprobado los comentarios que él hizo a los medios acerca de que Clemens recibía un trato especial por parte de los Yankees).

El 29 de julio, en Baltimore, Torre metió a Farnsworth a
lanzar en la octava entrada con una ventaja de 10–4. Pronto
concedió dos carreras y con ello infló su ERA a 4,57. Farnsworth
había lanzado sólo una vez en los siete días previos y estaba molesto por su falta de trabajo. Después del partido espetó a los
reporteros: "Yo no vine aquí para sentarme en la banca".

"Farnsworth", dijo Torre, "era un buen muchacho. Sólo un
poco sensible, eso es todo. No creo que haya intentado expo-
nerme. Sólo estaba enojado, eso fue todo".

Torre organizó una reunión con Farnsworth e invitó también a Cashman. Farnsworth dijo que quería ser intercambiado.

"Escucha", dijo Torre, "me resulta difícil meterte a un partido cuando tenemos mucha ventaja o mucha desventaja sólo
para darte una entrada, cuando sé que no puedo usarte al día
siguiente. Porque no sé si te necesitaré al día siguiente en un
partido cerrado".

"¿De qué hablan?", preguntó Farnsworth. No tenía idea de
la prohibición de meterlo a lanzar dos días seguidos. "Yo quiero
lanzar".

"Bien", respondió Torre. "Me aseguraré de que no pasen
más de tres días seguidos sin que entres a jugar, no importa el
marcador, y entonces correremos el riesgo".

Torre comentó: "Pareció sentirse muy satisfecho con esa propuesta. Y creo que estaba satisfecho con mi razonamiento; con-

trario, supongo, a la idea de que yo tenía algo en su contra. Ése fue el final de toda la escena. Luego, una vez que Joba entró al escenario, bueno, básicamente él ocupó un asiento trasero. Eso fue todo".

Farnsworth terminó el año con una ERA de 4,80 y pasó 89 corredores en base en 60 entradas. La primavera siguiente, culpó de ello a Torre.

"Es difícil cuando pierdes la confianza de tu mánager para quizá prepararte día tras día cuando no tienes idea de nada", declaró Farnsworth ante los reporteros. "Eso sucedió en varias ocasiones durante el año pasado".

Con Chamberlain delante de Rivera en lugar de Farnsworth, los Yankees eran casi imposibles de vencer cuando lograban una ventaja tardía. Los Yankees jugaron 50 partidos después de que Chamberlain se uniera a ellos. El mismo equipo que inició el año con un conteo de 21–29 en sus primeros cincuenta partidos, llegó a 32–18 en los cincuenta finales. El único defecto del periodo fue el desempeño de Mussina, que fue tan malo, pues concedió 19 carreras en $9\frac{2}{3}$ entradas, en tres inicios, que Torre decidió eliminarlo de la rotación a favor de Ian Kennedy el 29 de agosto. Ese día, Mussina estaba sentado en la diminuta oficina del director de la casa club, Rob Cucuzza, cuando Torre entró.

"Voy a poner a Kennedy a iniciar en tu lugar", le dijo Torre a Mussina después de enterarse de que la organización Yankee ya había informado a Kennedy sobre el cambio. "Esto no significa que estés fuera de la rotación".

"Bueno, lo cierto es que eso es lo que parece", replicó Mussina.

Mussina dijo después: "Y se marchó como en 45 segundos".

Mussina estaba resentido. Ser eliminado de la rotación era bastante malo. El único partido en el cual había lanzado como relevista fue esa joya del séptimo juego en la Serie de Campeonato de la Liga Americana de 2003. Pero ser eliminado en 45 segundos lo lastimó. Al día siguiente se dirigió hacia la oficina de Torre.

"Tú nunca hubieras hecho eso a Mo, a Derek o a nadie más", le dijo Mussina. "Y yo he estado aquí durante siete años. Merezco más que eso".

"Tienes razón", respondió Torre.

Mussina dijo: "Debí estar en su oficina y debimos discutirlo más. En última instancia, cuando hicimos a un lado todo lo negativo, él y yo llegamos a un acuerdo. Es probable que yo necesitara un descanso. Yo estaba fatigado y lanzaba terrible. Y regresé después de alrededor de diez días o algo así y mi desempeño mejoró. El tipo ha tomado muchas decisiones acertadas.

"Resultó ser lo correcto. Me permitió alejarme durante un tiempo y luego, cuando regresé, estuve mejor. Mi cabeza también estaba mejor, lo cual es la mayor parte de la batalla.

"Cuando tienes un mánager que confía por completo en que harás tu trabajo, no puedes pedir nada más como jugador. Incluso, cuando me excluyó de la rotación, y a pesar de que no lo hizo de la manera como yo creo que debió hacerlo, un par de días después me dije: '¿Sabes una cosa? Es probable que debiera salir de la rotación a pesar de que no me agradara'. Y no me gustó cómo lo hizo, pero está bien".

Mussina se convirtió en un pitcher confiable cuando regresó a la rotación en septiembre. El 25 de septiembre, los Yankees llegaron a Tampa con la oportunidad de asegurarse el comodín. Aún tenían una ventaja de cinco partidos y medio sobre Detroit con seis partidos por jugar. Los Yankees lograron una ventaja de 5–0 en la sexta entrada aquella noche; no obstante, Edwar Ramírez y Brian Brunei permitieron seis carreras sólo en esa entrada. Los Yankees perdieron 7–6, por un jonrón en la décima entrada de Dioner Navarro contra Jeff Karstens.

Al día siguiente, Torre fue convocado a una reunión en el salón de conferencias de Legends Field con Steinbrenner o, mejor dicho, con los miembros de la familia que habían asumido las operaciones diarias de la franquicia del Jefe. No había nada inusual en la necesidad de una reunión. Cada vez que los Yankees jugaban contra Tampa Bay, por lo general el mánager estaba obligado a presentarse en las oficina generales del equipo en Tampa. Torre no estaba seguro de si el estatus de su empleo sería discutido, aunque, fiel a su juramento del entrenamiento de primavera, prefirió no hablar al respecto, en todo caso. Torre esperaba que Steinbrenner, sus hijos Hank y Hal y su yerno Félix López estuvieran presentes en la junta. Cuando Torre entró al salón, vio que todos ellos estaban allí, excepto Hank. Steinbrenner no se molestó en saludar, según su costumbre. Él cree en el elemento dramático de *in medias res* en lo que se refiere a sus llamadas telefónicas y sus juntas.

"¿Qué sucedió anoche?", fue el "saludo" de Steinbrenner a Torre.

"No te preocupes, Jefe", respondió Torre. "Los venceremos hoy por la noche".

Era el clásico Torre: tranquilo, familiar y, sobre todo, capaz de desarmar y brindar confianza al hombre a quien llamaba por su apodo o por su nombre en lugar de emplear el deferente "Señor Steinbrenner".

Sin embargo, allí no estaba el clásico Steinbrenner. No dijo gran cosa. Sólo se sentó allí, un poco desgarbado, y mantuvo puestos los anteojos oscuros en el interior del salón. En un momento dado se incorporó para prepararse un emparedado. Casi no contribuyó en nada a la reunión. Para Torre resultaba evidente que el reinado de Steinbrenner, como todos lo conocían, había llegado a su fin, lo cual significaba que ya no le sería posible hablar con el Jefe directamente cuando llegara el momento de discutir su futuro con el equipo.

"Fue triste", comentó Torre. "Sin importar lo confrontador que podía ser en ocasiones o cuánto aborrecieras lo que hacía, odiabas ver eso. Fue triste. Porque ahora ya lo sabías: los otros sujetos dirigían al equipo. Unos cuantos años antes, él decía: 'Voy a retirarme de esto y que otras personas tomen el poder.

Que los elefantes jóvenes entren a la tienda'. Pero ese nunca sería el caso.

"No es lo mismo como cuando don Corleone recibió un disparo, cuando estaba en recuperación y se sentaba en el jardín. Al menos, él hablaba con su hijo de manera muy lúcida y le explicaba lo que iba a suceder. No creo que George tuviera esas capacidades. Y cuando hablabas con cualquier persona de la organización, Steve Swindal era una de esas personas, cuando todo estaba bien, le preguntabas: '¿Qué le sucede?' y él respondía: 'Nada. No sabemos'. Yo le creí cuando él me dijo eso".

Mientras Steinbrenner estaba ocupado con su emparedado, el resto de los presentes hablaron acerca de lo contentos que estaban todos con los pitchers jóvenes. Además de Chamberlain, Phil Hughes e Ian Kennedy también lanzaban bien para los Yankees.

"Kennedy…", musitó López, pensativo. "Es un gran nombre para la mercadotecnia. Mejor que *Rodríguez*".

Los Yankees, creían ellos, lucían de nuevo como un equipo peligroso para la postemporada. La alineación era formidable. Los Yankees terminaron por anotar más carreras que cualquier equipo Yankee en 70 años. Además, el bulpen era dominante con Chamberlain y Rivera al final, y la rotación parecía aceptable con Chien-Ming Wang, Andy Pettitte, un cojo pero funcional Roger Clemens (que se recuperaba de otra lesión en la pierna) y Mussina, que parecía haber vuelto al camino después de un verano miserable, en su mayor parte.

"Nadie quiere enfrentar a los Yankees en los playoffs", alardeó Hal.

"Me gusta pensar que intimidamos a la gente", dijo Torre, "pero depende de a cuál equipo te refieras".

Fue una reunión bastante animada. Los Yankees se dirigían hacia los playoffs por decimasegunda temporada consecutiva bajo la dirección de Torre. La comida era buena y nadie sacó a colación el tema de si Torre continuaría con la dirección del equipo, aún después de lograr la recuperación del mismo desde el récord de 21-29 hasta ganar con facilidad un lugar en la postemporada.

"El tema de mi situación nunca surgió", dijo Torre. "Yo no pregunté ni nada. Básicamente, yo sentía que Cash estaba de mi lado y dejé que él, en última instancia, lo presentara".

Esa noche, fiel a la promesa que Torre le hiciera a Steinbrenner, los Yankees vencieron a Tampa Bay 12-4 y con ello se ganaron un sitio en la postemporada. Steinbrenner vio el partido desde un palco de lujo en Tropicana Field. El out final tuvo la vieja pátina de los buenos tiempos: Steinbrenner pendiente, Rivera en el montículo, Posada como catcher, Jeter, que había dado un jonrón en el partido, como shortstop, y Torre en el dugout. Los Yankees, acosados por las lesiones y el disgusto que los colocó en ese agujero de 21-19, disfrutaron una celebración bulliciosa en la casa club de visitantes de Tropicana Field. Era la vigésimo novena ocasión en la cual los Yankees de Torre se ganaban el privilegio de bañarse con champaña unos a otros gracias al triunfo de obtener un sitio en los playoffs o de ganar una serie de postemporada. Sin embargo, esta celebración fue distinta a todas las demás. Este camino hacia octubre, dijo Jeter a los reporteros, "en definitiva ha sido el más difícil". Como es obvio, Torre sentía lo mismo. Reunió al equipo para hacer un brindis en medio de la casa club y, al comenzar, no pudo evitar pensar en todo lo que el equipo había vivido a lo largo de esa temporada y todo lo que había vivido él. Cuando comenzó a hablar, apenas pudo pronunciar las palabras.

"Me siento orgulloso de todos y cada uno de ustedes", dijo Torre.

Estaba a punto de llorar, pero continuó lo mejor que pudo.

"Esto", dijo, con la voz entrecortada, "significa mucho para mí..."

Se ahogaba. Quiso continuar para decirles a sus jugadores lo importante que era ese sitio en la postemporada para él, pero no pudo hablar. Todo lo que pudo hacer fue bajar la cabeza e intentar recuperar la compostura. No pronunció palabra alguna. Hubo un breve e incómodo silencio en la habitación, mientras los jugadores esperaban a que Torre se recompusiera. Y entonces, un viejo amigo dio un paso al frente para salvarlo de las emociones y la incomodidad. Jeter, quien había formado parte de esas 29 celebraciones, estiró el brazo, retiró la gorra de la cabeza de Torre y vació una botella de champaña sobre su mánager. La habitación estalló en grandes vítores y la celebración comenzó de nuevo a todo vapor.

En 29 ocasiones Torre ayudó a llevar a los Yankees a este tipo de celebraciones. Veintinueve ocasiones, incluso al menos una cada año a lo largo de 12 temporadas consecutivas. Veintinueve ocasiones; sin embargo, ésa, al final de una larga y dolorosa temporada, fue distinta a todas las demás.

Nunca más habría otra.

15

El ataque de los insectos

Los mánagers de las ligas mayores odian el formato de Serie de División de cinco. El equipo inferior tiene mayor oportunidad de vencer al equipo superior en una serie corta que en la Serie de Campeonato de Liga y la Serie Mundial de siete partidos; mientras más pequeña sea la muestra, más desastres puede crear el atar. Más aún, los mánagers deben decidir entre usar a tres pitchers abridores o cuatro; en especial si una derrota en el primer juego genera la urgencia palpable de tener que ganar tres de los siguientes cuatro partidos. Los Yankees de Torre de 2007, el comodín con 94 victorias, se enfrentaron a los Indians de Cleveland, los campeones de la Liga Americana Central con 96 victorias, una serie de cinco repleta de ansiedad.

Los Indians obtuvieron la ventaja de jugar en casa, lo que significaba que serían los anfitriones de los primeros dos partidos; éste era un arreglo tranquilizador para un equipo joven que no había jugado un partido en playoffs desde 2001, había perdido los seis partidos que jugó contra los Yankees esa temporada y había anotado 157 carreras menos que Nueva York, o casi una carrera completa por partido.

"Tenemos que enfocarnos no en jugar contra los Yankees, sino en jugar a nuestra mejor capacidad, con el mejor béisbol que podamos jugar", es como el director general de los Indians, Mark Shapiro, recordó su manera de pensar al iniciar esa serie. "En términos de talento creo que emparejamos. Sin embargo, existe la realidad de jugar en el Yankee Stadium. Existe la realidad de cómo afectó esto a nuestro equipo antes de la serie y esos nombres. Nombres imponentes".

Casi en todas las postemporadas, Torre dirigía un discurso motivacional a sus jugadores en la víspera del primer partido. En esta ocasión, tal como lo hizo cuando modificó su acostumbrado discurso de entrenamiento al iniciar la temporada, Torre eligió un enfoque distinto. Su equipo había trabajado tan duro para llegar a los playoffs tras recuperarse de un récord perdedor en los primeros 95 partidos en la temporada, que Torre sintió que era necesario un toque distinto que el usual machismo de sala de casilleros de football. De hecho, una conversación con el entrenador de los Patriots de Nueva Inglaterra, Bill Belichick, convenció a Torre de mantener ligero el estado de ánimo. Los Patriots de Belichick eran los Yankees de Torre para la NFL, pues rutinariamente jugaban con expectativas más altas que cualquier otra franquicia. Los Patriots eran criticados con gran severidad en aquel momento por lo que llegó a llamarse *Spygate*, es decir, el uso ilegal de aparatos electrónicos para grabar las señales de los entrenadores de sus oponentes. Belichick le dijo a Torre que en esos momentos tan complicados y tensos, su instinto le indicaba que su equipo necesitaba reír y mantenerse relajado; por tanto, llevó a un comediante a la sala de casilleros de Nueva Inglaterra. A Torre le agradó la idea y llamó a su buen amigo y fanático de los Yankees, Billy Crystal.

"¿Puedes preparar algo para nosotros que podamos mostrar a los muchachos?", le preguntó Torre.

Crystal aceptó y le pidió a Torre algo de información acerca de los jugadores que pudiera utilizar en su monólogo, el cual grabó, quemó en un DVD y envió a Torre a Cleveland. En el día de ejercicios previo al primer juego, Torre reunió a su equipo en la casa club para visitantes en Jacobs Field y puso el DVD. De pronto, una escena pornográfica comenzó a aparecer en el monitor. Se escucharon risas nerviosas. ¿Qué tipo de error era aquel? ¿Alguien habría confundido los DVDs? No. Una toma cerrada de Billy Crystal remplazó de súbito a la pornografía.

"Ahora que ya hemos captado su atención…", dijo Crystal.

Y entonces dio inicio a un segmento de comedia de 12 minutos de duración en el cual, con la ayuda de su colega comediante Robin Williams, hizo chistes acerca de Jorge Posada, Alex Rodríguez, Derek Jeter, Melky Cabrera y otros. A los jugadores les encantó. Crystal se tornó serio al final de su acto e imploró a los Yankees asegurarse de jugar con un esfuerzo que no les dejara arrepentimiento alguno. Habló acerca de lo afortunados que eran por tener esa oportunidad y por su salud. "Y hay alguien por quien todos debemos rezar", dijo Crystal, "porque no ha sido bendecido con la misma clase de salud. Entonces, antes de salir a jugar, cuando se pongan de rodillas, digan una plegaria… ¡por Carl Pavano!"

La habitación estalló en carcajadas.

"Cashman no creyó que fuera tan gracioso", dijo Torre. "A Cash le hubiera gustado un video motivacional. He llegado a la postemporada con tanta frecuencia que no veo razón para elevar las expectativas. No necesitas recordarles eso a los chicos. Creo que llegué al punto, quizá debido a mi propia situación y al hecho de ser criticado o quizá porque sentí que había mucha tensión en los playoffs, gracias a tantas expectativas, en todo caso, en el cual decidí que debíamos mantener el ánimo ligero".

La decisión más difícil de Torre hacia la Serie de División fue cómo organizar a sus pitchers abridores. Chien-Ming Wang era el líder incuestionable del grupo después de haber ganado 19 partidos por segunda temporada consecutiva y una opción obvia para iniciar el primer juego. Sin embargo, él no era un as típico. Wang era un especialista en provocar rolatas que no eliminaba a muchos bateadores por strikes y, como el padre de un bebé de dos años en el servicio religioso dominical, estaba a merced del comportamiento impredecible de su poderoso sinker. Andy Pettitte, el amuleto de seguridad tradicional de Torre para el segundo juego, también era seguro aunque su desempeño en septiembre había sido deficiente. Roger Clemens tendría un inicio, aunque sólo fuera por su reputación y por todo el dinero que los Yankees le pagaban. Sin embargo, Clemens no era el guerrero que los Yankees conocieron en su primera estancia con el equipo. Era un barco de guerra oxidado. Clemens tenía 45 años y no había lanzado desde el 16 de septiembre debido a una lesión en un tendón de la pierna.

La decisión más difícil de Torre era qué hacer con el cuarto partido. Pensó en dar el inicio a Mike Mussina, que había salvado algo de su terrible temporada al alcanzar un ERA de 3,49 en septiembre y que había vencido a los Indians en agosto con un trabajo fuerte en el cual lanzó hasta la octava entrada. Si Torre lo designaba como pitcher abridor, entonces podría usar a Pettitte otra vez tras un descanso normal en el quinto juego. Con este escenario, Torre habría dado la bola en cuatro de cinco partidos a pitchers veteranos de 35 años o más.

"Pensé en Mussina para el cuarto partido", recordó Torre. "Pensé que tal vez alguien que lanzara curvas, alguien que pudiera cambiar las velocidades, sería eficiente contra los Indians.

Pero en realidad él no había lanzado mucho y tienes que preguntarte cuán preciso va a ser".

Torre decidió preguntarle a Cashman cuáles eran sus preferencias "aunque yo ya tenía una idea de hacia dónde se orientaban", comentó Torre. "Él dijo que prefería que Wang tuviera un descanso menos para el cuarto partido en lugar de Mussina. Dijo que, si elegía a Mussina, entonces tendría a Pettitte en el quinto juego y Wang no tendría un segundo partido".

Wang era el mejor pitcher abridor de los Yankees. También tenía 10–4 con un ERA de 2,75 en el Yankee Stadium, donde se disputaría el cuarto partido. Cashman no tenía problema en asegurarse de que Wang lanzara en dos de los primeros cuatro partidos, incluso si el segundo implicaba el riesgo de que Wang participara en el partido con sólo tres días de descanso en lugar de los cuatro normales. Torre estuvo de acuerdo con él. Wang había lanzado con tres días de descanso en sólo una ocasión a lo largo de sus 80 inicios en las ligas mayores y había resultado mal: perdió 7–2 contra Boston sin lograr salir de la quinta entrada en 2005.

Según resultaron las cosas, Wang estuvo fatal, incluso con descanso completo, en el primer juego. En la que fue una de las peores actuaciones en la historia de postemporada, Wang, que no pudo lograr que su poderoso sinker se comportara de la mejor manera, fue vapuleado con ocho carreras merecidas, un récord empatado en postemporada, en menos de cinco entradas, en lo que fue una victoria aplastante de Cleveland 12–3. Sólo seis pitchers habían concedido antes ocho carreras merecidas en un inicio de postemporada y ninguno de ellos había permitido 14 corredores en base como Wang. Éste fue un ejemplo clásico del lado oscuro de vivir con Wang como as. Si su sinker no actuaba de manera apropiada, él no tenía otros recursos para eliminar bateadores con consistencia alguna. No tenía nada para lograr que los bateadores hicieran swing y fallaran.

Con sólo una derrota, los Yankees habían llegado a comprender a plenitud el peligro de una serie de cinco partidos. En esencia, una derrota los colocaba en una situación de tener que ganar en el estadio del otro equipo. Si perdían el segundo juego, se verían obligados a ganar tres partidos consecutivos para ganar la serie. Lo que necesitaban era que Pettitte entregara una ventaja a sus especialistas en las últimas entradas de los partidos: Chamberlain y Rivera. Pettitte hizo justo eso, aunque con un pequeño margen, en un duelo de pitchers entre él y Fausto Carmona, ganador de 19 partidos para Cleveland con 23 años. Pettitte entregó una ventaja de 1–0 en la séptima entrada a Chamberlain, que dejó en base a los dos corredores que Pettitte le había legado. Los Yankees se sentían confiados de traer a la serie de regreso a Nueva York, empatada y, ¿por qué no? Nunca habían perdido un partido de esa temporada cuando habían confiado una ventaja a Chamberlain. Éste volvió para la octava, con Rivera detrás de él para los últimos tres outs. Todo parecía suceder de acuerdo con el plan de los Yankees para ganar. Torre estaba a seis outs de rutina de la primera de las siete victorias que necesitaba para ganar el gallardete y hacer volver a los Yankees a la Serie Mundial; lo cual, según consideraba la mayoría de los observadores, era el requisito mínimo para asegurar su regreso como mánager en 2008.

Y de súbito se desataron los infiernos o, al menos, la versión alada del mismo. Fue necesaria, en ese instante exacto, la convergencia de fuerzas extrañas que no tenían nada que ver con el béisbol (por el contrario, fueron ecológicas, meteorológicas y entomológicas) para poner la Era de Torre al borde de su extinción.

El enjambre perfecto.

Insectos, miles y miles de ellos, de pronto se reunieron alrededor del montículo; muchos volaban hacia los ojos, nariz, oídos, rostro y cuello de Chamberlain. Muchos se adhirieron a la piel húmeda del pitcher, cuya transpiración era abundante.

Él no podía concentrarse. Tenía dificultades incluso para distinguir el home a través de una nube de insectos. Un entrenador vino a la carrera con una lata de insecticida en aerosol y lo roció por todas partes, pero resultó completamente inútil. De hecho, la plaga de bichos pareció empeorar. ¿Qué demonios sucedía?

La respuesta se remontó a los años 50 y 60. El Lake Erie estaba tan contaminado en aquella época que jejenes, o efímeros, como algunas personas los conocen, desaparecieron. Estos insectos son criaturas inofensivas, excepto por las molestias que generan. No pican ni transmiten enfermedades. Su vida inicia en forma de larva en el fondo de los lagos, manantiales y aguas calmas. Con suficientes sedimentos limpios y ricos en oxígeno, emergen del agua como adultos para formar enjambres y, al hacerlo, para aparearse. El Lake Erie, sin embargo, solía estar demasiado contaminado como para que los insectos prosperaran. No obstante, después de un gran esfuerzo para limpiarlo, los jejenes comenzaron a volver al área de Cleveland a mediados de los años 90. La población habitante de la orilla oeste del Lake Erie empezó a considerarlos una molestia frecuente relacionada con el clima cálido. Por lo general, estos insectos se reúnen en grupos tres veces por año, sólo durante un día o dos en cada ocasión, y por lo regular en torno a las fuentes de luz artificial en los 45 minutos posteriores al ocaso, entre los meses de mayo y junio o cuando el clima cálido estimula sus actividades. Su espectro de vida es de 24 a 72 horas. En ese corto periodo, los insectos adultos salen del agua, forman grupos, se aparean y mueren.

En 2007, la primera semana de octubre resultó inusualmente calurosa en Cleveland. Parecía primavera y todo indica que también fue así para los bichos. El inusual calor (de 81 grados cuando comenzó el segundo juego a las cinco de la tarde) engañó a los insectos y motivó un cuarto ciclo activo. Los bichos salieron del agua (es probable que del Lake Erie o del río Cuyahoga, otra vía acuática que también había sido limpiada), vieron las brillantes luces de Jacobs Field y se dirigieron hacia allá. Sólo por la extraña hora de inicio, programada para dar cabida a la transmisión del partido de la Serie de División entre los Angels y los Red Sox en horario estelar a continuación, fue que los Indians y los Yankees jugaron la octava entrada en el punto cumbre de la hora de reunión de los insectos: el lapso de 45 minutos después del ocaso.

Entonces, después de una carrera ininterrumpida de 12 años, la Era de Torre estaba a punto de desaparecer para siempre debido a una increíble serie de sucesos: una limpieza mayor de las vías acuáticas del Rust Belt, una extraña ola de calor en otoño y una desacostumbrada hora de inicio para un partido de playoffs.

Oh, y una cosa más: el error de utilizar repelente contra insectos para intentar alejar a los bichos.

Un especialista en insectos de Cleveland, fanático de los Indians, miraba el partido por televisión cuando vio que el entrenador Gene Monahan de los Yankees rociaba a Chamberlain. El experto en insectos tomó el teléfono de inmediato y llamó a las oficinas generales de los Indians.

"Por el amor de Dios", dijo. "Díganles a esos sujetos en el terreno de juego que, sin importar lo que hagan, *no* usen repelente de insectos. Es inútil contra esos bichos. En realidad, empeora la situación porque se sentirán atraídos hacia la humedad de la piel".

Chamberlain, que brillaba a causa del aerosol y de su abundante transpiración, era un imán para los insectos. Las imágenes televisivas se asemejaban a una película de terror para adolescentes. A los oficiales de los Red Sox, que miraban el partido desde Boston, les sorprendió que el partido continuara.

"No puedo creer que jugaran así", señaló uno de ellos.

Éste no era un partido insignificante de agosto. Se trataba de un partido de playoffs, un partido que tanto los jugadores como su mánager tenían que ganar. Un partido con marcador de 1–0 en la octava entrada. Y su pitcher intentaba lanzar cubierto por una mezcla de sudor, insecticida y bichos mientras un enjambre de más insectos invadía cada orificio descubierto de su cuerpo. Pronto resultó evidente cuán obstaculizado se encontraba Chamberlain. Dio base por bolas al primer bateador Grady Sizemore con cuatro lanzamientos. Chamberlain había enfrentado a 91 bateadores a lo largo de la temporada y sólo en dos ocasiones llegó a un conteo de 3–y–0.

La situación empeoró. Su siguiente lanzamiento voló sobre Posada en un *wild pitch* que envió a Sizemore a segunda base. Los Indians tenían ahora la carrera del empate en posición de anotación y ni siquiera habían hecho un swing. Los Yankees, sin embargo, hacían swing ferozmente. Derek Jeter y Alex Rodríguez, el costado izquierdo del infield de los Yankees con un valor de $43 millones, movían sus guantes en el aire y lanzaban manotazos hacia los pequeños jejenes. En su lucha por su vida en los playoffs, el equipo más costoso del béisbol se había convertido en un acto de vodevil.

Chamberlain dirigió la mirada hacia el dugout de los Yankees en busca de Torre y exclamó: "¡No puedo ver!"

Torre comenzó a caminar hacia el montículo, pero se detuvo. Le preocupaba que le anotaron un viaje al montículo, aunque podía apelar que los árbitros lo consideraran una visita no oficial, como es el caso cuando se presentan posibles lesiones, debido a las extraordinarias circunstancias.

"¡Geno!", gritó Torre.

Torre le pidió a Monahan que revisara a Chamberlain.

Torre comentó: "Por alguna razón me detuve porque pensé en un viaje al montículo y yo no quería hacerlo, a pesar de que se trataba de una circunstancia extraordinaria. Sólo que no me percaté de cuán extraordinaria era. Entonces, envié al entrenador".

Monahan corrió hacia el montículo armado con más repelente de insectos.

Torre no sabía cuán adversa era la situación porque, de manera inexplicable, los bichos limitaron sus actividades de grupo al centro del diamante. Casi no había problema alguno en el dugout de los Yankees, donde Torre estaba sentado, o a lo largo de la línea del campo derecho, donde el árbitro Bruce Froemming, el jefe de los árbitros que trabajaba en la postemporada final de su carrera, disfrutaba una cómoda vista libre de insectos. Entonces, Torre no hizo ninguna apelación a los árbitros para que interrumpieran el partido, como cuando la lluvia es lo bastante fuerte como para comprometer las condiciones del juego. Fue un momento que después identificaría como su único arrepentimiento en sus 12 años como director de los Yankees.

"Yo veía que Jeter en el shortstop movía las manos", dijo Torre, "pero no era como lo que a Joba le tocó vivir. Entonces, creo que, si hubiera salido y hubiera podido llamar al árbitro para decirle 'No podemos lanzar con esto…', bueno, no estoy seguro de haber podido llegar a algo, pero pude haber sido lo bastante convincente como para al menos pedir tiempo, como un retraso por lluvia de algún tipo".

Torre tuvo la impresión de que otra rociada de repelente de insectos había ayudado a Chamberlain, aunque no fue así.

"Parecía estar bien", dijo Torre. "Parecía algo que podías manejar. No digo que desapareciera, pero parecía ser menos problemático de lo que era en realidad. Pero creo que Joba se alteró, lo cual es comprensible".

Chamberlain se las arregló para pasar su siguiente lanzamiento sobre el plato. El segunda base de Cleveland, Asdrúbal Cabrera, respondió con un toque y envió a Sizemore a tercera con el sacrificio. Travis Hafner, el bateador designado de los Indians, conectó una línea con el siguiente lanzamiento, pero el primera base Doug Mietkiewicz lo atrapó. De alguna manera, Chamberlain estaba a sólo un out de escapar del pegajoso desorden. Sólo necesitaba eliminar al catcher Víctor Martínez para entregar la ventaja y los tres outs finales a Rivera. No obstante, Chamberlain lanzó otro wild pitch y Sizemore corrió a home para empatar el partido. Chamberlain había lanzado en su carrera en las ligas mayores 343 lanzamiento y sólo una había sido un lanzamiento descontrolado. Ahora, cubierto de bichos por completo, había hecho dos en una sucesión de diez lanzamientos.

Los Yankees habían perdido la ventaja con Chamberlain en el montículo por primera vez y lo habían hecho de una manera tan insólita que bien podría causar la envidia de Stephen King: una base por bolas, un toque, dos lanzamientos descontrolados y un millón de insectos. Durante esas jugadas, ni la bola ni los bichos salieron del infield. Chamberlain golpeó a Martínez con un lanzamiento y concedió otra base por bolas a Ryan Garko antes de finalizar la pesadilla con la eliminación por strikes de Jhonny Peralta.

Los Yankees aún tenían esperanza. Después de todo, Carmona, el pitcher de Cleveland que sólo había permitido dos hits a lo largo de ocho entradas, tendría que enfrentarse a los insectos al principio de la novena entrada al tiempo que se enfrentaba a lo mejor de la alineación de los prodigiosos Yankees.

"Yo estaba parado allí como entrenador de tercera base", comentó Bowa, "y lo siguiente que noté fue el retorno de esos bichos. Dije: '¿Qué demonios es esto?', y el tercera base respondió: 'Oh, salen de vez en cuando'. O sea, yo casi no podía ver. Y luego los tienes a todos pegados a la piel. No te picaban ni nada. Era muy molesto. En retrospectiva, debimos decir: 'Todo el mundo salga del campo'. Debió ser como un chubasco, cuando dices: 'No podemos jugar en estas condiciones'".

Sin embargo, sucedió algo muy extraño: Carmona se bajó la gorra un poco más y lanzó la bola como si los bichos que rodeaban su cuerpo, su rostro y su cuello no existieran. Daba la impresión de ser un hombre con traje almidonado que camina por la calle bajo una tormenta, ajeno a las condiciones extremas. Detrás de él, los infielders de Cleveland no hicieron ninguna de las actuaciones burlescas que la afición había visto hacer a Jeter y a Rodríguez. El enjambre no había disminuido, pero los Indians aparentaron que así era.

"Pensé que existían diferencias claras en cuanto a la reacción de los dos equipos", comentó el director general Mark Shapiro. "Pero nuestro año había consistido en múltiples excusas válidas para nuestro equipo. Partidos cancelados por nevadas, partidos en casa fuera de casa, partidos como anfitriones en Milwaukee, ningún día de descanso… nuestros muchachos nunca se rindieron a eso, lo que fue una afirmación de lo fuertes que son como jugadores. Hablamos acerca de jugadores fuertes y perspectiva de equipo, y eso es lo que esperamos construir aquí como cultura. Es menos acerca de sentir cosas buenas, menos acerca de las cosas objetivas, y es el mánager quien puede ayudar a implementar esa cultura en una casa club".

Carmona tendría que enfrentar a los mejores bateadores Yankees en la novena entrada de un partido empatado de los playoffs con insectos alrededor de él y pegados a su piel. Lo que sucedió después fue un triunfo del intelecto organizativo de los Indians de Cleveland. Tanto como cualquier otra, esa entrada confirmaría con exactitud cómo un equipo mediano borraba la ventaja competitiva que los Yankees disfrutaron en sus temporadas de campeonato sobre el resto de los equipos de béisbol, y los Indians lo habían logrado con una nómina que sumaba menos de una tercera parte de lo que los Yankees gastaban en sus jugadores.

El prototipo del director general posmoderno, Shapiro, con sus pantalones caqui sin arrugas y sus camisas deportivas, toma asiento ante su escritorio lustroso, frente a su computadora, para navegar a través del programa de cómputo propiedad de su equipo y con derechos reservados, DiamondView, un producto tan valioso que en una ocasión, medio en broma, le preguntaron a los Diamondbacks de Arizona si considerarían intercambiarlo por Carlos Quentin, su principal prospecto de bateador de poder. Ni siquiera un servidor a ser nombrado después hubiera convencido al director general de Cleveland de ceder el cerebro computacional de la organización. Shapiro luce como si bien pudiera dirigir inversiones de fondos u operar una empresa de tecnología desde su oficina sobre Progressive Field, en Cleveland.

Con agua embotellada y barras energéticas como combustible, Shapiro invierte cada día en buscar cualquier oportunidad, donde sea, desde los terrenos baldíos de la República Dominicana hasta la poblada "blogósfera", que sirva como elemento de ventaja para lograr que los Indians sean mejores y más eficientes de lo que fueron y, como consecuencia, a más reducir la enorme ventaja que los Yankees disfrutaron debido a sus ingresos.

Shapiro, educado en Princeton, hijo de un poderoso agente deportivo, especializado en historia, jugó football universitario, pero ni un solo día de béisbol profesional, era justo el tipo de hombre laborioso, de presidente ejecutivo experimentado en los negocios, que se había vuelto necesario para los equipos con el fin de disminuir las ventajas de los Yankees. El típo de director general que existía cuando los Yankees ganaban campeonatos lo conformaban hombres que tomaban decisiones de béisbol según las circunstancias, por instinto, tal vez desde la banqueta de un bar, y sabían poco acerca del aspecto de negocios de la organización. Éstos eran los hombres del béisbol, y se sentían orgullosos de ello; su responsabilidad consistía, casi por completo, en la adquisición de jugadores. Casi no contaban con un intelecto de negocios y tampoco lo pretendían.

"En algún punto, los propietarios, no todos, decidieron, con todos los dólares en juego, que querían hablar con alguien con quien tenían cierto nivel de comodidad, desde un punto de vista de negocios", comentó Shapiro. "Esto no resta mérito al aspecto humano del juego. No devalúa la necesidad de conocimiento o de reclutamiento en el béisbol para desempeñar una función en la toma de decisiones. Sin embargo, muchos propietarios decidieron que querían a alguien que contara con una combinación de habilidades en lugar de sólo aportar una evaluación para elegir 25 jugadores. Éste es el lineamiento aquí. El trabajo cambió, de elegir a 25 muchachos, a construir y dirigir una organización. El presidente ejecutivo de una organización de béisbol".

En 2002, el segundo año de Shapiro como director general, los Indians invirtieron $24 millones en desarrollo de jugadores y reclutamiento, más que todos, excepto dos equipos de béisbol, y un incremento del 50 por ciento en su investigación y desarrollo en comparación con tres años atrás. Obtuvieron 22 prospectos del exterior de la organización sólo ese año, incluso a Sizemore, Phillips, Lee, Travis, Hafner, Coco Crisp y Ben Broussard, que pronto serían auténticos jugadores de Grandes Ligas. Los Indians sabían que la información adquiría cada vez más valor en el béisbol. Si los clubes de pelota no podían igualar los recursos de los Yankees, lo cual permitía a Nueva York tener un amplio margen de error, esos equipos podían utilizar el intelecto para operar de manera más eficiente; en términos más específicos, la recopilación y el análisis de la información.

Shapiro cometió algunos errores al principio de su cargo, pero aprendió de ellos mientras construía una organización que estaba a la vanguardia de la era de la información que apenas despuntaba en el béisbol. Para Shapiro, no sólo se trataba de obtener información, sino de utilizarla con sabiduría y eficiencia.

"En algún momento nos dimos cuenta de que teníamos mucha información; invertíamos alrededor del 50 por ciento de nuestro tiempo en reunirla y el otro 50 por ciento en analizarla", comentó Shapiro. "Fue entonces cuando creamos

DiamondView, y DiamondView en realidad evolucionó hasta ahora, momento en el cual invertimos 10 por ciento de nuestro tiempo en reunir información y el 90 por ciento restante en evaluarla".

Los Indians crearon DiamondView en la primavera del año 2000, aunque comenzó como un proyecto simple. Shapiro quería una manera fácil de localizar y ordenar a los béisbolistas de las ligas mayores y menores en cada organización para identificar a aquellos jugadores a quienes los Indians podrían buscar en los intercambios. En sus orígenes, DiamondView sólo dependía de los reportes de los reclutadores de Cleveland para calificar a los jugadores. Con el paso de los años, no obstante, DiamondView ha crecido y se ha convertido en un vasto y complejo programa para compilar, almacenar y analizar todo tipo de información. Por ejemplo, cada mañana, a las 6:45, DiamondView reúne información de los partidos, los reportes de lesiones y las transacciones de los casi 6.000 jugadores de béisbol profesional y actualiza los perfiles de dichos jugadores.

"Para cualquier jugador…", explicó Shapiro. "Entonces, tú eliges, digamos, a Jared Weaver de los Angels. Contiene los datos biográficos básicos, la historia de todos sus reportes, y se remonta hasta su historia como jugador amateur en la universidad. Puedes elegir uno de esos reportes y leerlo… aquí está el reporte de nuestro director de reclutamiento sobre él. Es obvio que él era un poco ligero. Nuestro reclutador de área era más preciso. Entonces, éste es el reporte verdadero sobre él. Una vez más, es una cuestión de lo que hay disponible para nosotros aquí… Hay reportes periodísticos, los cuales pueden ser desde artículos de *Baseball America* hasta los reportes a un *blog* o al entrenamiento de primavera y el examen 16PF, un examen psicológico en la universidad, y también tenemos nuestros propios exámenes psicológicos aquí… Éstos son artículos de periódico que pueden contener algo interesante que puede ayudarnos a construir un antecedente biográfico del muchacho… atributos físicos…

cuándo fue incluido en diferentes listas de prospectos principales… Ahora, éste resulta ser un chico acerca de quien nunca hemos sostenido discusiones de intercambio, pero te mostraré un jugador con quien sí las hemos tenido".

Cada conversación con agentes acerca de los jugadores también se captura en DiamondView.

"Cuando hablamos acerca de algún sujeto, guardamos una historia de cada conversación con agentes", explicó Shapiro, "como cuando un chico es agente libre. Cada conversación. Entonces, tienes una historia y comienzas a distinguir quién miente y quién no. Puedes decir: 'De acuerdo, conocemos a esta agencia. Ellos mienten. Ellos nos dijeron que había esto'. Lo tenemos. Registramos la conversación después, sólo en notas. Y hay un claro patrón aquí. Es buena información.

"Entonces, no es sólo cuestión de contar con la información. Cada organización la tiene. Es cuestión de que sea accesible pronto. Creo que hay al menos 15 equipos que cuentan con muchos análisis objetivos, sus propios chicos inteligentes, sus matemáticos, sus muchachos brillantes que elaboran estadísticas… Cuánta importancia tienen en las decisiones y cuánto peso tienen, cómo las utilizan, no estoy seguro. Pero, ¿cuán accesible es? Cuántos equipos lo tienen todo junto: estadísticas, reportes de reclutamiento, videos, información contractual, la historia, los datos de la universidad… No creo que muchos de ellos cuenten con todo eso en un solo sitio".

Los Indians, desde luego, también cuentan con información propia, como los exámenes psicológicos, los cuales son aplicados a cada jugador en su sistema. También intentan aplicarlos a los jugadores amateur que reclutan, aunque la resistencia al examen por parte de los agentes y las universidades obliga al club a proponérselo a los jugadores en las ligas de verano, como la Liga de Cape Cod.

"Ahora comienzas a internarte en el tipo de cosas que nosotros hacemos que son creativas", comentó Shapiro. "Estadísticas, análisis objetivo… hay mucha información única que nos pertenece sólo a nosotros. Única. Todo está contenido aquí".

Casi una década atrás, los Athletics de Oakland encontraron una ineficiencia para explotar, haciendo énfasis en los porcentajes de colocación en base, mientras el resto del béisbol permanecía enfocado en el promedio de bateo. Los Indians explotaron una ineficiencia usando el DiamondView para recolectar y analizar con rapidez el flujo de información que se vertía en el juego. Como los equipos de recuperación marina que buscan tesoros enterrados en la vastedad de los océanos, los clubes inteligentes de pelota buscan constantemente una nueva ineficiencia para explotarla.

Con Carmona en el montículo en el segundo juego de la Serie de División de la Liga Americana quedaron de manifiesto todas las mejoras realizadas por Cleveland: avanzados sistemas médicos y de prehabilitación, programas de cómputo propios, análisis estadístico, biomecánica, psicología del deporte, un enfoque holístico del desarrollo de los jugadores, una redefinición del director general como presidente ejecutivo y más dinero para invertir en dichos desarrollos debido a la repartición de ingresos y a la distribución de los fondos centrales de corrientes de ingresos que no existían cuando los Yankees ganaban campeonatos.

Todo lo anterior sucedió mientras los Yankees, en sentido relativo, dormían. La respuesta de los Yankees al crecimiento de los ingresos y del intelecto alrededor del juego había sido parchar la rotación con veteranos costosos, sin importar lo que éstos pudieran aportar a la cultura de la casa club. Un sistema infructuoso de cultivo les había dejado poca oportunidad para considerar mucho más.

Los Indians contrataron a Fausto Carmona como agente libre de Santo Domingo, República Dominicana, el 28 de diciembre de 2000, tres semanas después de que el jugador festejara su decimoséptimo cumpleaños. Era un chico alto y esbelto (6 pies y 3 pulgadas, y 160 libras) con una bola rápida de 83 millas por hora. Los Indians le dieron un bono por contratación de $10.000.

"No fue un reclutamiento brillante", comentó Shapiro.

Carmona no era nada especial. Cada año, los Indians, como la mayoría de los equipos, contrataban alrededor de 15 de estos burdos y delgados principiantes de América Latina de la misma manera que una persona podría comprar 15 boletos de lotería. La inversión era de un monto pequeño para los equipos de las ligas mayores: $150.000 por 15 jugadores, pero la recompensa potencial era enorme si alguno de esos chicos llegaba a las grandes ligas.

Si alguien se preguntaba por qué el béisbol profesional adquiría una presencia latinoamericana más preponderante, las decisiones de los Indians relacionadas con los jugadores amateur en 2000 brindaron una pista. Los equipos como los Indians sabían que América Latina ofrecía una mayor utilidad por el dinero invertido en el desarrollo de jugadores que de los chicos de las preparatorias y las universidades estatales de Estados Unidos que entraban a la selección de jugadores de primer año. Los Indians invirtieron la suma de $2,25 millones sólo en sus dos primeras elecciones de la selección, Corey Smith, un shortstop de preparatoria de Nueva Jersey en vigésimo sexto lugar general, y Derek Thompson, un pitcher zurdo de preparatoria de Florida seleccionado en trigésimo séptimo lugar general. Ninguno llegó a jugar para Cleveland. Por una fracción del dinero malgastado en esas dos elecciones, es decir, menos del 7 por ciento, los Indians pudieron contratar a 15 *jugadores* de América Latina, incluso a un futuro ganador de 19 partidos que terminaría en cuarto lugar en las votaciones para el premio Cy Young de la Liga Americana.

"Ya no contratas a nadie por $10.000", comentó Shapiro. "Ahora son 50. Los nuevos $10.000 son $50.000".

Los Indians mantuvieron a Carmona en su propia patria durante su primera temporada profesional, pues lo asignaron a la Liga Dominicana de Verano. Al año siguiente se reportó en el campamento de ligas menores de Cleveland en Winter Haven, Florida, donde comenzó su verdadera educación como pitcher. Los Indians impartieron clases de inglés a Carmona y a otros jugadores latinoamericanos. (Después han agregado el equivalente a programas escolares de educación secundaria para dichos jugadores. Los muchachos asisten a esas escuelas en la República Dominicana en la temporada baja para obtener el equivalente a un *General Education Degree*). Les proporcionaban atención dental y de nutrición. (Carmona tenía significativos problemas dentales que comprometían sus hábitos alimenticios, circunstancia común en una parte del mundo donde la atención dental de calidad y a precio accesible no está disponible, por lo general). Un nutricionista impartía seminarios educativos para los jugadores latinoamericanos; incluso los acompañaba de compras a las tiendas locales de víveres para enseñarles cómo comprar y cuáles productos elegir.

Los Indians asignaron a Carmona a Burlington, donde lanzó bien y mostró un control excepcional para ser un adolescente. Al año siguiente lo enviaron a Lake County, al béisbol de clase A.

"Fue entonces cuando saltó", dijo Shapiro.

Carmona obtuvo 17–4 con un ERA de 2,06. Era 2003, cuando *Moneyball* comenzaba a cambiar el vocabulario del reclutamiento y el desarrollo de los jugadores; por tanto, al principio, las cifras de Carmona podían mirarse con cierto escepticismo porque no era un pitcher que acumulara muchos strikeouts, una característica preferida entre los analistas de las estadísticas. Sin embargo, Shapiro vio el valor de su perfil estadístico completo en lugar de una sola columna.

"Observas los strikeouts por entradas lanzadas", explicó Shapiro en referencia al deficiente índice de 5,04 strikeouts por nueve entradas en 2003. "Pero él concedió pocas bases por bolas de muchas rolatas y fue un pitcher extremo de rolatas. ¿Puro análisis objetivo? Algunas personas le restarían valor hasta cierto punto porque sus strikeouts no eran tan grandiosos. No obstante, las bases por bolas eran escasas y el índice entre rolatas y flies era muy alto".

Carmona continuó su mejoría y su crecimiento. Impresionó a sus entrenadores con su ética de trabajo. Incluso, después de cumplir con sus seis entradas usuales de trabajo o algo así, Carmona, en lugar de retirarse a la sala de entrenamiento para la acostumbrada terapia con hielo para el brazo de un pitcher, corría o se subía a la bicicleta durante otros 15 minutos. La atención de los Indians a la prehabilitación también ayudó a su desarrollo. Los entrenadores de los Indians descubrieron que Carmona tenía una ligera desviación en la columna, la cual era probable que comprometiera la salud de su espalda y su hombro con el paso del tiempo; por tanto, le asignaron ejercicios específicos para mejorar su fortaleza estructural y su postura. Para 2006, Cleveland decidió que Carmona, ahora con 22 años y 220 libras de peso, y quien lanzaba bolas rápidas a 95 millas por hora, estaba listo para las Grandes Ligas.

En un inicio, Carmona tuvo resultados desastrosos. Al lanzar en su mayor parte desde el bulpen, Carmona obtuvo 1–10 y se convirtió sólo en el octavo pitcher desde 1901 en alcanzar un porcentaje de triunfos menor que .100 en su primera temporada en las Grandes Ligas.

Lo peor de ello para Carmona fue cuando los Indians, desesperados por una ayuda en las entradas finales, decidieron probarlo como pitcher cerrador a mitad de la temporada. Carmona arruinó ventajas en la novena entrada en tres apariciones seguidas y perdió cada una de éstas con un extrabase, dos en Boston contra los Red Sox y una en Detroit contra los Tigers. Fue el tipo de pesadilla que puede arruinar una carrera, en especial la de un novato. ¿Qué le sucedía? Una vez más, los Indians pusieron en funcionamiento su enfoque holístico para encontrar una respuesta. Buscaron una razón objetiva por la cual Carmona era bateado con tanta fuerza y la encontraron: un estudio de los archivos digitales en video de sus actuaciones reveló que su sinker se había hecho más recto. ¿Y por qué se había hecho más recto? Por la misma razón por la cual los Indians quisieron probarlo como pitcher cerrador en primer lugar: ellos sabían que Carmona estaba programado para ser un competidor fiero. En este caso, dada la enorme presión creada por una ventaja en la novena entrada, Carmona estaba perjudicándose por tratar de tener éxito con tanto esfuerzo. Mientras más lo intentaba, más bajaba su punto de soltar la bola y, mientras más bajaba su punto de soltar la bola, menor era la caída de sus lanzamientos.

"Su fortaleza funcionó en su contra", explicó Shapiro. "Entonces, no intentamos destruirlo todo. Sólo le dijimos: 'Oye, necesitas reconocer cuando tu condición mental opera en tu contra, cuándo tu manera de lanzar se estropea y lo que sucede con tu lanzamiento'".

Después de los desastres de Carmona en el bulpen, los Indians enviaron al diestro novato a Búfalo a la Triple-A para iniciar partidos, no para finalizarlos. Lo convocaron de nuevo en Cleveland como pitcher abridor y luego lo enviaron a la Liga Dominicana de Invierno para iniciar algunos más, lo mejor para desarrollar el vigor necesario para un pitcher abridor después de pasar la mayor parte de 2006 en el bulpen. En 2007, en el séptimo año del desarrollo holístico de Carmona (mental, físico, incluso dental), la pequeña inversión de los Indians de $10.000 se había convertido en un pitcher abridor de las ligas mayores tipo caballo de batalla. Carmona lanzó en 215 entradas. Terminó en segundo lugar de la liga en triunfos (19) y segundo en ERA (3,06). Intentar batear su poderoso sinker era como intentar batear una bola de boliche. Nadie lanzó por más rolatas de doble play (32). Él tenía, por mucho, la mejor proporción entre rolatas y flies en la liga (3,28). Los Indians contaban con una estrella joven en el montículo.

Los Indians se ganaron la lotería.

◆ ◆ ◆

Cuando el chico de Santo Domingo tomó la bola para la novena entrada del segundo juego contra Nueva York, con el partido empatado, los vuelos enloquecidos de los insectos, los Yankees con Johnny Damon, Derek Jeter y Bobby Abreu en el orden de bateo y Alex Rodríguez a la espera, en caso de que cualquiera de ellos se colocara en base, la tarea de Carmona pondría a prueba cada detalle de ese desarrollo holístico. Ningún pitcher de Cleveland tan joven había lanzado nueve entradas en un partido de postemporada. Ningún pitcher abridor había durado nueve entradas contra esta formidable alineación de los Yankees a lo largo de todo el año. Carmona se bajó la gorra un poco más, ignoró a los bichos y se puso a trabajar con el sereno propósito de un cortador de diamantes.

Damon fue eliminado por rolata. Jeter fue eliminado por strikes. Abreu llegó a primera base con un sencillo hacia el infield, hacia el shortstop, y pronto robó en segunda base con el siguiente lanzamiento. El triunfo obligado para los Yankees se había reducido a lo siguiente: Rodríguez, el jugador más costoso del béisbol, contra Carmona, el muchacho que costó $10.000, con la potencial carrera ganadora en segunda base. Rodríguez, a pesar de sus 156 carreras impulsadas durante la temporada regular, también necesitaba bastante ayuda holística en la postemporada. Había logrado 0–de–5 en la serie (sin sacar la bola del infield) y sumaba cuatro hits en sus 49 turnos previos al bate con los Yankees, incluso 27 turnos consecutivos al bate sin hits fuera de Nueva York. Rodríguez recibió nueve lanzamientos, pero su actuación terminó mal para él. Carmona, con su lanzamiento número 113 de la noche, hizo zumbar un feroz sinker bajo las manos de Rodríguez, que hizo un swing para el tercer strike.

Cuando Carmona caminó hacia el dugout de Cleveland, los entrenadores Indians se sorprendieron ante lo que vieron: su rostro y cuello estaban cubiertos por miles de jejenes. En ningún momento les soltó un furioso manotazo. Era como si nunca hubieran estado allí.

Los insectos se marcharon poco tiempo después, tras su lapso activo de 45 minutos de desorden sobre los Yankees, y ayudaron a cerrar el telón de la Era de Torre,. Rivera lanzó dos entradas sin anotaciones, pero, tan pronto como Torre tuvo que acudir a alguien más del bulpen, que en este caso fui Luis Vizcaíno, el partido terminó. Vizcaíno concedió base por bolas al primer bateador de la undécima entrada, preámbulo para un eventual sencillo de Travis Hafner que daría el triunfo a los Indians.

Los Yankees estaban a un partido de la eliminación. Lo mismo podía decirse de Torre. Steinbrenner se aseguró de que el mundo lo supiera también. En la mañana del tercer juego, Steinbrenner, de la nada, fue citado en el *Bergen Record* cuando explicó que Torre se marcharía con una sola derrota más.

"Su empleo cuelga de un hilo", declaró Steinbrenner. "Creo que le pagamos mucho dinero. Es el mánager mejor pagado del béisbol, de manera que no creo que lo aceptemos de regreso si no ganamos esta serie".

La amenaza arrogante hubiera sido un procedimiento normal de Steinbrenner diez, incluso cinco años atrás, pero, ¿en 2007? Fue asombrosa. Los manejadores de Steinbrenner lo habían mantenido alejado de la prensa durante todo el año. Él se comunicaba con los medios sólo a través de declaraciones cuidadosamente redactadas por sus representantes de relaciones públicas. Cuando el reportero Franz Lidz, asignado por la revista *Portfolio* para escribir un artículo acerca del propietario de los Yankees, pudo penetrar la muralla protectora alrededor de Steinbrenner cuando lo visitó ese verano, sin anunciarse, en su hogar en Tampa, la descripción que surgió del Jefe fue patética. Steinbrenner fue descrito como apenas lúcido, balbuceante y repetitivo. Steinbrenner se sintió lo bastante bien como para asistir a sólo tres partidos en Nueva York durante todo el año, antes de esa serie. ¿Y ahora, con su equipo al borde de la eliminación, de pronto había reencontrado el viejo gusto?

Ian O'Connor, un columnista del *Bergen Record*, había llamado a Steinbrenner a su habitación en el Hotel Regency. Era una jugada tomada de un viejo manual para reporteros que cubren a los Yankees cuando estaban en auge: si llamaban a Steinbrenner cuando el desempeño del equipo era deficiente, podían conseguir un encabezado para su nota si el Jefe decidía explotar. En los años 80, los reporteros de béisbol solían llamar a Steinbrenner "Señor Canción" porque obtener frases contundentes de él era tan fácil como meter una moneda en un tocadiscos y seleccionar la melodía deseada. Muchas de sus frases eran tan conocidas como los discos exitosos, directo del catálogo de Steinbrenner. Pero era el año 2007 y la salud en declive de Steinbrenner lo había reducido a poco más que una figura decorativa muy poco vista y de la cual se escuchaba menos. De hecho, apenas una semana después, los Yankees anunciaron de forma oficial que Steinbrenner ya no dirigiría activamente al equipo, pero que continuaría como una especie de patriarca de las operaciones.

No hubo respuesta en el teléfono de Steinbrenner. O'Connor insistió. No hubo respuesta. Otra llamada. De pronto, Steinbrenner contestó el teléfono. Respondió a las preguntas. O'Connor decidió que Steinbrenner sonaba lo bastante lúcido como para que las frases tuvieran mérito. Ya tenía su encabezado. Era una gran noticia. Torre se enteró del edicto de Steinbrenner de "gana o márchate" de camino al Yankee Stadium para asistir al tercer juego. Siempre odió que la seguridad de su empleo se convirtiera en un asunto público entre sus jugadores; sin embargo, ahora se había convertido en *el tema principal*. En su conferencia de prensa programada para antes del partido, Torre aceptó 13 preguntas. Nueve de éstas se referían al estatus de su empleo y a los comentarios de Steinbrenner.

"No siempre te acostumbras a ello", dijo Torre como respuesta a una pregunta acerca de su reacción a los comentarios de Steinbrenner, "pero comprendes que, si quieres trabajar aquí, hay ciertas cosas con las cuales tienes que lidiar, y lo cierto es que existen muchas ventajas al trabajar aquí. Ya lo saben, ésa es mi posición ahora".

Cashman buscó a Torre detrás de la jaula durante la práctica de bateo.

"Lo lamento", dijo Cashman. "No tuve nada que ver con eso".

"Estoy furioso por el momento en que sucedió", respondió Torre. "No necesitamos esto".

Torre comentó: "En ese instante, supe que no regresaría, incluso si ganábamos".

Con todo lo anterior en consideración, Torre hizo un buen trabajo al ocultar su dolor y su decepción. La urgencia de la situación difícil de los Yankees demandó su atención. Dependía de Roger Clemens salvar a la franquicia y a su mánager. Clemens tenía 45 años, no había lanzado en 20 días y, dado que su cuerpo lo traicionaba, contemplaba la posibilidad de que éste, por fin, podría ser el último partido en el cual lanzara en las Grandes Ligas, en especial, si se agregan las dos toneladas de basura que pesaban sobre él en ese momento, y que descansaba sobre el escritorio del investigador independiente del béisbol acerca del consumo de esteroides: George Mitchell.

Incluso si los Yankees de alguna manera se las arreglaban para sobrevivir a aquel partido, la decisión de Torre y Cashman de que Wang lanzara en dos de los primeros cuatro partidos lucía mucho más sospechosa ahora, después de que los Indians habían vapuleado a Wang en el primer juego.

Mientras los Yankees realizaban su práctica de bateo antes del tercer juego, Mussina se aproximó a Wang en el outfield del Yankee Stadium.

"¿Puedes lanzar mañana?" le preguntó Mussina.

"No, *tú* lanzarás mañana", respondió Wang.

"No fue eso lo que te pregunté", dijo Mussina. "Pregunté: *¿Puedes* lanzar mañana?"

"Oh, sí, estoy bien", replicó Wang.

Mussina comentó: "En realidad, no me dio una respuesta. Sólo estaba un poco confundido por la pregunta. Y luego, 15 minutos después, ellos le dijeron que él lanzaría al día siguiente. Con tres días de descanso. Yo sabía que estaba fatigado. Fue un año largo. Había lanzado muchas entradas. Yo sabía que estaba agotado.

"El punto es que sé que Joe había analizado hasta el cansancio si me ponía a lanzar a mí en el cuarto partido y me derrotaban. Aún pienso que hubiéramos tenido la mejor oportunidad de ganar conmigo en el montículo ese día porque yo había descansado. Wang no. Wang estaba fatigado. Yo había tenido éxito contra los Indians y era un partido en casa. No sé si eso hubiera marcado alguna diferencia en el partido o no. Sólo a título personal me sentía bien de enfrentarme a ellos".

Para sólo llegar al cuarto partido, los Yankees necesitaban sobrevivir a un inicio de Clemens, que era una ruina física con dolores en el tendón de la pierna y en el codo, pero que ejercía su propia autoridad. Hubo un partido el 3 de septiembre contra Seattle, por ejemplo, cuando Torre pensó que Clemens consideraría no ser el pitcher abridor debido al problema de su codo. Torre tenía a Mussina reservado como pitcher abridor emergente. Dejó la decisión a Clemens.

"Roger insistió en que podía lanzar", dijo Torre. "Debo habérselo preguntado diez veces. Le dije: '¿Sabes? No tienes que lanzar en este partido'. Y sé que me miente porque se miente a sí mismo. Tiene ese acuerdo consigo mismo y se convence a sí mismo de que puede hacerlo. Él se lo ordena a sí mismo. Entonces, al intentar llegar al mismo punto conmigo, yo aún lo veo desde un lado más racional. Aún soy un poco escéptico.

"Es como con David Cone. Si te acercas a David Cone y le

preguntas: '¿Puedes sacar a este tipo?', él te dirá: 'Sí, lo eliminaré'. Quizá tenga que sacar una pistola para hacerlo, pero, sin importar lo que tenga que hacer, él lo eliminará. Con ciertos chicos, con quienes has convivido y en quienes confías, llega un momento en el cual sabes cuándo han hecho el compromiso de hacer el trabajo. Tal vez no sea bello, pero ellos harán la tarea. Entonces, con Roger, quieres darle la responsabilidad, pero luego te sientas y piensas: 'No sé por qué le permití hacer esto'. Y luego, si no le permitiste hacerlo, te preguntas si pudo haberlo logrado. Es una de esas situaciones en las cuales te cuestionas a ti mismo, pero sabes que no había otra manera de hacerlo".

En ese partido del 3 de septiembre, Clemens aguantó sólo cuatro entradas antes de que el dolor en el codo lo obligara a salir del terreno de juego. Concedió cinco carreras y los Yankees perdieron contra los Mariners 7–1. Ahora, Torre lanzaba los dados de nuevo por Clemens, sólo que en esta ocasión con la temporada y el cargo de mánager pendientes de un hilo.

"No hubo duda alguna", comentó Torre.

Clemens no logró pasar de la tercera entrada contra los Indians. Necesitó ejecutar 59 lanzamientos sólo para conseguir siete outs. El tendón gruñó en justa protesta cuando intentó atrapar una rolata suave cerca del montículo en la segunda entrada. Su cuerpo estaba a punto de colapsar. Después de ese episodio, Clemens le dijo a Torre: "Skip, te haré una señal si no puedo hacerlo".

Desde luego, un Clemens fallido, aún demasiado orgulloso, nunca hizo la señal. Era evidente su esfuerzo cuando, ya con un marcador adverso de 2–0, concedió una base por bolas al primer bateador de la tercera entrada. Torre le dijo al catcher Jorge Posada que hablara con Clemens.

"Déjame sacar a éste", dijo Clemens en referencia al siguiente bateador, Víctor Martínez. De alguna manera, Clemens eliminó a Martínez por strikes. No obstante, Posada dirigió la vista hacia Torre, en el interior del dugout, y meneó la cabeza, lo cual indicaba que Clemens estaba terminado. Aquél sería el último bateador a quien Clemens enfrentaría.

Torre sacó a Clemens y lo sustituyó por Phil Hugues, que permitiría la tercera carrera anotada. Clemens descendió del montículo por última vez. Cojeaba. Bajó los escalones del dugout con todo cuidado y tuvo que sostenerse de la baranda para equilibrarse. Su gran carrera había finalizado.

"Resultaba muy evidente que él tenía que salir", dijo Torre. "Podías saberlo con sólo ver que no podía lograr que la bola hiciera lo que él quería que hiciera. No la ubicaba. Él siempre habla cuando llega al dugout y esa noche habló acerca de que no era capaz de hacer que la bola se comportara como debe hacerlo.

"Al volver la vista hacia atrás, dices: 'Bueno, fue por su edad. ¿Qué puedes hacer?'. El cuerpo no sana tan rápido como querrías o como acostumbrabas. Pero no hay reconsideraciones. Cuando llegas a la postemporada, gran parte de ello son las emociones. En muchas ocasiones superan a las capacidades".

Con un marcador adverso de 3–0, los Yankees apretaron el acelerador para ganar 8–4. Hughes lanzó $3\frac{2}{3}$ entradas sin anotaciones. La ofensiva despertó. Sin embargo, a las oficinas generales no les complació que Torre utilizara a Chamberlain para dos entradas. Los Yankees llevaban la delantera 5–3, próximos a su siguiente turno al bate, cuando Chamberlain comenzó a calentar con la instrucción de que lanzaría en la séptima para proteger la ventaja de dos carreras. Los Yankees anotaron tres carreras en su turno al bate. Chamberlain ya calentaba en ese momento, por tanto, el mejor curso de acción era meterlo al partido en lugar de sentarlo en la banca y arriesgarse a levantarlo de nuevo si Cleveland amenazaba. Chamberlain superó bien la séptima entrada con 16 lanzamientos.

Ahora, Torre tenía una opción: ¿sacaría a Chamberlain para mantenerlo fuerte para el cuarto partido? Si lo hacía, entonces tendría que dar la octava entrada de un partido que debían ganar a Kyle Farnsworth. Y si Farnsworth vacilaba, aunque fuera sólo

un poco, Torre tendría que meter a Rivera al partido en la octava entrada, lo cual limitaría su disponibilidad para el cuarto
partido. Torre no estaba preparado para aceptar ese tipo de
riesgo, no con Farnsworth y, en especial, no en un partido eliminatorio.

"Yo intentaba hacer todo lo posible para no tocar a Mariano
y poder contar con él en dos entradas al día siguiente", explicó
Torre. "Chamberlain superó la séptima con un conteo bajo de
lanzamientos. Ahora, mi opción era elegir a alguien más para la
octava; pero, si no lograba una entrada limpia, entonces tenía
que levantar a Mariano y ésa era una decisión que yo intentaba
evitar. Supongo que, en realidad, nunca sentí suficiente confianza en todos los demás que estaban allí como para pensar que
obtener esos tres outs era sencillo en ese momento".

Chamberlain tropezó en la octava. Concedió una carrera al
tiempo que necesitó 22 lanzamientos para terminar la entrada.
Rivera salió bien de la novena y necesitó sólo diez lanzamientos.
El plan de Torre había funcionado. Ganó el partido y llegó al
cuarto partido con su mejor pitcher, Rivera, fresco y disponible
para lanzar dos entradas. Chamberlain, liberado de las Reglas
Joba, aún podía volver para una entrada. Si los Yankees podían
ganar las primeras seis entradas del cuarto partido, Torre sintió
que Chamberlain y Rivera, salvo que se presentara otra plaga de
tintes bíblicos, podrían conseguir los nueve outs finales para
conducir a los Yankees al quinto juego, cuando ambos hubieran
disfrutado un día de descanso; es decir, el día posterior al cuarto
partido.

Algunos miembros de las oficinas generales, no obstante,
vieron que Chamberlain había ejecutado 38 lanzamientos en
un partido con marcador 8–4 y sacudieron la cabeza.

Una vez más, después del partido, Torre se vio obligado a
hablar acerca de su estatus laboral.

"Lo único que intento hacer", dijo Torre en su conferencia
de prensa, "es permitir que mis jugadores arrojen los dados allá

afuera y jueguen, porque cada vez que vamos a la postemporada no hay nada que satisfaga a todo el mundo, a menos que ganes la Serie Mundial. Y eso es muy difícil. Son situaciones muy difíciles bajo las cuales los muchachos deben jugar. Comprendo los requerimientos de este lugar, pero los jugadores son seres humanos y aquí no hay máquinas. A pesar de que se les paga mucho dinero, aún es sangre lo que corre por sus venas. Y mi trabajo es intentar que ellos sean los jugadores que son a través de, ya saben, permitirles comprender que el mejor esfuerzo que pueden ofrecer es todo lo que pueden hacer".

Sus palabras parecían hechas tanto para el consumo de Cashman, Steinbrenner y el gabinete de Steinbrenner como para los representantes de los medios reunidos frente a él. Había sido otro día largo de una larga temporada: el sorprendente ultimátum de Steinbrenner de "gana o márchate", lo cual fue una prueba más de que sus jefes ya no confiaban en él, la concentración general en la seguridad de su empleo, la visión de Clemens al bajar del montículo, cojeando, en lo que en esta ocasión sí parecía el final de su carrera… hasta el mismo final, incluso la victoria exigía un precio.

Fue el triunfo número 1.249 con los Yankees para Torre, incluso en postemporada, a lo largo de 12 temporadas. Sería el último.

El último partido de la Era de Torre comenzó con un deseo, una especie de última voluntad que pareció la adecuada, dado que Torre la expresó en el laberinto de corredores estrechos del sótano del Yankee Stadium, corredores que, en momentos como aquel, daban la sensación de ser catacumbas que serpenteaban en la oscuridad hacia el patíbulo. Torre se dirigía hacia su acostumbrada conferencia de prensa previa al cuarto partido con Phyllis Merhige, vicepresidenta primera de relaciones del club para las Grandes Ligas de Béisbol.

"Espero que ganemos la Serie Mundial este año", le dijo Torre, "para poder decirles que se metan el puesto de mánager por el trasero".

No ocultó su dolor. Tres años de una creciente desconfianza de sus patrones habían culminado con el súbito golpe de Steinbrenner, y nada menos que con su equipo próximo a su último aliento. Torre no sabía que O'Connor le había dicho a la gente que había marcado el número telefónico de Steinbrenner una y otra vez por su propia voluntad, en busca de un artículo.

"Sonaba como si alguien lo hubiera preparado", dijo Torre en referencia a la gente cercana a Steinbrenner; "en especial, cuando sabíamos dónde se encontraba George en ese momento en cuanto a su salud. La gente no pudo acercarse a George en todo el año. Parecía como si hubiera otras manos en esto. Desde luego, es probable que yo haya estado muy susceptible en ese momento, en todo caso.

"Yo dije lo que dije antes del cuarto partido porque no quería volver con toda esa actitud de desconfianza. Todo parecía demasiado planeado. Yo no puedo soportar vivir así, donde la gente busca maneras para engañarte. Si no quieres tener a alguien alrededor, sólo díselo".

El final fue escaso drama. El termómetro indicaba 87 grados de temperatura cuando comenzó el partido, el 3 de octubre más caliente en la historia registrada de Nueva York. La actuación de Wang, que lanzó con poco descanso, fue aún peor que la del primer juego. El primer bateador conectó un jonrón. El tercer bateador logró un sencillo y el quinto bateador también, lo cual sumó un marcador de 2–0 a favor de Cleveland. En la segunda entrada, el bateador inicial conectó un sencillo y lo mismo hizo el siguiente. Wang golpeó al tercer bateador con un lanzamiento. Torre ya había visto suficiente. Wang había enfrentado a nueve bateadores y sólo había eliminado a tres de ellos. Wang dejó las bases llenas para Mike Mussina, que permitió la anotación de dos de esos corredores antes de lanzar el último out de la entrada. Wang, ya marcado al empatar un récord en playoffs de ocho carreras merecidas en el primer juego, se convirtió en sólo el décimo pitcher abridor en la historia de la postemporada en perder un partido eliminatorio sin poder obtener más que tres outs.

La apuesta de meter a Wang a lanzar dos veces en cuatro partidos explotó en los rostros de Torre y Cashman. Mussina, que había querido la bola y quien había descrito a Wang como agotado antes de ese inicio, tuvo un desempeño aceptable como relevista y sólo cedió dos carreras en $4\frac{2}{3}$ entradas.

"Ellos dejaron pasar lanzamientos con los cuales otros equipos hubieran hecho swings", dijo Torre acerca de cómo los Indians respondieron ante Wang. "Creo que quizás él se esforzó demasiado, intentó lograr demasiado".

Bowa dijo: "Puedes tener al mejor mánager del mundo, pero, si tu as es destrozado en dos partidos de playoffs y es una serie de cinco, estás en problemas. Estás hundido en la mierda. Eso fue lo que sucedió. Ahora, yo aún opino que si hubiéramos ganado ese partido, aquel de Joba con los insectos, los hubiéramos derrotado".

Los Yankees tuvieron una oportunidad temprana de recuperarse del miserable inicio de Wang. Colocaron corredores en primera y en segunda con un out en la primera entrada, pero Alex Rodríguez dudó ante tres lanzamientos suaves del mediocre Paul Byrd. Rodríguez conectó un jonrón más tarde, sin corredor en base en la séptima entrada y cuando los Yankees perdían 6–2.

Los Yankees batearon .228 en la serie. Conectaron siete jonrones, pero seis de éstos tuvieron lugar sin corredores en base. Abreu, Jeter, Giambi y Rodríguez, cuatro de los nueve jugadores mejor pagados del béisbol, obtuvieron un promedio total de .238. Rodríguez estuvo, una vez más, particularmente nefasto, en especial en los momentos decisivos, pues fue incapaz de traer a home una sola carrera, excepto su cosmético jonrón a solas en el cuarto partido.

El equipo con la nómina de $61 millones dominó al equipo con la nómina de $190 millones. El equipo con 13 pasados y futuros jugadores del Juego de Estrellas aplastó al equipo con 26 pasados y futuros jugadores del Juego de Estrellas. ¿Fue un accidente, otra consecuencia de la cualidad azarosa de las series cortas? No. Fue una afirmación de que el resto de los equipos de béisbol, ahora fortalecidos por el incremento en los ingresos y las decisiones más inteligentes de negocios, habían reducido la ventaja competitiva que los Yankees habían disfrutado sólo gracias a los recursos, y los Indians se encontraban en la vanguardia de esa ola.

Cleveland, por ejemplo, redujo su distancia con los Yankees con su atención a los detalles en términos médicos y de salud. En 2007, los Indians sólo perdieron 324 días por jugadores en la lista de lesionados; es decir, la menor cantidad en la liga y la segunda menor cantidad en el béisbol, mientras pagaron un total de sólo $4,3 millones a jugadores que eran incapaces de jugar por motivos físicos. A lo largo de las tres temporadas previas, los Indians ocuparon el sitio número uno en el béisbol en menos días perdidos por jugador en la lista de los lesionados. Fueron los mejores para mantener a sus jugadores en el terreno de juego, un factor fundamental para los equipos de nóminas menores que no podían financiar las lesiones de largo plazo.

Los Yankees, mientras tanto, eran abismales en lo relacionado a la edad y las lesiones. Desperdiciaron $22,22 millones en jugadores que no podían jugar, o casi 12 por ciento de su inflada nómina. Perdieron 1.081 días por jugadores en la lista de los lesionados, es decir, más de tres veces los días perdidos por jugador de los Indians. A lo largo de las tres temporadas previas, los Yankees ocuparon el sitio número 23 en el béisbol en días perdidos en la lista de los lesionados, tendencia que continuaría en 2008.

La Serie de División de 2007 fue la continuación de una espiral descendente para los Yankees. Mientras más intentaban capturar de nuevo la magia de la dinastía, más dinero invertían en adquirir jugadores externos a la organización, la mayoría de los cuales no aportaba un pedigrí ganador. Y mientras más se enfocaban en tapar huecos con veteranos de invierno a invierno, más perdían de vista la importancia de un sistema de cultivo. Y mientras más necesitaban a esos veteranos, en particular en lo relativo a los pitchers, menos opciones buenas había disponibles, pues el resto de los equipos de béisbol, armados con nuevos ingresos y nueva inteligencia para ayudarse a evaluar a un jugador, se aferraban a sus valores en plenitud en lugar de perderlos ante los grandes inversionistas, como los Yankees.

Este nuevo paradigma fue evidente en particular en octubre, cuando los Yankees ya no contaron con pitchers poderosos en la cúspide de sus carreras para enfrentar a los mejores equipos de la liga. En su dinastía, los Yankees podían enfrentar a su pitcher abridor número cuatro, un joven Andy Pettitte, Orlando Hernández, David Cone o Roger Clemens, contra el pitcher abridor número uno del equipo oponente, y aún sentirse cómodos con dicho enfrentamiento. Sin importar cómo resultara su rotación, los Yankees nunca se encontraban en desventaja. Sin embargo, en su espiral descendente, los Yankees enviaban al montículo a un pitcher desgastado tras otro o a pitchers que no podían eliminar a los bateadores con consistencia alguna.

En los 17 partidos finales de postemporada de Torre, sus pitchers abridores obtuvieron 2–8 con un ERA de 6,36 y cuyo promedio sumaba sólo $4\frac{2}{3}$ entradas y tres strikeouts por inicio. En los últimos seis partidos en los cuales los Yankees se enfrentaron a una eliminación en los playoffs, los pitchers abridores de Torre fueron un estropeado Kevin Brown; el ganador de siete partidos, Shawn Chacón; un estropeado Mike Mussina; un estropeado Jaret Wright; un estropeado Roger Clemens; y el especialista en sinkers, Chien-Ming Wang, con poco descanso.

El deceso de los Yankees era un espeso estofado de múltiples ingredientes, aunque el principal, el que dio a dicho estofado su más distintivo sabor, fue la incapacidad para desarrollar o adquirir pitchers abridores que pudieran lograr que los bateadores hicieran swing y fallaran. Los strikeouts son un rápido y sencillo barómetro que mide la calidad de los lanzamientos de un pitcher. La estadística más incriminatoria para explicar con prontitud lo que sucedió con los Yankees es que en los siete años posteriores al último triunfo del equipo en la Serie Mundial, sus pitchers abridores, sin excepciones, eran peores cada año para eliminar bateadores por strikes de lo que habían sido el año anterior (mientras, por lo general, lanzaban cada vez menos entradas y cedían una mayor carga de trabajo al bulpen). Cada año, sin excepción, sufrieron una disminución de calidad. Eran una franquicia con fugas de aceite. He aquí el desplome constante de strikeouts de sus pitchers abridores:

Pitchers abridores de los Yankees de Nueva York (2001–2007)

AÑO	G-P	ERA	ENTRADAS LANZADAS	SO/9 ENTRADAS LANZADAS
2001	64–48	4,34	974,1	7,79
2002	79–41	4,34	1024,2	7,32
2003	83–42	4,02	1066	6,91
2004	70–46	4,82	942,1	6,55
2005	70–51	4,59	965,1	6,11
2006	74–42	4,54	933,2	5,84
2007	65–47	4,57	921	5,61

"Necesitas a ese pitcher abridor dominante número uno", dijo Jason Giambi. "Eso es lo que necesitas; en especial en una serie corta. Necesitas cambiar la marea. Rápido. Porque si estás abajo, incluso 0–2, si cuentas con el regreso de ese gran tipo y gana el grande, la serie la puede ganar cualquiera.

"Necesitas sujetos que eliminen bateadores por strikes. Necesitas grandes ponches. Ya no vas a jugar esos partidos de 9–8 en postemporada. Necesitas ganar 3–2, 2–1 y ser capaz de enfrentarte a los tipos grandes del otro equipo. Necesitas grandes outs, grandes ponches. Un tipo en segunda base, dos outs. No puedes tener la bola en juego donde ejerce presión sobre ti en cada entrada. Necesitas salir de esa entrada, a veces, sin tener que hacer una jugada.

"Y en verdad, en ese sentido, tuvimos una inversión de roles con los Red Sox. Hasta que obtuvieron a Schilling para unirse a Pedro, nosotros podíamos derrotarlos. Luego, una vez que ellos obtuvieron a ese chico con poder adicional, eso fue lo que invirtió la situación a favor de ellos. Entonces fueron y contrataron a Beckett. Allí fue donde volvieron la marea en contra nuestra".

Entre 2001 y 2007, los mejores pitchers en strikeouts nunca llegaron al mercado de agentes libres para estar disponibles para los Yankees, como Mark Prior, Kerry Wood, Johan Santana, Jake Peavy, Carlos Zambrano, CC Sabathia y Brandon Webb. El intercambio de Ted Lilly, el intrépido pitcher de strikeouts, aunque no un as, por Jeff Weaver, un lanzador de sinkers con naturaleza cuestionable, fue un error crítico. Y cuando los Yankees adquirieron a un lanzador fuerte en la plenitud de su capacidad, Javier Vázquez, de alguna manera vieron su peor aspecto y se deshicieron de él después de sólo un año.

Lo que hizo aún más desesperada su búsqueda de un pitcher poderoso fue que su sistema de selección y desarrollo de jugadores estaba en bancarrota en lo relativo a los pitchers de cosecha propia. En las 13 selecciones entre la de Andy Pettitte en 1990 y la de Phil Hughes en 2004, los Yankees seleccionaron a 397 pitchers. Ninguno de ellos hizo una contribución significativa a la rotación de los Yankees. Ni uno solo. No hubo una sola selección que sorprendiera. Ningún primer seleccionado rindió frutos. Ninguna selección media desarrolló ese lanzamiento o realizó los ajustes fundamentales para convertirse en un buen pitcher abridor para los Yankees. Eran asombrosas las probabilidades de que los Yankees no pudieran atinar con *alguien*, incluso por casualidad, pero eso fue lo que sucedió. Con más recursos para invertir en reclutamiento y desarrollo que cualquier otra franquicia, los Yankees obtuvieron 0–397 durante más de una década de bancarrota de pitchers.

Con cada año de espiral descendente de los Yankees a partir de su último campeonato de Serie Mundial, más frustración y desconfianza hervían en el interior de la organización. El peso de todo ello recayó en el mánager. Y mientras todo esto sucedía, el componente más dinámico del equipo, George Steinbrenner, se desvanecía en una triste penumbra personal, incapaz a nivel físico de ejercer un liderazgo cuando la franquicia más lo necesitaba. "Guía, sigue o retírate del camino", rezaba el letrero que durante tres décadas descansó sobre su escritorio en el Yankee Stadium. El carismático hombre ya no podía guiar o seguir, de manera que quedó consignado a retirarse del camino, lo cual creó un enorme vacío y, en el mejor de los casos, incertidumbre en la estructura de poder del equipo.

Con su ventaja en recursos, los Yankees hubieran sido virtualmente invencibles si hubieran dirigido una organización eficiente y autosustentable. No obstante, cuando los demás equipos olfatearon un caos allí, supieron que tenían una oportunidad. Los Yankees tenían rivales y enemigos dentro del béisbol, pero su mayor amenaza provino del interior del equipo mismo.

"Contamos con que existan disfunciones en otros lugares que tengan mayores recursos", comentó Shapiro, director general de los Indians. "¿Y eso marcará una diferencia? No. Pero esperamos que cientos de diferentes cositas juntas sí lo hagan".

Para el cuarto partido de la Serie de División de la Liga Americana, los Indians habían convertido "cientos de diferentes cositas juntas" en una ventaja sobre los Yankees. Tenían al mejor equipo y estaba allí, a la vista de todos, aquella noche extrañamente cálida en el Yankee Stadium. Con un out al principio de la octava entrada, los últimos seis outs como mánager de los Yankees, Joe Torre caminó hacia el montículo para realizar su último cambio de pitcher: retiró a José Veras y metió a Mariano Rivera por última ocasión. Cuando Torre descendió del montículo para dirigirse hacia el dugout sucedió algo espontáneo y conmovedor: la multitud comenzó a entonar su nombre a coro de la manera que se había convertido en el saludo oficial del Yankee Stadium, tal como la afición cantó para Paul O'Neill al final del quinto juego de la Serie Mundial al saber que aquel sería el último partido de O'Neill en el estadio. *¡Joe To-rre! ¡Joe To-rre! ¡Joe To-rre!*

En la fila posterior de la zona de prensa, un oficial de los Yankees, una de las voces que gozaba de la atención de George Steinbrenner, escuchó la manifestación de apoyo hacia Torre de los aficionados de los Yankees y, con una mirada de asombro, sólo pudo musitar una palabra: "¡Mierda!". Aquello no era bueno para las voces. A las voces no les agradaba el hecho de que Torre fuera apreciado.

Eran las 11:38 de la noche cuando terminó el partido. Jorge Posada abanicó un lanzamiento del pitcher cerrador de Cleveland, Joe Borowski, para el out final de la derrota de los Yankees 6–4. Ése fue el último lanzamiento del último partido de postemporada disputado en el Yankee Stadium.

Borzello, el catcher del bulpen que había estado presente a lo largo de toda la Era de Torre, realizó la larga caminata desde el bulpen, a través del enorme outfield, a través del infield y hacia el dugout de los Yankees, del lado de la primera base. Se aseguró de levantar la vista y mirar alrededor de la catedral por última vez.

"Yo sabía que eso era todo", comentó Borzello. "Sabía que Joe no regresaría. Entonces, vi a Paul O'Neill, que estaba de pie cerca del dugout y trabajaba para la cadena YES, y me dijo: 'Difícil serie, Borzy'. Yo lo miré y me di cuenta de cuánto habían cambiado las cosas. Y casi quise llorar".

Cuando los Yankees marcharon penosamente hacia el interior de la casa club, Torre los reunió por última vez bajo su dirección. Sus palabras fueron breves y con poca emoción. Nunca se refirió a su propia situación.

"Muchachos, a veces pueden hacer su mejor intento, dar todo lo que pueden, y las cosas no están destinadas a suceder", dijo Torre. "Es sólo que no fuimos lo bastante buenos. Me siento orgulloso de lo que hicieron. Ustedes excavaron para salir de un agujero y aprendieron lo que hace falta para ser un equipo".

Torre se abrió camino en las catacumbas hacia la sala de entrevistas para una última conferencia de prensa. Desde luego, le preguntaron qué pensaba que sucedería con él a continuación.

"Éstos han sido doce años grandiosos", declaró. "Sin importar lo que suceda a partir de hoy, o sea, yo miraré hacia atrás a estos doce años con gran, gran placer, basado en el hecho de que soy un tipo que nunca estuvo en una Serie Mundial, como no fuera para ver jugar a mi hermano en los años 50 o, de lo contrario, tras pagar por los boletos. El recuerdo de haber participado en seis series mundiales y llegar a la postemporada, puedo decirles una cosa: nunca se hace viejo. Nunca se hace viejo. Es excitante. Sentí esos doce años como si duraran sólo diez minutos, para ser honesto con ustedes".

La conferencia de prensa se transmitió en los monitores del estadio. El equipo de entrenadores de Torre estaba reunido en su oficina, de pie frente al televisor, y escuchaba las despedidas de su mánager. Ellos sabían que partiría.

Cuando salió de la conferencia de prensa, Torre regresó a la casa club, donde los jugadores hablaban en susurros e intercambiaban abrazos y apretones de mano. La sala estaba invadida por un ambiente de funeral. Cashman entró a la oficina de Torre.

Habían estado juntos durante 12 años, pero eran extraños en ese sitio. Cashman no podía encontrar las palabras adecuadas. Era como si estuvieran parados en la misma plataforma, en una estación ferroviaria, y como si Cashman supiera que Torre estaba a punto de tomar el siguiente tren para salir de la ciudad, pero que él se quedaba.

"Parecía incómodo", comentó Torre. "No sabía qué decirme. Después admitió que estaba incómodo. Ni siquiera sé qué fue lo que me dijo".

Uno por uno, muchos de los jugadores se detuvieron en su oficina para agradecer o despedirse de Torre. Pettitte... Clemens... Jeter... Mussina... Chamberlain... Chamberlain lloraba cuando entró para decir adiós a Torre.

Cuando le preguntaron si asumía que Torre no volvería, Mussina respondió: "Oh, sí. Aquellos que éramos más viejos sabíamos que no lo trataban muy bien. Yo hablé con él. Fueron sólo unos 15 segundos. Todo el mundo hablaba con él, en especial los muchachos que habían estado con él durante mucho tiempo". Siempre optimista, Jeter pensó que su mánager volvería en 2008.

Rodríguez no llegó a visitar a su mánager. (Él sería nombrado el jugador más valioso un mes después, lo que provocó un mensaje de felicitación por parte de Torre. Rodríguez nunca le devolvió la llamada). Rodríguez fue uno de los últimos jugadores en salir de las habitaciones traseras de la casa club para ponerse a disposición de los medios de comunicación. Ya se había bañado y vestido, cuando se paró frente a su casillero para responder preguntas sin emoción alguna.

"Al final del día, mi trabajo es ayudar al equipo a ganar un campeonato", dijo Rodríguez. "He fallado en ello. Cualesquiera culpas que quieran adjudicarme, son justas".

Rodríguez tenía el derecho contractual de optar por salir de su contrato. Los Yankees habían declarado en público, en más de una ocasión, que si él decidía romper su contrato y buscar uno nuevo a través de la libre agencia, ellos no intentarían negociar con él. Un oficial de los Yankees declaró, no menos de una hora después de la derrota del cuarto partido, que calculaba que serían necesarios $300 millones para que Rodríguez firmara un nuevo acuerdo y que ellos ya habían desarrollado un plan alterno: cambiar por el pitcher Johan Santana de los Twins. Los Yankees utilizarían *la mitad* del dinero que necesitarían para conservar a A-Rod y se lo darían a Santana, el as zurdo que, a los 28 años, tres veces campeón de strikeouts y quien había eliminado a más de un bateador por entrada a lo largo de su carrera, era justo el tipo de pitcher que los Yankees habían necesitado por años. Rodríguez salió del Yankee Stadium aquella noche sin saber si vestiría de nuevo el uniforme a rayas.

Torre tenía más certeza. Se dio una ducha, se vistió y salió de su oficina y de la casa club. Creía que ésta sería la última ocasión en la cual se desempeñaría como mánager de los Yankees de Nueva York. No miró hacia atrás.

16

El final

Quieren que dirija?"

Joe Torre comenzó la reunión con esa pregunta sencilla. Estaban sentados en la oficina de George Steinbrenner en Legends Field. Hubo un tiempo, apenas 24 meses antes, cuando Torre podía mirar al Jefe a los ojos al formular esa pregunta y obtener una respuesta que le permitía saber con exactitud dónde estaba parado. No obstante, Steinbrenner ya no era el Jefe; era el anciano patriarca de un tribunal de siete hombres. En todo caso, los miembros de su familia y los lugartenientes de sus oficinas generales tuvieron el gesto de respetar la tradición y la formalidad. Steinbrenner tomó asiento ante su escritorio y los demás se sentaron alrededor de la mesa que se extendía a lo largo frente a él. Estaba Torre, desde luego; los dos hijos de Steinbrenner, Hal y Hank; su yerno Félix López; el presidente del equipo Randy

Levine; el jefe de operaciones Lonn Trost; y el director general Brian Cashman, que tomó asiento detrás del hombro derecho de Torre.

El 18 de octubre de 2007, diez días después de que los Yankees perdieran la Serie de División contra Cleveland y tras diez días de espera pública a que Steinbrenner cumpliera la advertencia en el tercer juego de que Torre no regresaría después de una derrota, la pregunta planteada por Torre ahora era del dominio de las otras siete personas presentes en la sala. Steinbrenner, desgarbado, permaneció sentado en su sillón; los anteojos oscuros le cubrían la mayor parte del rostro. De tiempo en tiempo se los quitaba, volvía a ponérselos, se los quitaba, se los ponía… No aportó casi nada a la reunión, excepto cuando, en ocasiones, repetía la última frase de lo que alguno de los presentes había dicho.

El elemento extraño y triste de la escena era que los hombres estaban rodeados por viejas reminiscencias de la vitalidad y la voluntad de acero de ganar de Steinbrenner. George Steinbrenner siempre se había visualizado a sí mismo como una mezcla entre un personaje de Hemingway y un líder militar, un hombre viril que no cedía un palmo, que se ufanaba de haber aportado una mentalidad de football al béisbol, y la sala reflejaba su orgullo por dicha obstinación. En una mesa detrás de él había una fotografía suya como *halfback* del equipo de football del Williams College de 1951 en el instante de estirarse para atrapar un pase mientras un defensa de la Universidad Ball State le da un codazo en la espalda. A Steinbrenner le agradaba contar a la gente que no atrapó ese balón y que el defensa de Ball State "lo había hecho caer sobre su trasero". El hombre, Steinbrenner quería que todos lo supieran, era muy fuerte.

Había una fotografía del caballo Comanche. ¿Por qué Comanche? A Steinbrenner le gustaba la idea de que el caballo era el único sobreviviente de la Batalla de Little Bighorn. Él admiraba a los sobrevivientes. Había también una fotografía del general George S. Patton. Un miembro del personal de Patton se la había regalado. No se trataba del típico retrato militar. Patton aparece en el acto de orinar en el río Rhin. Había una fotografía de su abuelo George M. Steinbrenner primero, que se casó con una chica alemana y que fundó la línea Kinsman Shipping de buques cargueros, los cuales transportaban minerales y granos a través de los Grandes Lagos.

Desde luego, estaban los aforismos de los cuales Steinbrenner gustaba rodearse, en términos literales. Algunos de ellos estaban enmarcados en cuadros y otros más yacían debajo de la cubierta de vidrio de su escritorio.

"La medida de un hombre es su manera de soportar el infortunio", Plutarco.

"Y no camines hacia donde conduzca el sendero. En lugar de ello, camina por donde no existe sendero alguno y traza un camino", Ralph Waldo Emerson.

"No puedes encabezar la caballería si no puedes sentarte sobre la silla de montar".

"La velocidad del líder determina el avance del grupo".

Y su favorita:

"Estoy herido, pero no estoy muerto. Me recostaré, descansaré un poco y luego me levantaré y lucharé de nuevo", anónimo.

Los tiempos eran distintos ahora. Para Steinbrenner era momento de descansar, no de luchar. Era su oficina, pero no era su reunión. Ya no se trataba sólo de su decisión.

La reunión había sido idea de Torre. Hank, Hal, Félix, Levine, Trost y Cashman habían comentado la idea de qué hacer con Torre durante la mayor parte de la semana. ¿Le ofrecían otro contrato y, si era así, durante cuánto tiempo y por cuánto dinero? ¿Siquiera les interesaba que volviera? Mientras deliberaban, Torre le dijo a Cashman que quería reunirse con el grupo cara a cara. Esta solicitud no era muy distinta a su manera de dirigir: miras a alguien a los ojos y dependes de la honestidad directa en lugar de depender de las fugas y de la información de segunda mano. Los seis lugartenientes de los Yankees pensaron que era una buena idea. Para entonces, ya habían decidido que ofrecerían a Torre nada más que un año garantizado.

El día anterior a la junta, mientras ambas partes finalizaban arreglos para la cita, Cashman le informó a Torre que era probable que no obtuviera nada mejor que una oferta de un año.

"Ellos sólo quieren darte un año", le dijo Cashman por teléfono.

"¿Y qué hay de un segundo año?", preguntó Torre.

"No creo que piensen ofrecerte eso".

"Cash, tengo una idea: ¿qué tal un contrato por dos años? En realidad no importa el dinero. Dos años y, si me despiden en el primer año, el segundo año está garantizado. Pero si me despiden después del primer año, no recibo la cantidad completa del segundo año, sólo una compensación. El dinero no importa. Es decir, siempre y cuando no sea una cantidad ridícula. No es por el dinero. Es por el segundo año".

Torre había logrado superar el año más difícil de su carrera con las fugas de información, los ataques encubiertos, la constante mención de la posibilidad de ser despedido y la sensación de que la gente dentro de su organización estaba en su contra. Estaba harto de todo eso. De ninguna manera soportaría otra temporada semejante. Y existía un escenario que hubiera preparado la mesa para ese tipo de temporada una vez más: trabajar bajo un contrato de un año. Ese escenario lo convertiría en un directivo a punto de ser sustituido una vez más e iniciarían de nuevo las fugas de información, los ataques encubiertos y la vigilia fúnebre a partir de la primera racha de tres partidos perdidos en abril.

Todo lo que Torre quería era dirigir una temporada más en relativa calma; por tanto, el segundo año del contrato ayudaría a proporcionarle esa clase de estabilidad. El segundo año no era otra cosa que una póliza de seguro. De cualquier manera, Torre planeaba retirarse después de esa temporada.

"No podía aceptar un acuerdo por un año", comentó Torre. "No podía soportar de nuevo lo que fue el peor año de mi vida profesional. No podía someter a mi familia a eso otra vez. No podía someter a mis entrenadores a eso una vez más. Todo lo que yo quería era un año durante el cual nadie me cuestionara acerca de cómo iba a perder mi empleo".

El 18 de octubre, Torre, Cashman y Trost abordaron un *jet* privado en Westchester, Nueva York, para volar hacia Tampa. Torre les había dicho a sus entrenadores que no estaba seguro de lo que iba a suceder.

"En ese momento pensé que las probabilidades eran 60/40 de que no regresaría", dijo el entrenador de tercera base Larry Bowa. "Ya sabes, Joe era muy discreto con todo. Dijo: 'Estaré en contacto con ustedes, muchachos'. Egoístamente, yo quería que él regresara porque me encantaba ser entrenador aquí; pero él tenía que hacer lo que tuviera que hacer. Regresar por un contrato de un año no hubiera sido justo para él ni para los jugadores porque él se marcharía pronto. Sin duda.

"Para un sujeto como él, con lo que ha hecho por la ciudad y por el equipo, es lo único que creo que fue muy injusto. No creo que haya sido tratado de la manera adecuada. O sea, yo pienso que Joe se ganó el derecho de irse en sus propios términos y debió tener el derecho de abrir ese nuevo estadio. Al menos debieron decirle: 'De acuerdo, te daremos este año y para el nuevo estadio tienes la opción de decidir si quieres quedarte o no o si quieres ser asesor'. En verdad, pensé que eso iba a suceder por lo que Joe significa para la ciudad, para los jugadores que jugaban allí y para la organización. Y no ocurrió así. Resultó ser un final horrible".

En el viaje aéreo hacia Tampa, Cashman repitió su advertencia a Torre acerca de la duración del contrato; una vez más eligió el pronombre con todo cuidado, como si quisiera distanciarse de lo que estaba a punto de suceder.

"No creo que ellos acepten más de un año", dijo Cashman. "¿Qué harás entonces?"

"No lo sé", dijo Torre. "No sé qué es lo que haré. Sólo iré allá".

Torre ponía su fe en el poder de la comunicación personal y anticipaba que una reunión cara a cara con los lugartenientes daría como resultado una negociación honesta. Mantenía la esperanza de que existía una manera de dirigir a los Yankees en 2008 sin tener una soga al cuello desde el primer día del entrenamiento de primavera. Lo primero que quería saber era si, en primer lugar, ellos querían que se quedara.

"¿Quieren que dirija?"

Levine y Hal respondieron que sí, que querían que regresara, y fue una decisión unánime de todos los presentes en la oficina. Hal dijo que se habían decidido por una oferta: un contrato de un año por $5 millones, una disminución de 33 por ciento de su salario en 2007. Hal le dijo: "Quiero que dirijas porque eres bueno con los jugadores jóvenes".

Torre se preguntó por qué, si ése era el caso, le ofrecían sólo un año.

Si los Yankees llegaban a la postemporada, Torre ganaría otro millón de dólares. Podría obtener un millón adicional si los Yankees llegaban a la Serie de Campeonato de la Liga y otro más si llegaban a la Serie Mundial. Levine clasificó el dinero de los bonos como "incentivos", lo cual implicó en la reunión, y después ante los reporteros, que Torre necesitaba ser motivado.

"Es importante motivar a la gente", dijo más tarde Levine a los reporteros, "y la mayoría de la gente en su vida cotidiana tiene que ser motivada con base en su desempeño".

¿Motivado? Los Yankees de 2007 se habían recuperado del sexto peor comienzo de 50 partidos en la historia de la franquicia para llegar a los playoffs. Habían empleado a 14 pitchers abridores distintos (ningún equipo Yankee, excepto el equipo de

1946, en tiempos de guerra, necesitó más); sin embargo, habían ganado 94 partidos. Se habían recuperado de un récord adverso el 7 de julio para jugar béisbol de .675 en la recta final. Tres quintas partes de su rotación original eran un desastre (Kei Igawa y Carl Pavano combinados sumaron tres victorias y Mike Mussina tuvo la peor temporada de su carrera); no obstante, ocuparon el tercer sitio en el número de partidos ganados de todo el béisbol.

¿Ayudó Torre a lograr todo eso y de pronto perdió la motivación durante, exactamente, los playoffs? ¿O la caída de los Yankees tuvo relación con el hecho de que su as lanzara dos de los peores partidos en la historia de la postemporada y con el extraño ataque de los insectos de Lake Erie?

Más tarde, Torre les diría a los reporteros que consideraba que los incentivos eran "un insulto". Al hacerlo no se refería a la idea de los incentivos o al dinero mismo, sino a la opinión de los ejecutivos Yankees de que él necesitaba un estímulo de ese tipo para sentirse "motivado".

"No necesito motivación para hacer lo que hago", les dijo Torre a los ejecutivos Yankees en la reunión. "Ustedes tienen que comprender eso".

Torre dijo: "Siempre tuve un bono de $1 millón por ganar la Serie Mundial. De hecho, en mi último contrato, cuando lo estructuramos, Steve Swindal y yo teníamos diferentes grados, si tú ganas-ganas-ganas. Así era cuando llegué en un inicio, incluso desde mi primer año, cuando obtenía tanto dinero por alcanzar distintos niveles. Entonces, dije: 'Admitámoslo: lo único que en realidad vale es la Serie Mundial. El único bono que quiero que incluyan es el de la Serie Mundial'".

Sin importar cuánto molestara a Torre la idea de que necesitaba incentivos para sentirse motivado, lo que en realidad lo detuvo fue la duración del contrato. Claro, tal vez los siete ejecutivos reunidos en la sala querían que volviera, pero querían que volviera sólo a la misma posición comprometida desde la cual había dirigido durante la temporada de 2007: con una soga alrededor del cuello y una trampa bajo los pies. Ellos querían que dirigiera a los Yankees sólo desde una posición expuesta.

No había manera alguna de que Torre regresara bajo esas condiciones, no cuando él sabía que aquello significaba ser colocado en la mirilla de ser despedido y socavado desde el primer día. Los siete ejecutivos, mientras tanto, no tomarían en consideración ningún otro acuerdo que no fuera ése.

"Volviendo a la primera pregunta que les formulé: '¿Quieren que dirija?', la respuesta que ellos me dieron no fue honesta", comentó Torre. "Ellos respondieron que querían que dirigiera. Si ellos querían que dirigiera, hubieran encontrado la manera de que así fuera. Y ése nunca fue el caso porque nunca hubo una movida de su parte. La negociación es algo que tiene lugar entre dos partes. Eso no sucedió. Fue: 'Tómalo o déjalo'. Y mi sensación fue que sólo porque yo había estado allí durante tanto tiempo ellos se sintieron obligados a hacerme una oferta".

Con toda calma, Torre intentó defender su caso. Por ejemplo, señaló que, a lo largo de su estancia en el puesto, el número de asistentes al Yankee Stadium se había disparado un 90 por ciento. Los Yankees ocupaban los lugares medios en cuanto a asistencia en el primer año de Torre, 1996: eran el séptimo lugar de 14 equipos, con 2,2 millones de aficionados. En 2007, los Yankees ocupaban el primer lugar, con 4,2 millones de aficionados. Habló acerca de ingresos por publicidad que él mismo trajo a los Yankees de empresas que querían asociarse con uno de los mánagers más exitosos en la historia moderna. Bajo la dirección de Torre, desde luego, los Yankees eran una garantía de postemporada: un perfecto 12 de 12 en apariciones en postemporada con gallardetes en la mitad de esos años y campeonatos mundiales en un tercio de los mismos. La promesa del béisbol de octubre había ayudado a motivar las ventas de los boletos de temporada y ofrecía otro mes de ingresos cuando la mayoría de los estadios estaban a oscuras. Incluso, cuando los equipos de Torre no ganaron la Serie Mundial en la "sequía" de siete años, los Yankees fueron, por mucho, el mejor equipo de béisbol. De hecho, durante esa "sequía" entre 2001 y 2007, los Yankees fueron mejores que cualquier otro equipo de béisbol por una diferencia de al menos 37 triunfos.

Nada de lo anterior tuvo significado alguno para las otras siete personas en la sala; en todo caso, no un significado suficiente para siquiera considerar la posibilidad de un segundo año.

"La razón por la cual fui a Tampa", comentó Torre, "es que quería ver a alguien cara a cara y quería averiguar si cualquiera de los puntos que mencioné tenía sentido. Es decir, dónde estaba la asistencia cuando llegué allí y dónde estaba ahora, los ingresos que se habían generado desde entonces... tal vez todas esas cosas de alguna manera podrían anular parte del hecho de que ellos pensaban que me pagaban demasiado dinero y que yo ya había permanecido demasiado tiempo allí. Y entonces nadie tuvo el valor de sólo decirme: 'Sal de aquí'. Ésa fue la peor parte".

No hubo negociaciones. Cuando los reporteros le preguntaron a Cashman más tarde por qué los Yankees se habían negado a negociar, él respondió: "Es muy complicado debido a los dólares".

Pero los dólares no tuvieron relación alguna con ello. Incluso, Torre les dijo más tarde a los reporteros que el salario de $5 millones era "generoso". Él no pedía negociar los dólares. Él pedía negociar un año de cierta seguridad y paz. Los Yankees no lo aceptaron. Cuando los siete ejecutivos dejaron en claro que su oferta era de "tómala o déjala", Torre comprendió que el más grande pilar de su estilo directivo había sido destruido: la confianza había desaparecido. Él sabía que sus patrones no confiaban en él. Para un hombre que había convertido a la confianza en el ingrediente más importante de los equipos de campeonato (confianza entre compañeros de equipo, confianza de esos jugadores en la honestidad e integridad del mánager y el personal), no podía continuar sin ésta. Entonces se convirtió en una decisión fácil: les dijo a los siete ejecutivos que no podía aceptar su oferta.

"Sí, dejé un montón de dinero sobre la mesa", dijo Torre, "pero no me importó un carajo porque yo sabía por lo que había pasado el año anterior, sentado detrás de ese escritorio cada día, aterrado de venir al estadio. Habría sido lo mismo.

"O sea, si hubiera podido ir directo de mi casa al dugout, habría sido maravilloso. Pero esa otra mierda con la cual tenía que lidiar... yo no quería más de eso y no existe un precio que pudiera ponerle. No podía hacerlo ni por todo el dinero del mundo por un año así. Y en serio, yo sólo quería dirigir un año más, pero quería dirigir ese único año en paz".

Entonces, eso fue todo. La Era de Torre de 12 años de duración había llegado a un final no negociable. La etapa de Torre como director de los Yankees de Nueva York finalizó con una reunión que duró un poco más de diez minutos. Cuando Torre se levantó de su asiento en la oficina de Steinbrenner, Hal Steinbrenner le dijo: "La puerta estará abierta para ti. ¡Siempre puedes trabajar para la cadena YES!".

Torre estaba demasiado perplejo como para hablar, atrapado entre la ofuscación y la ira. ¿Era verdad que el hijo del Jefe le había ofrecido el consuelo de trabajar para la cadena de televisión regional de los Yankees después de haberse negado a negociar con el segundo director con más victorias en la historia de la franquicia? "Guau", pensó Torre. "No han entendido nada".

Torre estrechó las manos de todos los presentes en la sala, empezando por George. El anciano se quitó los anteojos oscuros y le dijo: "Buena suerte, Joe".

"Gracias otra vez, Jefe", respondió Torre.

Félix fue el único que salió de la sala con Torre hacia los elevadores, situados en el área de recepción de las oficinas del tercer piso. Entonces, apareció Cashman.

"Joe, Lonn y yo no volaremos de regreso contigo", le dijo Cashman. "Nos quedaremos aquí".

Al ver a Cashman, Torre recordó algo de pronto: esa propuesta de dos años que le había hecho a Cashman por teléfono antes de la reunión, aquella que incluía la compensación. La oferta nunca se discutió en la oficina de Steinbrenner. Torre imaginaba que Cashman ya había presentado esa opción a los demás ejecutivos y tenía curiosidad de saber qué había sucedido.

"Cash", le dijo Torre, "¿no les interesó la propuesta de la compensación, la que te comenté por teléfono?"

Cashman dirigió una mirada de duda a Torre, como si se tratara de algo nuevo.

"Oh, en realidad no la entendí", dijo Cashman. "Recuérdamela, ¿cómo era?"

"Un contrato por dos años, no importa la cantidad. Si me despiden durante el primer año, me pagan ambos años. Si me despiden después del primer año, me pagan una cantidad reducida que podemos negociar".

"Lo veré".

Cashman regresó a la oficina de Steinbrenner.

Torre no podía creerlo.

"Pensé: 'Bueno, ¡mierda! ¡Nunca se lo dijo!'", comentó Torre.

Habían pasado 12 años juntos, Cashman primero como asistente del director general Bob Watson y luego como director general de tres equipos consecutivos de campeonato mundial, con Torre como mánager. Torre le había regalado a Cashman la tarjeta de alineación para el juego decisivo de la Serie Mundial de 1998, el equipo con el cual los Yankees se establecieron como uno de los más grandes equipos de béisbol de todos los tiempos con un récord de 125 victorias, postemporada incluida. Torre y Cashman habían compartido cenas, champaña, risas y discusiones. Doce años. Era una eternidad en el béisbol para que un ejecutivo y un mánager trabajaran juntos.

Sin embargo, en ese instante cuando Torre buscaba alguna manera de salvar su empleo, y cuando había acudido a Cashman en ese momento de necesidad, Cashman ni siquiera pasó a sus jefes una propuesta de Torre; una propuesta sencilla que no era tan difícil de comprender. Doce años juntos y terminaban así.

Si lo pensaba bien, reflexionó Torre, Cashman no había dicho *nada* durante toda la reunión. Cashman era el director general que había convencido a Steinbrenner, después de la temporada de 2005, que pusiera por escrito que él tendría el control sobre todas las operaciones de béisbol. El mánager es una parte muy importante de las operaciones de béisbol. Y cuando el futuro empleo del mánager estaba en discusión, ¿cómo era posible que el poderoso director general no tuviera nada que decir?

"Cash estaba sentado detrás de mi hombro derecho", dijo Torre, "y no emitió sonido alguno a lo largo de toda la reunión". Cashman, por su parte, sólo dijo: "Era la junta de Joe".

Sólo mucho tiempo después, Torre comenzó a ver la imagen completa de lo que sucedió en su relación laboral con Cashman. Las diferencias personales que tuvieron en el entrenamiento de primavera de 2006, la conversión de Cashman a la religión de las estadísticas, su desinterés en traer de regreso a Bernie Williams, su envío de extrañas sugerencias de alineación basadas en estadísticas, su falta de apoyo a Ron Guidry como entrenador de pitchers, su desapego de la responsabilidad de "ellos" al hacer una oferta a Torre, su carencia de comentarios o apoyo en la reunión para decidir el futuro de Torre, no haber transmitido personalmente la propuesta de Torre a Steinbrenner para encontrar una manera de llegar a un acuerdo…

A fin de cuentas, ¿dónde podía Torre encontrar apoyo? Steve

Swindal, gracias a un cargo por conducir un auto bajo la influencia de sustancias, había sido expulsado de la organización y de la familia Steinbrenner. George Steinbrenner no estaba lo bastante saludable como para negociar con Torre de manera directa. Y ahora, Cashman se había envuelto en silencio con el empleo de Torre en peligro. Los aliados de Torre se habían reducido a cero.

"Yo pensé que Cash era un aliado, en verdad lo creí", dijo Torre. "Ya sabes, teníamos algunas diferencias en cuanto a los entrenadores y a la utilidad de los mismos. Sé que no estimaba mucho a Guidry. Y Zimmer. Tú sabes, Zimmer no podía confiar en Cash y yo estuve en desacuerdo con él durante mucho tiempo. Entonces, ya sabes, comienzas a pensar en cosas… Tengo una… no quisiera decir que es una debilidad, pero me gusta creer que quiero confiar en la gente. Y confío en la gente hasta que se demuestre que estoy equivocado. Y esto no me impedirá confiar en alguien más mañana porque la única manera como yo puedo hacer mi trabajo es ser este tipo de persona".

Torre aún conservaba una débil esperanza en que la propuesta de dos años podría ser el camino hacia un acuerdo. Entonces, esperó junto a los elevadores.

"Ése fue el último esfuerzo de mi parte para recordarles: '¿Tiene esto algún sentido para que trabajemos juntos?'", dijo Torre. "No había acertijos. No les dije cosas con enojo ni nada semejante. Era más como: 'Si así lo quieren, así es como es'. Era sólo un intento por moverme un poco y hacerles un ofrecimiento con el que quizá pudieran vivir. Yo sólo quería estar seguro, antes de alejarme de todo eso, de darles todas las oportunidades para que me retuvieran".

No más de 30 segundos después de dejar a Torre en el área de recepción, Cashman regresó. A los Steinbrenner, a Levine y a Trost les tomó menos de un minuto rechazar por completo la idea.

"No, ellos no tienen interés en hacerlo así", le informó Cashman a Torre.

No tenían interés. Rechazado en menos de un minuto. Eso era todo. Era un hecho consumado. La Era de Torre había finalizado de manera oficial. Torre entró al elevador y oprimió el botón de la planta baja. Un sentimiento fuerte lo inundó.

"Alivio", confesó Torre. "Un sentimiento de alivio".

El alivio provino de saber que aquella había sido una decisión muy fácil. Torre voló a solas de regreso a casa.

RECONOCIMIENTOS

◆

Joe Torre

Mi más profunda gratitud a George Steinbrenner por haberme dado la oportunidad de lograr algo muy especial con sus Yankees.

A Arthur Richmond por sugerirle al Jefe que me contratara.

A una familia de queridos *all-stars* jugadores del Juego de Estrellas: a mi hijo Michael y a su familia; a mis hijas Cristina y Lauren; a mi fallecido hermano Rocco y a su querida esposa Rose; a mi mentor, mi hermano Frank; a mis hermanas Rae y la Hermana Marguerite; a mis nietos Kendra, Dylan, Talisa y Reed; a todos mis sobrinos y sobrinas; a mi genial suegro fallecido Big Ed Wolterman; y a mi igualmente genial suegra Lucille; además, a los 15 hermanos de Ali y a sus hijos.

A Joe Ponte, mi padrino de boda y querido amigo.

A Katie, mi cuñada muy especial.

A Matt Borzello, mi camarada de la infancia, por estar allí y aquí y allí y aquí...

A Joe Platania y Arthur Sando, mis devotos amigos, quienes son el Óscar y el Félix de mi vida.

A Billy Crystal, el ex Yankee, por su incesante amistad.

A Don Zimmer y Mel Stottlemyre por ser los más grandiosos apoyos que cualquier mánager pudiera tener. No hubiera podido lograrlo sin ellos.

A los doctores Bill Catalona y Howard Scher por ayudarme a superar algunos momentos difíciles.

A Dal Maxvill por meterme de nuevo al juego.

A Chris Romanello, mi asistente, por intentar mantenerme organizado.

A Maury Gostfrand por ser mi chico clave en los momentos decisivos.

A John Gooden por enseñarnos todos los principios de cómo ser entrenadores.

A George Kissell por enseñarme más sobre el béisbol que nadie.

A Sonny, un valioso amigo de la familia.

A mis jugadores y miembros de mi personal, sin quienes esto no hubiera sido posible.

A los aficionados, tanto a los que maldijeron como a los que animaron.

Y a todos los que olvidé, gracias por comprender.

Tom Verducci

Este libro representa muchos años y muchas oportunidades en el proceso de elaboración. El año de 1993, por ejemplo, y la oportunidad que me dio Mark Mulvoy de *Sports Illustrated*, están entretejidos de manera definitiva en estas páginas. Todas las personas necesitan que alguien crea en ellas y Mark creyó en mí. Él me contrató en 1993 para trabajar en *Sports Illustrated*, publicación que era y aún es la más evolucionada forma de periodismo deportivo que podría encontrarse. Como un chico que encuentra un lugar en la alineación de los Yankees de 1998, yo aprendí y crecí con el simple hecho de estar en la compañía de los mejores, incluso all-stars como Gary Smith, Jack McCallum, Rick Reilly y Richard Hoffer. Bill Colson, sucesor de Mark, fue una fuente importante no menor de apoyo para mí.

La educación y la importancia del trabajo en equipo nunca se detuvo. Soy lo bastante afortunado ahora de trabajar para un hombre sabio y gentil llamado Terry McDonell, que comprendió los rigores de este proyecto y me brindó generosamente el espacio para confrontarlos. Estoy en deuda con su gracia. De igual manera, Chris Stone en *Sports Illustrated* fue y aún es el mejor amigo del escritor: un editor confiable que respeta las dificultades y el arte de contar historias con palabras. Este libro no hubiera sido posible sin su asesoría y comprensión.

Mi profundo agradecimiento también debe llegar hasta David Bauer, Mike Bevans, Larry Burke, Paul Fichtenbaum, Rob Fleder, Dick Friedman, Damian Slattery, Melissa Segura y todos los magníficos editores y reporteros de *Sports Illustrated* cuya influencia forma parte de estas páginas. El reportaje en este libro con frecuencia refleja e ilustra mis reportajes y artículos para *Sports Illustrated* de la Era de Torre. Los esteroides y los Yankees consumieron muchas de mis asignaciones en la revista en aquellos años. Gracias también a Nate Gordon, no sólo por soportar mi acoso por fotografías mientras viajaba por el mundo, sino también por resolver en los momentos decisivos.

También debo expresar mi extrema gratitud por la existencia de páginas de Internet como baseball-reference.com y retrosheet.org. Como con los teléfonos celulares, los controles remotos y los palos de golf de titanio, no sé cómo alguna vez existimos sin ellos.

Un agradecimiento especial a los jugadores Yankees mismos. La casa club de los Yankees puede ser percibida como una sociedad muy cerrada, pero, cuando comienzas a comprender a los Yankees como personas y no sólo como peloteros, comienzas a comprender quiénes son y das algunos vistazos a su alma. Yo fui lo bastante afortunado para ver la gentileza en casi todos ellos, aunque aquellos que fueron por encima y más allá de una línea básica de cooperación merecen una mención especial, incluso David Cone, Johnny Damon, Jason Giambi, Derek Jeter, Mike Mussina, Andy Pettitte, Jorge Posada y Mariano Rivera.

De igual manera, he descubierto que los directores generales, los propietarios y los ejecutivos de los equipos de las ligas mayores están extraordinariamente dispuestos a hablar del deporte que amamos, y mi agradecimiento especial en ese grupo debe dirigirse a Billy Beane, Theo Epstein, Bud Selig y Mark Shapiro.

Las personas con la mayor responsabilidad de dar vida a este libro son aquellas que yo sabía me brindaban su apoyo todos los días. David Black, mi agente literario, creyó en mí mucho antes de que yo creyera en mí mismo. Todo escritor debería tener la fortuna de contar con un confidente como David en su esquina, y no sólo porque él conoce los más fabulosos sitios para almorzar en Nueva York. Bill Thomas, mi editor en Doubleday, mantuvo la cabeza fría y su agudo ingenio mientras se enfrentaba a un implacable programa de producción y a crueles momentos económicos para la industria editorial y más allá. Su entusiasmo por el proyecto, en especial mientras le llegaban las páginas, significa mucho para mí.

Desde luego, gracias extra especiales para Joe Torre. Él dio a este proyecto mucho más que su nombre. Le dio su sincero cuidado y atención y por ello yo me siento extremadamente agradecido. Sobre todo le agradezco, como el lector debe hacerlo también, su impasible honestidad. La que podría ser la última dinastía en el béisbol, y una de las eras más llenas de acontecimientos en la historia de este deporte, ha sido iluminada por la honestidad de un hombre que lo vio todo de cerca. Lo mejor de todo es que él sólo conoce una manera de compartirlo: decir la verdad. Él no pretendió escapar de la verdad ni hizo intento alguno por alterarla.

Finalmente, y más que todo, estoy agradecido por el amor y

el apoyo de mi esposa Kirsten y de nuestros hijos Adam y Ben. Estoy incompleto sin ellos, y el hecho de tener que dar a este libro el tiempo y la atención que requería con frecuencia me obligó a echarlos de menos. Kirsten, Adam y Ben, siempre estaré agradecido por su comprensión, pero, más que todo, por su amor.